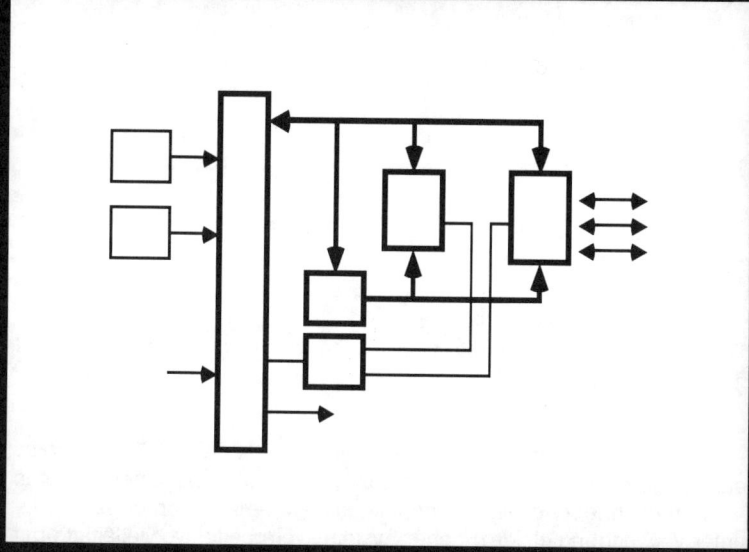

Das

MIKROCONTROLLER

Kochbuch

Andreas Roth

CIP-Titelaufnahme der Deutschen Bibliothek

Roth, Andreas:
Das Mikrocontroller-Kochbuch / Andreas Roth. - 3. über. u. erw. Aufl.
Vaterstetten bei München : IWT-Verl., 1992
ISBN 3-88322-225-9

ISBN 3-88322-225-9
3., überarbeitete und erweiterte Auflage 1992

Herstellung: Freiburger Graphische Betriebe, Freiburg
Umschlaggestaltung: CommunAction, München

Vorwort

Mikrocomputer trifft man heute auf Schritt und Tritt an. Sie bilden die Elektronik von fast allen elektrischen Geräten. Man findet sie in Waagen am Gemüsestand, im Mikrowellenherd, in Videorecordern, in der Heizungsanlage, in programmierbaren Thermostaten, in der Steuerung von Roboterarmen etc. Eine moderne Schaltungsentwicklung, aufgebaut aus diskreten Standardbausteinen der TTL- oder CMOS-Serie, wird heute nicht mehr vorgenommen, da ein Mikrocomputer weniger Platz beansprucht, zudem noch preiswerter und wesentlich flexibler ist und darüber hinaus viel intelligentere Aufgaben erfüllen kann. Die Hardwareentwicklung reduziert sich dabei auf ein Minimum und die Schwierigkeiten verlagern sich auf die Erstellung einer funktionierenden Software.

Der Unterschied zu den Prozessoren der Personalcomputer liegt auf der Hand. Während man bei der Datenverarbeitung bestrebt ist, eine hohe Datendichte durch Vervielfachung der Busleitungen (16-Bit-; 32-Bit-Rechner) zu erreichen, liegt der Schwerpunkt bei den Mikrocontrollern in der Einzelbitverarbeitung und einer hohen I/O-Kapazität. Man verlangt von einem modernen Controller vieles: Er soll eine Tastatur überwachen, eine Anzeige ansteuern, Meßsignale empfangen und auswerten, Geräte ein-/ausschalten und eine Echtzeit zur Verfügung stellen. Damit er diese Aufgaben erfüllen kann, hat er im Inneren Baugruppen, die sich in einem Personalcomputer außerhalb des Prozessors befinden. Er verfügt über mehrere Timer, über eine komplexe Interruptstruktur, über zahlreiche I/O-Leitungen, eine serielle Schnittstelle, einen Booleschen Prozessor und vieles mehr. Solche Controller sind zudem sehr dynamisch, denn man packt in sie weitere ausgewählte Baugruppen und läßt sie somit Spezialaufgaben erfüllen. So gibt es Controller, die analoge Signale verarbeiten und erzeugen können, oder Bausteine, die für den Umgang mit Videobildern optimiert sind.

In einem Mikrocomputer-Kochbuch ist es nicht möglich, alle auf dem Markt befindlichen Microcomputer oder Mikrocontroller zu beschreiben und ihren Einsatz zu erläutern, weil die Gefahr einer oberflächlichen Behandlung zu groß wäre und für eine komplette Darstellung die Kapazität eines Buches nicht ausreichen würde. Daher fiel die Wahl auf die Mikrocontrollerfamilie MCS-51, die im Vergleich mit anderen viele Vorteile aufweist.

❑ Die Zahl der produzierenden Halbleiterhersteller steigt ständig.

❑ Sie beinhaltet die Erfahrung mit der ersten Mikrocomputergeneration MCS-48.

❑ Sie bietet die zusätzliche Möglichkeit der Einzelbitverarbeitung.

❑ Als Entwicklung des Hauses Intel ist das Timing dem der bekannten Intel-Prozessoren angepaßt, und somit kann die komplette Palette der 82XX-Peripherie benutzt werden.

❑ Die MCS-51 Familie ist der Controllerstandard

❑ Die Einrichtung von Spezialfunktionsregistern erlaubt jederzeit eine Weiterentwicklung der Bausteine, ohne daß eine Änderung des Befehlssatzes nötig wäre.

❑ Verbesserte Varianten sind verfügbar und werden für Spezialaufgaben entwickelt.

Der typische Vertreter, der 8051, besitzt einen eingebauten abschaltbaren Programmspeicher, der einmal programmiert nur ganz spezielle Aufgaben wahrnehmen kann. Sein Einsatz ist in Großserien interessant. Für die Entwicklung und für Kleinserien gibt es die ROM-lose Variante 8031, die einen externen Datenspeicher benötigt.

Dieses Buch beschreibt die Hard- und Softwareeigenschaften des Bausteins 8031, die sich in nichts von denen des 8051 unterscheiden. Es zeigt, wie ein externer Programmspeicher zu programmieren ist und worauf geachtet werden muß, um einen funktionierenden Programmablauf zu gewährleisten. Es gibt Anleitungen, wie die Verbindungen zur Außenwelt vorgenommen werden sollen, gibt Tips und in zahlreichen Beispielen Anregungen für Eigenentwicklungen. Um letzteres zu erleichtern, sind Vorschläge zu Platinenlayouts des Mikrocomputersystems beigefügt.

Die Erstellung der Software ist für das Buch ein zentrales Thema. Zu den meisten Schaltungen findet sich ein Ausschnitt aus einem Programm, das nach kurzem Studium für eigene Zwecke umgeschrieben werden kann. Um die Fülle der Möglichkeiten des Mikrocomputersystems nutzen zu können, ist die Kenntnis der Hardware erforderlich. Sie ist in Kapitel 1 so dargestellt, daß Einzelheiten bei einer Entwicklung leicht nachgeschlagen und studiert werden können. Den Befehlssatz sollte ein Anwender mit den wesentlichen Zügen im Kopf haben. Die Erfahrung zeigt, daß beim Umgang mit dem Mikrocomputer die Wirkung der einzelnen Befehle präzise bekannt sein müssen. Zum Kennenlernen und Nachschlagen dient daher Kapitel 2. Zu jedem Befehl gibt es ein kleines Bespielprogramm, das seine typische Verwendung aufzeigt. Zum schnellen Programmieren finden sich im Anhang Tabellen mit funktioneller, numerischer und alphabetischer Ordnung.

Kapitel 5 zeigt, auf welche einfache Art Kommunikation mit der Umwelt und anderen peripheren Bausteinen erfolgen kann. Wegen des Platzbedarfs ist nur die Zusammenarbeit mit zwei Bausteinen der 82XX-Reihe gezeigt.

In Kapitel 6 sind die beiden weit verbreiteten Bausteine, der 80535 und 80C537, detailliert beschrieben. Es verzichtet aber auch nicht darauf, weitere interessante MCS-51 Familienderivate in groben Zügen vorzustellen, und vermittelt somit einen Einblick in die Vielfalt der Möglichkeiten, die auf der Grundlage des 8031 gegeben sind.

In den Schaltplänen wurde auf eine Darstellung der Logik-Kreise nach DIN-Norm verzichtet und anstelle auf die international übliche Form zurückgegriffen. Beim Experimentieren und Entwickeln von Computerschaltungen wird man häufig auf internationale Literatur zurückgreifen, so daß die Verwirrung bei unterschiedlicher Darstellung der Logikkreise entfällt.

Bei der Erstellung des Buches wurden die Unterlagen der Firmen Intel, RCA, AMD, Analog Devices, Valvo, Hitachi, Harris, Philips, Siemens und Motorola benutzt.

Birkenau im Februar 1992

Inhaltsverzeichnis:

Beschreibung der Hardware

Beschreibung der Software

Das Minimalsystem

Anwendung in Stand-Alone-Systemen

Systemerweiterungen

Weiterentwicklungen

Anhang A

Anhang B

Anhang C

Anhang D

Anhang E

Anhang F

Anhang G

1. Entwicklung der Mikrocomputer

Damit ein Gerät als Computer bezeichnet werden kann, muß es folgende Hardwareeigenschaften besitzen:

— Eine Central Prozessing Unit (CPU) mit der notwendigen Zeittaktversorgung
— Input-Outputleitungen, um mit der Außenwelt in Kontakt zu treten
— Speicher, Programmspeicher (ROM) und Datenspeicher (RAM)

Dieser klassische Computerbegriff hat sich im Laufe der Zeit jedoch gewandelt; heute gehört zu einem richtigen Computer eine Tastatur, ein Bildschirm und eine Floppy. Man vermisst bei dieser Trivialdefinition die Elektronik; sie wird als selbstverständlich vorausgesetzt.

Sehr oft sind die Ergebnisse der Grundlagenforschung nicht vorherzusehen und schon gar nicht ihre Auswirkungen auf die Gesellschaft. So stellte die Entdeckung des Transistors eigentlich nur ein Nebenprodukt der Forschung dar. Doch schnell war sein Nutzen erkannt. Die Industrie wurde rasch mit der Handhabung der Halbleitertechnik vertraut, und weitere Einbauten von pn-Übergängen auf ein und dasselbe Substrat führten zum ersten TTL-Schaltkreis. Verbesserungen der Technik hatten den Feldeffekttransistor (FET) als Ergebnis. Nun war es nicht mehr weit, und eine Vielzahl von FETs auf einem Chip ergaben einen CMOS-Schaltkreis. Komplexe Schaltungen aus konkreten Bauelementen konnten ersetzt werden durch einen einzigen Baustein oder eine Kombination davon. Der Vielfalt und Vereinfachung schien kein Ende gesetzt zu sein. Um Herstellungskosten zu senken, verlangte die Industrie immer speziellere Schaltkreise, die nur noch für einen bestimmten Zweck eingesetzt werden sollten. Durch die damit verbundene sinkende Stückzahl der einzelnen Chips stiegen die Kosten für deren Herstellung. Mittlerweile war man jedoch technisch in der Lage, den Integrationsgrad soweit zu erhöhen, daß man Chips herstellen konnte, denen man sagen konnte, welche Funktionen sie ausführen sollten. Man nannte sie Prozessoren. Sie bildeten die Lösung vieler technischer und wirtschaftlicher Probleme. Um den Prozessor zu einer sinnvollen Arbeit zu veranlassen, mußte er sich seine Anweisungen aus einem Extrachip holen, dem Programmspeicher. Die Ergebnisse seiner Arbeit teilte er der Außenwelt über Outputleitungen mit, für Anforderungen von der Außenwelt benötigte er Inputleitungen. Ein derart erweitertes System wurde als Computer bezeichnet.

Computer = Prozessor + Speicher + I/O-Ports

Es zeigte sich dann, daß es nur noch ein kleiner Schritt war, alle drei Komponenten auf einen einzigen Chip zu vereinen: 1976 war der erste Single-Chip-Mikrocomputer durch die Firma Intel geboren. Ihm wurde die Bezeichnung 8048 gegeben und seine Varianten wurden in dem Mikrocomputer-System MCS-48 zusammengefaßt.

Fortschritte in der Technologie und die Fähigkeit, die Integrationsdichte weiter zu erhöhen, ließen 1981 die zweite Generation der Single-Chip-Mikrocomputer auf den Markt erscheinen. Sie wurde nach dem typischen Vertreter 8051 MCS-51 Familie genannt. In ihm findet man Verbesserungen, dem Beherrschen der modernen Technologie entstammen. Die innere Struktur und auch der Befehlssatz der MCS-51 Vertreter ist denen der MCS-48 Familie ähnlich, sie arbeiten 2- bis 5mal schneller und besitzen eine größere Zahl von integrierten Peripheriefunktionen. Einzigartig ist der integrierte Boolesche Prozessor, der eine Einzelbitrechnung gestattet. Die maximale Speichergröße ist 64 KByte. Als 8 Bit Industriestandard ist die MCS-51 Familie optimal für sequentielle Realzeit-Kontrollanwendungen geeignet. Ihre Vertreter sind in verschiedenen Versionen erhältlich: mit eingebautem und programmiertem ROM, mit integriertem EPROM oder als ROMlose CPU, je nach gewünschtem Einsatz. Sie werden in NMOS- bzw. in CMOS-Technologie hergestellt.

Die folgende Aufzählung zeigt die charakteristischen Eigenschaften, die alle Vertreter der Familie aufweisen:

* 8-Bit-CPU für Kontroll- und Steuerfunktionen optimiert
* Komfortable Boolesche Operationen (Einzelbit-Logik)
* Umfangreicher Befehlssatz
* Interner Oszillator, 12 MHz
* 16 (32) bidirektionale und individuell adressierbare I/O-Leitungen
* Volle Duplex-UART
* 5 Interruptquellen mit 2 Prioritätsebenen
* 64 KByte mögliche Programmspeichergröße (ROM)
* 64 KByte maximaler externer Datenspeicher (RAM)
* 256 maximaler integrierter RAM-Bereich
* Zwei 16-Bit-Timer/Ereigniszähler
* Power-Down und Idle-Modus für die CMOS-Version
* Kompatibel zu den Peripheriebausteinen der 8085/88-Prozessoren.

Die MCS-51 Familie hat inzwischen in der industriellen und kommerziellen Anwendung einen weiten Einsatzbereich gefunden, der z.B. von der medizinischen Instrumentation bis zu Antiblockiersystemen bei Kraftfahrzeugen reicht.

2. Die Vertreter der MCS-51 Familie:

* 8051
  Der 8051 ist der Originalvertreter der Familie und seit 1981 in Produktion. Er besitzt zusätzlich zu den allgemeinen Eigenschaften im Chip integriert einen 4 KByte großen Programmspeicher (ROM), und ist somit ein kompletter Computer. Da der Inhalt eines ROMs nicht geändert werden kann, müssen die Informationen darin bei der Herstellung des Chips bereits programmiert werden. D.h., der Kunde muß mit der Bestellung bei der Herstellerfirma das für seine Zwecke gewünschte Programm abliefern, damit es bei der Produktion des Chips in ihn eingebaut wird. Freilich ist dieses Verfahren nur bei industriell hohen Stückzahlen interessant. Daher kann man auch einen 8051 nicht auf dem freien Markt kaufen. Es ist auch nicht möglich, einen defekten 8051 in einem Videorecorder durch einen aus einem Kopiergerät zu ersetzen. Trotzdem ist ein einzelner 8051-Baustein, dessen Herkunft unbekannt ist, nicht völlig wertlos, da sich der Zugriff des Prozessors auf die internen Programmspeicher abschalten und auf einen eigenen programmierten und externen Speicher umschalten läßt. Das erreicht man dadurch, daß der EA-Pin (Nr. 31) von Plus an Minus gelegt wird. So beschaltet verhält sich der 8051 vollkommen identisch mit dem 8031.

Während bei den Vertretern der 48iger Familie das interne ROM auslesbar war, ist das in der 51iger Familie aus Gründen des Sofwareschutzes nicht mehr möglich.

- 8031
  Der 8031 ist ein 8051 ohne internes ROM. Beim Betrieb ist Pin 31 ($\overline{EA}$) auf Masse zu halten. Programme zu entwickeln und zu testen, ist auf dem 8051 nicht möglich, es sei denn, man schaltet ihn in den 8031-Modus.

> Daher wird in diesem Buch stellvertretend für alle Familienmitglieder
> vom 8031 gesprochen.

Der 8031 ist als preiswerter Prozessor im Handel unter 10 DM erhältlich. Da er weltweit von verschiedenen Firmen angeboten wird, können die Buchstaben- und eventuelle Zahlenkombinationen vor bzw. hinter der Zahl "8031" unterschiedlich sein. Sie beinhalten verschlüsselt Informationen über den Hersteller, Temperaturbereich, Material und Gehäuseform, Familienzugehörigkeit, Geschwindigkeit und Qualitätsprüfung. Die im folgenden beschriebenen Eigenschaften beziehen sich auf Bausteine der untersten Qualitätsstufe und werden von keinem Familienvertreter unterschritten.

- 8751
  Der 8751 ist ein 8051, dessen ROM durch ein EPROM der gleichen Größe ersetzt ist.

- 8052
  Der 8052 ist eine Weiterentwicklung des 8051 und ist zu diesem abwärtskompatibel. Die Verbesserungen zum 8051 sind folgende:
  - 256 interner Datenspeicher (RAM)
  - 3 Timer bzw. Ereigniszähler
  - 6 Interruptquellen
  - 8 KByte interner Programmspeicher (ROM)

Auch bei ihm ist der interne Programmspeicher abschaltbar, indem der External-Access-Anschluß (EA) an Masse gelegt wird. Als Besonderheit bietet die Firma Intel einen 8052-BASIC an, in dessen ROM ein kompletter BASIC-Interpreter enthalten ist.

- 8032
  Der 8032 ist ein 8052 ohne internes ROM.

- 8752
  Der 8752 ist ein 8052, dessen ROM durch ein EPROM der gleichen Größe ersetzt ist.

- 80C51
  Der 80C51 ist ein 8051 in CMOS-Version. Funktionell ist er ganz kompatibel mit dem 8051, zieht aber als CMOS-Baustein weniger Strom als die NMOS-Version. Um weiterhin die Leistungsreduzierung von CMOS-Kreisen auszunutzen, wurden zwei Zustände hinzugefügt:

1. Ein softwaremäßig einschaltbarer IDLE-Modus (idle = untätig), nach dessen Aktivierung die CPU abgeschaltet ist, das RAM und die anderen integrierten Peripheriefunktionen jedoch weiterarbeiten. In diesem Modus ist der Stromverbrauch um 15% gegenüber einer vollen Aktivität reduziert.

2. Ein softwaremäßig einschaltbarer Power-Down-Modus, bei dem alle Chipaktivitäten durch Anhalten des Oszillators eingestellt werden. Lediglich das RAM wird mit Spannung versorgt, um die darin enthaltenen Daten zu erhalten. Der Stromverbrauch beträgt in diesem Modus weniger als 10 µA.

Somit empfiehlt es sich, die CMOS-Version überall dort einzusetzen, wo nur eine schwache Stromversorgung zur Verfügung steht, also vor allem in ortsunabhängigen, batteriebetriebenen Geräten.

- 80C31
  Der 80C31 ist die ROMlose Version des 80C51.
- 87C51
  Der 87C51 ist die EPROM-Version des 80C51.

Baustein-nummer	Internes ROM	Externes ROM	Internes RAM	Externes RAM	16-Bit-Timer	Technik
8051	4 K	64 K	128 Byte	64 K	2	NMOS
8031	keines	64 K	128 Byte	64 K	2	NMOS
8751	4K EPROM	64 K	128 Byte	64 K	2	NMOS
8052	8 K	64 K	256 Byte	64 K	3	NMOS
8032	keines	64 K	256 Byte	64 K	3	NMOS
8752	8K EPROM	64 K	256 Byte	64 K	3	NMOS
80C51	4 K	64 K	128 Byte	64 K	2	CMOS
80C31	keines	64 K	128 Byte	64 K	2	CMOS
87C51	4K EPROM	64 K	128 Byte	64 K	2	CMOS

Tabelle 1-1. Die MCS-51-Familie auf einen Blick

3. Anschlußbelegung und Beschreibung der Pins

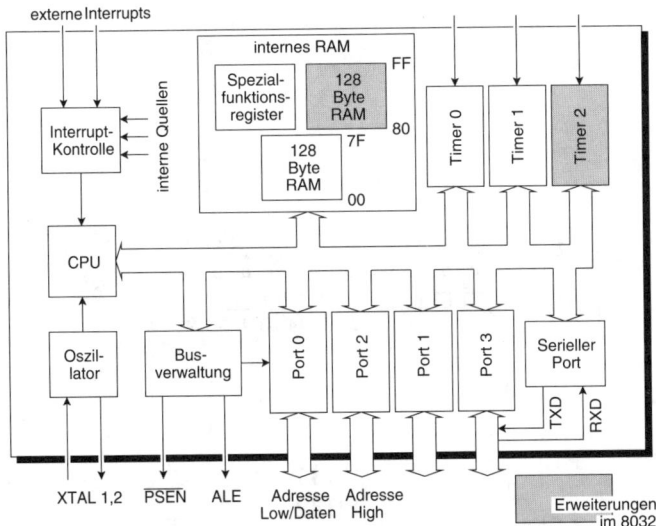

Bild 1-1. Blockdiagramm des 8031 und des 8032

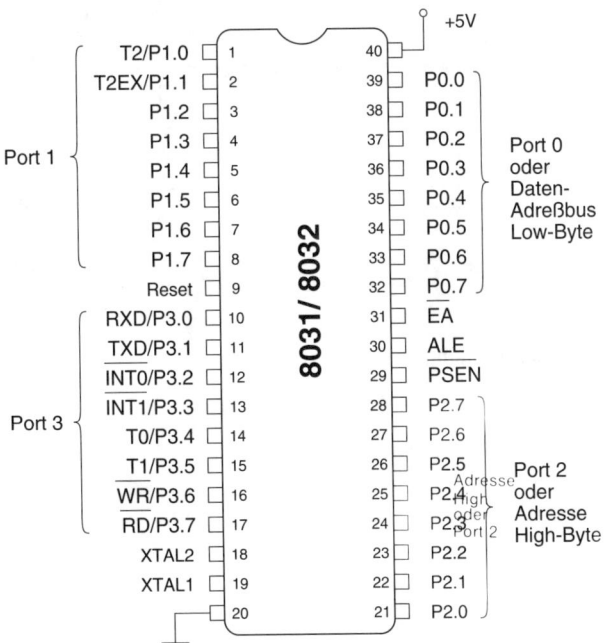

Bild 1-2. Anschlußbelegung des vierzigpoligen Gehäuses

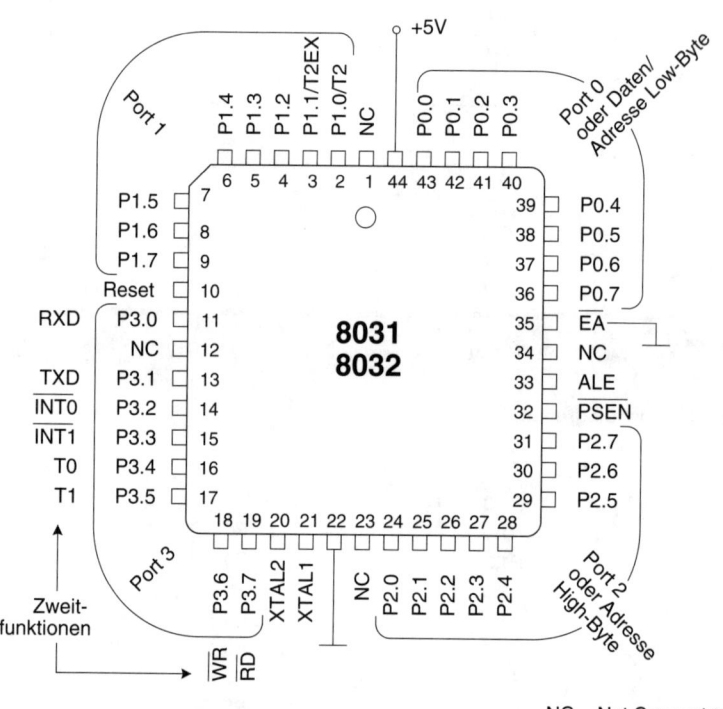

NC = Not Connected

Bild 1-3. Die Anschlußbelegung des PLCC-Gehäuses

Beschreibung der Pins:

Symbol	Pin	Typ	Name und Funktion
Port 1 0-7	1—8	I/O	Port 1 ist ein 8-Bit bidirektionaler I/O-Port mit internen Pull-Up-Widerständen. Als Eingänge verwendet,ziehen die Pins über die internen Widerstände Strom, wenn das Signal Masse ist. Im 8032 üben Pin 1 und 2 T2- und T2EX-Funktion aus.
RST	9	I	Reset-Eingang. Ein High-Pegel für mindestens zwei Maschinenzyklen, während der Oszillator schwingt, bewirkt ein Reset.
Port 3 0-7	10—17	I/O	Gleiche Funktion wie Port 1. Jeder Pin kann darüber hinaus eine Sonderaufgabe übernehmen. Er muß dazu auf High-Pegel gesetzt werden.
RXD	10	I	Serieller Eingang. Dient als Aufnahme von Daten bei der seriellen Datenübertragung.
TXD	11	O	Serieller Ausgang. Dient als Ausgabe von Daten bei der seriellen Datenübertragung.
INT0	12	I	Externer Interrupt 0. Über diesen Pin kann eine Unterbrechung des Hauptprogramms von außen erfolgen.
INT1	13	I	Externer Interrupt 1. Zweite externe Programmunterbrechungsmöglichkeit. Wie INT0.
T0	14	I	Timer 0 Eingang. 1. Dient als Eingang, um externe Ereignisse zu zählen oder Impulsbreiten zu messen. 2. Dient zum Run/Stop für Timer 0.
T1	15	I	Timer 1 Eingang. Gleiche Funktion wie T0.
WR	16	O	Schreibfreigabe. Dieser Pin wird bei einem Schreibbefehl in ein externes RAM von der CPU kurzfristig an Masse gelegt, um Daten in das RAM zu schreiben.
RD	17	O	Lesefreigabe. Dieser Pin wird bei einem Lesebefehl von der CPU kurzfristig an Masse gelegt, um Daten aus einem externen RAM zu lesen.
XTAL1	18	I	Eingang zum invertierenden Oszillatorverstärker.
XTAL2	19	O	Ausgang des Schwingkreises.
VSS	20	I	Stromversorgungsmasse.
Port 2	21—28	O	Port 2. Gibt in der Regel das Adressen-High-Byte aus. Der Inhalt des Ports erscheint nur bei gewissen Schreib-Lesebefehlen. Im 8051 ist er wie Port 1 bidirektional.

Beschreibung der Pins: (Fortsetzung)

Symbol	Pin	Typ	Name und Funktion
$\overline{\text{PSEN}}$	29	O	Programmspeicherfreigabe. Gibt beim Einlesen eines Befehls den Programmspeicher frei.
ALE	30	O	Adreßzwischenspeicherfreigabe. Während eines Zugriffs auf einen externen Speicher wird das Signal benutzt, um das Adressen-Low-Byte zu speichern. Im Normalfall wird das ALE-Signal mit einem Sechstel der Oszillatorfrequenz ausgegeben und kann zum Takten peripherer Geräte verwendet werden.
$\overline{\text{EA}}$	31	I	Externer Zugriff. Wird an Masse gelegt. Beim 8051 kann man mit Plus das interne ROM, mit Minus das externe ROM abarbeiten lassen.
Port 0	32—39	I/O	Bus. Das Adressen-Low-Byte wird ausgegeben, mit ALE aufgefangen, anschließend Befehlscodes oder Daten eingelesen. Im 8051 ist er als bidirektionaler Port verfügbar.
VCC	40	I	+5V Betriebsspannung.

4. Die CPU

CPU steht für Central Processing Unit, was man mit zentraler Verarbeitungseinheit übersetzen kann. Diese Bezeichnung besagt, daß ein Prozessor eventuell auf andere periphere Einheiten verzichten kann, aber nicht auf die CPU. Sie ist das Herzstück eines Prozessors und damit eines Computers.

Eine CPU besteht aus folgenden miteinander in Verbindung stehenden Einheiten:

• Register
• Arithmetisch-Logische Einheit (ALU)
• Kontrolleinheit

Register sind temporäre Speicherplätze in der CPU. Einige Register haben einen festen Verwendungszweck wie Programmzähler und Befehlsregister, andere sind mehr für allgemeinere Zwecke gedacht wie Akkumulator und B-Register. Der Akkumulator beinhaltet gewöhnlich einen Operanden, der durch die ALU verarbeitet werden soll.

Die Befehle, die der CPU Anweisungen geben, sind im Programmspeicher des Systems abgelegt. Die CPU holt sich die Speicherinhalte, um ihre Aktionen zu steuern. Das bedeutet, daß der Prozessor den Platz kennen muß, der den nächsten Befehl beinhaltet. Jeder Speicherplatz ist numeriert, um ihn von allen anderen Stellen im Speicher zu unterscheiden. Die Nummer, die einen Speicherplatz identifiziert, wird Adresse genannt. Der Prozessor besitzt einen Zähler, der die Adresse des nächsten Programmbefehls enthält. Dieses Register ist im 8031 sechzehn Bit breit und wird Programmzähler (PC) genannt. Der Prozessor aktualisiert den Programmzähler, indem er jedesmal, wenn er einen Befehl holt, den Zähler um Eins erhöht. Somit zeigt der Programmzähler immer auf den nächsten Programmspeicherplatz. Deswegen müssen die Befehle in numerisch anwachsenden Adressen abgelegt sein. Dieser Ablauf kann nur durch einen Sprung von einem Adreßbereich in einen anderen unterbrochen werden.

Jeder Computer hat eine Wortlänge, die eine Charakteristik der CPU ist. Die Wortlänge in der MCS-51 Familie wird durch die Größe der internen Speicherelemente und ihrer Verbindungslinien bestimmt, oft bezeichnet als Bus. Da die Register des 8031 acht Datenbits speichern können und der Bus acht Datenbits parallel transportieren kann, hat der Prozessor eine Wortlänge von acht Bits und zählt somit zu den 8-Bit-Parallel-Prozessoren. Der von dem 8031 verwendete Speicher ist daher ausgelegt, acht Bits in jeder adressierbaren Speicherstelle festzuhalten. Daten und Befehle werden gespeichert als Acht-Bit-Binärzahlen oder als Werte, die ein ganzzahliges Vielfaches von acht sind: 16 Bits, 24 Bits etc. Dieses charakteristische Acht-Bit-Feld wird als Byte bezeichnet.

Jede Operation, die die CPU ausführen kann, wird identifiziert durch ein einziges Datenbyte, das Befehlscode oder Operationscode (Opcode) genannt wird. Ein 8-Bit-Wort, als Befehlscode benutzt, kann zwischen 256 verschiedenen Aktionen unterscheiden, von denen im MCS-51 System nur ein Code unbenutzt bleibt.

Die CPU legt den Befehlscode, den sie aus dem Programmspeicher holt, im Befehlsregister ab, und nutzt ihn, um ihre Aktivitäten während der restlichen Befehlsausführung zu steuern. Die Umwandlung des Codes in eine Aktion wird durch den Befehlsdecoder und der mit ihm verbundenen Kontrollkreise vorgenommen.

Jeder Prozessor besitzt eine Arithmetisch-Logische-Einheit, die oft einfach ALU genannt wird. Wie der Name sagt, ist die ALU der Teil der CPU-Hardware, der arithmetische-logische Operationen mit binären Daten ausführt. Die ALU im 8031 kann addieren, subtrahieren, multiplizieren und dividieren; sie führt logische *und, oder* oder *exklusiv oder* Verknüpfungen aus und ist zu Schiebeoperationen in der Lage. Der ALU angeschlossen sind die Status- oder Flag-Bits, die gewisse Zustände im Verlauf arithmetischer oder logischer Operationen anzeigen. Es sind das das Carry- (C), Hilfscarry- (AC), Overflow- (OV) und das Parity- (P) Flag.

Der Boolesche Prozessor ist eine Besonderheit der MCS-51 Familie. Er ist ein Einzelbitrechner innerhalb der ALU, wobei das Carry den Einzelbitakkumulator darstellt. Er verfügt über einen eigenen Befehlssatz und über einen Einzelbitbereich im internen RAM, deren Inhalte er setzen, löschen, vertauschen, komplementieren oder logischen Verknüpfungen mit dem Carry unterziehen kann.

Die Kontrolleinheit übt eine Basisfunktion in der CPU aus. Unter Benutzung des internen Oszillators unterhält sie die eigentliche Ereignissequenz, die für jeden Prozessor erforderlich ist. Nachdem ein Befehl geholt und decodiert wurde, gibt die Kontrolleinheit geeignete Signale aus, um die richtige Aktion des Prozessors zu starten. Diese Signale werden auch für die Steuerung der integrierten Peripheriefunktionen benutzt. Eine Interruptanforderung zwingt die Kontrolleinheit, vorübergehend die Ausführung des Hauptprogramms zu unterbrechen und zu einer vorgegebenen Adresse zu springen, wo der Interrupt bearbeitet wird.

Obwohl die CPU auf einen begrenzten Bereich definiert ist und der Prozessor die Summe von CPU und Peripherieeinrichtungen in demselben Baustein darstellt, werden beide Begriffe häufig gleichbedeutend nebeneinander verwendet.

5. Die Speicherorganisation

Alle MCS-51 Bausteine haben einen getrennten Adreßbereich für Programm- und Datenspeicher von jeweils 64 KByte Größe. In der Abarbeitung von Befehlen holt sich die CPU den Befehlscode aus dem Programmspeicher (ROM). Ergebnisse von Berechnungen, Meßwerte, aktuelle Daten etc. werden im Datenspeicher (RAM) abgelegt. Die Adressen liegen immer gleichzeitig an beiden Speicherbereichen an. Welcher jedoch freigegeben wird, bestimmen abhängig von der Art des Befehls getrennte Freigabeleitungen. Bei einem Zugriff auf das RAM wird die Leseleitung (Read=$\overline{RD}$), bei einem Zugriff auf das ROM die Programmspeicher-Freigabe-Leitung (Programm Store Enable = $\overline{PSEN}$) aktiviert. Der Anwender braucht sich um die richtige Auswahl der beiden Leitungen nicht zu kümmern, da die CPU den Befehlscode entschlüsselt und danach automatisch die richtige Leitung aktiviert. Es kann also nicht der Fall eintreten, daß beide Speicherbereiche zu derselben Zeit freigegeben sind. In Kapitel 5 wird beschrieben, wie mittels einer externen Logik die beiden Leitungen auf denselben Speicherbereich zugreifen können.

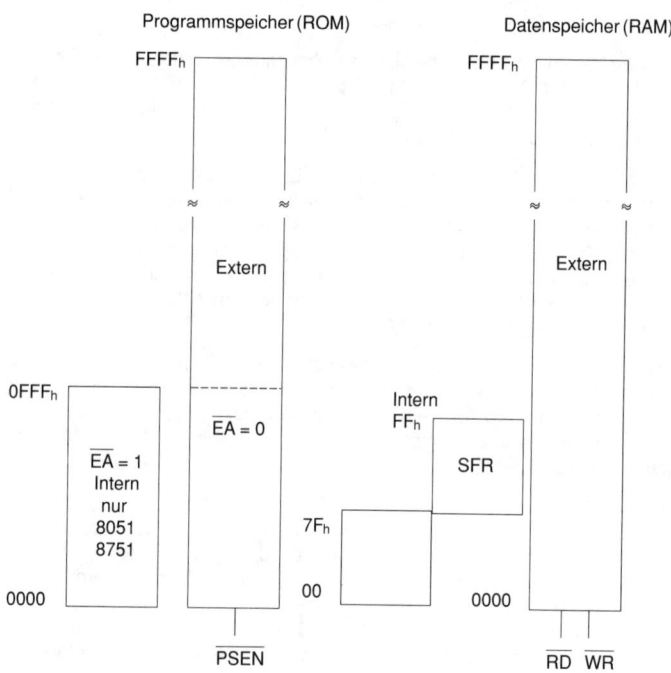

Bild 1-4. Speicherstruktur

Der Programmspeicher:

Dem unteren oder Anfangsteil des Programmspeichers ist besondere Sorgfalt zu widmen, da hier nach einem Reset und nach sämtlichen Interrupts begonnen wird.

0000: Reset. Von dieser Adresse holt sich die CPU den ersten Befehl nach dem Anlegen der Spannung oder nach einem Reset. Es sollte daher an dieser Stelle sofort ein Sprungbefehl stehen, der auf eine Stelle weiter hinten weist, um die Interruptvektoren zu überspringen. Wenn kein Interrupt benötigt wird, kann natürlich an dieser Stelle der erste auszuführende Befehl stehen.

0003: Externer Interrupt 0. Wenn dieser Interrupt freigegeben ist und er benutzt wird, wird der Programmzähler mit diesem Wert geladen. Deswegen muß der erste auszuführende Befehl dieser Interruptroutine an dieser Adresse stehen.

Die Startplätze für weitere Interrupts folgen in 8-Byte-Schritten:
000B: Timer 0
0013:   Externer Interrupt 1
001B: Timer 1
0023:   Serieller Port Interrupt
00B3:   Timer 2 (nur 8032)

Wenn diese Interrupts nicht benötigt werden, steht dieser Speicherplatz zur allgemeinen Verwendung zur Verfügung. Ist eine Interruptroutine kurz genug, kann sie natürlich in dem betreffenden 8-Byte-Intervall stehen. Längere Interruptroutinen müssen mit einem Sprungbefehl über nachfolgende Interruptplätze hinweg angesprungen werden, sofern man ihrer bedarf.

Ob im Falle der ROM-Versionen auf das interne oder externe ROM zugegriffen wird, entscheidet der Zustand des $\overline{\text{EA}}$-Pins. Erfolgt ein Zugriff über den maximalen internen Bereich, dann wird die Adresse automatisch an ein externes ROM nach außen geführt. Während des Zugriffes auf das interne ROM, wird kein $\overline{\text{PSEN}}$-Signal ausgegeben.

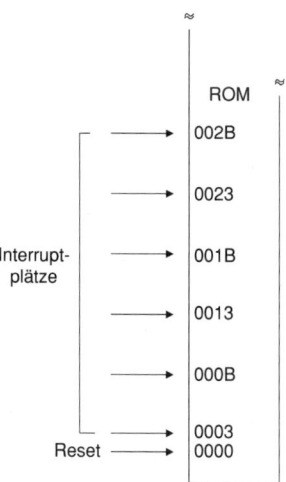

Bild 1-5.   Reset- und Interrupteinsprünge

Die Datenspeicher:

Beim Datenspeicher ist zwischen dem internen RAM, der auf dem Chip vorhanden und beim 8031 128 Bytes groß ist, und dem externen RAM, der auf maximal 64 KByte ausbaubar ist, zu unterscheiden. Als RAM-Bausteine kommen im Prinzip alle statischen RAMs in Frage. Der Zugriff auf das externe RAM kann abhängig vom Befehl auf zwei Arten erfolgen:

1. Port 0 gibt eine 8-Bit-Adresse aus, die vom nachfolgenden ALE-Impuls in einem Zwischenspeicher aufgefangen wird. Die Ausgänge des Adreßzwischenspeichers sind mit den Adreßeingängen des RAMs verbunden. Ein darauffolgender Lese- ($\overline{\text{RD}}$) oder Schreibimpuls ($\overline{\text{WR}}$) ermöglicht das Ausgeben oder Schreiben von Daten, die über den Bus zu oder von der CPU kommen. Es sind damit nur 256 Bytes adressierbar. Während des Vorgangs steht an Port 2 der Inhalt des Ports an, der mittels $\overline{\text{RD}}$-Signal in einem Speicher aufgefangen werden kann.

2. Port 0 und Port 2 geben eine 16-Bit-Adresse aus. Port 0 muß wie unter 1. beschrieben zwischengespeichert werden, Port 2 gibt während des gesamten Vorganges das Adressen-High-Byte aus. Das $\overline{\text{RD}}$ bzw. $\overline{\text{WR}}$-Signal bestimmt, ob Daten gelesen oder geschrieben werden. Damit sind 64 KByte adressierbar.

Die genauere Arbeitsweise bei einem Zugriff auf das RAM ist im Kapitel 1-8. "Die Zeittaktsteuerung" beschrieben.

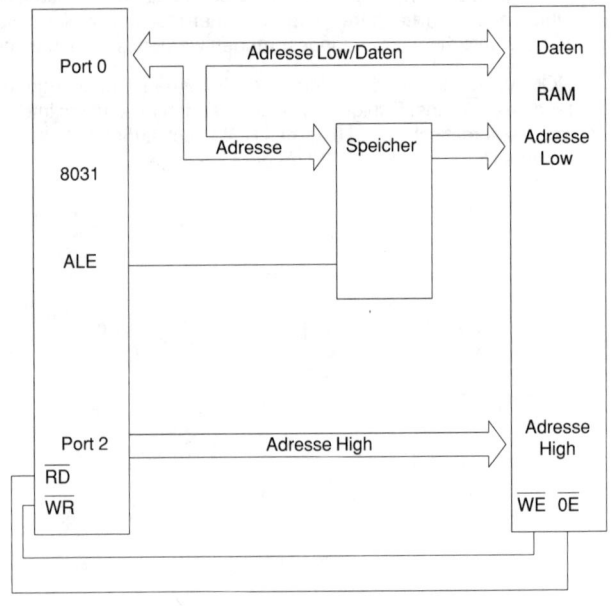

Bild 1-6. Zugriff auf den externen Datenspeicher

Obwohl kleiner, ist das interne RAM wesentlich komplexer und ungleich vielfältiger in seiner Struktur und in seinem Verwendungszweck. Eine erste Einteilung erfolgt in die unteren 128 und oberen 128 Bytes.

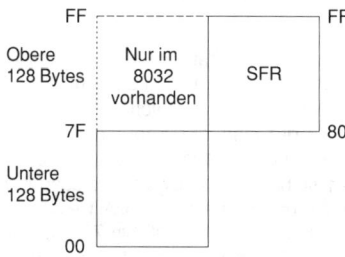

Bild 1-7. Grobeinteilung des internen Datenspeichers

Unterer RAM-Bereich:

Die unteren 128 Bytes stehen alle zur freien Verfügung. Jedes Byte ist direkt oder indirekt über die Register R0 oder R1 erreichbar. Trotzdem existieren in ihm drei Bereiche mit Sonderfunktionen:

1. Register: Acht Bytes davon benutzt der Prozessor als acht Register. Der Platz im internen RAM wird als Registerbank bezeichnet. Vier verschiedene Registerbänke sind softwaremäßig einschaltbar:
   Registerbank 0: Bytes 0 bis 7
   Registerbank 1: Bytes 8 bis 15
   Registerbank 2: Bytes 16 bis 24
   Registerbank 3: Bytes 25 bis 31

Die Auswahl der Registerbank erfolgt durch Beschreiben der Bits 3 und 4 im Programmstatuswort. Nach einem Reset ist Registerbank 0 eingestellt. Die Plätze, die nicht als Register verwendet werden, stehen als allgemeine RAM-Plätze zur Verfügung.

2. Stack: Die Aufgabe eines Stacks ist es, den aktuellen Inhalt des Programmzählers zu speichern, wenn eine Subroutine aufgerufen oder in eine Interruptroutine gesprungen wird, um nach Beendigung der Routine an der unterbrochenen Stelle das Hauptprogramm fortsetzen zu können. Es werden nur die zwei Bytes des Programmzählers abgelegt, sonst keine weiteren Informationen. Wie groß dieser Bereich ist, hängt vom jeweiligen Programm ab, d.h. von der Zahl der Subroutinen, Interrupts und deren Verschachtelung. Wo dieser Bereich liegt, hängt wiederum vom Inhalt des Stackpointers ab.

Der Stackpointer umfaßt acht Bits, ist beschreibbar und daher auf einen beliebigen Bereich des RAMs einstellbar. Nach einem Reset weist er den Inhalt 07 auf und zeigt somit auf Adresse 08! Erfolgt nämlich eine Eintragung in den Stack, wird zuerst der Stackpointer um eins erhöht und danach der Wert an die Adresse geschrieben, die der Stackpointer aufweist. Rücksprungadressen werden in aufsteigender Folge abgelegt, zuerst mit Low-, dann mit High-Byte. Bei der Programmerstellung ist darauf zu achten, daß der Bereich des Stacks nicht mit einer benötigten Registerbank bzw. dem Bit-Bereich kollidiert. Ferner ist er so zu legen, daß er im Laufe eines Programms nicht überläuft, d.h. den Wert 7F nicht überschreitet. Sollte dies bei größeren Programmen nicht zu umgehen sein, muß der Inhalt des Stacks auf ein externes RAM gerettet werden. Im 8032 können die oberen 128 Bytes als Stack verwendet werden.

Mit den PUSH- und POP-Befehlen ist es möglich, auch Daten, also auch das Programmstatuswort, auf dem Stack zwischenzuspeichern. Der Inhalt des Stackpointers erhöht sich dabei um Eins.

3. Bitbereich: Der Bitbereich ist eine Spezialität der MCS-51 Familie und wird für Boolesche Operationen benötigt. Es gibt einen Bitbereich in den unteren 128 Bytes, der ebenfalls 128 Bits umfaßt, und einen etwas kleineren Bereich in den oberen 128 Bytes. Der Adreßbereich 20_h bis $2F_h$ (32 bis 47 dezimal) ist bit-adressierbar, d.h. jedes einzelne Bit in diesem Bereich ist ohne AND- oder OR-Verknüpfung setz-, lösch-, test- und logisch verknüpfbar. Rechnet man nach, so handelt es sich von Adresse 20 bis 2F um 16 Bytes, die aus insgesamt 128 Bits bestehen. So setzt beispielsweise der Befehl SETB 0E das sechste Bit in Adresse 21. Alle Adressen von 00 bis 7F greifen auf diesen Bereich zu. Der Hauptvorteil besteht darin, daß dem Anwender 128 test- und programmierbare Flags zur Verfügung stehen.

Man präge sich folgendes Bild ein:

Byte-Nr.:	2F	7F	7E	7D	7C	7B	7A	79	78
	2E	77	76	75	74	73	72	71	70
	2D	6F	6E	6D	6C	6B	6A	69	68
	2C	67	66	65	64	63	62	61	60

≈ ≈

	24	27	26	25	24	23	22	21	20
	23	1F	1E	1D	1C	1B	1A	19	18
	22	17	16	15	14	13	12	11	10
	21	0F	0E	0D	0C	0B	0A	09	08
	20	07	06	05	04	03	02	01	00

Bild 1-8. Bitadressierbarer Bereich

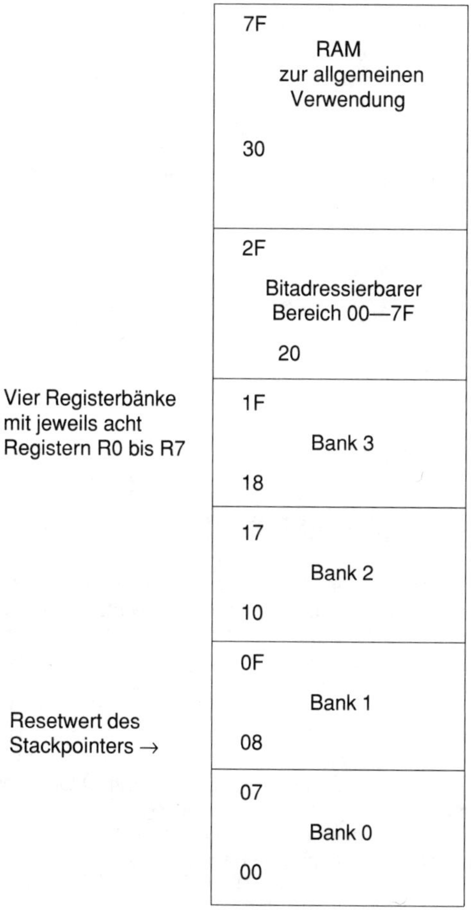

	7F
	RAM zur allgemeinen Verwendung
	30
	2F
	Bitadressierbarer Bereich 00—7F
	20
Vier Registerbänke mit jeweils acht Registern R0 bis R7	1F
	Bank 3
	18
	17
	Bank 2
	10
	0F
	Bank 1
Resetwert des Stackpointers →	08
	07
	Bank 0
	00

Bild 1-9. Die unteren 128 Bytes des internen RAM

Oberer RAM-Bereich:

Nur im 8032 gibt es zwei parallele obere Bereiche, die jedoch in ihrer Funktion verschieden sind. Da ist einmal von Adresse 80 bis FF der Bereich mit den Spezialfunktionsregistern (im folgenden mit SFR bezeichnet), der weiter unten erklärt wird, und zum anderen ebenfalls von 80 bis FF der normale RAM-Bereich. Der Prozessor unterscheidet beide Bereiche durch die Art ihrer Adressierung. Der normale RAM-Bereich kann nur indirekt über die Register R0 oder R1 erreicht werden. Dazu muß in ein Register die Nummer der gewünschten RAM-Adresse geschrieben werden und die Operation indirekt über dieses Register erfolgen.

Beispiel:

```
MOV R0#88
MOV A #3A
MOV @R0,A
```

Diese Befehlsfolge schreibt im 8032 an die Adresse 88 im normalen RAM den Wert 3A, wohingegen folgender Befehl das SFR Nummer 88 beschreibt:

```
MOV 88 #3A
```

6. Die Spezial-Funktions-Register (SFR)

Wer den Befehlssatz überfliegt, wird feststellen, daß die für die Steuerung eines Prozessors so immens wichtigen Befehle wie Abfrage des Programmstatusworts, Interruptfreigabe, Starten der Timer, I/O-Operationen und dergleichen nicht vorhanden sind. Das heißt aber nicht, daß diese Möglichkeiten nicht existierten; ganz im Gegenteil: durch die Einrichtung der Spezialfunktionsregister werden mehr Möglichkeiten geschaffen, als in einer Zahl von 256 Befehlen Platz hätten. Timer, Ports, Stackpointer, Interrupts etc. werden behandelt wie normale RAM-Register, nur stehen sie im Adreßbereich von 80 bis FF. Zugreifen kann man auf sie nur durch direkte Adressierung. Möchte man also einen Timer starten, muß im entsprechenden SFR ein bestimmtes Bit gesetzt werden. Durch diese Einrichtung stehen dem Programmierer eine sehr große Zahl von Varianten zur Verfügung, die ein sehr luxuriöses Programmieren gestatten. Auch in diesem oberen Bereich gibt es die Einzelbitadressierung, und zwar sind es in Abweichung zum unteren genau die Register, deren Nummern mit 0 oder 8 enden. Bit 82 ist also Bit 2 im SFR Nummer 80, Bit 8B ist Bit 3 im SFR Nummer 88 etc. (siehe Bild 1-10.). Der Nachteil der SFR liegt darin, daß man bei der Programmierung nicht ohne eine Tabelle mit den Adressen auskommt. Nicht jede Adresse ist belegt, und in einer belegten Adresse sind nicht immer alle Bits belegt. Die freien Plätze sollten nicht beschrieben werden, da sie für spätere in ihrer Funktion erweiterte Bausteine vorgesehen sind; wenn doch, sollte der beschriebene Wert Null sein, da dies bei einer späteren Benutzung des Platzes der inaktive Zustand sein wird und somit die Kompatibilität gewährleistet bleibt. Beim Lesen erscheinen für die nicht vorhandenen Plätze Einsen. Ein Schreiben dorthin ist ohne Wirkung.

F8							FF
F0	B						F7
E8							EF
E0	ACC						E7
D8							DF
D0	PSW						D7
C8	(T2CON)		(RCAP2L)	(RCAP2H)	(TL2)	(TH2)	CF
C0							C7
B8	IP						BF
B0	P3						B7
A8	IE						AF
A0	P2						A7
98	SCON	SBUF					9F
90	P1						97
88	TCON	TMOD	TL0	TL1	TH0	TH1	8F
80	P0	SP	DPL	DPH			PCON 87

↑
Bitadressierbare
Register

Bild 1-10. Adressen der Spezialfunktionsregister; die Register in Klammern sind nur im 8032 vorhanden.

Es folgt eine Kurzbeschreibung der einzelnen SFRs. Die genaue Funktion und die Bedienung der Register, die zur Steuerung und Kontrolle dienen, ist in den nachfolgenden Abschnitten dargestellt.

AKKUMULATOR (E0)

ACC ist das Akkumulatorregister. In den Befehlen, die sich auf den Akku beziehen, ist der Akku einfach mit A bezeichnet. Er ist ein Register, das bei der Operation der Arithmetisch-Logischen-Einheit (ALU) benutzt wird.

B REGISTER (F0)

Das B-Register wird nur für die Multiplikation und Division von der CPU benötigt, ansonsten kann man es verwenden wie irgendein anderes RAM-Register.

PROGRAMMSTATUSWORT (D0)

Das PSW-Register beinhaltet folgende Programmstatusinformation:

Register D0, PSW (bitadressierbar):

CY	AC	F0	RS1	RS0	OV	---	P

Bit Nr.: D7   D6   D5   D4   D3   D2   D1   D0

Symbol	Funktion
CY	Carry-Flag
AC	Hilfscarry-Flag. Für BCD-Operationen.
F0	Flag 0. Setz- und löschbar durch die Software. Dient als Flag zur beliebigen Verwendung.
RS1	Registerbank Auswahlbit 1 und 0 bestimmen die
RS0	aktuelle Arbeitsregisterbank im internen RAM:
	0,0 - Bank 0: Adressen 00-07
	0,1 - Bank 1: Adressen 08-0F
	1,0 - Bank 2: Adressen 10-17
	1,1 - Bank 3: Adressen 18-1F
OV	Überlauf-Flag (Overflow)
--	Bit für allgemeinen Verwendungszweck. Siehe F0.
P	Parity-Flag. Es wird nach jedem Befehl gesetzt, wenn die Zahl der Einsen im Akku ungerade ist, und bei gerader Zahl gelöscht.

Die Bedeutung des Programmstatusworts ist in der MCS-51 Familie nicht so bedeutend wie in anderen Prozessoren. Durch die Möglichkeit im Bit-Bereich, einzelne Bits zu setzen, testen und zu löschen, ist es wesentlich bequemer, den Zustand der CPU und ihrer Peripheriegeräte zu überwachen. Das Carry-Flag wird vom Prozessor nur für Additionen, Subtraktionen oder Rotationen benötigt, das Hilfscarry-Flag für die Dezimalkorrektur, das Flip-Flop F0 ist als Relikt der MCS-48 Familie bedeutungslos, lediglich RS0 und RS1 werden zum Einstellen der Registerbank häufiger benutzt, erlaubt doch das Ändern einer Registerbank das schnelle Retten von aktuellen Daten. In Subroutinen empfiehlt es sich fast immer, die aktuelle Registerbank durch eine andere zu ersetzen, um die Inhalte von Zählern - denn als solche werden die Register hauptsächlich verwendet - nicht zu verändern. Das Overflow-Flag dient zur Unterscheidung von größer, gleich oder kleiner beim Datenvergleich. Das Paritätsflag ist nicht unbedingt notwendig und kann für die serielle Datenübertragung benutzt werden.

STACKPOINTER   (81)

Der Stackpointer ist ein 8-Bit-Register. Vor einem PUSH- oder CALL-Befehl wird der Inhalt um Eins erhöht. Obwohl der Stack an beliebiger Stelle im internen RAM sein kann, steht nach einem Reset im Stackpointer der Wert 07. Somit beginnt der Stack an Adresse 08. Durch Beschreiben des Registers kann man den Anfang an eine beliebige Stelle legen.

DATENPOINTER (82 und 83)

Der Datenpointer, abgekürzt mit DPTR, hat ähnliche Funktionen wie der Programmzähler. Während letzterer benutzt wird, um Befehle aus dem ROM zu lesen, wird mit Hilfe des DPTR das externe RAM bei Schreib- und Lesebefehlen adressiert.

Lesebefehl: MOVX A,@DPTR
Schreibbefehl: MOVX @DPTR,A

Darüber hinaus kann man ihn benutzen, um aus dem ROM Tabellenwerte zu lesen, z.b. die Codes für eine 7-Segmentanzeige.

Der Befehl: MOVC A,@A+DPTR

addiert zum Inhalt des DPTR den momentanen Inhalt von A und liest an der so errechneten Adresse des ROMs den Wert aus, der anschließend in A steht. Zum Springen ist der DPTR ebenfalls gut:

Der Befehl: JMP   @A+DPTR

führt eine Addition beider Register aus und lädt den Programmzähler mit dem Ergebnis.

Der DPTR ist ein 16-Bit-Register, dessen Low-Wert an Adresse 82 und dessen High-Wert an Adresse 83 des internen RAMs steht. Der Inhalt des DPTR kann auf drei Arten verändert werden:

1. Die beiden Befehle MOV 82#Daten und MOV 83#Daten beschreiben den DPTR.

2. Dasselbe kann mit einem einzigen Befehl erreicht werden:
    MOV   DPTR#16Bit-Daten.

3. Der Befehl INC DPTR erhöht den Inhalt des 16-Bit-Registers um Eins.

PORTS 0 bis 3   (80, 90, A0, B0)

Zum Beschreiben und Lesen der Ports müssen die Adressen 80 bis B0 angesprochen werden. Will man über Port 1 das Bitmuster 1101 0010 ausgeben, muß die Adresse 90 mit diesem Wert ($D2_h$) beschrieben werden. Der Befehl MOV 90#D2 führt das aus. Gelesen wird dieser Port mit MOV A,90. Mehr über die Eigenschaften der Ports im Abschnitt 7 "Die Ports".

SERIELLER DATENPUFFER (99)

Tatsächlich besteht der serielle Datenpuffer, abgekürzt mit SBUF, aus zwei getrennten 8-Bit-Registern, die über dieselbe Adresse erreichbar sind. Beschreibt man den SBUF, gehen die Daten automatisch in das Übertragungsregister, gleichzeitig wird die serielle Übertragung gestartet. Ein Lesen des SBUF liest immer den Empfangspuffer. Mehr über den SBUF im Abschnitt 10 "Der serielle Port".

TIMER   (8A,8C und 8B,8D)

Die Registerpaare TL0/TH0 und TL1/TH1 bilden die beiden 16-Bit-Timerregister. Über die vielfältigen Verwendungsmöglichkeiten informiert der Abschnitt 9 "Die Timer".

KONTROLLREGISTER   (87, 88, 89, 98, A8 und B8)

Die Kontrollregister dienen zum Steuern der Timer, der Interrupts etc. Ihre Beschreibung ist .in den nachfolgenden Abschnitten (Kapitel 1) zu finden.

---

7. Die Ports

Benutzung der Ports:

Die Ports bilden den einzigen Weg der CPU, um Ergebnisse mitzuteilen und auf Anforderungen von der Außenwelt zu reagieren. Auch bilden die Ports häufig die einzige Möglichkeit festzustellen, ob das Programm richtig arbeitet. Von den vier Ports stehen in den ROMlosen Versionen nur drei zur Verfügung. Davon sind nur zwei bidirektional, d.h. können als Ausgänge oder als Eingänge benutzt werden, und zwar kann jeder Pin einzeln als Ausgang oder Eingang definiert werden. Das sind die Ports 1 und 3. Port 2 ist in diesen Bausteinen nur Ausgabeport und seine Daten müssen zwischengespeichert werden, da er für gewöhnlich das Adressen-High-Byte ausgibt. Port 0 wird immer für das Adressen-Low-Byte und den Bus verwendet und fällt als Port damit weg. In Kapitel 3 ist beschrieben, wie dennoch eine parallele Ausgabeporterweiterung über Port 0 erfolgen kann. Lediglich die Versionen, die ein internes ROM besitzen und mit ihm auskommen und die nicht auf einen externen Datenspeicher zugreifen, kommen in den Genuß von 4 bidirektionalen Ports.

Ein Pin wird wie folgt als Ausgang definiert:

- Man verbinde den Pin mit dem anzusteuernden Gerät, das digitale Signale akzeptiert, z.B. eine LED oder ein Transistor.
- Man beschreibe den Pin mit dem gewünschten Ausgabewert: Soll der npn-Transistor sperren, mit Null; soll er den Stromfluß freigeben, mit Eins. Für einen pnp-Transistor gilt es umgekehrt.

Angenommen, die Basis eines npn-Transistors ist mit Port 1,4 (= Pin 5) verbunden. Der Transistor wird nach folgendem Befehl freigegeben: SETB 94 und nach folgendem gesperrt: CLR 94.

Port 1 steht in den SFR an Adresse 90, Bit vier hat die Adresse 94. Durch Anwendung dieser Befehlsfolge kann man also einen Sekundärstromkreis ein- bzw. ausschalten.

Ein Pin wird wie folgt als Eingang definiert:

- Man verbinde den Pin mit einem signalgebenden Gerät, das digitale Pegel erzeugt, z.B. ein Taster, ein Flip-Flop, ein Schwingkreis, eine Lichtschranke etc.
- Man setze den Pin auf Eins mit dem SETB-Befehl.
- Man teste diesen Pin durch einen bedingten Sprungbefehl JB. Das Programm verzweigt, wenn der Pin noch auf High-Pegel liegt, und es wird fortgesetzt, wenn er an Masse liegt. Der Testbefehl JNB wirkt in umgekehrter Weise: Das Programm wird bei High fortgesetzt und bei Low-Pegel erfolgt der Sprung. Letzterer Befehl ersetzt folgende Fragestellung: Ist der Eingang Plus? Wenn nein, springe, sonst fahre mit dem Programm fort.

Die vier Ports stehen im internen RAM an den Adressen:

Port 0:	80
Port 1:	90
Port 2:	A0
Port 3:	B0

Die Adressen enden mit Null und sind somit bitadressierbar.

Mikrocontroller Kochbuch

Im 8031 ist Port 0 nicht verfügbar. Das Register 80 steht trotzdem aber nicht als allgemeines RAM-Register zur Verfügung, weil die CPU über Port 0 Befehle und Daten einliest und somit vor jedem Befehlszyklus Port 0 mit Einsen füllt, um ihn als Eingang zu definieren. Ein Schreiben in diesen Port würde nicht die Befehlsaufnahme stören, hätte aber keine Wirkung, da die Daten sofort mit Einsen überschrieben würden. Somit ist diese Operation sinnlos.

Port 2 kann im 8031 bestenfalls als Ausgabeport fungieren, da über ihn das Adressen-High-Byte ausgegeben wird. Der Inhalt von Register A0 erscheint als Inhalt von Port 2 nur bei zwei Befehlen: MOVX A,@Rr und MOVX @Rr,A. Gleichzeitig gibt die CPU ein Schreib- bzw. Lesesignal aus, mit dessen Hilfe diese Information zwischengespeichert werden kann.

Port 1 steht in allen Fällen als bidirektionaler Port zur Verfügung. Lediglich im 8032 kann man den Pins P1,0 und P1,1 Sonderfunktionen zuweisen. Es sind dies:

P1,0:   T2   = Externer Eingang für Zähler 2
P1,1:   T2EX   = Timer 2 Capture-Reload-Schalter

Port 3 kann ebenfalls als bidirektionaler Port verwendet werden, erfüllt darüber hinaus noch Zweitfunktionen, die, falls verwendet, die Zahl der I/O-Pins reduzieren. Die Zweitfunktion kann genau dann wahrgenommen werden, wenn der Inhalt des entsprechenden Bits eine Eins aufweist. Folgende Alternativen sind möglich:

Port Pin	Pin-Nr.	Bezeichnung und Funktion	
P3,0	10	RXD	Eingang für die serielle Datenübertragung
P3,1	11	TXD	Ausgang für die serielle Datenübertragung
P3,2	12	INT0	Externer Interrupt 0
P3,3	13	INT1	Externer Interrupt 1
P3,4	14	T0	Eingang für Timer 0 oder Zähler 0
P3,5	15	T1	Eingang für Timer 1 oder Zähler 1
P3,6	16	WR	Schreibsignal für ein externes RAM
P3,7	17	RD	Lesesignal für ein externes RAM

Tabelle 1-2. Port 3 Zweitfunktionen

Struktur der Ports:

Obwohl die Ports fast identische Eigenschaften haben, ergeben sich auf Grund unterschiedlicher Verwendungsmöglichkeiten geringfügige Hardwareunterschiede. An den folgenden vier Abbildungen werden die Unterschiede und Gemeinsamkeiten dargestellt.

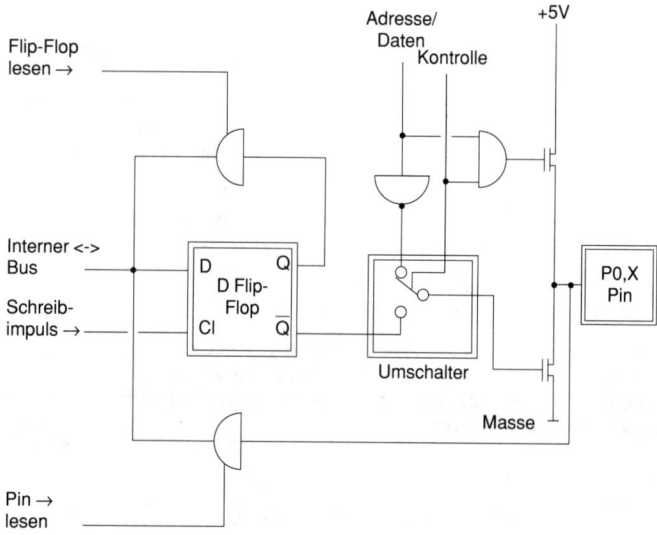

Bild 1-11. Port 0 Bit

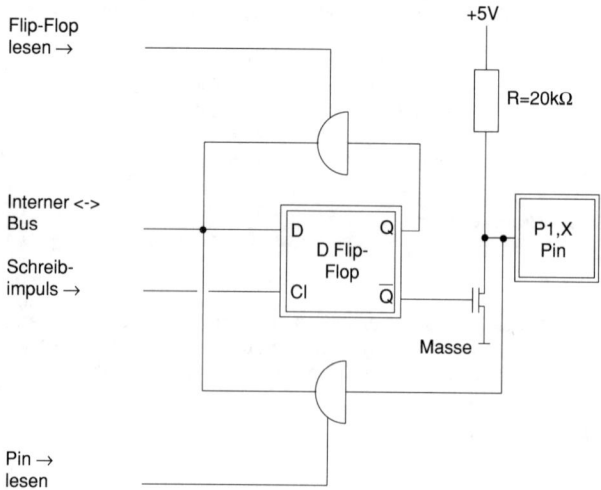

Bild 1-12. Port 1 Bit

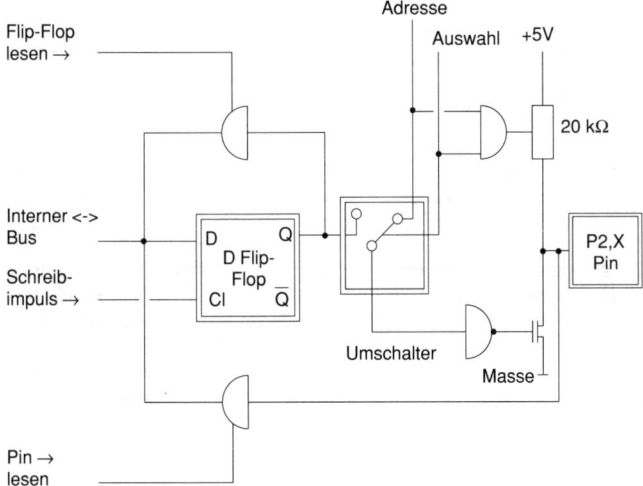

Bild 1-13. Port 2 Bit

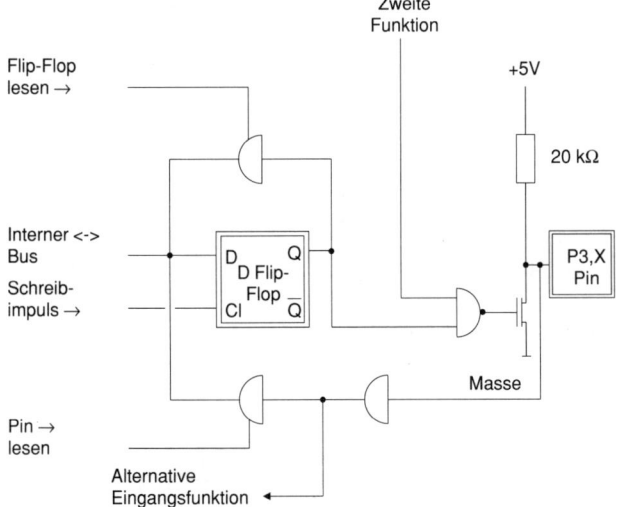

Bild 1-14. Port 3 Bit

Überblickt man die interne Portstruktur, fällt auf, daß allen gemeinsam ist ein Einzelbitspeicher in Form eines D Flip-Flops, ein Lesepuffer zur Rückführung des Q-Ausgangs auf den internen Bus, ein Lesepuffer zur Überführung des Pinzustandes auf den Bus sowie eine Spannungsteilerschaltung vor dem Pinausgang.

In Port 1 sind diese Anordnungen am einfachsten zu überblicken. Schreibt die CPU eine Eins an den Pin, wird die Information im D Flip-Flop gespeichert. Der Q-Ausgang führt Plus, der Q-Ausgang-Minus. Letzterer ist mit dem Feldeffekttransistor (FET) vom npn-Type verbunden. Der Low-Pegel sperrt den FET, und der P1.X-Pin liegt über dem Pull-Up-Widerstand von 20 kΩ an Plus. In diesem Zustand kann ihm ein Strom von ca. 0,25 mA entnommen werden, was gerade reicht, um 4 LS-TTL-Eingänge zu treiben. Dieser Pull-Up-Widerstand besteht nicht aus einem Ohmschen Widerstand, sondern aus einem FET. Parallel zu diesem hochohmigen FET existiert ein zweiter (in den Bildern 11-14. nicht dargestellt), der in der Regel sperrt. Wird eine Eins in das D Flip-Flop geschrieben, so wird dieser FET für die kurze Zeit von zwei Oszillatorperioden eingeschaltet. Über ihn kann 100mal mehr Strom fließen als über den normalen FET. Diese Vorkehrung ist notwendig, um die Schaltgeschwindigkeit zu erhöhen und um eine saubere positive Flanke zu erhalten, insbesondere wenn kapazitive Lasten wie z.B. CMOS-Eingänge mit den Pins verbunden sind, und erlaubt einen Stromstoß bis zu 30 mA.

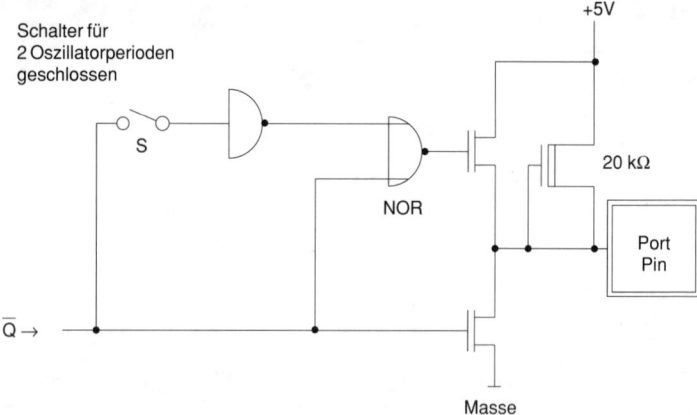

Bild 1-15. Struktur des Pull-Up-Widerstandes

Wird in Port 1 eine Null geschrieben, geht der Q-Ausgang des Flip-Flops auf Plus und schaltet den Pull-Down-nFET durch. Der Pin ist nun niederohmig mit Masse verbunden und kann einen Strom bis 30 mA liefern. Es wird dabei in Kauf genommen, daß über den Pull-Up-pFET ein Leckstrom von 0,25 mA fließt. Nun wird auch klar, weshalb das Flip-Flop mit Eins beschrieben werden muß, wenn der Pin als Eingang dienen soll. Eine äußere Quelle kann nun mühelos an den Pin Masse legen. Sie wird in diesem Fall lediglich mit einem Strom von 0,25 mA belastet, im Falle eines positiven Signals überhaupt nicht. Wird der Pin gelesen, kann die CPU sehr wohl zwischen einem Eingangssignal von Plus oder Minus unterscheiden. Wäre das Flip-Flop mit Minus beschrieben, läge der Pin an Masse, und es würde zu einem Kurzschluß kommen, wenn eine äußere Quelle positives Signal einzugeben versucht. Diese Pull-Up-Struktur findet sich in den Ports 1, 2 und 3.

Etwas anders ist diese Struktur in den CMOS-Versionen; da besteht der Pull-Up aus drei pFETs. Es sei hier daran erinnert, daß ein n-Kanal FET (nFET) angeschaltet ist, wenn eine logische Eins am Gate anliegt, und ausgeschaltet ist bei einer logischen Null. Bei einem p-Kanal FET (pFET) ist es umgekehrt: er ist an bei einer Null und aus bei einer Eins am Gate. pFET 1 in Bild 1-16. ist der Transistor, der für zwei Oszillatorperioden nach einem 0-1 Übergang im Portspeicher eingeschaltet wird. Während er an ist, schaltet er den pFET 3 über den Inverter aus. Dieser Inverter und der pFET 3 bilden eine Schaltung, die die Eins speichert. Wenn der Pin eine Eins ausgibt, beachte man, daß ein negatives Signal von einer externen Quelle den pFET 3 ausschalten kann, was bewirkt, daß der Pin intern spannungslos wird. pFET 2 bildet einen sehr großen Widerstand, der immer dann wirksam ist, wenn der nFET aus ist, wie bei CMOS-Bausteinen üblich. Er läßt nur ein Zehntel des Stromes von pFET 3 durch. Seine Funktion ist es, die Eins am Pin wiederauszugeben für den Fall, daß der Pin an Masse gezogen war.

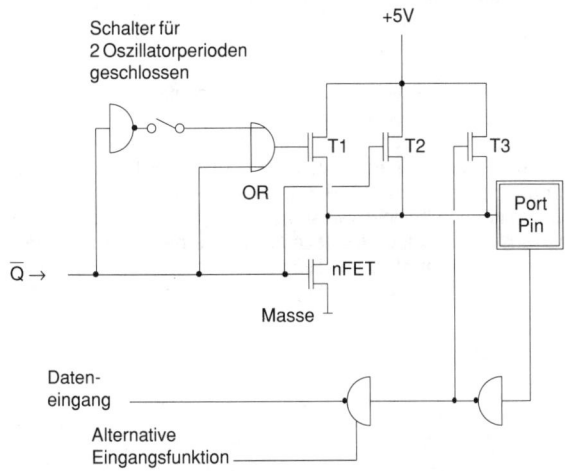

Bild 1-16. Struktur des Pull-Up-Widerstandes in CMOS-Bausteinen

Man beachte, daß diese Pull-Up-Konfiguration in Port 0 nicht vorhanden ist. Der Pull-Up-FET in Port 0 wird nur bei der Ausgabe einer Eins während eines Zugriffes auf einen externen Speicher permanent verwendet und kann somit ebenfalls 30 mA liefern. Ansonsten ist er ausgeschaltet. Beim Einlesen von Daten wird er mit einer Eins beschrieben, was dazu führt, daß beide FETs ausgeschaltet sind. Der Port befindet sich im Tri-State. Deswegen werden auch im 8051 externe Pull-Ups benötigt, wenn man den Port als Ausgang verwenden will.

Mit Hilfe eines internen Kontrollsignals sind die Ausgangstreiberstufen der Ports 0 und 2 umschaltbar auf den internen Adreß- bzw. Datenbus , um auf externe Speicher zuzugreifen. Bei einem externen Zugriff bleibt der Inhalt von Port 2 unverändert, wohingegen Port 0 mit Einsen beschrieben wird.

Portbefehle:

In den Bildern 1-11. bis 1-14. erkennt man zwei Puffer, die normalerweise sperren und erst durch ein Signal freigegeben werden. Es ist somit möglich, den im Flip-Flop abgespeicherten Inhalt oder den Zustand des Pins zu lesen. Welcher Puffer freigegeben wird, hängt von der Art des Befehls ab. Die Befehle, die den Speicher lesen, sind solche, die den Wert lesen, ihn möglicherweise ändern und ihn zurückschreiben. Folgende Befehle tun das, sofern sie sich auf einen Port oder ein Bit des Ports beziehen:

ANL	(Logisches AND; z.B. ANL P1,A)
ORL	(Logisches OR; z.B. ORL P2,A)
XRL	(Logisches Exklusiv OR; z.B. XRL P3,A)
JBC	(Springe, wenn Bit = 1 und lösche das Bit; z.B. JBC P1,1+Zieladresse)
CPL	(Komplementiere das Bit; z.B. CPL P3,0)
INC	(Erhöhe Portwert um Eins; z.B. INC P2)
DEC	(Vermindere Portinhalt um Eins; z.B DEC P2)
DJNZ	(Vermindere Portinhalt um Eins und springe, wenn er nicht Null ist; z.B. DJNZ P3,Zielad.)

MOV   PX.Y,C (Schreibe den Wert des Carry-Bits an den Pin Y von Port X)
CLR   PX.Y   (Lösche Bit Y von Port X)
SET   PX.Y   (Setze Bit Y von Port X)

Es ist nicht offensichtlich, daß die letzten drei Befehle das ebenfalls tun. Wenn ein Bit in einem Port gesetzt oder gelöscht werden soll, macht das die CPU nicht einzeln. Zu diesem Zweck liest sie die kompletten acht Bits, verändert nur das eine adressierte und schreibt das modifizierte Byte an den Port zurück. Der Grund, weshalb man sich nicht mit dem Lesen des Pinzustandes zufrieden gibt, ist, mögliche Fehlinterpretationen des Spannungszustandes am Pin zu vermeiden. Diese können beispielsweise auftreten, wenn eine Eins am Portausgang die Basis eines npn-Transistors ansteuert. Liest nun die CPU den Pin anstelle des Speichers, kann die Basisspannung des Transistors den High-Pegel so weit senken, daß der Prozessor dies als Low-Pegel interpretiert. Das kann nicht passieren, wenn der Speicher gelesen wird.

Folgende Befehle geben den Pin-Lesepuffer frei, um mit den an den Pin anstehenden Daten weiterzuarbeiten:

```
MOV   A,PX
MOV   Rr,PX
MOV   PX,Datenadresse
PUSH  PX
XCH   A,PX
ADD   A,PX
ADDC  A,PX
SUBB  A,PX
CJNE  A,PX,kodierte Adresse
JB    PX.Y,kodierte Adresse
JNB   PX.Y,kodierte Adresse
```

Wenn in Port 3 die Zusatzfunktionen freigegeben sind, wird die am Pin anstehende Information augenblicklich ohne die Notwendigkeit eines Befehles in das Innere der CPU weitergeführt.

8. Die Zeittaktsteuerung (CPU Timing)

Alle MCS-51 Mikrocomputer haben einen internen Schwingkreis, der als Taktquelle für die CPU verwendet werden kann. Die Beschaltung des Schwingkreises findet sich in Abschnitt 11 "Der Oszillator".

Der Multiplexbetrieb:

Damit ein Prozessor 64 KByte Adreßraum ansprechen kann, muß er 16 Adreßleitungen ausgeben. Für die Aufnahme eines Daten- oder Befehlsbyte benötigt er acht Eingänge. Für die vier Ports wären im 8031 weitere 32 Anschlüsse nötig, und für die Sonderfunktionen weitere elf. Bild 1-17. zeigt einen Chip, der all diese Funktionen zu derselben Zeit ausführen kann.

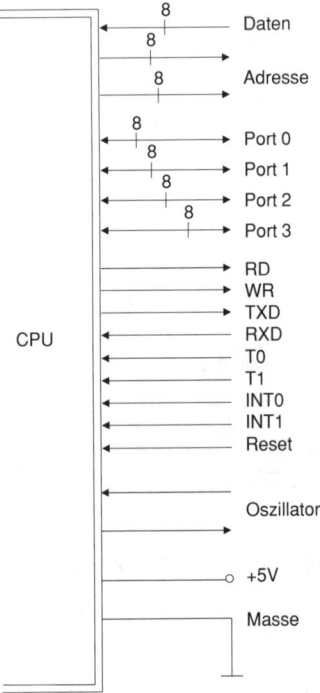

Bild 1-17. 8031 ohne Multiplexbetrieb

Für diesen Chip wäre ein Gehäuse mit 69 Pins notwendig. Um nahezu die gleichen Funktionen in das vierzigpolige Standardgehäuse unterzubringen, wurde für den Adreßbus ein Multiplexbetrieb gewählt. Die Ports 0 und 2 geben die Adresse aus. Danach erscheint ein Signal, mit dessen Hilfe sich das Low-Byte, das über Port 0 ausgegeben wird, in einem externen 8-Bit-Speicher auffangen läßt, das Adreß-Latch-Enable (ALE) Signal. Zusätzlich gibt die CPU ein zweites Signal aus, das das externe ROM ein- bzw. ausschalten kann, das Programm Store Enable (PSEN) Signal. Das ROM wird also nicht über Port 0 adressiert, sondern über den Adreßzwischenspeicher und Port 2. Nachdem das Low-Byte im Zwischenspeicher ist, geht Port 0 in Erwartung einzulesender Daten in den Tri-State und gibt mittels PSEN-Signal das ROM frei. Über den Bus fließen nun an Port 0 die gewünschten Daten (Bild 1-6.).

Das alles muß aber zeitlich exakt übereinstimmen, und dazu benötigt die CPU einen Taktgenerator, der im 8031 integriert ist. Das vierzigpolige Gehäuse zwingt zum Multiplexbetrieb und führt zum Verlust zweier Ports.

Mikrocontroller Kochbuch

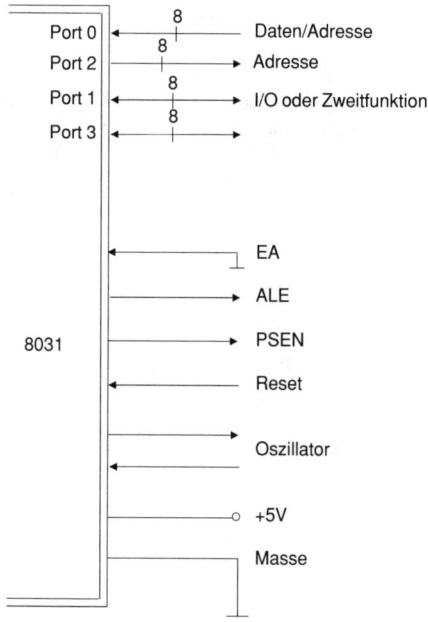

Bild 1-18. Der 8031 im 40poligen Gehäuse mit Multiplexbetrieb

Der Maschinenzyklus:

Der interne Taktgenerator legt die Reihenfolge der Zustände fest, die einen Maschinenzyklus bilden. Ein Maschinenzyklus besteht aus einer Sequenz von sechs Zuständen, die mit Z1 bis Z6 bezeichnet werden. Die Zeit für einen Zustand Z beträgt zwei Oszillatorperioden P1 und P2 lang. Somit benötigt ein Maschinenzyklus 12 Perioden oder mit anderen Worten: Bei einer Schwingfrequenz von 12 MHz dauert ein Maschinenzyklus 1 µs. Die Zeitangaben in diesem Buch beziehen sich, wenn nicht anders vermerkt, auf die Oszillatorfrequenz von 12 MHz.

Jeder Zustand besteht zur Hälfte aus Phase 1 und zur anderen Hälfte aus Phase 2. Für den praktischen Einsatz des Prozessors ist es sehr wichtig, die folgenden Diagramme ständig vor Augen zu haben. Sie zeigen für verschiedene Arten von Befehlen deren Einlesung (Fetch) aus einem externen ROM und ihre zeitliche Weiterverarbeitung in der CPU. Auffallend ist, daß von einer Ausnahme abgesehen in jedem Fall während eines Maschinenzyklus zwei Zugriffe auf das ROM erfolgen, selbst wenn es sich nur um einen Ein-Byte-Befehl handelt wie z.B. INC A.

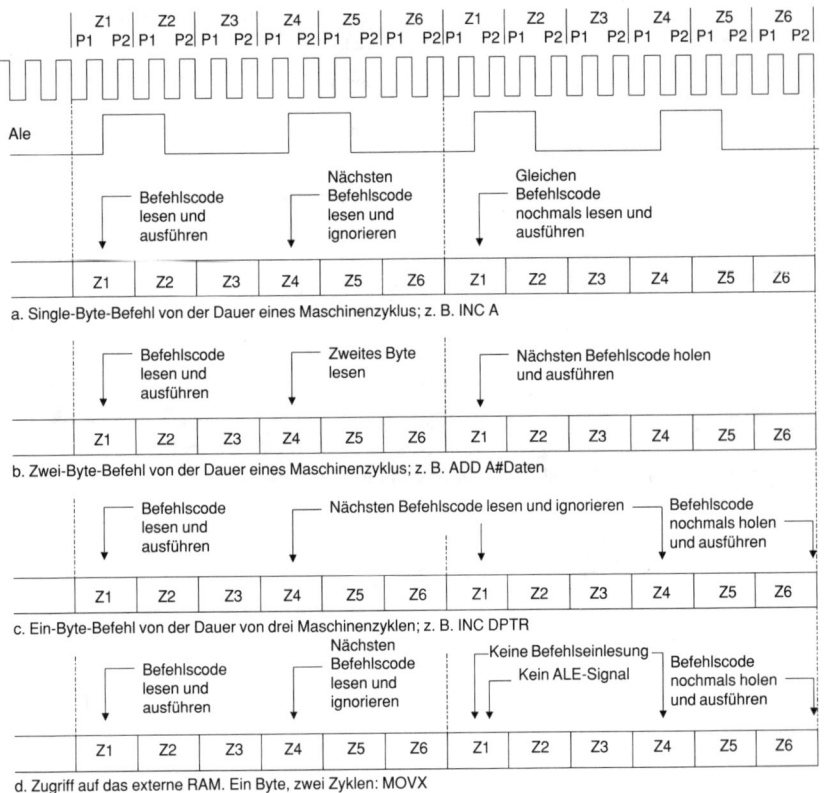

a. Single-Byte-Befehl von der Dauer eines Maschinenzyklus; z. B. INC A

b. Zwei-Byte-Befehl von der Dauer eines Maschinenzyklus; z. B. ADD A#Daten

c. Ein-Byte-Befehl von der Dauer von drei Maschinenzyklen; z. B. INC DPTR

d. Zugriff auf das externe RAM. Ein Byte, zwei Zyklen: MOVX

Bild 1-19.a-d. Einlesung von Befehlen und Daten

Im Zustand 1 wird der Befehl eingelesen, decodiert und je nach Art des Befehls im Zustand 4 ein Folgebyte geholt. Ist ein zweites Byte für die Durchführung des Befehls nicht notwendig (Bild 1-19.a.), wird trotzdem die folgende Programmspeicheradresse eingelesen, deren Inhalt aber ignoriert. Das geschieht bei allen Ein-Byte-Befehlen. Benötigt ein Ein-Byte-Befehl zwei Maschinenzyklen (Bild 1-19.c.), so erfolgt ein blinder Speicherzugriff dreimal, im Falle der Multiplikations- bzw. Divisionsbefehle, die jeweils vier Maschinenzyklen dauern, sogar siebenmal. Erst danach wird mit unverändertem Programmzählerinhalt der Folgebefehl geholt und ausgeführt. Damit ist auch erklärbar, weshalb es Zwei-Byte-Befehle gibt, die trotz der benötigten zwei Bytes nur einen Maschinenzyklus brauchen (Bild 1-19.b.). Das Befehlsbyte wird im Zustand 1 eingelesen, das Datenbyte im Zustand 4. Befehle, die aus drei Bytes bestehen, benötigen natürlich 2 Maschinenzyklen. Auch hier erfolgt im zweiten Zyklus an der Stelle Z4 ein blinder Speicherzugriff. Das ALE-Signal wird nahezu kontinuierlich mit einem Sechstel der Oszillatorfrequenz ausgegeben und eignet sich daher zum Takten von eventuell benötigten externen Peripheriegeräten. Nur bei einer Befehlsart (MOVX), den Zugriffen auf externes RAM, setzt das ALE-Signal einmal aus (Bild 1-19.d.). Sie benötigen zwei Maschinenzyklen. Kein Programmspeicherzugriff wird erzeugt während des zweiten Zyklus.

Bild 1-20. zeigt die vollständigen Signale und den zeitlichen Ablauf bei einem Zugriff auf externe Speicher.

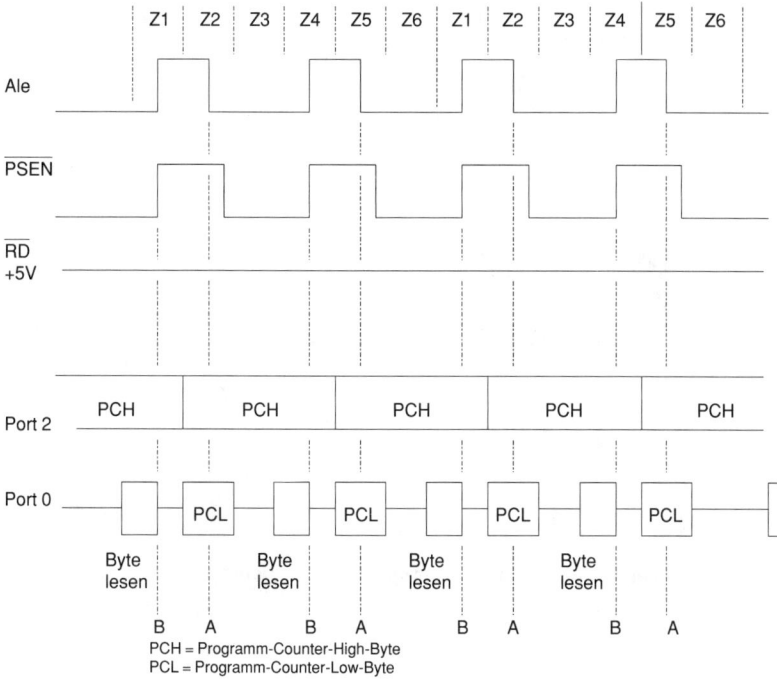

PCH = Programm-Counter-High-Byte
PCL = Programm-Counter-Low-Byte

Bild 1-20.a. Zugriff auf den externen Programmspeicher (ohne MOVX)

An der Stelle A (Bild 1-20.a.) gibt Port 0 das Adressen-Low-Byte aus, das mittels negativer Flanke des ALE-Signals in einem 8-Bit-Speicher zwischengespeichert werden muß. Denn wenn der Programmspeicher an der Stelle B den adressierten Inhalt zum Einlesen an die CPU ausgeben soll, muß zu diesem Zeitpunkt die vollständige Adresse bei ihm vorliegen. Der PSEN-Ausgang des Prozessors ist mit dem Output-Enable (OE) des Speichers verbunden. Solange das PSEN-Signal an Masse liegt, gibt der Speicher die adressierten Daten auf den Bus. Um nicht in Konflikt mit dem von Port 0 ausgegebenen Programmzähler Low-Byte zu geraten, wird dieser mit ALE zwischengespeichert, und Port 0 geht in den Tri-State. Zu dem Zeitpunkt, an dem das PSEN-Signal von Masse an Plus geht (Stelle B), liest der Prozessor die Daten in das Befehlsregister ein. Wird kein weiteres Byte zur Ausführung des Befehls benötigt, greift die CPU jetzt mit dem um Eins erhöhten Programmzähler dennoch auf das ROM zu, gibt das Datum aber nicht in das Befehlsregister. Erst wenn der Maschinenzyklus ganz abgelaufen ist, holt sich die CPU mit unverändertem Programmzähler denselben Befehl nochmals und schreibt ihn jetzt in das Befehlsregister.

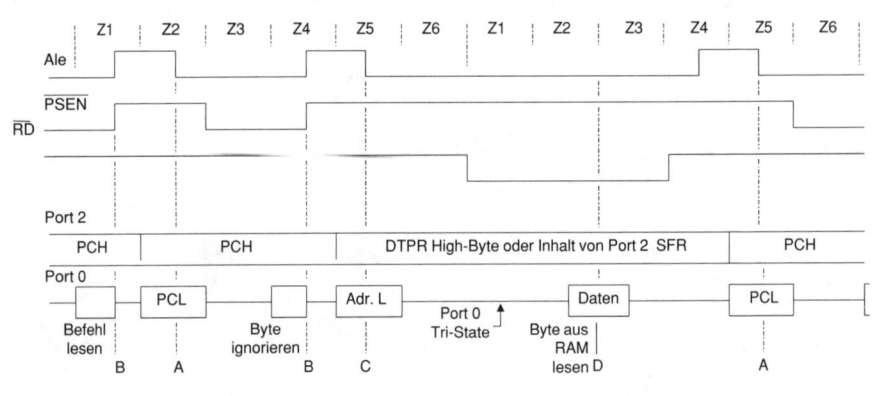

PCH = Programm -Counter-High-Byte
PCL = Programm-Counter-Low-Byte
Adr.L = Adresse Low

Bild 1-20.b. Lesen aus dem externen Datenspeicher (mit MOVX)

Die einzige Ausnahme von dieser permanenten Taktstruktur bildet der Schreib- oder Lesebefehl auf ein externes RAM. Im Zustand 1 des ersten Maschinenzyklus holt sich die CPU den Befehl MOVX, decodiert ihn und stellt fest, daß auf das externe RAM zugegriffen werden soll. Die darauffolgende Befehlseinlesung an der Stelle B wird, wie oben geschildert, ignoriert. An der Stelle C erscheint bei Port 0 nun nicht wie üblich der Programmzähler Low, sondern in Abhängigkeit von der genauen Art des Befehls das Datenpointregister Low (MOVX A,@DPTR), der Inhalt des Registers 0 (MOVX A,@R0) oder Register 1 (MOVX A,@R1). Im Falle des ersten Befehls gibt Port 2 den High-Anteil des Datenpointregisters aus. Werden die Register zur Adressierung benutzt, so tritt im 8031 der einzige Fall auf, daß über Port 2 auch tatsächlich der Inhalt des Spezialfunktionsregisters Port 2 ausgegeben wird, der mit der positiven Flanke des $\overline{RD}$-Signals aufgefangen werden kann. In ähnlicher Weise läßt sich auch der Inhalt des Datenpointregisters als Ausgabeport verwenden, so daß man mit diesem Kunstgriff bis zu 5 weitere Ausgabeports erhalten kann (Kapitel 3), man muß allerdings auf ein externes RAM verzichten.

An Stelle D werden die Daten, die durch negativen Pegel des $\overline{RD}$-Signals aus dem RAM auf dem Bus liegen, von der CPU in den Akku gelesen. Das $\overline{PSEN}$-Signal muß bei diesem Vorgang inaktiv bleiben, da sonst die Daten aus dem ROM mit den Daten aus dem RAM auf dem Bus kollidieren würden. An der folgenden Stelle A beginnt nun mit dem Abspeichern des Programmzählers Low das Einlesen des folgenden Befehls.

Bei einem Schreiben in das externe RAM sind die Signale von ALE und $\overline{PSEN}$ identisch mit denen des Lesezyklus (Bild 1-20.b.). Der Unterschied besteht darin, daß das $\overline{RD}$-Signal durch das $\overline{WR}$-Signal ersetzt wird, das $\overline{RD}$-Signal liegt beständig an Plus. Ein Unterschied besteht auch in dem Verhalten von Port 0. Während er beim Lesen nach Ausgabe der Adresse Low in den Tri-State übergeht, um Daten an der Stelle C einzulesen, gibt er beim Schreiben sofort das Datum aus, das im RAM während des negativen Pegels des $\overline{WR}$-Signals gespeichert wird (Bild 1-20.c.).

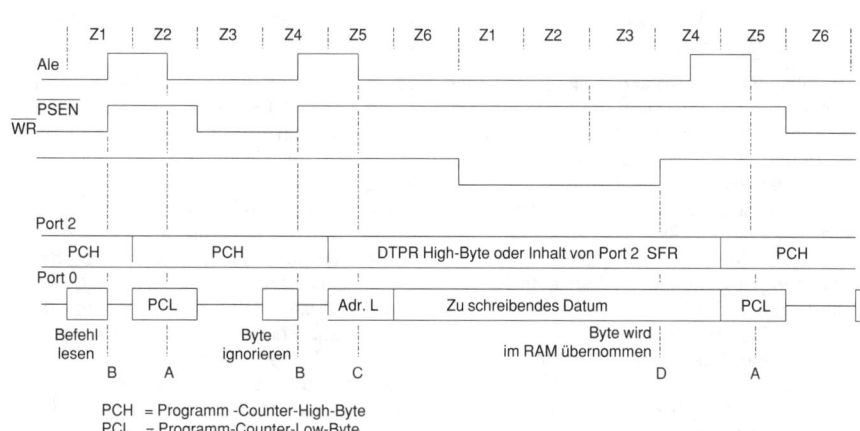

PCH = Programm -Counter-High-Byte
PCL = Programm-Counter-Low-Byte
Adr.L = Adresse Low

Bild 1-20.c. Schreiben in den externen Datenspeicher (mit MOVX)

Man beachte, daß ein Zugriff auf das externe RAM immer zwei Maschinenzyklen benötigt.

Wenn sich in den ROM-Versionen der Zugriff auf den internen Programmspeicher bezieht, wird die Programmadresse nicht ausgegeben und das $\overline{PSEN}$-Signal nicht aktiviert. Das ALE-Signal jedoch bleibt auch in diesem Fall aktiv, ausgenommen bei einem MOVX-Befehl, und kann als Taktausgangssignal verwendet werden.

9. Die Timer

Wenn man in Maschinensprache programmiert, muß man sich um alles kümmern, die Lage des Programm- und Datenspeichers, die Interruptsteuerung, die Lage des Stacks etc. Ein wesentlicher Punkt, um den kaum ein Programm herumkommt, ist die Kontrolle über die Zeit. Obwohl Hochgeschwindigkeit gewünscht wird, ist die CPU in vielen Fällen zu schnell, besonders bei der Steuerung von Relais, Maschinen etc. Die Zeit in den Griff zu bekommen, dazu sind in erster Linie die Zähler oder Timer da. Darüber hinaus sind sie noch für eine Reihe anderer Dinge gut.

Als Spezialfunktionsregister sind die Timer an den Adressen 8A bis 8D les- und beschreibbar. Jeder von ihnen benötigt als 16-Bit-Register 2 Bytes. Man achte auf die etwas unregelmäßige Aufteilung der Adressen:

Timer 0 Low:	8A
Timer 0 High:	8C
Timer 1 Low:	8B
Timer 1 High:	8D

Jeder Timer läßt sich auch als Zähler verwenden. Man muß ihn dazu im Timer-Control-Register TMOD umschalten.

In der Timerfunktion wird der Inhalt des Registers bei jedem Maschinenzyklus um eins erhöht. Er kann somit die Maschinenzyklen zählen. Da ein Maschinenzyklus aus 12 Oszillatorperioden besteht, beträgt die Zählrate ein Zwölftel der Oszillatorfrequenz. Man hat somit bei einem Quarz von 12 MHz eine Zeitbasis von einer Millionstel Sekunde = 1 µs.

Als Zähler wird der Registerinhalt genau dann um eins erhöht, wenn von außen ein 1- nach 0-Übergang am korrespondierenden Pin auftritt. Dabei ist Pin T0 mit dem Zähler 0 und T1 mit Zähler 1 verbunden. T0 und T1 finden sich als Zweitfunktion in Port 3. Es sind die Pins Nr. 14 und 15 des 40poligen Gehäuses. In diesem Fall wird der Zustand der Pins in jedem Maschinenzyklus und zwar im Zustand 5, Phase 2 (Bild 1-19.) überprüft. Wenn sich der Pin in einem High-Zustand und im nächsten Maschinenzyklus in einem Low-Zustand befindet, wird der Inhalt des Zählers um eins erhöht. Der neue Wert wird allerdings erst an Stelle Z3,P1 (Bild 1-19.) des folgenden Maschinenzyklus in das Register geschrieben. Somit dauert die Erkennung einer negativen Flanke an T0 oder T1 zwei Maschinenzyklen, das sind 24 Oszillatorperioden. Die Zählrate ist daher auf ein Vierundzwanzigstel der Oszillatorfrequenz beschränkt. Die maximale Zählfrequenz beträgt also 500 kHz. An die Flankensteilheit wird nur insofern eine Bedingung gestellt, als daß der Pegelwechsel innerhalb eines Maschinenzyklus erfolgen muß. Das Tastverhältnis kann beliebig sein, jedoch sollte die Impulsbreite so lang wie ein Maschinenzyklus sein, um zu gewährleisten, daß der Pegel vor der Änderung mit Sicherheit erkannt wird.

Timer und Zähler sind also identisch bis auf die Herkunft ihrer Signale. Als Timer sind es die Impulse des Oszillators, als Zähler externe Ereignisse. Die Wahl, ob Zähler oder Timer, erfolgt durch Beschreiben des Kontrollbits C/T̄ im Spezialfunktionsregister TMOD. Jeder der zwei Timer kann auf vier Arten betrieben werden, sie sind ebenfalls in TMOD einstellbar. Modus 0, 1 und 2 ist für beide Timer derselbe, Modus 4 ist unterschiedlich.

Das Timermodus-Kontrollregister:
Register 89, TMOD:

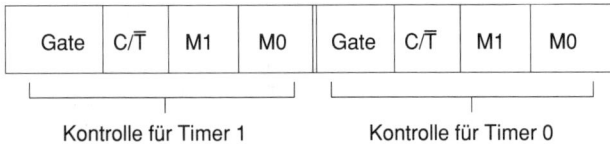

Gate	C/T̄	M1	M0	Gate	C/T̄	M1	M0

Kontrolle für Timer 1   Kontrolle für Timer 0

Symbol	Funktion
Gate	Ist der Inhalt dieses Bits Null, so werden die Timer/Zähler nur durch das Timer-Run-Bit (TR) im TCON-Register Nr. 88 ein- und ausgeschaltet. Ist der Inhalt Eins, so laufen Timer/Zähler nur dann, wenn der INT-Pin (Nr: 12 oder 13) Plus und das Timer-Run-Bit (TR) im TCON gesetzt ist. Diese Möglichkeit wird hauptsächlich zur Impulsbreitenmessung eingesetzt. Liegt der entsprechende INT-Pin an Plus, läuft der Timer, liegt er an Minus, steht der Timer. Man braucht nur jedesmal, wenn der INT-Pin an Masse liegt (mittels JB-Befehl) den Timer auszulesen und hat die Impulsbreite des Signals an T0 bzw. T1 in Millisekunden.
C/T̄	Damit erfolgt die Auswahl zwischen Zähler und Timer. Ist das Bit gesetzt, erfolgt die Zähleroperation. Ist das Bit gelöscht, ist der Timer aktiviert.
M1 M0	Mit diesen beiden Bits wird der Zählmodus eingestellt.

0 0	Das Low-Byte des Timers dient als 5-Bit-Vorteiler für das High-Byte (MCS-48 Timer).
0 1	Normalfall, kein Vorteiler. Low-Byte und High-Byte bilden ein 16-Bit-Register.
1 0	8-Bit selbstnachladender Timer/Zähler. Das High-Byte des Registers beinhaltet den Wert, der nach jedem Überlauf des Low-Bytes in das Low-Byte geschrieben wird.
1 1	Timer 0 bildet mit High- und Low-Byte zwei unabhängige 8-Bit-Timer/Zähler. Der Low-Byte-Zähler wird durch die Timer 0-Kontrollbits gesteuert, der High-Byte-Zähler durch Kontrollbits von Timer 1! Das hat zur Folge, daß Timer 1 mit diesem Bit nicht mehr gesteuert werden kann.

Modus 0 (Bild 1-21.).

Dieser Modus ist ein Relikt aus der MCS-48 Vorläuferfamilie. Es ist ein 8-Bit-Zähler, der als Timer nicht bei jedem Maschinenzyklus um Eins anwächst, sondern dessen Inhalt erst nach jedem zweiunddreißigsten Zyklus (32 = 2^5) erhöht wird. Als Zähler wird ebenfalls nur jeder zweiunddreißigste Impuls gezählt. Und zwar dient als Zählregister das High-Byte des betreffenden Zählers; die unteren fünf Bits des Low-Bytes, also Bits 0 bis 4, dienen als Vorteiler und teilen das Eingangssignal durch 32. Die oberen drei Bits des Low-Bytes sind in diesem Fall unbestimmt und sollten beim Lesen ignoriert werden. Man beachte, daß ein Start des Timers (durch Setzen des RUN-Bits TR) den Inhalt des Registers nicht löscht. In diesem Modus könnte man auch den Zähler als 13-Bit-Register auffassen (Bild 1-21.).

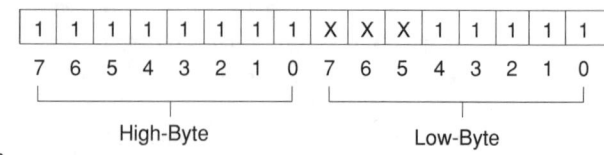

1: Aktive Bits   High-Byte   Low-Byte
X: Ruhende Bits

Bild 1-21. Timer/Zähler in Modus 0

Wenn man den genauen Wert des Zählerstandes erfahren will, kann man selbstverständlich den Inhalt des Vorteilers auslesen und verwerten. Wenn in allen dreizehn Bits Einsen stehen, läuft der Zähler beim nächsten Impuls über. Dabei geschieht folgendes:

1. Alle dreizehn Bits werden auf Null gesetzt.
2. Das Interrupt-Bit für den betreffenden Timer wird gesetzt.

Ob allerdings in eine entsprechende Interruptroutine verzweigt wird, hängt davon ab, ob der Interrupt freigegeben oder gesperrt ist.

Der Sinn dieses Timermodus wird deutlich, wenn man die Verwendung des Timers in der 48iger Familie betrachtet. Diese Bausteine werden mit einer niedrigeren Taktfrequenz betrieben, außerdem wird der Timer nicht in jedem Maschinenzyklus um eins erhöht, sondern nach jedem dritten. Dies führt zu einer Interruptfrequenz von ca. 50 Hz, eine Frequenz, die häufig zur Überwachung von Keyboards benutzt wird. Eine Verwendung dieses Modus hat im 8031 also nur dann Sinn, wenn eine sehr niedrige Taktfrequenz verwendet wird. Bei 12 MHz beträgt die durch diesen Modus ausgelöste Interruptfrequenz 1465 Hz.

Modus 1 (Bild 1-23.).

Im Modus 1 werden sämtliche Bits zum Zählen benutzt. Der Zähler ist also ein 16-Bit-Zähler. Als Interruptquelle verwendet, erzeugt er eine Frequenz von 183,1 Hz, die tauglich ist, die Zeitbasis für den Multiplexbetrieb einer Ziffernanzeige zu bilden. Ein Überlauf des Zählers hat dieselbe Wirkung wie in Modus 1.

Modus 2 (Bild 1-24.).

Modus 2 wird am häufigsten benutzt, da er sehr vielfältig verwendet werden kann. Es ist ein 8-Bit-Zähler mit automatischer Nachladung einer Konstanten beim Überlauf. Der Zähler wird durch das Low-Byte gebildet, der Konstantenspeicher durch das High-Byte. Das Beschreiben des High-Bytes erfolgt durch den Anwender und kann nach seinen Wünschen geschehen. Ein Überlauf des Zählers bewirkt folgendes:

1. Das Interrupt-Bit für den betreffenden Timer wird gesetzt.
2. Der Inhalt des Zähler-High-Bytes wird in das Low-Byte kopiert, das High-Byte wird dadurch nicht gelöscht.

Eine typische Verwendung dieses Modus liegt in der Realisierung einer Echtzeituhr auf Sekunden-, Hundertstelsekunden- oder Tausendstelsekundenbasis (Kapitel 4).

Modus 3 (Bild 1-25.).

Setzt man Timer 1 in diesen Modus, wird er gestoppt. Der aktuelle Inhalt des Timer 1 bleibt dabei erhalten. Der Effekt ist der gleiche, als würde man TR1 löschen. Setzt man Timer 1 in einen anderen Modus, so kann er durchaus weiterhin als Timer oder Zähler arbeiten, auch wenn Timer 0 sich in Modus 3 befindet. Dieser Modus wirkt also nur auf Timer 0. Low-Byte und High-Byte werden als zwei separate 8-Bit-Zähler eingerichtet. Nur das Low-Byte kann auch als Ereigniszähler verwendet werden, das High-Byte nur als Timer. Die Bits, die im Mode-Control-Register (TMOD) Timer 0 steuern, sind nun allein für das Low-Byte zuständig. Die Bits, die im Timer-Control-Register (TCON) für Timer 0 gelten, beziehen sich nun auf das Low-Byte, die Bits, die für Timer 1 gelten, auf das High-Byte. Der High-Byte-Zähler wird also durch Setzen von TR1 gestartet und durch Löschen gestoppt. Ein Überlauf desselben wird durch eine Eins im TF1-Bit angezeigt. Ist ein Timer 1-Interrupt erlaubt, so verzweigt das Programm dann in die Timer 1-Interruptroutine. Da das High-Byte von Timer/Zähler 0 hardwaremäßig nicht mit dem externen Eingang T1 verbunden ist, kann das High-Byte nicht als Ereigniszähler verwendet werden. Timer/Zähler 1 wird nur gestartet durch Verlassen seines Modus 3 und gestoppt durch das Versetzen in seinen Modus 3.

Modus 3 ist für Anwendungen vorgesehen, die einen zusätzlichen 8-Bit-Zähler benötigen. Mit Timer 0 in Modus 3 sieht es so aus, als hätte der 8031 drei Zähler. Aus- und einschalten kann man Timer 1, indem man ihn in Modus 3 wechseln läßt, oder er kann ruhig als Baudratengenerator für den seriellen Port benutzt werden oder für alle anderen Zwecke, die keinen Interrupt erfordern.

Das Timer-Kontrollregister:
Register 88, TCON (bitadressierbar):

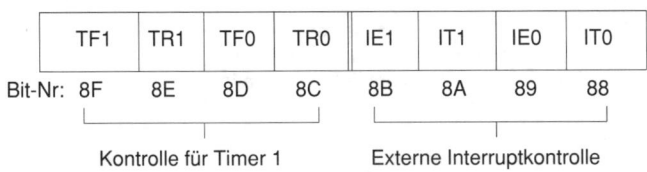

TF1	TR1	TF0	TR0	IE1	IT1	IE0	IT0

Bit-Nr: 8F   8E   8D   8C   8B   8A   89   88

Kontrolle für Timer 1   Externe Interruptkontrolle

Symbol   Funktion

TF1   Überlauf Flip-Flop für Timer 1. Dieses Flag wird jedesmal automatisch gesetzt, wenn der Timer oder Zähler 1 seinen Höchstwert überschritten hat und von vorne zu zählen beginnt. Befindet sich Timer 0 in Modus 3, führt ein Überlauf des High-Byte von Timer 0 ebenfalls zum Setzen von TF1.

TR1   Run-Bit für Timer/Zähler 1. Wird in dieses Bit eine Eins geschrieben, beginnt der Timer zu laufen, bzw. der Zähler zu zählen. Die Auswahl zwischen Timer und Zähler erfolgt in Register 89 (TMOD, Bit 6, C/T). Wird das Bit gelöscht, so stoppt der Timer/Zähler. Eine Ausnahme hiervon tritt ein, wenn Timer 0 sich in Modus 3 befindet, dann kontrolliert TR1 das High-Byte von Timer 0. Timer 1 hingegen ist nur durch Wechseln in seinen Modus 3 an- und abschaltbar.

TF0   Überlauf-Flip-Flop für Timer 0. Dieses Flag wird jedesmal automatisch gesetzt, wenn der Timer oder Zähler 0 seinen Höchstwert überschritten hat und von vorne zu zählen beginnt.

TR0   Run-Bit für Timer/Zähler 0. Wird in dieses Bit eine Eins geschrieben, beginnt der Timer zu laufen, bzw. der Zähler zu zählen. Die Auswahl zwischen Timer und Zähler erfolgt in Register 89 (TMOD, Bit 2, C/T). Wird das Bit gelöscht, so stoppt der Timer/Zähler.

Obwohl sich das Register Timerkontrolle nennt, dienen die unteren vier Bits der externen Interruptsteuerung Hier nur eine Kurzbeschreibung, Genaueres in Kapitel 1-12. Interrupts.

IE1   Interrupt 1-Edge-Flag. Das Bit wird durch die CPU gesetzt, wenn eine externe Interruptflanke erkannt wurde, und gelöscht, sobald der Interrupt ausgeführt wird.

IT1   Interrupt 1 Type. Das Bit entscheidet, von welchem Typ der Interrupt sein soll. Ist es gesetzt, reagiert die CPU auf eine negative Flanke am INT1-Pin, ist es gelöscht, löst negativer Pegel am INT1-Pin den Interrupt aus.

IE0   Interrupt 0-Edge-Flag. Das Bit wird durch die CPU gesetzt, wenn eine externe Interruptflanke erkannt wurde, und gelöscht, sobald der Interrupt ausgeführt wird.

IT0   Interrupt 0 Type. Das Bit entscheidet, von welchem Typ der Interrupt sein soll. Ist es gesetzt, reagiert die CPU auf eine negative Flanke am INT0-Pin, ist es gelöscht, löst negativer Pegel am INT0-Pin den Interrupt aus.

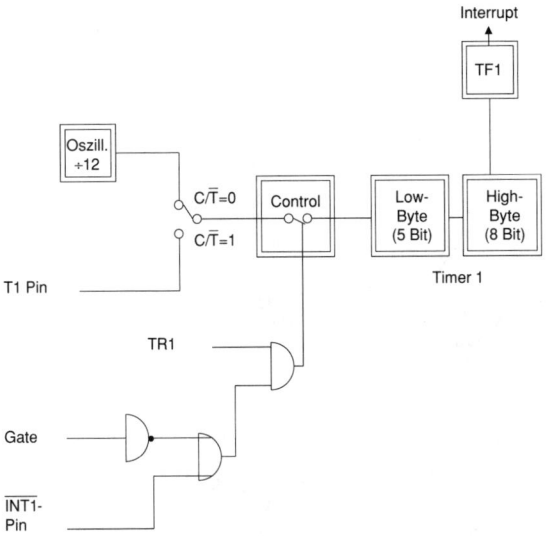

Bild 1-22. Timer/Zähler 1; Modus 0: 13-Bit-Zähler

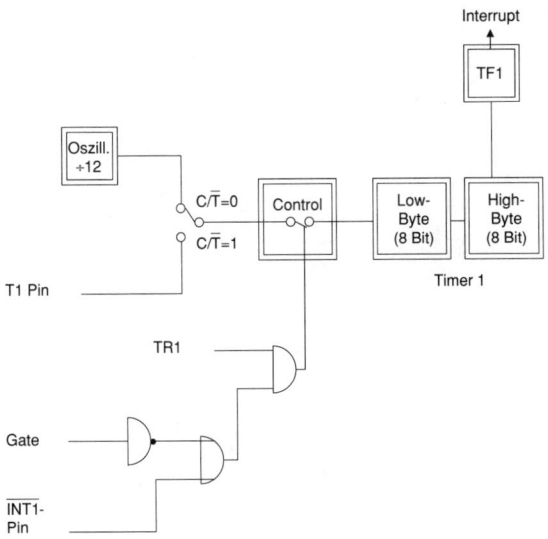

Bild 1-23. Timer/Zähler 1; Modus 1: 16-Bit-Zähler

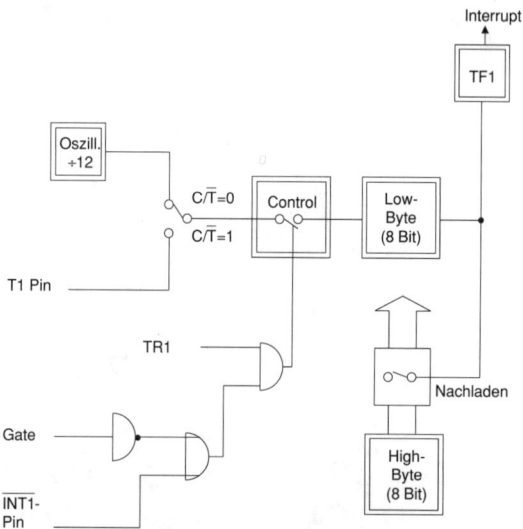

Bild 1-24. Timer/Zähler 1; Modus 2: 8-Bit-Nachladung

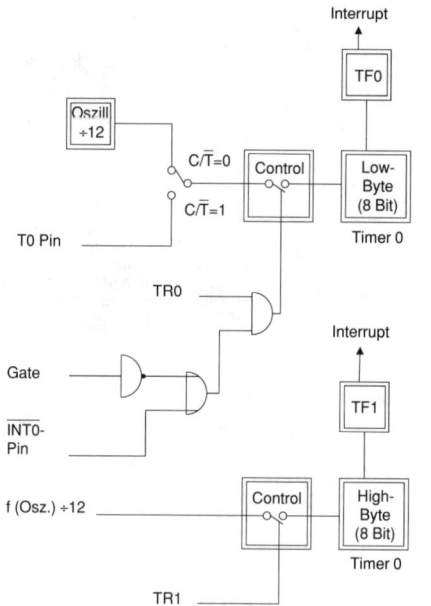

Bild 1-25. Timer/Zähler 0; Modus 3: Zwei 8-Bit-Zähler

Mikrocontroller Kochbuch

Timer 2 ist nur zusätzlich im 8032 vorhanden und ist ebenfalls ein 16-Bit-Zähler. Wie die Zähler 0 und 1 kann er als Timer oder Ereigniszähler operieren. Die Auswahl wird im C/T2-Bit des Timer 2-Kontrollregisters (T2CON) getroffen. Er kann in drei Modi arbeiten, die sich von denen der Zähler 0 und 1 unterscheiden. Es sind dies: "Capture" (Auffangmodus), "Autoreload" (Nachlademodus) und "Baudratengenerator". Sie werden wie folgt eingestellt:

RCLK	TCLK	CP/RL2	TR2	Modus
0	0	0	1	16-Bit-Auto-Reload
0	0	1	1	16-Bit-Capture
1	1	x	1	Baudratengenerator
x	x	x	0	Zähler aus (Stop)

Tabelle 1-3. Moduswahl für Timer 2

Im Capture-Modus gibt es mit Hilfe der Bits EXEN2 und T2CON zwei Wahlmöglichkeiten. Ist EXEN2 = 0, dann ist Timer 2 ein 16-Bit-Timer oder -Zähler, der bei Überlauf das TF2-Bit setzt, das Timer 2-Overflow-Bit, das für den Aufruf eines Interrupts benutzt werden kann. Wenn EXEN2 = 1, dann arbeitet der Zähler in der gleichen Weise, bekommt aber eine zusätzliche Eigenschaft: Erscheint am Eingang T2EX (Pin 2) ein High- nach Low-Übergang, dann wird der momentane Inhalt des Zählers 2, High-Byte und Low-Byte, in die Auffangregister RCAP2L und RCAP2H kopiert. Gleichzeitig wird mit dieser negativen Flanke das Timer 2-External-Flag-Bit (EXF2) im Timer 2-Kontrollregister (T2CON) gesetzt. Das EXF2-Bit kann in gleicher Weise wie das TF2-Bit einen Interrupt auslösen. Durch Nachsehen im T2CON-Register kann man die Herkunft der Interruptanforderung feststellen (Bild 1-26.).

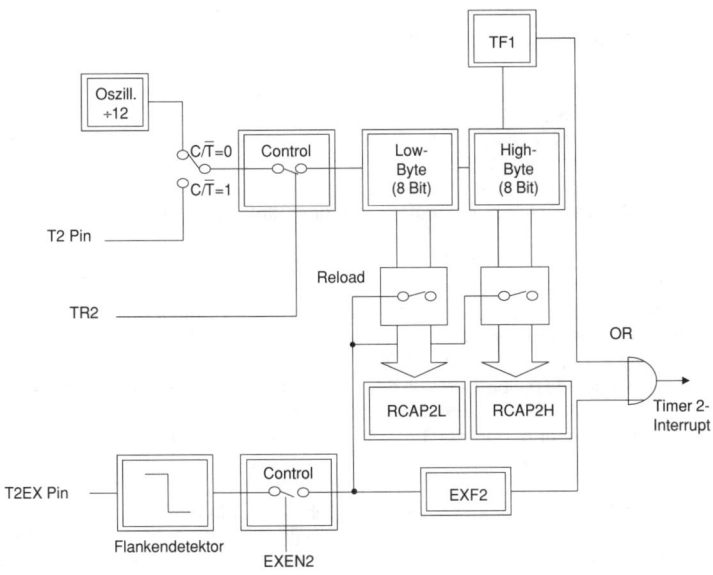

Bild 1-26. Timer 2 in Capture-Modus

Das Timer 2-Kontrollregister:
Register C8, T2CON (bitadressierbar):

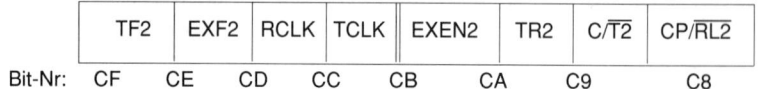

TF2	EXF2	RCLK	TCLK	EXEN2	TR2	C/$\overline{T2}$	CP/$\overline{RL2}$

Bit-Nr: CF   CE   CD   CC   CB   CA   C9   C8

Symbol	Funktion
TF2	Timer 2-Overflow-Flag. Es wird bei einem Überlauf von Timer 2 gesetzt und muß durch die Software gelöscht werden. Wenn RCLK=1 oder TCLK=1, wird TF2 nicht gesetzt.
EXF2	Timer 2-External-Flag. Es wird gesetzt im Capture- oder Reload-Modus durch eine negative Flanke am T2EX-Pin und während EXEN2=1. Dieses Bit kann ebenso wie TF2 einen Interrupt auslösen. Es muß durch die Software gelöscht werden.
RCLK	Receive-Clock-Flag. Gesetzt bewirkt es, daß der serielle Port die Timer 2-Überlaufimpulse als Eingabetakt in Modus 1 und 3 benutzt; gelöscht bilden die Timer 1-Überlaufimpulse den Eingabetakt.
TCLK	Transmit-Clock-Flag. Gesetzt bewirkt es, daß der serielle Port die Timer 2-Überlaufimpulse als Ausgabetakt in Modus 1 und 3 benutzt; gelöscht bilden die Timer 1-Überlaufimpulse den Ausgabetakt.
EXEN2	Timer 2-External-Enable-Flag. Wenn es gesetzt ist, erlaubt es ein Auffangen (Capture) oder Nachladen (Reload) des Zählers bei einer negativen Flanke am T2EX-Pin, vorausgesetzt Timer 2 taktet nicht den seriellen Port. EXEN2=0 trennt den T2EX-Pin vom Zähler.
TR2	Timer 2-Run. Eine logische Eins startet den Zähler, eine Null stoppt ihn.
C/$\overline{T2}$	Counter- oder Timerwahl. 0 = Timer; 1 = externer Ereigniszähler.
CP/$\overline{RL2}$	Capture/Reload-Flag. Gesetzt, bewirkt eine negative Flanke am T2EX-Pin ein Auffangen des momentanen Zählerstandes in den RCAP2-Registern, vorausgesetzt EXEN2=1. Ist es gelöscht, wird Zähler 2 genau dann nachgeladen, wenn ein Überlauf desselben erfolgt oder bei gesetztem EXEN2-Bit eine negative Flanke am T2EX-Pin erscheint. Wenn entweder RCLK=1 oder TCLK=1, wird dieses Bit ignoriert, und der Timer bei einem Überlauf zu einem selbständigen Nachladen veranlaßt.

Im Auto-Reload-Modus gibt es ebenfalls zwei Möglichkeiten, die durch das Bit EXEN2 im T2CON gewählt werden können. Ist EXEN2=0, dann setzt ein Überlauf von Zähler 2 nicht nur das TF2-Bit, sondern bewirkt auch ein Nachladen des Zählers mit den Werten aus den beiden Registern RCAP2L und RCAP2H, die durch die Software beschrieben worden sind. Wenn EXEN2=1, so werden bei einem Überlauf TF2 gesetzt und der Zähler nachgeladen, darüber hinaus besteht die Möglichkeit, mit einer negativen Flanke am T2EX-Pin den Nachladevorgang ebenfalls zu starten, wobei das EXF2-Bit gesetzt wird (Bild 1-27.).

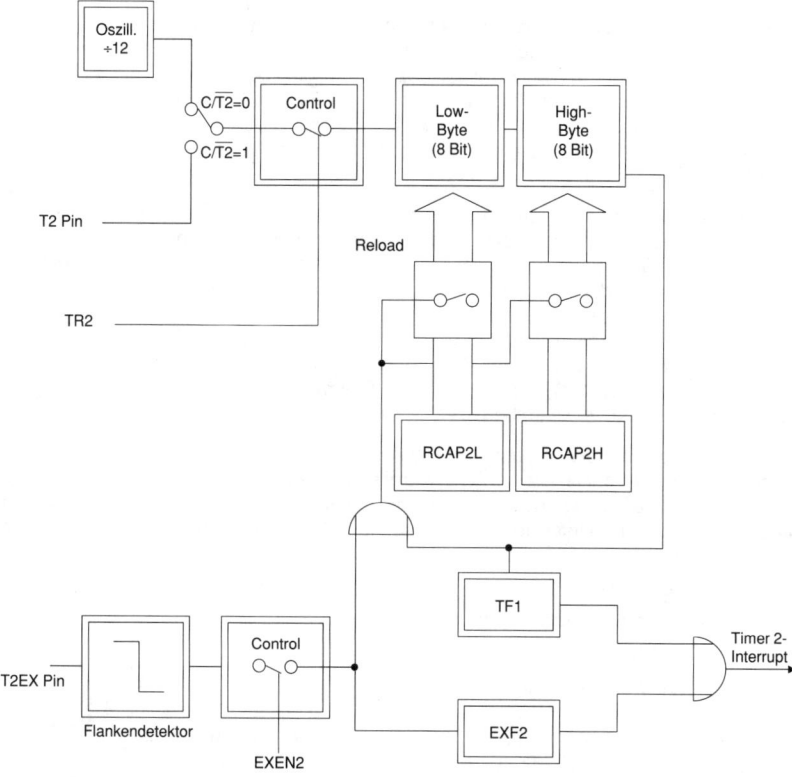

Bild 1-27. Timer 2 in Auto-Reload-Modus

Der Modus zur Erzeugung von Baudraten wird eingestellt durch Beschreiben des RCLK-Bits und/oder des TCLK-Bits mit 1. Dieser Modus wird in Verbindung mit dem seriellen Port beschrieben (Kap. 5.1).

10. Der serielle Port

Der serielle Port ist voll duplex, d.h. Daten können gleichzeitig gesendet und empfangen werden. Der Hauptverwendungszweck ist der Daten- und Befehlsaustausch zwischen mehreren Prozessoren, wobei über den seriellen Port Anweisungen und Daten empfangen (der Prozessor wird dann als Slave-Prozessor bezeichnet) oder ausgegeben werden können (Master-Prozessor). Es ist auch durchaus möglich, ein System ohne Hierarchie mit gleichrangigen Prozessoren einzurichten. Durch die Möglichkeit, die Übertragungsgeschwindigkeit frei wählen zu können, kann der serielle Port auch in Modems oder Akustikkopplern Verwendung finden.

Der serielle Port ist empfangsgepuffert, was heißt, daß er mit dem Lesen eines zweiten Bytes beginnen kann, bevor das erste Byte in das Empfangsregister geschrieben wurde. Man beachte jedoch, daß ein Byte verlorengeht, wenn das erste Byte nach vollendetem Empfang des zweiten Bytes von der CPU noch nicht gelesen wurde. Außerdem sind die Empfangs- und Senderegister des seriellen Ports physikalisch zwei verschiedene Register, die jedoch als Bestandteil der Spezialfunktionsregister unter denselben Namen (SBUF) und derselben Adresse (99_h) anzusprechen sind: Ein Schreibbefehl an Adresse 99_h lenkt die Daten in das Senderegister, ein Lesebefehl liest den Inhalt des Empfangsregisters. Es ist also unmöglich, in das Empfangsregister zu schreiben bzw. das Senderegister zu lesen.

Der serielle Port kann in vier Arten arbeiten. Der Arbeitsmodus und andere Kontrollbits werden im Seriellen-Port-Control-Register (SCON; Adresse 98_h) eingestellt. In dem Kontrollregister finden sich ferner das 9. Datenbit für die Kommunikation von Prozessoren untereinander sowie zwei Bits, die einen Interrupt auslösen können. Die Funktion der einzelnen Bits ist im folgenden beschrieben:

Das Serial-Port-Control-Register:
Register 98, SCON (bitadressierbar):

SM0	SM1	SM2	REN	TB8	RB8	TI	RI

Bit-Nr.: 9F   9E   9D   9C   9B   9A   99   98

Symbol   Funktion

SM0	SM1	Modus	Beschreibung	Übertragungsgeschwindigkeit
0	0	0	Schieberegister	fOsz÷12
0	1	1	8-Bit-UART	einstellbar
1	0	2	9-Bit-UART	fOsz÷32 oder fOsz÷64
1	1	3	9-Bit-UART	einstellbar

SM2   In den Modi 2 und 3, den Multiprozessormodi, spielt es die entscheidende Rolle für die Verständigung. Ist SM2=1, wird das Empfangsinteruptflag RI nicht gesetzt, wenn das neunte empfangene Bit RB8 eine Null ist, wenn also das gesendete Byte ein Datenbyte war. Ist SM2=0, wird immer ein Interrupt angefordert auch bei der Übermittlung von Datenbytes. Ist der Prozessor von einem anderen adressiert worden, muß SM2 auf Low gesetzt werden, damit nach jedem Übertragungsvorgang ein Interrupt zur Weiterverarbeitung der empfangenen Daten

erfolgen kann. In Modus 0 sollte das Bit 0 sein. In Modus 1 wird bei gesetztem SM2-Bit nur dann das Interruptflag RI gesetzt, wenn ein gültiges Stoppbit eingeht.

REN   Reception Enable. Es muß durch die Software gesetzt oder gelöscht werden. Mit REN=1 ist ein Datenempfang möglich, mit REN=0 ist der Datenempfang gesperrt.

TB8   Transmit Bit 8. Es ist das 9. Datenbit, das in Modus 2 oder 3 übertragen wird. Es muß nach Wünschen des Anwenders gesetzt oder gelöscht werden und dient zur Unterscheidung von Adreß- bzw. Datenbytes. Gesetzt kann einer von theoretisch 256 Coprozessoren adressiert werden, gelöscht bedeutet das damit gesendete Byte für den adressierten Prozessor ein Datenbyte.

TI   Transmit Interrupt Flag. Die serielle Übertragung ist im Vergleich zur Arbeitsgeschwindigkeit des Prozessors relativ langsam. Das Aussenden der einzelnen Bits erfolgt nach Start automatisch und ohne weiteres Zutun des Prozessors mit der eingestellten Geschwindigkeit. Während dieser Zeit erledigt der Prozessor andere Aufgaben. Dieses Bit zeigt der CPU an, wann der Sendevorgang beendet ist. Es wird durch die Hardware am Ende des achten Bits in Modus 0 und in den anderen Modi zu Beginn des neunten Bits (Stop Bit) gesetzt. Bei einem Sprung in die entsprechende Interruptroutine wird es nicht automatisch gelöscht, sondern muß per Befehl auf Null gesetzt werden.

RI   Receive Interrupt Flag. Der Empfang eines Bytes erfolgt ähnlich langsam wie dessen Aussendung. Dieses Bit zeigt der CPU an, wann der Empfangsvorgang beendet ist. Es wird durch die Hardware am Ende des achten Bits in Modus 0 und in den anderen Modi zu Beginn des neunten Bits (Stoppbit) gesetzt. Bei einem Sprung in die entsprechende Interruptroutine wird es nicht automatisch gelöscht, sondern muß per Befehl auf Null gesetzt werden. Eine Ausnahme hiervon ist der Beschreibung des SM2-Bits zu entnehmen.

Modus 0:

Die Daten, die empfangen oder gesendet werden, gehen über den RXD-Pin. Der TXD-Pin sendet in beiden Fällen einen Schiebetakt mit einem Zwölftel der Oszillatorfrequenz aus. Acht Bits werden ausgesendet oder empfangen, das niedrigste Bit (LSB) des übertragenen Bytes immer zuerst.

Das Aussenden von Daten bedarf keines besonderen Startbefehls. Mit dem Beschreiben des seriellen Datenpuffers SBUF wird das Übertragen automatisch gestartet. Die interne Zeittaktsteuerung ist so gestaltet, daß zwischen Beschreiben des Puffers und dem Aussenden des ersten Bits ein voller Maschinenzyklus vergeht. Wird also im ersten Maschinenzyklus der Puffer beschrieben, so erfolgt die Ausgabe des ersten Bits (Bit Nr.0 eines Bytes) im dritten Maschinenzyklus. Der TXD-Pin gibt für ein externes Schieberegister den Schiebetakt aus. Der TXD-Pin geht zu Beginn des dritten Zustandes im Maschinenzyklus an Masse und zu Beginn des sechsten an Plus und weist somit ein Tastverhältnis von 50% auf (Bild 1-28.).

Maschinenzyklus:

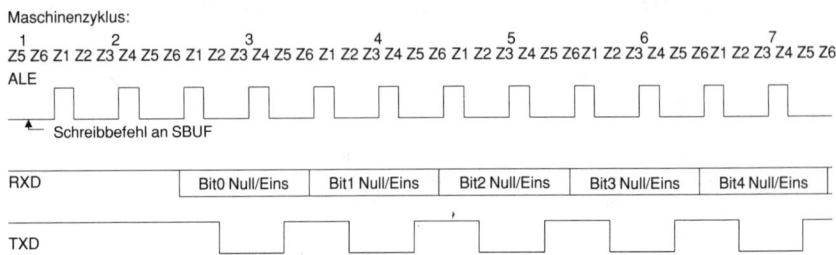

Bild 1-28. Serielle Datensendung in Modus 0

Der Inhalt des seriellen Puffers wird einmal mit jedem Maschinenzyklus nach rechts geschoben. Die erfolgte Ausgabe aller acht Bits wird nicht durch einen Zähler kontrolliert, sondern mit Hilfe eines Nulldetektors. Nach dem ersten Schiebevorgang kommt in das 8. Bit (Bit Nr. 7) eine Eins, danach lauter Nullen, so daß nach acht Schiebevorgängen im SBUF das Bitmuster 0000 0001 steht. die letzten sieben Bits werden nach jedem Zyklus auf Nullen getestet. Die anfangs eingeschobene Eins verhindert, daß zu früh sieben Nullen erkannt werden.

Beispiel: Das Senden des Wertes $6A_h = 0110\ 1010_b$.

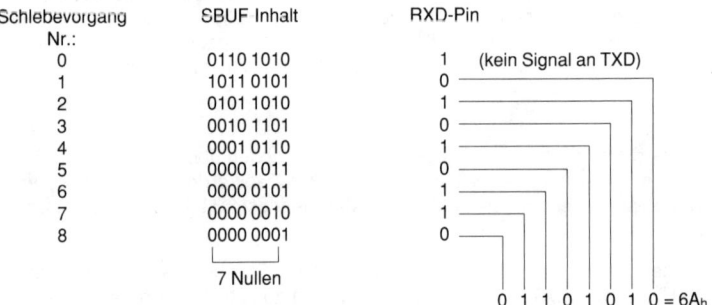

Mit dem Erkennen der sieben Nullen - das ist zu Beginn des zehnten Maschinenzyklus - wird das Interruptflag TI gesetzt (Bild 1-29.). Die ausgehenden Daten können im Prinzip in jedem 8-Bit-Schieberegister mit seriellem Eingang aufgefangen werden. Verwendet man ein Schieberegister mit 8 parallelen Ausgängen, z.B. den Baustein 74HC595, kann man sich über den seriellen Port einen zusätzlichen Ausgabeport schaffen.

Die serielle Aufnahme von Daten benötigt hingegen einen Startbefehl. Ein solcher ist gegeben, sobald im Seriellen Control Register SCON die Bits REN=1 und RI=0 sind. Die CPU schreibt im darauffolgenden Maschinenzyklus das Bitmuster 1111 1110 in das Empfangsschieberegister. Die Aufnahme des ersten Bits kann somit erst im übernächsten Maschinenzyklus erfolgen. Auch beim Lesevorgang gehen die Daten über den RXD-Pin; über den TXD-Pin wird wie zuvor beschrieben ein Schiebesignal ausgesendet. Der einkommende Wert wird am Ende des Zustandes fünf nach links geschoben. Sobald im achten Bit des Eingangsschiebepuffer eine Null erscheint, wird ein letzter Einlesezyklus vorgenommen und danach der Schiebepuffer in den Lesepuffer kopiert und das Receive Interruptflag RI gesetzt (Bild 1-30.). Man kann unter Verwendung eines 8-Bit-Schieberegisters mit parallelen Eingängen und seriellem Ausgang sich zusätzliche Eingangsports schaffen.

In Modus 0 sind also die simultane Datensendung und der Datenempfang nicht möglich.

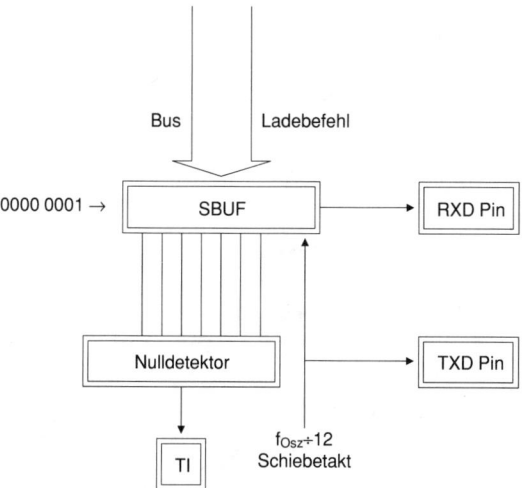

Bild 1-29. Serieller Port, Modus 0, Datenausgabe

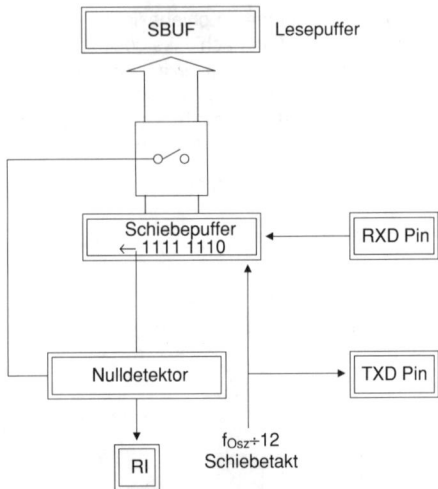

Bild 1-30. Serieller Port, Modus 0, Datenempfang

Modus 1:

Zehn Bits werden übertragen oder empfangen. Im Gegensatz zu Modus 0 erfolgt die Ausgabe der Bits über den TXD- und der Empfang über den RXD-Pin. Es ist also simultanes Senden und Empfangen möglich. Ein Schiebetakt wie in Modus 0 wird nicht ausgegeben. Da in der Regel TXD- und RXD-Pins an Plus liegen, ist bei der Datenausgabe das erste Bit, das Startbit, eine Null, um anzuzeigen, daß mit der Datenübertragung begonnen wird. Es folgen acht Datenbits, das LSB zuerst. Zum Schluß erscheint das Stoppbit, eine Eins. Im Empfangsmodus geht das Stoppbit in das RB8-Bit des Seriellen Port Control Registers SCON. Die Übertragungsgeschwindigkeit (Baudrate) im 8031 wird durch die Überlaufrate des Zählers 1 und den Zustand des SMOD-Bits im Power Control Register PCON bestimmt. Im 8032 kann es zusammen mit dem Zustand des SMOD-Bits die Überlaufrate von Zähler 1 oder 2 oder auch beide gleichzeitig sein, der eine Zählerüberlauf für die Übertragung, der andere für den Empfang. Dabei spielt es keine Rolle, in welchem Modus der Zähler arbeitet, z.B. als 16-Bit-Zähler oder Auto-Reload-Modus. Auch kann er als externer Ereigniszähler geschaltet sein. All das hat keinen Einfluß auf die serielle Portsteuerung. Nur die Überlaufrate und der SMOD-Zustand sind entscheidend (Bild 1-31.). Dieser Überlauf wird jedoch nicht direkt als Takt benutzt, sondern zuvor durch 16 geteilt. Die so erzielte Baudrate berechnet sich aus:

$$\text{Baudrate} = \frac{2^{\text{SMOD}} \cdot (\text{Zählerüberlaufrate})}{32}$$

Auf den Timerinterrupt wird man im allgemeinen verzichten, es sei denn, man möchte eine sehr langsame Baudrate beispielsweise für Akustikkoppler und Modems oder zum Laden von sehr langsamen Schieberegistern. Den Interrupt kann man dann benutzen, um den Zähler mit einem 16-Bit-Wert nachzuladen, bzw. über einen Port ein Taktsignal für das Schieberegister auszugeben.

Die Datensendung wird wie in Modus 0 durch jeden Befehl gestartet, der das SBUF-Register beschreibt. Gleichzeitig wird eine Eins in das neunte Bit des seriellen Ausgabepuffers als Endmarke geschrieben. Beim Ausschieben der Bits über den TXD-Pin werden nachfolgend Nullen von links in das Register geschrieben. Sind im SBUF links sieben Nullen, wird das Transmit Interrupt Flag TI gesetzt und der Sendevorgang beendet.

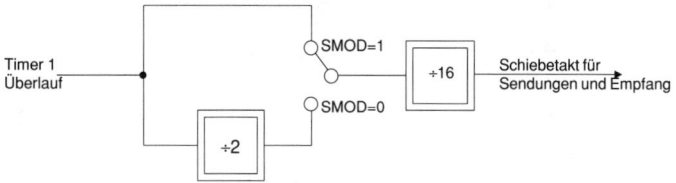

Bild 1-31. Serieller Port, Takterzeugung in Modus 1 und 3 (8031)

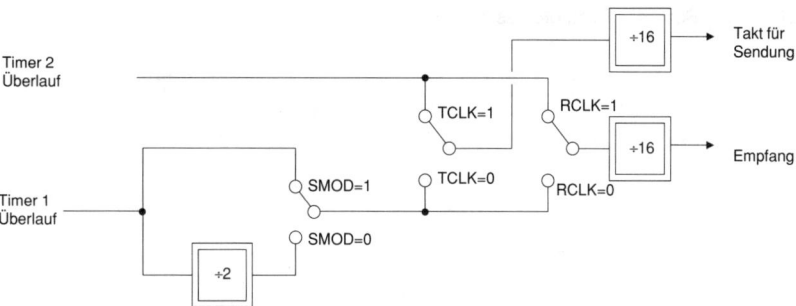

Bild 1-32. Serieller Port, Takterzeugung in Modus 1 und 3 (8032)

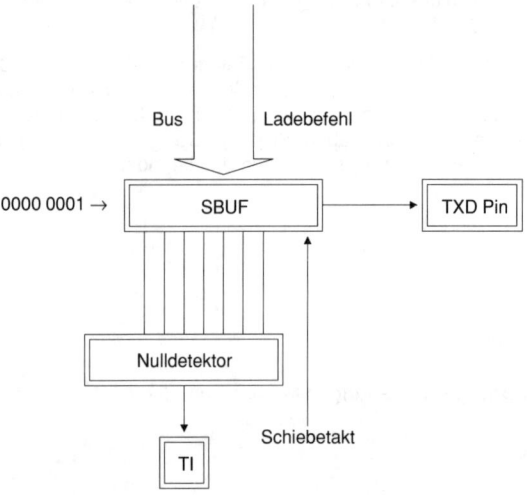

Bild 1-33. Serieller Port, Modus 1, Datenausgabe

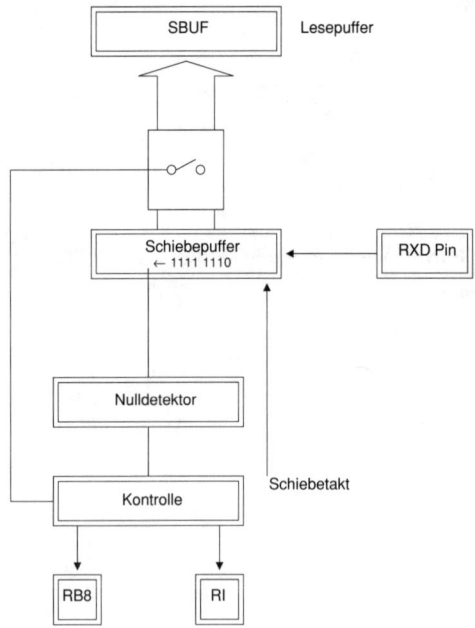

Bild 1-34. Serieller Port, Modus 1, Datenempfang

Der Datenempfang wird gestartet, sobald das Receive Enable Bit REN gesetzt ist und eine negative Flanke am RXD-Pin entdeckt wird. In den Bildern 1-31. und 1-32. ist ein Vorteiler ÷ 16 zu sehen, die Zeit für jedes einkommende Bit in sechzehn Abschnitte einteilt. Der logische Pegel, der zur Zeit des achten und neunten Abschnitts am RXD-Pin anliegt, wird als Bit-Wert in das Schieberegister geschrieben. Diese Vorkehrung ist getroffen, um Fehlereffekte von verrauschten Signalen zu unterdrücken. Der Einlesevorgang wird also durch eine negative Flanke gestartet. Dabei wird der Vorteiler auf Null gesetzt und das Schieberegister mit Einsen gefüllt. Im achten und neunten Abschnitt des Vorteilers wird das Startbit nochmals abgefragt. Ist es nicht Null, wird der Einlesevorgang abgebrochen und auf die nächste negative Flanke gewartet. Das vermeidet einen Fehlstart, der besonders bei langen und kritischen Verbindungen durch Störeinflüsse entstehen kann. Ist das Startbit als richtig erkannt worden, geht es als erstes Bit in das Schieberegister, und die Aufnahme der restlichen Bits kann erfolgen. Kommt das Startbit, also eine Null, in die letzte Position des Schieberegisters, veranlaßt der Nulldetektor einen letzten Einlesevorgang, stoppt danach den Schiebevorgang, lädt den SBUF mit dem Inhalt, das Bit RB8 mit dem Inhalt des Stoppbits und setzt RI im Seriellen Port Control Register SCON auf Eins (Bild 1-34.). Das Signal, um den SBUF und das RB8-Bit zu laden sowie das Receive Interrupt Flag RI zu setzen, wird genau dann erzeugt, wenn folgende Bedingungen zur Zeit des letzten Schiebetaktes erfüllt sind:

1. Receive Interrupt Flag RI muß Null und
2. SM2-Bit muß Null oder das eingegangene Stoppbit eine Eins sein.

Als Stoppbit sieht der serielle Port den Zustand des RXD-Pins nach dem letzten Datenbit an.

Wenn eine dieser zwei Bedingungen nicht erfüllt ist, geht das empfangene Bitmuster verloren. In jedem Fall wartet die Empfangseinheit danach, solange das REN-Bit auf Eins gesetzt ist, auf eine erneute negative Flanke am RXD-Pin, um weitere Einlesevorgänge zu starten. In der Praxis heißt das, daß in einer entsprechenden Interruptroutine der serielle Puffer noch vor dem vollständigen Empfang eines zweiten Datenbytes gelesen und das Interruptflag RI rückgesetzt sein muß, da sonst Informationen verlorengehen.

Modus 2 und Modus 3:

Es werden elf Bit gesendet über TXD oder empfangen über RXD: ein Startbit mit Wert Null, acht Datenbits, das LSB zuerst, ein programmierbares neuntes Bit und ein Stoppbit mit Wert Eins. Beim Senden kann für das neunte Bit der Wert Null oder Eins gewählt werden. Beim Empfang geht das neunte Bit in das RB8-Bit des Seriellen Port Control Registers SCON. In Modus 2 ist die Übertragungsrate zu 1/32 oder 1/64 der Oszillatorfrequenz programmierbar. Der Basistakt für das Schiebesignal ist weder der Timerüberlauf noch der Maschinentakt, sondern die halbe Oszillatorfrequenz, die mittels SMOD-Bit nochmals durch zwei geteilt werden kann. Anschließend gelangt das Signal durch den Vorteiler 16, so daß ein Schiebetakt von 1/32 oder 1/64 der Oszillatorfrequenz entsteht (Bild 1-35.).

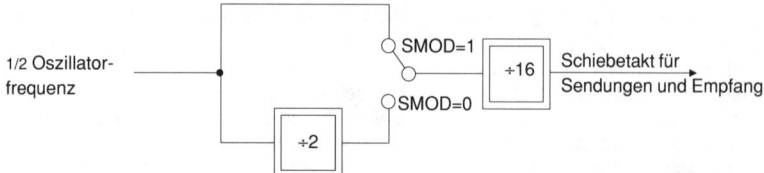

Bild 1-35. Serieller Port, Takterzeugung in Modus 2

In Modus 3 ist die Übertragungsgeschwindigkeit mittels Zähler 1-Überlauf und SMOD-Bit wählbar. Für den Baustein 8032 kann wahlweise Zähler 2 wie in Modus 1 als Baudratengenerator herangezogen werden (Bild 1-32.).

Der Empfangsteil in Modus 2 und 3 ist mit Modus 1 identisch, mit der Ausnahme, daß in diesen Modi das neunte Bit, dem hier besondere Bedeutung zukommt, in das RB8-Bit geschrieben wird und nicht das Stoppbit.

Die Datensendung wird durch jeden Befehl, der das SBUF-Register als Ziel hat, ausgelöst. Zusätzlich bewirkt ein solcher Befehl, daß der Inhalt des TB8-Bits in das neunte Bit des Sendepuffer geschrieben wird. Der Sendevorgang beginnt damit, daß das Startbit, eine Null, am TXD-Pin ausgegeben wird. Danach folgen acht Datenbits. Mit dem ersten Schiebeimpuls wird eine Eins von links in das Schieberegister geschrieben, danach lauter Nullen. Stellt der Nulldetektor sieben Nullen auf der linken Seite fest, wird noch ein Schiebevorgang ausgeführt, um das neunte Bit auszugeben. Danach wird die Datensendung gestoppt und das Transmit Interrupt Flag TI gesetzt.

Der Datenempfang wird gestartet, sobald das Receive Enable Bit REN gesetzt ist und eine negative Flanke am RXD-Pin entdeckt wird. In den Bildern 1-31. und 1-32. ist ein Vorteiler ÷16 zu sehen, der die Zeit für jedes einkommende Bit in sechzehn Abschnitte einteilt. Der logische Pegel, der zur Zeit des achten und neunten Abschnitts am RXD-Pin anliegt, wird als Bit-Wert in das Schieberegister geschrieben. Diese Vorkehrung ist getroffen, um Fehlereffekte von verrauschten Signalen zu unterdrücken. Der Einlesevorgang wird also durch eine negative Flanke gestartet. Dabei wird der Vorteiler auf Null gesetzt und das Schieberegister mit Einsen gefüllt. Im achten und neunten Abschnitt des Vorteilers wird das Startbit nochmals abgefragt. Ist es nicht Null, wird der Einlesevorgang abgebrochen und auf die nächste negative Flanke gewartet. Das vermeidet einen Fehlstart, der besonders bei langen und kritischen Verbindungen durch Störeinflüsse entstehen kann. Ist das Startbit als richtig erkannt worden, geht es als erstes Bit in das Schieberegister, und die Aufnahme der restlichen Bits kann erfolgen. Kommt das Startbit, also eine Null, in die letzte Position des Schieberegisters, das in Modus 2 und 3 ein Neun-Bit-Schieberegister ist, veranlaßt der Nulldetektor einen letzten Einlesevorgang, stoppt danach den Schiebevorgang, lädt den SBUF mit dem Wert der ersten acht Bits des Schieberegisters, das Bit RB8 mit dem Inhalt des neunten Bits und setzt RI im Seriellen Port Control Register SCON auf Eins (Bild 1-34.). Das Signal, um den SBUF und das RB8-Bit zu laden sowie das Receive Interrupt Flag RI zu setzen, wird genau dann erzeugt, wenn folgende Bedingungen zur Zeit des letzten Schiebetaktes erfüllt sind:

1. Receive Interrupt Flag RI muß Null und
2. SM2-Bit muß Null oder das eingegangene neunte Bit eine Eins sein.

Wenn eine dieser zwei Bedingungen nicht erfüllt ist, geht das empfangene Bitmuster verloren. In jedem Fall wartet die Empfangseinheit danach, solange das REN-Bit auf Eins gesetzt

Mikrocontroller Kochbuch

ist, auf eine erneute negative Flanke am RXD-Pin, um weitere Einlesevorgänge zu starten. Das zehnte Bit, das Stoppbit, hat keinen Einfluß auf die Inhalte von SBUF, RB8 oder RI.

Die Modi 2 und 3 dienen vor allem der Kommunikation von Prozessoren der MCS-51 Familie untereinander. Es muß nicht notwendigerweise eine Master-Slave-Struktur herrschen. Es ist ohne weiteres möglich, ein System mit gleichrangigen Prozessoren zu schaffen, die sich je nach Bedarf gegenseitig adressieren, Informationen anfordern oder Informationen weitergeben. Dabei kommt dem neunten Bit besondere Bedeutung zu. Das soll an einem System mit fünf Prozessoren kurz dargestellt werden. Ausführlichere Informationen finden sich in Kapitel 5.

In der Regel hält jeder Prozessor das SM2- und REN-Bit im Seriellen Port Control Register SCON auf Eins. Nun möchte Prozessor 2, der eine Tastatur überwacht, Prozessor 4, der eine LED-Anzeige multiplext, den Wert der gedrückten Taste übermitteln. Dazu setzt Prozessor 2 das neunte Bit TB8 auf Eins. Durch Beschreiben des SBUF mit der Zahl 04, der Adresse von Prozessor 4, startet Prozessor 2 den Sendevorgang. Da das neunte Bit eine Eins ist, wird in den Prozessoren 1,3,4 und 5 ein Interrupt ausgelöst. In dieser Interruptroutine prüft jeder Prozessor, ob es sich um seine Adresse handelt. Die nicht adressierten Prozessoren behalten ihren Zustand bei und kehren zu ihrer Tätigkeit zurück. Der angesprochene Prozessor setzt das SM2- und RBI-Bit auf Null, damit nachfolgende Datenbytes, erkennbar am neunten Bit=0, einen Interrupt auslösen können. Die nicht adressierten Prozessoren bleiben ungestört, da sie mit SM2=1 durch das neunte Bit mit Wert Null in ihrer Tätigkeit nicht unterbrochen werden.

11. Der Oszillator

Der integrierte Oszillator besteht bei den Vertretern der MCS-51-Familie aus einem einstufigen linearen Inverter, der für die Verwendung eines Quarzkristalls oder eines keramischen Resonators als frequenzbestimmender Teil ausgelegt ist. Die Frequenz sollte 3,5 MHz nicht unterschreiten, da einige Zwischenspeicher in der CPU, nicht im integrierten RAM, dynamischer Natur sind, und eine langsamere Frequenz zu einem Fehlverhalten der CPU führen könnte. Die von den Herstellern garantierte Höchstfrequenz beträgt 12 MHz, obwohl die moderneren Bausteine für eine Frequenz von 16 MHz ausgelegt sind. Will man diese Geschwindigkeit nutzen, muß man den einzelnen Baustein bei dieser Taktrate testen. Vorsicht ist bei den EPROM Versionen geboten, da bei den nicht B-Versionen die Maximalfrequenz nur 8 MHz beträgt.

Die externe Beschaltung mit einem Quarz zeigt die Abbildung 1-36.:

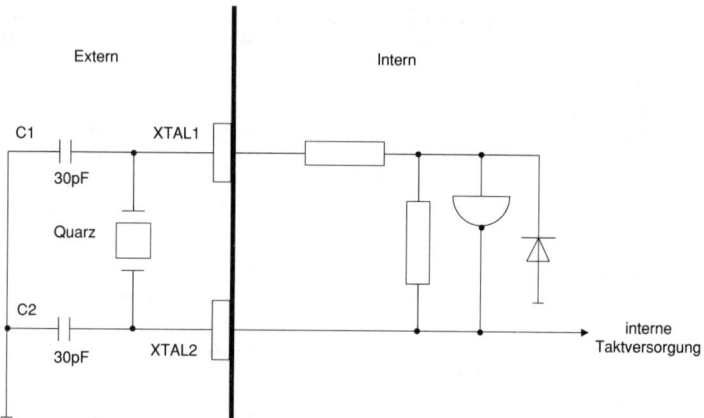

Bild 1-36. Der Oszillator in NMOS-Versionen

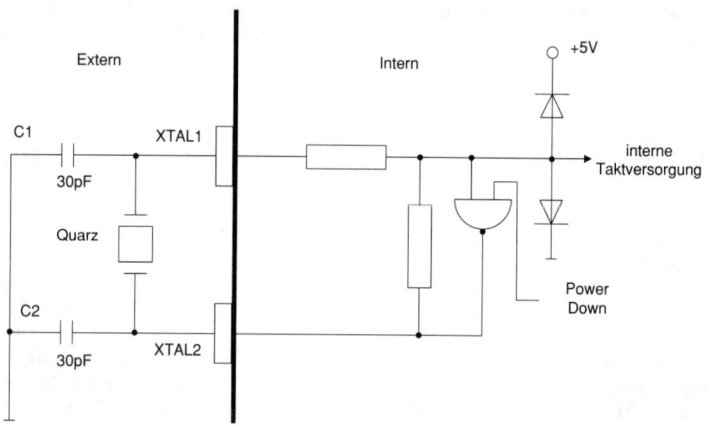

Bild 1-37. Der Oszillator in CMOS-Versionen

Die Kapazitäten der Kondensatoren können unabhängig von der Quarzfrequenz von 18 pF bis 100 pF streuen. Die empfohlenen Werte für C1 und C2 sind 30 pF, da damit das beste Verhältnis von Frequenzgenauigkeit und Frequenzstabilität in Verbindung mit gutem Anlaufverhalten des Oszillators erreicht wird. Kleinere Werte verringern die Anlaufzeit, größere verbessern die Frequenzstabilität. Statt eines Quarzes kann ein Keramikresonator verwendet werden. Es wird dann empfohlen, Kondensatoren mit Kapazitäten von 47 pF zu wählen. Beispielsweise beträgt die Frequenzgenauigkeit in einem Quarzschwingkreis mit Kondensatoren von 25 pF zu einem mit 50 pF nur 0,01%, die Frequenzstabilität nur 0,005%. Weitere Faktoren, die die Genauigkeit bestimmen, sind Temperatur und die individuellen Werte der internen Bauelemente. Somit muß auf die Qualität des Quarzes keine besondere Rücksicht genommen werden. Ausnahmen können in Realzeitanwendungen liegen, wenn die Frequenztoleranz und Stabilität enger als 0,01% sein muß. Frequenzgenauigkeiten von 0,005% können erreicht werden, indem man einen 30 pF Kondensator durch einen festen 25 pF ersetzt und parallel zu diesem einen 5-20 pF Trimmkondensator schaltet (Bild 1-38.).

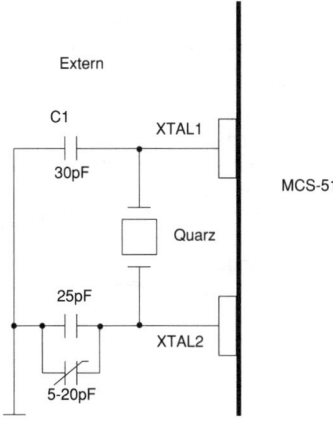

Bild 1-38. Frequenzjustierung

In Anwendungen, bei denen die erforderliche Frequenztoleranz ungefähr 1% beträgt, und der Anwender an den Schwingkreis lediglich die Forderung stellt, daß er oszilliert, können die Kondensatorwerte den Bereich von 20 pF bis 100 pF umfassen. Selbst die vereinfachte Schaltung, wie in Bild 1-39. dargestellt, erfüllt diesen Zweck.

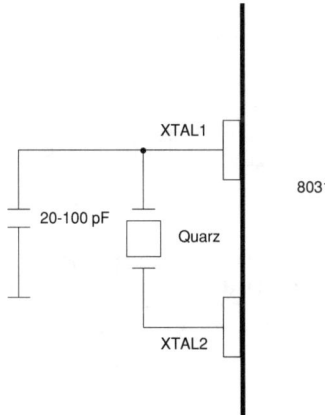

Bild 1-39. Vereinfachter Schwingkreis

Wie man sieht, hängen die besten Werte der Komponenten und ihre Toleranzen von der entsprechenden Anwendung und ihren Erfordernissen ab. In jedem Fall sollte ihre Eignung getestet sein, bevor eine Entwicklung in Produktion geht.

Starke Rauschspitzen oder starke Übersprechung können schlimmstenfalls an den XTAL1 oder XTAL2 Pins eine Fehlzählung im internen Taktgenerator bewirken. Diese Art von Störungen können über kapazitive Kopplungen der Oszillatorkomponenten mit benachbarten Leitungen erfolgen, die digitale Signale mit sehr schnellen Anstiegs- und Abfallszeiten führen. Aus diesem Grund sollten die externen Oszillatorbauteile möglichst nahe mit möglichst kurzen Leitungen am Chip und zur Masse montiert werden.

Es gibt Anwendungen, bei denen man den integrierten Oszillator als Takt für andere Chips in demselben System verwenden möchte. Das ist besonders bei Multiprozessorsystemen wünschenswert. Das kann unter zuhilfenahme eines Verstärkers in Form eines Puffers erreicht werden. Verwenden Sie keinen TTL-Puffer, denn dieser zieht zu viel Strom aus dem Schwingkreis und der Oszillator würde stehenbleiben. Ein CMOS-Baustein ist wegen seiner Eingangskapazität zu träge. Gatter der High Speed CMOS Technik (HC) schaffen Abhilfe und können direkt mit dem XTAL2-Pin verbunden werden. Der Puffer 74HC04 ist schnell genug und akzeptiert als Eingänge die Pegel, die im Oszillatorkreis zur Verfügung stehen. Darüber hinaus erfüllen die Schaltkreise in den Bildern 1-40. und 1-41. ihren Zweck.

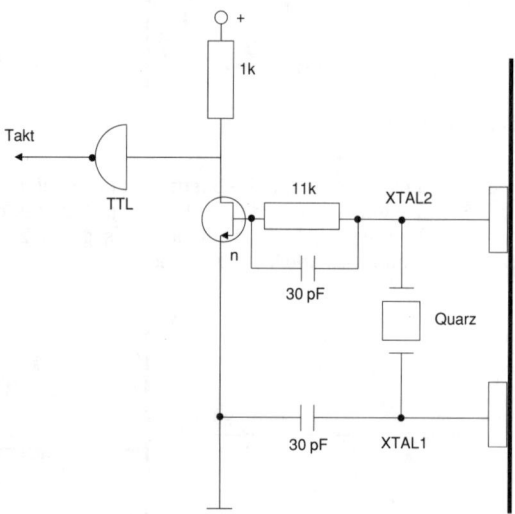

Bild 1-40. Verwendung des MCS-51-Oszillators zum Takten anderer Chips. Steuerung durch XTAL2.

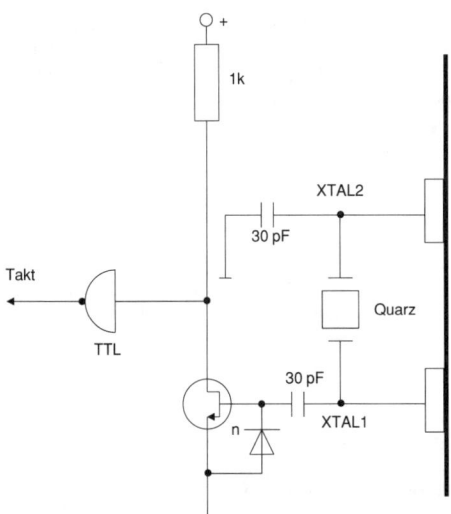

Bild 1-41. Verwendung des MCS-51-Oszillators zum Takten anderer Chips. Steuerung durch XTAL1.

Wenn technische Erfordernisse den Gebrauch eines externen Oszillators diktieren, müssen die Besonderheiten der MCS-51 Familienmitglieder berücksichtigt werden. Die logischen Pegel, die die XTAL-Eingänge erfordern, sind im allgemeinen nicht TTL-kompatibel. Der 8031 und Verwandte kann in der Art extern getaktet werden, indem XTAL1 an Masse gelegt und das Signal XTAL2 zugeführt wird. Bei dieser Methode ist zu beachten, daß die Taktquelle einigen Strom liefern muß, wenn der Low-Teil der Phase am XTAL2-Eingang anliegt. Von den meisten Quarzherstellern sind integrierte Takttreiber erhältlich, die vom Anwender als Black Box betrachtet werden können, und von denen er weiß, daß ihre Leistungen garantiert sind. Bild 1-42. gibt eine Kurzinformation über zwei Takttreiber des Herstellers Midland-Ross Corporation:

Typ	HS - 100		HS - 200
Frequenzbereich	3,5 - 20 MHz	20 - 30 MHz	225 kHz-4 MHz
Versorgungsspannung	5 V ± 10%	5 V ± 10%	5 V ± 10%
Stromaufnahme (max.)	30 mA	40 mA	85 mA
High-Pegel(min.)	2,4 V	2,7 V	2,4 V
Low-Pegel (bei 16 mA)	0,4 V	0,4 V	0,4 V
Tastverhältnis	50 %	50 %	50 %
Flankensteilheit	< 10 ns	< 5 ns	< 15 ns
Kurzschlußstrom (mind.)	18 mA	40 mA	18 mA
Fan Out (1,6 mA pro Last)	10 TTL	13 TTL	10 TTL

Bild 1-42. Takttreiberdaten

Natürlich können auch hausgemachte Schwingkreise als externe Takttreiber zum Einsatz kommen (siehe CMOS-Kochbuch). Eine Oszillatorentwicklung hat insofern etwas mit der Schwarzen Kunst gemeinsam, als die Qualität des fertigen Produktes sehr von der Erfahrung und Intuition des Entwicklers abhängt. Die Bilder 1-43. bis 45. geben Vorschläge zur Eigenentwicklung.

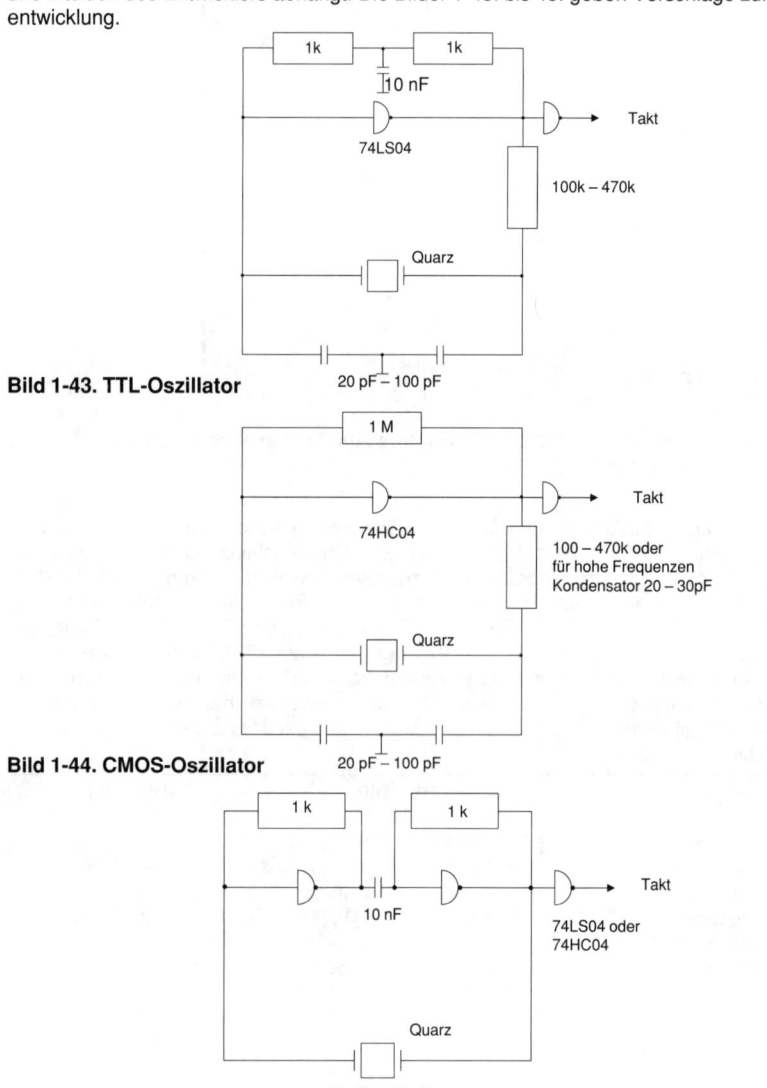

Bild 1-43. TTL-Oszillator

Bild 1-44. CMOS-Oszillator

Bild 1-45. Serieller Resonanz-Oszillator

Betreibt man die Bausteine der MCS-51 Familie mit einer externen Taktquelle, ist sorgfältig zwischen NMOS- und CMOS-Bausteinen zu unterscheiden. Bild 1-46.a. zeigt den Anschluß an NMOS, Bild 1-46.b. den Anschluß an CMOS.

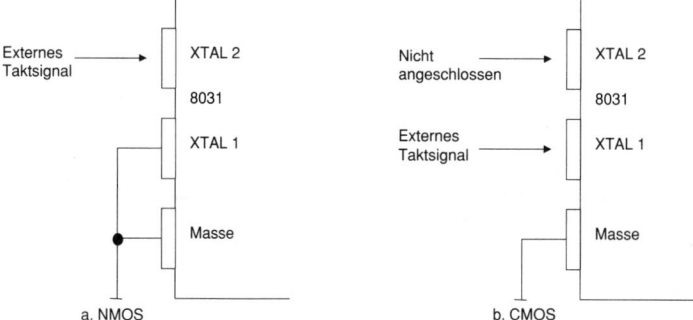

Bild 1-46. Verwendung einer externen Taktquelle

Wenn der Logikhub des externen Signals gerade den Pegel überschreitet, den der interne Oszillator als High-Pegel anerkennt, sollte vor dem Eingang ein Pull-Up-Widerstand hinzugefügt werden, um Störungen, die durch Rauschen verursacht werden können, zu unterdrükken. Um die CMOS-Versionen extern zu treiben, genügt es, das Signal dem XTAL1-Pin zuzuführen und XTAL2 offenzulassen. Der Grund für die unterschiedliche Wahl der Eingänge ist die verschiedene interne Weiterführung des Signals (Bilder 1-36. und 1-37.).

12. Interrupts

Interrupts sind Programmunterbrechungen, die durch die Hardware ausgelöst werden. Fast könnte man sagen, sie sind der Natur abgeschaut. Ein Vergleich verdeutlicht das: Ein Erwachsener liest einen Zeitungsartikel. Das 'Programm' besteht also darin, daß er die Sätze liest und sich deren Inhalt merkt, so lange bis der Artikel zu Ende ist. Es wäre schlecht um ihn bestellt, wenn er während des Vorgangs nicht die Möglichkeit hätte, auf 'Interrupts' zu reagieren. Wird er währenddessen von einer Biene gestochen, so unterbricht er das 'Hauptprogramm' Zeitunglesen und führt eine 'Interruptroutine' aus, indem er das Insekt vertreibt oder sich um den Stich kümmert. Läutet währenddessen auch noch die Türglocke, so merkt er sich diese neue Interruptanforderung und öffnet die Tür, sobald er sich hinreichend um den Insektenstich gekümmert hat. Wird er in der Hauptbeschäftigung zuerst durch die Türglocke und dann beim Öffnen durch einen Insektenstich gestört, so ist der Insektenstich in der Lage, die erste Unterbrechung wiederum zu unterbrechen, da ein Schmerz allgemein Vorrang hat. Interruptanforderungen können also verschiedene Prioritäten haben. Schwieriger für eine Entscheidung ist das gleichzeitige Eintreffen von Interruptanforderungen gleicher Priorität: Beim Zeitunglesen läuten Türglocke und Telefon gleichzeitig. Wenn er weder einen Anruf noch einen Gast erwartet, wird die Entscheidung zufällig ausfallen.

Der Zufall ist der einzige Unterschied zwischen Natur und Maschine, ansonsten stellt man überraschende Parallelen fest. Ein Prozessor kann demnach nie genügend Interruptquellen besitzen, denn mit ihrer Hilfe kann er spontan auf äußere und innere Ereignisse reagieren und hat damit mit einem Lebewesen, das überlegt handelt, etwas gemein.

Hat ein Prozessor die Aufgabe, das Blockieren eines Rades zu verhindern, muß er nicht ununterbrochen diese Signalleitung abfragen, er könnte dann auch gar nichts anderes mehr tun. Man legt diese Leitung auf einen Pin, der für diesen Zweck bereitsteht, und braucht nur ein einziges Mal den Interrupt freizugeben. Sobald das Rad während des Bremsens steht, wird der Prozessor augenblicklich in seiner Hauptbeschäftigung unterbrochen und reduziert den Bremsdruck.

Es gibt fast kein Programm, das ohne eine Interruptroutine auskommen könnte. Sehr viele Programm tun in ihrer Hauptbeschäftigung gar nichts und steuern alle Aktivitäten nur mit Interrupts.

Der 8031 besitzt fünf Interruptquellen, davon sind zwei extern und drei intern. Löst ein Ereignis einen Interrupt aus, so wird diese Interruptanforderung bis auf eine Ausnahme intern zwischengespeichert. Das geschieht deswegen, um später den Interrupt bearbeiten zu können, wenn sich der Prozessor zur Zeit der Anforderung gerade in einer anderen Interruptroutine befindet. Nur Interrupts höherer Priorität können einen laufenden Interrupt selbst wieder unterbrechen.

Die zwei externen Interrupts werden ausgelöst, wenn an den Pins INT0 und INT1 Low-Pegel anliegt oder eine negative Flanke registriert wird. Worauf die Pins reagieren sollen, kann man softwaremäßig einstellen. Die Einstellung erfolgt mit den Bits IT0 und IT1, die sich im Timer Control Register TCON (Adresse 88$_h$) finden (siehe Kap.1-9. "Die Timer"). Ist das ITx-Bit=0, ist der Interrupt pegelgetriggert und wird bei Masse am INTx-Pin ausgelöst. Wenn ITx=1, erfolgt der externe Interrupt x negativ flankengetriggert. In diesem Modus wird der INT-Pin nachfolgend überprüft. Führt er im ersten Maschinenzyklus High- und im nachfolgenden Low-Pegel, wird das den Interrupt anfordernde Bit IEx im Timer Control Register TCON gesetzt. Da die externen Interruptpins einmal in jedem Maschinenzyklus abgefragt werden, sollte der gültige Pegel mindestens zwölf Oszillatorperioden stabil an den Pins anliegen. Wenn der externe Interrupt flankengetriggert ist, sollte der High-Pegel mindestens einen Maschinenzyklus lang und danach der Low-Pegel mindestens einen Maschinenzyklus lang anliegen. Die Flankensteilheit des Signals sollte also 1 µs nicht überschreiten.

Werden solche Signale registriert, werden durch die Hardware im Innern des Prozessors die korrespondierenden Bits IE0 bzw. IE1, die ebenfalls Bestandteil des TCON Registers sind, gesetzt. Der Zustand dieser Bits löst also den Interrupt aus. Da sie Bestandteile des RAMs sind, können sie auch per Befehl gesetzt werden und haben dann dieselbe Wirkung. War der Interrupt flankengetriggert, wird das entsprechende IE-Bit beim Ausführen der Interruptroutine durch die Hardware gelöscht. War der Interrupt Level-aktiviert, bleibt das IE-Bit gesetzt, solange der INT-Pin an Masse liegt, und wird gelöscht, sobald der INT-Pin an Plus geht. Das kann Folgen haben:

1. Liegt das Signal sehr lange an, kann die Interruptroutine mehrmals durchlaufen werden.
2. Ist das Signal zu kurz, geht diese Interruptanforderung verloren, da sie nicht gespeichert wird.

Der zweite Fall tritt häufig auf, wenn eine andere Interruptroutine gerade in Bearbeitung ist. Der externe Interrupt wird nur dann erkannt, wenn nach Beendigung der ersten Routine der Pin immer Masse führt.

Interne Interrupts können durch die Zähler oder den seriellen Port ausgelöst werden. Die Zählerinterrupts können genau dann ausgelöst werden, wenn die Timer Overflow Flip Flops TF0 oder TF1 gesetzt sind. TF0 bzw. TF1 werden jedesmal bei einem Zählerüberlauf gesetzt, unabhängig davon, ob der entsprechende Interrupt freigegeben ist oder nicht. Gelöscht werden diese Bits entweder durch Befehl oder durch die Hardware, sobald in die entsprechende Inter-

Mikrocontroller Kochbuch

ruptroutine verzweigt wird. Ist der entsprechende Interrupt freigegeben, braucht man sich um das Rücksetzen der Bits keine Sorgen zu machen; das geschieht automatisch mit dem Sprung in die Routine. Eine Ausnahme bildet Zähler in Modus 3 (siehe Kap. 1.9. "Die Timer").

Der Interrupt des seriellen Ports wird durch eine Eins im Transmit Interrupt Flag TI oder eine Eins im Receive Interrupt Flag RI ausgelöst. Keines dieser Flags wird durch die Hardware beim Sprung in die Interruptroutine gelöscht. Das hat seinen Sinn darin, daß der Prozessor in der Interruptroutine erkennen muß, ob es ein Sende- oder Empfangsinterrupt ist und abhängig davon seine Aktivitäten steuern muß; d.h. entweder ein neues Byte in den Sendepuffer schreiben oder den Inhalt des Empfangspuffer an einen RAM-Platz kopieren. RI oder TI müssen in der Interruptroutine per Befehl gelöscht werden.

Im 8032 gibt es einen weiteren Zähler und einen zusätzlichen externen Interruptpin T2EX. Durch eine negative Flanke an T2EX kann das EXF2 Flip-Flop (Bild 1-26.), durch den Überlauf des Zählers 2 das TF2 Bit gesetzt werden. Das EXF2 und TF2 Bit sind Inhalt des Timer 2 Control Registers T2CON. Ist EXF2 oder TF2 gesetzt, kann ein sechster Interrupt (nur im 8032) ausgelöst werden. Auch hier muß in der Interruptroutine über die Herkunft der Interruptanforderung Klarheit herrschen. Deswegen werden diese Bits, da sie noch abgefragt werden müssen, nicht beim Sprung in die betreffende Routine automatisch gelöscht. Dies muß durch die Software erfolgen.

All die interrupterzeugenden Bits können durch die Software gesetzt oder gelöscht werden mit demselben Effekt, als wäre dies durch die Hardware erfolgt. Somit können Interrupts durch die Software erzeugt oder schwebende Interruptanforderungen gestrichen werden.

Jede dieser Interruptquellen kann individuell freigegeben oder gesperrt werden, abhängig von einem entsprechenden Bit im Interrupt Enable Register IE (Adresse A8).

Das Interrupt Enable Register:
Register A8, IE (bitadressierbar):

EA	--	ET2	ES	ET1	EX1	ET0	EX0

Bit-Nr.:   AF   AE   AD   AC   AB   AA   A9   A8

Symbol   **Funktion**

EA   Enable All. Ist EA=0, kann kein Interrupt ausgelöst werden. Ist EA=1, werden nur die Interrupts freigegeben, deren Freigabebits nachfolgend gesetzt sind.

--   Dieses Bit ist für zukünftige Erweiterungen reserviert und sollte, um Softwarekompatibilität zu gewährleisten, nicht benutzt werden.

(ET2)   Für 8032: Enable Timer 2 Interrupt. Gesetzt ermöglicht es den Interrupt bei Überlauf des Zählers 2 oder Capture Interrupt. Im 8031 ist dieses Bit nicht belegt und sollte gehandhabt werden wie vorstehendes Bit.

ES   Enable Serial Port Interrupt. Gesetzt können das TI oder RI Bit einen Interrupt auslösen.

ET1   Enable Timer 1 Interrupt. Gesetzt führt ein Überlauf des Zählers 1 zu einem Interrupt.

EX1   Enable External Interrupt 1. Gesetzt führt Low-Pegel oder negative Flanke am INT1-Pin zu einem Interrupt.

ET0   Enable Timer 0 Interrupt. Gesetzt führt ein Überlauf des Zählers 0 zu einem Interrupt.

EX0   Enable External Interrupt 0. Gesetzt führt Low-Pegel oder negative Flanke am INT0-Pin zu einem Interrupt.

Will man einen Interrupt ermöglichen, muß das betreffende Bit zusammen mit dem globalen Interruptbit EA gesetzt werden. Will man einen Interrupt unterbinden, genügt es, das betreffende Bit zu löschen. Das Löschen des EA-Bits verbietet jeglichen Interrupt. Das kann bei umfangreichen Berechnungen nützlich sein, wenn viele interne RAM Plätze für Zwischenergebnisse benutzt werden, von denen die Interruptroutine ebenfalls Gebrauch macht. Da empfiehlt es sich zu Beginn der Rechnung, das EA-Bit auf Null zu setzen und anschließend wieder auf Eins, damit eventuell eingetroffene Interruptanforderungen danach mit etwas Zeitverzögerung bedient werden können.

Beispiele:

1. Der Befehl MOV IE,#86 hat folgende Bytefolge: 75 A8 86. 75 ist der Code für MOV direct, A8 ist die Adresse des IE-Registers und 86 ist der zu schreibende Wert. Der Wert 86_h hat folgendes Bitmuster: 1000 0110. Legt man es wie eine Schablone auf das IE-Register, sieht man die Bedeutung: EA wird gesetzt, EX1 wird gesetzt und ET0 wird gesetzt. Das hat zur Folge, daß der externe Interrupt 1 und der Interrupt durch Zähler 0 freigegeben sind.

2. Der Befehl CLR AF, mit der Bytefolge C2 AF, unterbindet jeden Interrupt, da durch ihn das EA Bit gelöscht wird.

Interruptprioritäten:

Führt der Prozessor gerade eine Interruptroutine aus, kann sie nicht von einer zweiten Interruptanforderung unterbrochen werden, es sei denn, man hat für die zweite Anforderung eine höhere Priorität im Interrupt Priority Register IP (Adresse B8). Die Prozessoren der MCS-51 Familie kennen nur zwei Ebenen, eine untere und eine obere. Es gilt:

1. Interrupts einer Ebene können nicht durch Interrupts der gleichen Ebene unterbrochen werden.

2. Interrupts der höheren Ebene können nicht durch Interrupts der niedrigeren Ebene unterbrochen werden.

3. Interrupts der unteren Ebene können durch Interrupts der höheren Ebene unterbrochen werden.

Jede Interruptquelle kann individuell auf eine der Ebenen gesetzt werden, indem das betreffende Bit im Interrupt Priority Register IP für die obere Ebene gesetzt und für die untere gelöscht wird. Nach einem Reset sind alle in der unteren Ebene.

Das Interrupt Priority Register:
Register B8, IP (bitadressierbar):

--	--	PT2	PS	PT1	PX1	PT0	PX0

Bit-Nr.: BF   BE   BD   BC   BB   BA   B9   B8

Symbol	Funktion

-- Diese Bits sind für zukünftige Erweiterungen reserviert und sollten, um Softwarekompatibilität zu gewährleisten, nicht benutzt werden.

(PT2) Priority Timer 2. Setzt Zähler-2-Interrupt auf höhere Priorität. Nur im 8032 vorhanden.

PS Priority Serial Port. Setzt Interrupt des seriellen Ports auf höhere Priorität.

PT1 Priority Timer 1. Setzt Zähler-1-Interrupt auf höhere Priorität.

PX1 Priority Extern 1. Setzt externen Interrupt 1 auf höhere Priorität.

PT0 Priority Timer 0. Setzt Zähler-0-Interrupt auf höhere Priorität.

PX0 Priority Extern 0. Setzt externen Interrupt 0 auf höhere Priorität.

Treten nun mehrere Interrupts einer Ebene gleichzeitig auf, dann wählt der Prozessor nicht nach dem Zufallsprinzip aus. Gleichzeitige Ereignisse dieser Art treten für den Prozessor recht häufig auf. Bearbeitet die CPU beispielsweise gerade einen Timerinterrupt und werden währenddessen der externe Interrupt 1 und etwas später der externe Interrupt 0 erkannt, so erscheinen für den Prozessor beide externe Interrupts als gleichzeitig. In jedem Maschinenzyklus läuft daher eine Abfragesequenz für anstehende Interrupts, d.h. interruptauslösende Bits, in folgender Reihenfolge:

1. Externer Interrupt 0;   Bit IE0
2. Überlauf des Zählers 0;   Bit TF0
3. Externer Interrupt 1;   Bit IE1
4. Überlauf des Zählers 1;   Bit TF1
5. Serieller Port;   Bits TI oder RI
6. Timer 2 Überlauf oder
   externer Interrupt 2;   Bits TF2 oder EXF2 (Nur 8032)

In dieser Reihenfolge werden gleichzeitige Interrupts der unteren und oberen Ebene abgefragt und bearbeitet. Wünscht man eine Ausnahme in dieser Reihenfolge, muß man dem gewünschten Interrupt höhere Priorität geben und den anderen niedrigere.

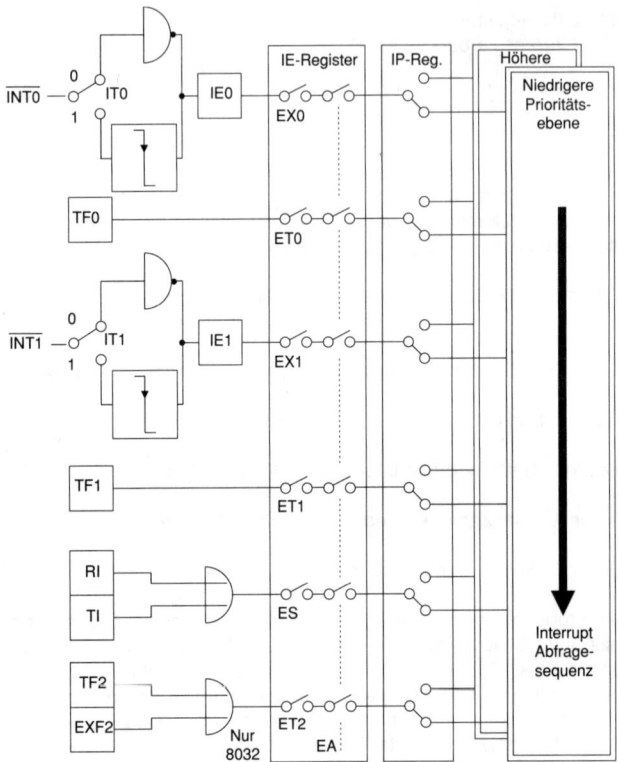

Bild 1-47. Das Interruptkontrollsystem

Die Interruptausführung:

Die Interruptbits werden im Zustand 5 Phase 2 registriert und im darauffolgenden Maschinenzyklus abgefragt. War ein Bit zu diesem Zeitpunkt gesetzt, wird es in der Abfragesequenz entdeckt, und das Interruptsystem erzeugt einen Long Call LCALL zur entsprechenden Routine, vorausgesetzt, der hardwareerzeugte Subroutinenaufruf ist nicht durch folgende Bedingungen verhindert:

1. Ein Interrupt gleicher oder höherer Priorität ist noch in Bearbeitung.

2. Der momentane Maschinenzyklus ist nicht der letzte Zyklus des Befehls. Z.B. Zwei-Byte-Befehle oder Multiplikation.

3. Der laufende Befehl lautet RETI oder ist ein Befehl, der das IE-oder IP-Register beschreibt.

Jede dieser drei Bedingungen blockiert den Sprung in die Interruptroutine. Bedingung Nr. 2 gewährleistet die vollständige Ausführung des Befehls vor einem Sprung in die Subroutine. Ist Bedingung drei gegeben , wird vor dem Sprung erst ein weiterer Maschinenbefehl ausgeführt. In jedem Maschinenzyklus wird diese Abfrage erneut gestartet. Kann eine Interruptanforderung wegen einer der drei Bedingungen nicht bedient werden, wird der Interrupt nach Wegfall der Blockierung nicht ausgeführt werden, wenn das betreffende Bit nicht mehr aktiv ist. Da die Abfragesequenz in jedem Maschinenzyklus neu erfolgt, muß das interruptauslösende Bit seinen Inhalt so lange behalten, bis ein neuer Interrupt möglich ist.

Spätestens, wenn mittels Timerinterrupt exakte zeitliche Steuerungen vorgenommen werden sollen, ist es wichtig, die Zeit zu kennen, die vom Auslösen des Interrupts bis zu seiner Durchführung vergeht. Siehe Bild 1-48.:

Maschinenzyklus Nr:

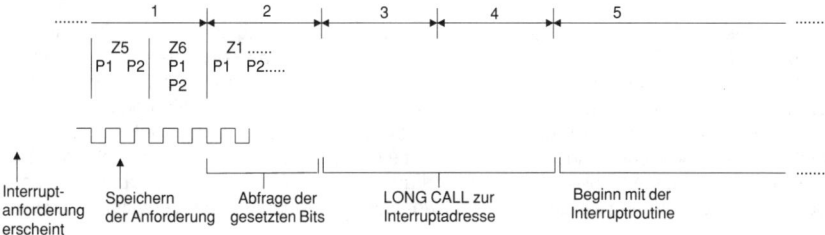

Bild 1-48. Minimalzeit für die Beantwortung eines Interrupts

In Bild 1-48. ist die kürzestmögliche Antwortzeit auf eine Interruptanforderung, vorausgesetzt, Maschinenzyklus 2 ist der letzte Teil eines Befehls, und es handelt sich nicht um den RETI-Befehl oder um einen Zugriff auf die Register IE oder IP. Ist Maschinenzyklus 2 der erste Zyklus eines Multiplikations- bzw. eines Divisionsbefehls (sie benötigen vier Zyklen), so können acht Maschinentakte bis zur Ausführung der Interruptroutine vergehen. Die Zeit für die Beantwortung einer Interruptanforderung beträgt also immer drei bis acht Maschinenzyklen. Längere Wartezeiten können sich ergeben, wenn ein Interrupt gleicher oder höherer Priorität in Bearbeitung ist. Dann hängt die Zeit von der Natur der betreffenden Routine ab.

Trifft ein Interrupt höherer Priorität bis zur Stelle Z5 P2 des Maschinenzyklus 3 (Bild 1-48.) ein, wird dieser in den Maschinenzyklen fünf und sechs angesprungen, ohne daß ein einziger Befehl des Interrupts der niedrigeren Priorität ausgeführt worden wäre.

In einigen Fällen löscht der Prozessor beim Sprung in die Interruptroutine das den Interrupt auslösende Bit. Die Bits der seriellen Ports und im 8032 das Bit des Timer 2 sowie das externe Interruptbit 2 werden dadurch nicht gelöscht; das muß durch die Software erfolgen. Die externen Interruptbits IE0 oder IE1 werden nur dann rückgesetzt, wenn die Flankentriggerung am entsprechenden Pin freigegeben ist.

Beim Sprung in die Interruptroutine wird der Inhalt des 16-Bit-Programmzählers auf den Stapel abgelegt, nicht aber das Programmstatuswort PSW oder andere Register, und der Programmzähler mit einer neuen Adresse geladen, die von der Herkunft des Interrupts abhängt. Das bloße Ablegen des Programmzählers auf dem Stapel gibt dem Anwender die Freiheit zu entscheiden, wieviel Zeit für das Retten anderer wichtiger Register er aufbringen möchte und verbessert die Interruptantwortzeit. Viele Interruptaufgaben besonders in Kontrollanwendungen bestehen beispielsweise in der Invertierung eines Portpins, im Nachladen eines Zählers oder im Auslesen des seriellen Puffers. Diese Aufgaben können somit in weniger Zeit erledigt werden als in anderen Architekturen.

Die folgende Tabelle listet die Interruptadressen:

Quelle	Bit	Interruptadresse
Externer Interrupt 0	IE0	0003_h
Zähler 0 Überlauf	TF0	$000B_h$
Externer Interrupt 1	IE1	0013_h
Zähler 1 Überlauf	TF1	$001B_h$
Serieller Port	RI oder TI	0023_h
Zähler 2 oder externer Interrupt 2 (8032)	TF2 oder EXF2	$002B_h$

Tabelle 1-4. Interrupteinsprungadressen

Die Befehlsausführung wird von diesen Adressen aus solange fortgesetzt, bis ein RETI-Befehl erscheint. Der RETI-Befehl informiert den Prozessor darüber, daß keine Interruptroutine mehr bearbeitet wird und er neue Interrupts akzeptieren kann. Ferner holt er den auf dem Stack abgelegten Inhalt des Programmzählers zurück, um mit der Befehlsausführung an der Stelle fortzufahren, an der der Interrupt auftrat. Beschreibt man in der Interruptroutine den Stackplatz, an dem die Rücksprungadresse liegt mit einer anderen Adresse, kann man nach Beendigung der Routine an beliebiger Stelle fortfahren. Manipulationen dieser Art müssen sehr sorgfältig vorgenommen werden, da sie schwerwiegende Eingriffe in die Verwaltung des Prozessors darstellen.

Der RET-Befehl würde ebenfalls einen Rücksprung aus der Subroutine bewirken, könnte aber dem Prozessor nicht die Mitteilung über die Freigabe neuer Interrupts machen.

Die Simulierung einer dritten Prioritätsebene:

Für gewisse Anwendungen ist es von Vorteil, eine dritte Prioritätsebene zur Verfügung zu haben. In diesem Fall kann ein einfacher Softwarekniff den gleichen Effekt hervorrufen wie eine dritte Prioritätsebene.

Die Ebenen sind mit 0, 1 und 2 numeriert. Folgende Überlegungsweise führt zum Ziel: Zu Beginn einer Interruptroutine erfolgt ein CALL-Befehl zu einer Subroutine, die nur den einzigen Befehl RETI beinhaltet. Das bewirkt die Freigabe weiterer Interrupts, hat aber nicht den Abbruch der aktuellen Routine zur Folge.

Zuerst werden die Interrupts, die eine höhere Priorität als Eins haben sollen, im Interrupt Priority Register IP auf Priorität Eins gesetzt. In die Interruptroutine für Ebene Eins, die durch Interrupts der Priorität Zwei unterbrochen werden soll, wird folgender Einschub geschrieben:

```
        PUSH  IE
        MOV   IE,#Maske
        CALL  RETI
        _____

        Interrupt der
        Ebene Eins
        _____

        POP   IE
        RET
        _____

RETI:   RETI
```

Die Interruptroutine der Ebene Eins beginnt mit dem PUSH-Befehl, der die ursprüngliche Konfiguration im Interrupt Enable Register IE auf dem Stack ablegt. Dann wird das IE-Register umgeschrieben in der Weise, daß jetzt nur noch die Interrupts für die Ebene zwei möglich sind, alle anderen aber gesperrt bleiben. Der Sprung (CALL) auf den RETI-Befehl hat nur den einen Zweck, weitere Interrupts zu erlauben. Nach Ausführung des RETI-Befehls wird das Programm mit dem der CALL-Anweisung folgendem Befehl fortgesetzt, also mit der Interruptroutine, die jetzt durch neu auftauchende Interrupts unterbrochen werden kann. Das war das Hauptziel, die Prioritätsebene Eins weiter unterbrechbar zu machen. Der POP-Befehl am Ende der ursprünglichen Interruptroutine stellt die anfänglichen Interruptfreigaben wieder her. Zum Abschluß der Routine genügt jetzt ein RET-Befehl, da die Interruptfreigabe schon früher erfolgte. Diese zusätzliche Software macht die Interrupts der Ebene Eins um 10 µs länger.

In dem folgenden konkreten Beispiel soll der serielle Interrupt auf Ebene 0, der Timer 0 Interrupt auf Ebene 1 und der externe Interrupt 1 auf Ebene 2 liegen. Somit muß zuvor in das Interrupt Enable Register IE der Wert 96_h = 1001 0110$_b$ und in das Interrupt Priority Register IP der Wert 06_h = 0000 0110$_b$ geschrieben werden. An Adresse 0023_h des Programmspeichers steht die Interruptroutine, die den seriellen Port bedient, an Adresse 0013_h die des externen Interrupts 1. Die Einsprungstelle für Timer 0 an Adresse $000B_h$ muß die oben angeführte Befehlsfolge beinhalten:

```
000B   01 50      AJMP   0050
```

```
0050   C0 A8      PUSH   IE
0052   75 A8 04   MOV    IE,#04
0055   11 80      ACALL  0080
```

```
0057 bis 007C Interruptroutine für
             Timer 0
```

```
007D   D0 A8      POP    IE
007F   22         RET
```

```
0080   32         RETI
```

An Adresse 000B steht ein Sprungbefehl nach Adresse 0050, da die externe Interruptroutine 1 an Adresse 0013 beginnt und somit nicht genügend Platz vorhanden ist. Durch Laden des Interrupt-Enableregisters IE mit dem Wert 04, ist nur noch externer Interrupt 1 möglich. Der CALL-Befehl bewirkt die Freigabe weiterer Interrupts. Anschließend wird die Timer 0 Interruptroutine ausgeführt. Tritt externer Interrupt 1 allein oder nur in Verbindung mit dem seriellen Interrupt auf, wird er wie ein gewöhnlicher Interrupt der Ebene 1 behandelt. Denkbar ist der gleiche Einschub in der externen Interruptroutine 1. Dann wäre auch eine vierte Prioritätsebene möglich.

13. Reset

Den Reset kann man als einzigen nicht maskierbaren Interrupt NMI der MCS-51 Familie auffassen. Seine Funktion ist allerdings eine andere als die der normalen Interrupts. Der Sinn des Resets ist es, einige für den Prozessor wichtige Register in einen definierten Zustand zu versetzen, wobei es belanglos ist, ob der Reset mit dem Einschalten der Stromversorgung oder während der Abarbeitung eines Programms erfolgt. Der Reset eines Prozessors ist auch nicht mit dem Reset von Standardchips der TTL oder CMOS Familie gleichzusetzen. Der Reseteingang ist der RST-Pin Nr. 9. Dieser Pin führt zum Eingang eines Schmitt-Triggers, der auch langsam ansteigende oder verrauschte Signale akzeptiert. Ein Reset wird ausgeführt, wenn der RST-Pin, der am Ende eines jeden Maschinenzyklus abgefragt wird, mindestens zwei Maschinenzyklen lang an Plus liegt, vorausgesetzt der Oszillator schwingt. Erst danach beginnt die CPU einen intern festgelegten Resetalgorithmus abzuarbeiten. Tritt ein Reset in einem laufenden Programm ein, werden die Aktivitäten der CPU erst vier bis sechs Maschinentakte später eingestellt. Solange der RST-Pin an Plus liegt, schwingt der Oszillator, die Pins ALE und $\overline{PSEN}$ sind inaktiv und liegen an Plus.

Unter dem internen Resetalgorithmus kann man sich ein in der CPU befindliches Maschinenprogramm vorstellen, das folgendes bewirkt:

Es werden in den Programmzähler und in alle Spezialfunktionsregister Nullen geschrieben. Ausgenommen hiervon sind die Portregister, der Stackpointer und der Serial Puffer SBUF. Die Bits der Ports werden alle auf Eins gesetzt und sind so nach einem Reset gleich als Eingänge verwendbar. In den Stackpointer wird der Wert 07h geschrieben. Der serielle Puffer wird nicht beschrieben, da ein Schreiben in den seriellen Puffer gleichzusetzen ist mit einem Startbefehl für die serielle Datenübertragung, und das soll ein Reset nicht bewirken.

Das interne RAM wird durch einen Reset nicht berührt. Bei einem Reset während eines laufenden Programms werden die RAM-Inhalte nicht verändert. Die RAM-Werte nach einem Einschaltreset sind jedoch unbestimmt.

Solange der RST-Pin an Plus liegt, bleibt der Prozessor im Resetzustand. Da die Signale für den externen Programmspeicher inaktiv sind, erfolgt keine Befehlseinlesung und Befehlsausführung. Da auch der Programmzähler mit dem Wert Null geladen wird, setzt der Prozessor seine Arbeit nach Anlegen von Masse an den RST-Pin mit dem Befehl an Adresse 0000h fort. Bis zur ersten Interrupteinsprungadresse 0003h sind nur drei Bytes Platz. Somit wird fast immer an Adresse 0000 ein Sprungbefehl stehen zu einer Stelle im ROM, die die Spezialfunktionsregister für die eigenen Zwecke mit geeigneten Werten beschreibt, die sogenannte Resetroutine.

Adresse	Symbol	Name	Resetinhalt
E0	*ACC	Accumulator	0000 0000
F0	*B	B Register	0000 0000
D0	*PSW	Program Status Word	0000 0000
81	SP	Stack Pointer	0000 0111
	DPTR	Data Pointer 2 Bytes:	
82	DPL	Low-Byte	0000 0000
83	DPH	High-Byte	0000 0000
80	*P0	Port 0	1111 1111
90	*P1	Port 1	1111 1111
A0	*P2	Port 2	1111 1111
B0	*P3	Port 3	1111 1111
B8	*IP	Interrupt Priority	XXX0 0000
	(*IP)		(XX00 0000)
A8	*IE	Interrupt Enable	0XX0 0000
	(*IE)		(0X00 0000)
89	TMOD	Timer Mode Control	0000 0000
88	*TCON	Timer Control	0000 0000
C8	(*T2CON)	Timer 2 Control	0000 0000
8C	TH0	Timer 0 High-Byte	0000 0000
8A	TL0	Timer 0 Low-Byte	0000 0000
8D	TH1	Timer 1 High-Byte	0000 0000
8B	TL1	Timer 1 Low-Byte	0000 0000
CD	(TH2)	Timer 2 High-Byte	0000 0000
CC	(TL2)	Timer 2 Low-Byte	0000 0000
CB	(RCAP2H)	Reload/Capture Timer 2 H-Byte	0000 0000
CA	(RCAP2L)	Reload/Capture Timer 2 L-Byte	0000 0000
98	*SCON	Serial Control	0000 0000
99	SBUF	Serial Data Puffer	unbestimmt
87	PCON	Power Control	NMOS: 0XXX XXXX
			CMOS: 0XXX 0000

*   =   Bitadressierbare Register
()   =   Register nur im 8032

Tabelle 1-5. Die Spezialfunktionsregister und deren Inhalte nach einem Reset

Einschaltreset:

Legt man Spannung an den Prozessor ohne zugleich einen Reset auszulösen, springt der Prozessor an eine nicht vorhersagbare Stelle des Programms. Da er dort keine ordnungsgemäße Einstellung der Spezialfunktionsregister antrifft, wird im allgemeinen das Programm nicht funktionieren, und ein Chaos könnte entstehen unter den Maschinen, die er zu steuern hätte. Daher ist es wichtig, daß der RST-Pin beim Anschalten, für die Zeit des Anschwingvorganges des Oszillators und darüber hinaus auf High-Pegel liegt. Das läßt sich mit Schaltung nach Bild 1-49. erreichen. Im ausgeschalteten Zustand liegen die Plus- und Masseleitung auf demselben Potential und der Kondensator ist entladen. Werden nun +5 V angelegt, erscheint augenblicklich auf der oberen Platte des Kondensators positive Spannung. Diese zieht die Elektronen der gegenüberliegenden Platte und auch der restlichen Leitung, die mit dem RST-Pin verbunden ist, an. Wo Elektronen fehlen, ist das Material positiv geladen, also auch der RST-Pin. Wäre der Widerstand nicht vorhanden, würden die Elektronen augenblicklich von Masse aus nachfließen und am RST-Pin würde kein positives Potential entstehen. Mit diesen in Bild 1-49. gezeigten Werten ist der RST-Pin hinreichend lang an Plus, so daß ein ordnungsgemäßer Reset stattfinden kann. Schwierigkeiten mit dieser Beschaltung kann es nur geben, wenn der Spannungsanstieg beim Einschalten nur langsam erfolgt (bei zu klein gewähltem Trafo oder bei zu großen Glättekondensatoren) oder die Stromversorgung nur kurzfristig aussetzt und dadurch die Kondensatoren im Netzteil nicht vollständig entladen sind. In diesem Fall muß über eine Spannungsüberwachung im Primärstromkreis der Reset ausgelöst werden. Auch kann der Widerstand ohne Bedenken größer gewählt werden, in CMOS-Bausteinen kann er auch ganz wegfallen.

Zu beachten ist, daß die Portpins in einem zufälligen Zustand sind, solange der Oszillator nicht stabil schwingt und der Resetalgorithmus sie mit Einsen beschrieben hat.

Bei Betrieb ist der Kondensator geladen und der RST-Pin an Masse. Wird die positive Spannung plötzlich weggenommen, verteilen sich die zuvor im Kondensator gespeicherten Elektronen auf der Leiterbahn. Über den Widerstand können sie nicht schnell genug an Masse zurückfließen, so daß am RST-Pin Elektronenüberschuß, also Spannung unter 0 V entsteht. Diese Tatsache ist bei der Konzeption der Bausteine berücksichtigt und schadet ihnen nicht.

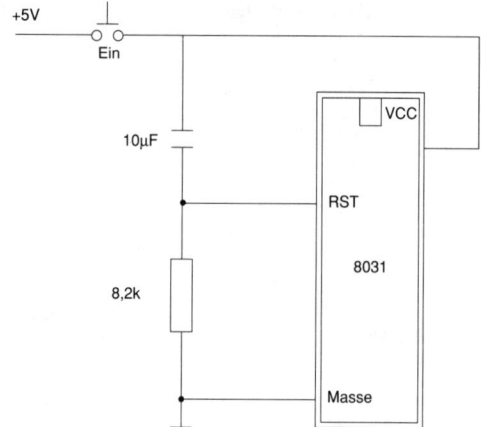

Bild 1-49. Externe Beschaltung für den Einschaltreset

14. Leistungsreduzierung mit CMOS-Bausteinen

In Anwendungen, in denen eine niedrige Leistungsaufnahme notwendig ist, kommen die CMOS-Bausteine zum Einsatz, da ein reduzierter Stromverbrauch ihre Standardeigenschaft ist. Sie kennen zwei leistungsreduzierende Zustände, den Idle- (=Untätig) und den Power-Down-Modus. Die Spannungsversorgung erfolgt in diesen Zuständen nach wie vor über den Masse-Pin Nr. 20 und den Pin für die positive Spannung Nr. 40. Im Idle-Modus (IDL=1) wird das Taktsignal für die CPU abgeschaltet, für die anderen peripheren Versorgungen wie Interrupterkennung, serieller Port und Timerblock, die unabhängig von der CPU arbeiten, bleibt die Taktversorgung erhalten. Im Power-Down-Modus wird der Oszillator abgeschaltet. Beide Modi werden durch Setzen von Bits im Power Control Register PCON (Adresse 87h) der Spezialfunktionsregister aktiviert.

Das Power Control Register:
Register 87, PCON (nicht bitadressierbar):

SMOD	--	--	--	GF1	GF0	PD	IDL

Symbol   Funktion

SMOD   Serial Port Modus. Dieses Bit wird nur verwendet, um die Übertragungsgeschwindigkeit bei der seriellen Datenübertragung in Modus 1, 2 oder 3 zu verdoppeln. SMOD=1 bewirkt Verdopplung der Geschwindigkeit.

--   Diese Bits sind für zukünftige Erweiterungen reserviert und sollten, um Softwarekompatibilität zu gewährleisten, nicht benutzt werden.

*GF1   General Flag 1. Bit für allgemeinen Verwendungszweck und wird für keinen Steuerungszweck verwendet.

*GF0   General Flag 0. Bit für allgemeinen Verwendungszweck und wird für keinen Steuerungszweck verwendet.

*PD   Power-Down. Durch Setzen des Bits wird der Power-Down-Modus aktiviert.

*IDL   Idle-Modus. Durch Setzen des Bits wird der Idle-Modus aktiviert.

* Nur in CMOS-Versionen vorhandene Bits

Werden gleichzeitig das PD- und das IDL-Bit gesetzt, geht der Prozessor in den Power-Down-Modus. In den NMOS-Versionen enthält das Power Control Register PCON nur ein einziges Bit, das SMOD-Bit. Die anderen vier Bits sind nur in den CMOS-Bausteinen vorhanden.

Idle-Modus:

Ein Befehl, der das Bit 0 des Power Control Register PCON setzt, ist der letzte Befehl, der ausgeführt wird, bevor der Prozessor den Idle-Modus annimmt. Im Idle-Modus wird das Taktsignal zur CPU unterbrochen, aber nicht zu den Interrupt-, Timer- und seriellen Port-Funktionen. Der CPU-Status bleibt in ganzen erhalten: Stackpointer, Programmzähler, Akku, Programmstatuswort und alle anderen Register behalten ihren Inhalt während des Idle-

Modus. Die Port-Pins bleiben in ihrem logischen Zustand, den sie vor Aktivierung des Idle-Modus hatten. ALE und $\overline{\text{PSEN}}$ sind inaktiv und liegen auf High-Pegel.

Es gibt zwei Möglichkeiten, um den Idle-Modus zu beenden:

1. Die Aktivierung irgendeines freigegebenen Interrupts setzt das Bit 0 des Power Control Register PCON zurück und beendet den Idle-Modus. Die Interruptroutine wird ausgeführt. Nach dem RETI-Befehl fährt die CPU an der Stelle fort, die dem Setzen des Idle-Modus folgt. Die Bits GF0 und GF1 können benutzt werden, um anzuzeigen, ob der Interrupt während der normalen Arbeitsweise oder während des Idle-Modus auftrat. Beschreibt man beispielsweise das Power Control Register PCON mit dem Wert 05, so wird zusammen mit dem IDL-Bit auch das GF0-Bit gesetzt und gleichzeitig der Idle-Modus aufgerufen. Beim Beenden des Idle-Modus durch einen Interrupt wird nur das IDL-Bit zurückgesetzt. Durch Überprüfen des GF0-Bits in der Interruptroutine ist also feststellbar, ob der Interrupt im Idle-Modus oder bei normalem Betrieb erfolgte, vorausgesetzt, das GF0-Bit wird in der Regel an Masse gehalten.

2. Die Auslösung eines Resets löscht ebenfalls das IDL-Bit im Power Control Register PCON. Da der Oszillator schwingt, muß der Reseteingang nur 24 Oszillatorperioden an Plus gehalten werden, um einen Reset auszulösen. Doch Vorsicht ist geboten. Das Signal am Reset-Pin löscht das IDL-Bit augenblicklich, und die CPU greift die Programmausführung an der Stelle auf, die dem Setzen des IDL-Bits folgt. Zwei oder drei Maschinenzyklen können vergehen, bis der Resetalgorithmus die Kontrolle der CPU übernimmt. Die Chip-Hardware hindert zwar während dieser Zeit den Zugriff auf das interne RAM, aber Änderungen an den Port-Pins sind nicht unterbunden. Um zu verhindern, daß ungewünschte Zustände an den Ports erscheinen, bis der Resetalgorithmus Einsen in sie schreibt, sollten die dem Setzen des Idle-Modus folgenden Befehle keine Schreibbefehle auf die Ports oder das externe RAM sein.

Power-Down-Modus:

Ein Befehl, der Bit 1 im Power Control Register PCON setzt, ist der letzte Befehl, bevor der Prozessor in den Power-Down-Modus geht. In diesem Modus wird der Oszillator angehalten. Auch das Signal eines externen Taktgenerators wird im Innern gesperrt. Mit dem Einfrieren des Taktes sind keine Funktionen mehr möglich, lediglich das Intern RAM und die Spezialfunktionsregister, und damit die Ports, behalten ihren Inhalt. Die Signale ALE und $\overline{\text{PSEN}}$ sind inaktiv und liegen an Masse, womit sie zur einfachen Unterscheidung von Idle- und Power-Down-Modus verwendet werden können.

Der einzige Ausstieg aus dem Power-Down-Modus ist ein Hardwarereset. Der Reset löscht das Power Control Register PCON, aber ändert nicht die internen RAM-Inhalte.

Im Power-Down-Modus kann die Spannungsversorgung auf 2V sinken, ohne die RAM-Inhalte zu löschen. Die Spannungsversorgung darf nur nicht vor dem Aufruf des Power-Down-Modus absinken und muß wieder vor dem Reset angehoben sein. Reset soll so lange an Plus liegen, bis der Oszillator angeschwungen ist und stabil arbeitet; das dauert in der Regel kürzer als 10 ms.

15. Weitere Vertreter der MCS-51 Familie

Durch die Einrichtung der Spezialfunktionsregister im oberen Teil des RAMs ist es ohne große Probleme möglich, die MCS-51 Familie durch neue Familienmitglieder zu erweitern. Der Befehlssatz wird dadurch nicht im geringsten angetastet, da die neuen Funktionen keine neuen Befehle benötigen, sondern nur bisher nicht genutzte Spezialfunktionsregister in Anspruch nehmen. Durch Beschreiben der neuen Steuerregister werden die gewünschten Aktivitäten ausgelöst.

Mittlerweile existieren eine ganze Reihe von Erweiterungen auf dem Markt, die jedoch meist nur von einer Firma hergestellt werden. Auch haben sich die wichtigsten Hersteller auf eine neue Nomenklatur geeinigt. Bisher ergab sich eine Unterscheidung zwischen der ROM und der ROMlosen Version durch die vorletzte Ziffer:

Bisher: 80<u>5</u>X : ROM Version
            80<u>3</u>X : ROMlose Version
            8<u>7</u>XX : EPROM Version

In Zukunft: 8<u>3</u>XXX : ROM Version
            8<u>0</u>XXX : ROMlose Version
            8<u>7</u>XXX : EPROM Version

In Zukunft soll die Unterscheidung durch die zweite Ziffer erfolgen, wobei sich bei der EPROM-Version nichts ändert. Auch als Familienvorstand wird nicht mehr die ROM-Version genannt werden, sondern die ROMlose Version. Die Bezeichnungen 8031 und 8032 sind mit der alten und neuen Nomenklatur identisch. Unterschiede werden sich beim 8051/52 einstellen. Man muß damit rechnen, die neuen Bezeichnungen 8331 und 8332 vorzufinden. Die Neuentwicklungen der Familie halten sich an die neuen Bezeichnungsweisen, auch werden sie fast ausschließlich in CMOS gefertigt.

Als ein Beispiel für zusätzliche Möglichkeiten findet der 80C252 von Fa. Intel Erwähnung:

80C252 ist der ROMlose Prozessor
83C252 ist die ROM Version
87C252 ist die EPROM Version

ROM und EPROM Versionen besitzen einen integrierten 8k-Programmspeicher. Der Unterschied des 80C252 zum 8031 liegt in folgenden Punkten:

* Power Kontroll Modus (CMOS)
* Programmierbares Zählerfeld
* Hochgeschwindigkeitsausgang
* Pulsbreitenmodulator
* Aufwärts/abwärts Timer/Zähler
* Watchdog Timer
* 256 Bytes interner Datenspeicher
* Drei 16-Bit-Timer/Zähler
* 7 Interruptquellen
* Programmierbarer serieller Kanal
* Fehlererkennung eines Datenübertragungsblocks

• Automatische Adreßerkennung bei Multiprozessorkommunikation

Das programmierbare Zählerfeld besteht aus fünf Modulen und fünf I/O-Pins, die Teil von Port 1 sind. Jedes dieser Module kann getrennt als Pulsbreitenmodulator, als Compare/Capture-Register oder als Hochgeschwindigkeitsausgang programmiert werden. Zusätzlich kann Modul 4 als Watchdog Timer verwendet werden. Das programmierbare Zählerfeld kann als Timer oder Compare/Capture-Register programmiert einen Interrupt auslösen. Mit dem Pulsbreitenmodulator und Hochgeschwindigkeitsausgang kann ein weiter Bereich von Motorkontrollanwendungen ausgeführt werden. Die Verbesserungen des seriellen Ports gestatten eine zuverlässigere Multiprozessorkommunikation.

Die Funktionen im einzelnen:

Pulsbreitenmodulator

Jedes der vier Module des programmierbaren Zählerfelds kann als Pulsbreitenmodulator programmiert werden. In diesem Modus kann das Modul des programmierbaren Zählerfelds digitale Daten in analoge Signale umwandeln. Mit einer Maximalfrequenz von 16 MHz beträgt die Ausgangsfrequenz des Pulsbreitenmodulators 15,6 KHz. Die Frequenz des Pulsbreitenmodulators hängt von einer der vier softwaremäßig wählbaren Taktquellen des programmierbaren Zählerfelds ab. Das Tastverhältnis der ausgegebenen Wellenform wird durch den Inhalt eines 8-Bit-Registers kontrolliert, das mit jedem Wert zwischen 0 und 255 programmiert werden kann.

Hochgeschwindigkeitsausgang

Jedes Modul des programmierbaren Zählerfelds kann veranlaßt werden, ein Signal am korrespondierenden Pin auszugeben. Der Ausgang kann mit einer minimalen Auflösung von 250 ns programmiert werden.

Comparator/Capture

Als Comparator programmiert vergleicht das Modul des programmierbaren Zählerfelds in jedem Maschinenzyklus den Inhalt seines Timers mit dem Wert des Vergleichsregisters. Sind die Werte gleich, kann der entsprechende I/O-Pin invertiert und ein Interrupt erzeugt werden.

Im Capture-Modus erfolgt der entsprechende Vorgang in umgekehrter Richtung. Bei einer Änderung des logischen Pegels am korrespondierenden I/O-Pin wird der Inhalt des Timer in das gewählte Capture Register geladen. Ein Interrupt kann ebenfalls erzeugt werden.

Diese Eigenschaften erlauben eine sehr genaue Pulsbreitenmessung in Echtzeit mit einem Minimum an Softwareaufwand.

Watchdog Timer

Der Sinn eines Watchdog Timers ist es, den Prozessor bei Störungen interner oder externer Art zu überwachen und bei Fehlfunktion einen Reset auszulösen. Modul Nummer 4 des programmierbaren Zählerfelds kann als Watchdog Timer verwendet werden. Wenn der Wert des Timers mit dem Wert des Comparators übereinstimmt, wird ein interner Reset erzeugt, der Prozessor in den Hardwarereset versetzt.

Während einer normalen Arbeitsweise muß die Software periodisch den Timer nachladen oder das interne Resetsignal sperren. Tritt eine Fehlfunktion durch extrem starkes Rauschen oder kurzzeitigen Spannungsabfall auf, werden im allgemeinen diese periodischen Maßnahmen nicht mehr ausgeführt und der Prozessor setzt sich selbst zurück. Die Folge ist eine größere Zuverlässigkeit.

Timer/Zähler

Timer 2 ist ein 16-Bit-Timer oder Zähler, der aufwärts oder abwärts zählen kann. Er hat ein 16-Bit-Register, das für ein selbständiges Nachladen oder Auffangen des Timerinhalts verwendet werden kann. Der Auffangbefehl kann von einer externen Quelle oder dem Takteingang des Timers stammen. Mit der Hilfe von Timer 2 können zwei verschiedene Übertragungsgeschwindigkeiten für den seriellen Port erzeugt werden. Timer 2 kann weiterbenutzt werden, wenn sich der Prozessor im Idle-Modus befindet.

Serieller Port

Der serielle Port hat die gleichen Eigenschaften wie der des 8032 mit zwei neuen Eigenschaften: Fehlererkennung in einem Datenübertragungsblock und automatische Adreßerkennung bei Multiprozessorkommunikation.

In Modus 2 oder 3 wird ein Status-Bit gesetzt, wenn die Fehlererkennung in einem Datenübertragungsblock freigegeben ist und ein ungültiges Byte einging. So kann man durch Überprüfen des Bits nach jedem Datenempfang zwischen gültigen und ungültigen Bytes unterscheiden.

Als Slave-Prozessor kann der 80C252 erkennen, ob er vom Master Prozessor oder einem anderen Slave-Prozessor in einem Multiprozessorsystem adressiert wurde.

Dieser kurze Überblick über den 80C252 sollte zeigen, welche Funktionen in Erweiterungen realisierbar sind. Ein ähnlicher Baustein mit weiteren Möglichkeiten ist der 80C515 der Fa. Siemens. Eine Beschreibung dieser Zusatzfunktionen ist nicht Absicht des Buches. Man möge im Einzelfall auf die Datenblätter und Informationen des Herstellers zurückgreifen.

Beschreibung der Software 2

1. Operationscode und Mnemonik

Die Funktionen, die in Schaltungen mit diskreten Bauteilen durch die einzelnen Chips ausgeübt werden, übernehmen in einem Mikrocomputersystem die Befehle an den Prozessor. Ein einzelner Befehl kann die Verwendung mehrerer TTL- oder CMOS-Gatter ersetzen. Der große Nachteil von Schaltungen mit Standardbausteinen ist ihre Fixiertheit auf einen konkreten Einsatz und ihre absolute Unflexibilität. Eine solche Schaltung muß entwickelt und getestet werden, und ist nachher für nichts anderes zu verwenden als für den geplanten Zweck. Ein Mikrocomputersystem benötigt für unterschiedliche Aufgaben keine Änderung der Hardware; die Entwicklungs- und Testarbeit verlagert sich jedoch auf die Erstellung der Software. Somit ist eine Mikrocomputerlösung um Zehnerpotenzen dynamischer als eine herkömmliche Schaltung. Das Entscheidende für die richtige Arbeitsweise ist die logisch sinnvolle Eingabe von Befehlen in das Mikrocomputersystem.

Ein Befehl besteht im Falle eines 8-Bit-Rechners aus einer Folge von acht Nullen oder Einsen. Es sind daraus 256 Kombinationen möglich. Eine solche Kombination gelangt in den Befehlsdecoder der CPU, der daraufhin den Prozessor zu ganz bestimmten Aktionen veranlaßt. Die Kombination 1011 0011 bewirkt ein Umkehren des elektrischen Zustands des Carry-Bits. Um mit der verwirrenden Vielfalt der Null-Eins-Kombinationen besser zurechtzukommen, betrachtet man die Abfolge von Nullen und Einsen als eine Dualzahl. Da nun die Dualzahlen selbst unübersichtlich sind, teilt man eine achtstellige Dualzahl in einen vierstelligen unteren Teil (Low-Nibble) und einen vierstelligen oberen Teil (High-Nibble) auf. Mit jedem Teil lassen sich 16 versch§iedene Zahlen darstellen, die der Ziffernmenge (0;1;..;9;A;B;C;D;E;F) des hexadezimalen Zahlensystems entsprechen. Somit ist die oben angeführte binäre Kombination wie folgt zu übersetzen:

Elektrischer Zustand:	+−++	−−++
Binäre Zahl:	1011	0011
Hexadezimale Zahl:	B	3

Um aus einer achtstelligen Dualzahl einen Hexadezimalwert zu erhalten, braucht man nur Low- und High-Nibble getrennt zu übertragen. Zur besseren Übersicht wird in achtstelligen Dualzahlen zwischen beiden Hälften eine Leerstelle eingefügt. Die Darstellung solcher Werte als Dezimalzahlen ist ohne Interesse und würde zur Unübersichtlichkeit beitragen.

Die Befehle für einen Prozessor können somit alle Werte von 00 bis FF annehmen. Sollte es sich im folgenden bei Zahlenangaben ausnahmsweise um eine Dezimalzahl handeln, wird sie mit einem kleinem d am Ende gekennzeichnet.

Mnemoniks:
Daß der Code B3 das Carry-Bit komplementiert und der Code E4 den Akku löscht, müßte man für eine Programmierarbeit auswendig lernen oder in Tabellen nachschlagen. Eine wesentliche Erleichterung für das menschliche Gehirn bieten die Mnemoniks. Das sind kurze Buchstabenkombinationen, die wie ein Spickzettel das wesentliche eines Codes in Erinnerung rufen:

B3 wird mit CPL C übersetzt,
E4 wird mit CLR A übersetzt.

Die Firma Intel führte die Mnemoniks bei der Entwicklung der MCS-51 Familie ein. Wenn nun ein Programm geschrieben wird, geht man die Schritte rückwärts:

1. Man klärt die Aufgaben, die der Mikrocomputer erfüllen soll.

2. Man fertigt einen Logikablauf an.

3. Der Logikablauf wird mit Hilfe von Mnemoniks dargestellt.

4. Die Mnemoniks werden in Hexadezimalcode umgewandelt.

5. Die Hexadezimalwerte werden als elektrische Zustände in ein EPROM gebrannt.

Flußdiagramme oder Struktogramme unterstützen die Arbeit in Punkt 2. Ein Assembler oder Makroassembler unterstützt die Arbeit in den Punkten 3 und 4. Ein EPROM-Programmiergerät übernimmt die Arbeit von Punkt 5. Der Anwender wird mit Punkt 1 und 2 belastet.

Als Softwareentwicklungsunterstützung bietet die Firma Intel einen Makroassembler (ASM51) für die MCS-51 Familie an, der auf ISIS-Systemen oder DOS-Systemen lauffähig ist.

2. Der MCS-51 Befehlssatz.

Alle Mitglieder der MCS-51 Familie haben die gleichen Befehlscodes. Der Befehlssatz ist optimiert für Einzelbitverarbeitung und Boolesche Operationen als einem separaten Datentyp. Eine Besonderheit der Intelschen Mnemonik ist bei Mehrbytebefehlen, daß immer erst das Ziel, dann die Quelle angeführt wird:

Adressierungsarten:

Bei der **direkten Adressierung** wird der Operand durch ein 8-Bit-Adreßfeld im Befehl gekennzeichnet. Nur das interne RAM und die Spezialfunktionsregister (SFR) können direkt adressiert werden.
Beispiel:ADD A,8A. Die Adresse 8A ist das Low-Byte des Zählers 0. Bei der Ausführung des Befehls wird der Inhalt des Low-Bytes zum Akku addiert.

Bei der **indirekten Adressierung** bezieht sich der Befehl auf ein Register, das die Adresse des Operanden beinhaltet. Damit können sowohl das interne als auch ein externes RAM adressiert werden. Als Adreßregister für die 8-Bit-Adresse kommen nur die Register R0 und R1 der aktuellen Registerbank in Frage. Das Adreßregister für eine 16-Bit-Adresse kann nur das 16-Bit-Datenpointregister (DPTR) sein.
Beispiel:MOV A,@R0. Die indirekte Adressierung ist durch das Zeichen @ gekennzeichnet. Befindet sich in Register 0 der Wert 3D, dann wird der Akku mit dem Inhalt der Speicherstelle 3D des internen RAMs geladen.

Auf die Register in den Registerbänken kann durch **Registerbefehle** zugegriffen werden. In den betreffenden Operationscodes bezeichnen immer die drei niedrigsten Bits das betreffende Register. Befehle dieser Art zeichnen sich durch besondere Kürze aus, da sie auf ein Adreßbyte verzichten können. Da es vier Registerbänke gibt, die sich am Anfang des internen RAMs befinden, und jede Registerbank acht Register besitzt, kann mit dieser Befehlsart auf die ersten vierundzwanzig RAM-Plätze zugegriffen werden.

Beispiel: XCH A,R5. Der Code lautet für diesen Befehl CD = 1100 1*101*. Der Befehlsdecoder entnimmt dem Bitmuster 1100 1XXX den Befehl XCH A und den letzten drei Bits XXXX X101 die Nummer des Registers 5. Sollte der Akkuinhalt mit Register 0 ausgetauscht werden, müßte das Bitmuster 1100 1*000* in den Befehlsdecoder gelangen. Das dritte Bit XXXX 1XXX (die Bits werden von 0 bis 7 numeriert), eine Eins, zeigt dem Befehlsdecoder, daß es sich um einen Registerbefehl handelt. Alle anderen Befehle haben an der Stelle eine Null. Somit hat jeder Registerbefehl die Form X8 - XF, mit X aus {0;...;F}. Die dazugehörige Mnemonik ist in Tabelle 2-1 gelistet.

X	Mnemonik		X	Mnemonik	
0	INC	R	8	MOV	direkt,R
1	DEC	R	9	SUBB	A,R
2	ADD	A,R	A	MOV	R,direkt
3	ADDC	A,R	B	CJNE	R,rel.Adr.
4	ORL	A,R	C	XCH	A,R
5	ANL	A,R	D	DJNZ	R,rel.Adr.
6	XRL	A,R	E	MOV	A,R
7	MOV	R,#data	F	MOV	R,A

Tabelle 2-1. High-Byte der Registerbefehle

Einige Befehle beziehen sich auf besondere Register, wie den Akkumulator, den Datenpointer usw., so daß für deren Zugriff kein spezielles Adreßbyte benötigt wird. Die Adresse ist im Operationscode enthalten.

Der Wert einer **Konstanten** kann unmittelbar dem Operationscode im Programmspeicher folgen.
Beispiel: MOV R2,#0A. In das Register 2 wird die Zahl 10$_d$ geschrieben. Im Programmspeicher muß die Bytefolge 7A 0A stehen.

Um Tabellen aus dem ROM zu lesen, sieht der Befehlssatz der MCS-51 Familie die **indizierte Adressierung** vor. Das kann auf der Basis der beiden 16-Bit-Register Datenpointer oder Programmzähler erfolgen. Der Akku wird mit der Platznummer in der Tabelle versehen. Bei Zugriff auf das ROM wird diese Platznummer dem Basisregister hinzuaddiert, um so die absolute Adresse zu erhalten.
Beispiel: MOVC A,@A+DPTR. Der Datenpointer ist das Basisregister. Vor Ausführung des Befehls muß in A die Nummer des Tabellenplatzes stehen. Nach der Ausführung steht in A der Inhalt des Tabellenplatzes.

Arithmetische Befehle:

Eine Zusammenfassung der arithmetischen Befehle ist in Tabelle 2-2. gelistet. Die Tabelle zeigt die möglichen Adressierungsarten, die für jeden Befehl mit einem [Byte]-Operanden benutzt werden können. Das Symbol [Byte] steht für Herkunft des Operanden. ADD A,[Byte] kann heißen:

ADD	A,7F	(Direkte Adressierung)
ADD	A,@R0	(Indirekte Adressierung)
ADD	A,R4	(Register Adressierung)
ADD	A,#64	(Konstante)

Mnemonik	Operation	Adressierung				Maschinen-zyklen
		Dir	Ind	Reg	Kon	
ADD A,[Byte]	A ← A + [Byte]	X	X	X	X	1
ADDC A,[Byte]	A ← A + [Byte] + C	X	X	X	X	1
SUBB A,[Byte]	A ← A - [Byte] - C	X	X	X	X	1
INC A	A ← A + 1	Nur Akkumulator				1
INC [Byte]	[Byte] ← [Byte] + 1	X	X	X	–	1
INC DPTR	DPTR ← DPTR + 1	Nur Datenptr.				2
DEC A	A ← A - 1	Nur Akkumulator				1
DEC [Byte]	[Byte] ← [Byte] - 1	X	X	X	–	1
MUL AB	B;A ← B • A	Nur Akku und B				4
DIV AB	A ← Int(A:B) B ← Rest(A:B)	Nur Akku und B				4
DA A	Dezimalkorrektur	Nur Akkumulator				1

Tabelle 2-2. Liste der arithmetischen Befehle

Wird ein 12 MHz Quarz verwendet, entsprechen die Zahlen in der letzten Spalte der Zeit in µs. Jedes Byte im internen RAM kann ohne Hilfe des Akku inkrementiert und dekrementiert werden. Ein INC-Befehl läßt den Datenpointer um eins anwachsen. Das ist eine für Zugriffe auf einen externen Speicher nützliche Eigenschaft.

Der Multiplikationsbefehl multipliziert den Inhalt des Akkus mit dem des Registers B. Das Ergebnis findet sich im Akku und im Register B.

Der Divisionsbefehl teilt den Inhalt des Akkus durch den des Registers B. Der Integerwert wird in den Akku geschrieben, der Rest in das Register B. Seltsamerweise wird der Divisionsbefehl weniger für arithmetisches Teilen verwendet als vielmehr zu Wurzelberechnungen und programmierte Schiebeoperationen. Teilt man ein Bitmuster durch 2^n, so wird das Muster um n Stellen nach rechts verschoben. Der Divisionsbefehl führt diese Operation in 4 µs aus, Register B beinhaltet den ausgeschobenen Teil.

Mikrocontroller Kochbuch

Die Dezimalkorrektur ist eine Nachfolgeoperation für Additionen mit Binär Codierten Dezimalzahlen (BCD). Bei der BCD-Arithmetik sollten der ADD- und der ADDC-Befehl immer von der DA A-Instruktion gefolgt sein, um zu gewährleisten, daß das Ergebnis ebenfalls eine BCD-Zahl ist. Man beachte hierbei, daß der Befehl nicht in der Lage ist, eine achtstellige Dualzahl in das BCD-Format zu überführen. Das geschieht mit Hilfe des Divisionsbefehls:

```
MOV     B,#64      ;Der in A stehende umzuwandelnde Wert wird durch
DIV     AB         ;100d (=64h) geteilt und die Hunderterziffer in
MOV     R0,A       ;das Register 0 gegeben.
MOV     A,B        ;Die verbleibende Zehnerzahl wird
MOV     B,#0A      ;durch 10d (=0Ah)
DIV     AB         ;geteilt.
SWAP    A          ;Die Zehnerziffer wird in das High-Nibble, die
ADD     A,B        ;Einerziffer in das Low-Nibble des Akkus geschrieben.
```

Die dreistellige BCD-Zahl steht danach in Register 0 und im Akku:

Register 0:   Akku:

	Hunderter	Zehner	Einer	

Logische Befehle:

In Tabelle 2-3. ist eine Zusammenfassung der logischen Befehle des MCS-51 Befehlssatzes.

Mnemonik	Operation	Adressierung				Maschinen-zyklen
		Dir	Ind	Reg	Kon	
ANL A,[Byte]	A ← A and [Byte]	X	X	X	X	1
ANL [Byte],A	[Byte] ← [Byte] and A	X				1
ANL [Byte],#Daten	[Byte] ← [Byte] and #Daten	X				2
ORL A,[Byte]	A ← A or [Byte]	X	X	X	X	1
ORL [Byte],A	[Byte] ← [Byte] or A	X				1
ORL [Byte],#Daten	[Byte] ← [Byte] or #Daten	X				2
XRL A,[Byte]	A ← A xor [Byte]	X	X	X	X	1
XRL [Byte],A	[Byte] ← [Byte] xor A	X				1
XRL [Byte],#Daten	[Byte] ← [Byte] xor #Daten	X				2
CRL A	A ← 00	Nur Akkumulator				1
CPL A	A ← not A	Nur Akkumulator				1
RL A	A rotiert 1 Bit links	Nur Akkumulator				1
RLC A	A rotiert links mit C	Nur Akkumulator				1
RR A	A rotiert 1 Bit rechts	Nur Akkumulator				1
RRC A	A rotiert rechts mit C	Nur Akkumulator				1
SWAP A	Nibble in A vertauschen	Nur Akkumulator				1

Tabelle 2-3. Liste der logischen Befehle

Die Befehle, die die Booleschen Verknüpfungen (*und, oder, exklusiv oder, nicht*) mit Bytes ausführen, verwenden die Arithmetisch-Logische-Einheit (ALU) auf Einzelbitbasis.

Beispiel:

Der Inhalt des Akkumulators ist 1101 0110, der Inhalt von [Byte] ist 1011 1110, dann bewirkt eine logische *und*-Verknüpfung folgendes Ergebnis:

A	1101 0110
[Byte]	1011 1110
ANL A,[Byte]	1001 0110

Wie in Tabelle 2-3. gezeigt, können die verschiedenen Adressierungsarten für einen Zugriff auf den [Byte]-Operanden benutzt werden. Das Symbol [Byte] steht für Herkunft des Operanden. ANL A,[Byte] kann heißen:

ANL	A,7F	(Direkte Adressierung)
ANL	A,@R0	(Indirekte Adressierung)
ANL	A,R4	(Register Adressierung)
ANL	A,#64	(Konstante)

Nur die nicht auf den Akku bezogenen Befehle benötigen zur Ausführung 2 µs. Logische Operationen, die die internen RAM-Register benutzen, müssen nicht durch den Akku gehen. Der Befehl XRL [Byte],#Daten bietet beispielsweise einen einfachen und schnellen Weg, Portpins zu invertieren:

XRL   P1,#FF

Müßte der Akku bemüht werden, wäre vorher sein Inhalt auf den Stack zu retten. Der Portinhalt müßte in den Akku gegeben, der Akku invertiert, sein Inhalt in den Port zurückgeschrieben und der alte Akkuinhalt wieder vom Stapel geholt werden. Diesen Umstand und viel Zeit erspart die einzige Exklusiv-Oder-Verknüpfung.

Die Rotationsbefehle schieben den Akkuinhalt um ein Bit nach rechts oder links. Bei einer Linksrotation rollt das MSB in die LSB-Position. Bei einer Rechtsrotation gelangt das LSB an die MSB-Stelle. Bei der Benutzung des Carry-Bits kann es als neuntes Bit des Akkus betrachtet werden. Der SWAP A-Befehl vertauscht die beiden Nibbles im Akku untereinander. (Siehe Beispiel BCD-Konvertierung im Abschnitt: Arithmetische Befehle).

Datentransferbefehle im internen RAM:

Tabelle 2-4. gibt eine Zusammenfassung der Datentransferbefehle des MCS-51 Befehlssatzes, die sich auf das interne RAM beziehen:

Mnemonik	Operation	Adressierung				Maschinen-zyklen
		Dir	Ind	Reg	Kon	
MOV A,[Quelle]	A ← [Quelle]	X	X	X	X	1
MOV [Ziel],A	[Ziel] ← A		X	X	X	1
MOV [Ziel],[Quelle]	[Ziel] ← [Quelle]	X	X	X	X	2
MOV DPTR,#16 Bit	DPTR ← 16-Bit-Konst.				X	2
PUSH [Quelle]	INC SP:(SP) ← [Quelle]	X				2
POP [Ziel]	[Ziel] ← (SP):DEC SP	X				2
XCH A,[Byte]	A ↔ [Byte]	X	X	X		1
XCHD A,@Ri	A ↔ (Ri) nur Low-Nib.	X				1

Tabelle 2-4. MCS-51 Datentransferbefehle mit Zugriff auf den internen Datenspeicher.

Die Ausführungszeit der Befehle dauert 1 bzw. 2 µs.

Der Befehl MOV [Ziel],[Quelle] erlaubt das Verschieben von Daten zwischen zwei RAM- oder SFR-Plätzen, ohne den Akku zu benutzen. Beachten Sie, daß der SFR-Bereich nur durch die direkte Adressierung erreicht werden kann.

Bei allen MCS-51 Vertretern befindet sich der Stack im internen RAM und wächst nach oben. Der PUSH-Befehl läßt zuerst den Stackpointer um eins anwachsen und kopiert danach den Byteinhalt in den Stackplatz. PUSH- und POP-Befehle kennen nur die direkte Adressierung. Übersteigt der Stackpointer den Wert 7F, fängt er im 8031 bei 00 von vorne an, nur im 8032 fährt er an der Adresse 80 im oberen RAM-Bereich, nicht im SFR-Bereich, fort.

Die Datentransferbefehle kennen auch die Bewegung eines 16-Bit-Wertes. Diese wird benutzt, um den Datenpointer entweder auf den Anfangswert einer Tabelle im ROM einzustellen oder für die Benutzung einer 16-Bit-Adresse für einen externen RAM-Speicherzugriff.

Mit dem XCH A,[Byte]-Befehl tauschen Akku und eine durch [Byte] adressierte Speicherstelle ihre Daten aus. Der XCHD A,@Ri-Befehl ist ähnlich. Es werden jedoch nur die Low-Nibbles von A und der in Ri genannten Speicherstelle ausgetauscht.

Datentransferbefehle mit dem externen RAM:

Tabelle 2-5. gibt eine Zusammenfassung der Datentransferbefehle des MCS-51 Befehlssatzes, die sich auf das externe RAM beziehen:

Adreß-breite	Mnemonik	Operation	Masch.-zyklen
8 Bits	MOVX A,@Ri	Lesen; Adresse steht in Ri	2
8 Bits	MOVX @Ri,A	Schreiben; Adresse steht in Ri	2
16 Bits	MOVX A,@DPTR	Lesen; Adresse steht in DPTR	2
16 Bits	MOVX @DPTR,A	Schreiben; Adresse steht in DPTR	2

i = 0 oder 1

Tabelle 2-5. MCS-51 Datentransferbefehle mit Zugriff auf den externen Datenspeicher.

Bei einem Zugriff auf den externen Datenspeicher kann nur die indirekte Adressierung angewandt werden. Man hat die Wahl zwischen den Registern R0 bzw. R1 der aktuellen Registerbank und dem 16-Bit-Datenpointregister. Während man mittels Register nur 256 externe Bytes erreichen kann, hat man mit dem Datenpointer Zugriff auf 64 KBytes. Verwendet man die Register bei einem Zugriff, wird Port 2 für die Adressierung nicht benötigt. Es erscheint in diesem Falle der Inhalt von Port 2 an den Pins, wo er in einem externen Speicher aufgefangen werden kann. Der Inhalt von Port 2 kann auch für eine Page-Wahl des externen Rams verwendet werden, wenn mit den Registerbefehlen darauf zugegriffen wird. Man schreibe dazu die gewünschte Page in Port 2 (256 Möglichkeiten), verbinde Port 2 mit den Adreßeingängen A8 - A15 des externen RAMs und führe einen MOVX @Ri-Befehl aus. Somit ist auch der volle 64K-Bereich adressierbar.

Trotz Ein-Byte-Befehle benötigen sie zur Ausführung 2 μs. Immer ist der Akku das Quelle-oder Zielregister.

Bei einem Zugriff auf das externe RAM setzt das $\overline{PSEN}$-Signal einmal aus, damit der Programmspeicher sich nicht angesprochen fühlt. An seine Stelle tritt das bislang inaktive $\overline{RD}$-bzw. $\overline{WR}$-Signal, das das RAM zum Lesen bzw. Schreiben freigibt.

Tabellenbefehle:

Tabelle 5-6. zeigt zwei Befehle, mit deren Hilfe aus dem Programmspeicher Tabellenwerte auslesbar sind. Da sie nur auf das ROM zugreifen (das $\overline{PSEN}$-Signal ist dabei aktiviert), kann man mit ihnen nur lesen, aber nicht schreiben. Die Mnemonik MOVC bedeutet "move constant".

Adreß-breite	Mnemonik	Operation	Masch.-zyklen
16 Bits	MOVC A,@A+DPTR	Lesen; Adresse ist A+DPTR	2
16 Bits	MOVC A,@A+PC	Lesen; Adresse ist A+PC	2

Tabelle 2-6. MCS-51 Befehle zum Lesen von Tabellenwerten.

Tabellen werden häufig benutzt, um die Bitmuster für anzuzeigende Zahlen oder Buchstaben, sogenannte Charakter, zu speichern (ASCII-Tabelle, Codes für 7-Segment-Anzeigen etc.).

Der erste MOVC-Befehl (Tabelle 2-6.) kann aus einer Tabelle bis zu 256 Eintragungen aus-lesen, numeriert von 0 bis 255. Die Nummer der gewünschten Eintragung wird in den Akku geladen, der Tabellenanfangswert in den Datenpointer. Nach Ausführung des Befehls MOVC A,@A+DPTR befindet sich eine Kopie der Tabelleneintragung im Akku.

Der zweite MOVC-Befehl arbeitet nach demselben Prinzip. Hier bildet der Programmzähler (PC) den Tabellenanfangswert. Eine sinnvolle Benutzung des Befehls ist nur in einer Sub-routine möglich. Folgendes Beispiel erläutert den Einsatz:

```
            MOV    A,(Tabellenplatz)    ;
            CALL   Tabelle              ;
            .........
Subroutine Tabelle:
            INC    A                    ;
            MOVC   A,@A+PC              ;
            RET                         ;
```

Der Befehl INC A ist notwendig, weil bei einer Eintragung in A mit Wert Null immer nur der Code des RET-Befehls, also 22, gelesen würde. Durch diese kleine Einschränkung vermin-dert sich der zur Verfügung stehende Tabellenplatz um Eins. In den Akku kann man nur die Werte von 0 bis 254 schreiben.

Boolesche Befehle:

Die MCS-51 Bausteine beinhalten einen kompletten Booleschen (Einzel-Bit) Prozessor. Das interne RAM weist 128 adressierbare Bits auf, und der SFR-Bereich kann weitere 128 zur Verfügung stellen. Alle Portpins sind bitadressierbar und können so als separate Einzelpin-ports behandelt werden. Die Befehle, die diese Bits tangieren, sind nicht nur bedingte Sprünge, sondern ein komplettes Menü von MOV, SET, CLR, CPL, OR und AND Befehlen. Diese Art von Befehlen ist eine Spezialität der MCS-51 Familie.

Mnemonik		Operation	Maschinen-zyklen
ANL	C,Bit	C ← C *and* Bit	2
ANL	C,/Bit	C ← C *and not* Bit	2
ORL	C,Bit	C ← C *or* Bit	2
ORL	C,/Bit	C ← C *or* not Bit	2
MOV	C,Bit	C ← Bit	1
MOV	Bit,C	Bit ← C	2
CLR	C	C ← 0	1
CLR	Bit	Bit ← 0	1
SETB	C	C ← 1	1
SETB	Bit	Bit ← 1	1
CPL	C	C ← *not* C	1
CPL	Bit	Bit ← *not* Bit	1
JC	rel	Jump if C = 1	2
JNC	rel	Jump if C = 0	2
JB	Bit,rel	Jump if Bit = 1	2
JNB	Bit,rel	Jump if Bit = 0	2
JBC	Bit,rel	Jump if Bit = 1; CLR Bit	2

Tabelle 2-7. MCS-51-Einzelbitbefehle

Der Befehlssatz für den Booleschen Prozessor findet sich in Tabelle 2-7.. Jeder Bitzugriff erfolgt nur über die direkte Adressierung. Die Bitadressen von 00 bis 7F befinden sich im unteren RAM (Bild 1-6.), die Bitadressen von 80 bis FF in den SFR.

Mit Hilfe des Carrys lassen sich einfache Bitbewegungen ausführen:

```
MOV   C,Bit
MOV   P1.0,C
```

In diesem Beispiel wird der Zustand eines Bits an Pin 0 des Ports 1 ausgegeben. Das Carry-Bit im Programmstatuswort wird als Einzelbitakkumulator des Booleschen Prozessors verwendet. Als Inhalt des PSW hat es die Bitadresse D7. Der Boolesche Befehlssatz weist die logischen *und-* und *oder-*Befehle auf, nicht aber die *exklusiv oder-*Operation. Dieser fehlende XRL-Befehl kann auf einfache Weise durch die Software simuliert werden. Das folgende Beispiel beschreibt die Operation:

C ← Bit1 *exklusiv oder* Bit2   *exklusiv oder:*

MOV	C,Bit1
JNB	Bit2,Weiter
CPL	C
Weiter:	(Fortsetzung des Programms)

0	0	0
0	1	1
1	0	1
1	1	0

Zu Beginn wird Bit1 in das Carry übertragen, dann Bit2 abgefragt. Ist Bit2 = 0, wird der CPL-Befehl übersprungen und das Carry hat den richtigen Wert. Hat Bit2 den Wert Eins, dann wird die erste Eintragung in das Carry komplementiert. War es eine Null, wird sie zu Eins, war es eine Eins, wird sie zu Null.

Dieses Beispiel benutzt den JNB-Befehl, einer aus einer Serie von Bit-Testbefehlen, die einen Sprung ausführen, wenn das getestete Bit gesetzt (JC, JB, JBC) oder nicht gesetzt (JNC, JNB) ist. JBC führt den Sprung aus, wenn das betreffende Bit gesetzt ist. Das Bit wird dabei gelöscht. Bei zeitlichen Steuerungen ist das ein nützlicher Befehl.

Relative Sprungadresse:

Alle bedingten Sprungbefehle und ein einziger unbedingter Sprungbefehl (SJMP) benötigen zur Errechnung des Sprungzieles ein Adressenoffset oder eine relative Adresse. Das ist eine signierte oder vorzeichenbehaftete Zahl, die zum Inhalt des Programmzählers addiert wird, wenn der Sprung ausgeführt wird. Der Zielbereich liegt daher -128 bis +127 Programmspeicherbytes relativ zum Byte, das dem Sprungbefehl folgt.

Steht im 7. Bit der relativen Offsetadresse eine 0, behandelt der Prozessor den folgenden Wert als eine positive Zahl, steht im 7. Bit eine 1, ist der folgende Wert für den Prozessor negativ:

```
0XXX   XXXX   ist positiv, Sprung erfolgt nach vorn.
1XXX   XXXX   ist negativ, Sprung erfolgt zurück.
```

1. Beispiel: Sprung nach vorn.

Adresse	Code	Mnemonik	
0101	EF	MOV	A,R7
0102	20 E2 **01**	┌ JB	E2,0106
0105	22	│ RET	
0106	79 34	└→MOV	R1,#34
0108	7A 00	MOV	R2,#00

Ist das zweite Bit des Registers 7 gesetzt, wird der RET-Befehl übersprungen. Im Maschinencode muß für einen Sprung nach Adresse 0106 die relative Adresse 01 stehen, da der Programmzähler nach Ausführung des Befehls den Inhalt 0105 aufweist. Durch Addition von 01 erhält man die absolute Adresse 0106. Sollte der Sprung nicht nach 0106, sondern nach 0108 erfolgen, müßte der Offsetwert 03 sein.

2. Beispiel: Sprung zurück.

Adresse	Code	Mnemonik	
043E	22	┌→ RET	
043F	74 30	│ MOV	A,#30
0441	2A	│ ADD	A,R2
0442	F8	│ MOV	R0,A
0443	E6	│ MOV	A,@R0
0444	10 B5 **F7**	└ JBC	T1,043E
0447	C2 B4	CLR	T0

Ist der Pin T1 gesetzt, wird er gelöscht und die Subroutine abgebrochen. Bei einem Sprung zurück, muß man wie bei einem Count-Down rückwärts zählen, um das Adressenoffset zu erhalten. Der Wert 00 entspricht in diesem Falle der Adresse 0447, der Wert FF, der 0446 etc.:

Adresse	Offset	
┌→ 043E	F7	
│ 043F	F8	Nach Ausführung des JBC-Befehls weist der
│ 0440	F9	Programmzähler den Inhalt 0447 auf. Da
│ 0441	FA	zur Adresse 043E gesprungen werden soll,
│ 0442	FB	muß der Offsetwert F7 lauten.
│ 0443	FC	
│ 0444	FD	
│ 0445	FE	
│ 0446	FF	
└ 0447	00	
0448	01	
0449	02	

Das relative Offset bei einem Sprung zurück läßt sich nach folgender Methode errechnen:

1. Man bilde die Differenz zwischen Adresse des Folgebefehls und der Zieladresse.
2. Man komplementiere den Binärwert der Differenz.
3. Man inkrementiere das Ergebnis.

Beispiel:

Der dem Sprungbefehl folgende Befehl habe die Adresse 0568. Es soll zur Adresse 0531 gesprungen werden.

1. Bilde die Differenz:

$$\begin{array}{r} 0568 \\ -0531 \\ \hline 37 \end{array}$$

2. Komplementierung des Binärwertes:

37: 0011 0111
C8: 1100 1000

3. Bildung des Inkrements:

C9: 1100 1001

Das relative Offset hat den Wert C9.

3. Beispiel: Warten auf eine gedrückte Taste.

Adresse	Code	Mnemonik	
01AA	05 90	INC	P1
01AC	20 B4 FD	JB	T0,01AC
01AF	15 90	DEC	P1
01B1	20 B5 FD	JB	T1,01B1
01B4	80 F4	SJMP	01AA

Dieses kleine, in sich geschlossene Programm benutzt zwei Taster gegen Masse, die an den Pins T0 und T1 angeschlossen sind. Wird T0 betätigt, vermindert sich der Portinhalt um eins; wird T1 betätigt, wird der Vorgang rückgängig gemacht. Die relative Adresse FD bewirkt ein ständiges Springen auf denselben Befehl, solange keine Taste gedrückt wird. Diese Technik kann für eine Single-Step-Operation genutzt werden.

Sprungbefehle:

Bei den Sprungbefehlen unterscheidet man zwischen unbedingten Sprüngen, deren Ausführung von keiner Bedingung abhängt, und den bedingten Sprüngen, die nur dann erfolgen, wenn eine Bedingung erfüllt ist. Die Bit-Testbefehle sind alle bedingte Sprünge, da sie nur dann erfolgen, wenn das abgefragte Bit einen ganz bestimmten Zustand aufweist.

Unbedingte Sprünge:

Ein unbedingter Sprung ist nichts anderes als das Beschreiben des Programmzählers mit einem neuen Wert. Der Befehl LJMP adr.16 steht also für den nicht existierenden Datentransferbefehl: MOV PC,#16Bits.

Tabelle 2-8. faßt die unbedingten Sprünge zusammen.

Mnemonik		Operation	Maschinen-zyklen
JMP	addr	Jump to addr	2
JMP	@A+DPTR	Jump to A+DPTR	2
CALL	addr	Call subroutine at addr	2
RET		Return from subroutine	2
RETI		Return from interrupt	2
NOP		No operation	1

Tabelle 2-8. MCS-51 unbedingte Sprungbefehle

In Tabelle 2-8. ist ein einzelner JMP-Befehl aufgeführt, der in der Tat stellvertretend für drei Sprungbefehle ist (AJMP, LJMP, SJMP). Sie unterscheiden sich in der Form der Zieladresse.

Der Befehl AJMP hat die Zieladresse als eine 11-Bit-Konstante codiert. Der Befehl ist zwei Bytes lang und besteht aus einem Opcode, der selbst drei der elf Adreßbits enthält, gefolgt von einem zweiten Byte, in dem die restlichen Bits der Adresse stehen. Wenn dieser Befehl erfolgt, werden einfach diese elf Bits in den unteren Teil des Programmzählers geschrieben. Die oberen fünf Bits bleiben erhalten. Somit muß das Ziel im selben 2K-Block sein, in dem der nächste dem AJMP folgende Befehl steht.

Der LJMP-Befehl führt die 16-Bit-Sprungadresse mit sich. Er umfaßt drei Bytes; das erste ist der Opcode gefolgt von zwei Adreßbytes. Bei seiner Ausführung wird der Programmzählerinhalt durch den Inhalt der beiden Adreßbytes ersetzt. Somit kann das Sprungziel an beliebiger Stelle des 64K-Adreßbereichs sein.

Der SJMP-Befehl gibt das Sprungziel, wie zuvor beschrieben, als relative Adresse an. Der Befehl besteht aus zwei Bytes, dem Opcode und dem Offset. Die Sprungentfernung ist auf einen Bereich von -128 bis +127 Bytes relativ zum folgenden Befehl begrenzt. Trotz seiner Beschränktheit sollte man von ihm regen Gebrauch machen, da bei einer Programmentwicklung häufig Blöcke verschoben werden müssen, und eine relative Adresse im Block ihren Wert nicht ändert.

Schreibt man die Programme mit Hilfe eines Makroassemblers, kann man die Zieladresse als Label oder 16-Bit-Konstante angeben.

Um programmierte Sprünge in verschiedene Programmbereiche vorzunehmen, ist der Befehl JMP @A+DPTR gut. Die Zieladresse wird bei Befehlsausführung aus der Summe von Akku und DPTR gebildet.

1. Beispiel: Eine Schaltung soll vier Funktionen ausführen.

   1. Echtzeituhr mit Stunden- und Minutenanzeige
   2. Datumsanzeige
   3. Alarmzeitanzeige
   4. Stoppuhr

Zur Auswahl steht ein Taster zur Verfügung.

Nach dem Reset wird der Datenpointer mit der Adresse für die Echtzeituhr geladen. Vor der Sprungausführung wird der Akku gelöscht. In der Echtzeitroutine wird bei Tastendruck der Datenpointer mit der Adresse der Datumsanzeige geladen und der Akku vor dem Sprung dorthin gelöscht. In der Routine der Datumsanzeige erfolgt das gleiche für die Alarmzeitanzeige etc. Im Stoppuhrmodus erfolgt nun wieder das Laden mit der Echtzeituhradresse, und so kann man mit einem Tastendruck in jede Routine gelangen.

2. Beispiel: Sprungtabelle.

Der Datenpointer ist mit der Basisadresse einer Sprungtabelle geladen, und im Akku ist ein Tabellenoffset. Um an fünf verschiedene Stellen springen zu können, wird der Akku mit den Werten 0 bis 4 geladen:

```
          MOV   DPTR,#Basisadresse
          MOV   A,Offset
          RL    A
          JMP   @A+DPTR
          ..........
Basisadresse der Sprung-
tabelle   AJMP Stelle 0
          AJMP Stelle 1
          AJMP Stelle 2
          AJMP Stelle 3
          AJMP Stelle 4
```

Da jeder Sprungbefehl in der Tabelle zwei Bytes lang ist, muß der Akkuinhalt mit zwei multipliziert werden, was ein RL-Befehl bewirkt.

Tabelle 2-8. zeigt einen einzelnen CALL-Befehl, der stellvertretend für die beiden Befehle LCALL und ACALL steht. Sie unterscheiden sich durch das Format, mit dem sie der CPU die Subroutinenadresse mitteilen.

Der LCALL-Befehl ist ein 3-Byte-Befehl, der aus dem Opcode besteht gefolgt von zwei Bytes, die die 16-Bit-Adresse beinhalten. Ein LCALL kann sich somit auf den ganzen Adreßraum von 64 KByte beziehen. Der ACALL-Befehl führt die Subroutinenadresse als ein 11-Bit-Format mit sich und übergibt sie dem Programmzähler in der gleichen Weise, wie es der AJMP-Befehl tut. Somit muß das Ziel im selben 2K-Block sein, in dem der nächste dem ACALL folgende Befehl steht.

Subroutinen sollten mit dem RET-Befehl enden. Der RET-Befehl bewirkt, daß der Programmzähler mit der Adresse geladen wird, die dem letzten zugeführten CALL-Befehl folgt. Soll das Programm an dieser Stelle nicht fortfahren, weil beispielsweise in der Subroutine eine besondere Entscheidung gefallen ist, gibt es zwei Möglichkeiten, das Rücksprungziel seinen Wünschen anzupassen:

1. Man erniedrigt den Stackpointer um zwei, damit der Stack im weiteren nicht überläuft, und benutzt den programmierbaren JMP-Befehl, JMP @A+DPTR.

2. Man schreibt an die im Stackpointer angegebene Adresse das neue Adressen-High-
und davor das Adressen-Low-Byte. Bei einem RET-Befehl ist die so manipulierte Adresse
das Sprungziel:

```
A8 81    MOV    R0,SP
76 12    MOV    @R0,#12
18       DEC    R0
76 C3    MOV    @R0,#C3
22       RET
```

Die Subroutine wird mit RET beendet, und das Hauptprogramm wird an der Adresse 12C3
fortgesetzt. Sind Subroutinen verschachtelt, muß zuvor der Stackpointer um das Doppelte
der Verschachtelungszahl erniedrigt werden.

Der RET-Befehl tut auch ohne CALL-Aufruf als JMP-Ersatz gute Dienste:

```
05 81    INC    SP
A8 81    MOV    R0,SP
76 04    MOV    @R0,#04
08       INC    R0
76 84    MOV    @R0,#84
05 81    INC    SP
22       RET
```

Das Programm verzweigt nach 0484.

Der RETI-Befehl wird für die Beendigung einer Interruptroutine benutzt. Der Unterschied zwischen RET und RETI ist, daß letzterer dem Interruptkontrollsystem Mitteilung über die Beendigung der Interruptroutine macht. Wenn der RETI-Befehl außerhalb eines Interrupts
verwendet wird, hat er dieselbe Wirkung wie der RET-Befehl. Doch Vorsicht! Häufig nimmt
man in Interruptroutinen Bezug auf Subroutinen, von denen auch das Hauptprogramm Gebrauch macht. Steht da nun am Ende aus Leichtsinn der RETI-Befehl und ist das den Interrupt anfordernde Signal noch vorhanden, fängt die Interruptroutine von vorne an.

Bedingte Sprungbefehle:

Tabelle 2-9. faßt die unbedingten Sprünge zusammen.

| Mnemonik | Operation | Adressierung | | | Maschinen-zyklen |
		Dir	Ind	Reg	Kon	
JZ rel	Jump if A = 0	Nur Akkumulator				2
JNZ rel	Jump if A ≠ 0	Nur Akkumulator				2
DJNZ [Byte],rel	Decrement and jump if ≠ 0	X		X		2
CJNE A,[Byte],rel	Jump if A [Byte]	X			X	2
CJNE [Byte],#data,rel	Jump if [Byte] ≠ #data		X	X		2

Tabelle 2-9. MCS-51 Bedingte Sprungbefehle

Alle bedingten Sprungbefehle bedienen sich der Adreßangabe mittels relativer Offsetmethode. Somit muß das Sprungziel in einem Bereich von -128 bis +127 relativ zur Adresse des Befehls liegen, der dem bedingten Sprungbefehl folgt. Muß über diesen Adreßraum hinausgesprungen werden, ist ein unbedingter Sprung als Vektor zu benutzen, der innerhalb des Blocks stehen muß:

Beispiel: Ein bedingter Sprung soll von Adresse 0400 nach Adresse 0600 erfolgen. Da das direkt nicht möglich ist, wird zu einem AJMP-Befehl verzweigt, der als Sprungvektor nach Adresse 0600 dient.

```
0400      60 01     JZ     0403
0402      22        RET
-----------------
0403      C1 00     AJMP   0600
-----------------
0405      ......
```

Die Befehle JZ und JNZ testen den Akku auf Null bzw. ungleich Null. Daher wurde auf ein Zero-Bit im Programmstatuswort verzichtet.

Um auf einfache Weise Programmschleifen zu erstellen, dient der DJNZ-Befehl (Decrement and Jump if Not Zero). Um eine Schleife n-mal durchlaufen zu lassen, lade man ein Zählregister mit n und lasse die relative Adresse auf den Schleifenanfang zeigen:

Beispiel:

```
1234      7F 0A     MOV    R7,#0A
1236      Schleifenbeginn
..
..
..
..        Schleifenende
1247      DF ED     DJNZ   R7,1236
```

Der CJNE-Befehl (Compare and Jump if Not Equal) ist ebenfalls für Schleifen zu verwenden. Im Operandenfeld des Befehls sind zwei Bytes genannt. Ein Sprung wird nur ausgeführt, wenn die Werte beider Bytes verschieden sind.

Eine andere Anwendung des Befehls liegt im Größer-Kleiner-Vergleich zweier Bytes, wobei der Inhalt als unsignierter Integer-Wert betrachtet wird. Ist der erste Wert größer als der zweite, wird das Carrybit gesetzt, ist er kleiner oder gleich, wird es gelöscht. Am Carrybit ist somit die Relation ablesbar.

3. Beschreibung der Befehle:

Dieser Abschnitt beschreibt die Befehle in alphabetischer Reihenfolge. Eine Zusammenfassung der Befehle geordnet nach Funktionsklassen, bzw. in numerischer und alphabetischer Reihenfolge findet sich im Anhang D.

Symbole und Abkürzungen

Operand	Bedeutung
A	Akkumulator
a_x	Adreßbits; x = 0 bis 16
AC	Auxiliary Carry (Hilfscarry)
addr 11	11-Bit-Programmspeicheradresse
addr 16	16-Bit-Programmspeicheradresse
B	Register B
bit	Bitadresse im internen RAM (00-7F) oder im SFR-Bereich (80-FF)
/bit	Komplementierter Inhalt der Bitadresse
C	1. Carrybit
	2. Kennzeichnung von Konstantentabellen im ROM.
CNT	Ereigniszähler
D	Kennzeichnung für ein 4-Bit-Digit (Nibble)
#data	8-Bit-Konstante
#data16	16-Bit-Konstante; zwei Bytes
direct	Adresse eines internen RAM- (00-7F) oder SFR-Platzes (80-FF)
DPTR	Datenpointregister
I	Interrupt
LSB	1. Bit 0 eines Bytes
	2. Niederwertiges Byte eines 16-Bitwertes
MSB	1. Bit 7 eines Bytes
	2. Höherwertiges Byte eines 16-Bitwertes
P	Page; Bereich, der mit dem Low-Byte des PC erreichbar ist
PC	Programmzähler
Pp	Port; p = 0;1;2;3
PSW	Programmstatuswort
rel	Signiertes 8-Bit-Offset für Sprungbefehle
@Ri	Adreßregister für internes und externes RAM. i = 0 oder 1
Rn	Register 0 – 7 der aktuellen Registerbank. n = 0 bis 7
SP	Stackpointer
T	Timer
TF	Timer Flag
X	Kennzeichnung für externes RAM
#	Kennzeichnung einer Konstanten
@	Kennzeichen für indirekte Adressierung
(X)	Inhalt von X
((X))	Inhalt der durch X adressierten Stelle
←	Wird ersetzt durch
kursiv	Logische Operation

(Mnemoniks Copyright Intel Corporation 1980)

Da sich die MCS-51 Familie durch eine hervorragende Einzelbitverarbeitung auszeichnet, werden bei der Befehlsausführung nur sehr sparsam Flags tangiert. Die Befehle, die eine Flagänderung bewirken können, sind in Tabelle 2-10. aufgeführt. Man beachte, daß Operationen an der Adresse D0 im SFR-Bereich, d.h. am PSW, oder mit den Bitadressen D0 bis D7, das sind die Bits im PSW, ebenfalls Flagänderungen bewirkt werden können.

Befehl	Flag C OV AC			Befehl		Flag C OV AC		
ADD	X	X	X	CLR	C	0		
ADDC	X	X	X	CPL	C	X		
SUBB	X	X	X	ANL	C,bit	X		
MUL	0	X		ANL	C,/bit	X		
DIV	0	X		ORL	C,bit	X		
DA	X			ORL	C,/bit	X		
RRC	X			MOV	C,bit	X		
RLC	X			CJNE		X		
SETB C	1							

Tabelle 2-10. Die Flags beeinflussenden Befehle

ACALL addr11

Funktion: Subroutinenaufruf im Bereich von 2 KByte
           (Absolute Call)

Codierung:

| a_{10} a_9 a_8 | 1 | 0 | 0 | 0 | 1 | | a_7 | a_6 | a_5 | a_4 | a_3 | a_2 | a_1 | a_0 |

Hexcode: Pagenummer in einem

2K-Block:	0	1	2	3	4	5	6	7
Code:	11	31	51	71	91	B1	D1	F1

Länge: 2 Byte

Zeit: 2 Maschinenzyklen

Operation: $(PC) \leftarrow (PC)+2$
           $(SP) \leftarrow (SP)+1$
           $((SP)) \leftarrow (PC_{7-0})$
           $(SP) \leftarrow (SP)+1$
           $((SP)) \leftarrow (PC_{15-8})$
           $(PC_{10-0}) \leftarrow a_{10},a_9,...,a_0$

Beschreibung: ACALL springt in eine Subroutine, deren Adresse innerhalb eines 2K-Blocks liegt. Der Befehl erhöht den Wert des PC um zwei, um die Adresse des folgenden Befehls zu erhalten. Gleichzeitig wird der Inhalt des Stackpointers um Eins erhöht. Das Low-Byte des PC wird auf dem Stack abgelegt. Der Inhalt des Stackpointers wird erneut um Eins erhöht, und das High-Byte des PC wird abgelegt. Nun ersetzt das dem CALL-Befehl folgende Adreßbyte das Low-Byte des PC; die Bits a_8 bis a_{10} ersetzen die Bits 8 bis 10 im PC-High-Byte:

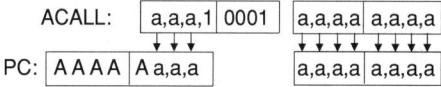

ACALL: | a,a,a | 0001 | | a,a,a,a | a,a,a,a |
PC: | A A A A | A a,a,a | | a,a,a,a | a,a,a,a |

A: alte Adreßbits des PC
a: neue Adreßbits aus dem ACALL-Befehl

Beispiel: Der Inhalt des Stackpointers betrage 14. An Adresse 0A08 erfolgt ein ACALL-Befehl an Adresse 022C.

0608   51 2C   ACALL   022C

Nach Ausführung ist der Wert des Stackpointers 16. An Adresse 15 steht der Wert 0A, an 16 der Wert 06.
Derselbe Code bewirkt an der Adresse 07FF ein anderes Sprungziel:

07FF   51 2C   ACALL   0A2C

Der dem ACALL folgende Befehl hat die Adresse 0801. Der erste 2K-Block ist überschritten. An Adresse 15 steht nun der Wert 01, an 16 der Wert 08.

ADD A,[Quelle]

Funktion: Addition

ADD A,Rn

Codierung: | 0 0 1 0 | 1 r r r |

Hexcode: Register: 0 1 2 3 4 5 6 7
Code: 28 29 2A 2B 2C 2D 2E 2F

Länge: 1 Byte

Zeit: 1 Maschinenzyklus

Operation: (A) ← (A) + (Rn)

ADD A,direct

Codierung: | 0 0 1 0 | 0 1 0 1 | | direkt Adresse |

Hexcode: 25
Länge: 2 Byte

Zeit: 1 Maschinenzyklus

Operation: (A) ← (A) + (direct)

ADD A,@Ri

Codierung: | 0 0 1 0 | 0 1 1 i |

Hexcode: R0: 26
R1: 27

Länge: 1 Byte

Zeit: 1 Maschinenzyklus

Operation: (A) ← (A) + ((Ri))

ADD A,#data

Codierung: | 0 0 1 0 | 0 1 0 0 | | Konstante |

Hexcode: 24

Länge: 2 Byte

Zeit: 1 Maschinenzyklus

Operation: (A) ← (A) + #data

Beschreibung: Das Byte [Quelle] wird ohne Carry zum Akku addiert; das Ergebnis findet sich im Akku. Wenn ein Übertrag vom 3. bzw. 7. Bit erfolgt, wird das Hilfscarry- bzw. Carrybit gesetzt, ansonsten gelöscht. Das OV-Bit wird gesetzt, wenn ein Übertrag im 6. Bit aber nicht im 7. Bit, oder ein Übertrag im 7. Bit und nicht im 6. Bit erfolgt. Sonst wird es gelöscht. Bei der Addition von signierten Zahlen macht das OV-Bit auf ein scheinbar negatives Ergebnis bei der Addition zweier positiver Zahlen oder auf ein scheinbar positives Ergebnis zweier negativer Zahlen aufmerksam. Vier Adressierungsarten sind möglich: Register, direkt, indirekt oder Konstante.

Beispiel: 1. Im Akku steht der Wert 81, im Register R5 der Wert 7F. Der Befehl ADD A,R5 bewirkt:

```
A :    1000   0001
R5:    0111   1111
C:  1 | 0000  0000 : A
```

Im Akku steht der Wert 00, AC und C werden gesetzt, OV gelöscht.

2. Addition zweier Register:

```
C5 3A   XCH   A,3A
25 3B   ADD   A,3B
C5 3A   XCH   A,3A
```

Es werden die internen RAM-Register 3A und 3B addiert, ohne daß der ursprüngliche Inhalt des Akku verlorengeht. Die Summe steht in Register 3A, Register 3B behält seinen Inhalt.

ADDC A,[Quelle]

Funktion: Addition mit Carry

ADDC A,Rn

Codierung: | 0 0 1 1 | 1 r r r |

Hexcode: Register: 0   1   2   3   4   5   6   7
Code: 38   39   3A   3B   3C   3D   3E   3F

Länge: 1 Byte

Zeit: 1 Maschinenzyklus

Operation: $(A) \leftarrow (A) + (C) + (Rn)$

ADDC A,direct

Codierung: | 0 0 1 1 | 0 1 0 1 | | direkt Adresse |

Hexcode: 35

Länge: 2 Byte

Zeit: 1 Maschinenzyklus

Operation: $(A) \leftarrow (A) + (C) + (direct)$

ADDC A,@Ri

Codierung: | 0 0 1 1 | 0 1 1 i | i = 0 oder 1

Hexcode: R0: 36
R1: 37

Länge: 1 Byte

Zeit: 1 Maschinenzyklus

Operation: $(A) \leftarrow (A) + (C) + ((Ri))$

ADDC A,#data

Codierung: | 0 0 1 1 | 0 1 0 0 | | Konstante |

Hexcode: 34

Länge: 2 Byte

Zeit: 1 Maschinenzyklus

Operation: (A) ← (A) + (C) + #data

Beschreibung: Das Byte [Quelle] wird mit Carry zum Akku addiert; das Ergebnis findet sich im Akku. Wenn ein Übertrag vom 3. bzw. 7. Bit erfolgt, wird das Hilfscarry- bzw. Carrybit gesetzt, ansonsten gelöscht. Das OV-Bit wird gesetzt, wenn ein Übertrag im 6. Bit aber nicht im 7. Bit, oder ein Übertrag im 7. Bit und nicht im 6. Bit erfolgt. Sonst wird es gelöscht. Bei der Addition von signierten Zahlen macht das OV-Bit auf ein scheinbar negatives Ergebnis bei der Addition zweier positiver Zahlen oder auf ein scheinbar positives Ergebnis zweier negativer Zahlen aufmerksam. Vier Adressierungsarten sind möglich: Register, direkt, indirekt oder Konstante.

Beispiel: Zu den Registern 40 und 41 des internen RAMs soll der Inhalt des Timer 0 hinzuaddiert und das Ergebnis an Adresse 40 und 41 abgelegt werden. Der Programmteil hat folgende Gestalt:

```
C5 41    XCH   A,41
25 8A    ADD   A,TL0
C5 41    XCH   A,41
C5 40    XCH   A,40
35 8C    ADDC  A,TH0
C5 40    XCH   A,40
```

Das High-Byte der Summe findet sich in Adresse 40, das Low-Byte in Adresse 41. Der aktuelle Inhalt sei:

Adresse	40 41	Timer 0:	High	Low
Inhalt :	5A C3		32	6E

		ADDC		ADD
32 6E :		0011 0010		0110 1110
+5A C3 :		0101 1010 ◄───		1100 0011
8D 31 :	C=0	1000 1101	C = 1	0011 0001

Das Ergebnis ist 8D 31. Für die Flags gilt: OV = 1; C = 0; AC = 0.

Mikrocontroller Kochbuch

AJMP addr11

Funktion: Sprung im Bereich von 2 KByte
            (Absolute Jump)

Codierung: | a_{10} a_9 a_8 0 | 0 0 0 1 | | a_7 a_6 a_5 a_4 | a_3 a_2 a_1 a_0 |

Hexcode: Pagenummer in einem
            2K-Block: 0   1   2   3   4   5   6   7
            Code: 01 21 41 61 81 A1 C1 E1

Länge: 2 Byte
Zeit: 2 Maschinenzyklen

Operation: $(PC) \leftarrow (PC)+2$
            $(PC_{10-0}) \leftarrow a_{10},a_9,...,a_0$

Beschreibung: AJMP springt an eine Adresse innerhalb eines 2K-Blocks. Der Befehl
            erhöht den Wert des PC um 2, um die Adresse des folgenden Befehls
            zu erhalten. Nun ersetzt das dem AJMP-Befehl folgende Adreßbyte
            das Low-Byte des PC; die Bits a_8 bis a_{10} ersetzen die Bits 8 bis 10 im
            PC-High-Byte:

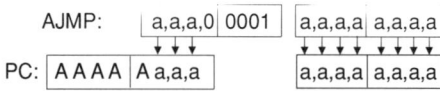

            A: alte Adreßbits des PC
            a: neue Adreßbits aus dem AJMP-Befehl

Beispiel: 1.
            0608   41 2C   AJMP 022C
            2.
            07FF   41 2C   AJMP 0A2C

Der dem AJMP folgende Befehl hat die Adresse 0801. Der erste 2K-Block
ist überschritten. Somit liegt das Sprungziel im zweiten 2K-Block (Adressen 0800 - 0FFF).

ANL [Ziel],[Quelle]

Funktion: Logisches *und* für Byte-Variable
(AND Logical)

ANL A,Rn

Codierung: | 0 1 0 1 | 1 r r r |

Hexcode: Register: 0 1 2 3 4 5 6 7
Code: 58 59 5A 5B 5C 5D 5E 5F

Länge: 1 Byte

Zeit: 1 Maschinenzyklus

Operation: (A) ← (A) *und* (Rn)

ANL A,direct

Codierung: | 0 1 0 1 | 0 1 0 1 | | direkt Adresse |

Hexcode: 55

Länge: 2 Byte

Zeit: 1 Maschinenzyklus

Operation: (A) ← (A) *und* (direct)

ANL A,@Ri

Codierung: | 0 1 0 1 | 0 1 1 i |

Hexcode: R0: 56
R1: 57

Länge: 1 Byte

Zeit: 1 Maschinenzyklus

Operation: (A) ← (A) *und* ((Ri))

ANL A,#data

Codierung: | 0 1 0 1 | 0 1 0 0 | | Konstante |

Hexcode: 54

Länge: 2 Byte

Zeit: 1 Maschinenzyklus

Operation: (A) ← (A) *und* #data

ANL direct,A

Codierung: | 0 1 0 1 | 0 0 1 0 | | direkt Adresse |

Hexcode: 52

Länge: 2 Byte

Zeit: 1 Maschinenzyklus

Operation: (direct) ← (direct) *und* (A)

ANL direct,#data

Codierung: | 0 1 0 1 | 0 0 1 1 | | direkt Adresse | | Konstante |

Hexcode: 53

Länge: 3 Byte

Zeit: 2 Maschinenzyklen

Operation: (direct) ← (direct) *und* #data

Beschreibung: ANL führt eine bitweise und Operation in positiver Logik zwischen zwei bestimmten Variablen aus und speichert das Ergebnis im [Ziel].
Die zwei Operanden erlauben sechs Kombinationen von Adressierungs—
arten. Ist der Akkumulator das [Ziel], kann die [Quelle] ein Register, ein
Direkt-Byte, indirekt adressiert oder eine Konstante sein.
Ist das [Ziel] eine direkte Adresse, kommt als [Quelle] der Akkumulator oder
eine Konstante in Frage.
Wenn der Befehl zur Zustandsänderung eines Ports benutzt wird, werden
nicht die logischen Pegel der Pins gelesen, sondern die der Portspeicher.

Beispiel: Der Befehl ANL wird häufig benutzt, um ganz bestimmte nicht bitadressierbare Bits eines Bytes zu löschen. Von dieser Technik muß man Gebrauch machen, wenn ein einzelnes Bit im SFR-Bereich gelöscht werden soll. Will man beispielsweise den Zähler 1 umschalten von externen Ereigniszähler auf internen Timer, muß Bit 6 im TMOD-Register gelöscht werden. Alle anderen Bits sollen erhalten bleiben. Der ursprüngliche Wert in diesem Register ist 69. Ein Befehl erfüllt diesen Zweck:

```
53 89 BF    ANL    TMOD,#BF
```

TMOD:	69		0110 1001
Konstante:	BF	und	1011 1111
Ergebnis:	29		0010 1001

Um ein Bit zu löschen, wähle man den Wert der Konstanten so, daß überall Einsen stehen außer an der zu löschenden Stelle. Die logische und Verknüpfung gibt alle Werte des zu vergleichenden Bits wieder bis auf das mit Null verknüpfte.

Will man wissen, ob ein ganz bestimmtes Bit gesetzt ist, bilde man das Komplement der Konstanten:

```
E5 89    MOV    A,TMOD
54 40    ANL    A,#40
60 rel   JZ     rel
```

TMOD:	69/29		0X10 1001
Konstante:	40	und	0100 0000
Ergebnis:	29		0X00 0000

Hier erfolgt die Verknüpfung im Akku, um den Inhalt des TMOD-Registers nicht zu ändern. War Bit X eine Null, wird auch der Akku nur Nullen aufweisen; war Bit X eine Eins, ist der Inhalt des Akkus von Null verschieden. Mit dem JZ-Befehl kann darauf reagiert werden.

ANL C,[Quellenbit]

Funktion: Logisches *und* für Bitvariable
           (AND Logical)

ANL C,bit

Codierung: | 1 0 0 0 | 0 0 1 0 | Bit Adresse

Hexcode: 82

Länge: 2 Byte

Zeit: 2 Maschinenzyklen

Operation: (C) ← (C) *und* (bit)

ANL C,/bit

Codierung: | 1 0 1 1 | 0 0 0 0 | Bit Adresse

Hexcode: 80

Länge: 2 Byte

Zeit: 2 Maschinenzyklen

Operation: (C) ← (C) *und nicht* (bit)

Beschreibung: Wenn der Wert des [Quellenbits] logisch Null ist, wird das Carry gelöscht, ansonsten behält es seinen Wert. Ein Schrägstrich '/' vor dem Operanden in der Mnemonik zeigt an, daß das Komplement des Bits zur logischen *oder*-Verknüpfung benutzt wird. Das Bit wird dadurch nicht verändert. Nur die direkte Adressierung ist möglich.

Beispiel: Das Carry soll nur dann gesetzt werden, wenn Bit 0 von Port 1 = 1, Bit 7 des Akku = 1 und OV = 0:

A2 90	MOV	C,P1.0
82 E7	ANL	C,A.7
B0 D2	ANL	C,/OV

CJNE [Ziel],[Quelle],rel

Funktion: Vergleiche und springe, wenn Bytes ungleich sind
(Compare and Jump if Not Equal)

CJNE A,direct,rel

Codierung: | 1 0 1 1 | 0 1 0 1 | | direkt Adresse | | relative Adresse |

Hexcode: B5

Länge: 3 Byte

Zeit: 2 Maschinenzyklen

Operation: $(PC) \leftarrow (PC) + 3$
Wenn (A) <> (direct), dann $(PC) \leftarrow (PC)$ + relatives Offset.
Wenn (A) < (direct),   dann $(C) \leftarrow 1$,
sonst $(C) \leftarrow 0$.

CJNE A,#data,rel

Codierung: | 1 0 1 1 | 0 1 0 0 | | Konstante | | relative Adresse |

Hexcode: B4

Länge: 3 Byte

Zeit: 2 Maschinenzyklen

Operation: $(PC) \leftarrow (PC) + 3$
Wenn (A) <> data, dann $(PC) \leftarrow (PC)$ + relatives Offset.
Wenn (A) < data,   dann $(C) \leftarrow 1$,
sonst $(C) \leftarrow 0$.

CJNE Rn,#data,rel

Codierung: | 1 0 1 1 | 1 r r r | | Konstante | | relative Adresse |

Hexcode: Register: 0 1 2 3 4 5 6 7
Code: B8 B9 BA BB BC BD BE BF

Länge: 3 Byte

Zeit: 2 Maschinenzyklen

Operation: $(PC) \leftarrow (PC) + 3$
Wenn (Rn) <> data, dann $(PC) \leftarrow (PC)$ + relatives Offset.
Wenn (Rn) < data,   dann $(C) \leftarrow 1$,
sonst $(C) \leftarrow 0$.

CJNE @Ri,#data,rel

Codierung: | 1 0 1 1 | 0 1 1 i | Konstante | relative Adresse

Hexcode: R0: B6
R1: B7

Länge: 3 Byte

Zeit: 2 Maschinenzyklen

Operation: $(PC) \leftarrow (PC) + 3$
Wenn ((Ri)) <> data, dann $(PC) \leftarrow (PC)$ + relatives Offset.
Wenn ((Ri)) < data, dann $(C) \leftarrow 1$,
sonst $(C) \leftarrow 0$.

Beschreibung: CJNE vergleicht die beiden Operanden ihrer Größe nach. Sind sie ungleich, verzweigt das Programm, sind sie gleich, wird mit dem folgenden Befehl fortgefahren. Das Sprungziel wird durch Addition aus dem signierten relativen Offset und dem Programmzähler errechnet, sobald sein Inhalt um den Wert Drei vergrößert ist. Deswegen muß sich das Sprungziel in einem Bereich von -128 bis +127 Bytes relativ zur Adresse des folgenden Befehls befinden. Ist der unsignierte Wert von [Ziel] kleiner als der unsignierte Wert von [Quelle], wird das Carry gesetzt, ansonsten wird das Carry gelöscht. Kein Operand wird verändert.

Die beiden Operanden erlauben eine Kombination von vier Adressierungsarten: Der Akkumulator kann verglichen werden mit einem direkt adressierten Byte oder einer Konstanten. Jeder indirekt adressierte RAM-Platz und jedes Arbeitsregister kann mit einer Konstanten verglichen werden.

Beispiel: 1. Ein aktueller Meßwert, abgelegt an Adresse 30, soll mit einem programmierten Wert, abgelegt an Adresse 40, verglichen werden. Der Prozessor führt Aktivität 1 aus, wenn beide gleich sind, Aktivität 2, wenn Meßwert kleiner, und Aktivität 3, wenn Meßwert größer als der vorgegebene Wert ist.

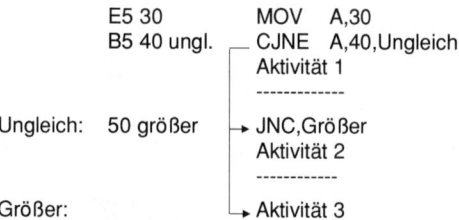

	E5 30	MOV A,30
	B5 40 ungl.	CJNE A,40,Ungleich
		Aktivität 1

Ungleich:	50 größer	JNC,Größer
		Aktivität 2

Größer:		Aktivität 3

2. Der Prozessor verharrt so lange auf einer Stelle, bis an Port 1 das Bitmuster 0101 0011 erscheint:

| | 74 53 | MOV A,#53 |
| Warte | B5 90 FD | CJNE A,P1,Warte |

CLR A

Funktion: Lösche Akkumulator
(Clear Accumulator)

Codierung: | 1 1 1 0 | 0 1 0 0 |

Hexcode: E4

Länge: 1 Byte

Zeit: 1 Maschinenzyklus

Operation: $(A) \leftarrow 00$

Beschreibung: Der Akkumulator wird gelöscht, d. h. alle Bits erhalten den Wert 0.

Beispiel: Der Akkumulator beinhaltet den Wert 3C (0011 1100). Der Befehl CLR A setzt den Inhalt auf 00 (0000 0000). CLR A hat dieselbe Wirkung wie MOV A,#00, ist aber kürzer.

CLR [bit]

Funktion: Lösche Bit
(Clear bit)

CLR C

Codierung: | 1 1 0 0 | 0 0 1 1 |

Hexcode: C3

Länge: 1 Byte

Zeit: 1 Maschinenzyklus

Operation: (C) ← 0

CLR bit

Codierung: | 1 1 0 0 | 0 0 1 0 | | Bit Adresse |

Hexcode: C2

Länge: 2 Byte

Zeit: 1 Maschinenzyklus

Operation: (bit) ← 0

Beschreibung: Das betreffende Bit wird gelöscht, d. h. mit Null beschrieben. Der Befehl kann sich auf das Carry beziehen oder auf ein anderes direkt adressierbares Bit.

Beispiel: Im Timer Control Register (TCON) steht der Wert 30. Der Befehl
C2 8C   CLR   8C
löscht das Timer 0 RUN-Bit, und Zähler 0 wird angehalten.

CPL A

Funktion: Komplementiere den Inhalt des Akkumulators
(Complement Accumulator)

Codierung: | 1 1 1 1 | 0 1 0 0 |

Hexcode: F4

Länge: 1 Byte

Zeit: 1 Maschinenzyklus

Operation: (A) ← *nicht* (A)

Beschreibung: Jedes Bit des Akkumulators wird in sein logisches Gegenteil verwandelt. Bits, die eine 1 enthielten, werden zu 0; Bits, die eine 0 enthielten, werden zu 1.

Beispiel: 1. Der Akkumulator hat den Wert 0F. Der Befehl CPL A macht aus ihm den Wert F0.
2. Der Akkumulator enthält das Bitmuster 0110 1011. CPL A macht daraus das Bitmuster 1001 0100.

CPL bit

Funktion: Komplementiere Bit
(Complement bit)

CPL C

Codierung: | 1 0 1 1 | 0 0 1 1 |

Hexcode: B3

Länge: 1 Byte

Zeit: 1 Maschinenzyklus

Operation: (C) ← nicht (C)

CPL bit

Codierung: | 1 0 1 1 | 0 0 1 0 | | Bit Adresse |

Hexcode: B2

Länge: 2 Byte

Zeit: 1 Maschinenzyklus

Operation: (bit) ← nicht (bit)

Beschreibung: Das betreffende Bit wird komplementiert. Ein Bit, das zuvor eine 1 enthielt, hat danach eine 0, ein Bit, das eine 0 enthielt, hat dann eine 1. CPL kann sich auf das Carry oder ein direkt adressierbares Bit beziehen.
Wenn der Befehl dazu benutzt wird, um einen Pin eines Ports zu ändern, wird der Wert aus dem Portspeicher und nicht vom Portpin gelesen.

Beispiel: In einer Interruptroutine, die jede halbe Sekunde durchlaufen wird, steht der Befehl:

B3 90   CPL   P1.0

Ist an Pin 0 des Port 1 eine LED angeschlossen, wird sie einmal in der Sekunde blinken.

DA A

Funktion: Dezimalkorrektur des Akkumulators für eine BCD-Addition
(Decimal-adjust Accumulator for Addition)

Codierung: | 1 1 0 1 | 0 1 0 0 |

Hexcode: D4

Länge: 1 Byte

Zeit: 1 Maschinenzyklus

Operation: Wenn $[[(A_{3-0})>9]$ *oder* $[(AC) = 1]]$, dann $(A_{3-0}) \leftarrow (A_{3-0}) + 6$
und
wenn $[[(A_{7-4})>9]$ *oder* $[(C) = 1]]$, dann $(A_{7-4}) \leftarrow (A_{7-4}) + 6$.

Beschreibung: Die Prozessoren der MCS-51 Familie sind nicht auf permanenten Dezimal-
betrieb umschaltbar. Soll eine BCD-Addition erfolgen, muß nach jeder einzelnen Addition der DA A-Befehl zur Korrektur erfolgen.
DA A korrigiert einen 8-Bit-Wert im Akkumulator, der ein Ergebnis einer
vorausgegangenen Addition zweier BCD-Zahlen ist. Nur der ADD- bzw.
ADDC-Befehl sollte vorausgegangen sein. Diese Befehle setzen oder
löschen die im folgenden wichtigen Bits: Carry und Hilfscarry.
1. Schritt: Wenn die Bits 3-0 des Akkumulators größer als neun sind
(XXXX 1010 bis XXXX 1111), oder wenn das Hilfscarry Flag AC gesetzt
ist, wird die Zahl sechs zum Akkumulator addiert, um den richtigen BCD-
Wert im Low-Nibble zu erhalten. Wenn bei dieser Addition ein Übertrag
über das 7. Bit hinausgeht, wird das Carry gesetzt. Gibt es keinen Übertrag über das 7. Bit, wird ein eventuell gesetztes Carry nicht gelöscht.
2. Schritt: Ist nun das Carry gesetzt, oder ist der Wert des High-Nibbles
größer als neun (1010 XXXX bis 1111 XXXX), wird auch zum High-Nibble
der Wert sechs addiert, um auch hier eine richtige BCD-Zahl zu erzeugen.
Auch dieser Vorgang kann das Carry setzen, aber nicht löschen.
Das Carry zeigt im folgenden an, ob die Summe der addierten BCD-Zahlen
größer als 100 ist, um eine mehrfach genaue Dezimaladdition durchzuführen. Je nach Additionsergebnis werden also die Werte 00, 06, 60 oder 66
zum Akkumulator addiert.
Man beachte, daß dieser Befehl keinen beliebigen 8-Bit-Binärwert in zwei
BCD-Ziffern umwandeln kann. Dazu bedarf es der Routine, die in Kap.
2-2. beschrieben ist. Nach einer Subtraktion liefert der DA A-Befehl ebenfalls ein falsches Ergebnis.

Beispiel: 1. Zwei BCD-Zahlen mit Wert 25_d und 86_d sollen addiert werden. Als erstes wird der Befehl ADD ausgeführt:

ADD: 25_d: 0010 0101
 $+86_d$: +1000 0110
 111_d 1010 1011   AC = 0; C = 0

Da weder im Low- noch im High-Nibble ein Übertrag stattfindet, sind AC und C gelöscht. Mit dem zweiten Befehl wird das Ergebnis einer Dezimal-korrektur unterworfen:

DA A: 1. 1010 1011;   Low-Nibble > 9.
 +0000 0110;   + 06
 1011 0001; kein Übertrag in Bit 7: C = 0.

 2. 1011 0001;   High-Nibble > 9.
 +0110 0000;   + 60
 C = 1   0001 0001

Im Carry steht die Hunderterziffer 1, im High-Nibble des Akkumulators die Zehnerziffer 1 und im Low-Nibble die Einerziffer 1.

2. Will man den Wert einer BCD-Zahl um Eins erhöhen, so addiere man den Wert 01. Der Akkumulator enthalte 59_d:

A: 0101 1001
INC A: 0101 1010;   Low-Nibble > 9

DA A: 1. 0101 1010
 +0000 0110
 0110 0000
 2. entfällt, da High-Nibble < 9.

Das Ergebnis ist 60_d.

Um Eins vermindern läßt sich eine BCD-Zahl durch Addition von 99_h. Der Akkumulator enthalte 70_d:

A: 0111 0000
ADD A,#99:   +1001 1001
 C = 1   0000 1001

DA A: 1. entfällt.

 2. 0000 1001
 +0110 0000;   wegen C = 1.
 C = 1   0110 1001

Will man nur eine Verminderung, ist das Carry uninteressant. Im Akkumulator steht jetzt 69_d.

DEC [Byte]

Funktion: Dekrementiere
          (Decrement)

DEC A

Codierung: | 0 0 0 1 | 0 1 0 0 |

Hexcode: 14

Länge: 1 Byte

Zeit: 1 Maschinenzyklus

Operation: (A) ← (A) - 1

DEC Rn

Codierung: | 0 0 0 1 | 1 r r r |

Hexcode: Register: 0   1   2   3   4   5   6   7
          Code: 18 19 1A 1B 1C 1D 1E 1F

Länge: 1 Byte

Zeit: 1 Maschinenzyklus

Operation: (Rn) ← (Rn) - 1

DEC direct

Codierung: | 0 0 0 1 | 0 1 0 1 | | direkt Adresse |

Hexcode: 15

Länge: 2 Byte

Zeit: 1 Maschinenzyklus

Operation: (direct) ← (direct) - 1

DEC @Ri

Codierung: | 0 0 0 1 | 0 1 1 i |

Hexcode: R0: 16
R1: 17

Länge: 1 Byte

Zeit: 1 Maschinenzyklus

Operation: $((Ri)) \leftarrow ((Ri)) - 1$

Beschreibung: Der Inhalt des betreffenden Byte wird um Eins verringert. Ein Wert von 00 wird dabei zu FF. Vier Adressierungsarten sind möglich: Akkumulator, Register, direkt oder indirekt.
Wenn der Befehl zur Zustandsänderung eines Ports benutzt wird, werden nicht die Zustände der Pins gelesen, sondern die der Portspeicher.

Beispiel: Die internen RAM-Adressen 30 und 31 haben den Inhalt 00 bzw. 10. Nachstehende Befehlsfolge macht deren Inhalt zu FF bzw. 0F:

```
78 31     MOV    R0,#31
16        DEC    @R0
18        DEC    R0
16        DEC    @R0
```

DIV AB

Funktion: Teile Akkumulator durch Register B
              (Divide)

Codierung: | 1 0 0 0 | 0 1 0 0 |

Hexcode: 84

Länge: 1 Byte

Zeit: 4 Maschinenzyklen

Operation: (A) ← Integer (A:B)
             (B) ← Rest (A:B)

Beschreibung: DIV AB teilt den unsignierten Wert im Akkumulator durch den unsignierten Wert in Register B. Der Akkumulator erhält die Vorkommastelle oder das ganzzahlige Ergebnis, das Register B den Rest (keinen Dezimalwert oder dergleichen). C und OV werden gelöscht. Bei der Division durch 00 sind die Werte im Akkumulator und im Register B unbestimmt. OV wird gesetzt, C gelöscht.

Beispiel: 1. Im Akkumulator steht der Wert C9 = 201_d, in Register B der Wert 0B = 11_d. Nach dem Befehl DIV AB findet sich im Akkumulator 12 = 18_d und in Register B der Wert 03 = 3_d. Denn C9 = 12•0B + 03, oder dezimal: 201 = 18•11 + 3. Carry und Overflow sind gelöscht.
2. Mit Hilfe des DIV AB-Befehls ist eine BCD-Konvertierung eines 8-Bit-Wertes möglich. Siehe Beispiel in Kapitel 2-2.

DJNZ [Byte],rel

Funktion: Vermindere um Eins und springe, wenn nicht Null
(Decrement and Jump if Not Zero)

DJNZ Rn,rel

Codierung: | 1 1 0 1 | 1 r r r | | relative Adresse |

Hexcode: Register: 0 1 2 3 4 5 6 7
Code: D8 D9 DA DB DC DD DE DF

Länge: 2 Byte

Zeit: 2 Maschinenzyklen

Operation: $(PC) \leftarrow (PC) + 2$
$(Rn) \leftarrow (Rn) - 1$
Wenn $(Rn) <> 0$, dann $(PC) + rel$

DJNZ direct,rel

Codierung: | 1 1 0 1 | 0 1 0 1 | | direkte Adresse | | relative Adresse |

Hexcode: D5

Länge: 3 Byte

Zeit: 2 Maschinenzyklen

Operation: $(PC) \leftarrow (PC) + 2$
$(direct) \leftarrow (direct) - 1$
Wenn $(direct) <> 0$, dann $(PC) + rel$

Beschreibung: DJNZ vermindert den Inhalt eines Registers oder eines internen RAM-Platzes um Eins. Ist der Inhalt ungleich Null, verzweigt das Programm an die Stelle, die aus dem signierten relativen Offset und dem Programmzähler nach dessen Erhöhung um Zwei errechnet wird. Deswegen muß sich das Sprungziel in einem Bereich von -128 bis +127 Bytes relativ zur Adresse des folgenden Befehls befinden. Ein ursprünglicher [Byte]-Inhalt von 00 wird durch die Verminderung um Eins zu FF.
Wenn der Befehl zur Zustandsänderung eines Ports benutzt wird, werden nicht die logischen Pegel der Pins gelesen, sondern die der Portspeicher.

Beispiel: DJNZ ist der häufigste und einfachste Befehl zur Kontrolle von Schleifen. 1. Will man den internen RAM-Bereich von Adresse 60 bis 70 löschen, kann folgendes Programm zur Anwendung kommen:

```
0110   E4        CLR    A
0111   7A 11     MOV    R2,#11
0113   79 60     MOV    R1,#60
0115   F7      ┌→ MOV   @R1,A
0116   09      │  INC   R1
0117   DA FC   └─ DJNZ  R2,0115
```

Da die Adressen 60 bis einschließlich 70 siebzehn Plätze umfassen, wird der Schleifenzähler R2 mit $17_d = 11_h$ voreingestellt. In R1 kommt der Anfangswert, Adresse 60. In der Schleife wird der Inhalt des Akkumulators an die in R1 stehende Adresse geschrieben. R1 wird anschließend um 1 erhöht. Erst nach dem 17. Durchlauf der Schleife steht in R2 der Wert 01, der von DJNZ zu 00 erniedrigt wird. Das Programm wird mit dem folgenden Befehl fortgesetzt.

2. Der folgende Teil kann dem obigen Beispiel angehängt werden und dient der Errechnung des Produktes $a \cdot 2^n$, wobei a eine 8-Bit-Konstante ist, die im Akkumulator steht, und n eine Zahl zwischen 0 und 128 ist, die an Adresse 71 steht.

```
0118   F5 70         MOV    70,A
011A   05 71         INC    71
011C   80 0B     ┌──── SJMP   0129
011E   78 70     │ ┌─→ MOV   R0,#70
0120   79 11     │ │   MOV   R1,#11
0122   C3        │ │   CLR   C
0123   C6        │ │ ┌→ XCH  A,@R0
0124   33        │ │ │  RLC  A
0125   C6        │ │ │  XCH  A,@R0
0126   18        │ │ │  DEC  R0
0127   D9 FA     │ │ └─ DJNZ R1,0123
0129   D5 71 F2  └→│───DJNZ 71,011E
```

Das Ergebnis findet sich in den Adressen 60 bis 70, vorausgesetzt der Speicherbereich war zuvor gelöscht.
Der zweite und dritte Befehl haben die Aufgabe, für n auch den Wert 00 zuzulassen. Mit jedem Schleifendurchlauf werden die Bits in den Adressen 60 bis 70 um Eins nach links geschoben, was einer Multiplikation mit Zwei entspricht.

INC [Byte]

Funktion: Inkrementiere
(Increment)

INC A

Codierung: | 0 0 0 0 | 0 1 0 0 |

Hexcode: 04

Länge: 1 Byte

Zeit: 1 Maschinenzyklus

Operation: $(A) \leftarrow (A) + 1$

INC Rn

Codierung: | 0 0 0 0 | 1 r r r |

Hexcode: Register: 0 1 2 3 4 5 6 7
Code: 08 09 0A 0B 0C 0D 0E 0F

Länge: 1 Byte

Zeit: 1 Maschinenzyklus

Operation: $(Rn) \leftarrow (Rn) + 1$

INC direct

Codierung: | 0 0 0 0 | 0 1 0 1 | | direkt Adresse |

Hexcode: 05

Länge: 2 Byte

Zeit: 1 Maschinenzyklus

Operation: $(direct) \leftarrow (direct) + 1$

INC @Ri

Codierung: | 0 0 0 0 | 0 1 1 i |

Hexcode: R0: 06
R1: 07

Länge: 1 Byte

Zeit: 1 Maschinenzyklus

Operation: $((Ri)) \leftarrow ((Ri)) + 1$

Beschreibung: Der Inhalt des betreffenden Byte wird um Eins erhöht. Ein Wert von FF wird dabei zu 00. Vier Adressierungsarten sind möglich: Akkumulator, Register, direkt oder indirekt.
Wenn der Befehl zur Zustandsänderung eines Ports benutzt wird, werden nicht die logischen Pegel der Pins gelesen, sondern die der Portspeicher.

Beispiel: Die internen RAM-Adressen 30 und 31 haben den Inhalt FF bzw. 0F. Nachstehende Befehlsfolge macht deren Inhalt zu 00 bzw. 10:

```
78 30    MOV    R0,#30
06       INC    @R0
08       INC    R0
06       INC    @R0
```

INC DPTR

Funktion:	Inkrementiere das Datenpointregister (Increment Data Pointer)

Codierung: | 1 0 1 0 | 0 0 1 1 |

Hexcode: A3

Länge: 1 Byte

Zeit: 2 Maschinenzyklen

Operation: (DPTR) ← (DPTR) + 1

Beschreibung: Der Inhalt des 16-Bit-Datenpointregisters wird um Eins erhöht. Enthält das Low-Byte den Wert FF, tritt bei INC DPTR ein Übertrag aus dem Low-Byte auf, der das High-Byte inkrementiert. Ist der Inhalt des DPTR bereits FF FF, wird er zu 00 00. Das ist das einzige 16-Bit-Register, das inkrementiert werden kann.

Beispiel: Der Datenpointer hat den Inhalt 3F FF. INC DPTR macht daraus den Wert 40 00.

JB bit,rel

Funktion: Springe bei gesetztem Bit
(Jump if Bit set)

Codierung:

0 0 1 0	0 0 0 0		Bit Adresse		relative Adresse

Hexcode: 20

Länge: 3 Byte

Zeit: 2 Maschinenzyklen

Operation: $(PC) \leftarrow (PC) + 3$
Wenn (bit) = 1, dann $(PC) \leftarrow (PC)$ + rel

Beschreibung: Wenn der Inhalt des adressierten Bits Eins ist, erfolgt der Programmsprung, andernfalls wird der folgende Befehl ausgeführt. Die Sprungadresse wird errechnet, indem zur Adresse des folgenden Befehls das signierte relative Offset addiert wird. Das getestete Bit wird nicht verändert.

Beispiel: Prellzeitenmessung eines mechanischen Kontaktes: An Port 1 Pin 0 wird ein Schalter gegen Masse geschlossen. Ein Taster befindet sich am $\overline{INT0}$-Pin. Der externe Interrupt ist freigegeben; Timer 0 und R0 müssen gelöscht sein:

```
0040    20 90 FD    ┌►JB      P1.0,0040
                    └┘

0043    30 90 FD  ┌►┌►JNB     P1,0,0043
                    └┘

0046    D2 8C         SETB    TR0      ;Timer0 Start
0048    20 90 FD    ┌►JB      P1.0,0048
                    └┘
0
004B    C2 8C         CLR     TR0      ;Timer0 Stop
004D    08            INC     R0
004E    80 F3    └──── SJMP    0043
```

Solange kein Kontakt geschlossen ist, springt das Programm an Stelle 0040. Beim ersten Massepotential wird diese Schleife verlassen und die nächste so lange ausgeführt, bis die positive Flanke des ersten Prellschlages auftritt. Sie startet den Timer 0, der in Modus 1 arbeitet. Die negative Flanke des Prellschlages stoppt Timer 0. Gleichzeitig wird der Prellschlag in Register 0 gezählt. Sind die Prellschläge bei Kontakt zur Masse zu Ende, führt der Prozessor bei 0043 eine Endlosschleife aus. Diese kann nur durch einen Interrupt unterbrochen werden. In dieser Interruptroutine liest man die Zahl der Prellschläge aus dem Register 0 und die Summe der High-Pegel-Zeit aus dem Timerregister. Verdopplung der Zeit ergibt die Gesamtprellzeit.

JBC bit,rel

Funktion:	Springe bei gesetztem Bit und lösche es (Jump if Bit is set and Clear bit)		

Codierung:

0 0 0 1	0 0 0 0		Bit Adresse		relative Adresse

Hexcode: 10

Länge: 3 Byte

Zeit: 2 Maschinenzyklen

Operation: (PC) ← (PC) + 3
Wenn (bit) = 1, dann (bit) ← 0
(PC) ← (PC) + rel

Beschreibung: Wenn der Inhalt des adressierten Bits Eins ist, erfolgt der Programmsprung, andernfalls wird der folgende Befehl ausgeführt. Die Sprungadresse wird errechnet, indem zur Adresse des folgenden Befehls das signierte relative Offset addiert wird. Das Bit wird gelöscht.
Wenn der Befehl zur Zustandsänderung eines Ports benutzt wird, wird nicht der logische Pegel des Pins gelesen, sondern der des Portspeichers.

Beispiel: In Multiplexroutinen ist dieser Befehl sehr nützlich. Mit High-Pegel der Pin 0 bis 3 von Port 1 werden Transistoren angesteuert, die den Strom freigeben für vier 7-Segmentanzeigen. Über Port 2 werden die den Ziffern entsprechenden Codes ausgegeben:

```
10 93   rel A        JBC    P1.3, A
10 90   rel B        JBC    P1.0, B
10 91   rel C        JBC    P1.1, C
10 92   rel D        JBC    P1.2, D
```

```
A:      Ausgabe der Einerziffer
                SETB   P1.0
        --------------
B:      Ausgabe der Zehnerziffer
                SETB   P1.1
        --------------
C:      Ausgabe der Hunderterziffer
                SETB   P1.2
        --------------
D:      Ausgabe der Tausenderziffer
                SETB   P1.3
        --------------
```

Wird diese Schleife schnell genug durchlaufen, entsteht der Eindruck einer gleichzeitigen Anzeige aller vier Ziffern.

JC rel

Funktion: Springe bei gesetztem Carrybit
(Jump if Carry is set)

Codierung: | 0 1 0 0 | 0 0 0 0 | | relative Adresse |

Hexcode: 40

Länge: 2 Byte

Zeit: 2 Maschinenzyklen

Operation: (PC) ← (PC) + 2
Wenn (C) = 1, dann (PC) ← (PC) + rel

Beschreibung: Wenn der Inhalt des Carry Eins ist, erfolgt der Programmsprung, andernfalls wird der folgende Befehl ausgeführt. Die Sprungadresse wird errechnet, indem zur Adresse des folgenden Befehls das signierte relative Offset
addiert wird. Das Carry wird nicht gelöscht.

Beispiel: Mit folgendem Programmausschnitt wird überprüft, ob der Schnitt zweier
Register den Wert 3C überschreitet:

```
74 88      MOV   A,#88   ; Offset der Summe
29         ADD   A,R1
2A         ADD   A,R2
40 rel     JC    Größer
           Kleiner
```

Ist der Inhalt des Register 1 gleich 30 und der des Register 2 gleich 4B,
dann ist ihr Schnitt größer als 3C. Bei der Addition wird das Carry gesetzt
und das Programm verzweigt zur Stelle 'Größer'. Für das Offset gilt:

Offset = FF - 2 • Schnitt

JMP @A+DPTR

Funktion: Springe zur Adresse, die aus A und DPTR gebildet wird
(Jump indirect)

Codierung: | 0 1 1 1 | 0 0 1 1 |

Hexcode: 73

Länge: 1 Byte

Zeit: 2 Maschinenzyklen

Operation: (PC) ← (A) + (DPTR)

Beschreibung: Die acht Bits des Akkumulators werden zum 16-Bit-Datenpointer addiert
und das Ergebnis in den Programmzähler geschrieben. Somit wird das Programm an der Adresse fortgesetzt, die aus der Summe von Akkumulator
und Datenpointer entsteht. Tritt bei der Addition ein Übertrag des Low-
Bytes auf, wird das High-Byte inkrementiert. Die ursprünglichen Werte von
Akkumulator und Datenpointer bleiben erhalten.

Beispiel: 1. Im Akkumulator steht der Wert A3, im Datenpointer der Wert 07 6A. Der
Befehl

      73   JMP   @A+DPTR

lädt den Programmzähler mit der Adresse 08 0D. Im Akkumulator steht
danach der Wert A3, im Datenpointer der Wert 07 6A.

2. In den internen RAM-Adressen 30 bis 34 stehen die Daten der Sprung-
ziele. Nach jedem Durchlauf durch diese Routine wird das Sprungziel gewechselt. Nach fünf Durchläufen wird die Reihenfolge wiederholt:

1023	74 2F		MOV	A,#2F
1025	DF 02	┌ DJNZ	R7,1029
1027	7F 05	│ MOV	R7,#05
1029	2F	└→ ADD	A,R7
102A	73		JMP	@A+DPTR

JNB bit,rel

Funktion: Springe bei gelöschtem Bit
(Jump if Bit is Not set)

Codierung: | 0 0 1 1 | 0 0 0 0 | Bit Adresse   relative Adresse

Hexcode: 30

Länge: 3 Byte

Zeit: 2 Maschinenzyklen

Operation: $(PC) \leftarrow (PC) + 3$
Wenn (bit) = 0, dann $(PC) \leftarrow (PC) + rel$

Beschreibung: Wenn der Inhalt des adressierten Bits Null ist, erfolgt der Programmsprung, andernfalls wird der folgende Befehl ausgeführt. Die Sprungadresse wird errechnet, indem zur Adresse des folgenden Befehls das signierte relative Offset addiert wird. Das getestete Bit wird nicht verändert.

Beispiel: An Port 1 liegen folgende Informationen an: 0001 0011. Im Akkumulator steht der Wert 84 (1000 0100). Die Befehlsfolge

        30 91 rel   JNB   P1.1, Stelle A
        30 E1 rel   JNB   ACC.1, Stelle B

läßt das Programm an Stelle B fortfahren.

Weiteres Beispiel siehe JB-Befehl.

JNC rel

Funktion:	Springe bei gelöschtem Carry (Jump if Carry is not set)

Codierung: | 0 1 0 1 | 0 0 0 0 | | relative Adresse |

Hexcode:	50
Länge:	2 Byte
Zeit:	2 Maschinenzyklen
Operation:	$(PC) \leftarrow (PC) + 2$ Wenn $(C) = 0$, dann $(PC) \leftarrow (PC) +$ rel

Beschreibung: Wenn der Inhalt des Carrybits Null ist, erfolgt der Programmsprung, andernfalls wird der folgende Befehl ausgeführt. Die Sprungadresse wird errechnet, indem zur Adresse des folgenden Befehls das signierte relative Offset addiert wird. Das Carrybit wird nicht verändert.

Beispiel: Das Carrybit ist gesetzt. Die Befehlsfolge

50 rel	JNC	Stelle A
B3	CPL	C
50 rel	JNC	Stelle B

löscht das Carry und läßt das Programm an der Stelle B fortfahren.

JNZ rel

Funktion: Springe, wenn Akkumulator ungleich Null
(Jump if Accumulator Not Zero)

Codierung: | 0 1 1 1 | 0 0 0 0 | | relative Adresse |

Hexcode: 70

Länge: 2 Byte

Zeit: 2 Maschinenzyklen

Operation: $(PC) \leftarrow (PC) + 2$
Wenn $(A) <> 0$, dann $(PC) \leftarrow (PC) + rel$

Beschreibung: Wenn der Inhalt des Akkumulators von Null verschieden ist, erfolgt der Programmsprung, andernfalls wird der folgende Befehl ausgeführt. Die Sprungadresse wird errechnet, indem zur Adresse des folgenden Befehls das signierte relative Offset addiert wird. Der Inhalt des Akkumulators wird nicht verändert.

Beispiel: Ist Timer 0 gelöscht ?

E5 8A	MOV	A,TL0
25 8C	ADD	A,TH0
70 rel	JNZ	Timer löschen

War Timer 0 bereits gelöscht, wird mit dem nächsten Befehl fortgefahren, ansonsten erfolgt der Sprung zur Stelle 'Timer löschen'.

JZ rel

Funktion:	Springe, wenn Akkumulator Null ist (Jump if Accumulator is Zero)

Codierung: | 0 1 1 0 | 0 0 0 0 | | relative Adresse |

Hexcode: 60

Länge: 2 Byte

Zeit: 2 Maschinenzyklen

Operation: $(PC) \leftarrow (PC) + 2$
Wenn $(A) = 0$, dann $(PC) \leftarrow (PC) + rel$

Beschreibung: Wenn alle Bits des Akkumulators Null sind, erfolgt der Programmsprung, andernfalls wird der folgende Befehl ausgeführt. Die Sprungadresse wird errechnet, indem zur Adresse des folgenden Befehls das signierte relative Offset addiert wird. Der Inhalt des Akkumulators wird nicht verändert.

Beispiel: Ist Timer 0 in Modus 0 ?

74 03	MOV	A,#03
55 89	ANL	A,TMOD
60 rel	JZ	Stelle A
53 89 FC	ANL	TMOD,#FC

War Timer 0 bereits in Modus 0, wird an die Stelle A gesprungen, ansonsten wird dieser Modus hergestellt.

LCALL addr16

Funktion:	Subroutinenaufruf im 64K-Block (Long Call)

Codierung:

0 0 0 1	0 0 1 0		$a_{15} - a_8$		$a_7 - a_0$

Hexcode: 12

Länge: 3 Byte

Zeit: 2 Maschinenzyklen

Operation: $(PC) \leftarrow (PC) + 3$
$(SP) \leftarrow (SP) + 1$
$((SP)) \leftarrow (PC_{7-0})$
$(SP) \leftarrow (SP) + 1$
$((SP)) \leftarrow (PC_{15-8})$
$(PC) \leftarrow addr_{15-0}$

Beschreibung: LCALL ruft eine Subroutine an der adressierten Stelle auf. Der Programmzähler wird um 3 erhöht, um die Adresse des Folgebefehls zu erhalten. Dieser Programmzählerinhalt wird nun mit dem Low-Byte zuerst auf dem Stack abgelegt, dabei erhöht sich der Stackpointer um zwei. Danach wird der Programmzähler mit dem zweiten und dritten Byte des LCALL-Befehls geladen. Die Fortsetzung der Programmausführung erfolgt dann ab dieser Adresse. Der Beginn der Subroutine kann im gesamten adressierbaren 64k-Block liegen.

Beispiel: Erscheint an der Adresse 403B der Befehl

403B   12 68 C5   LCALL   68C5

und ist der Anfangswert des Stackpointers 2F, dann stehen nach Befehlsausführung in Adresse 30 der Wert 3E, in Adresse 31 der Wert 40, im Stackpointer der Wert 31 und das Programm wird an der Stelle 68C5 fortgesetzt.

LJMP addr16

Funktion:	Programmsprung im 64K-Block (Long Jump)

Codierung:

0 0 0 0	0 0 1 0		$a_{15} - a_8$		$a_7 - a_0$

Hexcode: 02

Länge: 3 Byte

Zeit: 2 Maschinenzyklen

Operation: $(PC) \leftarrow addr_{15-0}$

Beschreibung: LJMP bewirkt einen unbedingten Sprung zur adressierten Stelle, indem der Programmzähler mit dem zweiten und dritten Byte des Befehls geladen wird. Das Sprungziel kann somit im gesamten adressierbaren 64K-Block liegen.

Beispiel: Erscheint an der Adresse 403B der Befehl

403B   02 68 C5   LJMP   68C5,

wird das Programm an der Stelle 68C5 fortgesetzt.

MOV [Ziel],[Quelle]

Funktion: Schreibe [Quelle] nach [Ziel]
(Move Byte variable)

MOV A,Rn

Codierung: | 1 1 1 0 | 1 r r r |

Hexcode: Register: 0 1 2 3 4 5 6 7
Code: E8 E9 EA EB EC ED EE EF

Länge: 1 Byte

Zeit: 1 Maschinenzyklus

Operation: (A) ← (Rn)

MOV A,direct

Codierung: | 1 1 1 0 | 0 1 0 1 | | direkt Adresse |

Hexcode: E5

Länge: 2 Byte

Zeit: 1 Maschinenzyklus

Operation: (A) ← (direct)

Der Befehl MOV A,ACC ist kein gültiger Befehl.

MOV A,@Ri

Codierung: | 1 1 1 0 | 0 1 1 i |

Hexcode: R0: E6
R1: E7

Länge: 1 Byte

Zeit: 1 Maschinenzyklus

Operation: (A) ← ((Ri))

MOV A,#data

Codierung: | 0 1 1 1 | 0 1 0 0 | | Konstante |

Hexcode: 74

Länge: 2 Byte

Zeit: 1 Maschinenzyklus

Operation: (A) ← #data

MOV Rn,A

Codierung: | 1 1 1 1 | 1 r r r |

Hexcode: Register: 0 1 2 3 4 5 6 7
Code: F8 F9 FA FB FC FD FE FF

Länge: 1 Byte

Zeit: 1 Maschinenzyklus

Operation: (Rn) ← (A)

MOV Rn,direct

Codierung: | 1 0 1 0 | 1 r r r | | direkt Adresse |

Hexcode: Register: 0 1 2 3 4 5 6 7
Code: A8 A9 AA AB AC AD AE AF

Länge: 2 Byte

Zeit: 2 Maschinenzyklen

Operation: (Rn) ← (direct)

MOV Rn,#data

Codierung: | 0 1 1 1 | 1 r r r | | Konstante |

Hexcode: Register: 0 1 2 3 4 5 6 7
           Code: 78 79 7A 7B 7C 7D 7E 7F

Länge: 2 Byte

Zeit: 1 Maschinenzyklus

Operation: (Rn) ← #data

MOV direct,A

Codierung: | 1 1 1 1 | 0 1 0 1 | | direkt Adresse |

Hexcode: F5

Länge: 2 Byte

Zeit: 1 Maschinenzyklus

Operation: (direct) ← (A)

MOV direct,Rn

Codierung: | 1 0 0 0 | 1 r r r | | direkt Adresse |

Hexcode: Register: 0 1 2 3 4 5 6 7
           Code: 88 89 8A 8B 8C 8D 8E 8F

Länge: 2 Byte

Zeit: 2 Maschinenzyklen

Operation: (direct) ← (Rn)

MOV direct,direct

Codierung: | 1 0 0 0 | 0 1 0 1 | | Quelle | | Ziel |

Hexcode: 85

Länge: 3 Byte

Zeit: 2 Maschinenzyklen

Operation: (direct) ← (direct)

MOV direct,@Ri

Codierung: | 1 0 0 0 | 0 1 1 i | | direkt Adresse |

Hexcode: R0: 86
R1: 87

Länge: 2 Byte

Zeit: 2 Maschinenzyklen

Operation: (direct) ← (Ri)

MOV direct,#data

Codierung: | 0 1 1 1 | 0 1 0 1 | | direkt Adresse | | Konstante |

Hexcode: 75

Länge: 3 Byte

Zeit: 2 Maschinenzyklen

Operation: (direct) ← #data

MOV @Ri,A

Codierung: | 1 1 1 1 | 0 1 1 i |

Hexcode: R0: F6
R1: F7

Länge: 1 Byte

Zeit: 1 Maschinenzyklus

Operation: $((Ri)) \leftarrow (A)$

MOV @Ri,direct

Codierung: | 1 0 1 0 | 0 1 1 i | | direkt Adresse |

Hexcode: R0: A6
R1: A7

Länge: 2 Byte

Zeit: 2 Maschinenzyklen

Operation: $((Ri)) \leftarrow (direct)$

MOV @Ri,#data

Codierung: | 0 1 1 1 | 0 1 1 i | | Konstante |

Hexcode: R0: 76
R1: 77

Länge: 2 Byte

Zeit: 1 Maschinenzyklus

Operation: ((Ri)) ← #data

Beschreibung: Das Byte, das im zweiten Operanden genannt wird, wird an die Stelle ge-schrieben, die im ersten Operanden spezifiziert ist. Es gibt eine Ausnah-me von dieser Reihenfolge. Das ist der Befehl MOV direct,direct. Hier steht die Quelle im ersten und das Ziel im zweiten Operanden. Der Inhalt des Zielregisters wird überschrieben; der Inhalt des Quellenregisters bleibt un-verändert.

Das ist die flexibelste und am häufigsten eingesetzte Operation. Fünfzehn verschiedene Kombinationen von [Quelle]-[Ziel]-Adressierungen sind möglich.

Beispiel: In einer Resetroutine soll der RAM-Bereich von Adresse 02 bis 35 gelöscht, der Timer 0 mit dem Wert 0500 voreingestellt und in Modus 1 versetzt sowie der Interrupt für Timer 0 freigegeben werden. Im vorletzten Befehl wird Timer 0 gestartet:

```
0170   E4              CLR      A
0171   78 35           MOV      R0,#35
0173   79 33           MOV      R1,#33
0175   F6          ┌─► MOV      @R0,A
0176   18          │   DEC      R0
0177   D9 FC       └── DJNZ     R1,0175
0179   75 8C 05        MOV      TH0   ,#05
017C   75 89 02        MOV      TMOD  ,#02
017F   75 A8 82        MOV      IE    ,#82
0182   D2 8C           SETB     TR0
0184   80 FE       ┌─► SJMP     0184
                   └─┘
```

MOV [Zielbit],[Quellenbit]

Funktion: Schreibe Quellenbit in Zielbit
(Move bit data)

MOV C,bit

Codierung: | 1 0 1 0 | 0 0 1 0 |

Hexcode: A2

Länge: 2 Byte

Zeit: 1 Maschinenzyklus

Operation: (C) ← (bit)

MOV bit,C

Codierung: | 1 0 0 1 | 0 0 1 0 |

Hexcode: 92

Länge: 2 Byte

Zeit: 2 Maschinenzyklen

Operation: (bit) ← (C)

Beschreibung: Die Boolesche Variable, die durch den zweiten Operanden bestimmt ist, wird in die Stelle geschrieben, die im ersten Operanden genannt ist. Ein Operand muß das Carry sein, der andere ein direkt adressierbares Bit. Das Quellenbit wird nicht verändert.

Beispiel: Folgender Programmausschnitt schiebt den Inhalt des Akkumulators nach links, schreibt das Bit aus Adresse 02 in das LSB des Akkumulators und gibt das ursprüngliche MSB des Akkumulators in Bitadresse 03:

A2 02	MOV	C,02
33	RLC	A
92 03	MOV	03,C

MOV DPTR,#data16

Funktion: Lade Datenpointregister mit einer 16-Bit-Konstanten
(Load Data Pointer with a 16-bit constant)

Codierung: | 1 0 0 1 | 0 0 0 0 | | Konst. a_{15-8} | | Konst. a_{7-0} |

Hexcode: 90

Länge: 3 Byte

Zeit: 2 Maschinenzyklen

Operation: (DPH) ← #data$_{15-8}$
(DPL) ← #data $_{7-0}$

Beschreibung: Die im zweiten Byte angegebene Konstante wird in das High-Byte, die im dritten Byte angegebene Konstante in das Low-Byte des Datenpointregisters geschrieben. Es handelt sich bei diesem Befehl um den einzigen, der eine 16-Bit-Konstante bewegt.

Beispiel: Der Befehl

90 64 3C   MOV   DPTR,#643C

schreibt in das Register DPH den Wert 64 und in DPL den Wert 3C. Im Datenpointer steht somit 643C.

MOVC A,@A+[Basisreg.]

Funktion: Hole Konstante aus der ROM-Tabelle
(Move Code Byte)

MOVC A,@A+DPTR

Codierung: | 1 0 0 1 | 0 0 1 1 |

Hexcode: 93

Länge: 1 Byte

Zeit: 2 Maschinenzyklen

Operation: (A) ← ((A)+(DPTR))

MOVC A,@A+PC

Codierung: | 1 0 0 0 | 0 0 1 1 |

Hexcode: 83

Länge: 1 Byte

Zeit: 2 Maschinenzyklen

Operation: (PC) ← (PC) + 1
(A) ← ((A)+(PC))

Beschreibung: Der MOVC-Befehl lädt den Akkumulator mit einer Konstanten aus dem Programmspeicher. Die Adresse, auf die der Zugriff erfolgt, ist die unsignierte Summe von Akkumulator und Basisregister, das entweder der Datenpointer oder der Programmzähler sein kann. Letztere wird vor der Addition um Eins erhöht, um auf die nachfolgende Adresse zu zeigen. Bei der 16-Bit-Addition überträgt sich ein Überlauf des Low-Byte auf das High-Byte.

Beispiel: Werden Tabellen mit PC als Basisregister ausgelesen, geschieht dies am zweckmäßigsten in einer Subroutine.
Der 7-Segmentcode soll für eine Anzeige aus einer ROM-Tabelle geholt werden und über Port 2 (siehe Kapitel 3-4) ausgegeben werden:

```
01A0    24 04    ADD   A,#04
01A2    83       MOVC  A,@A+PC
01A3    F5 A0    MOV   P2,A
01A5    E2       MOVX  A,@R0
01A6    22       RET
        -------
        Tabellenwerte
```

Zum Inhalt des Akkumulators wird der Wert 04 addiert, weil nach dem MOVC-Befehl vier Bytes für weitere Aktivitäten in der Subroutine benötigt werden. Steht im Akkumulator der Wert 00, wird der erste Tabellenwert aus Adresse 01A7 gelesen. Dieser Wert wird über Port 2 ausgegeben. Der Befehl MOVX ist nur ein Scheinbefehl, der die Aufgabe hat, das RD-Signal aktiv werden zu lassen, um die Daten extern aufzufangen.

MOVX [Ziel],[Quelle]

Funktion: Zugriff auf einen externen Datenspeicher
(Move External)

MOVX A,@Ri

Codierung: | 1 1 1 0 | 0 0 1 i |

Hexcode: R0: E2
R1: E3

Länge: 1 Byte

Zeit: 2 Maschinenzyklen

Operation: $(A) \leftarrow ((Ri))$

MOVX A,@DPTR

Codierung: | 1 1 1 0 | 0 0 0 0 |

Hexcode: E0

Länge: 1 Byte

Zeit: 2 Maschinenzyklen

Operation: $(A) \leftarrow ((DPTR))$

MOVX @Ri,A

Codierung: | 1 1 1 1 | 0 0 1 i |

Hexcode: R0: F2
R1: F3

Länge: 1 Byte

Zeit: 2 Maschinenzyklen

Operation: $((Ri)) \leftarrow (A)$

MOVX @DPTR,A

Codierung: | 1 1 1 1 | 0 0 0 0 |

Hexcode: F0

Länge: 1 Byte

Zeit: 2 Maschinenzyklen

Operation: ((DPTR)) ← (A)

Beschreibung: Der MOVX-Befehl überträgt Daten zwischen Akkumulator und einem externen Datenspeicherplatz. Zwei Arten von Befehlen sind dafür vorgesehen, die sich in ihrem Adreßumfang unterscheiden. Erfolgt der Befehl über ein Register, stehen acht Adreßbits zur Verfügung, erfolgt er über den Datenpointer, wird das externe RAM mit 16 Bits adressiert.
Im ersten Fall bildet der Inhalt von R0 oder R1 der aktuellen Registerbank die an P0 ausgegebene Adresse. Acht Bits sind zur Decodierung einer I/O-Erweiterung oder der Verwaltung eines kleinen RAMs im allgemeinen ausreichend. Will man den Bereich etwas vergrößern, kann man vor Ausführung des Befehls zusätzliche Portpins setzen, die an die höheren Adreßpins des RAMs anzuschließen sind. Es empfiehlt sich, Port 2 dazu zu verwenden, da in diesem Fall der Inhalt des Ports an den Pins erscheint.
Die zweite Art des Befehls benutzt das Datenpointregister, um eine 16-Bit-Adresse auszugeben. Port 2 emittiert das High-Byte (DPH), während Port 0 das Adressen-Low-Byte (DPL) mit den Daten multiplext. Der Inhalt des P2 Spezialfunktionregisters wird dadurch nicht geändert. Diese Möglichkeit der Adressierung ist schneller und einfacher, wenn in einem Adreßbereich von bis zu 64 KByte gearbeitet wird, da keine zusätzlichen Befehle benötigt werden, um die Pins eines Ports zu setzen.
Beide Befehle sind gleichwertig, wenn bei einer Adressierung über die Register R0 und R1 das P2 Spezialfunktionregister wie das DPH Register eingesetzt wird.

Beispiel: Ein externes RAM, das die gemultiplexte Adreßdatenleitung benutzt, z. B. der RAM/I/O/Timer 8155 von Intel, ist mit dem 8031 Port 0 verbunden. Port 3 führt die Kontrollleitungen für das externe RAM. Port 1 kann für allgemeine I/O-Zwecke verwendet werden, Port 2 gibt den Inhalt des SFR P2 aus. Register 0 und 1 beinhalten die Werte 25 und AD. Die Befehlsfolge

```
E3    MOVX    A,@R1
F2    MOVX    @R0,A
```

kopiert den Inhalt von Adresse AD in den Akkumulator und zur Adresse 25 des externen RAMs.

MUL AB

Funktion:	Multipliziere A mit B (Multiply)

Codierung:

1 0 1 0	0 1 0 0

Hexcode: A4

Länge: 1 Byte

Zeit: 4 Maschinenzyklen

Operation: $(A) \leftarrow ((A) \bullet (B))_{7-0}$
$(B) \leftarrow ((A) \bullet (B))_{15-8}$

Beschreibung: MUL AB multipliziert den unsignierten Inhalt des Akkumulators mit dem von Register B. Das Low-Byte des 16-Bit-Produktes steht im Akkumulator, das High-Byte in Register B. Wenn das Produkt den Wert 00 FF übersteigt, wird das OV-Bit gesetzt, ansonsten gelöscht. Das Carry wird immer gelöscht.

Beispiel: D9 = 217$_d$, 85 = 133$_d$. Das Produkt D9 • 85 = 70 BD. Dezimal: 217 • 133 = 28 861.

```
74 D9        MOV   A,#D9
75 F0 85     MOV   B,#85
A4           MUL   AB
```

Nach diesen drei Befehlen steht im Akkumulator der Wert BD und im Register B der Wert 70. Das OV-Bit ist gesetzt; das Carry gelöscht.
Das größte damit darstellbare Produkt ist FF•FF = FE 01. Dezimal: 255•255 = 65 025.

NOP

Funktion:	Keine Aktivität
	(No Operation)
Codierung:	0 0 0 0 0 0 0 0
Hexcode:	00
Länge:	1 Byte
Zeit:	1 Maschinenzyklus
Operation:	$(PC) \leftarrow (PC) + 1$

Beschreibung: Außer dem Programmzähler wird nichts verändert. Der NOP-Befehl ist dem nicht vorhandenen Befehl INC PC gleichzusetzen.

Beispiel: Die Hauptaufgabe des NOP-Befehls ist die Ermöglichung kleiner Zeitabstände:

```
C2 91     CLR    P1.1
00        NOP
D2 91     SETB   P1.1
```

Pin 1 des Port 1 ist für die Zeit von 3 µs an Masse, vorausgesetzt es tritt kein Interrupt auf.

ORL [Ziel],[Quelle]

Funktion: Logisches *oder* zweier Byte-Variabler
(Logical-OR for Byte variables)

ORL A,Rn

Codierung: | 0 1 0 0 | 1 r r r |

Hexcode: Register: 0 1 2 3 4 5 6 7
Code: 48 49 4A 4B 4C 4D 4E 4F

Länge: 1 Byte

Zeit: 1 Maschinenzyklus

Operation: (A) ← (A) *oder* (Rn)

ORL A,direct

Codierung: | 0 1 0 0 | 0 1 0 1 | direkt Adresse |

Hexcode: 45

Länge: 2 Byte

Zeit: 1 Maschinenzyklus

Operation: (A) ← (A) *oder* (direct)

ORL A,@Ri

Codierung: | 0 1 0 0 | 0 1 1 i |

Hexcode: R0: 46
R1: 47

Länge: 1 Byte

Zeit: 1 Maschinenzyklus

Operation: (A) ← (A) *oder* ((Ri))

ORL A,#data

Codierung: | 0 1 0 0 | 0 1 0 0 | | Konstante |

Hexcode: 44

Länge: 2 Byte

Zeit: 1 Maschinenzyklus

Operation: (A) ← (A) *oder* #data

ORL direct,A

Codierung: | 0 1 0 0 | 0 0 1 0 | | direkt Adresse |

Hexcode: 42

Länge: 2 Byte

Zeit: 1 Maschinenzyklus

Operation: (direct) ← (direct) *oder* (A)

ORL direct,#data

Codierung: | 0 1 0 0 | 0 0 1 1 | | direkt Adresse | | Konstante |

Hexcode: 43

Länge: 3 Byte

Zeit: 2 Maschinenzyklen

Operation: (direct) ← (direct) *oder* #data

Beschreibung: ORL führt eine bitweise *oder* Operation in positiver Logik zwischen zwei bestimmten Variablen aus und speichert das Ergebnis im [Ziel].
Die zwei Operanden erlauben sechs Kombinationen von Adressierungs—arten. Ist der Akkumulator das [Ziel], kann die [Quelle] ein Register, ein Direkt-Byte, indirekt adressiert oder eine Konstante sein.
Ist das [Ziel] eine direkte Adresse, kommt als [Quelle] der Akkumulator oder eine Konstante in Frage.
Wenn der Befehl zur Zustandsänderung eines Ports benutzt wird, werden nicht die logischen Pegel der Pins gelesen, sondern die der Portspeicher.

Beispiel: Mit Hilfe des Befehls lassen sich an nicht bitadressierbaren Stellen einzelne Bits setzen.
Der interne RAM-Platz 64 enthalte den Wert D9:

```
53 64 E7        ANL    64,#E7
43 64 06        ORL    64,#06
```

Nach dieser Befehlsfolge steht in Adresse 64 der Wert C7.

Erklärung:

(64):	D9	1101 1001
ANL:	E7	<u>1110 0111</u>
Bits 3 und 4	C1	1100 0001
werden gelöscht.		
		1100 0001
ORL:	06	<u>0000 0110</u>
(64):	C7	1100 0111
Bits 1 und 2 werden gesetzt.		

ORL C,[Quellenbit]

Funktion: Logisches *oder* zwischen Carry und Bit
(Logical-OR for bit variables)

ORL C,bit

Codierung: | 0 1 1 1 | 0 0 1 0 | | Bit Adresse |

Hexcode: 72

Länge: 2 Byte

Zeit: 2 Maschinenzyklen

Operation: (C) ← (C) *oder* (bit)

ORL C,/bit

Codierung: | 1 0 1 0 | 0 0 0 0 | | Bit Adresse |

Hexcode: A0

Länge: 2 Byte

Zeit: 2 Maschinenzyklen

Operation: (C) ← (C) *oder nicht* (bit)

Beschreibung: Ist der Boolesche Wert der Variablen logisch 1, wird das Carry gesetzt; ansonsten verbleibt es in seinem aktuellen Zustand. Ein Schrägstrich '/' vor dem Operanden in der Mnemonik zeigt an, daß das Komplement der Booleschen Variablen zur Verknüpfung benutzt wird. Der Wert der Variablen wird dadurch nicht geändert.

Beispiel: Setze das Carry genau dann, wenn gilt: P1.0 = 1, ACC.7 = 1 und OV = 1.

        A2 90   MOV   C,P1.0
        72 E7   ORL   C,ACC.7
        A0 D2   ORL   C,/OV

POP direct

Funktion: Hole Byte vom Stack
(Pop from stack)

Codierung: | 1 1 0 1 | 0 0 0 0 | | direkt Adresse |

Hexcode: D0

Länge: 2 Byte

Zeit: 2 Maschinenzyklen

Operation: (direct) ← ((SP))
(SP) ← (SP) - 1

Beschreibung: Die Speicherstelle, deren Adresse im Stackpointer steht, wird ausgelesen und ihr Inhalt zum Direkt-Byte gebracht. Anschließend wird der Stackpointer um Eins vermindert.

Beispiel: In einer Interruptroutine möchte man erfahren, an welcher Stelle des Hauptprogramms der Interrupt auftrat.

```
D0 90        POP    P1
D0 A0        POP    P2
05 81        INC    SP
05 81        INC    SP
```

Die zwei letzten Stackeintragungen werden ausgelesen. Das Adressen-Low-Byte erscheint an Port 1, das Adressen-High-Byte an Port 2. Anschließend wird der Stackpointer um zwei erhöht, um den Rücksprung an die richtige Adresse zu gewährleisten.

PUSH direct

Funktion: Lege Byte auf dem Stack ab
(PUSH onto stack)

Codierung: | 1 1 0 0 | 0 0 0 0 | | direkt Adresse |

Hexcode: C0

Länge: 2 Byte

Zeit: 2 Maschinenzyklen

Operation: $(SP) \leftarrow (SP) + 1$
$((SP)) \leftarrow (direct)$

Beschreibung: Der Inhalt des Stackpointers wird um Eins erhöht. Daraufhin wird der Inhalt der adressierten Variablen an den RAM-Platz abgelegt, dessen Adresse im Stackpointer steht.

Beispiel: Eine Addition erfolgt nur über den Akkumulator. Wenn er einen wichtigen Inhalt hat, der nicht verlorengehen darf, kann man ihn auf dem Stack retten:

```
C0 E0      PUSH  A
E5 30      MOV   A,30
25 31      ADD   A,31
F5 32      MOV   32,A
D0 E0      POP   A
```

RET

Funktion: Abschluß einer Subroutine
(Return from Subroutine)

Codierung: | 0 0 1 0 | 0 0 1 0 |

Hexcode: 22

Länge: 1 Byte

Zeit: 2 Maschinenzyklen

Operation: $(PC_{15-8}) \leftarrow ((SP))$
$(SP) \leftarrow (SP) - 1$
$(PC_{7-0}) \leftarrow ((SP))$
$(SP) \leftarrow (SP) - 1$

Beschreibung: RET holt von der Stelle, deren Adresse im Stackpointer steht, ein Byte aus dem internen RAM und gibt es in das High-Byte des Programmzählers. Der Stackpointer wird um Eins erniedrigt, und der gleiche Vorgang geschieht noch einmal mit der Ausnahme, daß der ausgelesene Wert in das Low-Byte des Programmzählers geschrieben wird. Danach wird der Stackpointer ein letztes Mal um Eins erniedrigt. In der Regel wird nun das Programm an der Stelle fortgesetzt, die einem ACALL- oder LCALL-Befehl folgt.

Beispiel: An Adresse 0400 erfolgt ein ACALL-Befehl zu einer Subroutine an Adresse 02A8. Der Inhalt des Stackpointers ist 0B. An Adresse 0311 steht der RET-Befehl:

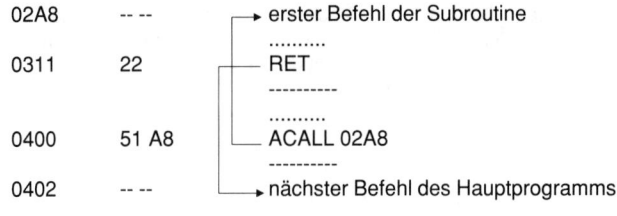

02A8	-- --	erster Befehl der Subroutine
		....
0311	22	RET

		....
0400	51 A8	ACALL 02A8

0402	-- --	nächster Befehl des Hauptprogramms
		....

Mit dem RET-Befehl wird der Wert 04 aus Adresse 0D des internen RAMs in das High-Byte des Programmzählers geschrieben, aus Adresse 0C wird der Wert 02 geholt und in das Low-Byte des Programmzählers gegeben. Somit wird der nächste Befehl an Adresse 0402 des Programmspeichers ausgeführt.

RETI

Funktion: Beendigung einer Interruptroutine
(Return from Interrupt)

Codierung:

| 0 0 1 1 | 0 0 1 0 |

Hexcode: 32

Länge: 1 Byte

Zeit: 2 Maschinenzyklen

Operation:
$(PC_{15-8}) \leftarrow ((SP))$
$(SP) \leftarrow (SP) - 1$
$(PC_{7-0}) \leftarrow ((SP))$
$(SP) \leftarrow (SP) - 1$

Beschreibung: RETI holt von der Stelle, deren Adresse im Stackpointer steht, ein Byte aus dem internen RAM und gibt es in das High-Byte des Programmzählers. Der Stackpointer wird um Eins erniedrigt, und der gleiche Vorgang geschieht noch einmal mit der Ausnahme, daß der ausgelesene Wert in das Low-Byte des Programmzählers geschrieben wird. Danach wird der Stackpointer ein letztes Mal um Eins erniedrigt. Das Interrupt-Besetzt-Bit für die betreffende Interruptebene wird gelöscht, so daß neue Interrupts derselben Priorität ausgeführt werden können. In der Regel wird nun das Programm an der Stelle fortgesetzt, die dem Sprung in die Interruptroutine folgt. Steht bereits eine zweite Interruptanforderung derselben oder einer niedrigeren Ebene an, wird ein Befehl des Hauptprogramms ausgeführt, bevor der neue Interrupt zur Ausführung kommt.

Beispiel: Der Inhalt des Stackpointers ist 0B. An Adresse 0A des internen RAMs steht der Wert 12, an Adresse 0B der Wert 04. Am Ende der externen Interruptroutine 0 steht der Befehl RETI:

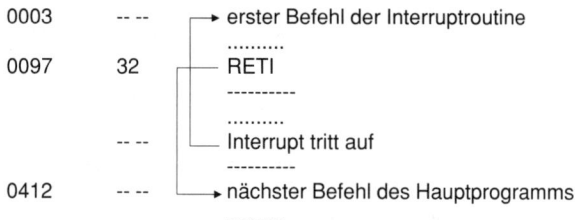

```
0003    -- --       erster Befehl der Interruptroutine
                    ..........
0097    32          RETI
                    ----------
                    ..........
        -- --       Interrupt tritt auf
                    ----------
0412    -- --       nächster Befehl des Hauptprogramms
                    ..........
```

Mit dem RETI-Befehl wird der Wert 04 aus Adresse 0B des internen RAMs in das High-Byte des Programmzählers geschrieben, aus Adresse 0A wird der Wert 12 geholt und in das Low-Byte des Programmzählers gegeben. Somit wird der nächste Befehl an Adresse 0412 des Programmspeichers ausgeführt. Gleichzeitig können neue Interrupts der gleichen oder einer niedrigeren Ebene angenommen werden.

RL A

Funktion: Rotiere Akkumulator nach links
(Rotate Accumulator left)

Codierung: | 0 0 1 0 | 0 0 1 1 |

Hexcode: 23

Länge: 1 Byte

Zeit: 1 Maschinenzyklus

Operation: $(A_{n+1}) \leftarrow (A_n)$ A_n = ntes Bit von A; n = 0 - 6
$(A_0) \leftarrow (A_7)$

Beschreibung: Die acht Bits des Akkumulators werden im Kreis nach links rotiert. Das 7. Bit gelangt dabei in das 0. Bit des Akkumulators. Ist der Inhalt des Akkumulators kleiner als 80, entspricht der Befehl der Multiplikation mit zwei.

Beispiel: Im Akkumulator steht der Wert B4. RL A macht aus diesem Wert den neuen 69:

Akkumulator : B4:

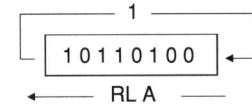

Akkumulator : 69: | 0 1 1 0 1 0 0 1 |

RLC A

Funktion: Rotiere Akkumulator durch das Carry nach links
(Rotate Accumulator Left through the Carry flag)

Codierung:

0 0 1 1	0 0 1 1

Hexcode: 33

Länge: 1 Byte

Zeit: 1 Maschinenzyklus

Operation: $(C) \leftarrow (A_07)$
$(A_{n+1}) \leftarrow (A_n)$ A_n = ntes Bit von A; n = 0 - 6
$(A_0) \leftarrow (C)$

Beschreibung: Die acht Bits des Akkumulators werden durch das Carry im Kreis nach links
rotiert. Das 7. Bit gelangt dabei in das Carry, gleichzeitig geht der Inhalt des
Carry in das 0. Bit des Akkumulators.

Beispiel: Im Akkumulator steht der Wert B5. Das Carry ist gelöscht. RLC A macht aus
diesem Wert den neuen 6A, und das Carry wird gesetzt:

Akkumulator : B5: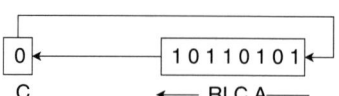

C ◄── RLC A──

Akkumulator : 6A:

C

RR A

Funktion: Rotiere Akkumulator nach rechts
(Rotate Accumulator Right)

Codierung: | 0 0 0 0 | 0 0 1 1 |

Hexcode: 03

Länge: 1 Byte

Zeit: 1 Maschinenzyklus

Operation: $(A_n) \leftarrow (A_{n+1})$ A_n = ntes Bit von A; n = 0 - 6
$(A_7) \leftarrow (A_0)$

Beschreibung: Die acht Bits des Akkumulators werden im Kreis nach rechts rotiert. Das
0. Bit gelangt dabei in das 7. Bit des Akkumulators. Der Befehl entspricht
der Division mit Zwei.

Beispiel: Im Akkumulator steht der Wert B4. RR A macht aus diesem Wert den neuen
5A:

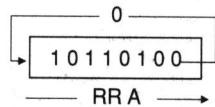

Akkumulator : B4:

Akkumulator : 5A: | 0 1 0 1 1 0 1 0 |

RRC A

Funktion: Rotiere Akkumulator durch das Carry nach rechts
(Rotate Accumulator Right through the Carry flag)

Codierung: | 0 0 0 1 | 0 0 1 1 |

Hexcode: 13

Länge: 1 Byte

Zeit: 1 Maschinenzyklus

Operation: $(C) \leftarrow (A_0)$
$(A_n) \leftarrow (A_{n+1})$ A_n = ntes Bit von A;   n = 0 - 6
$(A_7) \leftarrow (C)$

Beschreibung: Die acht Bits des Akkumulators werden durch das Carry im Kreis nach rechts
rotiert. Das 0. Bit gelangt dabei in das Carry, gleichzeitig geht der Inhalt des
Carry in das 7. Bit des Akkumulators.

Beispiel: Im Akkumulator steht der Wert B5. Das Carry ist gelöscht. RRC A macht aus
diesem Wert den neuen 5A, und das Carry wird gesetzt:

Akkumulator : B5: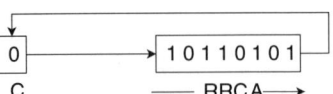

C   —— RRC A ——→

Akkumulator : 5A:

C

SETB [bit]

Funktion: Bit setzen
(Set Bit)

SETB C

Codierung: | 1 1 0 1 | 0 0 1 1 |

Hexcode: D3

Länge: 1 Byte

Zeit: 1 Maschinenzyklus

Operation: (C) ← 1

SETB bit

Codierung: | 1 1 0 1 | 0 0 1 0 | | Bit Adresse |

Hexcode: D2

Länge: 2 Byte

Zeit: 1 Maschinenzyklus

Operation: (bit) ← 1

Beschreibung: Das betreffende Bit wird gesetzt, d. h. mit Eins beschrieben. Der Befehl kann sich auf das Carry beziehen oder auf ein anderes direkt adressierbares Bit.

Beispiel: Im Timer Control Register (TCON) steht der Wert 10. Der Befehl
D2 8A   SETB 8A
setzt das Interrupt 1-Kontrollbit. Der externe Interrupt 1 wird nun bei einer negativen Flanke am INT1-Pin ausgelöst. Im TCON-Register steht jetzt der Wert 14.

SJMP rel

Funktion:	Kurzer Sprung (Short Jump)
Codierung:	$\boxed{1\ 0\ 0\ 0\ \vert\ 0\ 0\ 0\ 0}$
Hexcode:	80
Länge:	2 Byte
Zeit:	2 Maschinenzyklen
Operation:	(PC) ← (PC) + 2 (PC) ← (PC) + rel

Beschreibung: Das Programm verzweigt ohne Bedingung zur angegebenen Adresse. Das Sprungziel wird durch Addition aus dem signierten relativen Offset und dem Programmzähler errechnet, sobald sein Inhalt um den Wert Zwei vergrö-ßert ist. Deswegen muß sich das Sprungziel in einem Bereich von -128 bis +127 Bytes relativ zur Adresse des folgenden Befehls befinden.

Beispiel: Der SJMP-Befehl tritt an Adresse 0540 auf und weist auf die Stelle 0568. 0542 ist die Adresse des Folgebefehls. Das relative Offset errechnet sich aus 0568 - 0542 = 26.

```
0540        80 26  ┌─ SJMP 0568
                   │  .........
0568        -- --  └→ Sprungziel
```

SUBB A, [Quelle]

Funktion: Subtraktion mit Carry
(Subtract with Borrow)

SUBB A,Rn

Codierung:

1 0 0 1	1 r r r

Hexcode:

Register:	0	1	2	3	4	5	6	7
Code:	98	99	9A	9B	9C	9D	9E	9F

Länge: 1 Byte

Zeit: 1 Maschinenzyklus

Operation: (A) ← (A) - (C) - (Rn)

SUBB A,direct

Codierung:

1 0 0 1	0 1 0 1		direkt Adresse

Hexcode: 95

Länge: 2 Byte

Zeit: 1 Maschinenzyklus

Operation: (A) ← (A) - (C) - (direct)

SUBB A,@Ri

Codierung:

1 0 0 1	0 1 1 i

Hexcode: R0: 96
R1: 97

Länge: 1 Byte

Zeit: 1 Maschinenzyklus

Operation: (A) ← (A) - (C) - ((Ri))

SUBB A,#data

Codierung: | 1 0 0 1 | 0 1 0 0 | | Konstante |

Hexcode: 94

Länge: 2 Byte

Zeit: 1 Maschinenzyklus

Operation: (A) ← (A) - (C) - #data

Beschreibung: Das Byte [Quelle] wird mit Carry vom Akkumulator subtrahiert; das Ergebnis findet sich im Akku. SUBB setzt das Carry, wenn ein Übertrag für das 7. Bit benötigt wird, sonst wird es gelöscht. Wenn das Carry vor einer Subtraktion gesetzt war, zeigt es an, daß in einer vorausgehenden Subtraktion ein Übertrag benötigt wurde. Es wird dann zusammen mit dem Subtrahenden vom Akkumulator abgezogen. Vor einer einmaligen oder mehrfach genauen Subtraktion sollte daher das Carry gelöscht werden.
AC wird gesetzt, wenn ein Übertrag für das dritte Bit benötigt wird, sonst wird es gelöscht.
Das OV-Bit wird gesetzt, wenn ein Übertrag im 6. Bit aber nicht im 7. Bit, oder ein Übertrag im 7. Bit und nicht im 6. Bit benötigt wird; sonst wird es gelöscht. Bei der Subtraktion von signierten Zahlen macht das OV-Bit auf ein negatives Ergebnis aufmerksam, wenn ein negativer Wert von einem positiven abgezogen wird, oder auf ein positives Ergebnis, wenn eine positive Zahl von einer negativen Zahl subtrahiert wird.
Vier Adressierungsarten sind möglich: Register, direkt, indirekt oder Konstante.

Beispiel: Der Wert C9 3A steht mit High-Byte an Adresse 30 des internen RAMs, das Low-Byte an Adresse 31. Davon soll der Wert 14 66 subtrahiert werden, dessen High-Byte an Adresse 32 und dessen Low-Byte an Adresse 33 zu finden ist. Das Ergebnis wird in die Adressen 34 und 35 geschrieben.

```
C3        CLR   C
E5 31     MOV   A,31
95 33     SUBB  A,33
F5 35     MOV   35,A
E5 30     MOV   A,30
95 32     SUBB  A,32
F5 34     MOV   34,A
```

Folgender Rechenvorgang läuft dabei ab:

1. Subtrahiere 31 - 33:

```
 3A          0011 1010
-66         -0110 0110
 D4    C=1   1101 0100
```

2. Subtrahiere 30 - 32:

```
 C9          1100 1001
-(14+C)     -0001 0101
 B4          1011 0100
```

Das Ergebnis der Rechnung C9 3A - 14 66 ist B4 D4.

SWAP A

Funktion: Vertausche die Nibbles des Akkumulators
(Swap nibbles within the Accumulator)

Codierung:

| 1 1 0 0 | 0 1 0 0 |

Hexcode: C4

Länge: 1 Byte

Zeit: 1 Maschinenzyklus

Operation: $(A_{3-0}) \leftrightarrow (A_{7-4})$

Beschreibung: SWAP A vertauscht High- mit Low-Nibble im Akkumulator. Der Befehl hat
bis auf die zeitliche Dauer die gleiche Wirkung wie viermal der Befehl RR
A oder RL A.

Beispiel: Im Akkumulator steht der Wert 3B. SWAP A macht daraus den Wert B3.

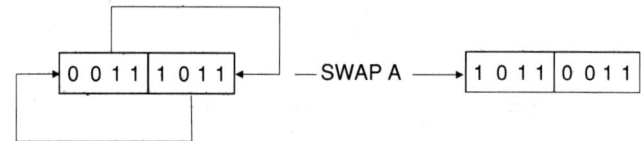

XCH   A, [Byte]

Funktion: Vertausche Akkumulator mit Byte-Variabler
(Exchange Accumulator with Byte variable)

XCH A,Rn

Codierung: | 1 1 0 0 | 1 r r r |

Hexcode: Register: 0 1 2 3 4 5 6 7
            Code: C8 C9 CA CB CC CD CE CF

Länge: 1 Byte

Zeit: 1 Maschinenzyklus

Operation: $(A) \leftrightarrow (Rn)$

XCH A,direct

Codierung: | 1 1 0 0 | 0 1 0 1 | | direkt Adresse |

Hexcode: C5

Länge: 2 Byte

Zeit: 1 Maschinenzyklus

Operation: $(A) \leftrightarrow (direct)$

XCH A,@Ri

Codierung: | 1 1 0 0 | 0 1 1 i |

Hexcode: R0: C6
R1: C7

Länge: 1 Byte

Zeit: 1 Maschinenzyklus

Operation: (A) ↔ ((Pι))

Beschreibung: XCH lädt den Akkumulator mit dem Inhalt der betreffenden Variablen. Gleichzeitig wird der Inhalt der Variablen in den Akkumulator geschrieben. Der [Ziel]/[Quelle]-Operand kann ein Register, eine direkte Adresse oder eine indirekt adressierte Stelle im internen RAM sein.

Beispiel: In den Akkumulator wird die Zahl 67 geschrieben, in R0 die Adresse 30. Folgendes Programm rotiert den Inhalt der Adresse 30 einmal nach rechts und vertauscht die Nibbles in Adresse 31. Der Inhalt des Akkumulators wird durch den XCH-Befehl an der betreffenden Adresse zwischengespeichert und liegt am Ende der Routine unverändert vor.

```
74  67    MOV    A,#67
78  30    MOV    R0,#30
C6        XCH    A,@R0
03        RR     A
C6        XCH    A,@R0
08        INC    R0
C6        XCH    A,@R0
C4        SWAP   A
C6        XCH    A,@R0
```

XCHD A,@Ri

Funktion: Tausche Low-Nibble aus
(Exchange Digit)

Codierung: | 1 1 0 1 | 0 1 1 i |

Hexcode: R0: D6
R1: D7

Länge: 1 Byte

Zeit: 1 Maschinenzyklus

Operation: $(A_{3-0}) \leftrightarrow ((Ri_{3-0}))$

Beschreibung: XCHD tauscht das Low-Nibble des Akkumulators gegen das Low-Nibble eines indirekt adressierten RAM-Platzes aus. Die High-Nibble beider Register werden nicht verändert.

Beispiel: In den Adressen 30 bis 34 sind zehn BCD-Ziffern enthalten. Sie werden auseinandergenommen und in der richtigen Reihenfolge einzeln in den Low-Nibbles der Adressen 40 bis 49 abgelegt.

```
0152   78 30        MOV   R0,#30
0154   79 40        MOV   R1,#40
0156   7A 05        MOV   R2,#05
0158   E6        ┌─▶ MOV   A,@R0
0159   C4        │   SWAP  A
015A   D7        │   XCHD  A,@R1
015B   09        │   INC   R1
015C   C4        │   SWAP  A
015D   D7        │   XCHD  A,@R1
015E   08        │   INC   R0
015F   09        │   INC   R1
0160   DA F6     └── DJNZ  R2,0158
```

XRL [Ziel],[Quelle]

Funktion: Logisches *exklusiv oder* für Byte-Variable
(Logical Exclusiv-OR for Byte variables)

XRL A,Rn

Codierung:

0 1 1 0	1 r r r

Hexcode:

Register:	0	1	2	3	4	5	6	7
Code:	68	69	6A	6B	6C	6D	6E	6F

Länge: 1 Byte

Zeit: 1 Maschinenzyklus

Operation: (A) ← (A) *exklusiv oder* (Rn)

XRL A,direct

Codierung:

0 1 1 0	0 1 0 1	direkt Adresse

Hexcode: 65

Länge: 2 Byte

Zeit: 1 Maschinenzyklus

Operation: (A) ← (A) *exklusiv oder* (direct)

XRL A,@Ri

Codierung: | 0 1 1 0 | 0 1 1 i |

Hexcode: R0: 66
          R1: 67

Länge: 1 Byte

Zeit: 1 Maschinenzyklus

Operation: (A) ← (A) *exklusiv oder* ((Ri))

XRL A,#data

Codierung: | 0 1 1 0 | 0 1 0 0 | | Konstante |

Hexcode: 64

Länge: 2 Byte

Zeit: 1 Maschinenzyklus

Operation: (A) ← (A) *exklusiv oder* #data

XRL direct,A

Codierung: | 0 1 1 0 | 0 0 1 0 | | direkt Adresse |

Hexcode: 62

Länge: 2 Byte

Zeit: 1 Maschinenzyklus

Operation: (direct) ← (direct) *exklusiv oder* (A)

XRL direct,#data

Codierung: | 0 1 1 0 | 0 0 1 1 | | direkt Adresse | | Konstante |

Hexcode: 63

Länge: 3 Byte

Zeit: 2 Maschinenzyklen

Operation: (direct) ← (direct) *exklusiv oder* #data

Beschreibung: XRL führt eine bitweise *exklusiv oder*-Operation in positiver Logik zwischen zwei bestimmten Variablen aus und speichert das Ergebnis im [Ziel].
Die zwei Operanden erlauben sechs Kombinationen von Adressierungs—arten. Ist der Akkumulator das [Ziel], kann die [Quelle] ein Register, ein Direkt-Byte, indirekt adressiert oder eine Konstante sein.
Ist das [Ziel] eine direkte Adresse, kommt als [Quelle] der Akkumulator oder eine Konstante in Frage.
Wenn der Befehl zur Zustandsänderung eines Ports benutzt wird, werden nicht die logischen Pegel der Pins gelesen, sondern die der Portspeicher.

Beispiel: Steht im Akkumulator der Wert C5: 1100 0101,
und im Register 0 der Wert 94: 1001 0100,
so bleibt nach dem Befehl XRL A,R0 _____
im Akkumulator der Wert 51: 0101 0001 zurück.

Eine logische XRL-Verknüpfung kann zum Test auf Gleichheit zweier Werte benutzt werden:

```
74 68    MOV    A,#68
65 34    XRL    A,34
70 rel   JNZ    ungleich
         gleich
```

Steht an Adresse 34 der Wert 68, wird das Programm mit der dem JNZ folgenden Befehl fortgesetzt; steht ein anderer Wert an Adresse 34, verzweigt das Programm zur Stelle ungleich.
Mit dem XRL-Befehl können ferner einzelne Bits im direkt adressierbaren Bereich komplementiert werden.
In Port 1 stehe der Wert EB:1110 1011. Der Befehl

```
63 90 3C        XRL    P1,#3C
```

invertiert die Zustände der Pins 2 bis 5. Aus dem Bitmuster:

```
                  EB:    1110 1011
          XRL     3C:    0011 1100
wird das Bitmuster  D7:    1101 0111.
```

Das Minimalsystem 3

1. Die Hardware des Minimalsystems

Das Minimalsystem ist die kleinstmöglichste Anzahl von Bauteilen, die zum Aufbau eines vollständigen Computers benötigt werden. Das ist im Falle der MCS-51 Familie ein einziger Chip, der 8051 oder 8052. Er hat im Innern den Programmspeicher ROM, einen Datenspeicher RAM, er kann digitale Daten einlesen, sie in gewünschter Weise mit Hilfe der CPU verarbeiten und daraus resultierend digitale Daten ausgeben. Es ist also ein einziger Chip, der auf seine Umwelt reagieren und seine Umwelt verändern kann.

Wird es beispielsweise in einem Gewächshaus zu warm, so überprüft er, bevor er das Signal zur Fensteröffnung gibt, ob es Tag oder Nacht ist. Bei Nacht wird er bei niedrigeren Temperaturen öffnen, bei Tag bei etwas höheren. Der Computer reagiert also auf zu große Wärme und verändert den Temperaturzustand der Umgebung durch Öffnen der Fenster. Natürlich ist es nicht der Computer, der die Temperatur messen kann, da er keinen Temperatursensor hat. Die Temperaturdaten müssen ihm von außen und zwar in digitaler Form zugeführt werden. Zu diesem Zweck muß die analoge Größe Temperatur in eine digitale Größe verwandelt werden. Diese Aufgabe wird für diesen Fall ein Voltage Controlled Oszillator VCO mit NTC als temperaturempfindliches Teil übernehmen. Um Tag oder Nacht festzustellen, befragt er einen Light Dependend Resistor LDR, der über einen Schmitt-Trigger ein digitales Signal zur Unterscheidung liefert. Will er den Fenstermotor bewegen, kann er natürlich nicht die benötigten 220 V Spannung und den dazugehörigen Strom liefern, sondern lediglich ein digitales Signal, das optogekoppelt den Zündstrom eines TRIACs freigibt oder unterbricht. Über diesen TRIAC wird der Fenstermotor gesteuert.

Die im Beispiel angeführten Peripherieeinrichtungen wie VCO, LDR und TRIAC gehören nicht zu einem Minimalsystem, da sie je nach Verwendungszweck des Computers durch andere Digitalisierungshilfen ersetzt werden müssen. Das Minimalsystem, ist also eine digitale Box, und andere Arten von Signalen müssen außerhalb digitalisiert werden. Ist das erst einmal erfolgt, kann der Computer für nahezu jede erdenkliche Regelungs- und Steuerungsaufgabe verwendet werden.

Das Minimalsystem 8051 hat den Vorteil, bei hoher Stückzahl sehr preisgünstig zu sein und sehr wenig Platz zu beanspruchen. Der Nachteil besteht darin, daß es teuer ist, wenn es in Serien mit nur kleinen Stückzahlen zum Einsatz kommt. Des weiteren ist es für die Entwicklung ungeeignet, da der interne Programmspeicher nicht änderbar ist. Die Ausnahme hiervon bildet die EPROM Version 8751.

Es läßt sich aber das interne ROM abschalten, indem man den EA-Pin des 8051 an Masse legt. Nun hat man physikalisch kein Minimalsystem 8051 mehr, da jetzt der Programmspeicher fehlt, sondern nur noch einen Baustein, der mit der ROMlosen Version 8031 identisch ist.

Das Minimalsystem, das den Prozessor 8031 beinhaltet, besteht in der Regel aus drei Bausteinen:

    1. dem Prozessor 8031
    2. dem Adreßzwischenspeicher
    3. dem ROM

Der Adreßzwischenspeicher wird gebraucht, da der Prozessor das Low-Byte der Adresse im Multiplexbetrieb mit dem Datenbus über denselben Port emittiert (Bilder 1-4.; 1-17.). Um Daten aus dem ROM zu holen, muß während des Lesevorgangs die ganze Adresse am ROM anliegen. Damit nun die Daten nicht in Kollision mit dem Adressen-Low-Byte geraten, wird letzteres zuerst über Port 0 ausgegeben, muß aber mit Hilfe des ALE-Signals in einem externen 8-Bit-Register aufgefangen werden. Nach Ausgabe des ALE-Signals geht Port 0 in den TRI-State, um die Daten aus dem ROM einzulesen. Aufgabe des Adreßzwischenspeichers ist es also, das ROM im adressierten Zustand zu lassen, wenn Port 0 in den TRI-State übergeht.

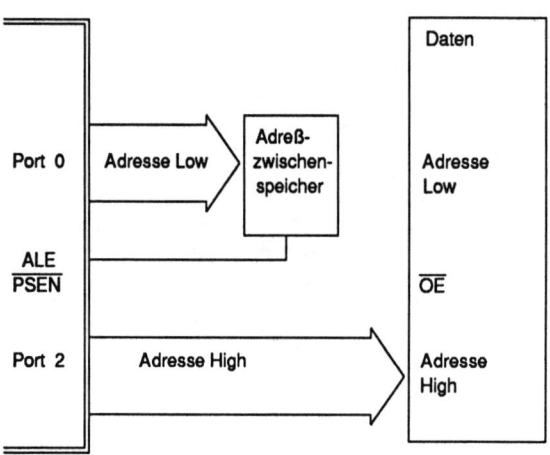

Bild 3-1. Abschnitt Eins der Befehlseinlesung

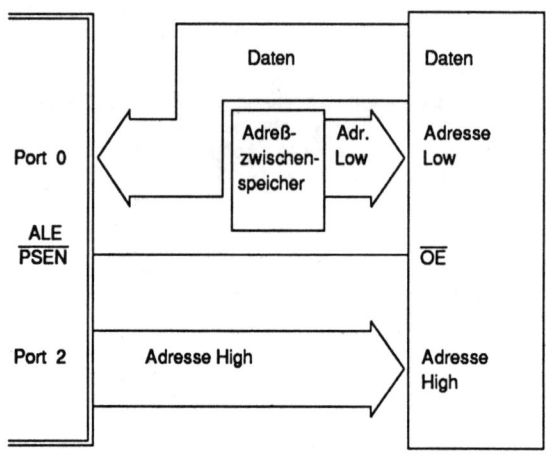

Bild 3-2. Abschnitt Zwei der Befehlseinlesung

Somit läßt sich der Zugriff auf das ROM in zwei Abschnitte unterteilen:

Abschnitt 1: Port 0 emittiert das Adressen-Low-Byte gefolgt vom Address Latch Enable ALE Signal, das die Übernahme in den Adreßzwischenspeicher bewirkt.

Abschnitt 2: Der Adreßzwischenspeicher adressiert das ROM. Der Prozessor gibt das Program Store Enable PSEN Signal an das ROM. Dadurch gelangen die adressierten Daten auf den Bus und werden wenig später vom Prozessor eingelesen.

In den Bildern 3-1. und 3-2. sind die in den jeweiligen Abschnitten aktiven Leitungen eingezeichnet. Das Adressen-High-Byte liegt permanent am ROM an und braucht daher nicht zwischengespeichert zu werden.

Als Adreßzwischenspeicher kommen folgende Bausteine in Frage:

– 8282, Vorteile: Alle acht Dateneingänge befinden sich auf der linken Seite, alle Ausgänge auf der rechten Seite des Chips. Dadurch wird die Erstellung eines kompakten Layouts wesentlich erleichtert. Nachteil: ein recht hoher Preis.

– 74HC373, Vorteile: dieser TTL-Baustein ist in allen Technologieversionen, d.h. HC, HCT, etc., zu erhalten. Daraus resultiert ein niedriger Preis. Nachteil: beim Einsatz ist eine umständliche Verdrahtung erforderlich.

– 4508, Vorteile: CMOS-Baustein mit zwei getrennten 4-Bit-Speicher und Tri-State. Er ist auch für andere Speicheraufgaben verwendbar. Preis und Stromverbrauch sind niedrig. Nachteile: 24-poliges Gehäuse und umständliche Verdrahtung. Große Durchlaufverzögerung.

Als Programmspeicher empfiehlt sich der Einsatz eines EPROMs. Zum Testen von kleinen Programmen oder in sich geschlossenen Subroutinen kann auch ein statisches RAM verwendet werden, in das zuvor mit geeigneten Hilfsmitteln die gewünschten Werte geschrieben worden sind. Zunehmenden Einsatz finden programmierbare und elektrisch löschbare ROMs, die sogenannten EEPROMs. Nicht flüchtige RAMs (Non Volatile Random Access Memory = NVRAM), die später beschrieben werden, werden gewiß an Bedeutung gewinnen und sind nahezu ideal für den Einsatz als Programm- und Datenspeicher.

Das im folgenden beschriebene Minimalsystem verwendet als Adreßzwischenspeicher den 74HC373, als Programmspeicher das EPROM 2764 und besitzt somit eine Speichergröße von 8 KByte. Natürlich können auch EPROMs anderer Speicherkapazität Verwendung finden. Die Entscheidung fiel deswegen zugunsten des 2764 aus, weil er am häufigsten eingesetzt wird und am preiswertesten ist.

Der Schaltplan dazu findet sich in Bild 3-3.

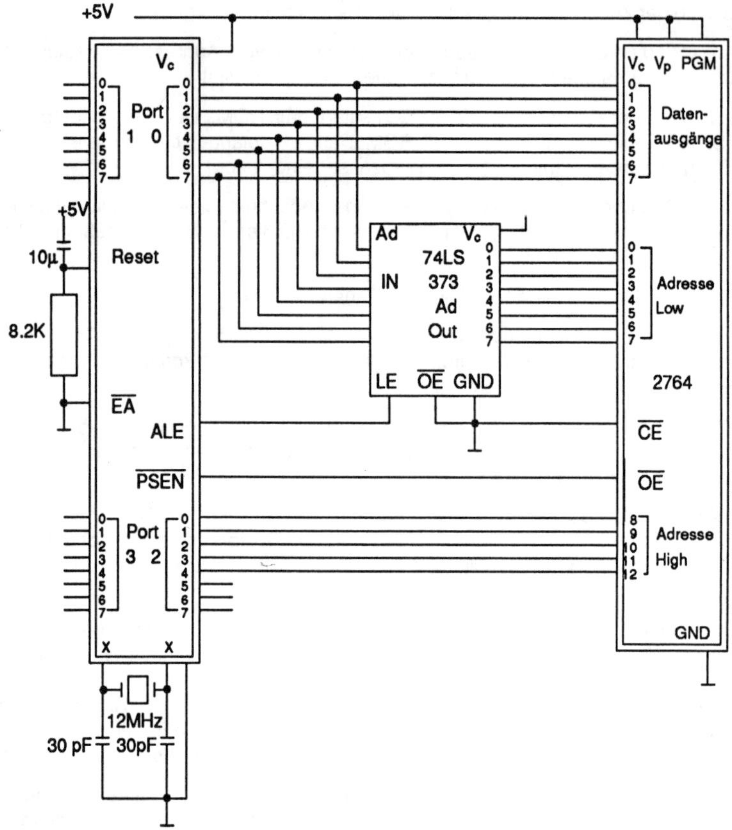

Bild 3-3. Schaltplan des Minimalsystems

In Schaltbildern treten immer wieder parallele Verbindungen von acht Pins untereinander auf. Um nun nicht die Schaltungen durch das Zeichnen jeder einzelnen Verbindung unübersichtlich zu machen, werden häufig 8-Bit-Parallelleitungen durch folgende Abkürzungen gekennzeichnet:

Dadurch, daß die Hardware des Minimalsystems bei jeder Anforderung immer dieselbe bleibt, empfiehlt sich für die Entwicklung und Erprobung einer Schaltung der Aufbau der drei Bausteine auf einer gedruckten Platine.

Die Platinenlayouts sind im Maßstab 1:1 im Anhang F zu finden.

Platine A:

Platine A ist eine einseitig bedruckte Platine mit dem vierzigpoligen Prozessorplatz, dem Adreßzwischenspeicher und dem EPROM- oder EEPROM-Sockel. Zusätzlich befindet sich ein Zwischenspeicher für den Inhalt von Port 2, der bei gewissen Befehlen statt des Adressen-High-Bytes erscheint und der dann mittels $\overline{RD}$ oder $\overline{WR}$-Signals darin aufgefangen werden kann. In diesem Falle ist der Takteingang mit dem $\overline{RD}$ Pin verbunden. Der Zwischenspeicher kann ohne Beeinträchtigung der Computerfunktion unbestückt bleiben. Es empfiehlt sich, die ICs zu sockeln. Unter dem Prozessorsockel werden 16 Drahtbrücken für den Anschluß der Schnittstelle benötigt. Außerhalb kommt die Platine mit fünf Drahtbrücken aus. Die Schaltung kann mit einer stabilisierten Spannung von +5 V betrieben werden. Dazu gebe man die Spannung auf den Pin der Steckerleiste, der mit 5 V bezeichnet ist. Es besteht auch die Möglichkeit, die Spannungsstabilisierung auf der Platine aufzubauen. Diese Option ist im Layout berücksichtigt. Macht man davon Gebrauch, ist die Eingangsspannung, die zwischen 7 V und 25 V liegen kann, dem Pin der Steckerleiste zuzuführen, der mit +V Ein bezeichnet ist. Die Stabilisierung erfolgt nach Schaltung in Bild 3-4. Der im Prozessor vorgesehene Oszillator wird benutzt und wird mit einem Quarz von 3 MHz bis 12 MHz und einem Kondensator von 20 pF bis 100 pF als externe Komponente betrieben (Bild 1-39.). Des weiteren befindet sich auf der Platine eine Bestückungsmöglichkeit für den Eingangsreset.

Layout und Bestückungsplan der Platine A:

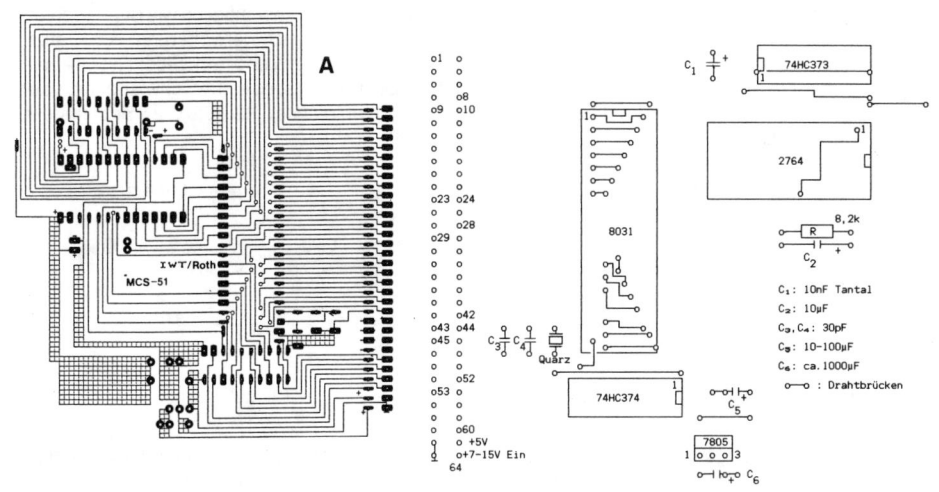

Alle Leitungen, die sich auf der Platine befinden, sind zur Seite geführt und können dort beispielsweise über eine 64polige Messerleiste weiter benutzt werden. Es sind dort also verfügbar (von oben nach unten):

Pin Nr. (oben außen Nr. 1; unten innen Nr. 64)

1–8	Das im LS373 zwischengespeicherte Adressen-Low-Byte. Acht Pins.
9–23	Der Datenbus. Acht äußere Pins untereinander (ungerade Pinnummern).
10–24	Port 1. Acht innere Pins untereinander (gerade Pinnummern).
25	ALE-Signal. Ein Pin außen.
26	Reset. Ein Pin innen.
27	PSEN-Signal. Ein Pin außen.
28–42	Port 3. Acht innere Pins untereinander (gerade Pinnummern).
29–43	Adressen-High-Byte oder Port 2. Acht äußere Pins untereinander (ungerade Pinnummern).
44	Masse. Ein Pin innen.
45–52	Acht freie Pins nebeneinander.
53–60	Zwischengespeicherter Wert des Port 2. Acht Pins nebeneinander.
61	Ein Pin außen frei.
62	+5 V. Ein Pin innen.
63	Masse. Letzter Pin außen.
64	+V Ein. Letzter Pin innen.

Tabelle 3-1. Pinbelegung der internen Schnittstelle (Platine A)

Über diese Schnittstelle kann der Computer mit jedem geeigneten Interface-Baustein in Verbindung treten. Eine Multiprozessorkommunikation ist genauso gut möglich wie der Anschluß einer Tastatur oder das Multiplexen einer Anzeige. Eine Speichererweiterung - ob Daten- oder Programmspeicher - kann ebenfalls über diese Schnittstelle erfolgen. Sicher ist es keine genormte Schnittstelle. Aber in Verbindung mit der Busplatine ist es keine Schwierigkeit, über eine entsprechend verdrahtete Steckkarte eine Centronics oder RS 232/V 24 Schnittstelle herzustellen.

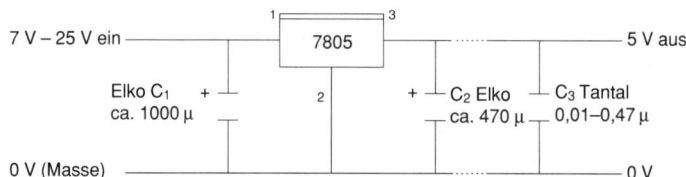

Bild 3-4. 5 V Spannungsstabilisierung

Eine Spannungsregelung auf 5 V nach Bild 3-4. kann außerhalb der Platine erfolgen und ist besonders dann ratsam, wenn beabsichtigt wird, zusätzliche Bausteine in die Schaltung zu integrieren. Bei Betrieb des Minimalsystems wird der 5 V-Spannungsregler mit maximal 200 mA belastet. Es genügt also einen 7805 zu wählen, der maximal 500 mA liefert. Trotzdem wird er bei gewöhnlichem Betrieb der Spannungsregler ohne Kühlkörper recht warm. Diese Erwärmung hängt von der Eingangsspannungsdifferenz ab und ist unbedenklich. Wird mehr Strom benötigt, um beispielsweise einige 7-Segmentanzeigen zu treiben, so wähle man den Spannungsregler 78S05, der 2 A Strom liefern kann, und montiere ihn auf ein Kühlblech.

Platine B:

Platine B ist funktionell identisch mit Platine A. Der signifikanteste Unterschied ist der äußere Aufbau. Bis auf den Programmspeicher werden Surface Mounted Devices SMD verwendet. Dadurch kann viermal soviel Platz gespart werden. Allerdings kann wegen der geringen Maße der Bauteile nicht auf eine doppelseitige Führung der Leiterbahnen verzichtet werden. Nicht nur die Halbleiter finden als SMD-Teile Einsatz, sondern auch die wenigen externen Teile. Das sind Elkos, Kondensatoren und Widerstände. Der 10 µ Elko und der 8,2 K Widerstand für den Einschaltreset werden als SMD-Teil auf der Rückseite laut Bestückungsplan verlötet. Hat man sie nicht in SMD-Ausführung zur Hand, können gewöhnliche Teile mit entsprechend kurz geschnittenen Anschlußdrähten verwendet werden. Das Layout ist so konzipiert, daß für die äußeren Oszillatorteile beide Bestückungsarten möglich sind. Das gleiche gilt für C_1 und C_2. Das EPROM ist auf dieser Platine nicht in SMD-Ausführung geplant, da es erstens auswechselbar sein muß und zweitens die meisten Programmiergeräte SMD-EPROMs nicht brennen.

Auf eine Spannungsregelung ist hier verzichtet. Das Einlöten von Drahtbrücken ist nicht nötig. Auch auf dieser Platine sind alle im System aktiven Leitungen an den Rand geführt. Bedingt durch das völlig andere Layout, ist die Anschlußbelegung der 64poligen Schnittstelle eine andere (Tabelle 3-2.). Die Kombination von Platine A und Platine B auf derselben Busplatine ist daher nicht möglich.

Layout und Bestückungsplan der Platine B:

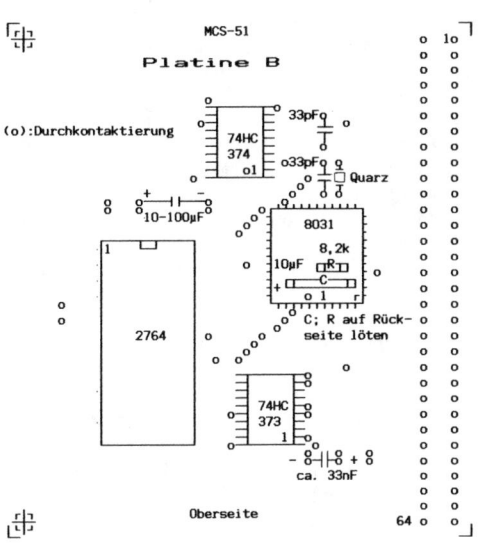

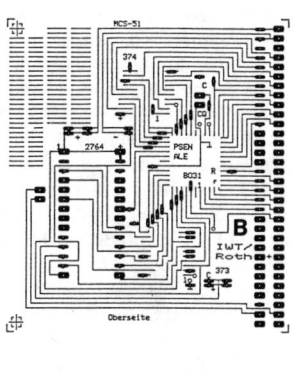

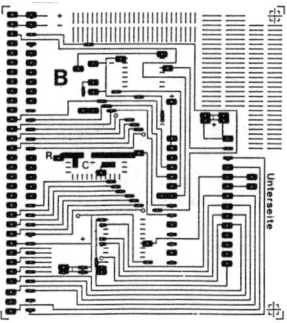

Pin Nr. (oben außen Nr. 1; unten innen Nr 64)

1, 2	+5 V Spannungsversorgung.
3, 4	0 Volt, Masse der Spannungsversorgung.
5	Programm-Store-Enable PSEN-Signal.
6	Adreß-Latch-Enable ALE-Signal.
7–13	Ausgang des Port 2-Zwischenspeichers. Bit 0 ist Pin 7; Bit 7 ist Pin 14.
15–22	Port 3 mit Pin 15 = MSB und Pin 22 = LSB.
23–30	Adresse High-Byte bzw. Port 2. Pin 23 = MSB und Pin 30 = LSB.
31	Frei.
32	Reset.
33–40	Port 1 mit Pin 33 = MSB und Pin 40 = LSB.
41–48	Datenbus. Pin 41 = LSB und Pin 48 = MSB.
49, 50	+5 V.
51–56	Sechs freie Anschlüsse.
57–64	Adressen Low-Byte. Ausgang des Adreßzwischenspeichers.

Tabelle 3-2. Pinbelegung der internen Schnittstelle (Platine B)

Hinweis zum Arbeiten mit SMD-Bauteilen.

Beim ersten Blick fällt ihre Winzigkeit auf; falls nicht, hat man das Teil noch nicht gefunden (Transistoren, Kondensatoren, Dioden oder Widerstände). Beim Arbeiten mit ihnen leisten eine Pinzette und ein Streifen doppelseitiges Klebeband gute Dienste. Durch Ablegen der Teile auf dem Klebeband kennt man annähernd ihren Ort und schützt sie gegen versehentliches Verrutschen. Für MOS-ICs (Prozessor, EPROM, Standard CMOS und statische RAMs; HC- und HCT-Reihe etc.) ist von diesem Verfahren wegen der Gefahr statischer Ladungen abzusehen. Meist besitzen sie eine sichtbare Größe. Bei der industriellen Bestückung werden die Bauteile mit etwas Klebemasse auf der Oberfläche der Platine befestigt und dann komplett in ein Lötbad gegeben. Ist man jedoch ratlos angesichts der Wuchtigkeit des Lötkolbens, ist guter Rat teuer. Selbst die kleinste Spitze erscheint im Vergleich riesig. Beliebig fein löten läßt sich, indem man einen kleinen Umbau am Lötkolben macht: Man umwickle die Spitze des kalten Lötkolbens (eventuell nach Entfernen der Lötspitze) mit einem blanken Kupferdraht, dessen Querschnitt der Breite eines SMD-Fußes entspricht, und lasse den Draht einen Zentimeter nach vorne ragen. Wenn die Spitze nicht heiß genug wird, kann man die Umwicklung mit Aluminiumfolie gegen zu großen Wärmeverlust schützen. Nun ist es nicht weiter schwierig, die Hand ruhig zu halten und mit feinem Lötzinn zu arbeiten. Es empfiehlt sich trotzdem, jede Lötstelle mit einem Widerstandsmeßgerät auf Kontakt und Überbrückungen zu Nachbarleitungen zu vermessen. Die ICs werden zunächst an zwei gegenüberliegenden Stellen provisorisch verlötet und dann nochmals auf richtige Lage überprüft. Erst nach dieser Kontrolle werden die restlichen Füße befestigt. Eine Überhitzung des Bausteins beim Löten sollte vermieden werden. Da eine Fassung fehlt, ist es nicht so einfach, einen defekten Chip oder einen falsch angelöteten von der Platine zu lösen. Die Ablösung erreicht man, indem man die Stelle der Platine mit dem defekten Baustein für wenige Sekunden über das Ende einer nichtleuchtenden Spiritusflamme hält. Beim Aufstoßen der Platine auf einer festen Unterlage fällt der Baustein ab. Die Chips vertragen eine Temperaturbelastung von 260° C für die Zeit von 10 Sekunden.

Platine C:

Der Aufbau der Platine C bildet kein vollständiges Minimalsystem, da der Platz für einen Programmspeicher fehlt. Der Einsatz dieser Platine ist ein Steckplatz auf der Busplatine, über die der Kontakt zu einem Programm- und Datenspeicher von gewünschter Größe herzustellen ist. Auf der Platine finden sich neben Prozessor der Adreßzwischenspeicher und ein Port 2-Zwischenspeicher. Die Möglichkeit einer 5-Volt-Spannungsstabilisierung ist ebenfalls gegeben. Die Verwendung dieser Platine ist ebenfalls ratsam, wenn man eine andere Programmspeichergröße als die auf Platine A mit 8KByte verwenden will. Man muß dann lediglich das Adressen-Low-Byte, das Adressen-High-Byte, den Datenbus und das PSEN-Signal mit dem Programmspeicher verbinden.

Die Belegung der Schnittstelle ist bis auf die Port 2-Zwischenspeicherausgänge identisch mit der Belegung von Platine A (Tabelle 3-1.). Die zwischengespeicherten Werte des Port 2 finden sich an den Pins Nr. 51 bis 58; nicht benutzt werden die Pins Nr. 45 bis 50 und 59, 60. Eine Kombination von Platine A mit Platine C ist also möglich.

Layout und Bestückungsplan der Platine C:

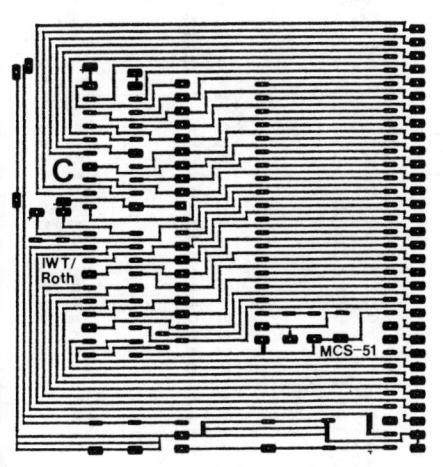

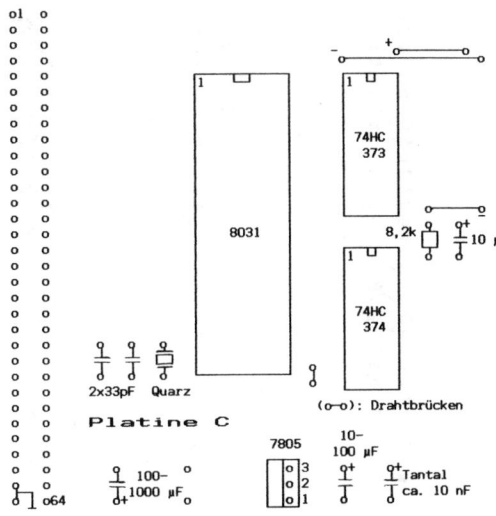

Zur Funktion aller drei Platinen ist die Busplatine nicht notwendig. Sie erleichtert nur die Beschaltung der Ports, ermöglicht die Multiprozessorkommunikation und erlaubt die Speicherweiterung.

Die Busplatine:

Die Busplatine fixiert 64 parallele Leitungen und stellt sechs Anschlußplätze für Steckkarten zur Verfügung. Es ist denkbar, daß auf der ersten Karte die Spannungsstabilisierung, auf der zweiten der Prozessor mit Adreßzwischen- und Programmspeicher, auf der dritten eine I/O-Erweiterung und eventuell eine Standardschnittstelle, auf der vierten ein A/D Wandler sowie Leistungsschalter und auf der fünften ein nichtflüchtiger Datenspeicher untergebracht werden. Der sechste Platz ist frei für Sonderzwecke.

Layout der Busplatine:

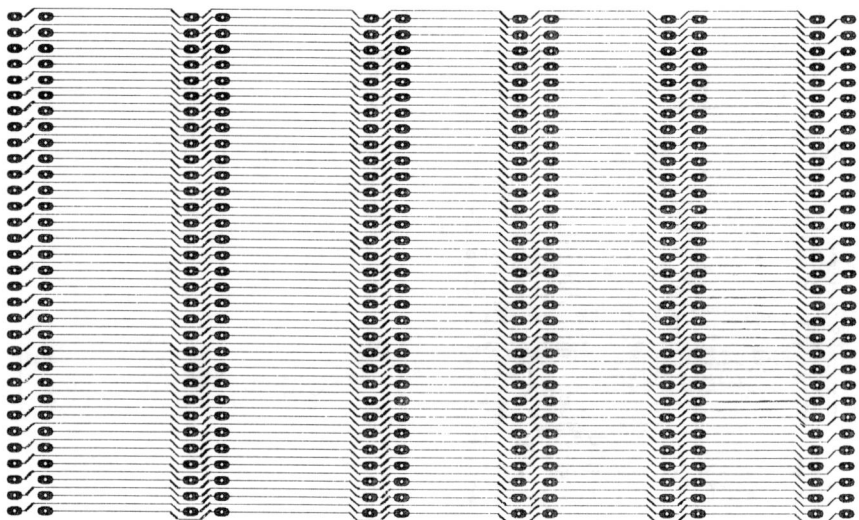

Hardwaretest:

Vor der Inbetriebnahme der bestückten Platine überprüfe man bei den Platinen A und C ohne eingesteckte ICs mit einem Leitfähigkeitsmesser die Verbindungsleitungen zu jedem Sockel, insbesondere die Masse- und Plusleitungen. Man achte auch auf Überbrückungen zu den Nachbarleitungen. Nun lege man die Betriebsspannung an und messe die Sockel nochmals durch. Erst jetzt werden bei ausgeschalteter Betriebsspannung die Chips eingesetzt. Nach erneutem Anlegen der Spannung müßte der Oszillator schwingen. Das läßt sich allerdings nur mit einem Oszillographen messen. Ein Analogmeßgerät zieht zuviel Strom und würde den Oszillator stoppen.

Legen Sie den Reseteingang an Plus. Es müssen jetzt ALE und $\overline{\text{PSEN}}$ sowie die Ports 1, 2 und 3 High-Pegel führen. Nach Wegnahme des Resetsignals müssen ALE und $\overline{\text{PSEN}}$ mit einem Sechstel der Oszillatorfrequenz schwingen. Der Zeiger eines Analogmeßgerätes müßte sich ungefähr in der Mitte zwischen 0 und 5 Volt befinden. Ist ein leeres EPROM eingesetzt, liest der Prozessor beständig den Code FF_h und interpretiert ihn als den Befehl MOV R7,A. Ein kleines Testprogramm finden Sie in Abschnitt 4.

Batteriebetriebene Systeme:

Die Verwendung von Batterien in einem Mikrocomputersystem ist unter zwei Gesichtspunkten sinnvoll:

1. Wenn kurzfristiger Stromausfall in einem System überbrückt werden soll, das die Spannungsversorgung aus dem 220 Volt Netz erhält.

2. Wenn ein Gerät transportabel sein soll.

Stromausfälle nach Punkt 1. sind weniger kritisch, da sie im allgemeinen nicht lange anhalten. Man sollte in jedem Fall eine optische oder akustische Warnung vorsehen.

Transportable Geräte werden bei Dauerbetrieb eine Batterie rasch erschöpft haben. Wenn kritische Daten nicht verloren gehen sollen, ist es von Vorteil, man kann ein solches batteriebetriebenes Gerät auch am Netz betreiben. In beiden Fällen ist es jedoch ratsam, den Prozessor wissen zu lassen, woher die Spannung kommt, damit er seine Aktivitäten entsprechend einschränken kann. Bild 3-5. zeigt eine Möglichkeit zur Erkennung eines Spannungsabfalls im Netz und die Übernahme der Stromversorgung durch die Batterie.

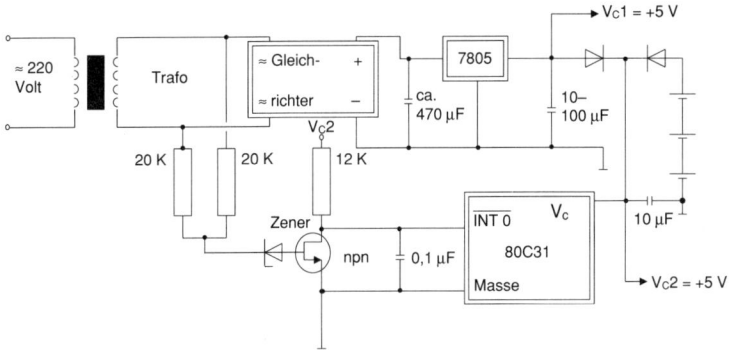

Bild 3-5.   Detektor für Spannungsabfall und Batterie-Backup

Stark stromziehende Geräte werden mit V_c1 versorgt. Bei Netzausfall werden diese stromlos und belasten die Batterie nicht. Das System kann bei reduzierter Funktion mit seiner Aufgabe fortfahren. Das kann weitere Überwachung von Kontrolleinrichtungen oder das Ansteuern einer LCD-Anzeige sein. Denkbar ist auch die Speicherung kritischer Daten mit anschließender Untäigkeit des Systems bis zu erneutem Spannungsanstieg.

In jedem Fall ist es wünschenswert, die Information über den Spannungsabfall so rechtzeitig wie möglich zu erhalten, damit das System einen ordnungsgemäßen Übergang zum batteriebetriebenen Zustand vornehmen kann. Die Überwachung der Wechselspannung gibt die früheste Warnung. Auf diese Weise läßt sich der Spannungsabfall in einer Halbwelle der Wechselspannung feststellen. In den meisten Fällen hat man dann mindestens eine weitere Halbwelle Zeit, bis die regulierte Gleichspannung abzufallen beginnt. Während dieser Zeit kann der Prozessor ca. 5000 Befehle abarbeiten, ausreichend für eine Vorbereitung auf Batteriebetrieb.

In Bild 3-5. wird eine Zenerdiode benutzt, um über den Transistor mit jeder Halbwelle am Prozessor einen Interrupt auszulösen. Der Interrupt muß flankengetriggert am INT0-Pin erlaubt sein. Es kann an dieser Stelle auch ein Spannungskomparator mit einer geeigeneten Referenzspannung zum Einsatz kommen. Der Wert der Zenerdiode richtet sich nach der Spannung der Sekundärwicklung des Trafos. Ist der Plus-Pegel einer Halbwelle hoch genug, bricht die Diode durch und der Transistor verbindet den INT0-Pin mit Masse, wobei ein Interupt ausgelöst wird. In der Interruptroutine wird darauf der Inhalt eines Zählers gelöscht. Eine jede Halbwelle verhindert somit den Überlauf des Zählers. Bleibt dieser Interruptimpuls aus, wird der Zähler überlaufen und einen Zählerinterrupt auslösen, woran der Prozessor erkennt, daß ein Spannungsausfall eingetreten ist. Eine Kommunikation mit peripheren Geräten, die mit V_c1 versorgt sind, kann abgeschlossen werden. Kritische Daten müssen in ein gepuffertes RAM geschrieben und die Systemverbindungen auf Low-Pegel gelegt werden.

2. Die EPROM-Version

Bei der EPROM-Version des Minimalsystems entfallen der Adreßzwischenspeicher und der externe Programmspeicher. Alles, was zu einem Computer gehört, befindet sich auf einem Chip.

Die EPROM-Versionen der MCS-51 Familie sind in Tabelle 3-3. aufgeführt:

Baustein Nr.:	EPROM Version	EPROM Größe	Technik	Programmier-spannung	Maximale Programmierzeit
8051	8751	4 K	NMOS	21,0 V	4 Minuten
8051	8751B	4 K	NMOS	12,75 V	13 Sekunden
80C51	87C51	4 K	CMOS	12,75 V	13 Sekunden
8052	8752	8 K	NMOS	12,75 V	26 Sekunden
83C252	87C252	8 K	CMOS	12,75 V	26 Sekunden

Tabelle 3-3. EPROM-Versionen des 8051 und des 8052

Der Baustein 8751 wird mit einer Spannung von 21 Volt programmiert unter Benutzung einer Pulsbreite von 50 Millisekunden pro Byte. Daraus resultiert eine Totalprogrammierzeit für die ganze Speichergröße von ungefähr 4 Minuten. Die Bausteine 8751B, 87C51, 8752 und 87C252 werden mit einer Spannung von 12,75 Volt programmiert unter Benutzung einer Serie von 25 Impulsen pro Byte, von denen jeder einzelne Impuls 100 µs (±10 µs) lang ist. Die High-Zeit zwischen den einzelnen Impulsen muß mindestens 10 µs betragen. Daraus resultiert eine angenäherte Gesamtprogrammierzeit von 13 Sekunden für den 87C51 und 26 Sekunden für den 8752. Der Einsatz eines Programmiergerätes – eine typische Aufgabe für die Mitglieder der MCS-51 Familie – ist sehr empfehlenswert.

Die Programmierung des 8751:

Tabelle 3-4. zeigt den Zustand der Bits, die für eine Programmierung und Verifizierung nötig sind.

Modus	RST	PSEN	ALE	$\overline{EA}$	P2,7	P2,6	P2,5	P2,4
Programmierung	1	0	0*	V_p	1	0	X	X
Inhibit	1	0	1	X	1	0	X	X
Verifizierung	1	0	1	1	0	0	X	X
Leseschutz	1	0	0*	V_p	1	1	X	X

1 = logisch High für diesen Pin (5 V)
0 = logisch Low für diesen Pin (0 V)
X = beliebiger logischer Pegel
V_p = Programmierspannung (+21 ± 0,5 V)
* ALE wird für 50 ms auf Low-Pegel gezogen.

Tabelle 3-4. EPROM-Programmiermodi

Für die Programmierung muß der Baustein mit einem 4- bis 6-MHz-Oszillator getaktet werden, da die Adreß- und Programmierdaten über den internen Bus in entsprechende Register geschrieben werden. Die Adresse eines zu programmierenden EPROM-Speicherplatzes wird an Port 1 und den Pins 0 bis 3 von Port 2 angelegt, während das zu programmierende Byte an Port 0 anliegt. Die anderen Pins von Port 2 sowie RST, PSEN und EA sollten auf den Pegeln liegen, wie sie in Tabelle 3-4. aufgeführt sind. ALE wird nun für 50 ms an Masse gezogen, um den Wert in die zu programmierende Speicherstelle zu schreiben. In der Regel liegt der EA-Pin an +5 V bis er kurz (mind. 10 µs) vor der negativen Flanke an ALE auf +21 V ansteigt, um anschließend (mind. 10 µs) wieder auf +5 V abzufallen. Beachten Sie, daß die Spannung auf keinen Fall den Wert von 21,5 Volt überschreiten darf. Selbst ein noch so schmaler Nadelimpuls wird den Baustein zerstören. Die Programmierspannung sollte also sorgfältig reguliert und frei von Störungen sein. Mit den Spannungsreglern LM 317 (1,2 V - 37 V) oder dem L 200 (2,85 V - 36 V) ist sie exakt einstellbar.

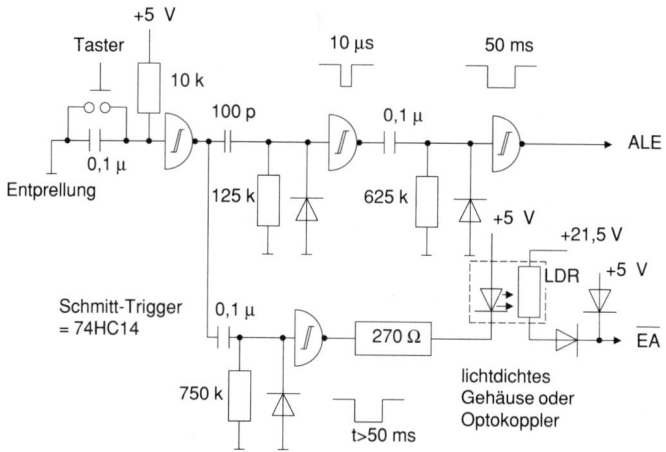

Bild 3-6. Impulserzeugung für die EPROM-Programmierung

Die Impulsfolge läßt sich von Hand nach Schaltung in Bild 3-6. auslösen. Der erste Schmitt-Trigger dient der Tastenentprellung. Wird der Taster gedrückt, so geht der Ausgang des Schmitt-Triggers an Plus. Diese positive Flanke bewirkt an den beiden monostabilen Schaltungen einen negativen Impuls unterschiedlicher Dauer. Die Zeit von 10 µs dient der Verzögerung, damit der zweite Monovibrator mit einer Zeit von mehr als 50 ms über einen Optokoppler die Programmierspannung an den EA-Pin führen kann. Nach 10 µs wird der dritte Monovibrator aktiviert, der für 50 ms ± 5 ms den ALE-Pin an Masse zieht. Die Zeitkonstanten sollten so gewählt sein, daß der EA-Pin vor und nach dem ALE-Impuls die Programmierspannung führt.

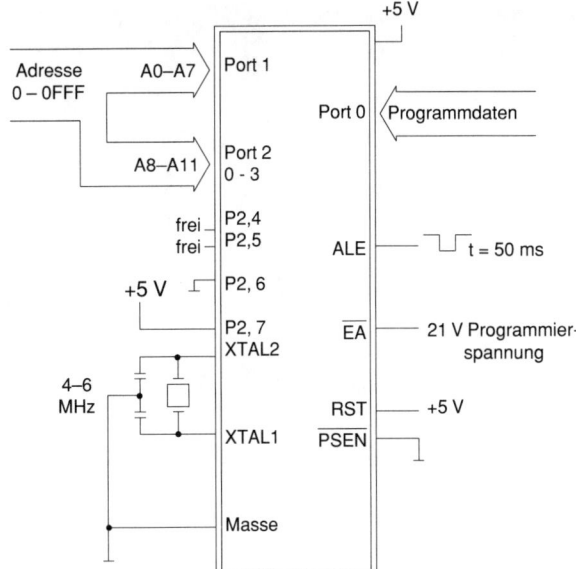

Bild 3-7. Anschlüsse bei der EPROM-Programmierung

Die Verifizierung des 8751:

Falls das Sicherheitsbit nicht programmiert wurde, kann das EPROM für Kontrollzwecke ausgelesen werden, entweder während oder nach der Programmierungsoperation. Dazu muß
die Adresse der Speicherstelle, die gelesen werden soll, an Port 1 und den Pins P2,0 - P2,3
angelegt werden. Die anderen Pins sollten am Verifizierungspegel (Tabelle 3-4.) liegen. Der
Inhalt der adressierten Speicherstelle erscheint an Port 0. Um Port 0 zu lesen, sind externe
Pull-Up-Widerstände nötig, da Einsen nicht ausgegeben werden. Die Pinbeschaltung für eine
Verifizierung ist die gleiche wie bei der Programmierung mit Ausnahme des Pins P2,7, der
an Masse gelegt werden muß (Bild 3-7.).

Die Vertreter der EPROM-Versionen mit 12,75 Volt Programmierspannung können mit demselben Schema oder der schnellen Impulsfolge programmiert und verifiziert werden.

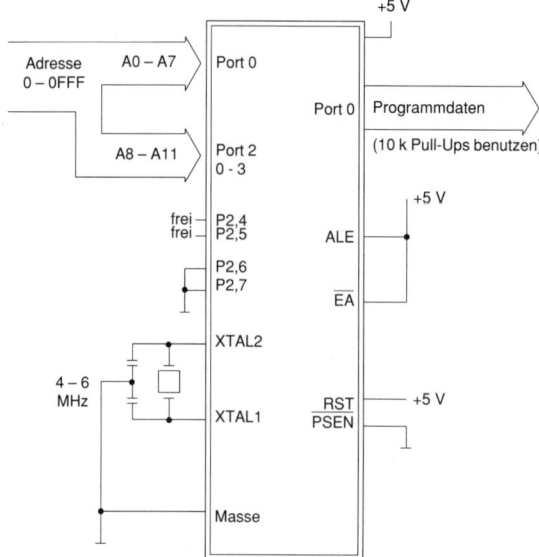

Bild 3-8. Anschlüsse bei der EPROM-Verifizierung

Ausleseschutz des EPROMs:

In gewissen Fällen ist es wünschenswert, den EPROM-Inhalt vor Softwarepiraterie zu schützen. Man denke da an Einbruchmeldeanlagen oder Verschlüsselungsalgorithmen bei Datenübertragungen von einer Bank zur anderen. Es ist unmöglich, einen absoluten Softwareschutz gegen allen Einfallsreichtum zu garantieren. Der 8751 bietet einen Verschlußmechanismus an, der äußerst wirkungsvoll ist, da er in der Hardware erfolgt.

Der 8751 beinhaltet ein Sicherheits- oder Verschlußbit, das einmal programmiert jeden elektrischen Zugriff auf den Programmspeicher untersagt. Nach der Programmierung des Verschlußbits bewirkt es drei Dinge:

1. Der interne Programmspeicher kann nicht mehr ausgelesen werden.

2. Der Programmspeicher kann nicht mehr weiter programmiert werden.

3. Der Baustein kann die Befehle eines externen Programmspeichers nicht mehr abarbeiten.

Ein Löschen des EPROMs löscht auch das Verschlußbit und gibt dem Baustein seine ursprünglichen Eigenschaften - insbesondere die Möglichkeit der Neuprogrammierung - wieder.

Die Programmierung des Sicherheitsbits erfolgt in ähnlicher Weise wie die übliche Programmierung mit der Ausnahme, daß der Pin P2,6 an Plus gehalten wird (Bild 3-9.). Port 0, Port 1 und die Pins P2,0 - P2,3 können in beliebigem Zustand sein. Die anderen Pins sollten den in Tabelle 3-4. beschriebenen Zustand einnehmen.

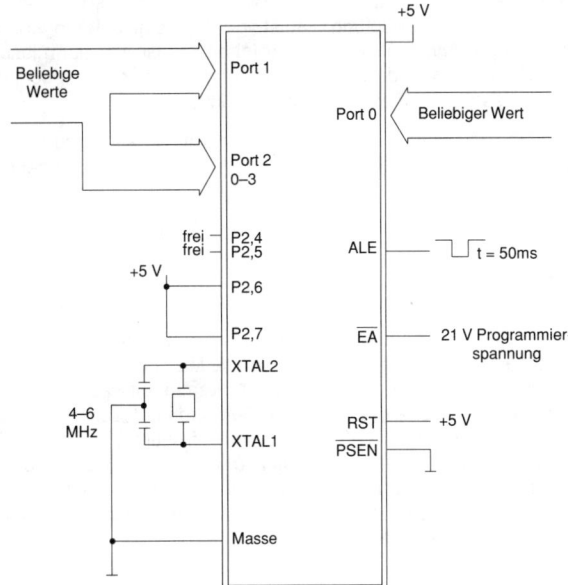

Bild 3-9. Die Programmierung des Sicherheitsbits

Löschen des EPROMs:

Der Löschvorgang des EPROMs beginnt, sobald der Chip einem Licht der Wellenlänge von 4000 Angström = $4 \cdot 10^{-7}$ m oder kürzer ausgesetzt wird. Da Tages- und Neonlicht Wellenlängen in diesem Bereich aufweisen können, kann ein Einwirken dieser Lichtquellen über längere Zeit (über eine Woche in Tageslicht oder drei Jahre bei Neonlicht) ein unbeabsichtigtes Löschen bewirken. Das Fenster sollte aber weniger wegen der Gefahr des unbeabsichtigten Löschens abgeklebt werden, sondern mehr wegen der Gefahr einer Fehlfunktion der CPU, da energiereiche Strahlen Elektronen auf höhere Niveaus heben können, wo sie dann Leitfähigkeit hervorrufen, wo keine gewünscht wird. Ein Fehlverhalten des Prozessors wäre die Folge.

Der empfohlene Löschvorgang besteht im Beleuchten des Chips mit ultraviolettem Licht der Wellenlänge $2,54 \cdot 10^{-7}$ m und einer Energiedosis von mindestens 15 Joule pro cm². Eine Höhensonne liefert ausreichend energiereiche Strahlen, so daß das EPROM bei einem Abstand von 10 cm nach 1 - 2 Minuten gelöscht ist. Die Infrarotstrahlen können den Chip überhitzen und zur Zerstörung führen. Man muß die Infrarotstrahler zuvor ausschalten oder die Strahlung mit Metallfolie abschirmen.

Im gelöschten Zustand befinden sich nur Einsen im EPROM.

Die EPROMs 8751B, 87C51, 8752 und 87C252 enthalten zwei Programmspeicherverschlußbits. Darüber hinaus gibt es parallel zum EPROM-Bereich einen 32-Byte großer Bereich, der - ebenfalls programmierbar - als verschlüsselter Code für eine EPROM-

Auslesung dienen kann. Dabei wird der Inhalt des EPROMs mit den Bytes des Schlüsselcodes einer logischen Exklusiv-NOR-Verknüpfung in aufsteigender Folge unterzogen, vorausgesetzt, daß ein Verschlußbit programmiert wurde. Der Inhalt ist also nur dann lesbar, wenn der 32-Byte-Code bekannt ist. Sind beide Verschlußbits programmiert, entspricht das Verhalten dieser EPROMs dem des 8751 mit programmiertem Schutzbit.

Leichte Unterschiede können sich von Baustein zu Baustein und von Hersteller zu Hersteller ergeben, so daß genauere Informationen den Datenblättern der Hersteller zu entnehmen sind.

3. Nichtflüchtige Speicher

Die Problematik bei dem Betrieb eines Mikrocomputers besteht in der Zuführung der Befehlsdaten aus dem Programmspeicher. Die am häufigsten angewandte Methode bei der Entwicklung oder Produktion von Kleinserien besteht darin, daß das Programm auf Papier zunächst logisch entwickelt wurde, dann nach logischen Tests assembliert und in Maschinensprache codiert wurde. Dieser Code wurde zumeist als Testversion mit Prüfroutinen in ein EPROM gebrannt. Bei größeren Programmen ist jedoch immer damit zu rechnen, daß logische oder Assemblierungsfehler auftreten. Das Verfahren, das danach zur Fehlerbeseitigung und zur Programmoptimierung eingeleitet wird, heißt Debugging. In jedem Fall muß ein EPROM mehrmals gelöscht und wieder beschrieben werden.

Das EPROM:

Prinzipiell läßt sich ein EPROM von Hand brennen, wenn man die Adresse über Mini-Dip-Schalter oder über Dip-Codier-Drehschalter an das EPROM führt. Mit den Daten, die gebrannt werden sollen, verfährt man ebenso. Das Verfahren ist nur bei kleinen Programmen oder Subroutinentests sinnvoll, da der Zeitaufwand, ein ganzes EPROM auf diese Art zu brennen (ein EPROM 2764 hat Platz für 8192 Bytes), zu groß ist. Darüber hinaus gibt es Probleme bei der Verifizierung. Preiswerte Programmiergeräte für die verschiedensten EPROM-Typen können ohne Schwierigkeit an die Schnittstelle eines Home- oder Personalcomputers angeschlossen werden. Nahezu alle Geräte besitzen einen Monitor, der es gestattet, die Maschinencodes in hexadezimaler Form einzugeben. Mit diesen Geräten bedeutet die Programmierung des EPROMs keine Schwierigkeit. Gelöscht werden die Informationen mit einem speziellen UV-Löschgerät oder nach der in Kapitel 3.2 geschilderten Methode.

Die Programmierung:

Dip-Codier-Drehschalter sind sechzehnstufige Schalter mit hexadezimaler Aufschrift (0 bis F). Sie geben den eingestellten Wert in binärer Form aus (vier Bits). Somit benötigt man zur Darstellung eines Bytes zwei Codierschalter, einen für das Low-Nibble, den anderen für das High-Nibble. Da sie mit dieser Möglichkeit ausgestattet sind, wird exemplarisch die Programmierung des 2764 EPROMs gezeigt.

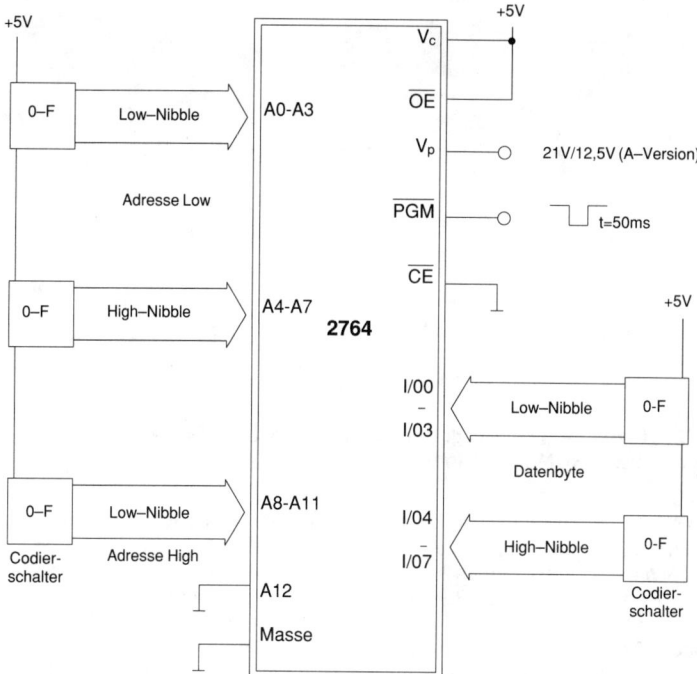

Bild 3-10. Programmierung des 2764

Es darf nicht vergessen werden, daß pro Adreß- bzw. Datenleitung je ein Pull-Up-Widerstand nötig ist, da die Schalter nur die positive Spannung weiterleiten. Für die nicht A-Version kann am V_p-Pin beständig die 21–Volt–Programmierspannung anliegen und über einen Monovibrator das PGM-Signal für die Zeit von 50 ms an Masse gezogen werden, oder aber man verwendet die Schaltung nach Bild 3-6.

Mit dem Pin A12 an Masse läßt sich nur die eine Hälfte des EPROMs programmieren, mit A12 an Plus die andere Hälfte. Das kann zum Vorteil genutzt werden. Trennt man auf der Prozessorplatine die Verbindungsleitung zu Adresse 12 und legt A12 an Plus, so beginnt der Prozessor nach einem Reset nicht an der Stelle 0000h, sondern an der Stelle 1000h im EPROM. Man kann zwei Programme in das EPROM schreiben oder zwei verschiedene Versionen, die man testen mag, und hat mit A12 an Masse Zugriff auf das eine und mit A12 an Plus Zugriff auf das andere. Die Umschaltung sollte allerdings erfolgen, wenn der Prozessor im Reset ist. Die auf diese Art zur Verfügung stehende Speichergröße ist 4 KByte oder 4096 Bytes.

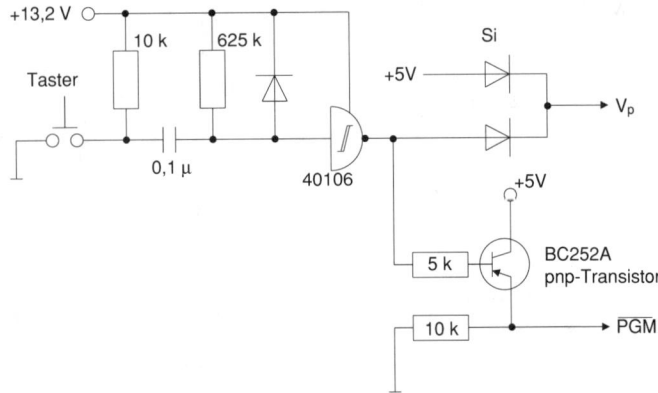

Bild 3-11. Erzeugung der Programmierspannung und $\overline{\text{PGM}}$-Impuls für die EPROM-A-Versionen

Für die A-Typen kann zur Impulserzeugung die Schaltung nach Bild 3-11. verwendet werden. Im ruhenden Zustand liegt an V_p die Spannung von 5 Volt an. Da der Eingang des invertierenden Schmitt-Triggers an Plus liegt, ist der Ausgang negativ. Dieses Potential schaltet den pnp-Transistor durch, der den $\overline{\text{PGM}}$-Pin mit High-Pegel versorgt. Wird der Taster gedrückt, geht der Ausgang des Schmitt-Triggers für die Zeit von 50 ms an +13,2 Volt. Über die Silizium-Diode wird nun eine Spannung von 12,5 Volt an den V_p-Pin geführt. (Man beachte, daß durch die Antidiffusionsspannung je nach Art der Diode ein Spannungsabfall von 0,3(Ge) - 0,7(Si) Volt entstehen kann). Diese Spannung bewirkt aber auch ein Sperren des Transistors, so daß über den Pull-Down-Widerstand Masse am $\overline{\text{PGM}}$-Pin anliegt.

Der Nachteil der EPROM-Programmierung liegt in der Unmöglichkeit, einzelne Bytes umzuschreiben, da beim Programmieren immer nur eine Eins zu einer Null wird. Einzelne Bits, die noch den Wert Eins haben, lassen sich noch nachträglich auf Null setzen. Nur das Gesamtlöschen des EPROMs läßt die Einsen wieder erscheinen. Das ist ein Nachteil, wenn man nur einen Befehl, eine Sprungadresse oder eine Konstante ändern will. Das können jedoch die EEPROMs oder E^{2}PROMs, wie sie von einigen Herstellern bezeichnet werden.

Das EEPROM:

Geläufige Vertreter aus der Familie der EEPROMs sind die Bausteine 2816A und 2864A. Das angehängte A bedeutet, daß diese Ausführungen keine hohen Programmierspannungen benötigen, sondern mit einer Spannung von +5 Volt auskommen. Der 2864A ist nicht einfach eine viermal größere Version des 2816A, sondern eine auf Grund des Programmieralgorithmus anders zu handhabende. Da der 2816A einfacher zu bedienen ist, beschränkt sich dieser Abschnitt nur auf seine Besprechung.

Das EEPROM 2816A hat den Vorteil, daß wahlweise einzelne Bits löschbar sind oder der Inhalt als Ganzes. Die verschiedenen Modi, in denen es betrieben werden kann, zeigt Tabelle 3-5.

Modus	CE (18)	OE (20)	WE (21)	Ein-/Ausgänge (9-11; 13-17)
Lesen	0	0	1	Ausgabedaten
Standby	1	X	X	Tri-State
Byte Löschen	0	1	0	1
Byte Schreiben	0	1	0	Eingabedaten
Chip Löschen	0	9V-15V	0	1
No Operation	0	1	1	Tri-State
Lösch-/Schreib-verhinderung	1	1	0	Tri-State

1 = +5 Volt
0 = Masse
X = +5 Volt oder Masse
() = Pinnummer

Tabelle 3-5. Betriebsarten des EEPROMs 2816A

Will man das EEPROM als Programmspeicher verwenden, verbinde man Chip Enable (CE) mit Masse, Output Enable (OE) mit PSEN des Prozessors und Write Enable (WE) mit Plus.

Um eine Speicherzelle des EEPROMs umzuprogrammieren, muß man sie zuerst mit dem Wert FF beschreiben, d.h. löschen, und danach erst mit den gewünschten Daten programmieren. Ist das EEPROM als Ganzes bereits gelöscht, ist nur noch ein Schritt nötig. Beim Beschreiben des EEPROMs muß der WE-Pin mindestens 9 ms und darf höchstens 15 ms an Masse liegen. Während der ganzen Zeit müssen das Datenbyte und die Adresse anliegen. Diesen Vorgang beherrschen die meisten komfortableren EPROM-Programmiergeräte ebenfalls. Die Software zum Programmieralgorithmus ist jedoch ähnlich der EPROM-Programmierung, wobei die Hersteller davon ausgehen, daß eine zu programmierende Speicherstelle den Wert FF aufweist. Um den Brennvorgang zu beschleunigen, wird getestet, ob der zu brennende Wert FF ist. Weist er den Inhalt FF auf, wird diese Adresse übersprungen. D.h. in ein EEPROM können solche Geräte den Wert FF nicht schreiben. Man muß selbst extern den Chip komplett löschen. Die Schaltung für die benötigten Signale zeigt Bild 3-12. Ein Tastendruck genügt, und der gesamte Inhalt ist gelöscht.

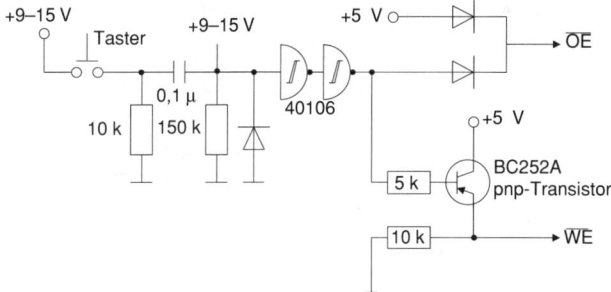

Bild 3-12. Signalerzeugung für die Gesamtlöschung des EEPROMs 2816A

Trotz der Benutzerfreundlichkeit kann man das EEPROM nicht ohne weiteres als Ersatz für ein statisches RAM verwenden, da man zum Überschreiben einer Information die sehr lange Zeit von ca. 20 ms benötigt. Während dieser Zeit müssen Adressen und Datenbyte beständig am EEPROM anliegen. Inklusive der Steuerleitungen benötigt man also 22 Verbindungen. Diese hohe Anzahl ist nur mit Hilfe von Portexpanderbausteinen zu erreichen. Der Aufwand lohnt sich jedoch in solchen Fällen, bei denen wichtige Daten über einen Stromausfall hinweg zu retten sind. Allerdings darf der Speichervorgang nicht erst dann erfolgen, wenn ein Spannungsabfall registriert wird.

Das RAM:

Mit einer Batterie oder einem Akku versehen, läßt sich ein statisches RAM nicht flüchtig machen. Man muß in der Schaltung nur gewährleisten, daß der Speicher nicht spannungslos wird (Bild 3-13.).

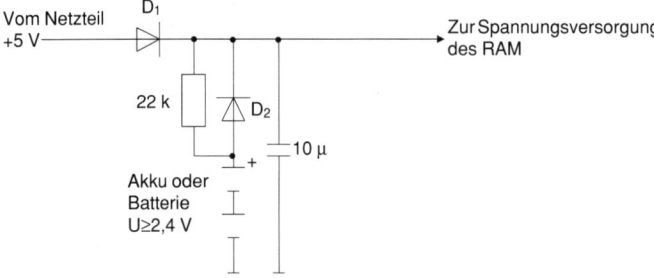

Bild 3-13. RAM-Spannungsversorgung

Schaltet das Netzteil ab, übernimmt der Akku die Spannungsversorgung des RAMs. Diode 1 verhindert, daß durch Stromfluß in die restliche Schaltung der Akku zu schnell entladen wird. Diode 2 verhindert bei Spannungsversorgung durch das Netzteil einen Stromfluß durch den Akku und damit seine Zerstörung. Der Widerstand R bewirkt einen sehr schwachen und ungefährlichen Strom durch den Akku, durch den er aufgeladen wird bzw. seinen Ladungszustand behält. Der nachgeschaltete Kondensator sollte von besonderer Güte (Tantal) sein, damit sein Leckstrom den Akku nicht zu sehr belastet. Fast alle statischen RAMs behalten ihre Information bis zu einer Spannung von mindestens 2 V. Es schadet der Schaltung nicht, wenn ein Akku mit etwas höherer Spannung zum Einsatz kommt. Ein NC-Memo-Puffer der Spannung 2,4 V und einer Kapazität von 110 mAh ist völlig ausreichend für einen RAM-Baustein wie beispielsweise der 2114.

Mit einer derart gepufferten Schaltung läßt sich ein RAM-Modul aufbauen, in das jederzeit änderbare Programmdaten geschrieben werden können. Mit dem hier vorgestellten Modul können Daten an beliebige Adressen des RAMs geschrieben und ausgelesen werden. Es kommen zwei RAM-Bausteine 2114A zum Einsatz mit einer inneren Organisation von je 1024 X 4 Bit. Die Adressen werden parallel an jeden Baustein geführt. Die Daten werden mit dem Low-Nibble in den einen Baustein, mit dem High-Nibble in den anderen abgelegt. Bei der in Bild 3-14. gezeigten Verwendung, ist es nicht unbedingt erforderlich, das RAM mit einer eigenen Stromversorgung zu puffern. Die beiden RAMs könnte man auch akkugepuffert auf eine herausnehmbare Platine setzen und nach Einschreiben des Programms auf die Prozessorplatine setzen. Am einfachsten erfolgt die Verbindung durch einen in die EPROM-Fassung eingesteckten Flachbandkabelstecker, dessen Kabel zum RAM-Modul führen.

Acht LEDs zeigen den Wert des zu programmierenden Datenbytes oder den Inhalt des adressierten RAM-Platzes an. Mit einer Umschalteinrichtung entweder mechanisch oder elektronisch (74HC4053) kann der Prozessor auf das RAM zugreifen. Die Daten und Adressen werden auch hier am einfachsten mit einem Dip-Codier-Drehschalter eingegeben (Bild 3-15.). Die eingegebenen Daten werden über einen Puffer verstärkt und mit einer LED sichtbar gemacht. R_1 dient als Pull-Down-Widerstand und erzeugt den Low-Pegel bei nicht gesetztem Bit. R_2 verhindert einen Kurzschluß. Der Eingang $\overline{WE}$ am 2114A, mit einem Pull-Up-Widerstand versehen, führt über einen Schalter an Masse. Ist er geschlossen, werden die Daten in die adressierte Speicherstelle geschrieben, wenn mit einem Taster der $\overline{CS}$-Eingang an Masse gezogen wird. Das RAM gibt die Daten aus, wenn $\overline{WE}$ an Plus und $\overline{CS}$ an Masse liegt. Mit $\overline{CS}$ und $\overline{WE}$ an Plus, sind die Ausgänge im Tri-State und das RAM im Standby.

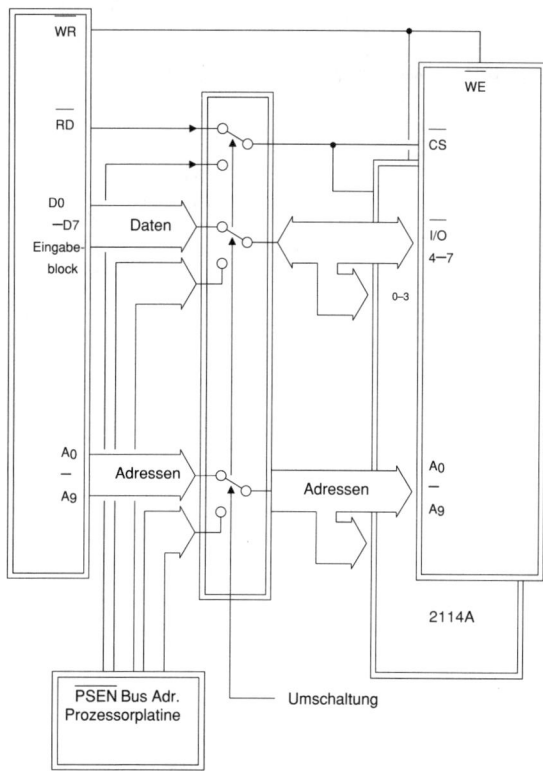

Bild 3-14. Blockschaltbild des RAM-Moduls

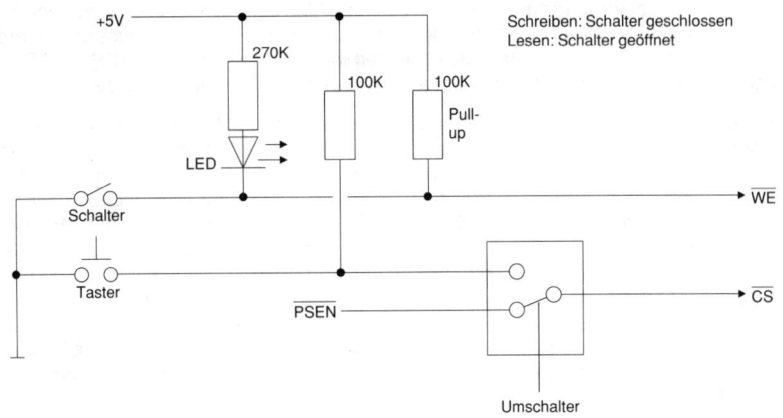

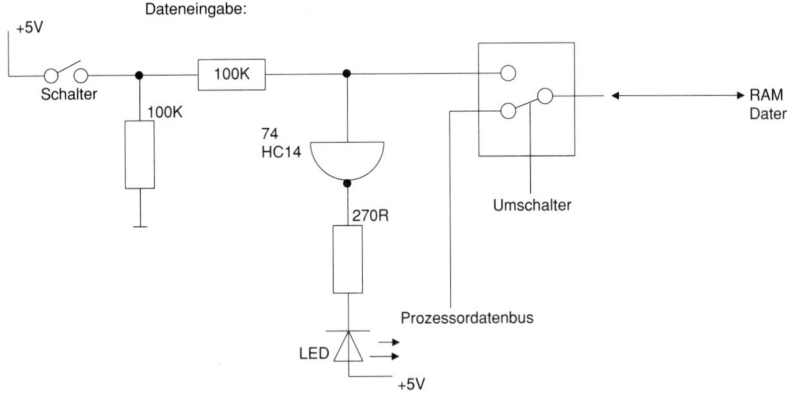

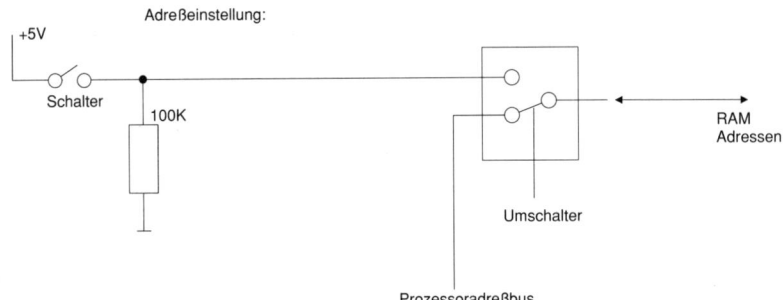

Bild 3-15. Adreß- und Dateneingabe in das RAM-Modul

Das NVRAM:

Ein nichtflüchtiges RAM ist das Non Volatile Random Access Memory (NVRAM). Es benötigt weder eine externe Spannungsversorgung, noch besitzt es einen eingebauten Akku zur dauernden Aufbewahrung der Daten. NVRAMs bestehen aus einem statischen RAM, und besitzen parallel dazu ein EEPROM gleicher Größe. Ein Steuerblock kopiert automatisch alle RAM-Daten bei Spannungsabfall in das EEPROM und holt sie bei Anlegen der Spannung aus dem EEPROM in das RAM. Dadurch besitzt ein NVRAM die kurze Zugriffszeit eines RAMs und die permanente Speicherfähigkeit eines ROMs. Außerdem lassen sich die Daten wie in jedem RAM beliebig oft und genauso schnell ändern.

Das NVRAM 2004 hat eine Speichergröße von 512 Bytes. Es wurde für Anwendungen in Systemen entwickelt, in denen wichtige Daten während eines Stromausfalls erhalten bleiben müssen. Wegen der geringen Speicherkapazität von 1/2 KByte wird ein NVRAM kaum als Programmspeicher Verwendung finden. Seine Hauptanwendung ist es, als externer Datenspeicher empfindliche Daten zu retten wie beispielsweise die Koordinaten für die Stellung eines Roboterarms bei Stromausfall.

NVRAMs arbeiten mit nur einer Spannungsversorgung von 5 Volt. Die Anschlußbelegung ist identisch mit der des EPROMS 2764. Es wird in einem 28poligen Gehäuse hergestellt. Die überflüssigen Adreßleitungen sind im NVRAM nicht belegt.

Die verschiedenen Arbeitsmodi zeigt Tabelle 3-6.:

Modus	Pin	$\overline{CE}$ (20)	$\overline{OE}$ (22)	$\overline{WE}$ (27)	$\overline{NE}$ (1)	I_0/O_0-I_7/O_7
Standby	1	X	X	X	Tri-State
Lesen	0	0	1	1	Ausgabedaten
Schreiben	0	X	0	1	Eingabedaten
Einschaltaufruf	X	X	X	X	Tri-State
Standardrückruf	0	0	1	0	Tri-State
Speichern	0	1	0	0	Tri-State

1 = +5 Volt
0 = Masse
X = +5 Volt oder Masse
() = Pinnummer

Tabelle 3-6. Betriebsarten des NVRAMs 2004

Das NVRAM benutzt die Standardverbindungen zum MCS-51 System. Zusätzlich besitzt es ein Non Volatile Enable Kontrollpin (NE), der benutzt wird, um RAM- und EEPROM-Inhalt auszutauschen. Ein Einschaltaufruf erfolgt automatisch beim Ansteigen der Spannung über 4,5 Volt. Ein Standardrückruf wird ausgelöst, indem Output Enable und Non Volatile Enable an Masse gelegt werden (Tabelle 3-6.). Das bewirkt, daß die Daten aus dem internen EEPROM des NVRAMs in das statische RAM kopiert werden, wo sie dann für einen Zugriff bereitstehen. Alte Daten werden dabei überschrieben. Der Standardrückruf kann zu beliebiger Zeit und so oft, wie gewünscht, durch die CPU erfolgen. Er dauert 10 µs; für diese Zeit sind die I/O-Pins im Tri-State.

Ein Speichern der RAM-Daten in das EEPROM des NVRAMs wird ausgelöst, indem Write Enable und Non Volatile Enable an Masse gelegt werden (Tabelle 3-6.). Das bewirkt, daß die

Daten aus dem internen RAM in das EEPROM transferiert werden. Da dieser Vorgang 10 ms dauert, muß Sorge getragen werden, daß die Spannung für diese Zeit aufrechterhalten bleibt (Bild 3-16.). Eine Diode verhindert den Rückfluß des Stromes in die restliche Schaltung und damit eine zu rasche Entladung des Elkos. Sie darf eine nicht allzu große Antidiffusionsspannung aufweisen, da sonst nicht der Spannungspegel für einen Einschaltaufruf erreicht wird. Der große Wert des Elkos ist nötig, da während des Speichervorgangs durch das NVRAM ein Strom von 100 mA fließt.

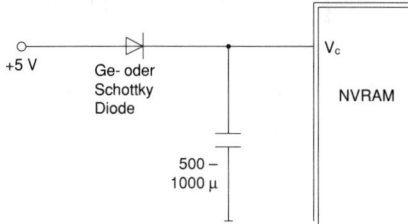

Bild 3-16. NVRAM-Beschaltung

Ein Beispiel für den Einsatz eines NVRAMs in einem MCS-51 System zeigt Bild 3-17.

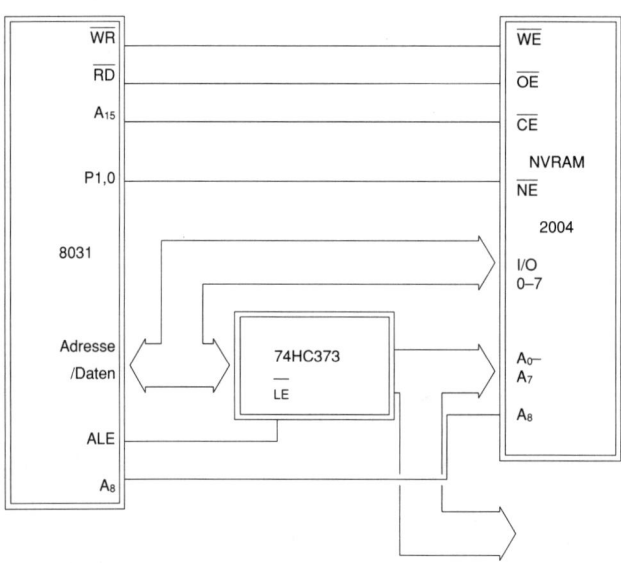

Bild 3-17. NVRAM 2004 in einem MCS-51 System

Mikrocontroller Kochbuch

4. Ausgabeporterweiterung

In Anwendungen, bei denen kein Gebrauch von externen Datenspeicher gemacht wird, kann man die WR- und RD-Signale verwenden, um bestimmte Registerinhalte des Prozessors in externen 8-Bit-Speichern aufzufangen, deren Ausgänge als Ausgabeports dienen. Als Register kommen diejenigen in Frage, deren Inhalte bei Zugriff auf ein externes RAM an Port 0 und Port 2 erscheinen.

Da ist als erstes das Spezialfunktionsregister P2 selbst, das bei einem Programmspeicherzugriff seinen Inhalt nicht ausgeben kann, da Port 2 das High-Byte des Programmzählers emittiert. Aus seinem Schattendasein kann es im Verlauf von nur zwei Befehlen entfliehen; das sind die Befehle, die in ein externes RAM schreiben oder aus ihm Daten lesen, genauer: der MOVX A,@Ri- und MOVX @Ri,A-Befehl. Bei der Ausführung dieser Befehle ist es das einzige Mal, daß in einem System mit dem 8031 als Prozessor der Inhalt des Spezialfunktionsregisters P2 am Port 2 erscheint. Synchron dazu gibt der Prozessor einen negativen Impuls am WR- bzw. RD-Pin aus. Der Baustein 74HC374 oder seine Verwandte nutzt die positive Flanke am Ende des Impulses, um die an Port 2 anstehenden Daten aufzufangen (Bild 3-18.).

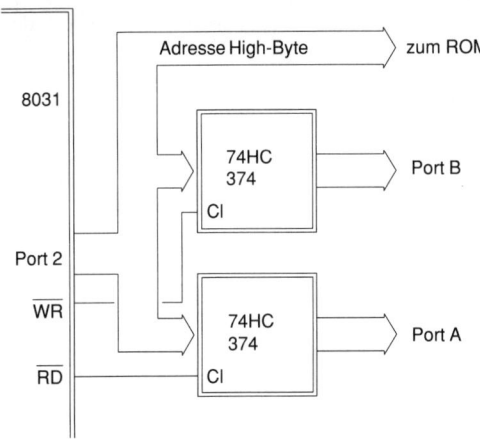

Bild 3-18. Ausgabeporterweiterung auf 16 Bit

Ausgabeport A wird mit dem RD-Signal getaktet. Deswegen muß, um ihn zu beschreiben, der Befehl MOVX A,@Ri angewendet werden, der in diesem Falle nicht die Aufgabe hat, Daten von außen in den Akkumulator zu lesen, sondern als Blindbefehl lediglich das RD-Signal zur Verfügung stellt. Der Inhalt des Registers Ri kann beliebig sein; der Wert, der danach im Akkumulator steht, ist unbestimmt.

Ausgabeport B benötigt ein WR-Signal. Der Befehl, der es zur Verfügung stellt, lautet MOVX @Ri,A. Akkumulator und Register Ri können dabei beliebige Werte haben.

Folgender Programmausschnitt schreibt den Wert 3C in Port A und den Wert 41 an Port B:

```
75 A0 3C      MOV   P2,#3C
E2            MOVX  A,@R0
75 A0 41      MOV   P2,#41
F2            MOVX  @R0,A
```

Um Werte in die Ports A und B zu schreiben, kann auch das High-Byte des Datenpointregisters dienen. Verwendet man die Befehle MOVX @DPTR,A und MOVX A,@DPTR, erscheint an Port 2 der Inhalt des Spezialfunktionsregister DPH:

```
75 83 3C      MOV   DPH,#3C
E0            MOVX  A,@DPTR
75 83 41      MOV   DPH,#41
F0            MOVX  @DPTR,A
```

Diese Befehlsfolge erfüllt den gleichen Zweck mit dem Unterschied, daß nicht das P2-Register, sondern das High-Byte des Datenpointers an Port 2 erscheint.

Bei einem Schreibbefehl wird mit der Aktivierung des $\overline{\text{WR}}$-Signals an Port 0 ein Datenbyte bereitgestellt. Warum sollte man es nicht mit der gleichen Methode auffangen können ? Und schließlich wird noch ein nicht vorhandenes RAM adressiert, also könnte auch die Adresse als Ausgabebyte dienen:

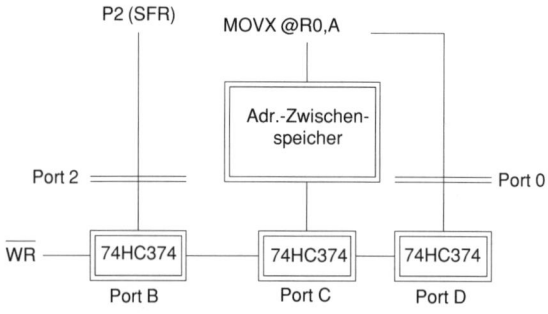

oder

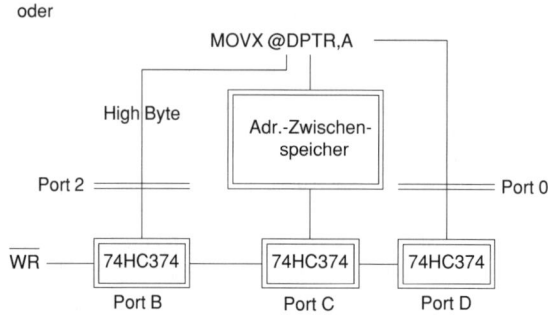

Bild 3-19. Ausgabeports B, C und D

Jetzt ist der Befehl MOVX @R0,A bzw. MOVX @DPTR,A kein Scheinbefehl mehr, der lediglich das WR-Signal auslöst, sondern ein Befehl, der seine Registerinhalte an Ausgabeports weitergibt. Um mit dem Befehl MOVX @R0,A die Ports B, C und D richtig zu beschreiben, müssen in das Spezialfunktionsregister P2 die Daten für Port B, in Register 0 die Daten für Port C und in den Akkumulator die Daten für Port D geschrieben werden. Ein einziger Befehl befördert dann deren Inhalte gleichzeitig an die Ausgabeports:

75 A0 0B	MOV	P2,#0B
78 0C	MOV	R0,#0C
74 0D	MOV	A,#0D
F2	MOVX	@R0,A

Um mit dem Befehl MOVX @DPTR,A die Ports B, C und D richtig zubeschreiben, müssen in das Spezialfunktionsregister DPH die Daten für Port B, in das Spezialfunktionsregister DPL die Daten für Port C und in den Akkumulator die Daten für Port D geschrieben werden. Ein einziger Befehl befördert dann deren Inhalte gleichzeitig an die Ausgabeports:

75 83 0B	MOV	DPH,#0B
78 82 0C	MOV	DPL,#0C
74 0D	MOV	A,#0D
F0	MOVX	@DPTR,A

Nach Ausführung dieser Befehlsfolge steht in Port B der Wert 0B, in Port C der Wert 0C und in Port D der Wert 0D.

Was für den Schreibbefehl gut ist, ist auch für den Lesebefehl gut. Hier besteht nur der Unterschied, daß der Lesebefehl kein Datenbyte in Port 0 zur Verfügung stellt. Port 0 ist bei diesem Vorgang im Tri-State. Trotzdem wird vom Prozessor ein Adressen-Low-Byte ausgegeben, das im Adreßzwischenspeicher greifbar ist.

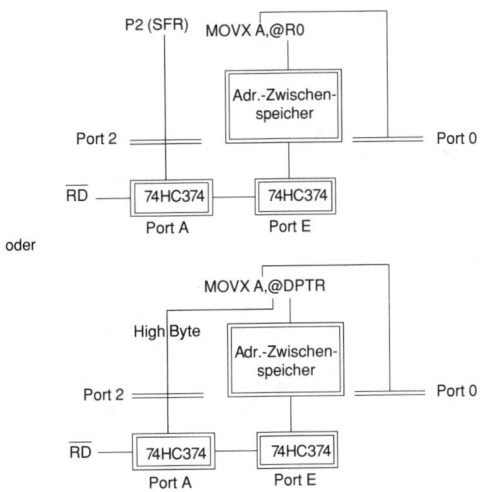

Bild 3-20. Ausgabeports A und E

Mit dieser Methode sind maximal fünf zusätzliche Ausgabeports möglich (Bild 3-21.), sodaß die Zahl der Ausgabepins um 40 steigt.

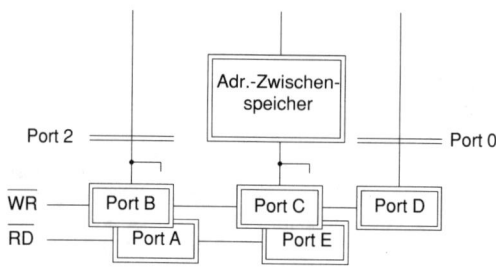

Bild 3-21. Ausgabeports A bis E

Das folgende Programm beschreibt die Ports A bis E mit den Werten AA bis EE:

```
75 83 AA    MOV    DPH,#AA
75 A0 BB    MOV    P2,#BB
78 CC       MOV    R0,#CC
74 DD       MOV    A,#DD
75 82 EE    MOV    DPL, #EE
F2          MOV    @R0, A
E0          MOV    A, @DPTR
```

5. Ein/Ausgabe Interfaces

In einem System mit dem 8031 bzw. 8032 als zentralen Prozessor stehen ohne Erweiterung als Ein/Ausgabeports nur die Ports 1 und 3 zur Verfügung. Häufig möchte man auf einige Zweitfunktionen von Port 3 nicht verzichten, so daß sich die Zahl der 16 I/O-Leitungen reduzieren kann.

Dateneingabe:

Jeder Pin von Port 1 und 3 ist unabhängig von den Nachbarpins als Eingang verwendbar. Er muß zu diesem Zweck lediglich mit einer Eins beschrieben sein (Kapitel 1-7). In diesem Zustand kann man an ihm jeden Spannungspegel zwischen 0 und 5 Volt anlegen; die Hersteller garantieren auch noch eine sichere Funktionsweise bei Pegeln zwischen -0,5 und +7 Volt. Eine Spannung unter 0,8 Volt wird als eine Null, eine Spannung oberhalb von 2 Volt als eine Eins betrachtet. Pegel, die dazwischenliegen, schaden dem Baustein zwar nicht, können aber nicht vorhersagbare logische Pegel ergeben und sind daher zu vermeiden.

Liegt eine Null am Eingang an, wird die Signalquelle mit einem Strom von 0,25 mA belastet, liegt eine Eins am Eingang an, wird die Signalquelle nicht belastet. Wenn also ein Eingangspin nicht beschaltet ist, liest der Prozessor immer eine Eins. Ein Eingangspin kann gelesen

werden, indem sein Inhalt in den Akkumulator oder ein anderes Register zur Weiterverarbeitung mit einem MOV-Befehl geschrieben wird, oder indem ein bedingter Sprungbefehl den logischen Pegel des Pins für eine eventuelle Programmverzweigung benutzt.
Somit ist die einfachste Form der Dateneingabe ein Taster gegen Masse (Bild 3-22.). Es bedarf hier nicht eines Pull-Up-Widerstandes, da der Pin intern mit einem Pull-Up-Widerstand versehen ist. Ein Taster gegen Plus hätte keine Wirkung und wäre damit unsinnig.

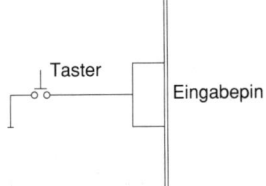

Bild 3-22. Dateneingabe mittels Taster

Wollte man jedoch versuchen, damit einen integrierten Ereigniszähler zu takten, würde man feststellen, daß beim Drücken und Loslassen des Tasters mehrere Zählvorgänge erfolgen. Der Grund für dieses Fehlverhalten sind die bei der Betätigung jedes mechanischen Kontaktes auftretenden Prellschläge. Wird die Stellung des Tasters nur von Zeit zu Zeit, z.B. mit einer Frequenz von 50 Hz in einer Interruptroutine, abgefragt, braucht man sich um Prellschläge nicht zu sorgen. Beim Takten eines integrierten Ereigniszählers jedoch ist eine Tastenentprellung notwendig. Sie kann extern mit Schaltung in Bild 3-23. vorgenommen werden. Der Kondensator kompensiert die Prellschläge. Nach Loslassen des Tasters bleibt der Ausgang des Schmitt-Triggers für die Zeit von 0,8RC auf High-Pegel. Möchte man bei Schliessen des Tasters einen negativen Impuls, kann man die Polung des Widerstandes und Kondensators vertauschen oder einen zweiten Schmitt-Trigger dahinterschalten.

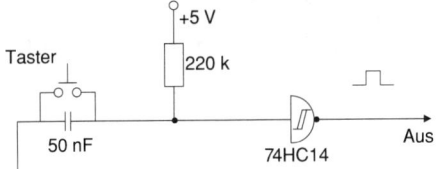

Bild 3-23. Externe Tastenentprellung

Eleganter und weniger aufwendig ist eine Entprellung durch die Software. Prellschläge dauern selten länger als 500 µs, so daß ein DJNZ-Befehl in der Lage ist, die Entprellzeit zur Verfügung zu stellen. Mit folgendem Programm läßt sich die Prellzeit eines Tasters ermitteln:

```
0000    74 PZ       MOV   A , #PZ
0002    75 90 99    MOV   P1, #99
0005    11 20       ACALL 0020
0007    75 90 66    MOV   P1, #66
000A    11 20       ACALL 0020
000C    75 90 0F    MOV   P1, #0F
000F    11 20       ACALL 0020
0011    75 90 F0    MOV   P1, #F0
```

```
0014    11 20       ACALL  0020
0016    01 02       AJMP   0002
        --------
0020    F8          MOV    R0, A
0021    20 B4 FD    JB     T0, 0021
0024    D8 FE       DJNZ   R0, 0024
0026    F8          MOV    R0, A
0027    11 B4 FD    JNB    T0, 0027
002A    D8 FE       DJNZ   R0, 002A
002C    22          RET
```

Indem man zu Beginn den Akkumulator mit verschiedenen Werten (PZ) lädt, kann man die Prellzeit ermitteln. Sie ist mindestens 8PZ µs lang (12 MHz).

Das Programm beschreibt Port 1 mit einem bestimmten Bitmuster, das beispielsweise über LEDs angezeigt werden kann. Ein Taster gegen Masse muß mit Pin T0 von Port 3 verbunden sein. Solange er nicht gedrückt ist, verweilt das Programm an Adresse 0021. Wird er gedrückt und ist der Wert PZ zu klein, wird die Subroutine zweimal durchlaufen. Das ist erkennbar am Überspringen eines Ausgabemusters an Port 1. Da jeder DJNZ-Befehl 2 µs dauert und beim Überspringen viermal durchlaufen wird, ist der Wert PZ mit Acht zu multiplizieren.

Somit sieht die Softwareentprellung für den betreffenden Taster aus wie folgt:

```
     MOV        R0,#8•PZ
  ┌→ DJNZ       R0,rel
  └_
```

Wesentlich einfacher hat man es beim Anschluß eines nicht mechanischen Teils an einen Eingang. Man muß nur gewährleisten, daß die Pegel in den definierten logischen Bereichen liegen. Langsam ansteigende und abfallende oder stark rauschende Signale sind mit einem Schmitt-Trigger zu konditionieren. Im Bild 3-24. ist die Konditionierung eines LDR-Signals gezeigt. LDR und Potentiometer bilden eine Spannungsteilerschaltung. Mit dem Potentiometer ist die Empfindlichkeit einstellbar; der 1k-Widerstand soll bei belichtetem LDR einen eventuellen Kurzschluß und damit dessen Zerstörung verhindern. Bei Belichtung des LDR liegt Low-Pegel am Prozessoreingang.

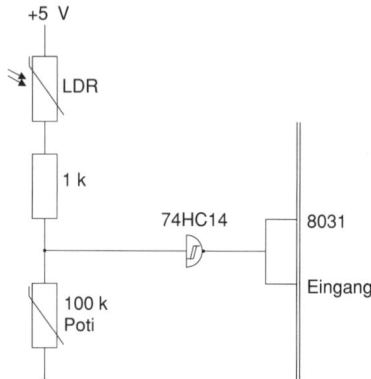

Bild 3-24. Konditionierung eines Analogsignals

Häufig überschreiten die Eingangspegel die zulässigen Grenzen, wenn die Signale in Operationsverstärkern verarbeitet werden oder vom Bordnetz einer KFZ-Elektronik stammen. Dann schützt eine Beschaltung nach Bild 3-25. den Eingang vor Überspannung. Der Schutzwiderstand sollte möglichst hoch gewählt werden. Er darf aber eine bestimmte Grenze nicht überschreiten, da sonst der durch ihn fließende Strom die Spannung nicht mehr auf unter 0,8 Volt ziehen kann. Der Kondensator stellt zusammen mit dem Widerstand ein Rauschfilter dar. Diese Beschaltung kann Eingangsspannungen von ± 300 Volt verarbeiten. Sie ist ferner geeignet, aus dem Netz eine Referenzfrequenz von 50 Hz zu entnehmen. Die Frequenz sollte in diesem Falle der Sekundärwicklung eines Trafos entstammen.

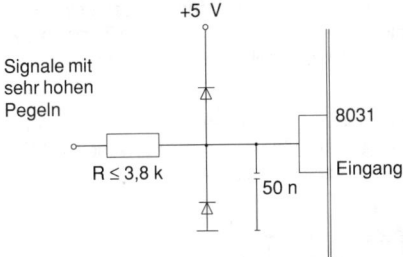

Bild 3-25. Eingangsschutzschaltung bei hohen Eingangsspannungen

Ausgabetechniken und Datenübertragung:

Die Eigenschaften der Ports als Ausgänge sind eine Funktion der internen Portstruktur. Führt ein Ausgang High-Pegel, ist er physikalisch nicht von einem Eingang zu unterscheiden. Die maximale Stromentnahme beträgt 0,5 mA. Bei unbeschaltetem Pin beträgt die Spannug +5 Volt; bei einer Strombelastung mit 0,08 mA garantieren die Hersteller eine Mindestspannung von 2,4 Volt. Anders sind die Stromstärken bei Low-Pegel. Bei einer Stromentnahme von 1,6 mA liegt die Spannung an den Pins höchstens bei 0,45 V. Im unbelastetem Zustand wird ein Pegel von 0 Volt erreicht. Die Maximalstromstärke kann den Wert von 30 mA erreichen. Man beachte, daß beim Umschalten von Low- auf High-Pegel kurzfristig für die Zeit von zwei Oszillatorperioden ebenfalls bei High-Pegel ein Stromfluß von 30 mA möglich ist.

Diese Portstruktur bringt gewisse Vorteile beim Anschluß von Interfacebauteilen.

Eine LED mit Vorwiderstand von ca. 300 Ω kann benutzt werden, um den logischen Zustand eines Ausgangs anzuzeigen (Bild 3-26.).

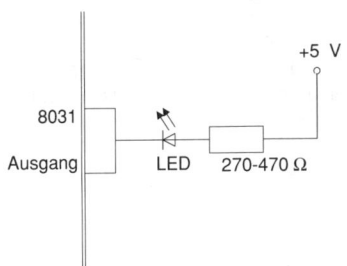

Bild 3-26. Anschluß einer LED an einen Portausgang

Damit sie leuchtet, muß der Pin an Masse liegen. Da in der Regel High-Pegel durch optische Signale angezeigt werden, spricht man in diesem Fall von einer negativen Logik. Wenn also derart beschaltete Pins den logischen Pegel anzeigen, handelt es sich um Masse und nicht um Plus.

Zum Entwickeln und Testen von Programmen ist es sehr empfehlenswert, alle zur Verfügung stehenden Ausgabepins eines Ports zunächst mit LEDs zu beschalten, und die später nicht benötigten durch Kontrollabfragen im Entwicklungsstadium Aussagen über den Zustand des Prozessors machen zu lassen. Oft will man wissen, ob das Programm überhaupt auf eine ganz bestimmte Subroutine zurückgreift. Wie leicht ist das festzustellen, wenn beispielsweise der erste Befehl dieser Routine lautet: "Setze Pin 6 von Port 1 an Masse". Selbst im endgültigen Programm ist es von Vorteil, viele Kontrollen über den augenblicklichen Zustand der CPU zu haben. LEDs sind eine einfache, billige und schnelle Methode, die Arbeitsweise des Mikrocomputers zu verfolgen.

LED-7-Segmentanzeigen mit gemeinsamer Anode sind auf die gleiche Weise mit den Ports zu verbinden. Für jedes Segment ist ein eigener Schutzwiderstand zu verwenden. Man beachte die negative Logik bei der Ansteuerung der einzelnen Segmente.

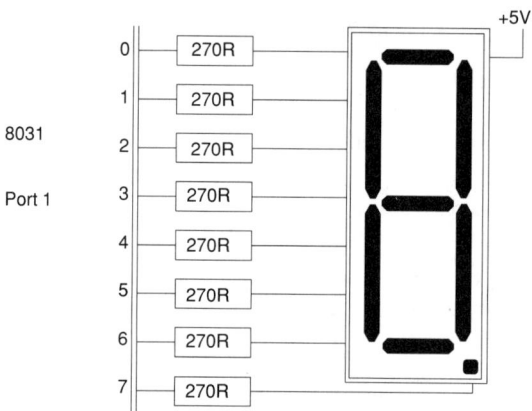

Bild 3-27.   Anschluß einer 7-Segmentanzeige mit gemeinsamer Anode

Noch einfacher, aber in der Software etwas anspruchsvoller, ist das Betreiben einer LCD-Anzeige (Liquid Crystal Display). Ein LCD besteht aus einem Polarisationsfilter und darunterliegend einer Flüssigkeit, eingebettet zwischen zwei Elektroden. Im allgemeinen fällt das Licht durch den Polarisationsfilter auf den hellen Hintergrund, wird reflektiert und gelangt in das Auge des Betrachters. Legt man eine Potentialdifferenz von ca. 5 Volt an die Elektroden, ordnen sich die anisotropen Moleküle der Flüssigkeit und bilden nun auf Grund ihrer Molekülgeometrie ebenfalls einen Polarisationsfilter, der um 90° zu dem äußeren, feststehendem Filter gedreht ist. Der Effekt liegt in der Lichtundurchlässigkeit des Segmentes, an dem die Potentialdifferenz anliegt. Damit sich die Moleküle in dem elektrischen Feld hinreichend gut und schnell genug ordnen, müssen sie polarer Natur sein. Das bringt aber einen Nachteil mit sich: Bei lang anliegender Gleichspannung erfolgt eine elektrochemische Reaktion an den Elektroden, die Flüssigkeit zersetzt sich, die Anzeige altert und wird bald funktionsuntüchtig sein. Um diesen Effekt zu verhindern, werden die Elektroden ständig umgepolt. Das geschieht mit einer Frequenz von 35 Hz bis 100 Hz. Langsamere Frequenzen lassen die Anzeige flimmern, höhere Frequenzen führen zu einem Verblassen des Kontrastes, da die Moleküle eine gewisse Zeit benötigen, sich dem umgepolten elektrischen Feld anzupassen.

LCD-Anzeigen werden ausschließlich mit einer gemeinsamen Elektrode für alle Segmente oder Symbole auf der Unterseite der Flüssigkeit hergestellt. Diese gemeinsame Elektrode wird Backplane genannt. Jede Spannung von ca. 5 Volt zwischen Backplane und Segmentelektrode wird das Segment dunkel erscheinen lassen. Um das Altern durch eine chemische Reaktion auszuschließen, muß die Polung von Backplane und aktivem Segment ständig wechseln. Das geschieht mit einem Rechtecksignal. Ist ein Segment "aus", wird ihm dieselbe Wellenform wie dem Backplane zugeführt, es liegt also ständig auf demselben Potential wie das Backplane. Ist es "an", muß es mit der invertierten Wellenform des Backplanes versorgt werden; das Signal muß eine Phasenverschiebung von 180° aufweisen (Bild 3-28.).

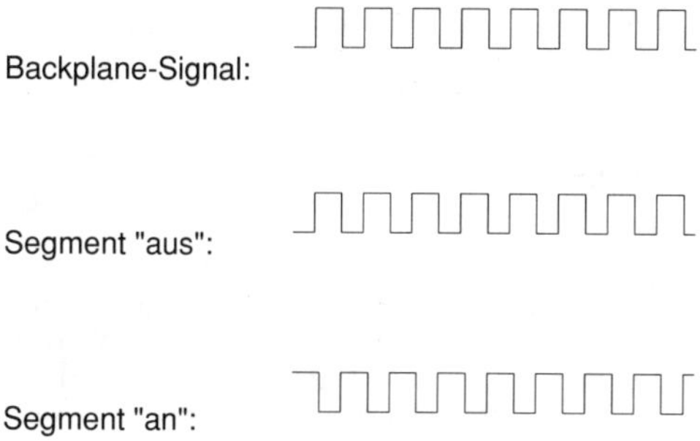

Backplane-Signal:

Segment "aus":

Segment "an":

Bild 3-28. Signalformen einer LCD-Anzeige

Mit einem geringen Aufwand an Software kann der 8031 diese Aufgabe erfüllen, ohne zusätzliche LCD-Treiberbausteine zu benötigen. Die Segmente und das Backplane werden ohne Schutzwiderstände direkt an die Ports angeschlossen. Da die Anzeige über ein elektrisches Feld gesteuert wird, fließt kein Strom außer beim Laden der geringen Kapazitäten, und die Schaltung wird durch die Anzeige nicht belastet. Der einzige Nachteil ist, daß jedes Segment einen Portpin in Anspruch nimmt und das Backplane-Signal nochmals einen. Es bleiben für andere Aufgaben nicht mehr viele I/O-Pins übrig. Da zum Betreiben der Anzeige nur Ausgänge benötigt werden, ist es empfehlenswert, die im vorangehenden Kapitel beschriebene Porterweiterung zu verwenden, da somit die Input-Funktionen von Port 1 erhalten bleiben.

Grenzdaten			
Speisespannung	8 Volt		
Gleichspannungsanteil	50 mV		
Betriebstemperatur	$-15\,^\circ$C bis $+60\,^\circ$C		
Lagertemperatur	$-30\,^\circ$C bis $+70\,^\circ$C		
Kenndaten (U = 5 V; f = 32 Hz; T = 25° C)	min.	typ.	max.
Schwellenspannung			1,7 V
Frequenz	25 Hz		500 Hz
Gesamtstromaufnahme			10 µA
Einschaltzeit			150 ms
Ausschaltzeit			350 ms
Kontrastverhältnis	1:8		
Lebensdauer		50 000 h	

Tabelle 3-7. Technische Daten einer LCD-Anzeige

Soll beispielsweise eine zweistellige Anzeige mit Dezimalpunkt betrieben werden, verbinde man die Zehnerziffer und den Backplane-Anschluß mit Erweiterungsport B (Bild 3-20.), den Dezimalpunkt und die Einerziffer mit Erweiterungsport A. Ein Timer des 8031 wird benutzt, um die doppelte Frequenz des Backplane-Signals zu erzeugen. In Modus 0 erzeugt der Timer bei 12 MHz eine Interruptfrequenz von 122 Hz, die zu einer Backplane-Frequenz von 61 Hz führt. In der Interruptroutine wird nun der logische Pegel sämtlicher Pins, die mit der Anzeige in Verbindung stehen, invertiert. Im folgenden Programmauszug wird der Datenpointer als Ausgaberegister verwendet:

LCD-Steuerungsinterrupt:

```
63 82 FF      XRL    DPL, #FF
63 83 FF      XRL    DPH, #FF
E0            MOVX   A, @DPTR
32            RETI
```

Eine *exklusiv-oder* Verknüpfung mit dem Wert FF invertiert alle Bits des Datenpointers. Der MOVX-Befehl schließlich führt seinen Inhalt nach außen und stellt das Taktsignal für die Zwischenspeicher zur Verfügung. Um das Display aufzufrischen, sollten die Charakter in einer Konstantentabelle im ROM stehen. Die Segmente, die "an" sein sollen, sind als Einsen repräsentiert, diejenigen, die "aus" sein sollen, als Nullen. Das Backplane-Bit ist eine Null. Die angezeigte Zahl ist im internen RAM als BCD-Wert abgelegt, im folgenden Beispiel an Adresse 30 mit Einerziffer im Low-Nibble und Zehnerziffer im High-Nibble. Die Auffrischroutine holt die Codes aus dem ROM und legt sie in den internen RAM-Plätzen 72 und 73 ab, um sie anschließend in den Datenpointer zu kopieren, wo sie mit der nächsten Interruptroutine ausgegeben werden. Der Timer-Interrupt muß während des Beschreibens des Datenpointers am Ende verboten sein, damit nicht zwischen beiden Befehlen der erste bereits geschriebene Wert invertiert wird.

LCD-Auffrischroutine:

```
90 addr16   MOV    DPTR,#Basisadresse der Tabelle
E5 30       MOV    A,30
C4          SWAP   A
54 0F       ANL    A,#0F
93          MOVC   A,@A+DPTR
F5 72       MOV    72,A
E5 30       MOV    A,30
54 0F       ANL    A,#0F
93          MOVC   A,@A+DPTR
A2 bit      MOV    C,Dezimalpunkt
92 E7       MOV    ACC.7,C
F5 73       MOV    73,A
C2 AB       CLR    ET1
85 72 82    MOV    72,DPL
85 73 83    MOV    73,DPH
D2 AB       SETB   ET1
22          RET
```

Ebenso einfach ist die Ansteuerung von Transistoren. Schalttransistoren können den Strom liefern, den die Pins nicht zur Verfügung stellen können. Man kann beispielsweise keine Relais-Spule direkt mit den Ports verbinden. Der Strom, den ein Pin im High-Pegel fließen lassen kann, ist bereits so gering, daß zur Ansteuerung der Basis eines npn-Transistors kein Basisvorwiderstand benötigt wird. Pin und Basis werden direkt miteinander verbunden. Eine Eins schaltet den Transistor durch, eine Null sperrt ihn. Bei der Verwendung eines pnp-Transistors ist allerdings ein Schutzwiderstand gegen zu hohen Basisstrom erforderlich, da der Pin mit einer Null beschrieben bis zu 30 mA Strom fließen lassen kann (Bild 3-29.).

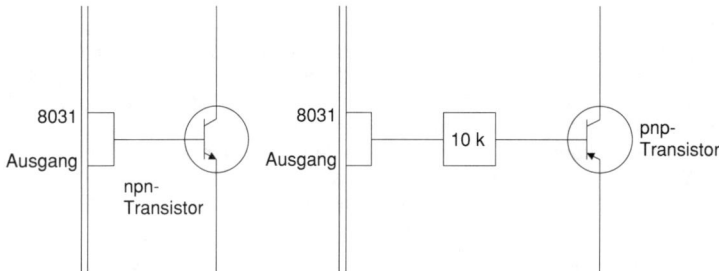

Bild 3-29. Ansteuerung von Transistoren durch die Portausgänge

Bei der Kommunikation mit Standard CMOS- bzw. LS-TTL sind einfach die Eingänge der Bausteine mit den Ausgängen zu verbinden. Bei LS-TTL beachte man die beschränkte Treibermöglichkeit der Ausgänge (4 LS-TTL-Lasten). HC-TTL sind baugleich zu der LS-Serie, allerdings sind die Bausteine in CMOS-Technik gefertigt. CMOS-Bausteine müssen mit derselben Spannung versorgt sein wie der Prozessor.

Bezeichnung		Spannungsvers.	Strom pro Ausg.
54HC	/74HC	2–6 Volt	± 35 mA
54HC40XX	/74HC40XX	2–6 Volt	± 25 mA
54HCT	/74HCT	4,5–5,5 Volt	± 35 mA
54C	/74C	3–15 Volt	± 15 mA (10V)

Tabelle 3-8. TTL Subfamilien in CMOS-Technologie

Möchte man Informationen in Schaltkreise mit höherem Spannungspegel geben, z. B. ein 12-Volt-System, so gibt es im Prinzip zwei Möglichkeiten:

1. Voltage Level Shifter.

2. Optokoppler.

Ein Voltage Level Shifter ist der Baustein 40109. In ihm sind vier logische transformierende Schaltkreise integriert. Man verbindet die Eingänge des 40109 mit den Pins des 8031. An den Vc-Pin legt man die Spannung von 5 Volt; an den VD-Pin die Spannung des gewünschten Ausgangspegels, z.b. 12 Volt. Liegt nun am Eingang High-Pegel an, gibt der Ausgang 12 Volt aus, liegt der Eingang an Masse, ist der Ausgang ebenfalls an Masse.

Derselbe Baustein ist auch als High to Low Voltage Level Shifter zu verwenden, indem an Vc eine Spannung bis zu 15 V und an V_D eine Spannung von 5 V angelegt wird. Nun wird den Eingängen der hohe logische Pegel zugeführt und an den Ausgängen erscheint der 5 V Pegel. Somit ist er für die Eingabe von Daten aus Systemen zu verwenden, die bei höheren Spannungen arbeiten.

Ein Optokoppler ist ein Baustein, der die digitalen Signale in Form von Licht an einen Sekundärstromkreis weitergibt. Der Sekundärstromkreis muß ein lichtempfindliches Bauteil besitzen, das die Informationen in elektrische Signale umwandeln kann. Als Licht emittierendes Bauteil im Primärkreis wird eine LED verwendet, als lichtempfindliches Bauteil im Sekundärkreis ein LDR oder Fototransistor. Der Vorteil der auf diese Weise miteinander gekoppelten Stromkreise beruht darin, daß die beiden nicht den geringsten elektrischen Kontakt haben müssen. Sie können auf verschiedenem Potential relativ zur Erde liegen. Die Isolationsspannung zwischen beiden Systemen ist im allgemeinen größer als 3000 V. Störungen in extrem verrauschten Systemen werden nicht übertragen.

Die in Optokopplern eingebauten LEDs haben nahezu die gleichen elektrischen Eigenschaften, wie die üblichen LEDs, und sind daher in gleicher Weise an die Ausgänge des Prozessors anzuschließen. Bei einem Anschluß ist darauf zu achten, daß die Kathode zum Prozessorport zeigt. Um nun eine Eins zu übertragen, muß der Port mit einer Null beschrieben werden; eine Ausnahme tritt auf, wenn der Sekundärkreis mit der gleichen negativen Logik arbeitet.

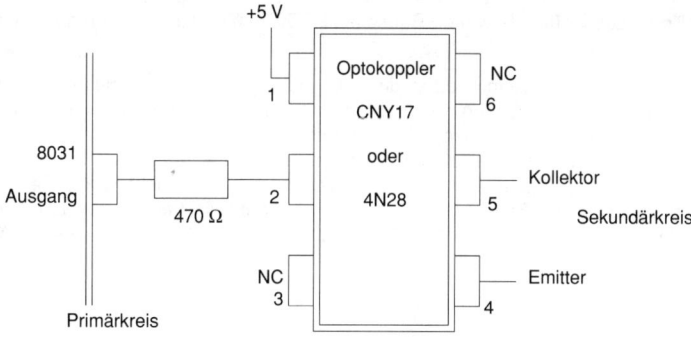

Bild 3-30. Datenübertragung mit Optokoppler

CNY17: U_{CE} = 100 V; I_C = 70 mA; $U_{Isolier}$ = 4000 V
4N28 : U_{CE} = 30 V; I_C = 100mA; $I_{Isolier}$ = 500 V

Leistungssteuerung:

Ströme im 220 Volt-Spannungsnetz lassen sich mit einem Relais oder einem TRIAC schalten.

Die Ansteuerung eines Relais durch den Mikrocomputer erfolgt über einen Transistor, da die Magnetspule des Relais zu viel Strom zieht. Da beim Ausschalten eines Relais ein sehr hoher Spannungsimpuls entgegengesetzter Polarität entsteht, ist eine Freilaufdiode unbedingt erforderlich (Bild 3-31.).

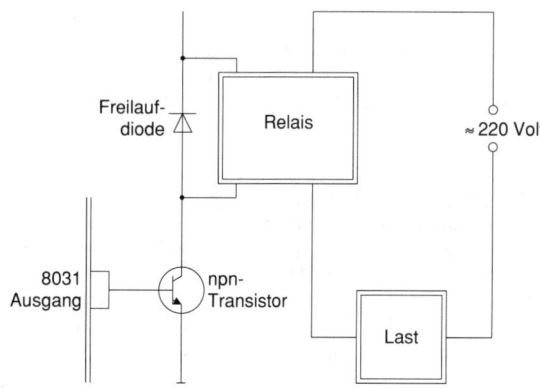

Bild 3-31. Leistungssteuerung mit Relais

Relais besitzen eine hohe Stromaufnahme, sind langsam beim Schalten, verursachen Funken beim Kontaktschließen, bewirken Rauschen im System und unterliegen der mechanischen Abnutzung.

Diese Nachteile hat ein TRIAC nicht, da er die Leistungsregelung auf Halbleiterbasis vornimmt. Wo immer es geht, sollte man den Einsatz eines TRIACs dem eines Relais vorziehen. Der TRIAC wird über einen Optokoppler nach Schaltung in Bild 3-32. angesteuert. Der Optokoppler muß allerdings für das 220 Volt-Spannungsnetz geeignet sein. Am sichersten ist es, man fertigt den Optokoppler aus LED und LDR selbst an. Auf ein lichtdichtes Gehäuse ist dabei unbedingt zu achten. Ferner muß das Koppelelement zwischen A_2 und Gate angebracht werden. Eine Beschaltung zwischen A_1 und Gate kann zur Zerstörung des TRIACs führen.

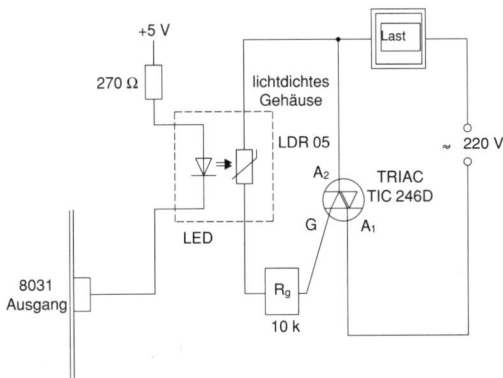

Bild 3-32. Leistungssteuerung mit TRIAC

Die Hauptaufgabe eines TRIACs ist es, den Stromkreis zu sperren. Deswegen ist die Wahl des Gate-Widerstandes R_g von entscheidender Bedeutung. Ist er zu groß, zündet der TRIAC nicht oder zu spät; ist er zu klein, kann der LDR im Optokoppler durchbrennen und damit der TRIAC zerstört werden. Um den Zündvorgang exakter zu definieren, kann zwischen Gate und R_g eine Triggerdiode (DIAC) geschaltet werden. Ist der Sekundärstrom unruhig oder flackernd, schafft ein Kondensator von 100 nF/400 V zwischen Gate und A_1 Abhilfe. Tabelle 3-9. zeigt die Daten einiger gebräuchlicher TRIACs. In Schaltung von Bild 3-32. ist für Rg ein Wert von 10 kΩ gewählt, weil bei TIC 246D ein kurzzeitiger Zündstrom von maximal 50 mA fließen kann. Für andere TRIACs mit geringerem Zündstrom kann der Wert wesentlich höher (ca. 100k) sein. Die richtige Wahl der Nennspannung des TRIACs ist für einen zuverlässigen Betrieb wichtig. Ströme und Spannungen müssen für Spitzenwerte ausgelegt werden. Die Angabe der Netzspannung von 220 Volt ist ein Mittelwert. Die Spitzenspannung errechnet sich aus 220 V • $\sqrt{2}$ = 310 V. Rechnet man ± 10 % für Netzschwankungen dazu, ist für eine ohmsche Last die Wahl eines 400 V-Types gerade richtig. Bei induktiven Lasten sollten 500 V- oder 600 V-Typen bevorzugt werden.

Ist der Prozessor mit der Netzfrequenz synchronisiert, kann die Phase bewußt zu einem späteren Zeitpunkt angeschnitten werden, so daß der Last nur noch ein Teil des Stromes zur Verfügung steht. Somit verringert sich bei dieser Phasenanschnittssteuerung die Leistungsauf- und damit die Leistungsabgabe. Eine Anwendung liegt in der computergesteuerten Drehzahlstabilisierung von Elektromotoren.

Buchstaben hinter der Typenbezeichnung der TRIACs geben die Spannungsfestigkeit an:

    A = 100 V
    B = 200 V
    C = 300 V
    D = 400 V
    E = 500 V
    M = 600 V
    S = 700 V
    N = 800 V

TRIAC	Nennstrom	Gatestrom
TIC 201	2 A	10 mA
TIC 206	3 A	5 mA
TIC 216	6 A	5 mA
TIC 225	8 A	5 mA
TIC 226	8 A	50 mA
TIC 236	12 A	50 mA
TIC 246	16 A	50 mA
TIC 253	20 A	50 mA
TIC 263	25 A	50 mA

Tabelle 3-9.   Daten der wichtigsten TRIACs

1. Programmerstellungstechniken

Der große Vorteil der Mikrocomputer ist der für verschiedenste Anwendungen gleichbleibende Hardwareaufbau, der sich ohne Schwierigkeit für nahezu jede gewünschte Situation verwenden läßt. Bei der konkreten Verwendung des Computers wird man jedoch feststellen, daß sich die Probleme auf die Erstellung der Software verlagert haben. Es bereitet schon etwas Mühe, kleinere Programme aus dem Stehgreif zu erstellen; komplexere Programme ohne Strukturierungshilfen zu entwerfen, ist gar unmöglich. Diese Arbeit nimmt dem Anwender auch der beste Assembler nicht ab.

Um ein Vorhaben zu realisieren, sind zwei Schritte vorzunehmen:

1. Analyse der Hardwareanforderungen.
    Dabei muß man zwei Fragen beantworten: Welche Ausgabeoperationen muß die Schaltung vornehmen können, und zu welchen Informationen hat das System Zugang? Konkret heißt das, welche Eingabe- und Ausgabepins werden benutzt, und welche Interfacebausteine werden benötigt. Man erstelle daraufhin eine Schaltskizze, auf deren Grundlage der zweite Schritt erfolgt.

2. Programmerstellung.
    Während Hilfen zu Schritt 1 in Kapitel 3 gegeben werden, wird im folgenden eine Methode zur logischen Strukturierung vorgestellt, die zwar nicht gerade für die Mikrocomputer entwickelt wurde, der Einzelbitverarbeitung im MCS-51 System jedoch sehr entgegenkommt. Es ist das Struktogramm.

Struktogramme erlauben das gleichzeitige Verfolgen paralleler Abläufe, die auf Grund des elektrischen Zustandes eines Bits im internen RAM stattfinden können. Die äußere Form eines Struktogramms zeigt Bild 4-1.

Bit gesetzt?	
Ja	Nein
Aktion 1 und eventuell weitere Entscheidungen	Aktion 2 und eventuell weitere Entscheidungen

Bild 4-1.   Logische Entscheidungen mit Struktogramm

Auch die Darstellung von Schleifen ist möglich (Bild 4-2.).

Bit gesetzt ?	
Ja	Nein
Lade Zähler mit Durchlaufzahl	
Wiederhole bis Zähler = 0	Überspringe
Aktivitäten	Schleife
Vermindere Zähler um 1	

Bild 4-2. Darstellung von Schleifen mit Struktogramm

Die Übersetzung eines Struktogramms in Mnemoniks ist sehr einfach, und das Programm wird auf Anhieb funktionieren, wenn keine logischen und Übersetzungsfehler gemacht wurden.

Die Schleife in Bild 4-2. läßt sich wie folgt übersetzen:

```
        JNB     Ende
        MOV     R0,#Durchlaufzahl
        Aktivitäten
        DJNZ    R0,rel
        Ende
```

Beispiel:

Aufgabenstellung: An Pin 0 von Port 1 wird über einen Widerstand eine LED mit Plus verbunden. Ein nicht entprellter Taster gegen Masse wird mit Pin INT0 von Port 3 verbunden. Bei Betätigung des Tasters soll die LED abwechselnd aufleuchten und verlöschen.

Schritt 1 der Schaltungsentwicklung ist damit getan.

Schritt 2 ist die Programmerstellung. Dabei gilt es zu berücksichtigen, daß der Taster softwaremäßig zu entprellen ist.

Das Struktogramm:

INT0 an Masse?		
Nein	Ja	
Lösche Bit 0	Ja	**Bit 0 gesetzt?**
		Nein
		Setze Bit 0
		Invertiere P1.0
Entprelle Taster		
Beginne von vorn		

Bit 0 ist der interne Indikator für die bereits gedrückte Taste. Nur durch Loslassen des Tasters wird es gelöscht. Somit erfolgt das Ändern von P1.0 nur einmal und mit jedem neuen Tastendruck.

Die Übersetzung:

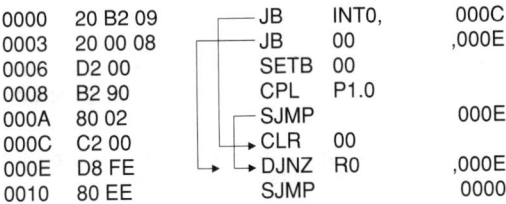

0000	20 B2 09	JB	INT0,	000C
0003	20 00 08	JB	00	,000E
0006	D2 00	SETB	00	
0008	B2 90	CPL	P1.0	
000A	80 02	SJMP		000E
000C	C2 00	CLR	00	
000E	D8 FE	DJNZ	R0	,000E
0010	80 EE	SJMP		0000

Single-Step:

Nach dem Aufbau einer Schaltung und nach erfolgter Programmerstellung wundert sich nur noch der Anfänger über die Nicht- oder nur Teilfunktion. Dazu ist der Mensch wohl zu weit von einer Maschine entfernt, als daß ein von ihm erstelltes Programm auf Anhieb richtig arbeitet. Zur Bereinigung solcher Fehler kann man die verschiedensten Methoden anwenden. Häufig genügt der Ersatz eines bedingten Sprungbefehls durch einen unbedingten, und man bekommt einen Hinweis auf einen logischen Fehler. Solche Verfahren, die der Fehlerbeseitigung dienen, werden Debugging genannt. Einer von ihnen ist der Single-Step-Betrieb des Prozessors.

Nun gibt es in der MCS-51 Familie nicht mehr wie in der Vorgängerfamilie MCS-48 einen Single-Step-Eingang am Prozessor. Die Möglichkeiten, mit dieser Option Fehler zu beheben, waren offensichtlich doch nicht sehr groß, so daß man bei der Entwicklung der MCS-51

Familie darauf verzichtete. Trotzdem soll hier gezeigt werden, wie mit einem geringen Softwareaufwand ein solcher Single-Step simuliert werden kann.

Bei dieser Operation bedient man sich einer Besonderheit, mit der Interrupts ausgeführt werden. Es sei erwähnt, daß auf eine Interruptanforderung nicht reagiert wird, solange ein Interrupt der gleichen Priorität in Ausführung ist. Ferner muß nach jedem RETI-Befehl mindestens ein Befehl des Hauptprogramms ausgeführt werden, bevor erneut in die Interruptroutine gesprungen werden kann. Eine Möglichkeit, diese Besonderheit für einen Single-Step-Betrieb zu verwenden, ist Freigabe des externen Interrupts im levelgetriggerten Modus, z.B. INT0. Die Interruptroutine muß folgende Befehlsfolge enthalten:

```
0003    30 B2 FD    ┌►JNB      INT0,0003
                    └┘
0006    20 B2 FD    ┌►JB       INT0,0006
                    └┘
0009    32            RETI
```

Ein prellfreier Taster ist dabei am INT0-Pin notwendig. Wenn der Taster gedrückt wird, springt das Programm an Adresse 0003 und bleibt dort. Wird der Taster losgelassen, geht das Programm einen Befehl weiter an Adresse 0006 und bleibt dort. Erst bei erneutem Tastendruck wird die Interruptroutine verlassen. Da der Taster nun an Masse ist, wird sofort ein neuer Interrupt angefordert, der jedoch erst dann ausgeführt wird, nachdem ein Befehl des Hauptprogramms abgearbeitet wurde.

Der Nachteil gegenüber einem echten Single-Step-Betrieb ist der, daß man die Adresse des gerade ausgeführten Befehls nicht mitgeteilt bekommt. Denn häufig möchte man gerade die Stelle finden, an der sich der Computer regelmäßig verabschiedet.

Auch das läßt sich durch die Software realisieren. Man lese in der Interruptroutine die beiden letzten Stackeintragungen aus, und kennt somit die Adresse des folgenden Befehls im Hauptprogramm. Die folgende Interruptroutine verwirklicht das und liefert gleichzeitig eine Tastenentprellung:

```
0003    D8 FE       DJNZ   R0,0003      ;Entprellung
0005    A8 81       MOV    R0,SP        ;Schreibe Stackpointer in R0
0007    00          NOP                 ;
0008    E6          MOV    A,@R0        ;Gib High-Byte an Port 2
0009    F5 A0       MOV    P2,A
000B    18          DEC    R0
000C    E6          MOV    A,@R0        ;Gib Low-Byte an Port 1
000D    F5 90       MOV    P1,A
000F    30 B2 FD    ┌►JNB  INT0,000F
                    └┘
0012    D8 FE       DJNZ   R0,0012      ;Entprellung
0014    20 B2 FD    ┌►JB   INT0,0014
                    └┘
0017    32          RETI
```

An Port 1 und 2 stehen nun das Adressen-High- und Low-Byte des nächsten Befehls im Hauptprogramm. Der Inhalt von Port 2 muß noch mit entsprechenden Maßnahmen in einem Zwischenspeicher aufgefangen werden.

2. Realzeitanwendungen

Bei der Verwendung eines 12-MHz-Oszillators steht dem System die Zeit von 1µs als Basis zur Verfügung. Der daraus resultierende Maschinentakt weist die Frequenz von 1 MHz auf. Durch entsprechende Teilung erhält man Frequenzen, die sich zur Handhabung von Systemoperationen eignen:

1000Hz	für	$^1/_{1000}$ Sekunde
250Hz	für	Multiplexbetrieb
100Hz	für	$^1/_{100}$ Sekunde und LCD-Backplane-Frequenz
50Hz	für	Tastaturabfragen
10Hz	für	$^1/_{10}$ Sekunde
2Hz	für	Blinkfrequenz
1Hz	für	1 Sekunde

Zum Teilen der 1-MHz-Frequenz auf handlichere Werte bieten sich die Interrupts an, die durch den Überlauf der Timer entstehen. Verwendet man Timer 0 in Modus 0, wird das Überlauf-Bit nach $2^{13} = 8192$ Maschinenzyklen gesetzt. Die Frequenz von 1 MHz wird damit durch 8192 geteilt, und ein Interrupt wird 122,07031mal in der Sekunde ausgelöst. Diese Zählfrequenz ist auf längere Zeit zu ungenau, um eine Echtzeit zu realisieren. Wählt man statt des 12 MHz Quarzes einen 9,8304 MHz Quarz, erhält man die exakte Frequenz von 100 Hz. Dieser Wert kann für gewisse Zwecke allerdings zu langsam sein.

In Modus 1 teilt Timer 0 die Taktfrequenz durch den Wert 65536, woraus sich bei 12 MHz eine Interruptfrequenz von ca. 15,2587.. Hz ergibt; das ist zu niedrig und zu ungenau für exakte Anwendungen.

Um die Frequenz von 1 KHz zu erzeugen, muß 1 MHz durch 1000 geteilt werden. Es wäre denkbar, Timer 0 in Modus 1 zu versetzen und ihn bis zum Überlauf 1000 Zählungen durchführen zu lassen. Mit 16 Bit kann Timer 0 65536 Zählungen durchführen. Somit bräuchte man nur den Wert 65536-1000=64536 in Timer 0 zu schreiben, und er würde tausendmal in der Sekunde einen Interrupt erzeugen. Da gibt es nur ein Problem: Von der Erzeugung bis zum Einsprung in die Interruptroutine vergeht Zeit. Diese Zeit ist nicht definiert; sie kann zwischen 3 und 8 Maschinenzyklen variieren. Das Nachladen des Timers benötigt ebenfalls drei Maschinenzyklen.

Trotzdem ist damit die Zeitbasis von $^1/_{1000}$ Sekunde realisierbar. Der Interrupt wird aufgerufen, wenn Timer 0 vom Zustand FF FF in den Zustand 00 00 übergeht. Vergeht nun eine gewisse Zeit bis zum Einsprung in die Interruptroutine, so steht genau diese Zeit im Timer 0-Low-Byte. Liest man diesen Wert aus, addiert ihn zur Voreinstellung von 64536 und addiert nochmals die Zahl 3 (für Auslesen, Addition und Rückschreiben von TL0), so erhält man den korrigierten Wert.

Folgender Programmteil muß an Adresse 000B stehen:

```
000B   E5 8A      MOV   A,TL0        1
000D   24 1B      ADD   A,#1B        1
000F   F5 8A      MOV   TL0,A       +1
0011   75 8C FC   MOV   TH0,#FC;   = 3 Maschinenzyklen
```

64536_d = FC 18_h. Low-Byte um 3 vermehrt ergibt den Wert 1B.

Da bei der Addition des Timer-Low-Bytes und dem Wert 1B kein Überlauf zu befürchten ist, kann der Wert FC direkt in das High-Byte des Timer 0 geschrieben werden.

Sind beispielsweise 5 Maschinenzyklen seit dem Timerüberlauf vergangen, steht in TH0 der Wert 05. Dazu wird der Wert (18+03)=1B addiert. Nach Rückschreiben der Summe steht in TL0 der Wert 20_h. In das High-Byte des Timer 0 wird FC geschrieben. Der Zähler muß nur noch 992 Maschinenzyklen bis zum nächsten Überlauf zählen, da ja bereits 8 Zyklen seit dem letzten Interruptaufruf vergangen sind. Die nachfolgende Interruptroutine darf auch nicht länger als ca. 990 Maschinenzyklen sein, da bis dorthin ein neuer Interrupt wieder freigegeben sein muß, es sei denn, man erlaubt sofort nach untenstehendem Muster den Interrupt.

Einfacher ist eine solche Zeitbasis mit Timermodus 2 zu erreichen. In diesem Modus wird bei jedem Überlauf des Low-Byte der Inhalt des High-Byte in das Low-Byte ohne zusätzliche Befehle kopiert und gleichzeitig ein Interrupt ausgelöst. Allerdings ist die maximale Voreinstellung 00. Dabei wird die Frequenz von 12 MHz durch 256 geteilt. Beschreibt man das High-Byte mit $256_d-250_d=6_d$ (06_h), erfolgt die Teilung durch 250, die eine Frequenz von 4 KHz zur Folge hat. Teilt man 4 KHz durch 4, hat man die gewünschte Frequenz von 1000 Hz.

Der folgende Programmausschnitt setzt Timer 0 in Modus 2, die Voreinstellung von TH0 mit 06 und Timer 0 Interruptfreigabe voraus.

```
000A   32         RETI
-------------------
000B   11 0A      CALL   000A
000D   DF FB      DJNZ   R7,000A
000F   7F 04      MOV    R7,#04
```

Da nun bereits nach 250 Maschinenzyklen ein neuer Interrupt eintreten muß, ist der erste Befehl ein Subroutinenaufruf zur Interruptfreigabe. Darauf wird Register 7 um Eins vermindert und auf Null geprüft. Ist der Inhalt ungleich Null, wird aus der Interruptroutine in das Hauptprogramm zurückgesprungen. Ist der Inhalt Null, wird R7 mit Wert 04 geladen, um die 4 KHz Interruptfrequenz durch 4 zu teilen.

Folgendes Struktogramm zeigt den logischen Ablauf einer Uhr mit 24-Stundenanzeige und einer Zeitauflösung von $^1/_{1000}$ Sekunde. Dabei haben die Adressen 40—48 folgende Bedeutung:

Stunden	Minuten	Sekunden	$^1/_{10}$ — $^1/_{1000}$ Sekunden
40 | 41	42 | 43	44 | 45	46 | 47 | 48

								Inkrementiere 48 Inhalt = 0A?
Nein |								Ja
								Lösche 48 Inkrementiere 47 Inhalt = 0A?
	Nein |							Ja
								Lösche 47 Inkrementiere 46 Inhalt = 0A?
		Nein |						Ja
								Lösche 46 Setze Bit 1 Inkrementiere 45 Inhalt = 0A?
			Nein |					Ja
								Lösche 45 Inkrementiere 44 Inhalt = 06
				Nein |				Ja
								Lösche 44 Inkrementiere 43 Inhalt = 0A?
					Nein |			Ja
								Lösche 43 Inkrementiere 42 Inhalt = 06?
						Nein	Ja	
								Lösche 42 Inkrementiere 41 Inhalt 40 = 02?

	Nein		Ja	
Inhalt 41 = 0A?			Inhalt 41 = 05?	
Nein |	Ja	Ja		Nein
Inkr. 40	Lösche 40			
Lösche 41				

	Bit 1 gesetzt?	
Nein	Ja	
	Lösche Bit 1 Uhrzeitanzeige mit neuen Werten auffrischen.	

Sobald in den $^1/_{10}$ Sekunden ein Überlauf eintritt, wird Bit 1 gesetzt, das dann die Ausgabe des neuen Wertes freigibt. Dabei ist nur an die Anzeige von Stunden, Minuten und Sekunden gedacht. Will man nur Stunden und Minuten ausgeben, setzt man Bit 1 erst beim Sekundenüberlauf. Zehntel- oder Tausendstelsekunden anzuzeigen, ist Unsinn. Auf den Inhalt dieser Register kann zurückgegriffen werden, wenn Zeiten elektronisch gemessen werden sollen. Einen programmierbaren Timer erhält man dadurch, daß parallel zu diesen Adressen, z.b. 30 bis 38, über eine Tastatur Daten eingegeben werden, die anschließend mit dem aktuellen Stand der Uhr verglichen werden. Diese interne Uhr läßt sich ferner auf Tage, Monate und Jahre erweitern; auch eine Wochenendschaltung ist dabei möglich. Der Programmaufwand ist dabei so gering, daß der Computer kaum in seiner Hauptaufgabe gestört wird.

Folgendes Programm ist die Umsetzung des vorstehenden Struktogramms in Maschinencode. Damit es richtig arbeitet, müssen in der Resetroutine die Register 39 bis 3F mit folgenden Werten beschrieben werden:

39	3A	3B	3C	3D	3E	3F
06	0A	06	0A	0A	0A	0A

0011	78 48	MOV	R0,#48	;Startadresse Uhr
0013	79 3F	MOV	R1,#3F	;Startadresse Vergleichswerte
0015	7A 07	MOV	R2,#07	;Schleifenzähler
0017	06	INC	@R0	
0018	E7	MOV	A,@R1	;Uhrzeit mit programmierten
0019	66	XRL	A,@R0	;Werten auf Gleichheit prüfen
001A	70 28	JNZ	0044	;RET, wenn verschieden
001C	76 00	MOV	@R0,#00	;Auf Null rücksetzen
001E	B8 46 02	CJNE	R0,#46,0023	;Bei Überlauf von Register 46
0021	D2 01	SETB	01	;wird Bit 1 gesetzt
0023	18	DEC	R0	
0024	19	DEC	R1	;Nächste Stelle prüfen
0025	DA F0	DJNZ	R2,0017	

0027	06	INC	@R0	;R0 = 41
0028	74 02	MOV	A,#02	
002A	B5 40 0A	CJNE	A,40,0037	;Inhalt 40 = 02?
002D	74 05	MOV	A,#05	
002F	66	XRL	A,@R0	;Inhalt 41 = 05?
0030	70 12	JNZ	0044	
0032	18	DEC	R0	
0033	76 00	MOV	@R0,#00	
0035	80 07	SJMP	003E	

0037	74 0A	MOV	A,#0A	
0039	66	XRL	A,@R0	;Inhalt 41 = 10_d?
003A	70 08	JNZ	0044	
003C	18	DEC	R0	
003D	06	INC	@R0	
003E	75 41 00	MOV	41,#00	

0041	10 01 01	JBC	01,0045	

```
0044        22        RET
0045                  Ausgabe der Uhrzeit.
```

Da der Befehl CJNE A,@R0,rel nicht existiert, muß für einen Vergleich der Registerinhalte mit dem Akkumulator auf die *exklusiv oder* Operation zurückgegriffen werden.

Um aus dieser internen Uhr andere Frequenzen zu erhalten, lasse man weitere Zählregister bei geeigneten Teilungen inkrementieren, deren Inhalte im Anschluß auf den gewünschten Wert geprüft werden. Will man beispielsweise aus der internen Uhr eine Multiplexfrequenz von 250 Hz gewinnen, ist der Befehl INC R6 an Adresse 0011 einzufügen und sein Inhalt später auf den Wert 04 hin zu überprüfen. Durch die Zählungen von 0 bis 3 in R6 wird die Frequenz von 1 KHz durch 4 geteilt. Eine Frequenz von 50 Hz erhält man durch Testen von Bit 0 in der RAM-Adresse 47 ($^1/_{100}$ Sekunden). Die Aktion wird genau dann veranlaßt, wenn Bit 0 in der RAM-Adresse 47 gesetzt ist. Springt man, wenn Adresse 46 ($^1/_{10}$ Sekunden) den Inhalt 00 oder 05 aufweist, erhält man die Blinkfrequenz von 2 Hz.

Alle weiteren Aktionen können im Verlauf der Interruptroutine erfolgen, so daß das Hauptprogramm nur den Befehl 80 FE   SJMP enthält.

Verwendet man den 8032 als Prozessor, kann man die Basisfrequenz von 1 KHz bequemer im 16-Bit-Nachlademodus mit Timer 2 erhalten. Außerdem stehen Timer 0 und Timer 1 für weitere Verwendung zur Verfügung. In diesem Modus müssen die RCAP2-Register mit dem Wert FC18 (64536$_d$) voreingestellt werden. Es ist hierbei auch empfehlenswert, den Interrupt durch einen CALL-Aufruf zu einem RETI-Befehl am Anfang der Routine freizugeben, da die Zeit bis zum nächsten Interrupt nur 1 ms beträgt.

3. Techniken zur Anzeigensteuerung

Multiplexen einer 7-Segment-LED-Anzeige:

Die Ausgabe von Daten über eine geeignete Anzeige ist eine der Hauptaufgaben eines Mikrocomputers, mit der er am einfachsten komplexere Informationen an den Benutzer ausgeben kann.

Unter Multiplexen versteht man die periodische Ein- oder Ausgabe von Daten auf ein und demselben Kanal mit dem Zweck der Verringerung von Verbindungsleitungen. Im Falle des Multiplexens einer Anzeige erfolgt keine Eingabe von Daten, sondern nur deren Ausgabe. Die Multiplexfrequenz muß so hoch sein, daß für das Auge ein flimmerfreier Eindruck entsteht. Ein Beispiel ist die Bilderzeugung auf einem Schwarzweißbildschirm. Ein Elektronenstrahl wird exakt auf jede Stelle des Bildschirms mit der entsprechenden Helligkeit geführt. Dies geschieht mit einer so hohen Geschwindigkeit, daß das Auge den einzelnen Punkt nicht mehr getrennt von anderen Punkten wahrnehmen kann, und der Eindruck eines Bildes entsteht. Mit einem ähnlichen Verfahren werden mehrstellige LED-Anzeigen angesteuert, um entweder Treiberbausteine oder Portverbindungsleitungen zu sparen.

Bild 4-3. zeigt die Hardwarekonfiguration für das folgende Programm.

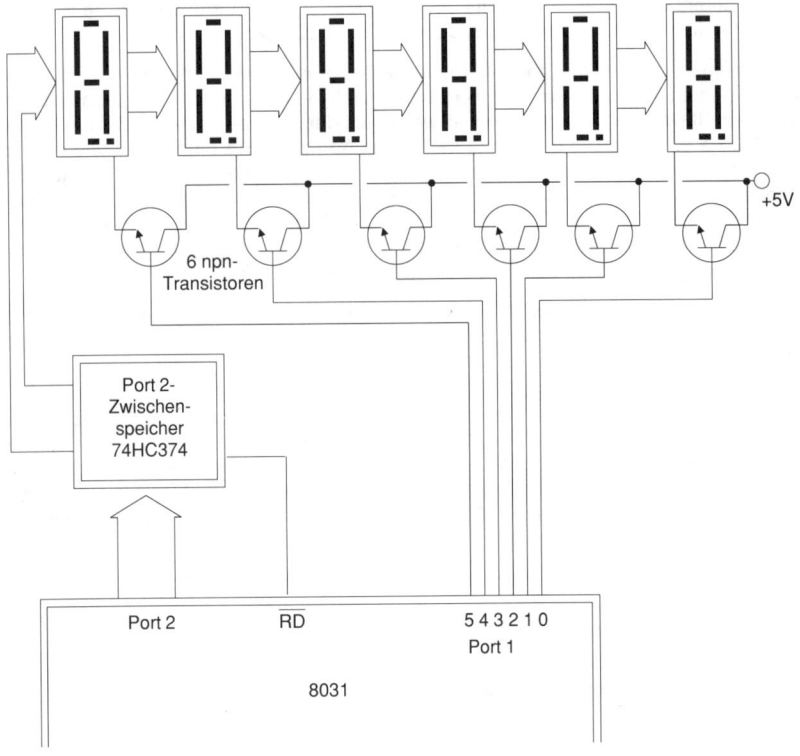

Bild 4-3. Hardwarekonfiguration für eine gemultiplexte 6stellige 7-Segmentanzeige

In diesem Beispiel werden sechs 7-Segmentanzeigen mit gemeinsamer Anode verwendet. Für die Auswahl der Segmente werden die Daten an Port 2 ausgeführt, in dem Adreßzwischenspeicher 74HC374 aufgefangen und gleichzeitig an alle 7-Segmentanzeigen weitergegeben. Die Transistoren sind mit den Ausgängen des Port 1 verbunden. Somit ist noch genügend Platz, um an den verbleibenden Pins eine Tastatur anzuschließen.

Würde jeder Transistor durchschalten, wäre der jeweilige Zustand des Port 2-Zwischenspeichers an allen sieben Anzeigen gleichzeitig zu sehen. Gewährleistet man allerdings, daß zur selben Zeit immer nur ein Transistor den Stromfluß von einer Anzeige freigibt, wird der Inhalt des Zwischenspeichers nur von einem LED-Feld angezeigt werden. Soll die nächste Ziffer aufleuchten, muß der momentan aktive Transistor sperren, der Zwischenspeicher mit dem neuen Wert beschrieben und der nachfolgende Transistor freigegeben werden. Dieser Ablauf muß so schnell erfolgen, daß das Auge mit seiner Trägheit die Einzelabläufe nicht mehr unterscheiden kann. Zwanzig Ereignisse pro Sekunde vermag das Auge noch zu unterscheiden.

Wählt man für die Leuchtzeit einer Anzeige eine Zeit von $^1/_{250}$ Sekunde, beträgt die Frequenz für den Durchlauf aller sechs Anzeigen 50 Hz. Mehr als sechs Anzeigen sollten auf diese Art nicht gemultiplext werden, da das Auge nicht nur die Einzelereignisse, sondern auch die Helligkeit der Anzeigen mittelt. Bei kritischen Anwendungen, z.B. Anzeigen bei Tageslicht, kann die Helligkeit zu wünschen übrig lassen. In diesem Fall, muß für jedes Anzeigenfeld ein Speicherbaustein eingesetzt werden, der im Multiplexbetrieb von Port 2 die Daten erhält und sie permanent an die Anzeigen weiterreicht. Bei dieser Technik nehmen selbst elektronische Kameras keinen Multiplexbalken mehr wahr. Die anzuzeigenden Werte müssen vom Prozessor im 7-Segmentcode als 8-Bit-Datum ausgegeben werden: bei der Verwendung von Anzeigen mit gemeinsamer Kathode in positiver Logik, bei Anzeigen mit gemeinsamer Anode in negativer Logik. Es lassen sich damit außer Zahlen in begrenztem Maße auch Buchstaben oder andere Zeichen darstellen. Mit sieben Segmenten sind 128 verschiedene Anzeigenkombinationen möglich. Selbst eine bescheidene Darstellung von bewegter Graphik ist damit machbar.

Statt der 8-Bit-Zwischenspeicher können auch BCD-zu-7-Segment-Decoderbausteine mit integriertem Speicher wie der 74HC4543 zum Einsatz kommen. Sie benötigen für den BCD-Code nur vier Zuleitungen, haben aber den Nachteil, daß damit nur Zahlen darstellbar sind. Der Vorteil des 74HC4543 liegt in seiner Fähigkeit, LCD-Anzeigen anzusteuern.

Die Software für die Multiplexroutine gestaltet sich bemerkenswert einfach, da sie im folgenden Beispiel keinen Zustand von Pins oder Bits testet, sondern automatisch abläuft. Sie wird 250mal in der Sekunde aufgerufen (Zur Erzeugung dieser Frequenz siehe Kap. 4-2.). Das Struktogramm hat folgende Form:

Springe indirekt über Datenpointer zur "Ziffer"

"Ziffer":

Lösche aktiven Pin von Port 1
Schreibe in den Akkumulator den Inhalt des auszugebenden Wertes
Gib den 7-Segment-Code aus
Setze nächsten aktiven Pin von Port 1
Lade Datenpointer mit nächster Ziffernadresse
Springe ans Ende

Das folgende Programm gibt die Inhalte der Register 40 bis 45 an die 7-Segmentanzeigen aus.

Die Übersetzung in Assembler und Maschinencode lautet:

```
0050    BE 04 59        CJNE    R6,#04,00AC    ;Erzeugung der Frequenz
0053    7E 00           MOV     R6,#00         ;von 250 Hz
0055    E4              CLR     A
0056    73              JMP     @A+DPTR
--------------------
0057  —  005F           Freier Bereich für spätere Einfügungen
--------------------
Einerziffer:
0060    C2 95           CLR     P1.5
0062    E5 45           MOV     A,45
0064    31 A0           ACALL   01A0           ;Ziffernausgabe
0066    D2 90           SETB    P1.0
0068    90 00 6D        MOV     DPTR,#006D
006B    80 3F           SJMP    00AC
Zehnerziffer:
006D    C2 90           CLR     P1.0
006F    E5 44           MOV     A,44
0071    31 A0           ACALL   01A0           ;Ziffernausgabe
0073    D2 91           SETB    P1.1
0075    90 00 7A        MOV     DPTR,#007A
0078    80 32           SJMP    00AC
Hunderterziffer:
007A    C2 91           CLR     P1.1
007C    E5 43           MOV     A,43
007E    31 A0           ACALL   01A0           ;Ziffernausgabe
0080    D2 92           SETB    P1.2
0082    90 00 87        MOV     DPTR,#0087
0085    80 25           SJMP    00AC
Tausenderziffer:
0087    C2 92           CLR     P1.2
0089    E5 42           MOV     A,42
008B    31 A0           ACALL   01A0           ;Ziffernausgabe
008D    D2 93           SETB    P1.3
008F    90 00 94        MOV     DPTR,#0094
0092    80 18           SJMP    00AC
Zehntausenderziffer:
0094    C2 93           CLR     P1.3
0096    E5 41           MOV     A,41
0098    31 A0           ACALL   01A0           ;Ziffernausgabe
009A    D2 94           SETB    P1.4
009C    90 00 A1        MOV     DPTR,#00A1
009F    80 0B           SJMP    00AC
Hunderttausenderziffer:
00A1    C2 94           CLR     P1.4
00A3    E5 40           MOV     A,40
```

```
00A5    31 A0           ACALL  01A0          ;Ziffernausgabe
00A7    D2 95           SETB   P1.5
00A9    90 00 60        MOV    DPTR,#0060

00AC    22              RET
```

Ziffernausgabe:
```
01A0    24 04           ADD    A,#04         ;Offsetaddition
01A2    83              MOVC   A,@A+PC       ;7-Segment-Code lesen
01A3    F5 A0           MOV    P2,A
01A5    E2              MOVX   A,@R0         ;Befehl zur Aktivierung
01A6    22              RET                   des RD-Signals
```

Ab 01A7 stehen im ROM die 7-Segment-Codes in negativer Logik für die Zahlen 0 bis 9, wobei die einzelnen Bits folgende Bedeutung haben:

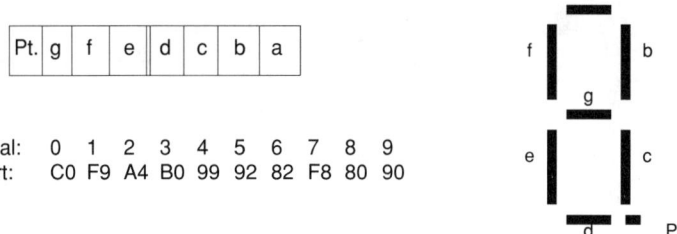

Pt.	g	f	e	d	c	b	a

Dezimal: 0   1   2   3   4   5   6   7   8   9
Codiert: C0 F9 A4 B0 99 92 82 F8 80 90

In der Resetroutine müssen die Pins 0 bis 5 des Port 1 gelöscht und der Datenpointer mit dem Wert 0060 geladen werden.

Vorstehendes Programm ist als Ergänzung des Programms in Kapitel 4-2. gedacht. Es eignet sich darüber hinaus für jede Art von gemultiplexter Zahlenausgabe. Es werden darin beispielsweise die Registerinhalte von 40 bis 45 ausgegeben. Durch Änderung der Werte lassen sich andere Bereiche zur Ausgabe bringen. Auch kann die Routine beliebig verlängert oder verkürzt werden.

Bei der Ausgabe von kleinen Zahlen wirken führende Nullen häufig störend. Durch einen kleinen Zusatz lassen sich diese nicht benötigten Nullen löschen. So soll im folgenden Beispiel statt der Ausgabe von

000007 nur 7

erscheinen und die fünf führenden Stellen sollen gelöscht bleiben. In dem Teilprogramm "Zehnerziffer" ist ergänzend einzufügen:

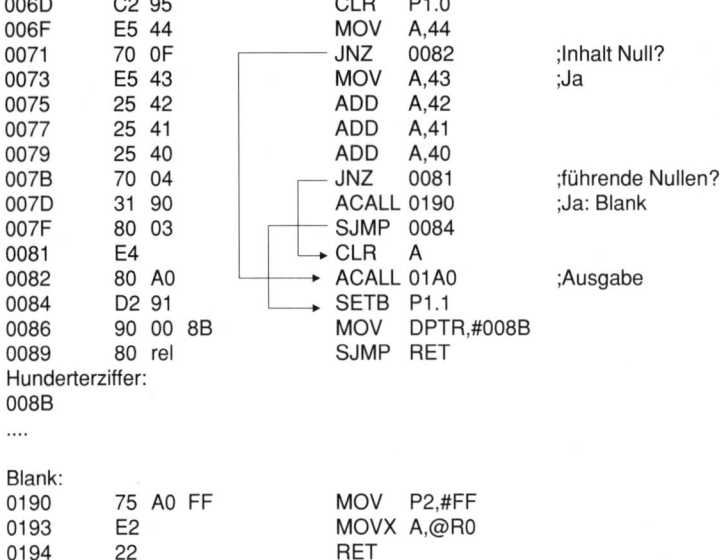

```
006D    C2 95          CLR    P1.0
006F    E5 44          MOV    A,44
0071    70 0F    ┌──── JNZ    0082       ;Inhalt Null?
0073    E5 43    │     MOV    A,43       ;Ja
0075    25 42    │     ADD    A,42
0077    25 41    │     ADD    A,41
0079    25 40    │     ADD    A,40
007B    70 04    │  ┌─ JNZ    0081       ;führende Nullen?
007D    31 90    │  │  ACALL  0190       ;Ja: Blank
007F    80 03    │  │┌ SJMP   0084
0081    E4       │  └→ CLR    A
0082    80 A0    └───→ ACALL  01A0       ;Ausgabe
0084    D2 91     └──→ SETB   P1.1
0086    90 00 8B       MOV    DPTR,#008B
0089    80 rel         SJMP   RET
Hunderterziffer:
008B
....

Blank:
0190    75 A0 FF       MOV    P2,#FF
0193    E2             MOVX   A,@R0
0194    22             RET
```

In der Ergänzung werden die Adressen 40 bis 43 addiert. Ist die Summe Null, wird die betreffende Anzeige gelöscht, ist die Summe ungleich Null, muß der Befehl CLR A folgen, da in Adresse 44 der Wert Null steht, und nur so der richtige Wert zur Ausgabe gelangt.

Die Überprüfung auf führende Nullen ist in den folgenden Ziffern kürzer, erfolgt aber in der gleichen Weise.

Laufschriften für Reklamezwecke:

In zunehmenden Maße sieht man LED-Matrizen, mit deren Hilfe im Handel aktuelle Angaben über Preise und Angebot gegeben werden. Um möglichst viele Informationen über diese Anzeige zu vermitteln, werden sie häufig nicht statisch, sondern in Form von Laufschriften ausgegeben. Es ist damit die Darstellung von Buchstaben, Zahlen und Symbolen möglich. Für jedes Zeichen ist ein LED-Feld der Größe 5 X 7 vorgesehen. Damit ein Überblick über das angezeigte Wort möglich ist, müssen mindestens 15 Buchstaben auf der Anzeige Platz haben. Rechnet man eine Leerspalte zur Trennung der Charakter hinzu, ergibt sich eine waagerechte Zahl von 90 LEDs und eine Höhe von sieben LEDs. Insgesamt müssen 630 LEDs in der Matrix Platz finden. Bild 4-4. zeigt die Darstellung des Buchstabens A mit Punkt:

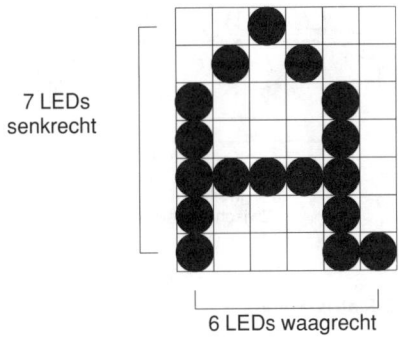

7 LEDs
senkrecht

6 LEDs waagrecht

Bild 4-4.   Darstellung eines Charakterzeichens mit einer 7X6 LED-Punktematrix

Jedes Bitmuster einer Spalte muß im ROM abgelegt sein. Fünf Bytes werden daher mindestens für die Charakterspeicherung eines Zeichens benötigt. Will man allein die 94 anzeigbaren Zeichen des ASCII-Codes speichern, braucht man 470 Bytes im Charakter ROM. Da pro Byte nur sieben Bits für das Muster einer Spalte verwendet werden, stehen für jedes Zeichen zu dessen Charakterisierung fünf Bits zur Verfügung.

Wenn man eine gefälligere Schrift erzielen will, kann man das ungenutzte Bit als Markierung für das Ende eines Zeichens verwenden. Man ist dadurch nicht an das starre Schema von fünf Spalten pro Zeichen gebunden, sondern kann beispielsweise in Proportionalschrift das "m" breiter und das "i" schmaler gestalten.

Ein Anzeigenfeld dieser Größe muß natürlich gemultiplext betrieben werden. Es empfiehlt sich, die Multiplexrichtung nicht waagerecht, sondern senkrecht nach Bild 4-5. vorzunehmen.

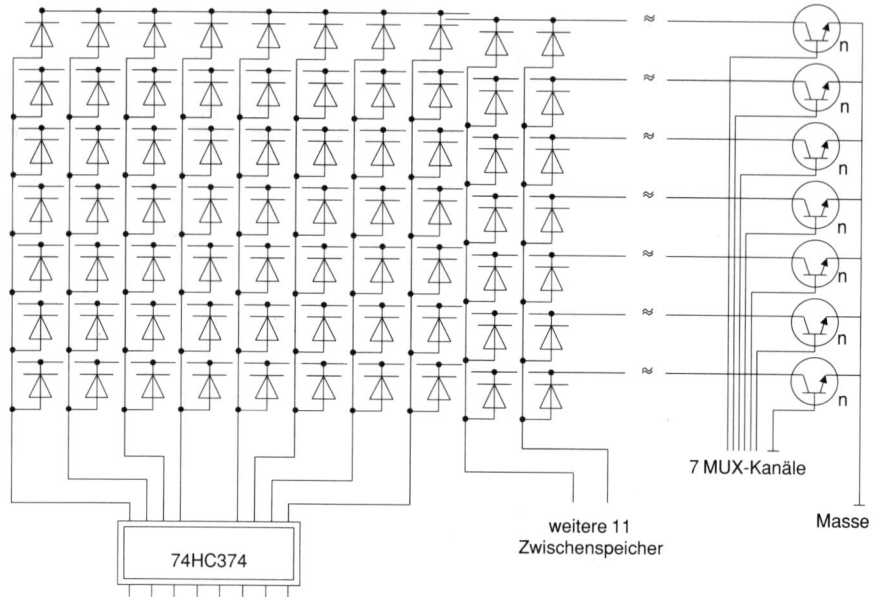

7 MUX-Kanäle

weitere 11
Zwischenspeicher

Masse

74HC374

Bild 4-5. Ansteuerung eines 96 X 7 LED-Matrix-Feldes

Jede LED ist mit der Anode an den Ausgang eines Zwischenspeichers und mit der Kathode über ein Widerstandsnetzwerk von 270 Ω (in Bild 4-5. nicht gezeigt) auf eine der sieben gemeinsamen Leitungen geführt. Zunächst werden die Zwischenspeicher mit dem Bitmuster der untersten Reihe geladen. Dann wird der unterste Transistor freigegeben. Nachfolgend werden die Zwischenspeicher mit dem Muster der zweiten Reihe geladen, der erste Transistor gesperrt und der zweite freigegeben. Dieser Vorgang erfolgt periodisch von der ersten bis zur siebten Reihe mit einer Frequenz von 200 bis 600 Hz. Ein gemeinsamer 8-Bit-Datenbus verbindet die Zwischenspeicher mit dem Mikrocomputer. Um die Zwischenspeicher selektiv zu laden, sind nochmals 12 Steuerleitungen notwendig. Die Gesamtzahl der benötigten Leitungen setzt sich zusammen aus:

8	(8)	Bus
12	(4)	Taktleitungen für Speicher
7	(3)	Transistor-Basisanschlüsse
2	(2)	Stromversorgung
= 29	(17)	Verbindungsadern ( ) bei Verwendung von Decoder.

Es ist möglich, statt der 12 Taktleitungen für die Speicher nur vier zur Anzeigeneinheit zu führen, wenn man ein 4-Bit-Binärwort an die Eingänge des 4 zu 16 Decoderbaustein 74HC154 gibt und mit dessen Ausgängen die Zwischenspeicher taktet. Die Zahl der Verbindungsadern reduziert sich dadurch auf 21. Mit dem 3 zu 8 Decoderbaustein 74HC138 kann man in der gleichen Weise die Zahl der sieben Transistor-Basisanschlüsse auf drei verringern, so daß nochmals vier Adern eingespart werden können. Bei der Verwendung dieses Decoders ist darauf zu achten, daß die aktiven Leitungen Low-Pegel führen und somit pnp-Transistoren zum Einsatz kommen müssen. Sie sollen bei der Vielzahl der LEDs für eine Stromstärke von 2 A ausgelegt sein. Da jetzt nur noch 15 Steuer-/Datenleitungen benötigt werden, ist eine Porterweiterung nach Bild 3-20. vollkommen ausreichend, um alle Aktionen der Anzeigeeinheit zu steuern.

Dem Einfallsreichtum der Programmierers sind nun keine Grenzen mehr gesetzt. Er kann die Zeichen normal oder fett, hochgestellt oder tiefgestellt, unterstrichen oder kursiv, blinkend oder revers, doppelt breit oder vertikal gescrollt etc. ausgegeben.

Die Dateneingabe in den Mikrocomputer für den Anzeigentext wird in Kap. 4-4. beschrieben.

Mehrstellige LCD-Anzeigen:

LCD-Anzeigen zeichnen sich durch einen äußerst sparsamen Stromverbrauch aus, und werden vor allem in netzunabhängigen Geräten eingesetzt. Die häufigste Verwendungsform sind 3½- oder 4-stellige Anzeigen mit gemeinsamem Backplane-Anschluß. Bild 4-6. zeigt eine typische Anwendung einer vierstelligen LCD-Anzeige.

4 LCD-Anzeigen

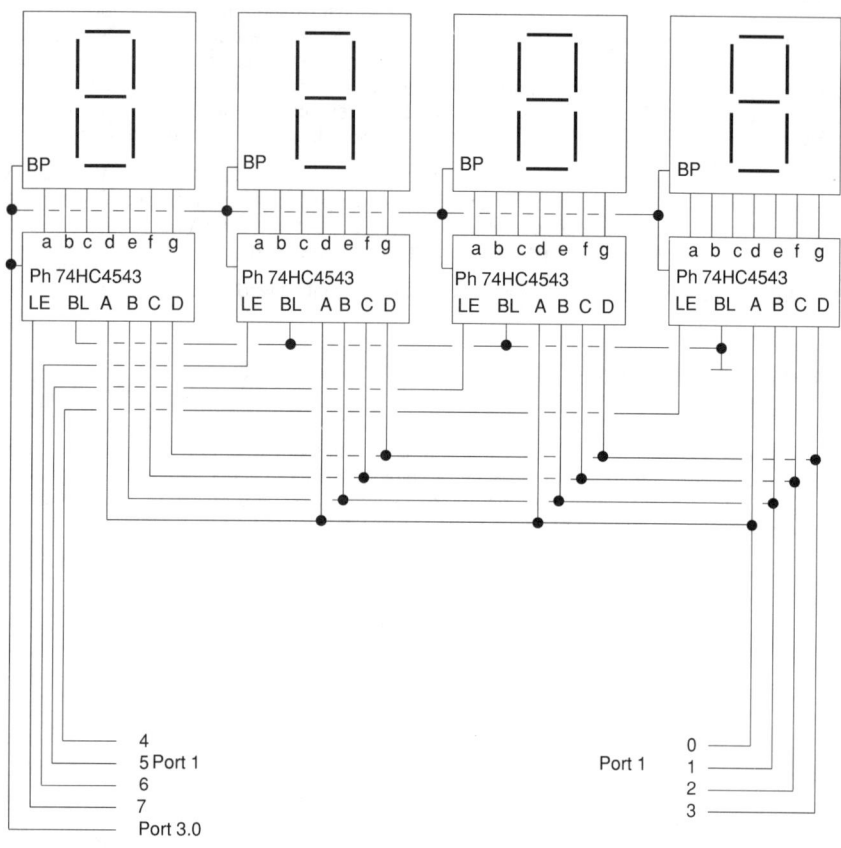

Bild 4-6. **Ansteuerung einer vierstelligen LCD-Anzeige über Treiberbausteine 74HC4543**

Eine Flüssigkristallanzeige (LCD) mit gemeinsamen Backplane für alle Ziffern läßt sich nicht nach derselben Art multiplexen wie eine LED-Anzeige. Jede Ziffer benötigt einen eigenen BCD zu 7-Segment Decoder. Der 74HC4543 ist ein besonders geeigneter Baustein, da er einen Speicher für den BCD-Code und einen Phase-Eingang besitzt. Der Phase-Eingang ist mit dem Backplane der Anzeige zu verbinden. Damit durch chemische Zersetzung die Flüssigkristalle nicht zerstört werden, muß die Polung des aktiven Segments ständig gewechselt werden. Das erreicht man durch einen gemeinsamen leitenden Hintergrund aller Segmente (Backplane). An dieses Backplane legt man eine Rechteckfrequenz von 35 bis 100 Hz. Soll ein Segment inaktiv sein, muß es synchron zur Backplanefrequenz schwingen, soll es aktiv sein, muß es einen Phasenwinkel von 180° aufweisen, damit so eine ständige Potentialdifferenz von 5 Volt aufrechterhalten wird.

Diese Aufgabe, die in der Software sehr viel Programmieraufwand erfordern würde, übernimmt der Baustein 74HC4543. Liegt am Phase-Eingang Masse an, führen die nicht aktiven Segmente Low-Pegel, die aktiven High-Pegel; liegt am Phase-Eingang Plus an, führen die nicht aktiven Segmente High-Pegel, die aktiven Low-Pegel. Der Prozessor muß sich nicht um die richtige Phase jedes einzelnen Segmentes kümmern; seine Aufgabe besteht lediglich aus drei Punkten:

1. Die Ausgabe der Backplane-Frequenz,
2. die Ausgabe des BCD-Codes,
3. die Anwahl des richtigen Decoderbausteines.

Da die Decoder nur die Ziffern 0 bis 9 kennen, ist eine Darstellung von Buchstaben oder Sonderzeichen nicht möglich.

Bei der Anwahl eines einzelnen Decoders ist zu beachten, daß bei High-Pegel am Latch Enable-Pin (LE) der BCD-Code an den Eingängen in Übereinstimmung mit der Polarität des Phase-Signals decodiert an die Ausgänge weitergeführt wird. Bei der negativen Flanke des LE-Signals wird der zuletzt anliegende BCD-Code gespeichert. Daher müssen prinzipiell die Ausgänge 4 bis 7 des Prozessor-Port 1 an Masse liegen. Beim Beschreiben eines Decoders ist die BCD-Information über die Ausgänge 0 bis 3 auf den Bus zu legen und der LE-Eingang des anzusprechenden Decoders mit einem kurzen, positiven Impuls aus den Ausgängen 5 bis 7 zu versehen. Eine Pulsbreite von 16 ns reicht bereits aus, um die Daten in den 74HC4543 zu schreiben.

Die auszugebenden Daten stehen in den Adressen 40 bis 43. Der folgende Programmausschnitt stellt keine Multiplexroutine dar. Die Befehlsfolge wird jedesmal dann durchlaufen, wenn eine Änderung in den Adressen 40 bis 43 eintritt:

```
Einerziffer:
0050    85 43 90    MOV    43,P1
0053    B2 94       CPL    P1.4
Zehnerziffer:
0055    85 42 90    MOV    42,P1
0058    B2 95       CPL    P1.5
Hunderterziffer:
005A    85 41 90    MOV    41,P1
005D    B2 96       CPL    P1.6
Tausenderziffer:
005F    85 40 90    MOV    40,P1
0062    B2 97       CPL    P1.7
0064    B2 97       CPL    P1.7
```

In den Adressen 40 bis 43 steht der BCD-Code jeweils im Low-Nibble; das High-Nibble weist nur Nullen auf. Deswegen werden die Pins 4 bis 7 durch ein erneutes Beschreiben des Ports zurückgesetzt. Die Ausnahme bildet nur die Ausgabe der Tausenderziffer.

Da die Charakter in den Dekoderbausteinen gebildet werden, erübrigt sich das Auslesen einer ROM-Tabelle. Die Datenausgabe erfolgt auch nicht über einen Zwischenspeicher, was zu einer wesentlichen Vereinfachung des Programms beiträgt.

Im Timer-Interrupt gibt man sinnvollerweise das Backplane-Signal aus. Damit eine Backplane-Frequenz von 50 Hz entsteht, muß der Ausgang 0 von Port 3 hundertmal in der Sekunde komplementiert werden:

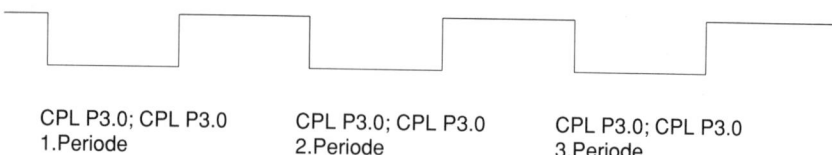

CPL P3.0; CPL P3.0   CPL P3.0; CPL P3.0   CPL P3.0; CPL P3.0
1.Periode   2.Periode   3.Periode

Für eine ganze Periode werden zwei CPL-Befehle benötigt. Soll also die Periodendauer $^1/_{50}$ Sekunde betragen, muß die Zeit zwischen zwei CPL-Befehlen $^1/_{100}$ Sekunde kurz sein.

4. Tastaturdecodierung

Der Eingabe von Informationen über Taster oder Tastenfelder kommt in einem Computersystem besondere Bedeutung zu, da man damit die Aktionen des Prozessors wesentlich beeinflussen kann. Man trifft in der Praxis Tastaturen der unterschiedlichsten Art an. Bei ihrem Einsatz möchte man den besten Kompromiß zwischen einer maximalen Tastenzahl und einer Minimalzahl von Portanschlüssen bei möglichst geringem externen Hardwareaufwand erreichen.

Die in den Bildern 4-7. bis 4-9. gezeigten Tastaturen werden am häufigsten in der Praxis eingesetzt. Jedes Beispiel zeigt dieselbe Anzahl von Tasten und nennt die benötigten Verbindungsleitungen in Abhängigkeit von der verwendeten Technik.

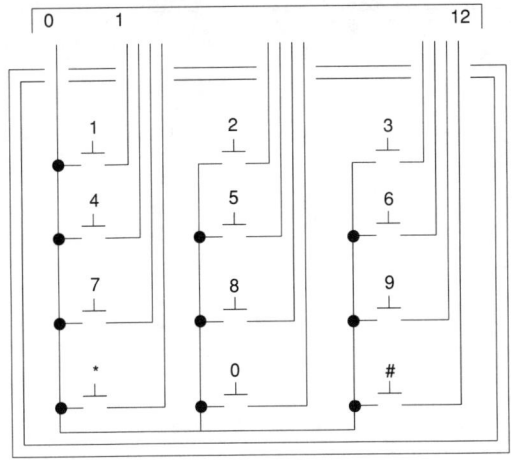

Bild 4-7. Tastenfeld mit zwölf Kontakten zu einem gemeinsamen Anschluß

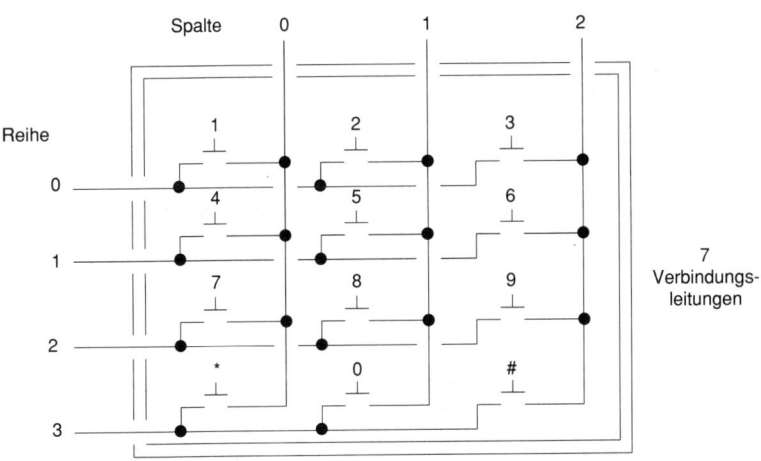

Bild 4-8. Tastatur mit 12 Kontakten und einer 3 X 4 Matrix

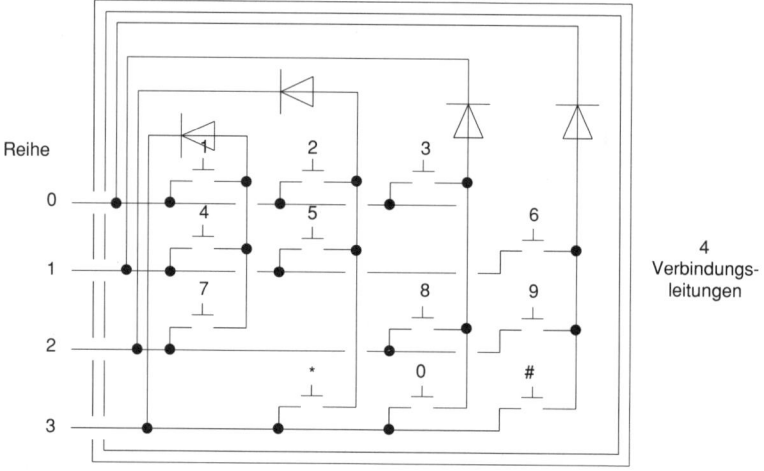

Reihe

4 Verbindungsleitungen

Bild 4-9. Tastatur mit 12 Kontakten und einer Diodenlogik

Tastatur nach Bild 4-7. besitzt die meisten Verbindungsleitungen zum Mikrocomputersystem. Ohne Zuhilfenahme eines Portzwischenspeichers sind zwölf I/O-Leitungen des Prozessors belegt, und es verbleiben nur noch vier für allgemeine Verwendungszwecke. Der gemeinsame Anschluß 0 wird an Masse gegeben und die restlichen zwölf Leitungen den Eingängen zugeführt. Ein Tastenfeld dieser Art dürfte in den seltensten Fällen direkt mit dem Prozessor verbunden zum Einsatz kommen.

Ein etwas platzsparenderer Anschluß ergibt sich, wenn nicht die Leitungen 1 bis 12 an den Prozessor geführt werden, sondern nur die gemeinsame Leitung 0. Legt man sie zudem auf einen Interrupt-Pin, kann ein Tastendruck zur Programmunterbrechung führen, und eine ständige Tastaturüberwachung entfällt. Zu diesem Zweck verwende man zwei Zwischenspeicher für Port 2 nach Bild 3-18., und führe deren Ausgänge an die Anschlüsse 1 bis 12 der Tastatur. Der Prozessor beschreibe beide Zwischenspeicher mit Nullen. Beim Betätigen einer Taste wird ein Interrupt ausgelöst. In dieser Interruptroutine beschreibt der Prozessor die Zwischenspeicher mit Einsen bis auf ein Bit, das auf Leitung 1 der Tastatur liegt, und fragt den INTX-Pin nach dessen Zustand ab. Führt er High-Pegel, wird Leitung 2 an Masse gelegt, und wiederum der INTX-Pin getestet. Das wird so lange wiederholt, bis die gedrückte Taste identifiziert ist. Sind zwei Tasten gleichzeitig gedrückt, führt das unweigerlich zu einem Kurzschluß der Zwischenspeicherausgänge. Dies ist weiter nicht tragisch, da die Ausgänge kurzschlußfest sind, sollte aber vermieden werden, z.B. mit Dioden oder Widerständen, da währenddessen in der Schaltung ein erhöhter Strom fließt. Der Prozessor erfährt bei diesem Kurzschluß den Mittelwert der Spannung von 2,5 Volt und interpretiert diesen Pegel als Plus. Es ist so, als wäre in diesem Fall keine Taste gedrückt.

Eine dritte Möglichkeit, die Tastatur von Bild 4-7. einzusetzen, besteht in der Verwendung des 4 zu 16 Decoderbausteins 74HC154. Vier Leitungen führen zum Decoder, 12 vom Decoder zur Tastatur und eine von der Tastatur zurück zum Prozessor. Eine 4-Bit-Adresse an Port 1 legt über den 74HC154 eine von 12 Leitungen der Tastatur an Masse. Die Kenntnis des ausgegebenen Codes und Low-Pegel auf der rückführenden Leitung erlauben eine eindeutige Identifizierung der gedrückten Taste. Durch entsprechende Verdrahtung kann der Zahlenwert des Codes identisch mit der Aufschrift der gedrückten Taste sein und führt so zu einer Reduzierung des Softwarevolumens. Das Problem von mehrfach gedrückten Tasten ist das gleiche wie im vorigen Beispiel. Mehrfacher Tastendruck führt zum Kurzschluß in den Ausgängen. Der Decoder überlebt es, und der Prozessor registriert High-Pegel. Dioden in den Zuleitungen verhindern das und erlauben die Belegung der Tasten mit Zweit- oder Drittfunktionen (Bild 4-10.).

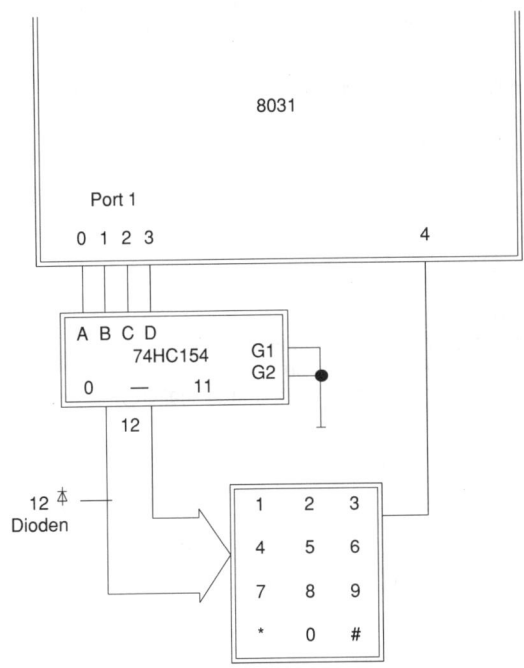

Bild 4-10. Tastaturansteuerung über 4-zu-16-Decoder

Nachstehendes Programm bezieht sich auf die Hardwarekonfiguration von Bild 4-10. . Der Ausgang 11 des Decoders ist dabei mit der *-Taste, Ausgang 10 mit der #-Taste und die Ausgänge 9 bis 0 sind mit den entsprechenden Zifferntasten verbunden. Es läuft unter folgenden Voraussetzungen:

Eine sechsstellige 7-Segmentanzeige zeigt bei gelöschtem Bit 2 die Werte an, die in den Adressen 40 bis 45 stehen. Bei gesetztem Bit 2 werden die Inhalte der Adressen 30 bis 35 ausgegeben. Das Programm fragt 50mal in der Sekunde die Tastatur nach einer gedrückten Taste ab. Wird eine solche erkannt, wird Bit 2 gesetzt, die Adressen 31 bis 35 um ein Byte nach links kopiert (Taschenrechnermodus), der Tastenwert in Adresse 35 geschrieben, das Tasten-Besetzt-Flag Bit 4 gesetzt und der 10-Sekundenzähler gestartet. Bei jedem Tastendruck wird dieser Zähler rückgesetzt. Erfolgt über einen Zeitraum von zehn Sekunden keine Eingabe, werden Bit 2 und die Adressen 30 bis 35 gelöscht, und das Programm greift ohne Änderungen wieder auf die Adressen 40 bis 45 zu. Man kann nun beliebig viele Werte eingeben. Man hat zehn ungeshiftete Ziffern und zehn geshiftete Ziffern zur Verfügung, die beliebig kombiniert werden können. Die geshifteten Eintragungen in die Adressen 30 bis 35 sind um zehn größer als die ungeshifteten. Werden mehr als sechs Eingaben gemacht, läuft die Anzeige über. Das Drücken der Shift-Taste allein bewirkt noch kein Setzen von Bit 2 und Bit 4, sie stellt also für das Programm keine eigenständige Taste dar. Mit der Kombination Shift/Enter wird die Anzeige gelöscht. Mit der Taste Enter allein erfolgt die Übernahme der Werte.

Die Tasten, Bits und Register haben in dem Programm folgende Funktion:

*:	Shift
#:	Enter
*/#:	Delete (Löschen)
0—9:	Tasten 0 bis 9
Bit 2:	Eingabemodus
Bit 3:	Shifttaste gedrückt
Bit 4:	Zifferntaste gedrückt
R3 :	10-Sekundenzähler; wird durch Timerinterrupt in jeder Sekunde um eins erhöht (nicht in diesem Programm enthalten).

Bit 2 gesetzt?	
Nein	Ja

	Sind 10 Sekunden seit dem letzten Tastendruck vergangen?	
	Nein	Ja
		Lösche Bit 2 Lösche 10-Sekundenzähler Fülle 30 bis 35 mit Nullen

* Taste gedrückt?	
Ja	Nein

Left branch (Ja):

Bit 2 gesetzt?	
Ja	Nein

# Taste gedrückt?		Setze Bit 3
Ja	Nein	

Bit 4 gesetzt?	
Nein	Ja

Setze Bit 4 Lösche 10-Sekundenzähler Fülle 30 bis 35 mit Nullen	

Return

Right branch (Nein):

Lösche Bit 3
Bit 2 gesetzt?

Nein	Ja

	# Taste gedrückt?	
	Nein	Ja

Bit 4 gesetzt?	
Nein	Ja

Setze Bit 4 Lösche Bit 2 Kopiere 30 35 nach 40 bis 45	

Return

---

wiederhole 10mal

Taste 9 - 0 gedrückt?	
Nein	Ja

Bit 4 gesetzt?	
Ja	Nein

	Setze Bit 4 Setze Bit 2 Lösche 10-Sekundenzähler Schiebe Adressen 30 - 35 ein Byte nach links Schreibe Low-Nibble von Port 1 in den Akkumulator

Bit 3 gesetzt?	
Nein	Ja

	Addiere 10_d zum Akk

Schreibe Akku in Adresse 35

Lösche Bit 4

Return

Die Übersetzung des Struktogramms in Maschinencode und Mnemonik lautet:

```
0260    20 02 07    ┌──  JNB     02,026A
0263    BB 0A 04    ├──  CJNE    R3,#0A,026A
0266    C2 02       │    CLR     02
0268    71 00       │    ACALL   0300        ;Subroutine "Löschen"
* Taste:            │
026A    75 90 FB    └─►  MOV     P1,#FB
026D    30 94 24         JNB     P1.4,0294
0270    C2 03            CLR     03
0272    30 02 31         JNB     02,02A6
0275    15 90            DEC     P1
0277    20 94 2B         JB      P1.4,02A6   ;# Taste ?
027A    20 04 16         JB      04,0293
027D    D2 04            SETB    04
027F    C2 02            CLR     02
0281    85 30 40         MOV     30,40       ;Kopieren
0284    85 31 41         MOV     31,41
0287    85 32 42         MOV     32,42
028A    85 33 43         MOV     33,43
028D    85 34 44         MOV     34,44
0290    85 35 45         MOV     35,45
0293    22               RET
0294    30 02 0D    ┌──  JNB     02,02A4
0297    15 90       │    DEC     P1
0299    20 94 08    ├──  JB      P1.4,02A4   ;# Taste ?
029C    20 04 04    ┌─┼  JB      04,02A3
029F    D2 04       │ │  SETB    04
02A1    71 00       │ │  ACALL   0300        ;Subroutine "Löschen"
02A3    22          └─┼► RET
02A4    D2 03         └► SETB    03
Tasten 9-0:
02A6    78 90            MOV     R0,#90
02A8    76 FA            MOV     @R0,#FA
02AA    16          ┌─►  DEC     @R0         ;Schleife
02AB    30 94 06    │┌─  JNB     P1.4,02B4   ;Sprung bei gedrückter Taste
02AE    B6 F0 F9    │└─  CJNE    @R0,#F0,02AA;
02B1    C2 04       │    CLR     04
02B3    22          │┌─► RET
02B4    20 04 FC    └┼─► JB      04,02B3
02B7    D2 02        │   SETB    02
02B9    D2 04            SETB    04
02BB    7B 00            MOV     R3,#00
02BD    85 31 30         MOV     31,30       ;Schiebe ein Byte nach inks
02C0    85 32 31         MOV     32,31
02C3    85 33 32         MOV     33,32
02C6    85 34 33         MOV     34,33
02C9    85 35 34         MOV     35,34
02CC    E4               CLR     A
02CD    D6               XCHD    A,@R0
02CE    30 03 02    ┌──  JNB     03,02D3
02D1    24 0A       │    ADD     A,#0A
02D3    F5 35       └─►  MOV     35,A
```

4-26   Mikrocontroller Kochbuch

02D5	22	RET	
Löschen:			
0300	E4	CLR	A
0301	FB	MOV	R3,A
0302	79 35	MOV	R1,#35
0304	F7	MOV	@R1,A
0305	19	DEC	R1
0306	B9 2F FB	CJNE	R1,#2F,0304
0309	22	RET	

Ein Tastenfeld nach Bild 4-8. wird am häufigsten eingesetzt, da es ohne zusätzliche Bauteile mit sieben Leitungen bei zwölf Kontakten auskommt. Auch die großen Keyboards der Personalcomputer bedienen sich dieser Technik, da mit einer 8 X 8-Matrix 64 Tasten überprüfbar sind. Ein Anschlußbeispiel an das MCS—51 System zeigt Bild 4—11.

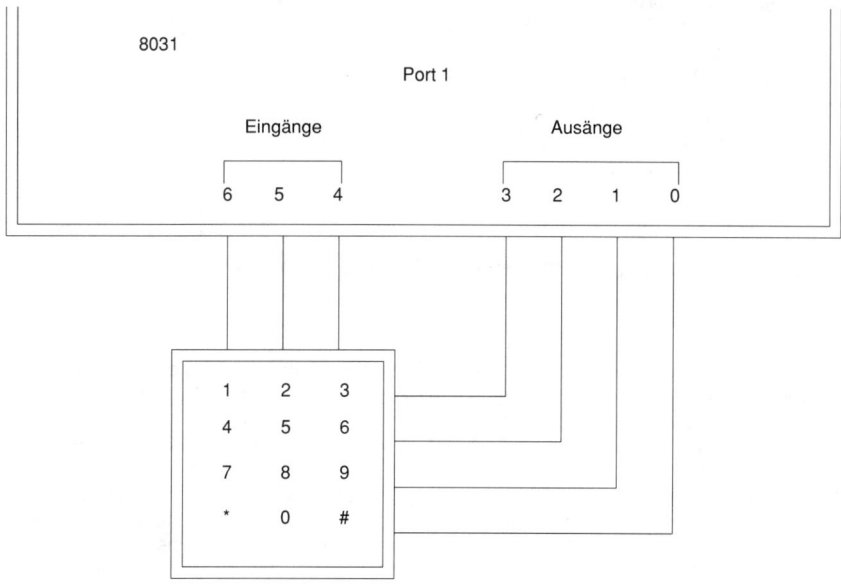

Bild 4-11. Anschluß einer 4 X 3 Tastaturmatrix am 8031

Um zu überprüfen, ob eine Taste gedrückt wurde, lege man Ausgang 0 von Port 1 an Masse, die verbleibenden Ausgänge lasse man an Plus. Ist die Sterntaste gedrückt, wird Eingang 4 an Masse liegen. Stellt man am Eingang 5 Low-Pegel fest, ist die 0-Taste gedrückt, wohingegen die #-Taste Eingang 6 an Masse zieht. Führen die Eingänge 4 bis 6 High-Pegel, war keine der drei Tasten gedrückt. Im nächsten Schritt wird Ausgang 1 an Masse gelegt, und wiederum die Eingänge 4 bis 6 überprüft. Damit läßt sich ein Tastendruck der Tasten 7, 8 und 9 feststellen. Auf gleiche Weise werden die Tasten 4, 5, 6 und 1, 2, 3 abgefragt. Da der Prozessor den Zustand der Ausgänge kennt, kann er eindeutig durch Abfragen der Eingänge die gedrückte Taste erkennen.

In Tabelle 4-1. ist jeder Taste das Bitmuster von Port 1 und der hexadezimale Wert zugeordnet.

Taste	Binärmuster	Hexwert
1	1011 0111	B7
2	1101 0111	D7
3	1110 0111	E7
4	1011 1011	BB
5	1101 1011	DB
6	1110 1011	EB
7	1011 1101	BD
8	1101 1101	DD
9	1110 1101	ED
*	1011 1110	BE
0	1101 1110	DE
#	1110 1110	EE

Tabelle 4-1.Zuordnung von Bitmuster und Taste zu Bild 4-11.

Das Programm zur Tastaturabfrage kann logisch in ähnlicher Weise wie das vorstehende aufgebaut werden. Lediglich der Algorithmus zur Tastenerkennung muß der besonderen Hardwarekonfiguration gerecht werden. Ein Blick auf Tabelle 4-1. zeigt schon fast die notwendige Vorgehensweise. Das Low-Nibble stellt die Ausgänge dar, das High-Nibble die Eingänge. Das folgende Programm startet mit dem Bitmuster 0111 1111 = 7F, das mit dem RL-Befehl nach links rotiert (1111 1110) und anschließend ausgegeben wird. Das High-Nibble von Port 1 wird in das Low-Nibble des Akkumulators geschrieben und dreimal durch das Carry nach rechts rotiert. Am Carry läßt sich erkennen, ob einer der Eingangspins Masse führt. Ein Zählregister läuft parallel zu jedem RRC-Befehl mit. Wird durch diese Maßnahme eine Taste als gedrückt erkannt, kann von gewissen Umständen abhängig der Wert des Zählers mit der gedrückten Taste identifiziert und abgespeichert werden. Unter drei Bedingungen wird eine gedrückte Taste nicht in das interne RAM geschrieben:

1. Es ist nur die Shift-Taste;

2. Eine zuletzt gedrückte Taste ist noch nicht losgelassen;

3. Es ist mehr als eine der nicht Shift-Tasten gedrückt.

Wird im ersten Überprüfen keine gedrückte Taste festgestellt, rotiert der Prozessor das Bitmuster um Eins nach links (1111 1110   1111 1101), und gibt es wieder an Port 1. Das geschieht noch dreimal, bis auf diese Weise jede gedrückte Taste überprüft ist. Nach der vollständigen Tastaturabfrage wird die Auswertung des Ergebnisses vorgenommen.

Die Tasten, Bits und Register haben in dem Programm folgende Funktion:

```
*:       Shift
#:       Enter
*/#:     Delete (Löschen)
0—9:     Tasten 0 bis 9
Bit  3:  Shifttaste gedrückt
Bit  4:  Letzte Taste noch nicht losgelassen
Bit  5:  Zifferntaste gedrückt
Bit  6:  Doppelt gedrückte Taste
R0:      Tastenzähler
R1:      Reihenzähler
R2:      Spaltenzähler
```

Tastaturabfrage:

Lösche Bits 3; 5; 6			
Wiederhole zwölfmal			
	Taste gedrückt ?		
Nein		Ja	
		Shift-Taste ?	
	Ja		Nein
			Bit 5 gesetzt ?
		Nein	Ja
		Setze Bit 5 Kopiere Tastenzähler in Adresse 36	Setze Bit 6
Tastenzähler - 1			
Wiederhole solange, bis der Inhalt des Tastenzählers Null aufweist			

Auswertung:

Letzte Taste noch gedrückt (04 = 1)?					
Nein					**Ja**
Neue Taste gedrückt (05=1)?			Neue Taste gedrückt (05 = 1)?		
Ja		Nein	Ja		Nein
Setze Bit 04 Zwei Tasten gedrückt (06 = 1)?		Ja		Lösche Bit 04	
Nein					
War es die #-Taste?		Ja	Return		
Nein					
War es die 0-Taste?		Mit Shift-Taste (03 = 1)?			
Ja	Nein	Ja			Nein
Korrigiere Wert in 36				Enter	
Mit Shift-Taste?		Delete			
Ja	Nein				
Addiere 10_d zu 36					
Schiebe 31—36 nach 30—35					
Return					

Die Übersetzung des Struktogramms in Maschinencode und Mnemonik lautet:

```
0400   C2 03       CLR   03
0402   C2 05       CLR   05
0404   C2 06       CLR   06
0406   78 0C       MOV   R0,#0C      ;Tastenzähler
0408   79 7F       MOV   R1,#7F      ;Reihenschablone
040A   7A 03    ┌→ MOV   R2,#03      ;Spaltenzähler
040C   E9       │  MOV   A,R1
040D   23       │  RL    A
040E   F5 90    │  MOV   P1,A
0410   F9       │  MOV   R1,A
0411   E5 90    │  MOV   A,P1
0413   C4       │  SWAP  A
0414   13       │ ┌→ RRC  A
0415   50 08    │ │ JNC   041F        ;Taste gedrückt?
CONT.:          │ │
0417   18       │ │ DEC   R0          ;Nein
0418   DA FA    │ └─ DJNZ  R2,0414
041A   E8       │    MOV   A,R0
041B   70 ED    └─── JNZ   040A
041D   80 21       SJMP   0440
041F   B8 0A 04  ┌─ CJNE  R0,#0A,0426  ;Shift?
0422   D2 03     │  SETB  03           ;Ja
0424   80 F1     │  SJMP  0417         ;CONT.
0426   20 05 06  └→ JB    05,042F
0429   D2 05      ┌  SETB  05
042B   88 36      │  MOV   36,R0
042D   80 E8      │  SJMP  0417        ;CONT.
042F   D2 06      └→ SETB  06
0431   80 E4         SJMP  0417        ;CONT.
```

Auswertung:

```
0440   20 04 09    JB    04,044C
0443   30 05 05    JNB   05,044B
0446   D2 04       SETB  04
0448   30 06 07    JNB   06,0452       ;2 Tasten gedrückt?
044B   22          RET                 ;Ja

044C   20 05 02    JB    05,0451
044F   C2 04       CLR   04
0451   22          RET

0452   E5 36       MOV   A,36          ;#-Taste?
0454   B4 0C 1F    CJNE  A,#0C,0476    ;Ja
0457   20 03 12    JB    03,046C       ;Shift?
045A   85 30 40    MOV   30,40         ;Nein
045D   85 31 41    MOV   31,41         ;
0460   85 32 42    MOV   32,42         ;Enter
0463   85 33 43    MOV   33,43         ;
0466   85 34 44    MOV   34,44
```

```
0469   85 35 45   MOV   35,45
046C   E4         CLR   A            ;Delete
046D   79 35      MOV   R1,#35
046F   78 06      MOV   R0,#06
0471   F7         MOV   @R1,A
0472   19         DEC   R1
0473   D8 FC      DJNZ  R0,0471
0475   22         RET

0476   B4 0B 03   CJNE  A,#0B, 047C  ;0-Taste?
0479   75 36 00   MOV   36,#00       ;Ja
047C   30 03 04   JNB   03,0485      ;Shift?
047F   74 0A      MOV   A,#0A        ;Ja
0481   25 36      ADD   A,36         ;Addiere 10_d
0483   F5 36      MOV   36,A         ;
0485   85 31 30   MOV   31,30        ;Eingabe erfolgt in
0488   85 32 31   MOV   32,31        ;Taschenrechnermodus
048B   85 33 32   MOV   33,32
048E   85 34 33   MOV   34,33
0491   85 35 34   MOV   35,34
0494   85 36 35   MOV   36,35
0497   22         RET
```

Dieses Programm fragt zunächst die komplette Tastatur ab und macht erst danach die Auswertung. Wenn man möchte, kann man auch hier eine 10-Sekunden-Zeitbasis integrieren und den Ausgabemodus auf die Adressen 30 bis 35 während der Dateneingabe lenken. Man verfahre dabei nach dem Algorithmus von Programm zu Bild 4-10.

Die Tastatur von Bild 4-9. benötigt für dieselbe Anzahl von Kontakten die wenigsten Verbindungsleitungen. Bild 4-12. zeigt die Anordnung von Tasten und Dioden schematisch:

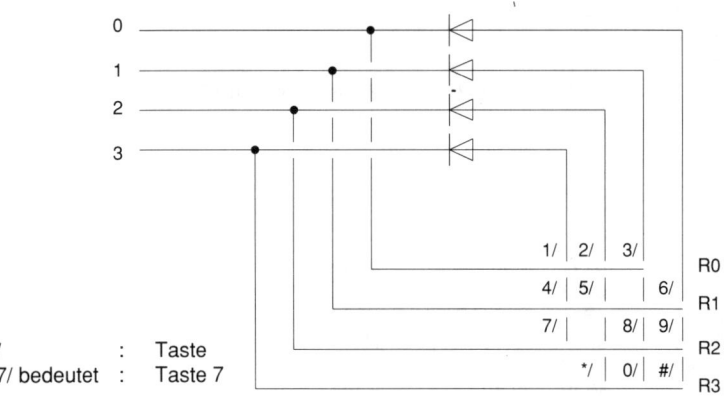

/   :   Taste
7/ bedeutet :   Taste 7

Bild 4-12. Schematische Darstellung einer Tastatur mit Diodenlogik

Legt der Prozessor Leitung 0 an Masse und die restlichen an Plus, so sind die Verbindungen 1 bis 3 Eingänge und 0 der Ausgang. Dabei liegen die Spaltenleitung S0 und die Reihenleitung R0 auf Low-Pegel. Werden die Taster 1, 2 oder 3 betätigt, verhindern die Dioden D_1 bis D_3 den Elektronenfluß zu den Eingängen 1 bis 3. Betätigt man jedoch die Taster 6, 9 oder Doppelkreuz, kann der Strom von Ausgang 0 über D_0, Spaltenleitung S0 und gedrücktem Taster zum betreffenden Eingang fließen. Wird in diesem Falle an Eingang 2 Low-Pegel registriert, weiß der Prozessor, daß es sich eindeutig um Taste 9 handelt, da Ausgang 0 und Eingang 2 Masse führen. Kein anderer Tastendruck kann in diesem Fall an Eingang 2 Low-Pegel verursachen.

Legt der Prozessor die Leitung 1 an Masse, müssen die Verbindungen 0, 2 und 3 als Eingänge vorliegen. An ihrem Pegel kann der Prozessor die Tasten 3, 8 und 0 erkennen. Auch hier verhindern die Dioden D_0, D_2 und D_3 eine Fehlinformation durch die Tasten 4, 5 oder 6. Die restlichen Tasten erkennt der Prozessor auf die gleiche Weise. Es dienen immer eine Leitung als Ausgang und die restlichen drei als Eingänge. Der Vorteil liegt auf der Hand: Mit den I/O-Leitungen wird in diesem Falle bei gleicher Leistung sparsam umgegangen.

Ist diese Tastatur an den Pins 0 bis 3 von Port 1 angeschlossen, ordnet der Prozessor den Tasten die in Tabelle 4-2. aufgeführten Bitmuster zu.

Taste	Binärmuster	Hexwert
1	xxxx $\underline{0}$110	X6
2	xxxx 1$\underline{0}$10	XA
3	xxxx 11$\underline{0}$0	XC
4	xxxx $\underline{0}$101	X5
5	xxxx 1$\underline{0}$01	X9
6	xxxx 110$\underline{0}$	XC
7	xxxx $\underline{0}$011	X3
8	xxxx 10$\underline{0}$1	X9
9	xxxx 101$\underline{0}$	XA
*	xxxx 0$\underline{0}$11	X3
0	xxxx 01$\underline{0}$1	X5
#	xxxx 011$\underline{0}$	X6

$\underline{0}$ ist Ausgabebit

Tabelle 4-2. Zuordnung von Bitmuster und Taste zu Bild 4-12.

Da jedes Bitmuster zweimal existiert (Tabelle 4-2.), versuche man die Identifizierung der Einzeltasten nicht durch Lesen des Low-Nibble von Port 1, sondern nach Festlegung des Ausgangs durch Testen der drei verbleibenden Eingänge. Markiert man die Ausgänge in Tabelle 4-2., sieht man, daß es doch keine zwei identischen Bitmuster gibt.

Mit kleinen Änderungen läßt sich das vorstehende Programm der Tasteneinlesung einer 3 X 4 Matrix übernehmen. Der einzige logistische Unterschied besteht darin, daß nach Einlesen des Portzustandes das Bit, das den Ausgang bildet, zu einer Eins gemacht wird, und somit eine virtuelle, nicht gedrückte Taste darstellt. Register 0 wird hier ebenfalls als Tastenzähler verwendet. Die Voreinstellung muß jedoch mit dem Wert 16$_d$ erfolgen, da vier virtuelle Tasten hinzukommen. Auch entsprechen die Inhalte des Tastenzählers nicht mehr den Tastenbeschriftungen. Es gilt folgende Zuordnung:

Tastenaufschrift:	0	1	2	3	4	5	6	7	8	9	*	#
Tastenzähler:	09	04	08	0C	03	07	0F	02	0A	0E	05	0D

Die Zählerinhalte 01, 06, 0B und 10_h entsprechen den virtuellen Tasten, und können nie als Tastennummer auftreten.

Die Erzeugung der virtuellen Tasten erfolgt im Programm durch eine *exklusiv oder* Verknüpfung von Port mit Register 1, in dem der aktuelle Ausgang zwischengespeichert ist. Ist beispielsweise Verbindung 1 Ausgang und die 0-Taste gedrückt, steht in Register 1 das Bitmuster xxxx 11<u>01</u> und im Akkumulator nach Einlesen des Ports xxxx 01<u>01</u>. Der Befehl XRL A,R1

```
     R1:          xxxx   1101
     A:  XRL      xxxx   0101
     A:           xxxx   1000
```

hinterläßt im Akkumulator nur noch die Stellung der gedrückten Taste als eine Eins. Der Akkumulatorinhalt wird daraufhin viermal nach rechts durch das Carry geschoben. Beim Ausschieben der Eins wird das Carry gesetzt, und das Programm verzweigt zur Tastenerkennung.

Das Struktogramm ist identisch mit dem vorausgehenden. Das Programm sieht mit den Änderungen aus wie folgt:

```
0400      C2 03         CLR   03
0402      C2 05         CLR   05
0404      C2 06         CLR   06
0406      78 10         MOV   R0,#10        ;Tastenzähler
0408      79 7F         MOV   R1,#7F        ;Reihenschablone
040A      7A 04      ┌→ MOV   R2,#04        ;Spaltenzähler
040C      E9         │  MOV   A,R1
040D      23         │  RL  A
040E      F5 90      │  MOV   P1,A
0410      F9         │  MOV   R1,A
0411      E5 90      │  MOV   A,P1
0413      69         │  XRL   A,R1
0414      13         │┌→ RRC   A
0415      40 08      ││ JC  041F           ;Taste gedrückt?
CONT.:               ││                     ;   Ja: → :Tastenerkennung
0417      18         ││ DEC   R0            ;Nein
0418      DA FA      │└ DJNZ  R2,0414       ;
041A      E8         │  MOV   A,R0
041B      70 ED      └─ JNZ   040A
041D      80 21         SJMP  0440
```

Tastenerkennung:

```
041F   B8 0A 04   ┌─ CJNE  R0,#05,0426   ;Shift?
0422   D2 03      │  SETB  03             ;Ja
0424   80 F1      │  SJMP  0417           ;CONT.
0426   20 05 06   └→ JB    05,042F
0429   D2 05      │  SETB  05
042B   88 36      │  MOV   36,R0
042D   80 E8      │  SJMP  0417           ;CONT.
042F   D2 06      └→ SETB  06
0431   80 E4         SJMP  0417           ;CONT.
```

Auswertung:

```
0440   20 04 09      JB    04,044C
0443   30 05 05      JNB   05,044B
0446   D2 04         SETB  04
0448   30 06 07      JNB   06,0452        ;2 Tasten gedrückt?
044B   22           RET                   ;Ja

044C   20 05 02      JB    05,0451
044F   C2 04         CLR   04
0451   22           RET

0452   E5 36         MOV   A,36           ;#-Taste?
0454   B4 0D 1F      CJNE  A,#0D,0476     ;Ja
0457   20 03 12      JB    03,046C        ;Shift?
045A   85 30 40      MOV   30,40          ;Nein
045D   85 31 41      MOV   31,41          ;
0460   85 32 42      MOV   32,42          ;Enter
0463   85 33 43      MOV   33,43          ;
0466   85 34 44      MOV   34,44
0469   85 35 45      MOV   35,45
046C   E4           CLR   A               ;Delete
046D   79 35         MOV   R1,#35
046F   78 06         MOV   R0,#06
0471   F7           MOV   @R1,A
0472   19           DEC   R1
0473   D8 FC        DJNZ  R0,0471
0475   22           RET

0476   E5 36         MOV   A,36
0478   91 A0        ACALL 04A0            ;Decodiertabelle
047A   30 03 02      JNB   03,0480        ;Shift?
047D   25 0A         ADD   A,#0A          ;Ja
047F   F5 36         MOV   36,A           ;
0481   85 31 30      MOV   31,30          ;Eingabe erfolgt in
0484   85 32 31      MOV   32,31          ;Taschenrechnermodus
0487   85 33 32      MOV   33,32
048A   85 34 33      MOV   34,33
048D   85 35 34      MOV   35,34
0490   85 36 35      MOV   36,35
0493   22           RET
```

Subroutine Decodiertabelle:

```
04A0      83              MOV    A,@A+PC
04A1      22              RET
```

Decodiertabelle:

```
<04A0: 83 22 FF 07 04 01 FF FF 05 02 00 08 FF 03 FF 09
<04B0: 06 FF FF FF FF FF FF FF FF FF FF FF FF FF FF FF
```

Das vorstehende Programm ist durch Ändern der Schleifen- und Tastenzähler sowie durch Vergrößerung der Decodiertabelle auf erweiterte Tastaturen anwendbar. Stellt man dabei alle acht Pins des Ports zur Tastenabfrage zur Verfügung, lassen sich 56 Kontakte überwachen. Die abfragbare Tastenzahl ergibt sich aus der Formel n(n-1); mit n = Anzahl der I/O-Leitungen.

Mit wesentlich weniger Anschlüssen kommt man bei der Überwachung einer Tastatur aus, wenn man die Möglichkeit nutzt, die das MCS-51 Mikrocomputersystem anderen Systemen voraus hat, und die ohnehin vorhanden sind: den seriellen Port. Um damit eine Tastatur oder andere Eingangsvariablen beliebiger Größe zu kontrollieren, benötigt der 8031 insgesamt nur drei Pins. Zwei davon werden durch den seriellen Port gebildet, der dritte braucht nur Ausgabefunktionen auszuführen und kann somit auch dem Port 2-Zwischenspeicher entstammen. Der serielle Port benötigt zur Erfüllung dieser Aufgaben ein oder mehrere externe Schieberegister mit acht parallelen Eingängen und einem seriellen Ausgang. Die zu überprüfende Tastatur oder Sensoren werden an die parallelen Eingänge des Schieberegisters angeschlossen, der serielle Ausgang an den RXD-Pin des Prozessors, der TXD-Pin wird mit dem Schiebetakteingang des Schieberegisters verbunden und der dritte Pin wird zum Laden der parallel anstehenden Daten in das Schieberegister verwendet. Im Prinzip kann man jeden Baustein mit einer parallel-In-seriell-Out-Charakteristik verwenden. Unter Umständen werden dann weitere Steuerleitungen benötigt.

Der Baustein 74HC165 ist für diese Anwendung bestens geeignet. Seinen Einsatz im MCS-51 System zeigt Bild 4-13.

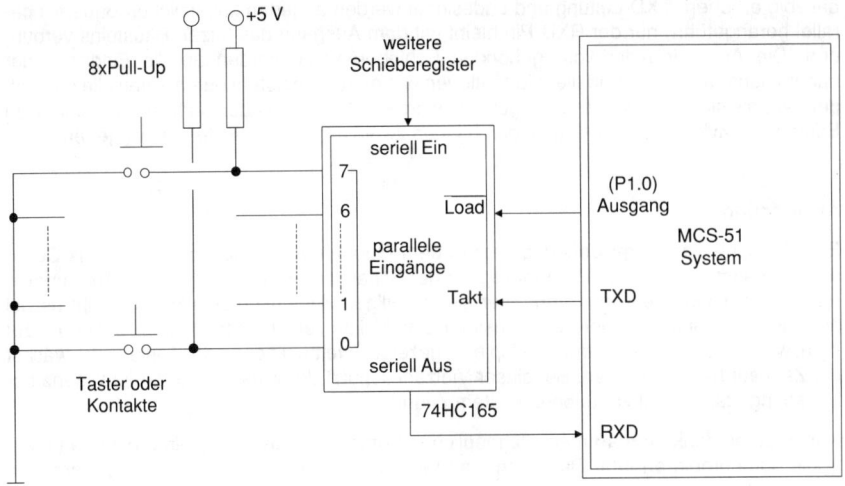

Bild 4-13. Tastaturabfrage mit seriellem Port

Um die anstehenden parallelen Daten in das Schieberegister zu laden, muß vor dem Einlesevorgang durch den Prozessor der Load-Eingang des 74HC165 für die Zeit von mindestens 20 ns an Masse gelegt werden. Die CPU stellt den seriellen Port auf Modus 0 und startet dauraufhin durch Setzen des REN-Bits im seriellen Port-Kontroll-Register (SCON) den Einlesevorgang. Bei Anschluß einer Tastatur erfolgt dieser Vorgang üblicherweise 50mal in der Sekunde, bei der Abfrage von Sensoren kann die Rate leicht auf 4000 steigen.

```
              ACALL SHIFT
              -----------
SHIFT:
   B2 90      CPL   P1.0        ;Daten in das Schieberegister
   B2 90      CPL   P1.0        ;laden
   75 98 10   MOV   SCON,#10    ;Modus 0|RI löschen |REN setzen
   22         RET
```

Dieser Programmteil startet in einer Subroutine den Einlesevorgang. Dabei dient Pin 0 von Port 1 als Steuerung für die Übernahme der Daten in das Schieberegister. Der interne serielle Puffer kann anschließend nicht sofort ausgelesen werden, da der Prozessor in den nächsten neun Maschinentakten mit dem Einlesen beschäftigt ist. Man wartet entweder diese neun Takte in der Routine ab, oder aber fährt mit dem Hauptprogramm fort, um es durch den seriellen Interrupt unterbrechen zu lassen. Den Inhalt des seriellen Puffers wird man in eine RAM-Adresse schreiben, wo er zur Weiterverarbeitung zur Verfügung steht.

Durch Kaskadierung von Schieberegistern kann man die Zahl der Eingabeleitungen nahezu beliebig erhöhen. TXD-Leitung und Ladesignal werden an jeden zusätzlichen Baustein parallel herangeführt, nur der RXD-Pin bleibt mit dem Ausgang des letzen Bausteins verbunden. Die Ausgänge der vorangehenden Schieberegister werden an die Eingänge der nachfolgenden geführt, und die Informationen des ersten Registers durchlaufen alle nachfolgenden, bis sie vom Prozessor eingelesen werden. Daher ist in der Software nur einmal zu Beginn des Zyklus das Ladesignal durch einen zweimaligen CPL-Befehl auszugeben.

Anwendung:

Eine typische Tastaturanwendung liegt in dem Gebrauch des Mikrocomputers als Codeschloß. Es ist kein Problem, die Intelligenz der Schaltung der Raffinesse des Programmierers anzupassen. Geht man von einer sechsstelligen Zahlenkombination aus, gibt es bei normaler Verwendung einer Zehnertastatur eine Million verschiedene Kombinationen. Läßt man, wie in den oben erläuterten Beispielen gezeigt, Zweitfunktionen der Tastatur zu, wächst die Zahl auf 64 Millionen an. Bei dieser Vielzahl schützt der Zufall, nicht die Intelligenz der Schaltung, das Objekt vor unberechtigtem Zugriff.

Nun wäre es denkbar, daß man alle möglichen Kombinationen mittels einer externen Elektronik durchprobieren läßt. Das kann man verhindern, indem man in das Programm eine Fremdbedienungserkennung einbaut. Jemand, der den Code nicht kennt, also auch eine externe Elektronik, wird sehr oft einen falschen Code eingeben. Nun kann auch der Eingeweihte sich vertippen. In diesem Falle zählt der Computer die Fehleingaben. Nach drei oder vier Tippfehlern schaltet das System die Tastatur für eine Zeit von einer Minute ab. Dieser Zustand des Systems wird durch eine LED unter mehreren angezeigt, die dem Anwender bekannt sein sollte. Nach dieser Wartezeit sind erneut drei oder vier Eingaben möglich mit derselben Reaktion bei Tippfehlern. Wurde diese Periode dreimal ohne Erfolg wiederholt, weiß das System, daß der Bediener des Codes unkundig ist und leitet entsprechende Maßnahmen ein. Denkbar ist eine Totalabschaltung, die nur nach mechanischer Öffnung des Objekts durch einen Kontakt im Innern rückgesetzt werden kann und eine Alarmauslösung. Es muß jedoch dabei gewährleistet sein, daß sich das System selbst nach einer gewissen Zeit (Stunde) rücksetzt, sofern es noch nicht zur Alarmauslösung kam. Nach erfolgreicher Codeeingabe zeigt das System seine Bereitschaft zur Öffnung des Schlosses durch verschiedene leuchtende LED-Kombinationen an. Nur während einer einzigen Kombination und nur für kurze Zeit akzeptiert der Mikrocomputer einen definierten Tastendruck. Kommt er falsch, zu spät oder dauert er zu lange, hat es denselben Effekt wie eine Fehleingabe. Somit ist mit einer über die Schulter abgeschauten Kombination das Schloß noch lange nicht zu öffnen. Denkbar wäre, das LED-Muster und die Zeitgebung so anspruchsvoll zu gestalten, daß die autorisierte Person unter Zwang auf Grund ihrer Nervosität dem Rhythmus des Musters nicht mehr folgen kann.

Eine andere Möglichkeit, das Schloß vor Fehlbedienung zu schützen, ist die Sensibilisierung des Computers auf den Anwender. Wenn nur einer Person die Kombination bekannt ist, z.B. weil sie selbst diesen Code programmiert hat, kann der Computer sich die kürzeste Zeit merken, die für die Eingabe des richtigen Codes benötigt wurde. Er gibt 20% dazu und prüft, ob die Eingabe in diesem Zeitraum erfolgt. Falls nicht, kann er reagieren, wie zuvor beschrieben.

In jedem Fall sollte die Vorkehrung getroffen werden, nach Öffnung des Schlosses durch einen Kontakt im Innern einen neuen Code zu programmieren.

5. Entwicklungsbeispiele

Bitpermutationen zur Datenverschlüsselung:

Eine ständig wachsende Zahl von Datenkommunikationseinrichtungen benutzen zum Schutz von sensiblen Informationen Codierungsmethoden. Weit verbreitet und vom Gesetzgeber gefordert, wird der "Data Encryption Standard (DES)" vor allem bei finanziellen Transaktionen angewendet.

Prinzipiell kombiniert der DES acht Bytes des "Klartextes", der als Binärwert, ASCII-Code oder in einem anderen Format vorliegen kann, mit einem 56-Bit-Schlüssel, um einen unleserlichen 64-Bit-Wert für die Übertragung zu erzeugen. Die Empfangsstation muß denselben Algorithmus zur Anwendung bringen, um die einkommenden Daten in die ursprüngliche Klartextform zu bringen. Verschiedenste anwenderdefinierbare Verschlüsselungen gewährleisten einen guten Datenschutz bei deren Übertragung.

Es ist hier nicht die Absicht, den DES in allen Einzelheiten zu beschreiben. Erwähnenswert ist, daß die Chiffrierung/Dechiffrierung ein langer iterativer Prozeß ist, der Rotationen, *exklusiv-oder* Operationen, Tabellenoffsets und ausführliche und ziemlich bizarre Schritte zur Bitpermutation und Bitkomprimierung einschließt. Die Vielfalt, die bei diesen Schritten möglich ist, ist so groß, daß selbst "Supercomputer" der modernsten Generation in ihrer gesamten Lebenszeit mit nichts anderem beschäftigt wären, als mit dem Versuch, mit einem geeigneten Programm die Codierung zu knacken.

Die Bitmanipulationen werden durch Berechnungen mittels Verschlüsselungstabellen durchgeführt. Dieser Schritt wird sechzehnmal bei einem gegebenen Verschlüsselungsmuster vor der Übertragung durchgeführt. Im wesentlichen werden dabei die einzelnen Bits eines sieben Byte großen Verschlüsselungspuffers ziemlich wahllos durcheinander in einen acht Byte großen Permutationspuffer umgeschrieben, ohne den Inhalt des Verschlüsselungspuffers zu ändern. Nur sechs Bits von jedem Byte des Permutationspuffers werden benutzt; die Bits 6 und 7 eines jeden Byte werden gelöscht, d.h. nur 48 der ursprünglichen 56 Bits des Verschlüsselungspuffers werden für jede einzelne Iteration benutzt. Verschiedene Prozessorarchitekturen können diese Art von Permutationen auf verschiedene Arten ausführen. Der 8031 ist mit der Single-Bit-Verarbeitung im Vorteil, und kann diese Arbeit in kürzester Zeit ausführen. Das folgende Struktogramm zeigt den erforderlichen Algorithmus.

Alle Bits im Permutationspuffer löschen

Wiederhole achtmal

    Wiederhole sechsmal

        Isoliere ein einzelnes Bit mit Hilfe des Verschlüsselungspuffers.
        Schreibe das isolierte Bit in das Carry.
        Rotiere Carry in den Akkumulator

    Schreibe Akkumulator in den Permutationspuffer

Die Bits, die in jedes Byte des Permutationspuffers geschrieben werden sollen, werden mittels direkter Adressierung aus verschiedenen Stellen des Bit-Bereichs in das Carry geschrieben. Zu diesem Zweck muß die zu verschlüsselnde Information zuvor in den Adreßbereich zwischen 20 und 2F geschrieben werden. Es erfolgt eine Linksrotation des Akkumulators über das Carry. Nach sechsmaliger Wiederholung wird der Akkumulatorinhalt in den Permutationspuffer geschrieben. Bei 48 Bits werden somit 112 Befehle benötigt. Der folgende Programmausschnitt zeigt einen Teil dieser Befehle:

```
CLR   A
MOV   C,14
RLC   A
MOV   C,17
RLC   A
MOV   C,11
RLC   A
MOV   C,24
RLC   A
MOV   C,01
RLC   A
MOV   C,1A
RLC   A
MOV   30,A      ;In 30 steht das erste Byte des
...   ...       ;Permutationspuffers
...   ...
MOV   C,2C
RLC   A
MOV   C,02
RLC   A
MOV   37,A      ;In 37 steht das letzte Byte des
                ;Permutationspuffers
```

Die maximale Ausführungszeit beträgt somit 112 µs, da jeder Befehl nur einen Maschinenzyklus beansprucht, obwohl die Routinenlänge des Codieralgorithmus auf 168 Bytes anwächst.

Da die Übertragung und der Empfang der verschlüsselten Daten über die integrierte UART des 8031 erfolgt, ist der Klartext niemals außerhalb des Prozessors greifbar, was zu einer hohen Datensicherheit beiträgt.

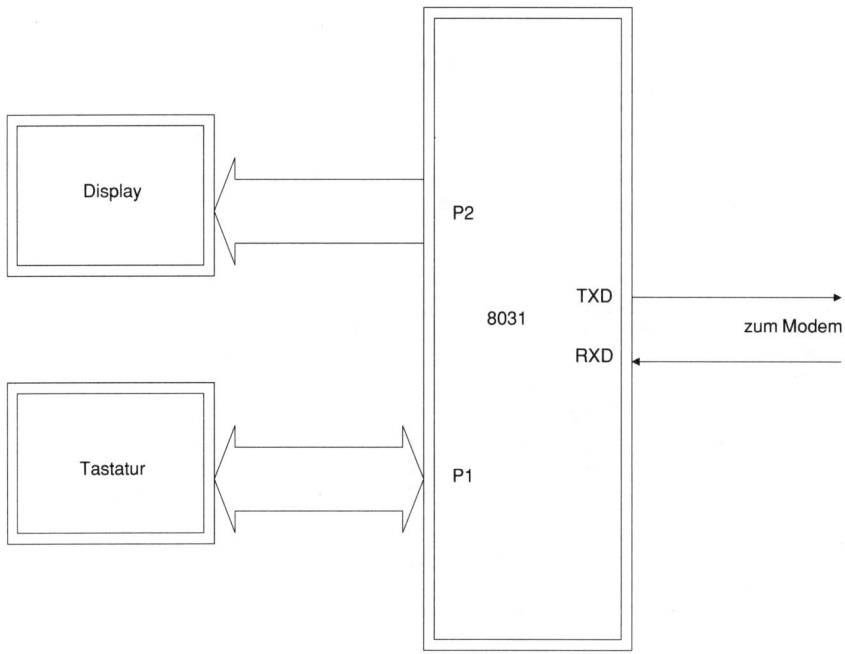

Bild 4-14. Blockdiagramm des Sicherheitsterminals einer Bank

Steuerung von PKW-Funktionen:

Ein Automobil stellt eine extrem feindliche Umgebung für elektronische Systeme dar. Mit Temperaturen von -40 °C bis zu +125 °C unter der Motorhaube oder bis -85 °C im Fahrgastraum muß gerechnet werden. Das Zündungssystem liefert Hochspannungsimpulse. Kurzzeitige Spannungsabfälle müssen kompensiert werden.

Die Extremwerte der Temperatur sind sorgfältig zu beobachten. Die erlaubte Lagertemperatur für die meisten Chips liegt zwischen -65 °C und +150 °C. Bei Betrieb (= under bias, wie es in den Datenbüchern heißt), hängt die erlaubte Umgebungstemperatur von der Qualität des Chips ab.

Es gilt folgende Zuordnung:

Qualitätsstufe	Temperaturbereich	
	Min.	Max.
Standard	0 °C	+70 °C
Industrie	-40 °C	+85 °C
Automobil	-40 °C	+110 °C
Militär	-55 °C	+125 °C

Tabelle 4-3. Qualitätsstufen und Temperaturbereich der Chips

Bei den Vertretern der verschiedenen Qualitätsstufen handelt es sich immer um die gleichen Chips, mit dem Unterschied, daß sie unter verschiedenen Standards getestet worden sind. Somit kann ein Chip mit der Standardqualitätsstufe durchaus im militärischen Temperaturbereich arbeiten, nur ist er unter diesen Bedingungen nicht getestet worden, und ferner werden diese Eigenschaften nicht garantiert.

Es liegt auf der Hand, daß Standardchips für den Einsatz in PKWs nicht sicher genug sein können, noch nicht einmal im Fahrgastraum. Chips mit Industriequalität können für das Innere verwendet werden, und auf die Automobil- oder Militärqualität muß man zurückgreifen, wenn die Schaltung in Motornähe arbeiten soll.

Störungen durch die Zündung, CB-Funk und dergleichen sind vielleicht die letzten Dinge, die Sorge bereiten. In einem knapp ausgelegten System oder in einem, das nicht angemessen für den Einsatz im PKW getestet wurde, können diese Arten von elektromagnetischen Interferenzen zu einigen Softwarezusätzen führen, aber nicht zur Zerstörung der Chips.

Das Hauptproblem, das den Anwender oft überrascht, sind Störungen in der Stromversorgung. Wenn der Motor läuft, ist die 12-Volt-Batterie nicht die einzige Stromquelle; die Hauptaufgabe übernimmt dabei die Lichtmaschine, die nur sehr ungeglättete Gleichspannung liefert. Nur bei stehendem Motor ist die Batterie das einzige Mal die tatsächliche Stromquelle. Beim Starten kann die Spannung der Batterie auf 4 bis 5 Volt zurückgehen. Der folgende Teil ist eine kurze Beschreibung der besonderen Eigenheiten des "12 V"-Bordnetzes.

- Eine plötzliche Reduzierung in der Belastung der Lichtmaschine kann einen Spannungsstoß von 20 V oder 30 V in wenigen Mikrosekunden verursachen, der mit einer Zeitkonstanten von 100 µs exponentiell abfällt. Auch höhere Spannungsspitzen und längere Abfallzeiten werden beobachtet. Der schlimmste Fall tritt dann ein, wenn bei laufendem Motor die niederohmige Batterie vom Bordnetz getrennt wird. Das kann sehr leicht bei oxidierten Polverbindungen eintreten.

- Wenn die Zündung ausgeschaltet wird und die Magnetfelderregung abfällt, kann die Netzspannung für 100 µs oder mehr auf -40 V bis -100 V abfallen.

- Das Zu- oder Abschalten von induktiven Lasten, z. B. eine Klimaanlage, kann Spannungsspitzen von + oder -200 V bis 400 V für einige Mikrosekunden hervorrufen.

- Gegenseitige Kopplungen zwischen langen, nicht abgeschirmten Verbindungen, können Spannungsspitzen von 100 V bis 200 V in ungeschützten Systemen erzeugen.

Zur Bewältigung dieser Probleme bedarf es eines umfassenden und zusammenhängenden Testprogramms. In Bild 4-15. sind einige Vorschläge zur Unterdrückung dieser Störungen gemacht. Eine Spule dient zum Schutz des Spannungsregulators gegen Störungsspitzen. Da die Anstiegszeiten dieser Spitzen nicht die von elektrostatischen Entladungen erreichen, ist die Wahl der Induktivität weniger kritisch und eine konventionelle Spule kann benutzt werden. Der Spannungsregler ist einfach eine Notwendigkeit und kann nicht weggelassen werden, da Störungen, die durch Zuschalten oder Abschalten von Lasten entstehen, nicht mit einem gewöhnlichen LC- oder RC-Filter aufgefangen werden können. Auf die Signalkonditionierung bei der Eingabe von Daten sollte auch geachtet werden. Eine wirksame elektrische Trennung von System zur Umgebung bietet die Verwendung von Optokopplern.

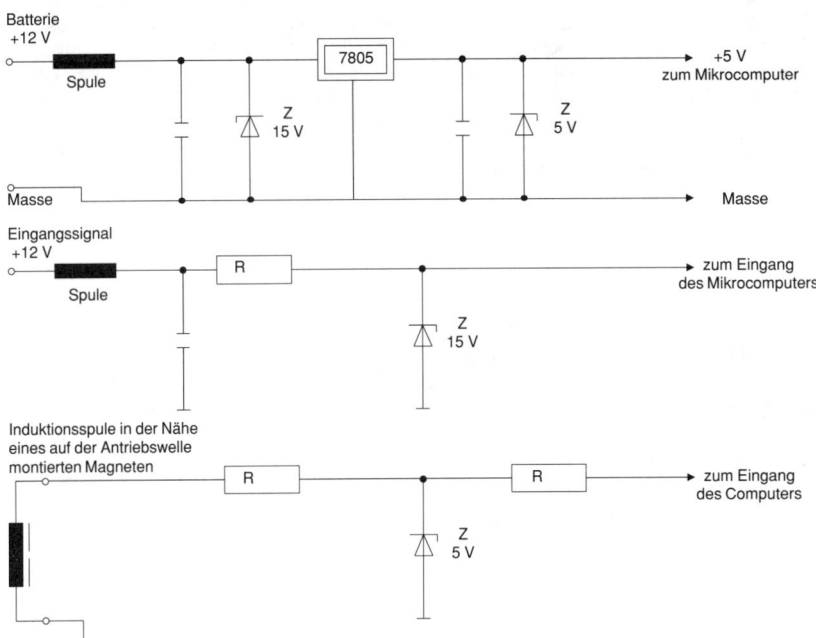

Bild 4-15. Methoden zur Unterdrückung von Spannungsspitzen beim Einsatz im PKW

Ein digitales Tachometer:

Möchte man eine Geschwindigkeitsanzeige für KFZ-Anwendungen realisieren, sind Vorüberlegungen zur Hardware nötig. Im folgenden Beispiel soll jede Umdrehung eines Hinterrades des Autos einen Impuls an den Prozessor geben, der diese zählt und eine Geschwindigkeitsanzeige in $^{km}/_h$ macht. Diese Impulserzeugung erfolgt am einfachsten durch einen am beweglichen Teil des Rades befestigten kleinen Permanentmagneten und einer Spule hoher Wicklungszahl mit Weicheisenkern, die an der feststehenden Achse des Rades in ca. zwei bis drei Zentimeter Abstand zum Magneten angebracht ist. Bewegt sich der Magnet an der Spule vorbei, wird ein Spannungsstoß induziert, der um so höher ist, je schneller sich der Magnet bewegt. Da ein solches System besonders bei langsamer Bewegung möglicherweise nicht genügend Strom liefern kann, um den Zähleingang des Prozessors an Masse zu ziehen, muß das Signal zunächst einem CMOS-Schmitt-Trigger-Eingang zugeführt werden, der es dann an den Prozessor weiterreicht.

Zur Erstellung eines funktionierenden Programms ist die Kenntnis über den Umfang des Rades wichtig, denn kleinere Räder drehen sich beim Zurücklegen der gleichen Strecke häufiger als große. Ein 14-Zoll-Rad hat einen effektiven Durchmesser von 0,61 m, woraus sich ein Umfang von 1,9164 m errechnet. Die kleinste Meßgröße, die das Tachometer anzeigen soll, ist 1 $^{km}/_h$. Man versuche nun nicht, die Zahl der Impulse über den Zeitraum einer Sekunde zu zählen und diese auf die gewünschte Einheit umzurechnen. Denn das gäbe einen Programmieraufwand, der in keiner Relation zum gewünschten Ergebnis steht. Vielmehr ändere man den Zeitraum so, daß eine Umdrehung des Rades in dieser Zeit der Geschwindigkeit 1 $^{km}/_h$ entspricht. Folgende Überlegungen führen zur Lösung:

$$1 \, \frac{km}{h} = \frac{1 \, m}{3,6 \, s}$$

Wäre der Umfang des Rades 1m, entspräche eine Umdrehung des Rades und somit ein Impuls in einem Zeitraum von 3,6 Sekunden der Geschwindigkeit 1 $^{km}/_h$. Da der Umfang des Rades das 1,9164fache eines Meters ist, muß auch die Meßzeit um das 1,9164fache verlängert werden. Sie vergrößert sich dadurch auf 6,9 Sekunden. Das ist natürlich zu lang, um die Anzeige zu aktualisieren.

Zwei Lösungen bieten sich an. Zum einen läßt sich die Messung vom Rad auf die Antriebswelle vor dem Differential verlagern, denn diese dreht sich wegen der Übersetzung im Differential ca. dreimal schneller als das Rad (genaue Übersetzungsverhältnisse finden sich in den KFZ-Papieren). Zum anderen lassen sich am Rad mehrere Magnete befestigen, die die Meßzeit umgekehrt proportional verringern. Mit acht Magneten reduziert sich das Ableseintervall auf eine Zeit von 0,862367 Sekunden. Diese Zeit ist mit dem Mikrocomputer genau einstellbar (Kap. 4-2.). Die Zahl, die im externen Ereigniszähler steht, wird in das BCD-Format konvertiert und kann ohne weitere Umrechnung als mittlere Geschwindigkeit in $^{km}/_h$ über einen Zeitraum von ca. 0,86 s zur Anzeige kommen.

Steuerung der Funktionen eines Wäschetrockners:

Das nun folgende Beispiel ist ein vollständiges und praxiserprobtes Programm. Beispiele dieser Art haben den Nachteil, daß sie zu speziell auf die Erfordernisse einer konkreten Anwendung zugeschnitten sind und sich nicht einfach durch Parameteränderungen für andere Zwecke verwenden lassen. Häufig werden nach der Programmerstellung und Erprobung Optimierungen vorgenommen, die den eigentlichen Sinn von Programmteilen verschleiern und ihn nur noch schwer erkennen lassen. Trotzdem können sie eines aufzeigen — wozu Ausschnitte nie in der Lage sind — nämlich Details, die aus trivialen Gründen weggelassen werden, ohne die jedoch ein Programm als Ganzes nicht funktioniert. Das Beispiel ist eine Steuerung eines Wäschetrockners.

Ein Wäschetrockner besitzt einen Motor, der die Wäschetrommel bewegt und gleichzeitig den für die Trocknung notwendigen Luftstrom erzeugt. Als weitere elektrische Einrichtung besitzt er eine Heizung, die den Luftstrom erwärmt. Damit sind auch schon die zu steuernden Einrichtungen erschöpft. Motor und Heizung werden über optogekoppelte Triacs geregelt.

In eine Zeitgeberschaltung wird die Zeit eingegeben, für die Motor und Heizung in Betrieb sein sollen. Zu diesem Zweck wird an den Prozessor eine Zehnertastatur angeschlossen. Eine dreistellige Anzeige gibt Auskunft über die programmierte und abgelaufene Zeit und zeigt den Eingabemodus an. Um die Zahl der Ausgabepins zu reduzieren, wird die Anzeige gemultiplext und um die Zahl der Eingabepins zu erniedrigen, wird eine Zehnertastatur nach Bild 4-7. über einen 4-zu-16-Decoder 74HC154 abgefragt (Bild 4-10.).
Die Codes für die 7-Segmentanzeige werden über einen Port 2-Zwischenspeicher 74HC373 an die Anzeige gegeben, die Basen der Multiplextransistoren über Port 3 Pins 4, 5 und 6 angesteuert (Bild 4-16.).

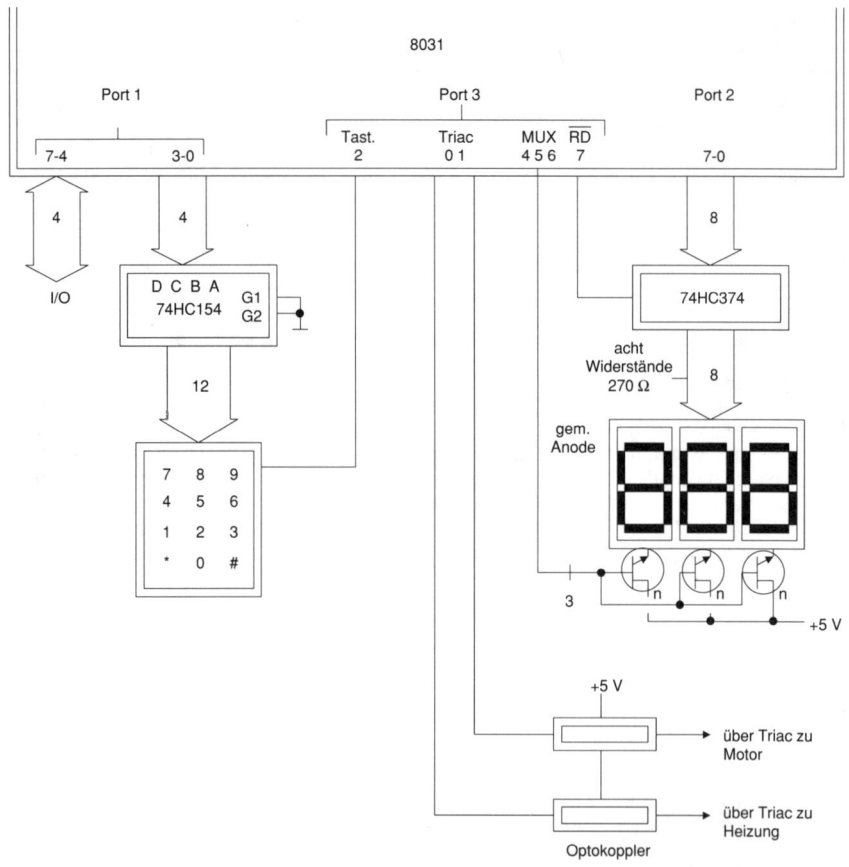

Bild 4-16. Hardwarekonfiguration der Wäschetrocknersteuerung

Beschreibung des Programms:

a) Tastatur:

Die Tastatur dient der Einstellung der Trockenzeit und bietet die Möglichkeit, jederzeit, auch bei Betrieb, diese Zeiteinstellung zu ändern bzw. den Trockner abzuschalten. Erkennt der Prozessor eine Taste als gedrückt, schaltet das Programm in den Eingabemodus, der automatisch zehn Sekunden nach dem letzten Tastendruck verlassen wird, ohne daß eine Änderung der Programmierung erfolgte, wenn nicht die letzte Taste die *-Taste (Enter) war. Beliebig viele Zahlen lassen sich eingeben, wobei mehr als drei die früheren Eingaben überschreiben. Mit der #-Taste läßt sich die Anzeige löschen. Erfolgt nach Betätigung der #-Taste oder nach der Eingabe dreier Nullen ein Enter-Befehl (*-Taste), schaltet das Programm den Wäschetrockner ab, indem zunächst die Heizung stromlos gemacht wird und nach 20 Sekunden auch der Motor. Das soll verhindern, daß sich die Heizung beim Abschalten überhitzt. Da zwischen Decoderbaustein und Tastatur keine Dioden sind, wird ein doppelter Tastendruck ignoriert.

b) Anzeige:

Die dreistellige Anzeige wird mit drei npn-Transistoren gemultiplext. Die Anzeige neu hinzukommender Zahlen erfolgt im Taschenrechnermodus mit einer Unterdrückung führender Nullen. Nach Betätigung der *-Taste werden die in der Anzeige stehenden Zahlen als Minutenangabe für die Trockenzeit in die Zählregister übernommen, wo sie einmal in der Minute um Eins vermindert und angezeigt werden. Somit beträgt die maximale Betriebszeit 999 Minuten, und in der Anzeige steht die noch verfügbare Trockenzeit. Erkennt der Prozessor einen Tastendruck, springt er in den Eingabemodus, erkenntlich am Blinken der Anzeige. Nach Ablauf der Trockenzeit läuft für 20 Sekunden das Gebläse nach. Dieser Modus wird durch einen Sekunden-Count-Down mit vorangestelltem Minuszeichen angezeigt. Während dieser Zeit ist eine Unterbrechung oder eine Neuprogrammierung durch die Tastatur nicht möglich.

c) Die Verwendung der internen Register, RAM-Plätze und Bits:

Zur Erzeugung der benötigten internen Zeitbasis wird eine Interruptfrequenz von 4000 Hz durch Timer 0 im Auto-Reload-Modus erzeugt. Die dazwischen liegenden Zeitintervalle sind so kurz, daß die nachfolgende Interruptroutine nicht rechtzeitig einen erneuten Interrupt freigeben würde. Aus diesem Grund ist der RETI-Befehl einer der ersten Befehle der Routine. Auf eine Lösung durch Programmierung mit verschiedenen Interruptebenen wurde im Hinblick auf Erweiterungen verzichtet.

Das Programm benötigt nur Registerbank 0, wodurch eine Verlegung des Stackbeginns nicht notwendig ist.

Zum Verständnis der Multiplexroutine (MUX) muß vorausgeschickt werden, daß die Register 30 (MSB), 31 und 32 (LSB) die die Anzeige steuernden Register im Eingabemodus sind, während die Anzeige außerhalb des Modus den Inhalt der Register 33 (MSB), 34 und 35 (LSB) wiederspiegelt. Der Pin P3.6 ist mit dem MUX-Transistor für das MSB, der Pin P3.4 mit dem MUX-Transistor für das LSB verbunden.

Die einzelnen Register in Registerbank 0 üben folgende Funktion aus:

R0:   Hilfsregister in Reset- und MUX-Routine
R1:   Minutenzähler
R2:   MUX-Offset
R3 : Temporärer Sekundenzähler
R4:   MUX-Frequenzteiler ÷250 für Zeitbasis 1 Sekunde
R5:   MUX-Frequenzteiler ÷125 für 2 Hz Blinkfrequenz
R6:   MUX-Frequenzteiler ÷5 für 50 Hz Tastaturabtastung
R7:   Interruptfrequenzteiler ÷16 für 250 Hz MUX-Frequenz

Die Bits:
Bit 0: RUN 1; Minuten-Count-Down
Bit 1: RUN 2; Sekunden-Count-Down
Bit 2: Eingabe temporär
Bit 3: - -
Bit 4: Blank-Bit für MUX-Routine
Bit 5: Taste gedrückt
Bit 6: *- oder #-Taste gedrückt

d) Die Software:

Aus Platzgründen wurde auf eine Darstellung mit Struktogramm verzichtet. Die Kommentare im Anschluß an die Befehle gestatten eine leichtere Erkennung des logischen Ablaufs aus der Mnemonik heraus. Des weiteren sind alle Sprungbefehle zur besseren Übersicht mit einem * gekennzeichnet.

```
0000   21 70      *AJMP    0170              ;Resetroutine
       ----------------------------
0002 — 0005:  FF  ;   Freier Bereich
       ----------------------------
0006   01 F2      *AJMP    00F2              ;Sprungvektor zu Count-Down
0008   01 EB      *AJMP    00EB              ;Sprungvektor zu Blank
       ----------------------------
000A   32         RETI
       ----------------------------
Timer 0-Interrupt:
000B   11 0A      *ACALL   000A              ;Interruptfreigabe
000D   0F         INC      R7
000E   BF 10 F9   *CJNE    R7,#10,000A       ;Teilung durch 16d zur
0011   7F 00      MOV      R7,#00            ;Erzeugung der MUX-Frequenz
0013   0E         INC      R6
0014   0D         INC      R5
0015   0C         INC      R4
0016   20 01 12   *JB      01,002B           ;RUN 2? Ja →
0019   30 00 03   *JNB     00,001F           ;RUN 1? Nein →
001C   30 02 0C   *JNB     02,002B           ;Eingabemodus? Nein →
001F   30 04 05   *JNB     04,0027           ;Blank-Bit? Nein →
0022   53 B0 8F   ANL      P3,#8F            ;Lösche Anzeige: 000x xxxx
0025   01 61      *AJMP    0061              ; → Tastaturabfrage
       ------------
0027   7A 00      MOV      R2,#00            ;Offset für Ausgaberegister
0029   80 02      *SJMP    002D
       ------------
002B   7A 03      MOV      R2,#03            ;Offset für Ausgaberegister
MUX-Routine:
002D   10 B6 28   *JBC     P3.6,0058         ;Dritter MUX-Transistor? Ja →
0030   74 30      MOV      A,#30             ;Berechnung der Adresse für
0032   2A         ADD      A,R2              ;Ausgaberegister
0033   F8         MOV      R0,A              ;Inhalt nach A
```

```
0034   E6          MOV     A,@R0
0035   10 B5 14   *JBC     P3.5,004C   ;Zweiter MUX-Transistor? Ja →
0038   C2 B4       CLR     P3.4        ;Schalte ersten ab
003A   60 08      *JZ      0044        ;Höchste Ziffer = 0? Ja →
003C   08          INC     R0          ;
003D   E6          MOV     A,@R0       ;Gib zweite Ziffer auch die Null
003E   31 A0      *ACALL   01A0        ;aus und
0040   D2 B5       SETB    P3.5        ;schalte MUX-Transistor 2 ein
0042   01 61      *AJMP    0061
       ------------
0044   08          INC     R0
0045   E6          MOV     A,@R0       ;Ist auch die zweite Ziffer
0046   70 F6      *JNZ     003E        ;Null? Nein →
0048   31 90      *ACALL   0190        ;Schalte zweite Ziffer ab
004A   80 F4      *SJMP    0040
       ------------              ;MSB:
004C   60 06      *JZ      0054        ;Akkumulator = 0? Ja →
004E   31 A0      *ACALL   01A0        ;Wert ausgeben
0050   D2 B6       SETB    P3.6        ;Dritter MUX-Transistor ein
0052   01 61      *AJMP    0061
       ------------
0054   31 90      *ACALL   0190        ;MSB-Anzeige aus
0056   80 F8      *SJMP    0050
       ------------              ;LSB:
0058   74 32       MOV     A,#32       ;Hier wird nicht auf führende
005A   2A          ADD     A,R2        ;Nullen geprüft, es wird in
005B   F8          MOV     R0,A        ;jedem Fall auch die Null
005C   E6          MOV     A,@R0       ;angezeigt
005D   31 A0      *ACALL   01A0
005F   D2 B4       SETB    P3.4        ;Erster MUX-Transistor an

Tastaturabfrage:
0061   BE 05 A4   *CJNE    R6,#05,0008 ;Tastaturfrequenz? Nein →
0064   7E 00       MOV     R6,#00
0066   20 01 9D   *JB      01,0006     ;RUN 2? Ja → Min.-Count-Down
0069   30 02 05   *JNB     02,0071     ;Eingabemodus? Nein →
006C   BB 0A 02   *CJNE    R3,#0A,0071 ;10 Sek. um? Nein →
006F   11 D2      *ACALL   00D2        ;Eingaberegister löschen
0071   75 90 0B    MOV     P1,#0B      ;Vorber. für Tastaturabfrage
0074   30 B2 12   *JNB     P3.2,0089   ;* Enter-Taste? Ja! →
0077   15 90       DEC     P1          ;(Neg. Logik!)
0079   30 B2 38   *JNB     P3.2,00B4   ;# Löschtaste?  Ja! →
007C   30 B2 3E   *JNB     P3.2,00BD   ;
007F   D5 90 FA   *DJNZ    P1,007C     ;Tasten
0082   30 B2 38   *JNB     P3.2,00BD   ;9 — 0?Ja! →
0085   C2 05       CLR     05          ;Bit für gedrückte Taste löschen
0087   80 62      *SJMP    00EB
       ------------
0089   20 05 5F   *JB      05,00EB     ;Taste bereits gedrückt? Ja →
008C   D2 05       SETB    05          ;* Enter-Routine:
008E   E4          CLR     A
```

```
008F   25 30      ADD    A,30       ;
0091   25 31      ADD    A,31       ;30 — 32 = 0?
0093   25 32      ADD    A,32       ;
0095   60 16     *JZ     00AD       ;Ja →
0097   7C 00      MOV    R4,#00
0099   79 00      MOV    R1,#00
009B   85 30 33   MOV    30,33      ;Übertrage 33 — 3 5→30 — 32
009E   85 31 34   MOV    31,34      ;
00A1   85 32 35   MOV    32,35      ;
00A4   53 B0 FC   ANL    P3,#FC     ;Motor und Heizung an
00A7   D2 00      SETB   00         ;RUN 1-Bit
00A9   11 D2     *ACALL  00D2       ;Eingaberegister löschen
00AB   80 3E     *SJMP   00EB
                ------------
00AD   30 00 3B  *JNB    00,00EB    ;RUN 1? Nein →
00B0   7C 00      MOV    R4,#00
00B2   80 60     *SJMP   0114
Anzeige löschen #-Taste:
00B4   20 05 34  *JB     05,00EB    ;Taste bereits gedrückt? Ja →
00B7   D2 05      SETB   05         ;# Register löschen:
00B9   11 D2     *ACALL  00D2       ;Eingaberegister löschen
00BB   80 2E     *SJMP   00EB
Überprüfung der Tasten 9—0:
00BD   20 05 2B  *JB     05,00EB    ;Taste bereits gedrückt ? Ja →
00C0   D2 05      SETB   05
00C2   D2 02      SETB   02
00C4   7B 00      MOV    R3,#00
00C6   85 31 30   MOV    31,30      ;Eingabe erfolgt im Linkseintrag
00C9   85 32 31   MOV    32,31      ;(Taschenrechnermodus)
00CC   85 33 32   MOV    33,32
00CF   80 1A     *SJMP   00EB
00D1   00         NOP
                -----------------------------
Subroutine Eingaberegister löschen:
00D2   C2 02      CLR    02
00D4   75 30 00   MOV    30,#00
00D7   75 31 00   MOV    31,#00
00DA   75 32 00   MOV    32,#00
00DD   22         RET
                -----------------------------
00D1 — 00EA: FF ; Freier Bereich
                -----------------------------
Blank:
00EB   BD 7D 04  *CJNE   R5,#7D,00F2  ;1/2 Sekunde bereits um ? Nein →
00EE   7D 00      MOV    R5,#00
00F0   B2 04      CPL    04           ;Blank-Bit komplementieren
Minuten-Count-Down:
00F2   BC FA 09  *CJNE   R4,#FA,00FE  ;Eine Sekunde um? Nein → RET
00F5   7C 00      MOV    R4,#00
00F7   0B         INC    R3           ;Sekundenzähler für Eingabemodus
00F8   20 00 04  *JB     00,00FF      ;RUN 1? Ja →
```

```
00FB   20 01 42   *JB     01,0140    ;RUN? Ja →
00FE   22         RET
       -----------                    ;RUN 1:
00FF   09         INC     R1         ;Minutenzähler
0100   B9 3C FB   *CJNE   R1,#3C,00FE ;Eine Minute um? Nein → RET
0103   79 00      MOV     R1,#00
0105   E5 35      MOV     A,35
0107   60 1C      *JZ     0125        ;Register 35 = 0? J a→
0109   15 35      DEC     35         ;Vermindere Einerzahl und
010B   E4         CLR     A          ;prüfe, ob 33 — 35 = 0
010C   25 33      ADD     A,33
010E   25 34      ADD     A,34
0110   25 35      ADD     A,35
0112   70 10      *JNZ    0124        ;Σ = 0? Nein →
RUN 2-Vorbereitung:
0114   C2 00      CLR     00         ;Lösche RUN 1-Bit,
0116   D2 01      SETB    01         ;setze RUN 2-Bit
0118   43 B0 01   ORL     P3,#01     ;Heizung aus (Motor läuft noch)
011B   75 33 0A   MOV     33,#0A     ;Beschreibe Register 33 — 35
011E   75 34 02   MOV     34,#02     ;mit Anzeigenwert -20
0121   75 35 00   MOV     35,#00     ;
0124   22         RET
       -----------
0125   E5 34      MOV     A,34        ;Auch Zehnerzahl = 0?
0127   60 06      *JZ     012F        ;              Ja →
0129   15 34      DEC     34         ;Nein: Vermindere sie um Eins
012B   75 35 09   MOV     35,#09     ;und beschreibe 35 mit 9
012E   22         RET
       -----------
012F   15 33      DEC     33         ;Vermindere Hunderterzahl
0131   75 34 09   MOV     34,#09     ;und gib in die Register 34, 35
0134   75 35 09   MOV     35,#09     ;den Unterlauf, jeweils 9
0137   22         RET

0138 — 013F:  FF ; Freier Bereich

Sekunden-Count-Down:                  ;RUN 2:
0140   E5 35      MOV     A,35
0142   60 0F      *JZ     0153        ;Register 35 schon Null? Ja →
0144   15 35      DEC     35
0146   E4         CLR     A
0147   25 34      ADD     A,34
0149   25 35      ADD     A,35
014B   70 05      *JNZ    0152        ;20 Sekunden abgelaufen? Nein →
014D   43 B0 03   ORL     P3,#03     ;Ja: Motor aus
0150   C2 01      CLR     01         ;Lösche Modus RUN 2
0152   22         RET
       -----------
0153   15 34      DEC     34         ;
0155   75 35 09   MOV     35,#09     ;Beschreibe Reg. 35 mit Unterlauf
0158   22         RET
```

```
------------------------------------
0159 — 016F:  FF ; Freier Bereich
------------------------------------
Resetroutine:
0170   E4         CLR     A
0171   78 35      MOV     R0,#35      ;
0173   79 33      MOV     R1,#33      ;Register-, Stack-,
0175   F6         MOV     @R0,A       ;Bit- und
0176   18         DEC     R0          ;Arbeitsbereich löschen
0177   D9 FC      *DJNZ   R1,0175
0179   75 8C 05   MOV     TH0,#06     ;Auto-Reload-Wert für Timer 0
017C   75 89 02   MOV     TMOD,#02    ;Auto-Reload-Modus setzen
017F   75 A8 82   MOV     IE,#82      ;Interuptfreigabe für Timer 0
0182   D2 8C      SETB    TR0         ;Timer 0 starten
0184   80 FE      SJMP    0184        ;"Hauptroutine"
------------------------------------
0186 — 018F:  FF ; Freier Bereich
------------------------------------
Anzeige löschen:
0190   75 A0 FF   MOV     P2,#FF      ;Durch Ausgabe von FF wird eine
0193   E2         MOVX    A,@R0       ;LED-Anzeige mit gemeinsamer
0194   22         RET                 ;Anode gelöscht
------------------------------------
0195 — 019F:  FF ; Freier Bereich
------------------------------------
Ausgabe des LED-7-Segmentcodes:
01A0   24 04      ADD     A,#04       ;Da die Tabelle erst vier Byte
01A2   83         MOVC    A,@A+PC     ;später beginnt, wird ein Offset
01A3   F5 A0      MOV     P2,A        ;addiert. Der Tabellenwert wird
01A5   E2         MOVX    A,@R0       ;sofort den Anzeigen zugeführt
01A6   22         RET
------------------------------------
Tabelle der Zifferncodes:
01A7 — 01B1:   C0 F9 A4 B0 99 92 82 F8 80 90 BF
    (Zeichen:   0  1  2  3  4  5  6  7  8  9  —)
```

6. Analog/Digital-Konversation

Es bedarf wohl keiner besonderen Erwähnung, daß die Erfassung von Analogdaten eine der Hauptaufgaben eines Mikrocomputersystems ist. Fast alle physikalischen Werte liegen als analoge Größe vor. Man denke an Temperatur, Druck, Licht, Gaskonzentrationen, Feuchtigkeit, Ionisation, um nur einige zu nennen. Das Problem ist bei allen analogen Größen das gleiche. Die nahezu universelle Einsatzmöglichkeit eines digitalen Computersystems versagt bei der Aufnahme von analogen Werten. In jedem Fall ist ein externer Schaltkreis zu Hilfe zu nehmen, der mittels geeignetem Sensor die Konvertierung vornimmt.

Im einfachsten Falle erfüllt eine Spannungsteilerschaltung, in die der Sensor integriert ist, diesen Zweck, wenn man an den Ausgang einen Schmitt-Trigger zur Signaldigitalisierung gibt. Der Computer bekommt dann allerdings nur die wegen der Hysteresis des Schmitt-

Trigger etwas ungenaue Information, ob ein Grenzwert über- oder unterschritten ist. Man kann dem Prozessor damit nur mitteilen, ob es beispielsweise Tag oder Nacht ist. Informationen über Dämmerung oder Verdunkelung durch Wolken sind damit nicht übertragbar.

Wesentlich genauere Informationen über analoge Daten erhält der Prozessor, wenn das Signal des Spannungsteilers nicht einem Schmitt-Trigger oder Komparator zugeführt wird, sondern dem Eingang eines spannungsgesteuerten Oszillators (VCO = Voltage Controlled Oszillator). Die Frequenz eines VCO ist in einem gewissen Bereich dem analogen Eingangssignal proportional. Am genauesten ist er, wenn das Eingangssignal sich in der Mitte der Betriebsspannung bewegt. Diese Bausteine geben Rechteckimpulse aus, in deren Frequenz codiert der Wert der zu messenden Größe enthalten ist. Die Impulse können in den meisten Fällen direkt einem Zähleingang des 8031 zugeführt werden, wo dann entweder die Frequenz oder Pulsbreite des einkommenden Signals gemessen wird.

An dieser Stelle entfaltet sich der Mikrocomputer mit all seinen Fähigkeiten, denn es müssen keine sehr großen Forderungen an Konstanz oder Linearität des Sensors und des VCO gestellt werden. Alle Unzulänglichkeiten externer Bauteile können Berücksichtigung in der Software finden. Selbst wenn solche Bauteile altern und einmal justierte Werte wegdriften, kann durch die Software korrigierend eingegriffen werden. Von stark schwankenden Signalen kann man den Mittelwert errechnen und extrem abweichende Werte lassen sich ignorieren.

Die Auflösung ist ebenfalls durch die Software kontrollierbar, und kann genauso dynamisch variiert werden, wie kritische Situationen es erfordern. Hier kommt die Heisenbergsche Unschärferelation zum Vorschein: Je länger die bei einer Messung zur Verfügung stehende Zeit, um so genauer sind die erfaßten Werte. Läßt eine Situation nur sehr kurze Meßintervalle zu, geht das auf Kosten der Meßgenauigkeit.

Erhältlich sind mittlerweile Systeme mit Sensor und VCO, die für die betreffende Analogerfassung optimal aufeinander abgestimmt sind. Sie werden Resonant Transducers genannt. Ihre Ausgangsfrequenz liegt abhängig vom jeweiligen Einsatz im Bereich von 20 Hz bis 500 KHz. Die Transducers arbeiten in einem Versorgungsspannungsbereich von 3 V bis 20 V, was heißt, daß sie mit eben derselben Spannung betrieben werden können wie der 8031. Bei 5 Volt zieht ein Transducer weniger als 5 mA Strom, und kann normalerweise direkt mit einem Port-Pin des Prozessors verbunden werden (Bild 4-17.).

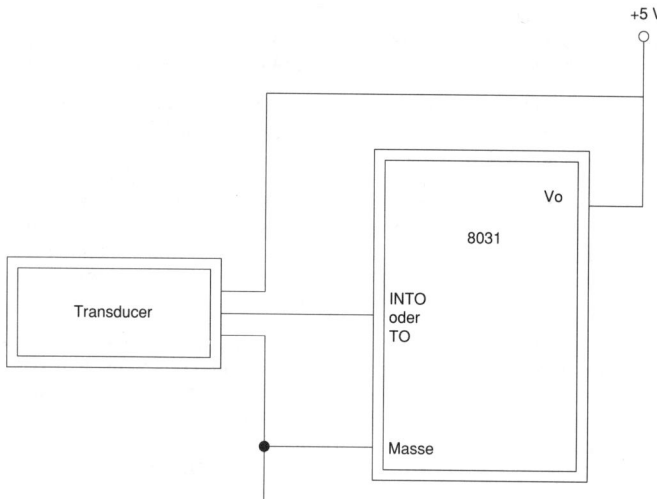

Bild 4-17. Prozessor mit Transducer beschaltet

Das Erfassen von Analogdaten bedeutet für den Mikrocomputer häufig nichts anderes als das Messen einer Frequenz.

Die Erfassung der auf diese Art aufbereiteten Daten kann auf drei Arten erfolgen, die nachfolgend beschrieben werden:

1. Messung der Frequenz
2. Messung der Zeit für eine feste Periodenzahl
3. Messung der Pulsbreite

Frequenzmessung:

Das Messen einer Frequenz ist gleichbedeutend mit dem Zählen von Impulsen innerhalb einer bekannten Zeitspanne. Dafür werden zwei Zähler benutzt, einer für das Zählen der Impulse, der andere für die Zeitmessung. Wenn die zu messende Frequenz die 50-KHz-Marke nicht nennenswert übersteigt, kann man aber ebensogut das VCO-Signal an einen externen Interruptpin führen und die Anzahl der Perioden durch die Software zählen lassen. Das entlastet einen Zähler, der dann für andere Aufgaben zur Verfügung steht.

Die Anzahl der Perioden, die damit gezählt werden kann, ist das Produkt aus Zeit und Frequenz: $n = t \cdot f$; wobei t die Zeitspanne ist, innerhalb derer die einkommenden Schwingungen gezählt werden. Ist man sicher, daß ein unterer Wert der Frequenz nie unterschritten wird, benötigt man nur einen Zahlenbereich von $t \cdot (f_{max}-f_{min})$. Für eine n-Bit-Auflösung gilt:

$$1 \text{ LSB} = \frac{t \cdot (f_{max}-f_{min})}{2^n}$$

Deswegen ist die erforderliche Zeit für eine n-Bit-Auflösung:

$$t = \frac{2^n}{(f_{max}-f_{min})}$$

Ein Beispiel möge diese Beziehung erläutern:

Eine 8-Bit-Auflösung für die Messung einer Frequenz, die zwischen 7 KHz und 9 KHz variiert, würde in Übereinstimmumg mit der Formel eine Zeit von 128 ms erfordern. Der maximale Zählwert wäre

128 ms • 9 KHz = 1152.

Der minimale Zählwert wäre 896. Die Differenz zwischen beiden Werten (1152-896) beträgt 256, eine Zahl, die durch acht Bits ausgedrückt werden kann. Subtrahiert man nun von jeder Zählung den Wert 896 oder beschreibt man den Frequenzzähler mit dem Wert -896 (= FC 80$_h$), wird jedem Meßwert eine Zahl zwischen 0 und 255 (00 — FF$_h$) zugeordnet.

Zur Durchführung der Messung wird ein Timer für die Erzeugung der erforderlichen Zeitbasis benutzt. Der Timer wird mit einem Wert voreingestellt, der ihn am Ende der zu messenden Zeit überlaufen läßt, um so einen Interrupt zu erzeugen. Die erforderliche Voreinstellung ergibt sich aus dem Zweierkomplement der benötigten Zeit in Maschinenzyklen. Die Umrechnung der Zeit in Maschinenzyklen erfolgt durch Multiplikation mit $^1/_{12}$ der Taktfrequenz. Beträgt letztere beispielsweise 12 MHz, dann errechnet sich die Zahl der Maschinenzyklen für die Zeit von 128 ms aus

$$\frac{128 \text{ ms} • 12\,000 \text{ KHz}}{12} = 128\,000 \text{ Maschinenzyklen.}$$

Die Voreinstellung des Timers, um nach 128 ms einen Überlauf zu erzeugen, muß sich belaufen auf

-128 000 = FE 0C 00$_h$.

Man beachte, daß die Voreinstellung drei Bytes umfaßt, wohingegen der Timer nur zwei Byte groß ist. Das bedeutet, daß der Timer durch die Software in der Interruptroutine auf drei Bytes erweitert werden muß. Der 8031 besitzt den DJNZ-Befehl, der das dritte Byte des Timers leichter abwärts als aufwärts zählen läßt. Wenn das dritte Byte des Timers abwärts zählt, muß es mit einer Zahl nachgeladen werden, die das Zweierkomplement des aufwärts zu zählenden Wertes darstellt. Beträgt das Zweierkomplement der zu messenden Zeit FE 0C 00, muß der nachzuladende Wert des dritten Timer-Byte 02 anstelle von FE sein.

Im folgenden Programmauszug wird das dritte Byte des Timers durch den RAM-Platz 30 gebildet. Das Ergebnis der Frequenzmessung wird an Platz 31 abgelegt. Timer 0 wird zur Zeitmessung verwendet; Timer 1 wird als externer Ereigniszähler geschaltet. Somit könnte das Timer-Interruptprogramm wie folgt aussehen:

```
        D5 30 12    DJNZ    30,RETI
        75 8A 00    MOV     TL0,#00     ;Voreinstellung für Zeitbasis
        75 8C 0C    MOV     TH0,#0C
        75 30 02    MOV     30,#02
        85 8B 31    MOV     TL1,31
        75 8B 80    MOV     TL1,#80     ;Voreinstellung des externen
        75 8D FC    MOV     TH1,#FC     ;Ereigniszählers
RETI:   32          RETI
```

Nach Durchlauf dieser Routine liegt der Wert der mit 8-Bit-Auflösung gemessenen Frequenz in Adresse 31. Man beachte folgende drei Punkte:

1. Der Timer 0 kann nachgeladen werden, ohne ihn vorher zu stoppen.
2. Der externe Ereigniszähler 1 kann voreingestellt werden, ohne ihn zuvor anzuhalten.
3. Für eine 8-Bit-Auflösung muß nur das Low-Byte von Zähler 1 gelesen werden, da das High-Byte notwendigerweise Null ist.

Trotzdem kann man das High-Byte überprüfen, um sicherzugehen, daß die Messung einwandfrei erfolgte. Beide Bytes jedoch müssen für die nächste Zählung nachgeladen werden.

Messung der Periode:

Messung der Periode eines VCO-Signals heißt Messen der Zeit, die für eine konkrete Zahl n von Schwingungen des VCOs benötigt wird. Die Anzahl der Perioden ergibt sich aus der Kenntnis der Zeit nach der Beziehung $n \cdot t$, wobei t die Periodendauer des VCO-Signals in Maschinenzyklen ist. Die Relation der Periodendauer und der VCO-Frequenz f ist:

$$t = \frac{f_{Oszil.}}{f_{vco} \cdot 12}$$

f_{Oszil} ist die Taktfrequenz des 8031.

Der benötigte Zahlenbereich für die Gesamtzahl der Perioden errechnet sich aus $n \cdot (t_{max} - t_{min})$. Für eine n-Bit-Auflösung gilt also:

$$1 LSB = \frac{n \cdot (t_{max} - t_{min})}{2^n}$$

Deswegen ist die Zahl der Perioden, über die die verstrichene Zeit gemessen werden sollte

$$n = \frac{2^n}{(t_{max} - t_{min})}$$

Man beachte, daß t_{max} und t_{min} in Maschinenzyklen angegeben werden. n muß ein ganzzahliger Wert $\geq$ n sein.

In dem folgenden Beispiel möchte man bei der Periodenmessung eine 8-Bit-Auflösung von einem VCO-Signal erreichen, dessen Frequenz von 7,1 KHz bis 9 KHz schwankt. Die Taktfrequenz des Prozessors betrage 12 MHz. Dann ist

$$t_{max} = \frac{12\,000\ KHz}{7,1\ KHz} \cdot \frac{1}{12} = 141\ \text{Maschinenzyklen,}$$

t_{min} ist 111 Maschinenzyklen.

Der erforderliche Wert für n ist dann:

$$n = \frac{256}{141-111} = 8,53$$

Als Integerwert ist für 8,53 die Zahl 9 zu wählen, und der Maximalwert n • t ist 141 • 9 = 1269 Maschinenzyklen. Der Minimalwert n • t errechnet sich aus 111 • 9 = 999 Maschinenzyklen. Um die gewünschte 8-Bit-Auflösung zu erhalten, kann man eine Konstantentabelle benutzen, mit deren Hilfe den Meßwerten eine Zahl aus dem Bereich von 0 — 255 zugewiesen wird.

Um die Messung durchzuführen, wird ein Timer zur Messung der verstrichenen Zeit n • t benutzt. Der VCO wird mit einem der externen Interruptpins verbunden, der zuvor für eine Flankentriggerung eingerichtet wurde. In diesem Modus führt jede negative Flanke des VCO zur Erzeugung eines Interrupts. Diese Programmunterbrechungen werden gezählt, und sobald die voreingestellte Zahl n erreicht ist, wird der Inhalt des Timers gelesen und anschließend gelöscht.

Steht in 30 der voreingestellte Wert für n, und sind die Adressen 31 und 32 Auffangregister für den Timerinhalt, dann könnte für dieses Beispiel die Interruptroutine lauten:

```
        D5 30 1A    DJNZ   30,RETI
        75 30 09    MOV    30,#09
        C2 AF       CLR    EA                    ;Interrupt verhindern
        C2 8E       CLR    TR1                   ;Timer 1 anhalten
        85 8B 31    MOV    TL1,31                ;Timer 1 auslesen
        85 8D 32    MOV    TH1,32
        75 8B 09    MOV    TL1,#09               ;Timer 1 löschen
        75 8D 00    MOV    TH1,#00
        D2 8E       SETB   TR1                   ;Timer 1 starten
        D2 AF       SETB   EA                    ;Interruptfreigabe
        12 addr16   LCALL  Konstantentabelle
RETI:   32          RETI
```

In dieser Routine wird der Impulszähler, das Register 30, von seiner Voreinstellung, dem Wert 9, auf Null gezählt und anschließend mit dem Wert 9 wieder voreingestellt. Um Überraschungen zu vermeiden, werden vor dem Auslesen des Timers und seiner Löschung alle Interrupts verhindert und der Timer gestoppt. Um einen kontinuierlichen Meßvorgang zu erreichen, darf der Timer nicht durch Beschreiben von Null gelöscht werden, sondern mit dem Wert 9, da vom Anhalten bis zum Neustart 9 Maschinenzyklen vergehen.

Die Subroutine "Konstantentabelle" wird benutzt, um den Meßwert in die Form der gewünschten 8-Bit-Auflösung zu bringen. Zusätzlich können in der Tabelle Korrekturen für Fehler oder Nichtlinearitäten des Sensors und des VCO Berücksichtigung finden.

Die Subroutine benutzt den MOVC A,@A+DPTR-Befehl, um auf die Tabelle zuzugreifen, die 270 Eintragungen ab der Stelle "Tabelle" enthält. In der Subroutine muß die Adresse des mit der Messung korrespondierenden Wertes errechnet werden.

Konstantentabelle:

C0 E0	PUSH	ACC	
C0 D0	PUSH	PSW	
74 data	MOV	A,#LOW	;Tabellenanfang-Low-Byte
25 31	ADD	A,31	
F5 82	MOV	DPL,A	
74 data	MOV	A,#High	;Tabellenanfang-High-Byte
35 32	ADDC	A,32	
F5 83	MOV	DPH,A	
E4	CLR	A	
93	MOVC	A,@A+DPTR	
F5 33	MOV	33,A	
D0 D0	POP	PSW	
D0 E0	POP	ACC	
22	RET		

Nach Durchführung dieser Subroutine steht der Wert der Periode des VCO-Signals, gemessen mit einer 8-Bit-Auflösung, in Adresse 31.

Messung der Pulsbreite:

Die Zähler des 8031 besitzen einen Arbeitsmodus, der besonders für die Pulsbreitenmessung geeignet ist. Dieser Vorteil zahlt sich in solchen Schaltungen aus, die Signale mit einem festen Tastverhältnis dem Prozessor zur Verfügung stellen.

In diesem Modus läuft der interne Timer, wenn am externen Interrupt-Pin (INTx) High-Pegel anliegt, und steht bei Low-Pegel am korrespondierenden Eingang (siehe Kap.1.9. "Die Timer"). Diesen Modus kann man durch Beschreiben des Gate-Bit im TMOD-Register wählen. Gibt man zusätzlich den externen Interrupt frei, kann dieselbe negative Flanke, die vom VCO kommend zum Ausschalten des Timers führt, einen Interrupt erzeugen. In dieser Interruptroutine läßt sich der Timerinhalt dann lesen und wieder auf Null setzen.

Der Vorteil dieser Methode liegt darin, daß der VCO direkten Zugriff auf den internen Timer des Prozessors hat, und unterschiedliche Zeiten von der Interruptanforderung bis zur Ausführung des Interrupts keinen Fehler bei der Messung bewirken.

Ein VCO mit einem Tastverhältnis von 50 % ist für diesen Zweck sehr empfehlenswert. Je langsamer er schwingt, um so exakter werden die Ergebnisse sein. Es empfiehlt sich, einen Frequenzbereich von 250 Hz bis 500 Hz einzustellen.

Der VCO:

Als VCO verwendet man am besten einen Teil des PLL-Bausteins 74HC4046. Dieser Baustein zeichnet sich im Vergleich zum 4046, der in neuen Entwicklungen nicht mehr verwendet werden sollte, durch einige Verbesserungen aus. Die Betriebsspannung erstreckt sich im Bereich von 3 V bis 6 V; die Maximalfrequenz beträgt 20 MHz bei 4,5 V. Bild 4-18. zeigt das Blockschaltbild der VCO-Sektion im 74HC4046.

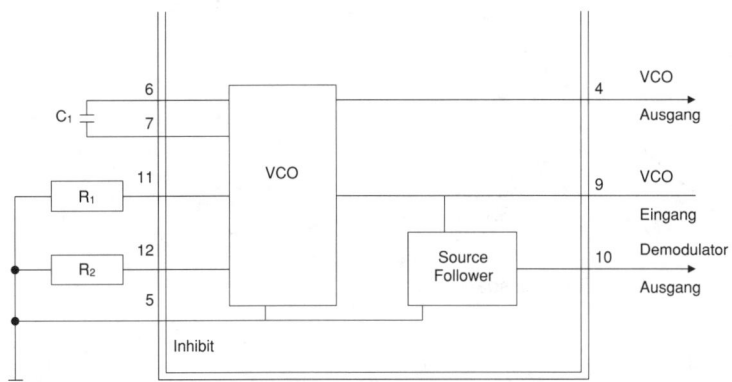

Bild 4-18. VCO-Sektion des 74HC4046

Die Eingänge 3 und 14 der nicht benötigten drei Phasenkomparatoren lege man an Masse, die Ausgänge 1, 2, 13 und 15 bleiben frei.

Der VCO erfordert zwei oder drei externe Komponenten, um zu arbeiten. Das sind R_1, R_2 und C_1. Widerstand R_1 und Kondensator C_1 bestimmen die Lage der Mittenfrequenz. Darunter versteht man die Frequenz, die erzeugt wird, wenn an den VCO-Eingang eine Spannung, die die Hälfte der Betriebsspannung beträgt, gelegt wird. R_2 kann benutzt werden, um bei 0 V am VCO-Eingang ein Frequenzoffset zu erzeugen. Läßt man R_2 weg, beginnt der Frequenzbereich bei 0 Hz. Wird der Wert von R_2 vermindert, vergrößert sich das Frequenzoffset.

Der Eingang des VCO ist ein CMOS-Eingang sehr hoher Impedanz und belastet daher die zu messende Größe nicht. In jedem Fall sollte man ein RC-Filter vor den Eingang schalten, um Störungen oder ein Rauschen weitestgehend zu unterdrücken. Um das VCO-Eingangssignal für weitere Zwecke zu verwenden, ist im Innern ein Source-Follower-Transistor vorhanden, der das Eingangssignal unverändert weitergibt. Mit einem Widerstand gegen Masse spiegelt dieser Ausgang den Zustand des Eingangs wieder.

Ein Inhibit-Eingang ist vorhanden, der nützlich werden kann, wenn mit demselben Prozessor — über mehrere VCOs gemultiplext — verschiedene analoge Signale gemessen werden sollen. High-Pegel an diesem Eingang stoppt die VCO-Tätigkeit und trennt den Source-Follower vom Ausgang.

Der Ausgang des VCO ist ein Standard High-Speed-CMOS-Ausgang mit einem LSTTL-Fanout von 10. Das Ausgangssignal ist eine Rechteckwelle mit einem exakten Tastverhältnis von 50 % und kann somit direkt zu einem Eingang des 8031 geführt werden.
Der Linearitätsfehler des VCO ist bei $^1/_2V_c$ kleiner als 1 %.

a)

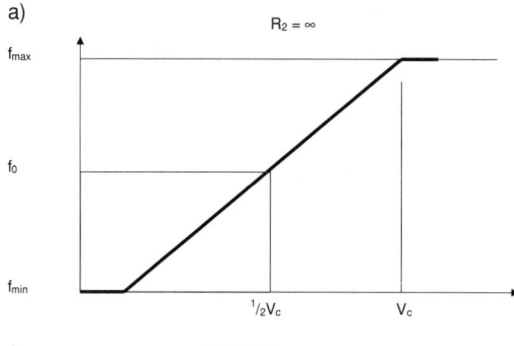

VCO Eingangsspannung

b)

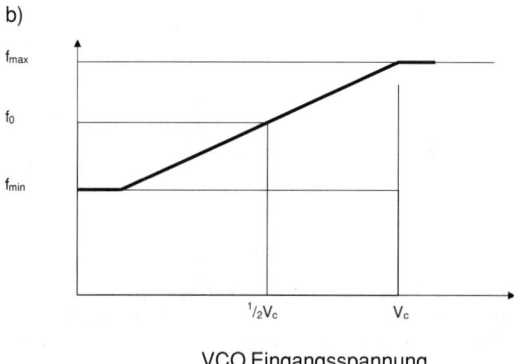

VCO Eingangsspannung

Bild 4-19. Frequenzverhalten des VCO. a) ohne Offset
b) mit Offset

Folgende Tabelle nennt einige Frequenzwerte in Abhängigkeit von R_1 und C_1; $R_2 = \infty$. VIN = $^1/_2 V_C$.

Frequenz	R_1	C_1
18 MHz	100R	10p
2 MHz	10k	100p
2 MHz	1k	330p
1 MHz	10k	220p
500 KHz	10k	470p
200 KHz	1k	4n7

Tabelle 4-4. VCO-Frequenzen in Abhängigkeit von R_1 und C_1

Temperaturmessung:

Als temperaturempfindlichen Sensor verwende man einen PTC oder einen NTC. Beide sind nichts anderes als temperaturabhängige Widerstände. Bei zunehmender Temperatur erhöht ein PTC seinen Widerstand, wohingegen ein NTC den Widerstand senkt.

Eine typische Eingangsbeschaltung mit einem NTC zeigt Bild 4-20.

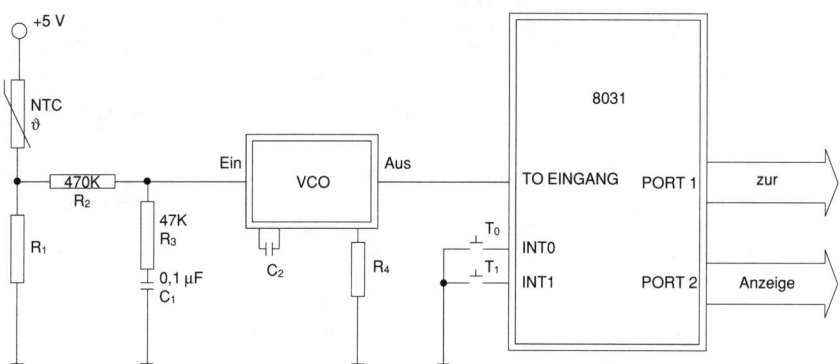

Bild 4-20. Temperaturmessung mit NTC

NTC und R_1 bilden gemeinsam eine Spannungsteilerschaltung. Der Wert für R_2 sollte so groß sein wie der Wert des NTC bei der zu messenden Temperatur, so daß dem VCO eine Spannung von ca. $^1/_2$ Vc zugeführt wird. Die Wahl eines NTC mit hohem Widerstandswert ist immer die bessere Lösung, da sonst durch R_1 und den NTC zuviel Strom fließen kann, und somit die Gefahr der Eigenerwärmung des NTC besteht. Wird der NTC erwärmt, sinkt sein Widerstand und der Eingang des VCO wird positiver. Frequenzerhöhung zeigt somit eine Temperaturerhöhung an. Verwendet man anstelle eines NTC einen PTC, muß die Lage des Sensors und R_1 vertauscht werden, um bei steigender Temperatur anwachsende Frequenz zu erhalten.

R_2, R_3 und C_1 bilden ein Dämpfungsglied, um Rauschen in der Leitung zu reduzieren, das besonders dann auftreten kann, wenn sich der Sensor weit weg von der Elektronik befindet. C_2 und R_4 sind so zu wählen, daß sie eine softwaregerechte Ausgangsfrequenz des VCOs liefern. Besondere Sorgfalt sollte man der Spannungsversorgung widmen, da ein geringster Spannungsabfall, der leicht dann entstehen kann, wenn der Prozessor Strom für externe Geräte liefern muß und sei es nur für eine LED, zu einer Änderung der Frequenz führen kann. Am besten ist es, man versorgt den VCO mit einer eigenen stabilisierten Spannung, die unabhängig von der Prozessorversorgung ist.

Ein Temperatursensor mit guten Linearitätseigenschaften ist der KTY 81-210 von Valvo mit einer PTC-Charakteristik. Er weist einen Widerstand bei 25˚C von $2000\,\Omega \pm 1\%$ auf. Bei 100˚C beträgt der Wert $3390 \pm 20\ \Omega$ und bei -55 ˚C $980 \pm 10\ \Omega$. Der Widerstand ändert sich bei 25 ˚C um 0,75 % bei einer Temperaturdifferenz von 1K.

Die beste Lösung bei der Temperaturmessung ist die Justierung der Schaltung auf die charakteristischen Werte der externen Bauelemente, da so der Prozessor objektiv mit den Bauteilen mißt, die auch physikalisch vorhanden sind. Das heißt konkret, daß man in der Software die Möglichkeit schaffen muß, die Schaltung auf Fixpunkte der Temperatur einzustellen.

Die folgende Beschreibung geht davon aus, daß dem Prozessor per Knopfdruck die VCO-Frequenz von 0 ˚C und von 20 ˚C mitgeteilt wird.

Zur Justierung benutze man die Taster an den INT0- und INT1-Eingängen. Mit T_0 wird der Programmiermodus aufgerufen. Es erscheint die Anzeige 0 ˚C. Der Prozessor wartet nun auf Tastendruck von T_1. Erst nach dem Loslassen von T_1 wird der folgende Frequenzwert der Temperatur 0 ˚C zugeordnet. Folgt kein Tastendruck von T_1 und wird T_0 erneut gedrückt, schaltet die Anzeige auf 2 0˚C um. Man hat nun die Möglichkeit, mit T_1 den nachfolgenden Frequenzwert der Temperatur von 2 0˚C zuzuordnen. Mit einem dritten Tastendruck von T_0 kann man den Programmiermodus wieder verlassen. Eine Neuprogrammierung der 0 ˚C- und 20 ˚C-Frequenz erfolgt nur mit Tastendruck von T_1.

Port 1 und Port 2 (über einen Zwischenspeicher) geben den Code für die Anzeige aus.

Mit Timer 1, als externem Ereigniszähler geschaltet, werden über die Zeitspanne von einer Sekunde die VCO-Impulse gezählt. Es handelt sich also um eine Frequenzmessung. Bei der Justierung der Schaltung werden die beiden Zählerwerte im internen RAM aufbewahrt und jede nachfolgende Messung nach einigen algebraischen Operationen mit diesen Werten verglichen. Man kann damit einen Temperaturbereich von -50 ˚C bis 205 ˚C überwachen.

Es sei f(0 °C) die VCO-Frequenz bei 0 °C, f(20 °C) die VCO-Frequenz bei 20 °C und f(x) der aktuelle Meßwert. Nach der Justierung lasse man den Computer die Frequenzdifferenz f(K) für eine Temperaturänderung von einem Kelvin errechnen:

$$f(K) = \frac{f(20\ °C) - f(0\ °C)}{20}$$

Diesen erhaltenen Wert benutzt man, um die VCO-Frequenz zu errechnen, die man bei - 50 °C erhalten würde:

$$f(-50\ °C) = f(0\ °C) - f(K)\cdot 50$$

Vom aktuellen Meßwert f(x) wird der Wert f(-50 °C) subtrahiert und die Differenz durch f(K) geteilt. Dadurch erhält man ganzzahlige Werte n zwischen 0 und 255, die nun leicht auf die üblichen Angaben der Celsiusskala umrechenbar sind:

$$n = \frac{f(x) + \frac{f(K)}{2} - f(-50°C)}{f(K)}$$

Zu dem Meßwert f(x) wird die Hälfte des Wertes f(K) addiert, damit unter ,5 ab- und über ,5 aufgerundet wird. Da der Rest des Quotienten nicht beachtet wird, ist n eine natürliche Zahl. Bei -10 °C wäre n = 40, und bei 0 °C wäre n = 50.
Die Umrechnung auf die Celsiusskala erfolgt durch Subtraktion der Zahl 50 vom errechneten Wert n: n -50. Liegt die Temperatur unter 0 °C, wird das bei der Rechnung durch das Setzen des Carry angezeigt. Diese Information wird benutzt, um das Minuszeichen in der Anzeige zu setzen und um den richtigen Anzeigenwert zu errechnen. Beträgt die Temperatur beispielsweise -1 °C, wird ein Wert n = 49 errechnet. Die Subtraktion 49-50 hinterläßt im Akkumulator den Wert FF_h, der dem Bitmuster 1111 1111 entspricht. Dieser Wert muß komplementiert und inkrementiert werden, um den negativen Anzeigenwert 1 zu erhalten. Bei -10 °C steht im Akkumulator nach der Subtraktion der Wert $F6_h$:

```
F6:    1111   0110
CPL:   0000   1001
INC:   0000   1010 = 0Ah = 10d
```

Es wird also der Wert -10 °C angezeigt.

Der folgende Programmausschnitt zeigt diese Rechenschritte im einzelnen. Dabei sind den verwendeten Registern folgende Funktionen zugeordnet:

Funktion:	Adressen:	
	MSB	LSB
f(0 °C)	30	31
f(20 °C)	32	33
f(-50 °C)	34	35
f(K)		36
Kopie von		
Timer 1	37	38
Temporäre		
Register	39	3A
n		3B

Folgende Routine wird nur dann aufgerufen, wenn mit T_1 ein neuer Wert eingegeben wurde.

Berechnungen zur Justierung:

```
C3              CLR    C
E5 33           MOV    A,33
95 31           SUBB   A,31          ;Differenz f(20 °C) - f(0 °C)
F5 35           MOV    35,A
E5 32           MOV    A,32
95 30           SUBB   A,30
F5 34           MOV    34,A
        ----------
75 36 FF        MOV    36,#FF
05 34           INC    34            ;Division durch 20, Ergebnis
E5 35           MOV    A,35          ;steht in 36
C3          ┌─► CLR    C
94 16       ┌─► SUBB   A,#16         ;16h = 20d
05 36       │   INC36
50 FA       └── JNC    SUBB
D5 34 F6    └───DJNZ   34,CLR
        ------------
75 F0 32        MOV    B,#32         ;32h = 50d
E5 36           MOV    A,36
A4              MUL    AB            ;f(K) • 50
F5 35           MOV    35,A
85 F0 34        MOV    B,34
        ------------
E5 31           MOV    A,31
C3              CLR    C
95 35           SUBB   A,35          ;f(0 °C) - 50 • f(K)
F5 35           MOV    35,A
E5 30           MOV    A,30
95 34           SUBB   A,34
F5 34           MOV    34,A
22              RET
```

Folgende Routine wird einmal in jeder Sekunde durchlaufen, um den aktuellen Meßwert anzuzeigen.

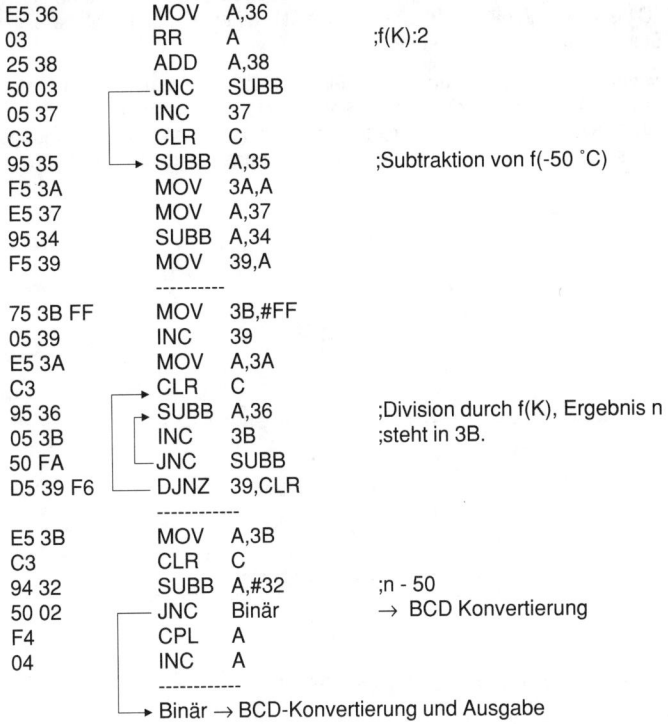

```
E5 36       MOV   A,36
03          RR    A              ;f(K):2
25 38       ADD   A,38
50 03   ┌── JNC   SUBB
05 37   │   INC   37
C3      │   CLR   C
95 35   └─→ SUBB  A,35           ;Subtraktion von f(-50 °C)
F5 3A       MOV   3A,A
E5 37       MOV   A,37
95 34       SUBB  A,34
F5 39       MOV   39,A
        ----------
75 3B FF    MOV   3B,#FF
05 39       INC   39
E5 3A       MOV   A,3A
C3      ┌─→ CLR   C
95 36   │┌→ SUBB  A,36           ;Division durch f(K), Ergebnis n
05 3B   ││  INC   3B             ;steht in 3B.
50 FA   │└─ JNC   SUBB
D5 39 F6└── DJNZ  39,CLR
        ------------
E5 3B       MOV   A,3B
C3          CLR   C
94 32       SUBB  A,#32          ;n - 50
50 02   ┌── JNC   Binär          → BCD Konvertierung
F4      │   CPL   A
04      │   INC   A
        │   ------------
        └─→ Binär → BCD-Konvertierung und Ausgabe
```

Im Akkumulator steht nun der auszugebende Wert im Binärformat, der noch nach Routine in Kap. 2-2. in ein BCD-Format umzuwandeln ist. Das Carry zeigt an, ob es sich um einen negativen (C = 1) oder um einen positiven Wert (C = 0) handelt.

Es ist denkbar, daß bei nur schlecht linearem Sensor oder bei größerer erwünschter Meßgenauigkeit mehrere Fixpunkte der Temperatur aufgenommen werden müssen. Die Genauigkeit einer solchen Justierung hängt sehr von der Sorgfalt ab, mit der die Temperaturzustände eingestellt werden. Ferner ist zu beachten, daß nach kurzfristigem Spannungsausfall die Justierung neu erfolgen muß. Daher ist die Verwendung eines nichtflüchtigen Speichers für diese Applikation sehr zu empfehlen.

Man muß nur noch wenig Zeit für die Software aufwenden, und benötigt darüber hinaus eine Tastatur, um eine Schaltung mit programmierbarer Temperaturüberwachung zu erhalten.

Feuchtigkeitsmessung:

In der gleichen Weise sind weitere analoge Größen wie Helligkeit, Druck und Gaskonzentrationen zu behandeln, die mit Sensoren gemessen werden, die entweder eine der Meßgröße proportionale Spannung erzeugen oder ihren Widerstand proportional dazu verändern.

Manche Feuchtigkeitssensoren arbeiten auf kapazitiver Basis, so der Feuchtesensor LFS 10. Er weist eine Kapazität von 122 pF ± 15 % bei 25 °C und einer relativen Luftfeuchte von 43 % auf. Die Empfindlichkeit liegt bei 0,4 ± 0,05 pF pro 1 % relative Luftfeuchte. Er kann bei Temperaturen von 0 °C bis +85 °C verwendet werden und mißt in einem Feuchtigkeitsbereich von 10 % bis 90 %. Seine Spannungsfestigkeit reicht bis 15 V.

Da dieser Sensor weder Spannung erzeugt noch seinen Widerstand ändert, kann er nicht in der gleichen Weise, wie die zuvor genannten Sensoren, eingesetzt werden.
Um mit ihm den VCO-Kreis zu steuern, legt man an den Eingang eine feste Spannungsteilerschaltung und ersetzt den frequenzbestimmenden Kondensator durch den kapazitiven Feuchtesensor (Bild 4-21.).

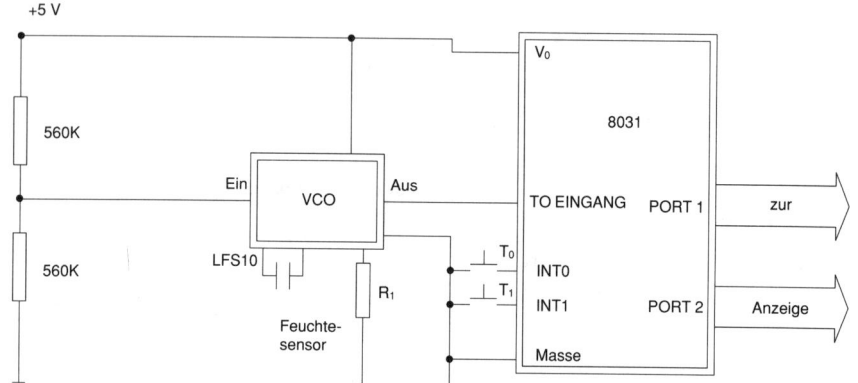

Bild 4-21. Feuchtemessung mit Feuchtesensor LFS 10

Routine zur Binär → BCD-Konvertierung:

Bei fast allen Anwendungen, in denen die gemessene Frequenz direkt zur Anzeige kommen soll, muß der Binärwert in einen BCD-Wert übergeführt werden. Ein Byte in den BCD-Code umzuwandeln, stellt keine große Schwierigkeit dar. Das Problem taucht erst auf, wenn mehrere Bytes, wie z. B. der 16-Bit-Zählerinhalt, konvertiert werden sollen. Nachstehende Routine wandelt einen 16-Bit-Binärwert in einen 3-Byte-BCD-Code um. Sie kann durch einfaches Ändern der Konstanten und der Adressen auf größere Zahlen angewandt werden. Der umzuwandelnde Wert steht in Adresse 40 (MSB) und 41 (LSB); der umgewandelte Code findet sich in den Registern 30 (MSB), 31 und 32 (LSB).

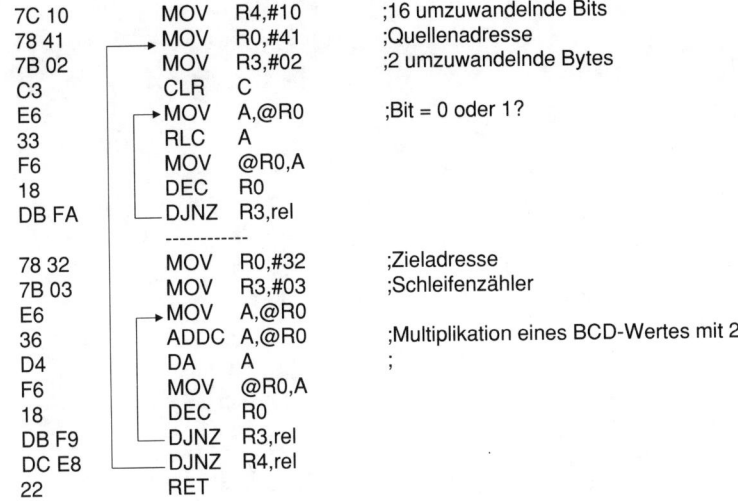

```
7C 10        MOV   R4,#10      ;16 umzuwandelnde Bits
78 41      ┌─►MOV   R0,#41      ;Quellenadresse
7B 02      │  MOV   R3,#02      ;2 umzuwandelnde Bytes
C3         │  CLR   C
E6         │┌─►MOV   A,@R0      ;Bit = 0 oder 1?
33         ││ RLC   A
F6         ││ MOV   @R0,A
18         ││ DEC   R0
DB FA      │└─DJNZ  R3,rel
           │
           │  ------------
           │
78 32      │  MOV   R0,#32      ;Zieladresse
7B 03      │  MOV   R3,#03      ;Schleifenzähler
E6         │┌─►MOV   A,@R0
36         ││ ADDC  A,@R0       ;Multiplikation eines BCD-Wertes mit 2
D4         ││ DA    A           ;
F6         ││ MOV   @R0,A
18         ││ DEC   R0
DB F9      │└─DJNZ  R3,rel
DC E8      └──DJNZ  R4,rel
22            RET
```

1. Die serielle Datenübertragung

Die serielle Datenübertragung ist nicht nur in Multiprozessorsystemen von Interesse, sondern hat Bedeutung insbesondere bei der Datenfernübertragung. Die moderne digitale Kommunikationseinrichtung der Post ISDN (Integrated Services Data Network), die zur Zeit eingerichtet wird und bis 1993 für jedermann zugänglich sein soll, eröffnet für das MCS-51-System neue Einsatzgebiete. Sei es als Baudratengenerator zur Unterstützung der Personalcomputerkommunikation oder als eigenständiges System mit dem 8031 als Zentralprozessor und eigenem Bedürfnis zum Austausch von Meßdaten. Heute sind Modems mit Übertragungsraten von 1200 und 2400 Bits pro Sekunde Standard, und selbst gute Akustikkoppler arbeiten bereits mit diesen Geschwindigkeiten. Durch ISDN soll die Übertragungsrate mit 64 KBit pro Sekunde auf dem digitalen Netz wesentlich gesteigert werden.

Noch schneller kann die Datenübertragung zwischen zwei Systemen erfolgen, die nicht die langen Verbindungsleitungen der Post benötigen. Die Baudrate kann dabei bis auf ein Megabit pro Sekunde ansteigen. Die kritische Länge der Verbindungsleitung läßt sich nach folgender Formel abschätzen:

$$\text{Kabellänge} = \frac{10^6 \, m}{\text{Baudrate}}$$

Der serielle Port kann Daten in vier verschiedenen Modi übertragen. Je nach Modus ist die Übertragungsgeschwindigkeit fest oder variabel einstellbar. Modus 1 bis 3 sind die UART-Modi des seriellen Ports. Die Übertragung erfolgt im üblichen UART/RS 232C-Format mit einem Startbit, acht oder neun Datenbits und einem oder zwei Stoppbits. Typische Übertragungsformate sind nachfolgend gezeigt:

Art: **Format:**   **Modus:**

Art						Modus
TTY	Start	7 Datenbits	Parity	Stopp	Stopp	3
übliche CRT	Start	7 Datenbits	Marke	Stopp		1
	Start	8 Datenbits		Parity	Stopp	3
Multi-prozessor-kommuni-kation	Start	8 Datenbits		Auswahl	Stopp	2 und 3
	Start	9 Datenbits			Stopp	2 und 3
I/O-Erweiterung	8 Bit	←——→ Daten ——→ Takt				0

In Modus 0 ist die Baudrate unveränderbar. Sie beträgt ein Zwölftel der Oszillatorfrequenz, zu deren Erzeugung keiner der Timer benötigt wird. Es muß lediglich das serielle Port-Control-Register (SCON) beschrieben werden, um den RXD-Pin als Eingang oder Ausgang zu definieren. Ein Maschinenzyklus nach dem Beschreiben des seriellen Puffers wird der Übertragungsvorgang gestartet. Die Datenübertragung ist dabei nur im Halb-Duplex-Betrieb möglich, und erfolgt ausschließlich über Pin RXD. Pin TXD gibt einen Schiebetakt mit einem Zwölftel der Oszillatorfrequenz aus.

Die Übertragungsgeschwindigkeit in Modus 2 hängt vom Wert des SMOD-Bits im Spezialfunktionsregister PCON ab. Ist das SMOD-Bit gelöscht, ist die Baudrate $1/64$ der Oszillatorfrequenz, und ist es gesetzt, verdoppelt sich die Geschwindigkeit auf $1/32$ der Oszillatorfrequenz.

$$\text{Baudrate Modus 2} = \frac{f_{Osz.} \cdot 2^{SMOD}}{64}$$

Wie in Modus 1 wird auch hier zur Erzeugung der Baudrate keiner der Timer bemüht; der Takt entstammt der internen Kontrolleinheit. Um das SMOD-Bit zu setzen, führe man mit Adresse 87, der Adresse von PCON, eine *oder* Verknüpfung aus: ORL PCON,#80. Dadurch wird das 7. Bit, das SMOD-Bit, gesetzt. Gelöscht wird es mit ANL PCON,#EF. Eine Datenübertragung ist im Voll-Duplex-Betrieb möglich; es können also zu derselben Zeit Daten gesendet und empfangen werden. Elf Datenbits werden über TXD ausgesendet oder über RXD empfangen: ein Startbit, immer Null, acht Datenbits mit dem LSB zuerst, ein programmierbares neuntes Bit und das Stoppbit, das immer eine Eins ist. Bei der Aussendung kann das neunte Bit, das durch das TB8-Bit im seriellen Kontroll-Register SCON gebildet wird, mit Null oder Eins beschrieben werden. Beschreibt man beispielsweise den seriellen Puffer mit dem Inhalt des Akkumulators und das Bit TB8 mit dem Parity-Flag des Programmstatusworts, kann der Empfänger leicht erkennen, ob bei der Übertragung Fehler aufgetreten sind, denn dieses neunte Bit wird beim Empfänger in das Bit RB8 im Spezialfunktionsregister SCON geschrieben.

Baudratenerzeugung mit Timer 1:

Die Modi 1 und 3 verfügen über eine variable Übertragungsgeschwindigkeit. Die Baudrate kann durch einen Überlauf von Timer 1 und im 8032 auch durch den Überlauf von Timer 2 erzeugt werden. Es ist sogar möglich, daß beide Timer gleichzeitig und unabhängig voneinander benutzt werden, der eine für die Aussendung, der andere für den Empfang von Daten.

Wenn der Timer 1 zur Erzeugung der Übertragungsgeschwindigkeit benutzt wird, wird die Baudrate in Modus eins und drei durch dessen Überlaufrate und durch den Inhalt des SMOD-Bits im PCON-Register bestimmt. Sie errechnet sich wie folgt:

$$\text{Baudrate in den Modi 1 und 3} = \frac{\text{Timer 1 Überlaufrate} \cdot 2^{SMOD}}{32}$$

(Man erinnere sich: $2^0 = 1$.) In dieser Verwendungsart des Timers sollte der zugehörige Interrupt abgeschaltet sein. Da nur das Setzen des Überlauf-Flags die Baudrate bestimmt, ist es im Grunde gleichgültig, ob der Timer als interner Timer oder externer Ereigniszähler geschaltet ist. Ferner spielt der gerade aktuelle Timermodus keine Rolle. Somit kann auch die Baudratenerzeugung durch ein externes Signal erfolgen. Da Timer 0 in Modus 3 die Statusbits von Timer 1 übernimmt, kann er über diesen Umweg durchaus zur Erzeugung der Baudrate beitragen.

In den meisten Fällen wird jedoch Timer 1 in Modus 2, dem Auto-Reload-Modus, eingesetzt werden. Ist es doch damit am bequemsten, beliebige Übertragungsraten zu erzeugen. In diesem Falle errechnet sich die Baudrate nach folgender Formel:

$$\text{Baudrate in den Modi 1 und 3} = \frac{\text{Oszillatorfrequenz} \cdot 2^{SMOD}}{12 \cdot 32 \cdot [256 - (TH1)]}$$

Meistens kennt man als Anwender die gewünschte Baudrate und möchte den Auto-Reload-Wert für TH1 wissen. Dazu muß man die Gleichung nach TH1 auflösen:

$$TH1 = 256 - \frac{\text{Oszillatorfrequenz} \cdot 2^{SMOD}}{384 - \text{Baudrate}}$$

Der Inhalt von TH1 muß dabei ein ganzzahliger Wert sein. Abrunden des somit errechneten Wertes auf die nächste natürliche Zahl erzeugt die gewünschte Baudrate. Sollte man mit dem so erhaltenen Ergebnis nicht zufrieden sein, wähle man eine geeignetere Quarzfrequenz.

Um sehr langsame Baudraten für Akustikkoppler oder Modems zu erhalten, lasse man Timer 1 in Modus 1 als 16-Bit-Timer arbeiten, gebe den Interrupt frei und lade den Timer in der Interruptroutine nach. Die universellste Methode ist die Benutzung der internen Uhr nach Kapitel 4.1. Das Timer 1-Flag TF1 läßt sich ebenfalls durch die Software setzen mit demselben Effekt, als wäre ein Überlauf des Timers vorausgegangen. Man stelle also nur die Uhr eine feste Zeit ein, nach deren Ablauf das TF1-Bit durch die Software gesetzt wird. Damit läßt sich jede ganzzahlige Frequenz zwischen Null und einigen KHz erzeugen. Tabelle 5-1. zeigt einige gebräuchliche Baudraten und ihre Erzeugung mit Timer 1.

| Baudrate | $f_{osc.}$ | SMOD | Timer 1 | | |
			C/T	Modus	Reload-Wert
Modus 0:					
1 MHz	12 MHz	X	X	X	X
Modus 2:					
375 KHz	12 MHz	1	X	X	X
Modus 1 und 3:					
64,0 KHz	12,288 MHz	1	0	2	FF
62,6 KHz	12 MHz	1	0	2	FF
19,2 KHz	11,059 MHz	1	0	2	FD
9,6 KHz	11,059 MHz	0	0	2	FD
4,8 KHz	11,059 MHz	0	0	2	FA
2,4 KHz	11,059 MHz	0	0	2	F4
1,2 KHz	11,059 MHz	0	0	2	E8
300,0 Hz	12 MHz	0	0	2	98
137,5 Hz	11,986 MHz	0	0	2	1D
110,0 Hz	6 MHz	0	0	2	72
110,0 Hz	12 MHz	0	0	1	FE EB

Tabelle 5-1. Gebräuchliche Baudraten und ihre Erzeugung mit Timer 1

Baudratenerzeugung mit Timer 2:

Im 8032 kann Timer 2 durch Setzen der Bits TCLK bzw. RCLK im Spezialfunktionsregister T2CON als Baudratengenerator gewählt werden. Dadurch können die Baudraten für Senden und Empfang gleichzeitig verschieden sein (Bild 5-1.).

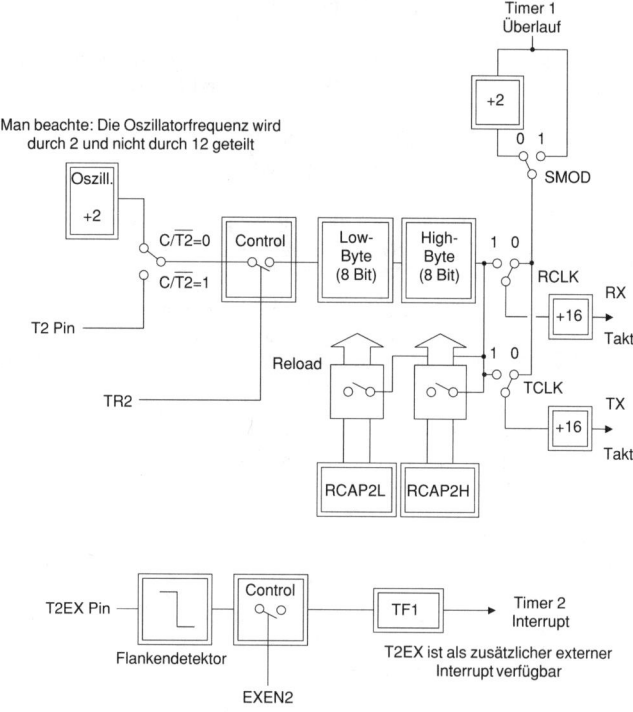

Bild 5-1. Timer 2 als Baudratenerzeuger

Die Baudratenerzeugung ist insofern vergleichbar dem Auto-Reload-Modus von Timer 1, als daß ein Überlauf im High-Byte des Timer 2 ein Nachladen desselben mit dem 16-Bit-Wert bewirkt, der von der Software in die Register RCAP2L und RCAP2H geschrieben wurde.

Die Übertragungsgeschwindigkeit in Modus 1 und 3 wird jetzt durch die Überlaufrate von Timer 2 nach folgender Gleichung bestimmt:

$$\text{Baudrate in den Modi 1 und 3} = \frac{\text{Timer 2 Überlaufrate}}{32}$$

Der Timer kann als interner Taktzähler (Timer) oder als externer Ereigniszähler betrieben werden. In den meisten Fällen wird man ihn wohl als Timer verwenden. Die interne Takterzeugung für Timer 2 erfolgt leicht anders als gewöhnlich, wenn er als Baudratengenerator eingesetzt wird. In der Regel führt jeder Maschinenzyklus zum Anwachsen des Zählerinhaltes, die Oszillatorfrequenz wird dabei durch Zwölf geteilt. Als Baudratengenerator läßt jeder Zustand eines Maschinentaktes den Zähler anwachsen, die Oszillatorfrequenz wird dabei durch Zwei geteilt. In diesem Falle errechnet sich die Übertragungsgeschwindigkeit durch folgende Formel:

$$\text{Baudrate in den Modi 1 und 3} = \frac{\text{Oszillatorfrequenz}}{32 \cdot [65536-(RCAP2H,RCAP2L)]}$$

Dabei bedeutet (RCAP2H,RCAP2L) "unsignierter 16-Bit-Inhalt der Register RCAP2H und RCAP2L". Um den Inhalt der beiden Register für eine gewünschte Baudrate zu erfahren, löse man die Formel nach (RCAP2H,RCAP2L) auf:

$$(RCAP2H,RCAP2L) = 65536 - \frac{f_{osz.}}{32 \cdot \text{Baudrate}}$$

Timer 2 ist nur dann Baudratengenerator, wenn die Bits RCLK und/oder TCLK im Spezialfunktionsregister T2CON gesetzt sind. Ein Überlauf im High-Byte des Timers setzt in diesem Fall nicht mehr das Timer-Überlauf-Flag TF2, und somit wird auch kein Interrupt erzeugt. Deswegen muß der Interrupt nicht ausdrücklich verboten werden. Ferner führt eine negative Flanke am T2EX-Eingang, sofern das Bit EXEN2 gesetzt ist (Bild 5-1.), nicht zu einem Nachladen des Zählers, sondern kann als zusätzlicher externer Interrupteingang verwendet werden.

Man beachte, daß bei Betrieb im Baudratengeneratormodus die Register von Timer 2 weder beschrieben noch gelesen werden sollten. Ein Zugriff darauf bewirkt zwar keinen Hardwareschaden, das Ergebnis dieser Operation ist aber ungenau, da in jedem Zustand des Maschinenzyklus der Zählerinhalt um Eins anwächst. Die RCAP-Register können gelesen werden, sollten aber wegen der Gefahr eines Reload-Fehlers nicht beschrieben werden. Um Änderungen vorzunehmen, sollte Timer 2 vor einem Zugriff zuerst gestoppt werden.

2. Multiprozessorkommunikation

Die Einrichtung eines Multiprozessorsystems ist überall dort angebracht, wo eine Koordinierung verschiedener Aufgaben notwendig, wo das sichere Funktionieren einer Schaltung äußerst wichtig ist oder wo verschiedene, komplexe Berechnungen schnell ausgeführt werden müssen, um möglichst rasch ein Ergebnis zu erhalten.

Beispiel Klimaregelung in Wohnräumen:

Ein Slavesystem bildet die Heizölbrennersteuerung. Es bekommt vom Masterprozessor bei Energiebedarf eine Einschaltaufforderung, worauf es wie folgt reagiert:

1. Einschalten von Gebläsemotor und Ölpumpe; Ventil bleibt geschlossen.
2. Abwarten einer Zeit von ca. 5 bis 10 Sekunden, um eventuell explosive Gasgemische im Brennraum aus dem Kamin zu treiben.
3. Freigabe des Hochspannungszündfunkens.
4. Öffnen des Magnetventils für den Zustrom des Öls.
5. Überprüfung von Fotozelle.

Während die Punkte 1 bis 4 nur einmal bei jedem Brennzyklus bearbeitet werden, bildet Punkt 5 eine Schleife, die nur verlassen wird, wenn entweder der Masterprozessor genügend hohe Temperatur meldet oder der Flammenwächter kein Licht mehr im Brennraum registriert. Im ersten Fall schließt der Prozessor das Magnetventil und bläst noch drei Sekunden lang die restlichen Verbrennungsgase aus dem Kamin. Im letzteren Fall muß der Prozessor erneut den Zündfunken freigeben und parallel dazu die Zeit überwachen, die bis zu einem nochmaligen Zünden verstreicht. Ist die Zeit länger als 5 Sekunden, gibt er eine Störungsmeldung an den Masterprozessor und schaltet sein System in der Annahme eines leeren Öltanks ganz ab. Erfolgt ein Zünden innerhalb des Zeitraums, weist dieses auf eine Verschmutzung oder eine falsche Brennereinstellung hin, und der Slaveprozessor gibt eine Wartungsanforderung an den Masterprozessor.

Ein zweites Slavesystem hat folgende Aufgaben:

1. Messung der Außentemperatur.
2. Messung der Raumtemperatur.
3. Messung der Tageshelligkeit für eine Nachtabsenkung.
4. Messung der Heizwasser-Vorlauftemperatur.
5. Überwachung des Brauchwassers.
6. Regelung der Mischerstellung.
7. Steuerung der Umwälzpumpe.

Die Punkte 1 bis 5 können im Multiplexbetrieb erfolgen. Aus den Meßergebnissen dieser Punkte errechnet der Mikrocomputer den Energiebedarf und meldet das Ergebnis dem Masterprozessor. Dieser gibt dem Slave Werte vor, mit deren Hilfe er Entscheidungen über die Ausführung der Punkte 6 und 7 trifft.

Ein drittes Slavesystem bietet folgende Dienste an:

1. Erzeugung einer Realzeit mit Wochentagen.
2. Überwachung einer Zehnertastatur zwecks Programmierung des Systems.
3. Anzeigentreibung für Realzeit, Wochentage und programmierte Daten.
4. Vergleich von programmierten Daten mit der Realzeit und Meldung an das Mastersystem.
5. Ausgabe von Ausfall-, Fehler- oder Wartungsmeldungen.

Über dieses Slavesystem sind Eingaben über eine gewünschte Wohnraumtemperatur, eine Nachtabsenkung, eine Wochenend- oder Sommerabschaltung zu machen. Ein Vergleich der eingegebenen Werte mit der Realzeit erfolgt durch dieses Subsystem, und die Ergebnisse werden dem Zentralprozessor gemeldet. Eine Nichtfunktion des Brenners, Wartungshinweise oder Meldungen über Ölverbrauch werden darüber ausgegeben.

Das Mastersystem weiß nun über alles Bescheid und kann die richtigen Anweisungen an die Slaves geben. Es kennt die Temperaturverhältnisse und die Wünsche der Hausbewohner, weiß über Tag und Nacht Bescheid, ist über den Zustand des Brenners informiert und kann Auskunft über das ganze System, zur Not auch Alarm, geben.

Man könnte einer Arbeitsteilung dieser Art entgegenhalten, daß ein einziger Prozessor diese Aufgaben auch allein erfüllen könnte. Das stimmt. Nur die Anzahl der Peripheriebausteine würde sich sehr erhöhen und in gleicher Weise auch die Anforderungen an die Hard- und Software. Bei den niedrigen Preisen der Prozessoren und der eingebauten Konversationsmöglichkeit ist die Verwirklichung, die Sicherheit, die Bedienerfreundlichkeit und die logische Realisierung kein großer Aufwand mehr.

Beispiel Verkehrsregelung:

Dem Subsidiaritätsprinzip in der Politik nachempfunden ist folgendes umweltfreundliches Verkehrsregelungssystem:

Jede Ampelanlage in einer Kommune wird (zunächst voneinander unabhängig) durch einen eigenen Slaveprozessor nach dem jeweiligen, individuellen Verkehrsaufkommen geregelt. Wenn beispielsweise nachts eine Signalanlage aus Sicherheitsgründen nicht ausgeschaltet werden darf, kann der Prozessor den Verkehrsfluß dadurch erleichtern, daß er eine Grünphase für eine Abbiegespur zugunsten der Hauptverkehrsrichtung überspringt, wenn sich darauf kein Fahrzeug befindet. Diese Information erhält er über Induktionsspule und Bewegungsmelder in Form von Radar. Somit muß ohne verkehrsbedingte Notwendigkeit kein Fahrzeug wegen einer brennenden Lampe anhalten.

Bei mittlerer Verkehrsstärke kann der Prozessor die Fahrzeuge zählen, die Zahl zur Zahl der Wartenden und der Wartezeit in Relation setzen und so in einem gewissen Bereich den Verkehrsfluß dynamisch regeln. Immer aber gibt er die Zählungen der Fahrzeuge und deren Richtung an den Masterprozessor weiter. Dieser wertet alle Informationen aus, errechnet den günstigsten globalen Verkehrsfluß und unterbreitet den Slaves Vorschläge, die sie bei starker Verkehrsbelastung zugunsten einer Grünphase beachten können. Ist das Verkehrsaufkommen in diesem Fall an einer speziellen Ampel sehr gering, kann der betreffende Slave die Masterempfehlung ignorieren.

Nun kann in einem Kochbuch dieser Art nicht der Rat stehen:

Bauen Sie sich Ihre eigene Ampelanlage. Sehr wohl aber die Empfehlung: Übertragen Sie diese Technik auf die Steuerung Ihrer Modelleisenbahn, denn eine solche Anlage ist eine wahre Fundgrube für Ideen zum Einsatz von intelligenten Multiprozessorsystemen.

Beispiel Watch-Dog-Prozessor:

Überall, wo an die Elektronik hohe Sicherheitsanforderungen gestellt werden, empfiehlt sich der Einsatz eines Watch-Dog-Timers oder Watch-Dog-Prozessors. Die Aufgabe einer solchen Einrichtung ist an einem Beispiel schnell erklärt:

Ein Lokomotivführer muß in regelmäßigen Abständen einen Kontakt betätigen, um seine geistige Anwesenheit zu dokumentieren. Ist er dazu aus irgendwelchen Gründen nicht mehr in der Lage, wird der Zug durch automatisches Stromabschalten gestoppt.

Ein Watch-Dog-Timer vollführt im Prinzip das gleiche. Der Prozessor muß in regelmäßigen Abständen dem Watch-Dog-Prozessor seine fehlerfreie Arbeitsweise dokumentieren. Tut er das nicht innerhalb einer gewissen Zeit, löst dieser Masterprozessor an dem Slaveprozessor einen Hardwarereset aus. Da durch einen Reset der interne RAM-Bereich nicht gelöscht wird, kann der Slaveprozessor an der Stelle fortfahren, die zuletzt in Bearbeitung war. Um diesen Reset von einem Einschaltreset zu unterscheiden, kann der Master dem Slave eine zusätzliche Information über eine Pin-Pin-Verbindung geben.

Selbst wenn ein Programm fehlerfrei und erprobt ist, bietet die Hardware niemals einen 100%igen Schutz vor Fehlverhalten. Die Ursachen für eine Entgleisung können vielfältiger Natur sein. Starke induktive Störungen über das Netz in die Busverbindung können im Augenblick der Befehlseinlesung aus einem externen ROM ein Bit als gesetzt erscheinen lassen. Ein durch den Nulleffekt bedingter α-Zerfall in der CPU kann Stellen, die durch Elektronenmangel sperren sollen, zur Leitfähigkeit verhelfen. Hin und wieder sind die Informationen in EPROMs besonders bei schnellen Brennalgorithmen nur mangelhaft gebrannt, so daß sie bei der Verifizierung zwar keine Fehlfunktion zeigen, in Betrieb unter Umständen aber den erforderlichen Low-Pegel nicht immer eindeutig erreichen. Kurzzeitige Stromausfälle - besonders häufig bei Gewitter - geben der Beschaltung des Einschaltresets nicht immer Zeit, den Kondensator vollständig zu entladen, so daß nach Spannungsanstieg kein eindeutiger Reset ausgeführt, ja noch nicht einmal der Programmzähler auf Null gesetzt wird. In diesem Fall wird das Programm ohne definierten Zustand der Spezialfunktionsregister fortgesetzt. Glücklicherweise gehören Störungen dieser Art nur zur sehr seltenen Ausnahme.

Was aber, wenn doch? ..... alle Ampeln grün zeigen!

Das soll das Watch-Dog-System verhindern.

Im allgemeinen besteht die Hauptaufgabe des Masters im Zählen seiner eigenen Maschinentakte, um bei einem Überlauf eines Zählers einen Reset am Slave auszuführen. Der Slave muß verhindern, daß der Master soweit kommt. Das erfolgt durch ständige Mitteilung an den Master über den seriellen Port. Sollte das Programm des Slaves in der Art entgleist sein, daß er seine Arbeit nicht mehr ausführen kann, wird er im allgemeinen den Zähler des Masters nicht mehr rücksetzen können. Ein Reset ist die Folge, und das System hat sich wieder gefangen. Da der Master nur die Überwachung der Slaves zur Aufgabe hat, ist sein Programm so zu schreiben, daß er sich nach einem oben geschilderten Fehler von alleine wieder fängt. Das erreicht man durch Vermeiden von Sprüngen, die zu Endlosschleifen werden können. Eine Ausnahme ist die Einschaltroutine, in der die benötigten Interrupts freigegeben und der Watch-Dog-Timer gestartet wird. Das ständige Wiederholen dieser Routine bildet das Hauptprogramm. Die Interrupts sollten nicht einfach durch RETI-Befehle abgeschlossen sein. Vor deren Ausführung empfiehlt es sich, den Stapel mit der Rücksprungadresse 0000 zu beschreiben und den Stackpointer mit dem richtigen Wert zu laden. Dadurch fängt sich der Master von selbst, wenn eine Störung eingetreten sein sollte.

Der folgende Programmteil stellt das Hauptprogramm eines solchen Watch-Dog-Prozessors dar unter der Voraussetzung, daß die Interruptrutinen die Adresse 0300 nicht überschreiten:

```
0000    61 00      AJMP     0300
0002    00         NOP
0003    00         NOP
0004    61 00      AJMP     0300
0006    00         NOP
0007    00         NOP
0008    61 00      AJMP     0300
000A    00         NOP
...
001B    Timer 1 Interruptroutine
...
0023    Serieller Port Interruptroutine
...
0300    75 8D 00   MOV      TH1,#00      ;Autoreloadwert
0303    00         NOP
0304    00         NOP
0305    75 89 20   MOV      TMOD,#20     ;Setze Autoreloadmodus Timer 1
0308    00         NOP
0309    00         NOP
030A    D2 8E      SETB     TR1          ;Starte Timer 1
030C    00         NOP
030D    00         NOP
```

030E	75 A8 98	MOV	IE,#98	;Gib Interrupts für Timer 1	
0311	00	NOP		; und seriellen Port frei	
0312	00	NOP			
0313	D2 98 50	MOV	SCON,#50	;Stelle seriellen Port auf	
0316	00	NOP		;Empfang, lösche Interrupt-	
0317	00	NOP		;Flip-Flop, setze Modus 1	
0318	75 08 00	MOV	08,#00		
031B	00	NOP			
031C	00	NOP			
031D	75 09 00	MOV	09,#00		
0320	00	NOP			
0321	00	NOP			
0322	75 81 09	MOV	SP,#09		
0325	00	NOP			
0326	00	NOP			
0327	32	RETI		;Erlaube auf jeden Fall	
0328	00	NOP		; neue Interrupts	
0329	00	NOP			
032A	75 08 00	MOV	08,#00		
032D	00	NOP			
032E	00	NOP			
032F	75 09 00	MOV	09,#00	Restlichen Speicherraum mit	
0332	00	NOP			
0333	00	NOP		diesem Bitmuster füllen!	
0334	75 81 09	MOV	SP,#09		
0337	00	NOP			
0338	00	NOP			
0339	32	RETI			
033A	00	NOP			

Erfolgt in der Interruptroutine eine Störung der Art, daß ohne vorausgehenden RETI-Befehl das Hauptprogramm fortgesetzt wird, könnte nie mehr ein neuer Interrupt akzeptiert werden. Daher steht am Ende der Hauptroutine kein JMP-Befehl, sondern nach vorausgegangener Stackmanipulation ein RETI-Befehl. Die vielen NOP-Einschübe sollen die Fehlinterpretation auf nur einen Befehl reduzieren. Springt das Programm beispielsweise aus irgendwelchen Gründen an die Adresse 0310, findet die CPU den Opcode 92 vor und führt den Befehl MOV 00,C aus. Steht in der Bitadresse 00 ein für die Interruptroutine kritischer Wert, kann er unter Umständen verändert werden. Der nächste Befehl wird aber in jedem Fall richtig gelesen werden.

Der Watch-Dog-Prozessor ist ferner in der Lage, mehrere Slaves gleichzeitig zu überwachen, wenn er im internen RAM eine entsprechende Zahl von Registern als Zähler bereitstellt, die er im Timerinterrupt dekrementiert und im seriellen Portinterrupt mit Null beschreibt. Ein DJNZ-Befehl im Timerinterrupt kann dann einen Reset am betreffenden Slave auslösen.

Hardwareverbindungen:

Eine Prozessorkommunikation im seriellen Modus 0 ist direkt nicht möglich, da ein Datenempfang durch die Software gestartet wird und so eine Synchronisation von Sender mit Empfänger nicht möglich ist. Es sei denn, die Gesprächspartner unterhalten sich über ein zentrales Schieberegister mit 8-Bit-seriell-Ein-seriell-Aus (z. B. 4006), das über eine oder Logik gemeinsam getaktet wird. Allerdings wird die Zahl der Gesprächsteilnehmer dabei stark eingeschränkt.

Wollen nur zwei Prozessoren miteinander in Kontakt treten, kann man den seriellen Modus 1 benutzen. Kommunikation in Modus 2 oder 3 ist ebenfalls möglich. Dabei verbinde man den TXD-Pin mit dem RXD-Pin des anderen Prozessors (Bild 5-2.).

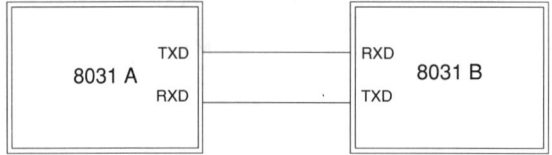

Bild 5-2. Zwei-Prozessorensystem

Im Falle von Bild 5-2. ist ein Voll-Duplex-Betrieb möglich. Sendung und Empfang lassen sich gleichzeitig realisieren. Beide Prozessoren müssen zu diesem Zweck das Empfangsfreigabebit REN und Bit SM1, beide im seriellen Port-Kontroll-Register (SCON), gesetzt halten. Da Sendung und Empfang synchron verlaufen müssen, ist es notwendig, daß beide Prozessoren die gleiche Zählerüberlaufrate und den gleichen logischen Zustand im Bit SMOD des Power-Kontroll-Registers aufweisen. Meist ist das erste von Prozessor A gesandte Byte ein Befehlsbyte, das dem anderen Mitteilung macht, was es tun soll und meist ist die Anzahl nachfolgender Datenbytes darin enthalten, die ihm noch zur Verarbeitung zur Verfügung gestellt werden. Prozessor B teilt Prozessor A ohne Verzögerung die Ergebnisse seiner Berechnungen mit, indem er ebenfalls ein Byte sendet, das die Mitteilung enthält, zu welchen Berechnungen die folgenden Ergebnisse gehören. Dadurch wird in beiden Prozessoren ein Interrupt ausgelöst, in dessen Verlauf sie durch Abfragen der Bits TI bzw. RI erkennen können, ob der Sende- oder Empfangsvorgang abgeschlossen ist. Man vergesse nicht, die beiden Bits anschließend auf Null zu setzen, da dies durch die Hardware nicht erfolgt.

Möchte man mehr als zwei Prozessoren koordinieren, muß man zwecks Adressierung die seriellen Modi 2 und 3 verwenden. Die Verwendung von Modus 2 ist dabei empfehlenswert, da man außer für das Bit SMOD zur Synchronisierung keinen weiteren Softwareaufwand betreiben muß. Sehr von Nutzen ist dabei, wenn alle Prozessoren von ein und derselben Taktquelle versorgt werden.

Will man alle Prozessoren gleichberechtigt in einem System betreiben, muß auf einen Voll-Duplex-Betrieb verzichtet werden. Die beiden seriellen Pins TXD und RXD werden zusammengefaßt und einem zentralen Knotenpunkt zugeführt (Bild 5-3.).

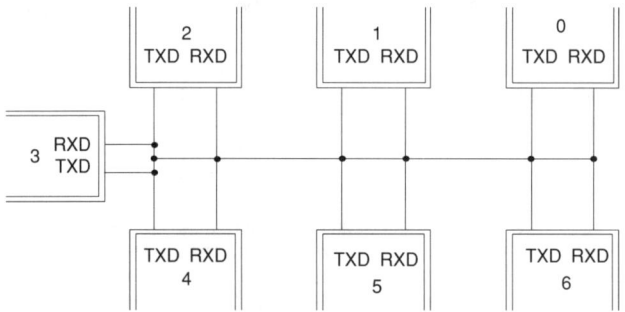

Bild 5-3. Mehrprozessorensystem im Halb-Duplex-Betrieb

Jeder TXD- bzw. RXD-Pin ist mit den restlichen der anderen Prozessoren verbunden. Es kann also zu derselben Zeit nur einer senden und dabei die restlichen empfangen. Der sendende Prozessor muß sein Empfangsfreigabebit REN zu dieser Zeit löschen, oder in der Interruptroutine das RI-Flip-Flop ignorieren, da er in seinen eigenen Empfangsbuffer schreibt.

Ein Voll-Duplex-Betrieb ist nur in Master-Slave-Systemen möglich, wobei nur ein Prozessor die Masterfunktion ausübt und alle anderen die Slavefunktion. Diese Funktionen sind in einem System nicht auswechselbar, da die Gegebenheiten durch die Hardware fixiert sind. Kommunikation der Slaves untereinander ist nur über den Master möglich (Bild 5-4.).

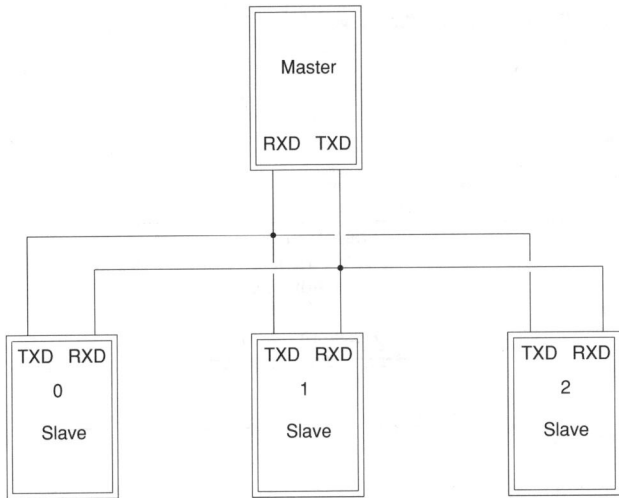

Bild 5-4.   Master-Slave-System im Voll-Duplex-Betrieb

Um eine funktionierende Kommunikation aufzubauen, setzen alle Slaves das SM2- und das REN-Bit im seriellen Port-Kontroll-Register auf 1. Wenn nun der Masterprozessor einen Datenblock an einen der Slaves übermitteln will, sendet er zuerst ein Adreßbyte, das den gewünschten Slave auswählt. Ein Adreßbyte unterscheidet sich von einem Datenbyte in der Weise, daß bei einem Adreßbyte das 9. Bit eine Eins und bei einem Datenbyte eine Null ist. Dadurch, daß das SM2-Bit bei den Slaves gesetzt ist, können nur solche Bytes einen Interrupt auslösen, die als neunte Eintragung den Wert Eins haben. Ein Datenbyte mit neuntem Bit Null kann keinen Interrupt auslösen, es sei denn, das SM2-Bit wurde zuvor gelöscht. Das Adreßbyte nun bewirkt bei allen Slaves einen Interrupt, den jeder dazu benutzen muß, um festzustellen, ob es sich bei dem eingegangenen Wert um seine Adresse handelt. Der angesprochene Slave muß daraufhin das SM2-Bit löschen, damit nachfolgende Datenbytes bei ihm zwecks Auslesens des seriellen Empfangspuffers einen Interrupt auslösen können. Die nicht adressierten Slaves lassen das SM2-Bit gesetzt und gehen ungestört durch die folgenden Datenbytes ihrer Arbeit nach.

Der Masterprozessor läßt sein SM2-Bit gelöscht. Jeder Anruf von einem Slave löst bei ihm sofort einen Interrupt aus.

Folgendes Beispiel zeigt die Übertragung von acht Bytes an Slave 2:

Struktogramm:

1. Übertragungsstart in der Hauptroutine:

– Wähle Registerbank 1
– Beschreibe R7 mit der Anzahl +1 der zu übermittelnden Werte
– Beschreibe R0 mit der Anfangsadresse im internen RAM
– Wähle ursprüngliche Registerbank
– Setze TB8
– Beschreibe das SBUF-Register mit Adresse von Slave 2 (Übertragung beginnt)
– Weiter im Hauptprogramm

2. Serielle Interruptroutine:

RI gesetzt?	
Nein	**Ja**
(Also TI!) – Lösche TI – Wähle Registerbank 1 – Vermindere R7 um 1	– Lösche RI – Schreibe SBUF-Inhalt in interne RAM-Adresse → Auswertungsroutine
R7 = 0	
Nein	**Ja**
– Schreibe Inhalt der durch R0 adressierten Stelle in SBUF (= Datenübertragung) – Erhöhe Inhalt von R0 um 1	
Stelle alte Registerbank wieder her RETI	

Das entsprechende Maschinenprogramm hat folgende Form:

1. Übertragungsstart in der Hauptroutine:

```
C0 D0        PUSH    PSW
75 D0 08     MOV     PSW,#08      ;Registerbank 1
7F 09        MOV     R7,#09       ;Zähler
78 30        MOV     R0,#30       ;Anfangsadresse der Sendebytes
D0 D0        POP     PSW          ;Alte Registerbank
D2 9B        SETB    TB8
75 99 02     MOV     SBUF,#02     ;Start des Adreßbytes
----------------
```

2. Serielle Interruptroutine:

```
10 98 11      ┌── JBC    RI,rel      ;Springe bei RI = 1 und lösche RI
C2 99         │   CLR    TI
C0 D0         │   PUSH   PSW
75 D0 08      │   MOV    PSW,#08     ;Registerbank 1
DF 02         │ ┌─ DJNZ  R7,rel
80 03         │ │ ─ SJMP rel
86 99         │ └→ MOV   SBUF,@R0    ;Nächstes Byte senden
08            │   INC    R0
D0 D0         └─→ POP    PSW         ;Alte Registerbank
32            │   RETI
 ─────────────┤──────
85 99 40      └─→ MOV    SBUF,40
                  Auswertung
```

Für eine Multiprozessorkommunikation sind also immer die gleichen Schritte erforderlich:

1. Slaves: Man konfiguriere den seriellen Port so, daß in der CPU ein Interrupt ausgelöst wird, wenn das neunte Datenbit eine Eins ist.

2. Master: Man übermittle eine 8-Bitadresse und ein neuntes Bit mit einer logischen Eins.

3. Slaves: Der serielle Port erzeugt beim Empfang des ersten Bytes einen Interrupt in der CPU. In der Interruptroutine muß der Slave das empfangene Datenbyte mit der eigenen Adresse vergleichen. Bei einer gültigen Adressierung muß der serielle Port so neukonfiguriert werden, daß alle nachfolgenden Dateneingänge einen Interrupt auslösen.

4. Master: Er übermittelt nun die gewünschten Kontroll- und Datenwörter, die nur vom zuvor adressierten Slave akzeptiert werden.

3. I/O-Erweiterung mit dem programmierbaren Peripherie-Interface-Baustein 8255

Die Vertreter der MCS-51-Familie bieten den großen Vorteil, weitestgehend mit allen peripheren Bausteinen der restlichen Prozessoren aus dem Hause Intel kompatibel zu sein. So bereitet die Verwendung des 8255 als I/O-Porterweiterung für den Prozessor 8031 keine Probleme.

Die charakteristischen Eigenschaften des 8255 sind im folgenden stichpunktartig zusammengefaßt:

- 24 programmierbare I/O-Pins.
- Vollständige TTL-Kompatibilität.
- Kompatibel zu allen Intel-Mikroprozessoren.
- Möglichkeit zum Setzen und Löschen von Einzelpins.
- 40poliges DIP- oder 44poliges SMD-Gehäuse.

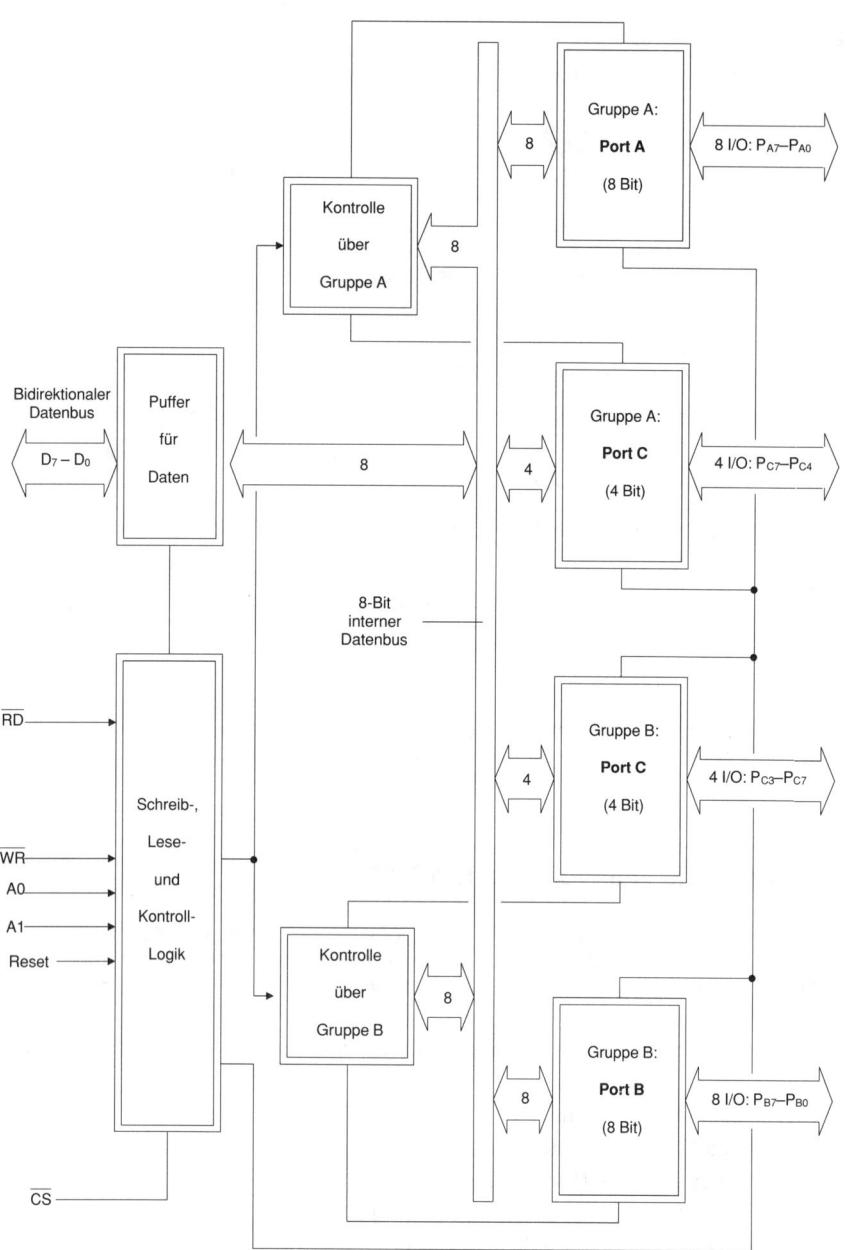

Bild 5-5. **Blockdiagramm des I/O-Interface-Bausteins 8255**

Von den 24 I/O-Pins können zwei Gruppen von je 12 I/O-Pins individuell in drei verschiedenen Modi programmiert werden:

Modus 0

ist die typische I/O-Konfiguration der Portpins. Sie führen ähnlich den Ports 1 und 3 des 8031 Eingabe- bzw. Ausgabefunktionen aus. Die Daten werden einfach in den betreffenden Port geschrieben oder aus ihm gelesen.

Die typischen Eigenschaften in Modus 0 sind:

*   Zwei 8-Bit-Ports und zwei 4-Bit-Ports.
*   Jeder Port kann unabhängig voneinander als Ein- oder Ausgang geschaltet werden.
*   Das Ausgangsbitmuster wird gespeichert.
*   Eingangsinformationen werden nicht gespeichert.
*   16 verschiedene I/O-Konfigurationen sind möglich.

Modus 1:

Diese funktionelle Konfiguration stellt Mittel zum I/O-Datentransfer zu oder von einem spezifizierten Port zur Verfügung in Verbindung mit Takt- oder Handshaking-Signalen. Port A bzw. Port B teilen sich Port C untereinander auf, um diese Quittungssignale aufzunehmen oder zu erzeugen (Bild 5-5.).

Die typischen Eigenschaften in Modus 1 sind:

*   Zwei Gruppen; Gruppe A und Gruppe B.
*   Jede Gruppe besteht aus einem 8-Bit-Daten-Port und einem 4-Bit-Kontroll-Port.
*   Der 8-Bit-Daten-Port kann sowohl Ausgang als auch Eingang sein. Sowohl Eingangs- als auch Ausgabeinformationen werden gespeichert.
*   Der 4-Bit-Port wird für Kontrollen und Statusmeldungen des 8-Bit-Datenports benutzt.

Modus 2:

Diese funktionelle Konfiguration stellt ein Mittel zur Verfügung, um mit einem weiteren Peripheriebaustein oder einem 8-Bit-System auf der Basis eines 8-Bit-Bus, der ähnlich von Port 0 des 8031 Daten sendet und empfängt, in Verbindung zu treten. Quittungssignale stehen in der gleichen Weise wie in Modus 1 zur Verfügung, um die Busabläufe zu regeln. Interrupterzeugung, -freigabe und -sperrung sind ebenfalls möglich.

Die typischen Eigenschaften in Modus 2 sind:

*   Nur Gruppe A wird von Modus 2 benutzt.
*   Ein 8-Bit bidirektionaler Busport (Port A) und ein 5-Bit-Kontrollport (Teil von Port C) stehen zur Verfügung.
*   Sowohl Ein- als auch Ausgänge werden gespeichert.
*   Der 5-Bit-Kontrollport (Pins 3 bis 7 von Port C) werden für Kontroll- und Statusinformationen für den 8-Bit-Busport (Port A) verwendet.

Der gewünschte Modus ist durch den Prozessor zu programmieren. Über den bidirektionalen Datenbus (D_7-D_0; Bild 5-5.) laufen die Informationen von und zum Prozessor, dabei wird der 8255 vom Mikrocomputersystem angesprochen wie ein normaler RAM-Baustein unter Verwendung der $\overline{\text{RD}}$- bzw. $\overline{\text{WR}}$-Signale.

Der 8255 besitzt im Kontrollblock ein 8-Bit-Kontrollwort, das die Aktivitäten regelt und das für die Modi der Ports zuständig ist. Da ihn nur die Busleitung mit dem Prozessor verbindet, müssen Befehle, d. h. Daten für das Kontrollwort, und Daten von oder für die Ports streng unterschieden werden. Das geschieht mit Hilfe der Anschlüsse A_0 und A_1. An diesen Eingängen können insgesamt vier verschiedene logische Pegel anliegen, die den Datenfluß von der CPU in die gewünschte Richtung lenken (Tabelle 5-2.):

A_0	A_1	Datenfluß nach:
0	0	Port A
0	1	Port B
1	0	Port C
1	1	Kontrollwort

Tabelle 5-2.   Datenfluß bei einem Schreibbefehl an den 8255; $\overline{\text{CS}}$ = 0

Möchte man die Ports oder auch nur einen Teil davon als Eingang umschreiben, sind die Pins A_0 und A_1 an Plus zu legen und ein entsprechendes Bitmuster in das Kontrollwort zu schreiben. Möchte man den Zustand des Port A ändern (er muß dazu als Ausgang definiert sein), lege man die Eingänge A_0 und A_1 an Masse und sende einen Schreibbefehl, z. B. MOVX @R0,A, an den 8255.

Zum Schreiben und zum Auslesen von Daten sind die $\overline{\text{RD}}$- und $\overline{\text{WR}}$-Pins des 8255 einfach mit den gleichnamigen Pins des 8031 zu verbinden. Solange diese Pins High-Pegel führen, befindet sich der Datenbus des 8255 im Tri-State. Dieselbe Wirkung hat High-Pegel am Chip-Select-Eingang ($\overline{\text{CS}}$). Auf die Zustände der Ports haben diese Pegel keinen Einfluß.

A_0	A_1	Datenfluß von:
0	0	Port A
0	1	Port B
1	0	Port C
1	1	ungültig

Tabelle 5-3.   Datenfluß bei einem Lesebefehl an den 8255; $\overline{\text{CS}}$ = 0

Mit dem gleichen Bitmuster an A_0 und A_1 (Tabelle 5-3.) sind die Zustände der Ports durch den Prozessor lesbar, wenn sie zuvor im Kontrollwort als Eingänge festgelegt wurden. Der Inhalt des Kontrollworts selbst ist nicht lesbar. Man sollte daher den letzten Wert, mit dem man es beschrieben hat, im internen RAM des Prozessors aufbewahren, falls man später Kenntnis über dessen Zustand wünscht.

Die Ports A, B und C:

Alle drei umfassen 8 Bit. Jeder hat aber seine eigene Charakteristik, die ihm per Befehl zugeordnet wird. In Modus 0 sind sie nahezu gleich und können jeweils als Aus- oder Eingang definiert sein. Port C bildet eine Ausnahme, da er in zweimal vier Bit aufgeteilt werden kann. In den Modi 1 und 2 üben die Pins von Port C ähnlich dem Port 3 im 8031 Zweitfunktionen aus, und die Pins stehen somit nicht mehr zur allgemeinen I/O-Verwendung zur Verfügung. In Modus 0 werden nur die Ausgabedaten gespeichert. Als Eingabedaten müssen sie so lange anstehen, bis sie gelesen werden. Sie werden also nicht gespeichert. Anders ist das in den Modi 1 und 2. Da erwartet der 8255 von der externen Datenquelle ein Taktsignal (Strobe Input = $\overline{\text{STB}}$) an einem Pin des Port C, der die anliegenden Daten in den Eingabespeicher schreibt, von wo aus sie der Prozessor lesen kann.

Die Unterschiede dieser Ports im Vergleich zu den Ports des 8031 sind folgende:

1. Die Ports des 8255 sind als Eingänge im Tri-State, wohingegen die Eingänge im 8031 intern über einen Widerstand von 20 K an Plus liegen.

2. Im 8031 ist jeder Pin unabhängig von einem anderen als Eingang oder Ausgang zu benutzen. Im 8255 sind die Pins nur portweise umschaltbar. Ausnahme ist Port C, in dem High- und Low-Nibble getrennt festlegbar ist.

3. Die Ausgänge des 8031 können mit High-Pegel einen Strom von 0,5 mA und mit Low-Pegel einen Strom von 30 mA fließen lassen. Die Ausgänge des 8255 zeigen bei High- und Low-Pegel die gleiche maximale Stromstärke von 10 mA.

High-Pegel am Reseteingang beschreibt das Kontrollwort mit 9B und setzt dadurch alle Ports auf Eingang, d. h. in den Tri-State.

Modusauswahl:

Der 8255 kann in drei verschiedene Betriebsarten versetzt werden:

Modus 0 – übliche Ein/Ausgänge

Modus 1 – getaktete Ein/Ausgänge

Modus 2 – bidirektionaler Bus (nur Gruppe A)

Die Umschaltung der Modi erfolgt durch einfaches Beschreiben des Kontrollworts durch den Mikrocomputer. Die Änderung kann dabei ähnlich der I/O-Änderung portweise vorgenommen werden. Es kann also Port A in Modus 2 und Port B in Modus 1 oder 0 vorliegen. Wichtig ist dabei zu wissen, daß alle Portpins bei einer Änderung der Modi auf Null, nicht in den Tri-State, gesetzt werden und daher neu beschrieben werden müssen. Die Beschreibung des Kontrollworts zur Änderung der I/O-Funktion bzw. zur Änderung der Modi zeigt Bild 5-6.

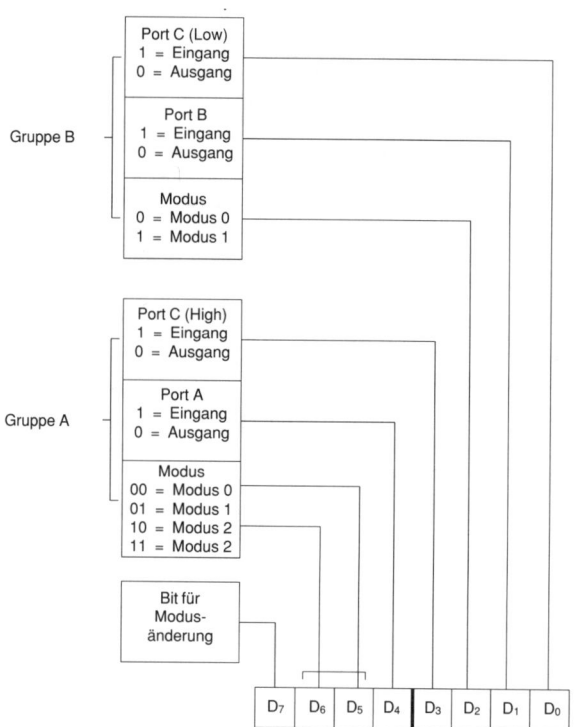

Bild 5-6. Funktionen der Bits im Kontrollwort bei Modusänderungen

Da das Kontrollwort 8 Bit breit ist, sind 256 verschiedene Eintragungen möglich, von denen jedoch mehrere die gleiche Wirkung haben oder einige ohne Bedeutung sind. Will man einen Modus ändern oder einen Port von Ausgang auf Eingang umschreiben, muß Bit 7 immer eine Eins sein. Sonst faßt der Kontrollblock - vergleichbar mit dem Booleschen Prozessor im 8031 - das restliche Bitmuster als Befehl zum Setzen oder Löschen von einzelnen Bits des Port C in den Modi 1 und 2 auf. Die Bits 2, 5 und 6 sind für die Modusumschaltung reserviert. Will man die Ports in ihrer I/O-Struktur ändern, stehen nur die Bits 0, 1, 3 und 4 zur Verfügung (Bild 5-7.). Um die gewünschte Portstruktur zu erhalten, muß der entsprechende Hexadezimalcode an das Kontrollwort gesendet werden (A_0 und A_1 führen High-Pegel).

Kontrollwort:

					D7	D6	D5	D4	D3	D2	D1	D0
Port	**Port**	Port C			1	0	0	X	X	0	X	X
A	**B**	**High**	**Low**	**Hexcode**								
O	O	O	O	80					0	0	0	0
O	O	O	I	81					0	0	0	1
O	I	O	O	82					0	0	1	0
O	I	O	I	83					0	0	1	1
O	O	I	O	88					0	1	0	0
O	O	I	I	89					0	1	0	1
O	I	I	O	8A					0	1	1	0
O	I	I	I	8B					0	1	1	1
I	O	O	O	90					1	0	0	0
I	O	O	I	91					1	0	0	1
I	I	O	O	92					1	0	1	0
I	I	O	I	93					1	0	1	1
I	O	I	O	98					1	1	0	0
I	O	I	I	99					1	1	0	1
I	I	I	O	9A					1	1	1	0
I	I	I	I	9B					1	1	1	1

I = Input
O = Output

Bild 5-7. Sechzehn mögliche I/O-Konfigurationen des 8255 in Modus 0

Der Platzbedarf, den die vollständige Beschreibung der restlichen Modi 1 und 2 beanspruchen würde, sprengt den Rahmen dieses Buches. Man kann sich darüber in den Datenbüchern der Hersteller oder in der Literatur zu den Peripheriebausteinen informieren.

Der Anschluß des 8255 an das 8031-Mikrocomputersystem:

Für den Prozessor erscheint der 8255 wie ein normales statisches RAM, der in der gleichen Weise beschrieben und gelesen wird. Dementsprechend einfach gestalten sich die Befehle, mit denen der 8031 auf den 8255 zugreift, sowie die Hardware-Verbindungen. Der Datenbus des 8255 wird mit dem Bus des 8031-Mikrocomputersystems verbunden und steht somit in direktem Kontakt zu den Pins des Port 0. Die WR- und RD-Anschlüsse werden mit den gleichnamigen Pins des 8031 verbunden. Etwas mehr Freiheit hat man bei Anschluß der CS-, A0- und A1-Eingänge. Es besteht die Möglichkeit, den Chip-Select-Eingang (CS) direkt an Masse zu legen. Damit wäre der 8255 immer für Schreib- und Leseoperationen freigegeben, was bei der Anwesenheit eines externen RAMs zu Konfliktsituationen führen kann. Bild 5-8. zeigt die Ansteuerung mit den Bits 0 bis 2 des Adressen-Low-Byte über den Adreßzwischenspeicher.

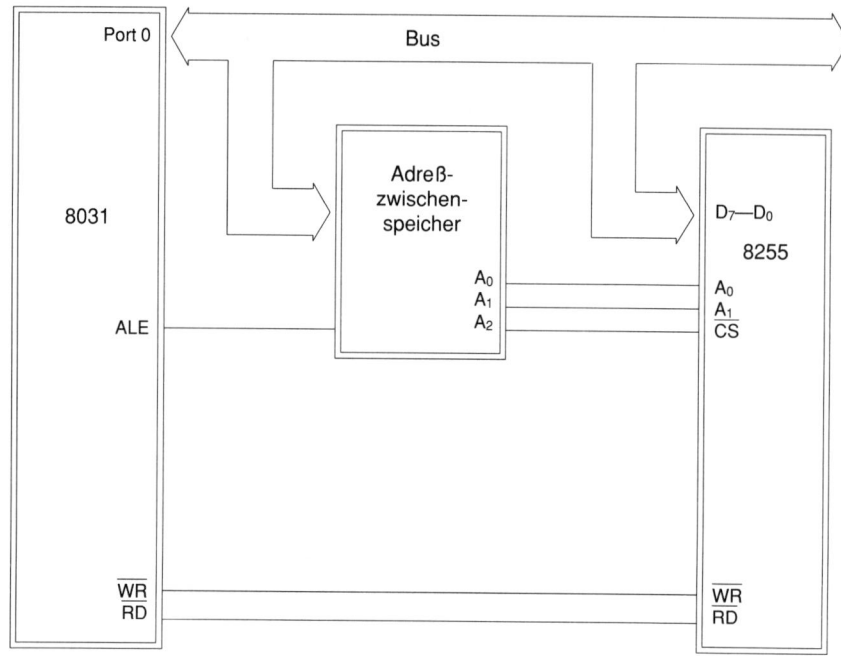

Bild 5-8. Adressierung des 8255 mit dem Adressen-Low-Byte

Wenn in Konfiguration von Bild 5-8. Daten in einen Port des 8255 geschrieben werden sollen, muß in R0 oder in R1 das Bitmuster für die Anschlüsse A_0, A_1 und CS stehen, und der Akkumulator mit dem zu schreibenden Wert geladen werden.

Folgende Befehlsfolge beschreibt das Kontrollwort des 8255 mit dem Wert 92_h und konfiguriert somit Ports A und B als Eingänge und Port C als Ausgang. In Port C wird anschließend das Bitmuster 0110 1000 (68_h) geschrieben und aus Port A werden Daten in den Akkumulator gelesen.

```
78 03    MOV   R0,#03    ;Adresse
74 92    MOV   A,#92     ;Inhalt des Kontrollworts
F2       MOVX  @R0,A     ;Schreibbefehl
78 02    MOV   R0,#02    ;Adresse für Port C
74 68    MOV   A,#68     ;Ausgabemuster
F2       MOVX  @R0,A     ;Schreibbefehl
78 00    MOV   R0,#00    ;Logische Pegel an Port A
E2       MOVX  A,@R0     ;Lesen
```

Eine zweite Hardwareanordnung verwendet die sonst ungenutzten Informationen des Spezialfunktionsregisters P2 zum Ansprechen des 8255. Die für gewöhnlich verborgenen Inhalte des Port 2 treten nur bei einem Zugriff auf ein externes RAM nach außen und lassen sich in diesem Fall zur Adressierung des 8255 verwenden (Bild 5-9.). Ein reibungsloser Parallelbetrieb eines externen RAMs ohne zusätzliche Logik ist der Vorteil dieser Hardwarekonfiguration.

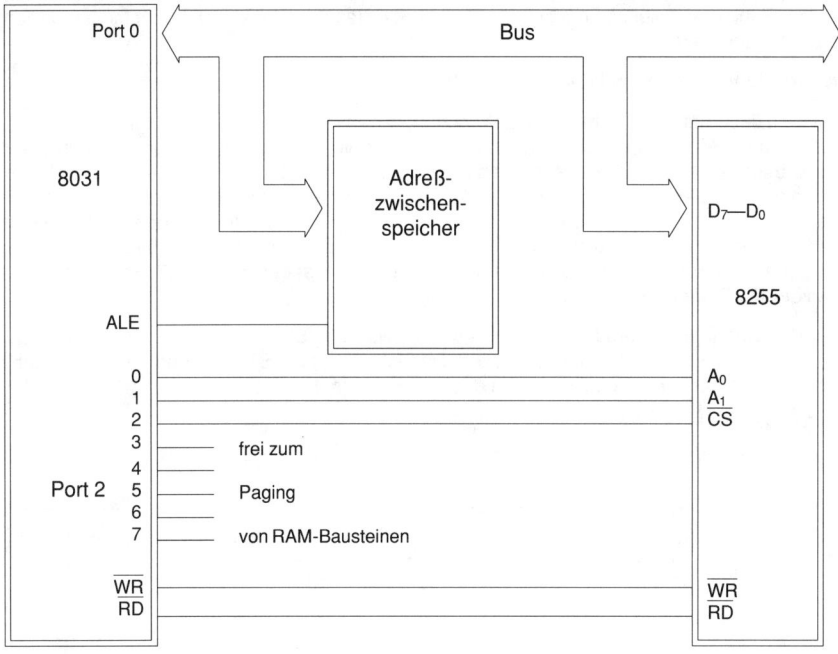

Bild 5-9. Adressierung des 8255 mit Port 2

Das vorstehende Programm zur Kommunikation mit dem 8255 kann mit kleinen Änderungen übernommen werden:

```
75 A0 03    MOV  P2,#03    ;Adresse
74 92       MOV  A,#92     ;Inhalt des Kontrollworts
F2          MOVX @R0,A     ;Schreibbefehl
75 A0 02    MOV  P2,#02    ;Adresse für Port C
74 68       MOV  A,#68     ;Ausgabemuster
F2          MOVX @R0,A     ;Schreibbefehl
75 A0 00    MOV  P2,#00    ;Logische Pegel an Port A
E2          MOVX A,@R0     ;Lesen
```

Der Inhalt der Registers 0 kann dabei beliebig sein, da der 8255 nur über P2.0-2 adressiert wird. Ist parallel dazu ein externes RAM vorhanden, sollte Sorge getragen werden, daß es bei diesen Operationen nicht selektiert ist. Das kann mit Hilfe eines freien Pins des Port 2 geschehen, entsprechend sind dabei die Inhalte des Spezialfunktionsregisters P2 zu ändern, oder man bedient sich einer kleinen externen Logikschaltung.

Wenn man eine dieser Routinen in die Einschaltresetroutine einbaut, passiert es mit aller Wahrscheinlichkeit, daß der 8255 sich nicht so verhält, wie es die Befehle von ihm verlangen. Das hängt damit zusammen, daß der 8255 eine Periode von 50 μs nach einem Reset bis zur Funktionsfähigkeit benötigt. Die Zeit für den Resetimpuls selbst muß mindestens von 500 ns Dauer sein.

Anwendungen mit dem I/O-Expander 8255:

Mit dem 8255 hat man ein mächtiges Werkzeug in den Händen, mit dessen Hilfe die Konversation zu weiteren peripheren Geräten wesentlich problemloser erfolgen kann als durch einen Direktanschluß an das Prozessorsystem. Jedem auf diese Art mit dem System verbundenen Peripheriebaustein ist für gewöhnlich in der Software eine Service-Routine angegliedert, mit deren Hilfe der Datenaustausch zu und von der Peripherie erfolgt. In der Regel wird man den 8255 für einen festen Verwendungszweck einsetzen, so daß die Moduswahl nur einmal erfolgen muß und die Konversation mit dem an den 8255 angeschlossenen Peripheriegerät Teil der I/O-Bedienungsroutine wird.

Für die folgenden Anwendungen ist das Kontrollwort des 8255 nur einmal zu beschreiben, um den gewünschten Modus einzustellen. Danach erfolgt die Befehls- und parallele Datenübertragung nach den Spezifikationen des angeschlossenen Gerätes.

1. Druckerinterface:

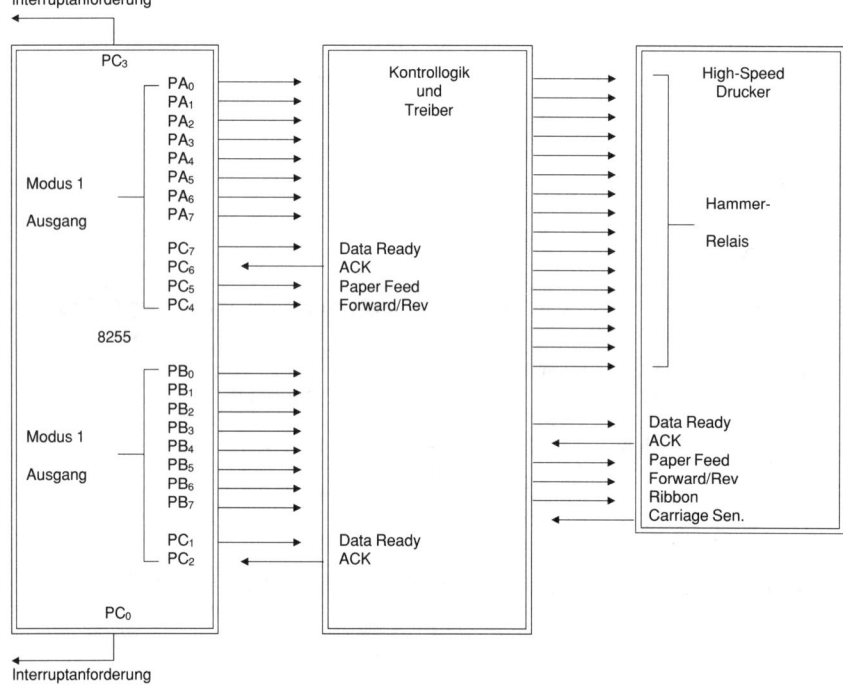

Bild 5-10. Druckerinterface mit dem 8255

Gewöhnlich erfolgt die Druckeransteuerung über die Centronics-Schnittstelle, deren Anschlüsse nicht genormt sind. Sie ist jedoch als Industriestandard weit verbreitet. Da diese Schnittstelle 8-Bit-Parallelverbindungen aufweist, müssen die Verbindungsleitungen nach Bild 5-10. in ihrer Zahl reduziert werden, wenn man sie in ihrer Standardbeschaltung verwenden will.

Die nächste Übersicht zeigt eine häufig anzutreffende Belegung einer Centronics-Schnittstelle.

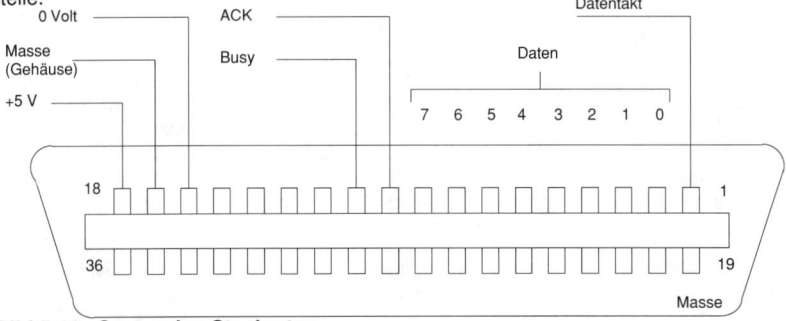

Bild 5-11. Centronics-Steckertyp

Pin	Signal	Funktion	Richtung
1	Strobe	Startsignal zur Datenübergabe	Eingang
2	Data 0		Eingang
3	Data 1		Eingang
4	Data 2	Datenbits werden bei	Eingang
5	Data 3	Low-Pegel von Strobe	Eingang
6	Data 4	übernommen	Eingang
7	Data 5		Eingang
8	Data 6		Eingang
9	Data 7		Eingang
10	ACK	Quittungssignal des Druckers	Ausgang
11	Busy	Wartesignal an den Prozessor	Ausgang
12	PE	Meldesignal (Paper End)	Ausgang
13	SLCT	Druckeransprache	Eingang
14	NC	Unbenutzt	
15	NC	Unbenutzt	
16	0 Volt	Logischer Low-Pegel	Eingang
17	GND	Druckermasse	Ausgang
18	+5 V	Logischer High-Pegel	Ausgang
19–30	Masse	Parallele Masseleitungen	Eingang
31	Init	Initialisierung des Druckers	Eingang
32	Error	Fehlermeldung des Druckers	Ausgang
33	NC	Unbenutzt	
34	NC	Unbenutzt	
35	NC	Unbenutzt	
36	NC	Unbenutzt	

Tabelle 5-4. Typische Belegung der Centronics-Schnittstelle

Die Richtungsangaben in Tabelle 5-4. sind von der Warte des Druckers aus gemacht.

Die Anschlüsse einer Centronics-Schnittstelle lassen sich in vier Gruppen einteilen:

1. Datenleitungen
2. Steuerleitungen
3. Meldeleitungen
4. Stromversorgung und Pegelanpassung

Streng betrachtet benötigt man zur Druckeransprache nur die Daten- und Steuerleitungen, wenn Drucker und Computer denselben Massepegel führen. Im Handshake-Verfahren meldet der Prozessor dem Drucker durch einen kurzen Strobe-Impuls seine Bereitschaft zur Datensendung an. Zuvor muß durch den Prozessor das Busy-Signal getestet werden, das vom Drucker ausgegeben wird, solange er mit der Abarbeitung der laufenden Daten beschäftigt ist. Zusammen mit dem Acknowledge-Signal (ACK) zeigt es an, daß das nächste bereitstehende Datenbyte übernommen werden kann.

Eine ausführliche Beschreibung der Centronics-Schnittstelle findet sich im "Schnittstellen-Handbuch" von Elsing und Wiencek, IWT-Verlag.

2. Floppy Disk Interface:

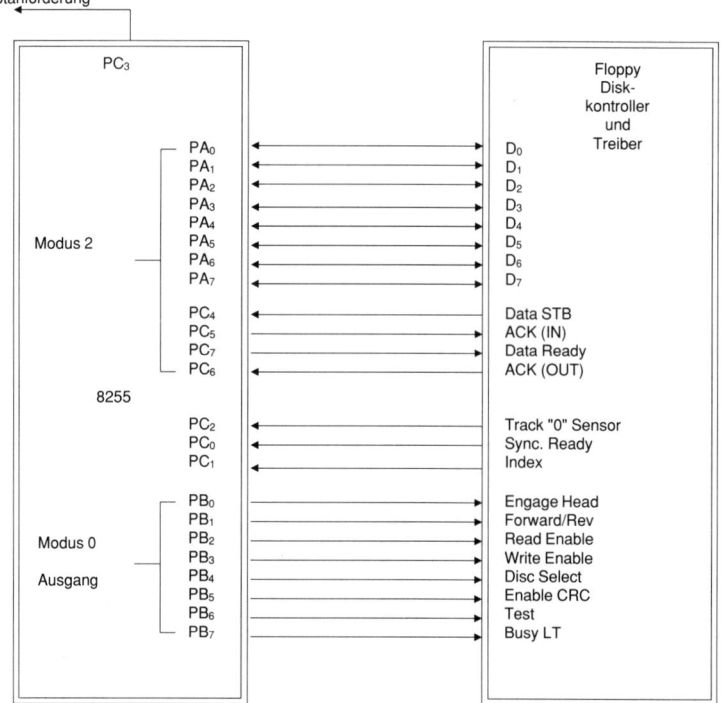

Bild 5-12. Typische Verbindung zu einer Floppy Disk

Bei einem Kontakt zu einer Floppy Station müssen Daten zu und von der Floppy fließen. Deswegen wird Port A in Modus 2, der einen bidirektionalen Datenbus zur Verfügung stellt, betrieben. Der obere Teil des Port C nimmt Quittungssignale an und gibt elementare Steuerimpulse aus. Port B ist in Modus 0 als Ausgang geschaltet und gibt im wesentlichen Befehle an die Floppy zur Lenkung des Datenstroms und der Floppyaktivitäten.

3. Werkzeugmaschinenkontroller:

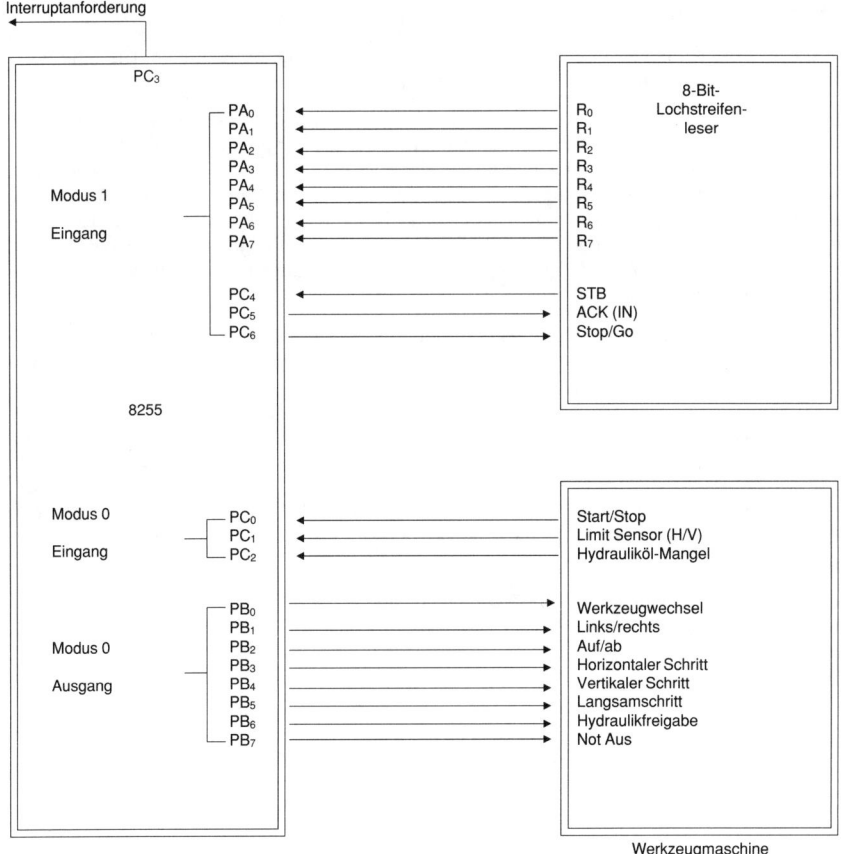

Bild 5-13. Kontrolle und Steuerung einer Werkzeugmaschine

Während das Programm für die Werkzeugmaschinensteuerung von einem Lochstreifenleser über Port A an den Prozessor zur Weiterverarbeitung gereicht wird, steuert er über Port B die Aktivitäten der Werkzeugmaschine. Eine Rückmeldung erfolgt über Port C, der in Modus 0 als Eingang beschaltet ist. Um an diese Informationen zu kommen, muß der Prozessor den Zustand dieser Eingänge regelmäßig abfragen.

4. I/O-Erweiterung mit dem programmierbaren Tastatur/Anzeige-Interface-Baustein 8279

Tastaturabfragen und Ansteuerung von Anzeigen sind typische Standardaufgaben der Mikrocomputer. Es bietet sich einmal die Möglichkeit an, alle diese Aufgaben, wie in Kapitel 4 beschrieben, von Hand, also durch mehr oder weniger umfangreiche Softwareroutinen zu erledigen, oder zum anderen den Baustein 8279 zu benutzen, der genau dasselbe auch kann, und dabei den Prozessor für andere Aufgaben frei macht.

In diesem Baustein vereint sind zwei voneinander unabhängige Sektionen. Die eine überwacht eine Tastatur, die andere steuert eine Anzeige.

Die charakteristischen Eigenschaft der ersten Sektion ist die Überwachung einer 64-Kontaktmatrix-Tastatur. Dieser Teil kann ebensogut an ein Sensorfeld oder ein getaktetes Keyboard angeschlossen werden, das mit dem Hall-Effekt oder einer Abart von Ferriten arbeitet. Man kann die Annahme von mehrfach gedrückten Tasten ausschließen oder einen Überlauf beliebig vieler Tasten oder Sensoren zulassen. Die Tastatureintragungen werden entprellt und in ein 8-Charakter-FIFO eingetragen. Werden mehr als acht gültige Tasten eingelesen, wird ein Überlaufstatusbit gesetzt. Jeder erkannte Tastendruck läßt eine Interruptleitung zur CPU aktiv werden.

Auch der Anzeigeteil kann sich mit seinem Angebot und Arbeitserleichterungen für den Prozessor sehen lassen. Er stellt der CPU ein gemultiplextes Display-Interface für LED, Glühbirnen oder andere gebräuchliche Anzeigetechnologien zur Verfügung. Sowohl numerische als auch alphanumerische Segmentanzeigen sind verwendbar oder auch schlicht LEDs als Indikatoren für gewisse Zustände. Der 8279 verfügt über ein 16x8-Anzeige-RAM, das in zwei 16x4-Bereiche organisiert werden kann. Dieses RAM kann durch den Prozessor beschrieben oder gelesen werden, wobei bei diesen Operationen die Möglichkeit zum Auto-Inkrement der RAM-Adressen einen bedienerfreundlichen Service darstellt. Beim Schreiben kann man zwischen Linkseintrag (Schreibmaschine) und Rechtseintrag (Taschenrechner) in der Anzeige wählen.

Der 8279 wurde für eine direkte Verbindung mit dem Prozessorbus entworfen, und stellt somit nicht das geringste Problem für eine Anbindung an das MCS-51-System dar (Bild 5-14.).

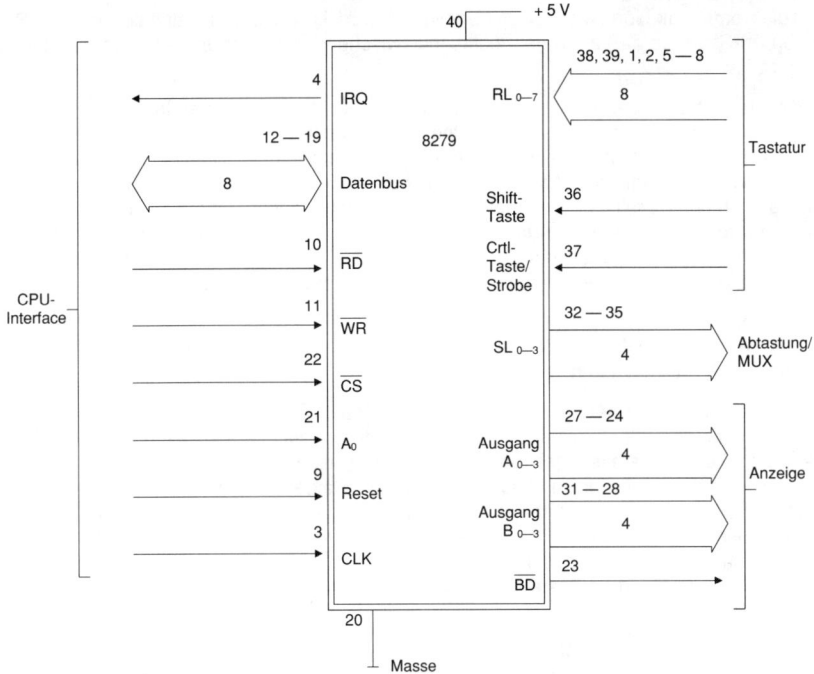

Bild 5-14. Logiksymbol mit Pinnummern des 8279

Pin- und Funktionsbeschreibung:

Der **Bus** wird an Port 0 des 8031, d. h. an den Prozessorbus, angeschlossen. Über den Datenbus laufen alle Befehle, Daten von und zum 8279 und die Statusmeldungen. Angesprochen wird der 8279 durch den 8031 wie ein normaler statischer RAM-Baustein, d. h. man verbindet die $\overline{\text{WR}}$-, $\overline{\text{RD}}$- und **Reset**-Eingänge mit den gleichnamigen Pins des 8031, so daß man sich um richtige zeitliche Steuerung des 8279 keine Sorge mehr zu machen braucht.

Für die Abtast- und Multiplexfrequenz benötigt der 8279 eine Zeitbasis, die ihm über den **CLK**-Anschluß zugeführt wird. Die Frequenz kann über einen weiten Bereich streuen, da sie einem programmierbaren Vorteiler zugeführt wird, der eine interne Betriebsfrequenz von etwa 100 KHz erzeugt. Auch die Erzeugung dieser Zeitbasis ist denkbar einfach. Man verbindet den ALE-Ausgang des Prozessors mit dem CLK-Eingang des 8279. Bei 12 MHz beträgt das ALE-Signal 2 MHz. Somit beschreibt man den Vorteiler mit 20_d und erhält genau die gewünschte interne Systemfrequenz.

Ein High-Pegel am **Reset**pin setzt den 8279 in einen definierten Ausgangszustand: Die Anzeigensteuerung wird in den 16x8-Bit-Charakteranzeigen-Modus mit Linkseintrag gesetzt. Der Keyboardteil wird in den codierten Abtastmodus mit Mehrfachtastenausschluß versetzt. Verbunden damit ist die Einstellung des programmierbaren Vorteilers auf 31_d.

Low-Pegel am **Chip-Select**-Eingang (CS) macht den 8279 für den Prozessor sichtbar, so daß die Kommunikation zwischen beiden möglich wird. High-Pegel schaltet den internen Bus in den Tri-State, so daß ein Datenaustausch zwischen Prozessor und anderen Bausteinen möglich ist.

Der Zustand des Eingangs A_0 bestimmt die interne Richtung des Datenflusses. Ist A_0 gleich Eins, fließen die hereinkommenden Daten in das Befehlsregister und die ausgegebenen Daten kommen aus dem Statuswort; ist A_0 gleich Null, handelt es sich um Datenbytes, die in diesem Falle in das interne RAM geschrieben oder daraus gelesen werden. Bei der Kommunikation mit dem 8279 ist also sorgfältig auf den Zustand dieser Leitung zu achten. Im allgemeinen wird man A_0 mit einer Adreßleitung verbinden und $\overline{CS}$ über eine externe Adreßlogik ansteuern, so daß der Baustein an zwei Adressen sichtbar ist; die höherwertige schreibt Befehle und liest Statusmeldungen, die niedrigere schreibt oder liest Daten.

Man präge sich ein:
A_0 = 1: Befehle bzw. Statusmeldungen
A_0 = 0: Daten lesen oder schreiben

Der **Interrupt-Request**-Ausgang (IRQ) gibt High-Pegel aus, wenn Eintragungen im FIFO-Register vorliegen oder eine Änderung im Sensorfeld registriert wird. Wird das FIFO-Register durch die CPU gelesen, geht der Pin wieder an Masse und nimmt wiederum High-Pegel an, wenn noch weiter Daten im FIFO-RAM vorliegen. Da der aktive Pegel des IRQ-Ausgangs High ist, muß er mit einem Inverter komplementiert werden, wenn man ihn mit einem INT-Pin des Prozessors verbinden will. Der Nutzen dieser Leitung liegt in der Entlastung der CPU, da nicht permanent der Status des 8279 abgefragt werden muß. Der Interface-Baustein meldet sich von selbst bei einem Tastendruck auf dem Keyboard oder bei Änderungen in einem Sensorfeld.

Die Abtastleitungen SL_0 — SL_3 (Scan Lines) sind gleichzeitig für die Abtastung einer Tastatur und für das Multiplexen einer Anzeige zuständig. Sie sind entweder binärcodiert (1 bis 16) oder decodiert (1 bis 4). Im ersten Falle muß für die Abtastung einer Tastatur ein 1-aus-8-Decoder-Baustein nachgeschaltet und für das Multiplexen einer Anzeige ein 1-aus-16-Decoder-Baustein verwendet werden. Wenn die Tastatur decodiert abgetastet wird, werden nur die ersten vier Zeichen des Display-RAMs angezeigt. Im binärcodierten Modus führen die aktiven Ausgänge High-Pegel, im decodierten Modus Low-Pegel.

Die Returnleitungen RL_0 — RL_7 sind über die Tastatur oder Sensorschalter mit den Abtastleitungen verbunden und gestatten ein Erkennen gedrückter Tasten. Sie sind intern mit Pull-Up-Widerständen versehen, daß die Pins an High-Pegel liegen lassen, bis ein Tastendruck sie an Masse zieht. Die Zeit zum Abtasten einer Tastatur beträgt 5,1 ms, gefolgt von einer 10,3 ms langen Entprellzeit, innerhalb derer überprüft wird, ob der Taster gedrückt bleibt. Ist das der Fall, werden die Returnleitungen binärcodiert zusammen mit den Abtastleitungen, dem Shift- und Kontrolleingang in das FIFO-Register transferiert. Daraus folgt eine Abtastfrequenz von 65 Hz.

Die FIFO-Eintragung hat folgendes Format:

Ctrl	Shift	Abtastleitungen	Returnleitungen

MSB   LSB

In den Bits der Return- und Abtastleitungen haben 64 verschiedene Kombinationen Platz, womit eine Tastatur von 64 Tasten überprüfbar ist.

Der Zustand des **Shift**-Eingangs wird zusammen mit der Tastenposition bei Tastendruck gespeichert. Auch er verfügt über einen internen Pull-Up.

Der **Kontroll**-Eingang (CTRL/STB) wird bei einer Tastaturabfrage in der gleichen Weise behandelt wie der vorstehende Shift-Eingang, und verfügt ebenfalls über einen internen Pull-Up. Im getakteten Eingangsmodus (Strobed Input) werden die an den Returnleitungen anstehenden Informationen mit einer positiven Flanke an diesem Pin in das FIFO geschrieben.

Das **FIFO-Register** (FIFO = First In First Out) ist ein 8x8 RAM mit zwei Funktionen: Im Tastatur- und im getakteten Eingabemodus ist es ein FIFO-Register. Jeder Neueintrag wird in nachfolgende RAM-Positionen geschrieben und in der Reihenfolge der Eintragungen gelesen. Das FIFO-Statuswort beinhaltet die aktuelle Zahl der Eintragungen und gibt Auskunft, ob es voll oder leer ist. Zu viele Eintragungen oder Lesezugriffe meldet es als Fehler. Das FIFO-Statuswort kann ebenfalls gelesen werden. Solange sich im FIFO-Register eine Eintragung befindet, wird eine Interruptanforderung erzeugt.

Im Sensor-Matrix-Modus ist es ein Sensor-RAM. Die Daten auf den Returnleitungen werden direkt ohne Codierung auf nachfolgenden Plätzen in das RAM eingetragen und zwar jedesmal, wenn der Inhalt der Abtastleitung um Eins erhöht wird. Somit befindet sich ein Abbild einer externen 8x8-Sensor- oder Schalteranordnung im internen RAM. Tritt dabei irgendeine Änderung auf, wird ein Interrupt ausgelöst.

Die zwei **Ausgabe**ports geben die Informationen der zwei 16x4-Anzeige-Refresh-Register aus. Diese Daten sind mit den Abtastleitungen (SL$_0$ — SL$_4$) synchronisiert, um eine gemultiplexte Anzeige zu erhalten. Die zwei 4-Bit-Ports können unabhängig voneinander gelöscht werden oder als ein einziger 8-Bit-Port zusammengefaßt werden.

Der Ausgang **Blank-Display** ($\overline{DB}$) wird benutzt, wenn beim Multiplexbetrieb eine Ziffer gewechselt wird, oder bei einem Befehl, der die Anzeige abschaltet.

Das **Anzeigen**-RAM umfaßt 16 Bytes und ist damit doppelt so groß wie das FIFO-Register. Man kann es so schalten, daß nur die Hälfte verwendet wird, wenn eine Anzeigeneinheit mit sechzehn Zeichen für die geplante Anwendung zu groß ist. Es ist von der CPU beschreib- und lesbar. Beim Schreiben kann man zwischen Linkseintrag (Schreibmaschinenmodus) und Rechtseintrag (Taschenrechnermodus) wählen. Dabei muß nicht jeder Speicherplatz einzeln adressiert werden. Durch Einschalten des Auto-Inkrement-Modus werden die Daten in nachfolgende Speicherplätze geschrieben. Den RAM-Plätzen sind keine absoluten Adressen zugeordnet, vielmehr hängt die Stelle, in die geschrieben wird, vom gewählten Links- oder Rechtseintragmodus ab. Wird ein Byte an Adresse 02 bei Linkseintrag geschrieben, gelangt es in die dritte Speicherzelle "von links".

Linkseintrag ist das einfachste Anzeigenformat, wobei jede Anzeigenposition direkt mit einem Byte oder Nibble im Anzeigen-RAM korrespondiert. Adresse 0 bildet dann das am linken Rand stehende Zeichen und Adresse 15 (oder Adresse 7 bei einer 8-Zeichen-Anzeige) das am rechten Rand stehende Zeichen. Durch nachfolgende Eintragungen im Auto-Inkrement-Modus wird das RAM von links aufgefüllt. Im Nicht-Auto-Inkrement-Modus wird die adressierte Stelle überschrieben. Werden mehr als 16 (bzw. 8) Eintragungen vorgenommen, wird Adresse 0 überschrieben, und der Auffüllvorgang beginnt erneut (Bild 5-15.).

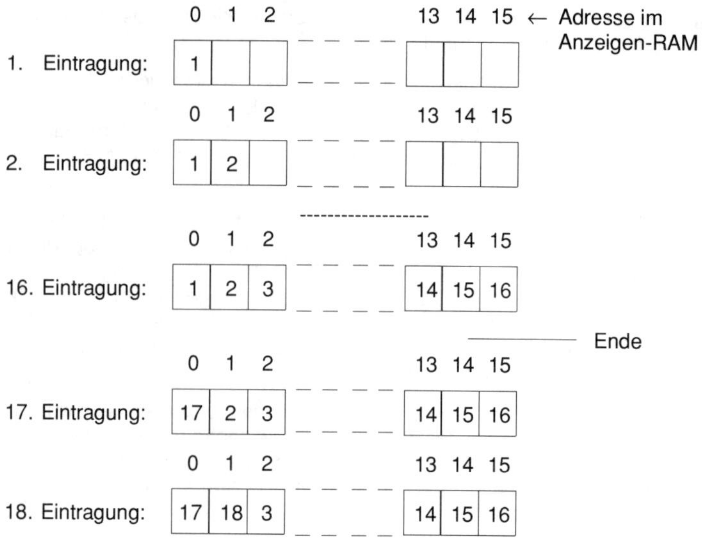

Bild 5-15. Linkseintrag im Auto-Inkrement-Modus für ein 16-Charakter-Display

Die erste Eintragung erfolgt also an die Stelle 0 im Anzeigen-RAM, die zweite Eintragung an Stelle 1 etc. Nach sechzehn Eintragungen ist das RAM voll und weitere Eintragungen überschreiben es wieder bei Null beginnend.

Rechtseintrag ist die Methode, die von elektronischen Rechenmaschinen am häufigsten benutzt wird. Die Eintragung im RAM erfolgt immer an der äußersten rechten Stelle, wobei vor dem nächsten Eintrag der Inhalt des RAM um ein Byte nach links geschoben wird. (Diese Darstellung entspricht nicht ganz dem wirklichen Ablauf, kommt aber der Übersichtlichkeit halber dem Leser bei den doch etwas verwirrenden Modi entgegen. Tatsächlich behält das Byte seinen physikalischen Platz; der 8279 ändert lediglich den Startadresse zur Charakterausgabe.) Die Anzeigenposition und RAM-Adresse sind in diesem Modus nicht mehr identisch. Es empfiehlt sich daher, bei Rechtseintrag immer mit Adresse 0 zu beginnen. Werden mehr als sechzehn Eintragungen vorgenommen, überschreibt der siebzehnte Wert die ursprünglich erste Eintragung (Bild 5-16.).

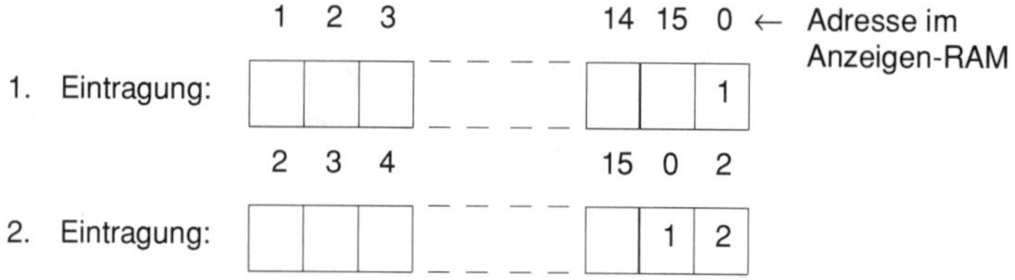

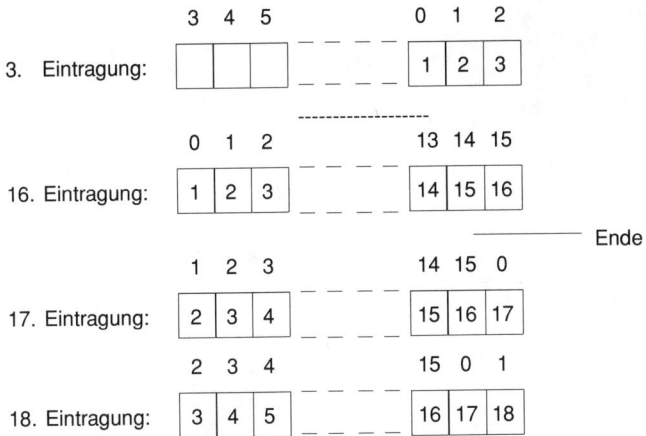

Bild 5-16. Rechtseintrag im Auto-Inkrement-Modus für ein 16-Charakter-Display

Der Befehlssatz:

Liegt der A_0-Eingang an Plus, wandern die von der CPU eingegebenen Bytes in den Befehlsdecoder des 8279. Da dieses Register acht Bits umfaßt, wären theoretisch 256 Befehle an den 8279 möglich. Aufgrund des Befehlsformats sind jedoch nur acht Befehle möglich. Sie werden durch die obersten drei Bits des Befehlsbytes gebildet. Die restlichen fünf Bits bilden Adressen oder Daten:

Befehl	Adressen oder Daten

d_7 d_6 d_5
MSB   LSB

d_7	d_6	d_5	Funktion
0	0	0	Moduswahl für Tastatur und Anzeige
0	0	1	Programmierung des internen Taktes
0	1	0	Lesen des FIFO/Sensor-Registers
0	1	1	Lesen des Anzeigen-RAMs
1	0	0	Beschreiben des Anzeigen-RAMs
1	0	1	Anzeige teilen/löschen
1	1	0	Löschen des Anzeigen-RAMs
1	1	1	Interruptsteuerung

Tabelle 5-5. Befehlsübersicht des 8279

Wirkungen der Befehle:

1. Moduswahl:

Code: | 0 | 0 | 0 | D | D | K | K | K |

Die Bits DD wählen den Display-Modus, die Bits KKK den Keyboard-Modus:

D	D	Modus
0	0	8-Charakteranzeige, Linkseintrag
0	1	16-Charakteranzeige, Linkseintrag (*)
1	0	8-Charakteranzeige, Rechtseintrag
1	1	16-Charakteranzeige, Rechtseintrag

K	K	K	Modus	
0	0	0	Kodierte Keyboard-Abtastung;	2-Tastenausschluß (*)
0	0	1	Dekodierte Keyboard-Abtastung;	2-Tastenausschluß
0	1	0	Kodierte Keyboard-Abtastung;	N-Tastenregistrierung
0	1	1	Dekodierte Keyboard-Abtastung;	N-Tastenregistrierung
1	0	0	Kodierte Sensormatrix-Abtastung	
1	0	1	Dekodierte Sensormatrix-Abtastung	
1	1	0	Getaktete Eingabe; kodiertes Display-Multiplexen	
1	1	1	Getaktete Eingabe; dekodiertes Display-Multiplexen	

(*) Grundeinstellung nach Reset

2. Taktprogrammierung:

Code: | 0 | 0 | 1 | P | P | P | P | P |

Die am CLK-Eingang anliegende Frequenz wird durch den von PPPPP gebildeten Wert zur Erzeugung des internen Systemtaktes geteilt. Der Wert sollte so gewählt werden, daß eine interne Referenzfrequenz von 100 KHz entsteht.

3. Lesen des FIFO/Sensor-RAMs:

Code: | 0 | 1 | 0 | AI | — | A | A | A | — = 0 oder 1

Nach Beschreiben des Befehlsregisters mit diesem Code kommt bei einem Lesen des 8279 durch den Prozessor der Inhalt des FIFO-Registers zur Ausgabe.

AI steht für Auto-Inkrement. Ist dieses Bit eine Eins, wird nach jedem Lesezugriff die Adresse AAA um Eins erhöht.

AAA ist die Adresse im Sensor-RAM.

Die Bits AI und AAA sind im Keyboard-Modus ohne Bedeutung, da das RAM ein FIFO-Register ist. Lediglich im Sensormatrix-Modus sind sie aktiv.

4. Lesen des Anzeigen-RAMs

Code: | 0 | 1 | 1 | AI | A | A | A | A |

Nach Beschreiben des Befehlsregisters mit diesem Code kommt bei einem Lesen des 8279 durch den Prozessor der Inhalt des Anzeigen-RAMs zur Ausgabe.

AI steht für Auto-Inkrement. Ist dieses Bit eine Eins, wird nach jedem Lesezugriff die Adresse AAAA um Eins erhöht.

AAAA ist die Adresse im Anzeigen-RAM.

5. Beschreiben des Anzeigen-RAMs

Code: | 1 | 0 | 0 | AI | A | A | A | A |

Nach Beschreiben des Befehlsregisters mit diesem Code kommen bei einem Beschreiben des 8279 durch den Prozessor die Daten in das Anzeigen-RAM.

AI steht für Auto-Inkrement. Ist dieses Bit eine Eins, wird nach jedem Lesezugriff die Adresse AAAA um Eins erhöht.

AAAA ist die Adresse im Anzeigen-RAM.

Dieser Befehl ändert nicht die Quelle eines nachfolgenden Lesebefehls. Die CPU liest aus dem internen RAM (FIFO oder Anzeige), der durch den letzten Lesebefehl adressiert wurde.

6. Anzeige teilen oder löschen:

Code: | 1 | 0 | 1 | — | IW | IW | BL | BL | — = 0 oder 1

Anzeigenport: A B A B

Mit den Bits IW lassen sich die Nibbles A und B maskieren, so daß zwei 4-Bit-Anzeigenports entstehen. Das kann nützlich sein, wenn ein BCD-zu-7-Segmentanzeigendecoder von den Ports angesteuert wird. Setzt man das IW-Bit für einen Port, wird er dadurch markiert, so daß nachfolgende Eintragungen in das Anzeigen-RAM diesen Portinhalt nicht berühren. Dabei ist es wichtig zu wissen, daß das Bit B_0 mit dem Bit D_0 und das Bit A_3 mit dem Bit D_7 des Prozessorbus korrespondiert. Mit den Bits BL (Blank) können die 4-Bit-Ports einzeln ausgeschaltet werden. Um die ganze Anzeige verlöschen zu lassen, müssen beide Bits gesetzt werden.

7. Löschen des Anzeigen-RAMs:

Code: | 1 | 1 | 0 | D_2 | D_1 | D_0 | F | A |

Mit den Bits D_2—D_0 läßt sich das Display-RAM löschen, d. h. in diesem Falle mit einer Konstanten beschreiben. Die Bits D_0, D_1 wählen die Konstante, das Setzen von D_2 gibt das Beschreiben des RAMs mit der Konstanten frei.

D_1	D_0	Konstante	
0	0	Null:	0000 0000
0	1	Null:	0000 0000
1	0	20_h :	0010 0000 (ASCII-Code für Space)
1	1	FF_h :	1111 1111

Das Beschreiben oder Löschen des RAMs erstreckt sich über eine Zeit von 160 µs, währenddessen es nicht durch die CPU beschrieben werden kann. Der Prozessor kann diesen Zustand am gesetzten MSB des FIFO-Statusworts erkennen.

Setzen des F-Bits bewirkt drei Dinge:
1. Löschen des FIFO-Statusworts
2. Rücksetzen der IRQ-Leitung
3. Sensor-RAM-Pointer auf Adresse 0 setzen

A, das Clear-All-Bit, hat den kombinierten Effekt von F und D_2. Es löscht den FIFO-Status und füllt das Display-RAM mit den durch D_1 und D_0 voreingestellten Werten.

8. Interruptsteuerung:

Code: | 1 | 1 | 1 | E | — | — | — | — | — = 0 oder 1

Im Sensormatrix-Modus muß dieser Befehl nach einer Änderung im Matrixfeld an den 8279 gegeben werden, damit das Sensor-RAM weitere Eintragungen akzeptiert.

Bei der N-Tastenregistrierung dient es, sofern es gesetzt ist, als Freigabe für die Interruptanforderung an den Prozessor, wenn im Entprellzyklus zwei Tasten gleichzeitig als gedrückt erkannt werden.

Der Inhalt des FIFO-Statusworts:

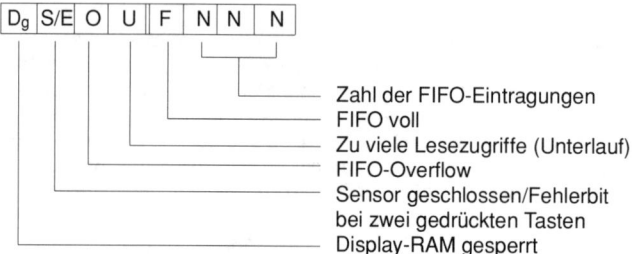

| D_g | S/E | O | U | F | N | N | N |

Zahl der FIFO-Eintragungen
FIFO voll
Zu viele Lesezugriffe (Unterlauf)
FIFO-Overflow
Sensor geschlossen/Fehlerbit
bei zwei gedrückten Tasten
Display-RAM gesperrt

Um das FIFO-Statuswort zu lesen, muß der Eingang A_0 High-Pegel führen, der 8279 selektiert sein und ein Lesebefehl vom Prozessor ausgegeben werden.

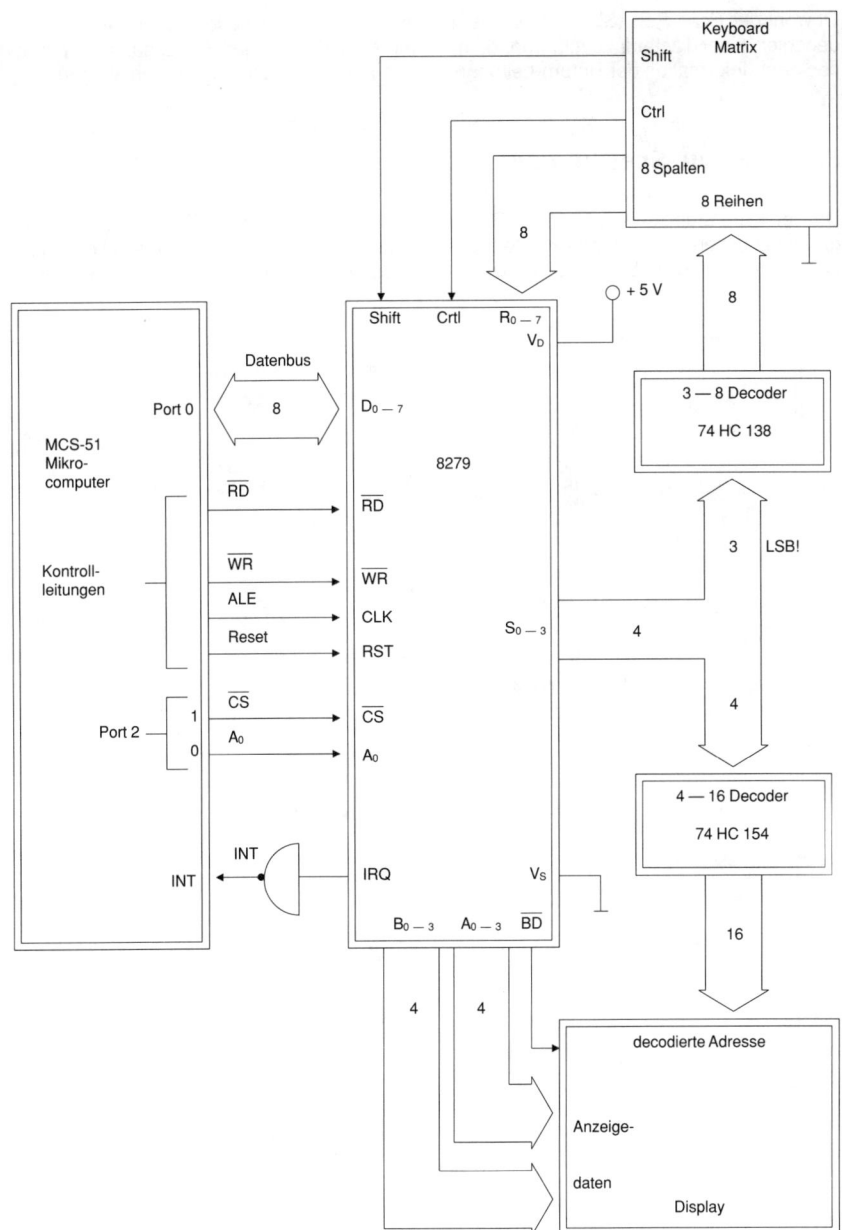

Bild 5-17. Die Anbindung des 8279 an das MCS-51 Mikrocomputersystem

Obwohl der Scan-Port (SL₀₋₃) vier Bits ausgibt, sollte man nicht versuchen, alle vier Bits decodiert einer Tastatur zuzuführen, da nur die drei niederwertigen Bits zusammen mit der codierten Information der Return-Leitungen in das FIFO-Register eingetragen werden.

5. 64-KByte-Speicherraum

Da der Programmzähler ein 16-Bit-Register ist, kann mit dessen Hilfe maximal ein Programmspeicherbereich von 64 KByte adressiert werden. Das EPROM 2764 deckt davon nur die unteren 8 KByte ab. Um den ganzen adressierbaren Bereich mit Programmspeicher zu versehen, braucht man acht 2764. Sie werden nach Bild 5-18. adressiert.

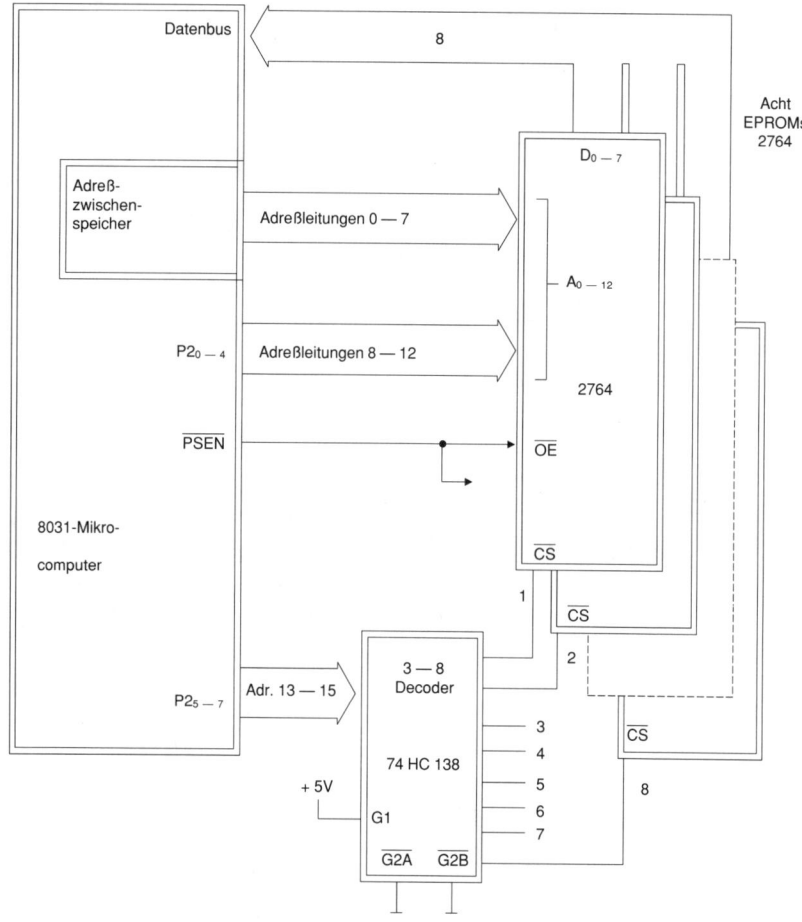

Bild 5-18. Programmspeichererweiterung auf 64 KByte

Adreßleitungen, Datenbus und $\overline{\text{PSEN}}$-Leitung sind gleichzeitig mit allen acht Speichern verbunden. Der Decoderbaustein 74HC138 oder 74HC137 gibt in Abhängigkeit der Adreßbits 13 bis 15 jeweils einen der acht EPROMs frei, wobei folgende Adreßzuordnungen gelten:

1. EPROM: 00 00 bis 1F FF
2. EPROM: 20 00 bis 3F FF
3. EPROM: 40 00 bis 5F FF
4. EPROM: 60 00 bis 7F FF
5. EPROM: 80 00 bis 9F FF
6. EPROM: A0 00 bis BF FF
7. EPROM: C0 00 bis DF FF
8. EPROM: E0 00 bis FF FF

In ähnlicher Weise läßt sich ein Datenspeicher (RAM) von 64 KByte verwirklichen (Bild 5-19.). Als RAM-Bausteine können alle statischen RAMs Verwendung finden, deren Zugriffszeit 350 ns nicht wesentlich überschreitet. Da zum Adressieren des Programm- bzw. des Datenspeichers zwei verschiedene Steuerleitungen aktiv werden ($\overline{\text{PSEN}}$ für Programm-, $\overline{\text{RD}}$ für Datenspeicher), können beide in einer Größe von jeweils 64 KByte nebeneinander vorliegen.

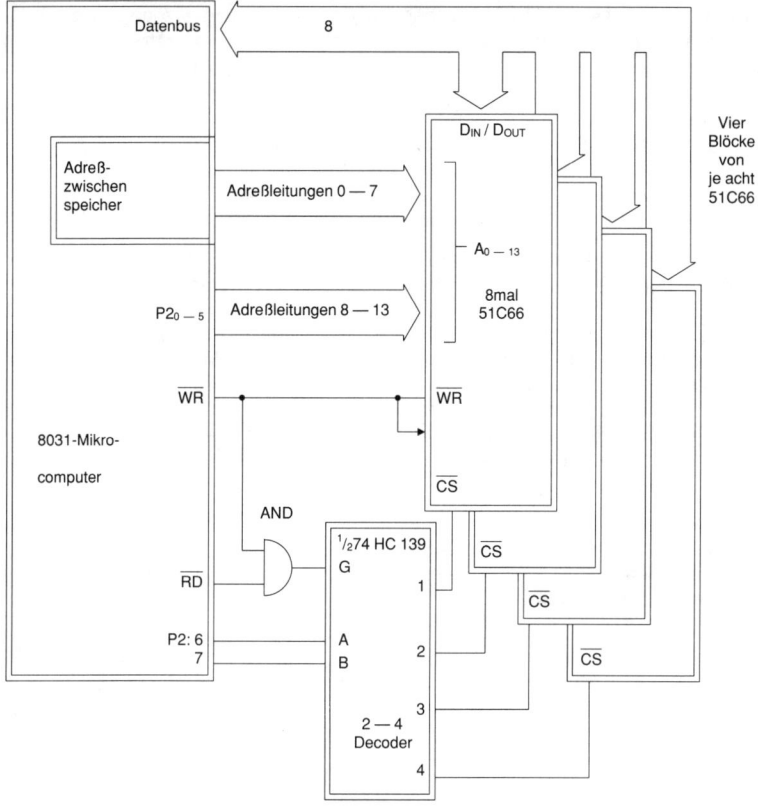

Bild 5-19. Datenspeichererweiterung auf 64 KByte

Der Baustein 51C66 ist ein statisches RAM in CMOS-Technologie mit einer Organisation von 16 384mal 1 Bit. Daher müssen in einem Block acht dieser RAMs parallel adressiert werden, um die Datenbreite von acht Bits zu erhalten. Für 64 KByte sind somit 32 dieser Bausteine erforderlich. Der 51C66 hat getrennte Pins für Datenein- und Datenausgabe. Diese beiden Pins werden zusammengefaßt an den Bus gelegt. Da beim Beschreiben der Ausgang des RAMs in den Tri-State geht, kommt es zu keinen Kurzschlüssen der beiden Ports.

Wie viele andere RAMs hat der 51C66 neben dem $\overline{CS}$-Eingang keinen eigenen $\overline{RD}$-Anschluß. Sobald $\overline{CS}$ an Masse geht, gibt das RAM den adressierten Inhalt auf den Bus, wo es zu Konflikten mit den Daten aus dem Programmspeicher kommen würde. Um das zu verhindern, gibt der 2-4-Decoderbaustein 74HC139 genau dann den adressierten RAM-Block frei, wenn entweder ein $\overline{RD}$- oder ein $\overline{WR}$-Signal ausgegeben wird. Diese Signale werden über ein AND-Gatter an den Freigabeanschluß G des 74HC139 geführt. Liegt an G High-Pegel, liegen die Ausgänge 1 bis 4 an Plus und keiner der RAM-Bausteine ist selektiert. Sobald ein Eingang des AND-Gatters an Masse geht, wird auch der Eingang G an Masse gelegt, und der 74HC139 schaltet den zu den Eingängen A und B korrespondierenden Ausgang auf Low-Pegel. Hat das $\overline{RD}$-Signal die Freigabe bewirkt, sind die Datenleitungen der RAMs Ausgänge. Stammte das Freigabesignal vom $\overline{WR}$-Pin, werden die auf dem Bus anliegenden Daten in die adressierte Stelle der RAMs geschrieben. Da die Durchlaufverzögerung des $\overline{WR}$-Signals im 74HC139 ca. 30 ns beträgt, ist der $\overline{WR}$-Eingang des RAMs vor dem $\overline{CS}$-Eingang an Masse gelegt, und es kann zu keinen Konflikten auf dem Bus kommen.

Die einzelnen Blöcke liegen an folgenden Adressen:

1. RAM-Block:	00 00	bis 3F FF
2. RAM-Block:	40 00	bis 7F FF
3. RAM-Block:	80 00	bis BF FF
4. RAM-Block:	C0 00	bis FF FF

Der Programm- und Datenspeicherbereich läßt sich zusammenlegen, so daß an gewissen Adressen das ROM bzw. RAM sichtbar ist. Da nach einem Reset der Programmzähler den Wert Null aufweist, muß also an Adresse 00 00 der ROM-Bereich mit den ersten Befehlen liegen. Läßt man zudem noch das PSEN-Signal *oder* das $\overline{RD}$-Signal auf die Speicher zugreifen, so kann man das ROM auslesen bzw. Programme im RAM ausführen, die zuvor mit Hilfe eines geeigneten Programms im ROM in den RAM-Bereich geschrieben wurden. Dieses Verfahren ist bei Programmentwicklungen sehr nützlich. Es gibt aber auch Programmteile, die in den RAM-Bereich kopiert werden und sich durch äußere Ereignisse verändern lassen bzw. Programme, die selbst andere Programme schreiben. In jedem Fall dürfen sich ROM- und RAM-Bereiche nicht überlagern.

Das folgende Beispiel (Bild 5-20.) zeigt die Aufteilung des 64-KByte-Bereichs in einen unteren 16-KByte-ROM- und einen oberen 48-KByte-RAM-Teil. Es werden die gleichen Bausteine wie in den oben erläuterten Beispielen verwendet, also zwei EPROMs 2764 und drei RAM-Blöcke mit je acht 51C66.

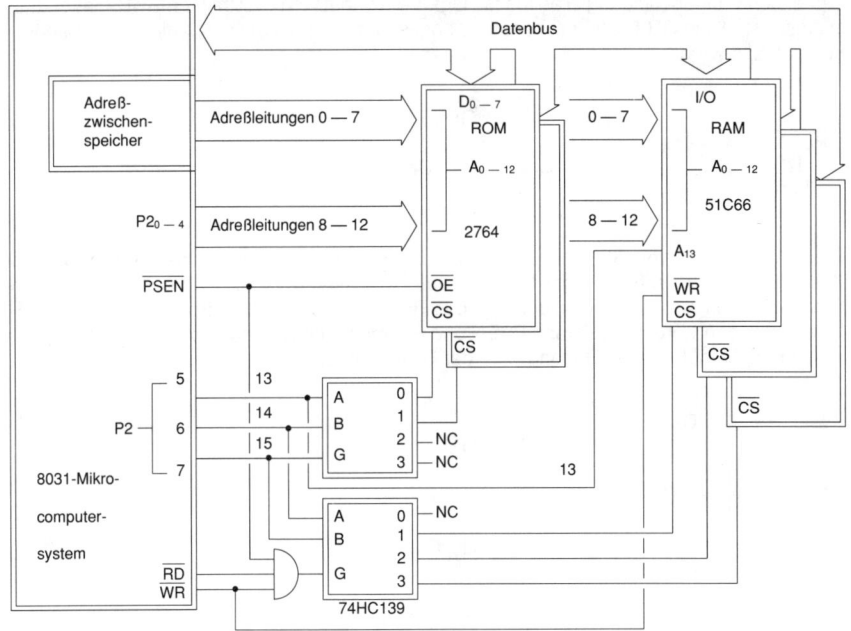

Bild 5-20. 64 KByte gemeinsamer ROM- und RAM-Bereich

Die Adreßleitungen 0 bis 12 werden gemeinsam an die ROM- und RAM-Bausteine geführt, ebenso der Datenbus. Die Adressen 13 bis 15 werden zur Selektierung der Speicherbausteine benutzt, wobei ein einziger Baustein, der 74HC139, diese Auswahl trifft. In ihm befinden sich zwei voneinander unabhängige 2-zu-4-Decoder mit getrennten Freigabeeingängen G. Da Adresse 15 an den Freigabepin des ersten Decoders geführt ist, decodiert dieser nur die Adressen von 00 00 bis 7F FF und selektiert den ROM-Bereich in 8-KByte-Blöcke. Der zweite Decoder decodiert den ganzen Bereich, also von 00 00 bis FF FF in Blöcke zu 16 KByte:

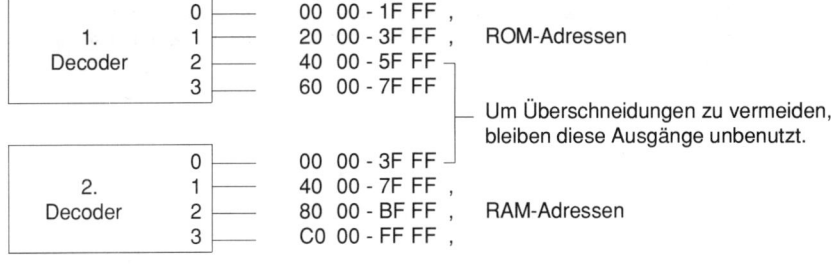

Während Decoder 1 in seinem Adreßbereich ständig einen aktiven Ausgang besitzt, wird bei Decoder 2 nur dann ein Ausgang aktiv, wenn entweder das $\overline{PSEN}$-, das $\overline{RD}$- oder das $\overline{WR}$-Signal den Freigabeeingang G an Masse legt. Verwendet wird ein Dreifach-AND-Gatter, das in diesem Fall ein OR-Gatter mit negativer Logik darstellt. Es kann durch eine Diodenanordnung ersetzt werden:

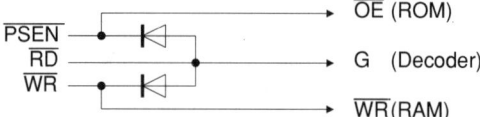

In die Verbindung von $\overline{RD}$ zu G muß keine Diode eingefügt werden, da im nicht aktiven Zustand nur ein sehr geringer Strom in den $\overline{RD}$-Eingang fließt. Mit der Schaltung nach Bild 5-20. kann nur das RAM, nicht aber das ROM gelesen werden. Sollen auch die ROM-Inhalte gelesen werden, muß man $\overline{PSEN}$ und $\overline{RD}$ mit negativer Logik odern und das Ergebnis an den Output-Enable-Eingang ($\overline{OE}$) der ROMs führen:

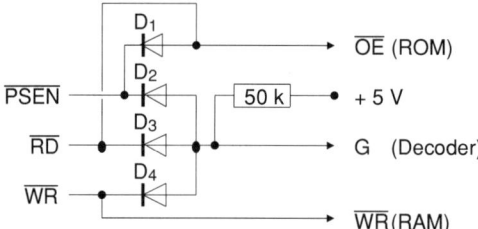

Diode 1 verhindert bei einem Lesezugriff auf das ROM einen Kurzschluß zwischen $\overline{RD}$- und $\overline{PSEN}$-Pin. Diode 2 dient dem gleichen Zweck bei einem Schreib-/Lesezugriff auf das RAM. Diode 3 soll die Freigabe des ROMs beim Schreiben in das RAM verhindern. Diode 4 verhindert ein Beschreiben des RAMs bei $\overline{RD}$- und $\overline{PSEN}$-Signalen.

Wenn die Anforderungen an die Speichergröße es erlauben, kann man nun einen Block des ROMs oder des RAMs verwenden, um andere periphere Bausteine, wie z. B. den I/O-Erweiterungsbaustein 8255 oder den 8279 in das System zu integrieren. Zur Auswahl der einzelnen Bausteine verwendet man in diesem Falle eine selbstprogrammierte Adreßlogik in Form eines EPROMs. Das Adressen-High-Byte wird komplett, das Adressen-Low-Byte wird mit den höherwertigen Bits an den Adreßmanager geführt. Seine Ausgänge werden in decodierter Form an die Chip-Select-Eingänge des freizugebenden Bausteins geführt. Die Programmierung des EPROMs muß nun so erfolgen, daß in gewissen Adreßbereichen des EPROMs immer nur ein Ausgang an Masse liegt und alle anderen an High-Pegel verbleiben. Da das EPROM acht Ausgänge besitzt, sind mit dieser Methode acht verschiedene Bausteine auswählbar (Bild 5-21.).

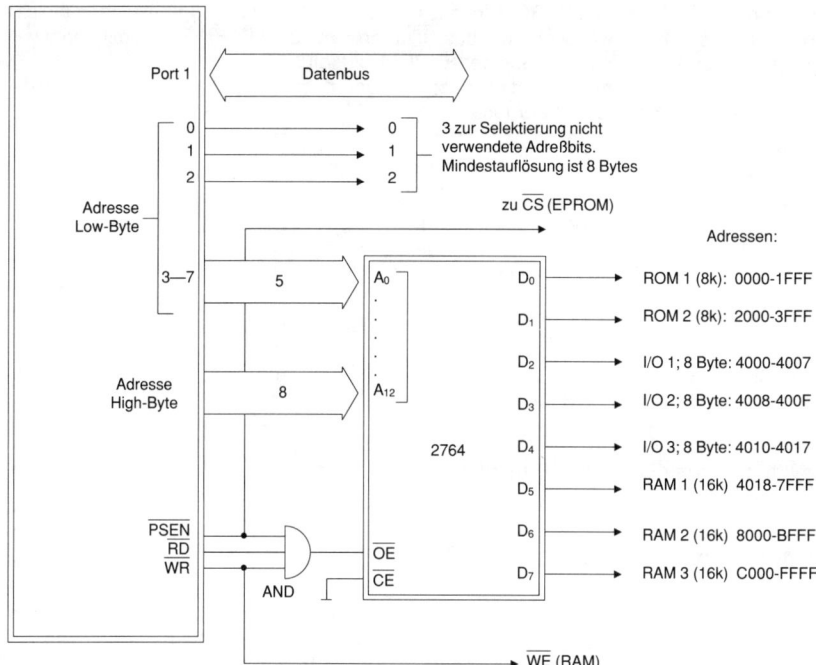

Bild 5-21. Adreßmanagement mit EPROM 2764

Im Beispiel nach Bild 5-21. werden dem EPROM 2764 nur die höherwertigen Adreßbits zugeführt. Da unterschiedliche Adreßkombinationen in den unteren drei Bits keine Berücksichtigung bei der Bausteinselektierung finden, umfaßt die Mindestauflösung acht Adressen. Die Verwendung eines 27128 gestattet eine Auflösung von vier Adressen. Sollen mehr als acht Bausteine selektiert werden, kann die Programmierung in codierter Form erfolgen, wenn an den Ausgängen zwei 4-zu-16-Decoder angeschlossen werden (74HC154). Mit einem Decoder am Low- und dem anderen am High-Nibble angeschlossen ist eine Selektierung von 32 Bausteinen möglich. Als EPROM sollte ein Typ mit möglichst kurzer Durchlaufverzögerung verwendet werden.

Der Adreßmanager ist mit $\overline{CE}$ an Masse und mit dem $\overline{OE}$-Eingang über ein AND-Gatter mit den Steuersignalen $\overline{PSEN}$, $\overline{WR}$ und $\overline{RD}$ des Prozessors verbunden. Wenn alle drei High-Pegel führen, sind die Ausgänge des 2764 im Tri-State, sobald ein Signal an Masse geht, erscheint der adressierte Inhalt an den Ausgängen. Es werden damit zwei EPROM-Bausteine 2764 über die Ausgänge D_0 und D_1 freigegeben, die als Programmspeicher dienen. Diese Ausgänge verbindet man mit den $\overline{OE}$-Eingängen der Programmspeicher und die $\overline{PSEN}$-Leitung mit den $\overline{CS}$-Eingängen, da so die Durchlaufverzögerung bei den 2764 auf ein Minimum reduziert wird. Bei einem Schreibbefehl an die EPROM-Adressen werden die Bausteine nun nicht aktiviert, da zwar $\overline{OE}$ an Masse, $\overline{CS}$ jedoch an Plus bleibt. Somit ist keine weitere externe Logik vonnöten, die eine Kollision von EPROM-Inhalten mit zu schreibenden Daten auf dem Bus bei einem versehentlichen Schreibbefehl auf den EPROM-Bereich

---

Mikrocontroller Kochbuch

verhindern soll. Ein Lesen der EPROM-Inhalte ist mit dieser Beschaltung nicht mehr möglich. Wenn man diese Option wünscht, muß das $\overline{RD}$-Signal mit dem $\overline{PSEN}$-Signal mit negativer Logik geodert und den $\overline{CS}$-Eingängen der EPROMs zugeführt werden. Der Inhalt des EPROMs muß, um den Anforderungen nach Bild 5-21. gerecht zu werden, nach Tabelle 5-6. programmiert werden:

Adreßbereich des Prozessors	EPROM-Adreß-bereich	Eintragung (Hex.)	(Binär)
00 00 - 1F FF	00 00 - 03 FF	FE	1111 1110
20 00 - 3F FF	04 00 - 07 FF	FD	1111 1101
40 00 - 40 07	08 00	FB	1111 1011
40 08 - 40 0F	08 01	F7	1111 0111
40 10 - 40 17	08 02	EE	1110 1111
40 18 - 7F FF	08 03 - 0F FF	DE	1101 1111
80 00 - BF FF	10 00 - 17 FF	BE	1011 1111
C0 00 - FF FF	18 00 - 1F FF	7E	0111 1111

Tabelle 5-6. Die Programmierung des Adreßmanagers

6. Speichererweiterung auf 1 MByte

Mit Hilfe des 3-Bit-Dual-Dezimaldecoders 74HC137 können acht 64-K-Bänke selektiert werden (1/2 MByte) und mit dem 4-Bit-Decoder 74HC154 sechzehn 64-K-Bänke, also ein Megabyte. Um die Selektierung vorzunehmen, gibt es im Prinzip zwei Möglichkeiten:

Man verwendet einen Teil des Port 1, oder
nimmt einen Porterweiterungsbaustein zu Hilfe.

Um einen Decoder des genannten Typs anzusprechen, werden maximal vier Leitungen benötigt, die dann nicht mehr zur allgemeinen Anwendung zur Verfügung stehen. Bild 5-22. zeigt den Anschluß eines 74HC154 an den Port 1 des Prozessors. Möchte man nicht die maximale Bankanzahl verwirklichen, kann man Eingang D des 74HC154 an Masse legen und hat acht Bänke zur Verfügung. Mit Eingang C und B an Masse lassen sich 4 bzw. 2 Bänke realisieren. Folgende Beispiele gehen von der Maximalzahl aus.

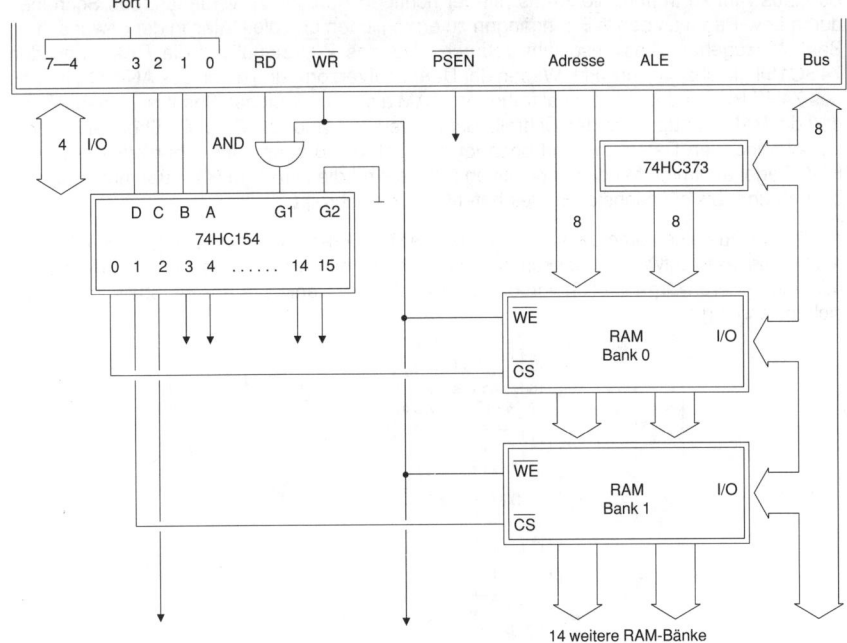

Bild 5-22. Erweiterung des Datenspeichers auf 1 MByte

Mit vier Bit des Ports wird über den 74HC154 eine von 16 Speicherbänken ausgewählt. Sind alle vier Bits des Ports Low, so ist bei einem Schreib- oder Lesebefehl der Ausgang 0 des 154 Low und die restlichen Ausgänge sind High: Bank 0 ist gewählt. Da in jeder Bank 64 KByte ansprechbar sind, ist die Anzahl der auf diese Art verfügbaren Bytes 16 • 64 KByte = 1024 KByte oder ein MByte. Die $\overline{RD}$- und $\overline{WR}$-Signale werden mit negativer Logik geodert (das entspricht in positiver Logik einem AND-Gatter) und einem Enable-Eingang des 154 zugeführt. Der andere Enable-Eingang ist hier unbenutzt und wird geerdet. Da die $\overline{RD}$- und $\overline{WR}$-Ausgänge der CPU im nicht aktiven Zustand High-Pegel führen, liegt am Enable-Eingang $\overline{G1}$ ebenfalls in der Regel High-Pegel an. Dieser Pegel läßt alle Ausgänge des 154 ungeachtet der Zustände A bis D auf High-Pegel, und somit sind alle RAM-Bausteine gesperrt.

Erfolgt nun ein **Lesebefehl**, so gibt die CPU abhängig vom Befehl die 8- bzw. 16-Bit-Adresse aus und speichert das Low-Byte mittels Ale-Signal im Adreßzwischenspeicher 74HC373 ab. Die Adresse liegt nun an allen RAM-Bausteinen gleichzeitig an. Der nachfolgende $\overline{RD}$-Impuls gibt den 74HC154 frei, der die Freigabe an die dem Code A bis D entsprechenden RAMs weiterleitet. Diese geben den Inhalt der adressierten Speicherstelle auf den Bus, der mit Beendigung des $\overline{RD}$-Impulses von der CPU gelesen wird. Während des Lesevorgangs bleiben die $\overline{WE}$-Eingänge der RAMs auf High-Pegel.

Um nun Daten in die gewünschte Bank zu schreiben, ist es notwendig, über den Port 1 die Bankauswahl zu treffen, die RAMs mit der richtigen Adresse zu versehen, das Schreiben durch Low-Pegel an den WE-Eingängen zu ermöglichen und die RAMs in der gewünschten Bank freizugeben. Das geschieht dadurch, daß das WR-Signal auf die RAMs und den 74HC154 gleichzeitig einwirkt. Wegen der Durchlaufverzögerung durch das AND-Gatter und des 74HC154, ist das WR-Signal früher am RAM als das CS-Signal. Somit ist gewährleistet, daß die RAMs eindeutig in den Schreibzustand versetzt sind. Die CPU gibt über den Bus die zu schreibenden Daten aus und beendet den Schreibvorgang, indem das WR-Pin wieder High-Pegel annimmt. Mit dieser positiven Flanke sind die Daten im RAM übernommen und bleiben dort, bis ein nächster Schreibbefehl sie überschreibt.

Als RAM-Bausteine kommen alle statischen RAMs in Frage. Will man den ganzen 64 K-Bereich ohne Logikaufwand abdecken, so empfiehlt sich die Verwendung von acht RAMs 6287 mit einer inneren Organisation von 65 536mal 1 Bit pro Bank. Die Anschlußbelegung findet sich im Anhang.

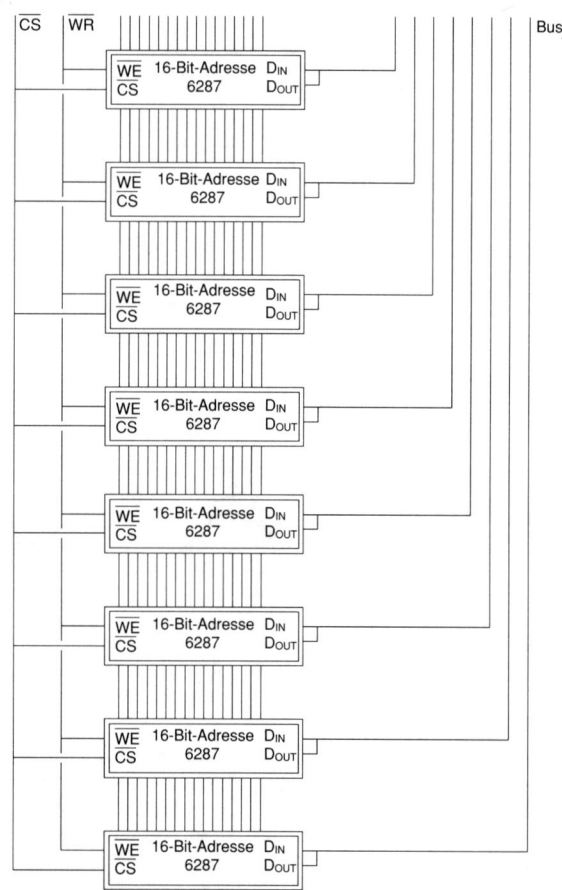

Bild 5-23. 64-KByte-RAM-Speicherbank mit 6287

Folgende Befehlsfolge legt den Wert 8C an Adresse DC75 in Bank 3 ab. Der Decoderbaustein 74HC154 ist mit Port 1, Bit 0 bis 3 verbunden:

```
78 90      MOV   R0#90           ;Adresse für Port 1
74 03      MOV   A #03           ;Bank 3
D6         XCHD  A,@R0           ;Nur Bits 0—3 werden ver-
                                  ändert, Bits 4—7 bleiben
                                  unberührt
90 DC 75   MOV   DPTR,#DC75      ;Lade Datenpointer mit Adresse
74 8C      MOV   A,#8C           ;Zu speichernder Wert
F0         MOVX  @DPTR,A         ;Schreibbefehl
```

Soll ein Wert aus dieser Adresse gelesen werden, entfällt der vorletzte Befehl und der letzte wird ersetzt durch:

```
E0         MOVX  A,@DPTR
```

Der Akku enthält danach den Inhalt der Speicherzelle DC75 in Bank 3. Vorsicht ist geboten bei der Verwendung des Schreibbefehls MOVX @Rr,A. Als Adressen-Low-Byte wird zwar der Inhalt von Ri ausgegeben, an Port 2 jedoch, der normalerweise das Adressen-High-Byte führt, erscheint in diesem Falle der Inhalt von Port 2. Schreibt man in Port 2 das gewünschte Adressen-High-Byte, ist auch dann eine ordungsgemäße Adressierung möglich.

Da Port 2 für die Adressierung und Port 3 für die Sonderfunktionen, insbesondere $\overline{WR}$- und $\overline{RD}$-Signale, verwendet wird, kommt zur Bankauswahl nur Port 1 oder das Spezialfunktionsregister P2 mit Zwischenspeicher in Frage. Sind die zur freien Verfügung stehenden I/O-Pins der CPU für die spezielle Anwendung zu wenig, kann ein I/O Erweiterungsbaustein z. B. 8255 zum Einsatz kommen. In diesem Fall ist eine Bank oder ein Teil von ihr für ihn zu reservieren. Es empfiehlt sich, die Installation in Bank 15 vorzunehmen, da nach einem Reset der CPU alle Portpins auf High-Pegel liegen und damit über den 74HC154 die Voreinstellung für Bank 15 erfolgt (Bild 5-23.). Mit dem 8255 gewinnt man zusätzliche 24 I/O-Leitungen. In derselben Bank findet sich genügend Platz, um weitere periphere Bausteine unterzubringen.

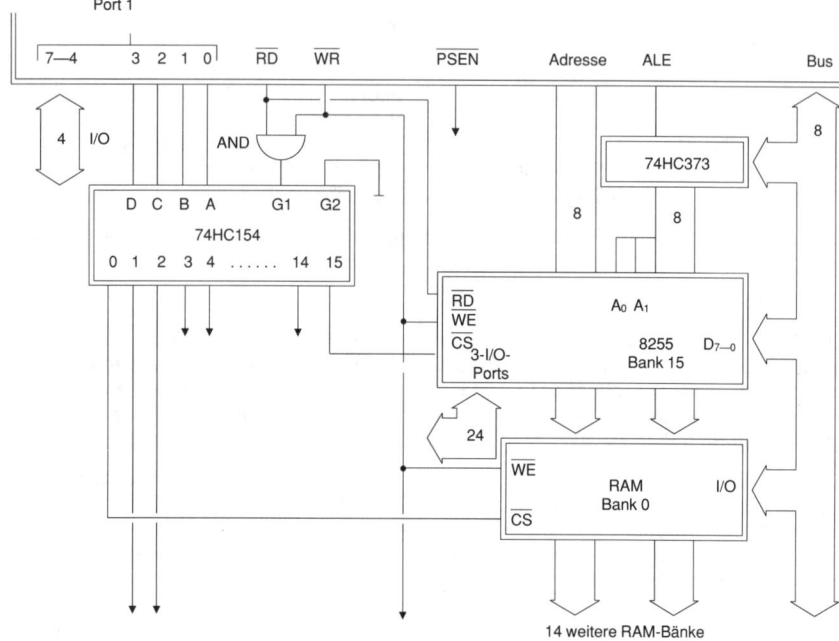

Bild 5-24. Bankreservierung für periphere Bausteine

Eine direkte Bankauswahl über den 8255 ist im allgemeinen nicht möglich, da er von der CPU wie ein RAM-Baustein angesprochen wird. Hätte nämlich der Prozessor über ihn eine andere Bank gewählt, wäre er nicht mehr erreichbar, da jetzt sein Adreßbereich in einer anderen Bank als der aktuellen liegt, und es wäre eine nachfolgende Bankumschaltung nicht mehr möglich.

Mit Hilfe einer externen Logik kann man den 8255, da er mit $\overline{CS}$, A_0 und A_1 nur drei Leitungen in Anspruch nimmt, in jeder Bank sichtbar machen und einen Port von ihm als Adreßmanager, die restlichen als I/O-Ports zur allgemeinen Verwendung benutzen. Das geschieht am einfachsten mit zwei 8fach-OR-Gattern (74HC4078). Der 74HC4078 besteht aus einem 8fach-NOR-Gatter, von dessen Ausgang jedoch ein invertiertes Signal erhältlich ist. Dadurch kann er auch eine logische OR-Funktion ausüben. Der Ausgang der beiden nachgeschalteten OR-Gatter geht genau dann an Masse, wenn alle Eingänge gleichzeitig Low-Pegel führen. In Schaltung von Bild 5-24. ist der I/O-Expander 8255 an den Adressen 00 00 bis 00 03 in jeder Bank ansprechbar. Sollte bei einem konkreten Einsatz ein Pin eines Prozessorports unbenutzt sein, kann er — durch die Software gesteuert — die Aufgabe der beiden OR-Gatter übernehmen.

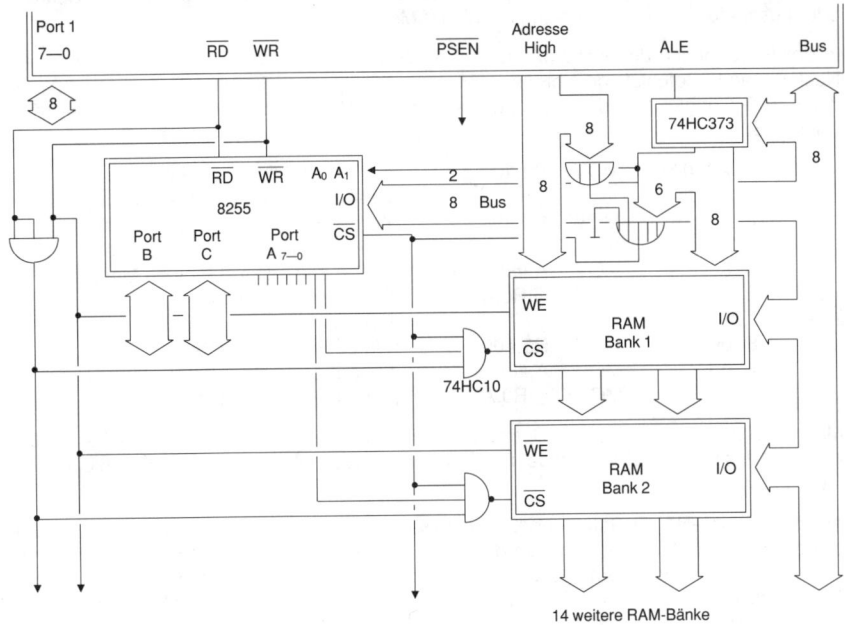

Bild 5-25. Bankauswahl mit I/O-Expander 8255

Der die Bank auswählende Port des 8255 kann nicht direkt mit den Chip-Select-Eingängen der RAMs verbunden werden, da die Ausgänge des I/O-Expanders beständig für die selektierte Bank an Masse liegen. Die RAMs wären in diesem Fall ständig aktiviert auch dann, wenn der Prozessor auf den Programmspeicher zugreift, um seine Befehle einzulesen. Die RAM-Daten würden in Konflikt mit den Befehlsdaten auf dem Bus geraten, und eine ordnungsgemäße Funktion wäre nicht mehr möglich. Um das zu verhindern, muß über eine externe Logik gewährleistet sein, daß das RAM nur dann selektiert ist, wenn ein Lese- oder Schreibbefehl darauf zugreift. Hierzu werden die RD- und WR-Signale einem NAND-Gatter zugeführt, dessen Ausgang im nicht aktiven Zustand an Masse liegt. Erfolgt ein Schreib- oder Lesebefehl, geht der Ausgang auf Plus. Das der Bank vorgeschaltete Dreifach-NAND-Gatter geht genau dann an Masse, wenn alle drei Eingänge an Plus sind, wenn also die betreffende Bank gewählt ist **und** ein WR- oder RD-Signal anliegt **und** der 8255 nicht adressiert ist. Zu beachten ist ferner, daß der Pin des I/O-Expanders 8255, der die betreffende Bank auswählt, High-Pegel und die restlichen Pins Low-Pegel führen müssen. Das ist wichtig, denn sonst sind mehrere Bänke gleichzeitig aktiv. In Sonderfällen kann das ein Vorteil sein, nämlich immer dann, wenn parallele RAM-Bereiche gelöscht oder mit einem konstanten Wert beschrieben werden sollen. So erfolgt beispielsweise das gleichzeitige Löschen von acht RAM-Bänken mit einer achtmal höheren Geschwindigkeit. Ein gleichzeitiges Lesen in mehreren

Bänken ist unsinnig und physikalisch riskant, wenn die adressierten Speicherstellen unterschiedliche Werte aufweisen. Aber keine Sorge: Nach einem Reset ist der 8255 im Input-Modus und alle Ports befinden sich im Tri-State. Somit ist keine Bank gewählt, ein Schreib- oder Lesebefehl hat keine Wirkung auf die RAMs.

In der Resetroutine des Hauptprogramms sollte diese Tatsache Berücksichtigung finden. Nachstehende Befehlsfolge gibt die RAM-Bank 3 frei, wobei die Anschlüsse A_0 und A_1 mit den Adreßleitungen A_0 und A_1 verbunden sind. Die Bankauswahl erfolgt über Port A des 8255 (Bild 5-25.):

```
75 A0 00    MOV   P2,#00      ;Für eine richtige Arbeitsweise der
                              ;OR-Logik in den Adreßleitungen
78 03       MOV   R0,#03      ;Adresse des Kontrollregisters im
                              ;8255 definiert alle Ports als Aus-
74 80       MOV   A,#80       ;gänge und legt alle Pins an Masse
F2          MOVX  @R0,A       ;Schreibbefehl an das
                              ;Kontrollregister
78 00       MOV   R0,#00      ;Wähle Port A im 8255
74 08       MOV   A,#08       ;Freigabe von Bank 3 (08h = 0000 1000)
F2          MOVX  @R0,A       ;Schreibbefehl an Port A
```

Man beachte, daß der Inhalt des Spezialfunktionsregisters P2 bei dem Befehl MOVX @R0,A an Port 2 des 8031 erscheint. Ist der Inhalt von Null verschieden, arbeitet die Adreßlogik nicht mehr richtig.

Auf die Dreifach-NAND-Gatter vor den RAMs kann man verzichten, wenn man mit der Hälfte eines Ports des 8255 die Eingänge des 1-zu-16-Decoderbausteins 74HC154 ansprechen läßt (Bild 5-26.). Auch hierbei ist der 8255 an den Adressen 0 bis 3 in jeder Bank sichtbar. Der zusätzliche Inverter im NOR-Gatter 74HC4078 wird benutzt, um mit Hilfe des zweiten Freigabeeingangs G2 im 74HC154 den Decoder zu sperren, wenn nur der I/O-Expander 8255 adressiert wird. Dadurch fließen die Daten nur zum 8255 und nicht zu den RAMs.

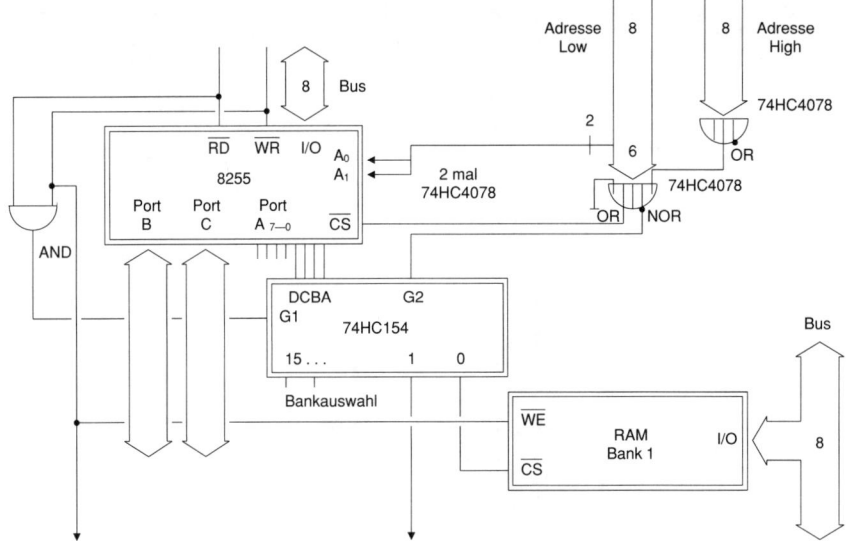

Bild 5-26. Bankauswahl über I/O-Expander 8255 und Decoder 74HC154

Mit diesen geschilderten Verfahren zur Bankauswahl läßt sich ein Adreßbereich von 1 MByte verwalten. Bis zu 256 Bänke bzw. 16 MByte Speicherkapazität erreicht man, wenn ein Decoderbaustein sechzehn weitere Decoder adressiert (Bild 5-27.). Die Bankauswahl übernimmt Port 1 der CPU. Wenn der RD- bzw. der WR-Pegel den Masterdecoder 74HC154 sperrt, liegen alle seine Ausgänge an High-Pegel und jeder Slavedecoder ist gesperrt. Erfolgt ein Schreib- oder Lesebefehl, gibt der Masterdecoder den durch die Bits 4 bis 7 von Port 1 der CPU gewählten Slavedecoder frei, der dann die dem Code der Bits 0 bis 3 von Port 1 entsprechenden Bank freigibt.

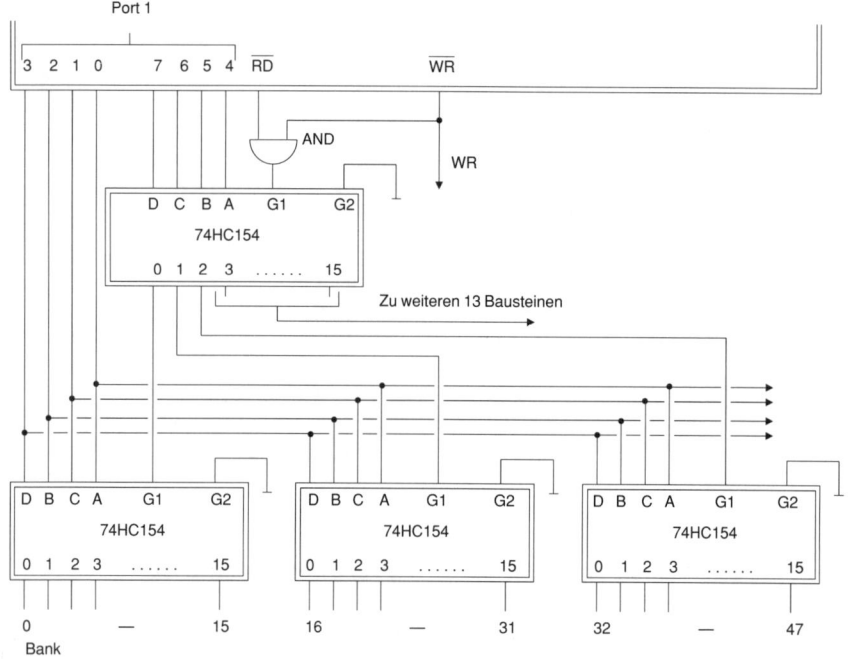

Bild 5-27. Speichererweiterung auf 256 Bänke oder 16 MByte.

Da der Prozessor mit seinen Ausgängen nicht unbegrenzt viel Strom liefern kann, wird man ab einer bestimmten Größe des RAM-Bereichs einen oder mehrere Leitungstreiber, z. B. 74HC241 oder 74HC541, einsetzen müssen, um den nötigen Strom für die Eingangskapazitäten der RAMs während der Adreß- bzw. Datumsänderung zu erhalten. Die Größe des RAM-Bereiches hängt ab von der Organisation der RAM-Bausteine. Bei der Verwendung von 1x64-KBit-Bausteinen müssen acht Stück parallel je Bank adressiert werden, wohingegen der Einsatz eines einzigen 8x64-KBit-RAMs nur einmal mit Adreßleitungen versehen werden muß. Hat man sich für einen Bausteintyp entschieden, so sollte man der Leistungsaufnahme der Eingänge besondere Aufmerksamkeit schenken. Es kann auf keinen Fall schaden, wenn man pro Bank mindestens einen Leitungstreiber vorsieht. Die typische Durchlaufverzögerung solcher Stromverstärker liegt bei 12 ns, und ist somit für den Zeittakt des Adreß- und Bussystems nicht nachteilig.

1. Der 80535

Der 80535 ist eine funktionelle Weiterentwicklung des 8031, der als Industrie Standard weit verbreitet ist. Der 80535 verfügt über einen Analog/Digital-Konverter, einen zusätzlichen Timer mit Pulsbreitenmodulation, einen Watchdog-Timer, zwei zusätzliche I/O-Ports und in der Ausführung 80515 über 8K Bytes internes ROM. Darüber hinaus sind alle Grundfunktionen des Controllers 8031 in ihm enthalten, so daß im folgenden nur die zusätzlichen Eigenschaften und Abweichungen beschrieben werden.

1-1. Die erweiterten Eigenschaften im Überblick

Hierzu gehören insbesondere:

    8-bit analog/digital-Wandlung
    Timer mit Pulsbreitenmodulation
    Programmierbarer Watchdog Timer
    Zwei zusätzliche (6 insgesamt) 8 Bit I/O-Ports
    256 Byte internes RAM, wovon 40 Byte bei Power Down gesichert werden können.
    Zwölf Interruptquellen
    Vier Interruptprioritäten
    68-Pin PLCC Gehäuse

Der 80535 und die analoge Welt:

Eine besondere Eigenschaft, die dem 80535 das Leben in der analogen Welt leichter macht, ist der Analog/Digital-Wandler. Viele Aufgaben für einen Mikrocontroller bestehen in der Reaktion auf Ereignisse in seiner Umwelt wie Spannung, Stromstärke, Temperatur oder Helligkeit. Diese Überwachungsaufgaben und der direkte Anschluß an analoge Sensoren machen einen Analog/Digital-Wandler zu einer nützlichen Erweiterung. Lösungen mit externen A/D-Wandlern benötigen höhere Herstellungs- und Entwicklungskosten und haben zudem den Nachteil größerer benötigter Layoutfläche und geringerer Zuverlässigkeit.

Der A/D-Wandler des 80535 verfügt über acht gemultiplexte Analogeingänge, von denen ein jeder über eine Auflösung von 8 Bit verfügt. Durch die Verwendung der intern programmierbaren Referenzspannung kann diese Auflösung auf zehn Bit erhöht werden.

Bei der A/D-Wandlung benutzt der 80535 das Prinzip der sukzessiven Approximation über eine kapazitive Ladungsverteilung. Das Analogsignal wird 5 Mikrosekunden lang aufgezeichnet und sein Analogwert in 15 Mikrosekunden berechnet (12 MHz). Man kann zwischen einer einzelnen oder einer kontinuierlichen Aufzeichnungsweise wählen. Das Ende der Wandlung wird der CPU durch einen Interrupt mitgeteilt. Eine besondere Eigenschaft des 80535 ist es, daß die beiden Referenzspannungen durch die Software gewählt werden können. So läßt sich der Spannungshub auf einfache Art dem Bereich des Eingangssignals anpassen, was nach einer zweiten Messung zu einer verbesserten Auflösung beiträgt.

Die erweiterten Timer-Funktionen:

In vielen der heutigen Mikrocontrolleranwendungen wird eine externe Logik zur Messung oder zur Erzeugung eines zeitlichen Intervalls benötigt. Für diese Zwecke besitzt der 80535 drei 16-Bit-Timer, die auch als Zähler verwendet werden können, und zusätzlich einen Timer, der nur Watchdog-Aufgaben übernimmt. Die ersten beiden Timer sind mit denen des 8031 identisch. Der dritte Timer kann überdies mehr. Er verfügt über eine Capture-, Compare- und Reload-Funktion und ist daher ideal für die Kontrolle von mechanischen Bewegungen geeignet. Der Takt für diesen Timer kann aus drei verschiedenen Quellen stammen:

> Interner Oszillator
> Externer Takt
> externe Gatesteuerung

Der Compare-Modus:

Im Comparebetrieb ist der neue Timer in zwei Modi betreibbar:

Modus 0:
Sobald der Timer den Wert eines von vier Spezialfunktionsregistern erreicht, wird der zugehörige Compare-Ausgang high. Auf diesem Pegel bleibt der Ausgang so lange, bis der Timer überläuft. Dieser FF FF zu 00 00 Übergang setzt den Ausgang wieder an Masse. Auf diese Weise können vier Ausgänge zur Pulsbreitenmodulation gesteuert werden. Verwendet man am Compareausgang einen Low-Pass-Filter, wird ein Analogsignal erzeugt, und man erhält dadurch eine Digital-zu-Analog-Wandlung.

Modus 1:
In diesem Modus führt der Timerüberlauf nicht zu einer Pegeländerung am Ausgang. Der Pegel kann durch die Software festgelegt werden. Somit erreicht man verschiedene Puls/Pause-Sequenzen an jedem der vier Ausgänge.

Der Capture-Modus;

Diese Option erlaubt es, den aktuellen Timer-Inhalt in ein vorbestimmtes Register, das Capture-Register, zu kopieren. Diese Aktion wird durch ein externes Ereignis oder durch einen Software-Schreibbefehl ausgelöst.
Ein externes Ereignis ist eine negative Flanke an einem zugehörigen Pin von Port 1, z.B. für eine Impulsbreitenmessung.
Eine Schreiboperation in das Low-Byte des Capture-Registers bewirkt ebenfalls die Speicherung des Zählerstandes in diesem Register.

Der Reload-Modus:

Der Inhalt eines der vier 16-Bit Reload-Register wird in den Timer kopiert. Diese Aktion kann entweder durch einen Überlauf von Timer 2 oder durch ein externes Signal ausgelöst werden.

Der Wachhund:

So wird ein eigenständiger 16-Bit-Zähler, der Watchdog-Timer, genannt, der eben diese Aufgabe zu erfüllen hat. Er soll ein eventuell durch externe Störungen oder durch Software-Fehler entgleistes Programm wieder in die richtigen Bahnen lenken. Das ist überall dort von Nöten, wo es auf große Sicherheit für Menschen und auf die Zuverlässigkeit von Maschinen ankommt. Im Programm ist dafür zu sorgen, daß dieser Zähler nie zum Überlauf kommt. Bei 12 MHz hat er nach 64 ms einen Überlauf. Ist dies der Fall, weil sich z.B. ein Programm an einer Stelle aufhängt, führt der Watchdog-Timer einen Software-Reset aus, der intern von einem Power-Up-Reset unterscheidbar ist.
Der Watchdog-Timer ist per Software auf Null setzbar, aber einmal gestartet, kann er nicht wieder gestoppt werden.

Die Interruptstruktur:

Zur Verbesserung seiner Kontrollaufgaben besitzt der 80535 zwölf Interruptquellen im Gegensatz zum 8031, der nur über fünf verfügt. Gleichzeitig wurde die Zahl der Interruptebenen von 2 auf vier erhöht.

I/O Ports:

Der 80535 ist mit zwei weiteren 8 Bit I/O-Ports ausgestattet. Diese stellen dem Anwender zusammen mit Port 1 und 3 32 I/O-Leitungen zur Verfügung. Die ROM-Version 80515 benötigt keine externe Adreß-/Datenbusleitung und besitzt sogar 48 Pins zur Kommunikation mit der Außenwelt.

1-2. Die Anschlüsse des 80535

Der 80535 ist ausschließlich in einem 68poligen PLCC-Gehäuse im Handel (Bild 6-1.).

Port 0: (Pin 52 - 59)
Port 0 erfüllt die gleiche Funktion wie im 8031. Er bildet den gemultiplexten Adreß-/Datenbus und kann im 80535 wegen der notwendigen Speicherkommunikation nicht als I/O-Port verwendet werden. Da er in diesem Fall auch Daten einlesen muß, sind die Pins beim Lesen nicht auf High-Pegel, sondern im hochohmigen Tri-State, um etwa schwach treibenden Speicherbausteinen nicht allzuviel Strom zu entziehen. Ein versehentliches Beschreiben des Ports führt zu keiner Störung der Daten- bzw. Adreßkommunikation, da vor jedem Speicherzugriff die Adresse neu durch die CPU in den Port geschrieben wird bzw. Einsen beim Lesen der Daten. Nur im 80515 ist der Port als I/O-Terminal zu verwenden. Er muß dann allerdings mit externen Pull-Ups (10k) versehen werden und hat dann die gleichen Eigenschaften wie die anderen Ports.

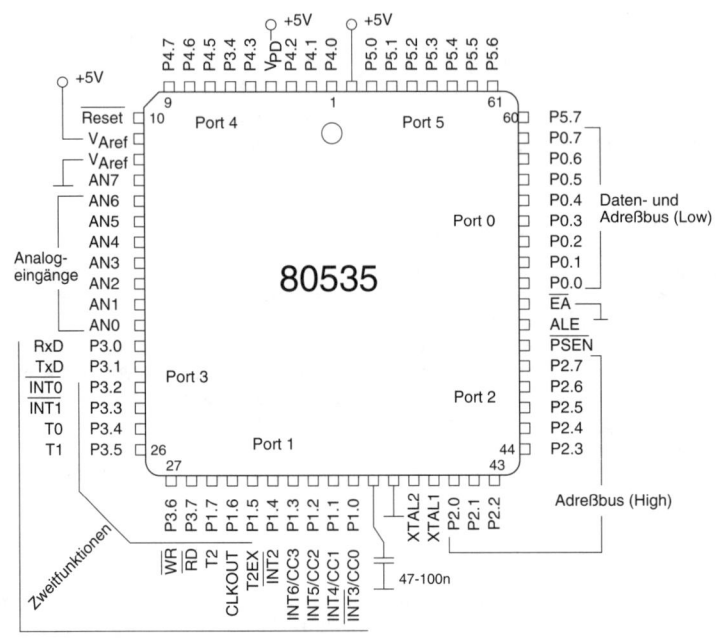

Bild 6-1. Die Pinbelegung des 80535

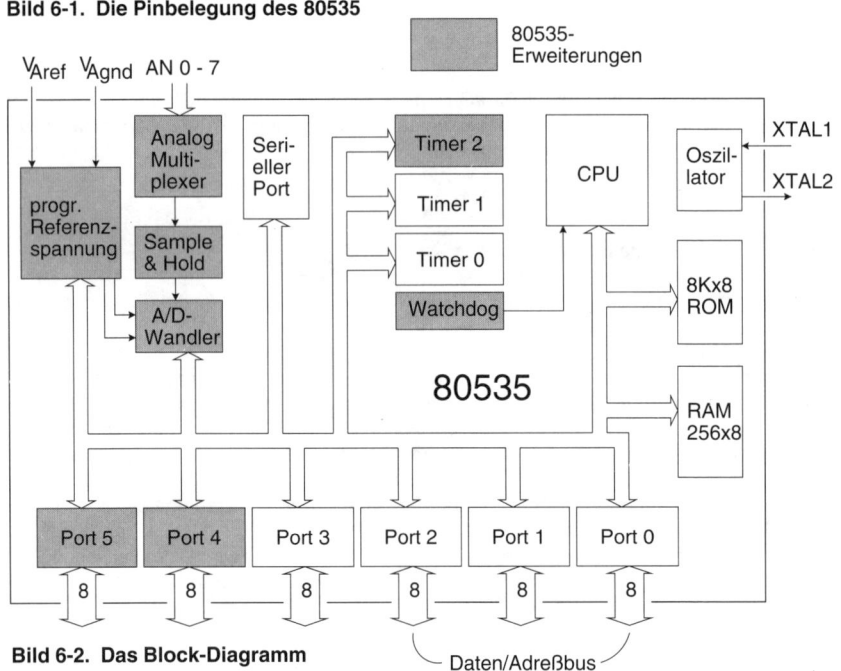

Bild 6-2. Das Block-Diagramm

Port 2: (Pin 41 - 48)
Port 2 gibt bei jedem Speicherzugriff das High-Byte der Adresse aus und steht somit in der Regel als I/O-Port nicht zur freien Verfügung. In zwei Fällen jedoch kann man auf die Daten des Port 2 zugreifen. Das ist bei der Ausführung der Befehle MOVX A,@Ri und MOVX @Ri,A möglich. In diesem Fall wird der Inhalt von Register Ri als Adressen Low-Byte übernommen, und an Port 2 steht dessen Inhalt zur Verfügung. Diese Daten lassen sich mit der $\overline{RD}$- bzw. $\overline{WR}$-Leitung in einem Speicher (z.b. 74374 oder 74HC574) auffangen, so daß der Benutzer acht zusätzliche Ausgabeleitungen zur Verfügung hat. Allerdings kann hierbei kein externer Datenspeicher oder nur einer bis zu 256 Bytes verwendet werden. Die Technik zum Auffangen der Port 2 Daten ist in Kapitel 3-4. Seite 3-27 ausführlich beschrieben. Die Benutzung der Befehle MOVX A,@Ri und MOVX @Ri,A ist bei Speicherbausteinen mit mehr als 256-Byte Größe mit Bedacht anzuwenden, da der Inhalt von Port 2 das Adressen-High-Byte darstellt und es leicht zu unerwünschtem Adressierungen kommt.

Port 1: (Pin 36 - 29)
Port 1 ist ein 8 Bit bidirektionaler I/O-Port, der über interne Pull-Ups (ca. 10k) den High-Pegel ausgibt. Es ist also kein Tri-State-Eingang und der Port zieht daher ein wenig Strom, wenn ein Signal mit Low-Pegel anliegt. Um ihn als Eingang zu konfigurieren, muß er mit Einsen beschrieben werden. Er kann bis zu vier LS-TTL-Eingänge ansteuern. Darüber hinaus übt jeder einzelne Pin eine Sonderfunktion laut Tabelle 1 aus:

Pin	Symbol	Sonderfunktion
P1.0	$\overline{INT3}$/CC0	Eingang für externen Interrupt 3 oder Compare 0 Ausgang oder Capture 0 Eingang
P1.1	$\overline{INT4}$/CC1	Eingang für externen Interrupt 4 oder Compare 1 Ausgang oder Capture 1 Eingang
P1.2	$\overline{INT5}$/CC2	Eingang für externen Interrupt 5 oder Compare 2 Ausgang oder Capture 2 Eingang
P1.3	$\overline{INT6}$/CC3	Eingang für externen Interrupt 6 oder Compare 3 Ausgang oder Capture 3 Eingang
P1.4	$\overline{INT2}$	Eingang für externen Interrupt 2
P1.5	T2EX	Eingang für Timer 2 Reload-Impuls
P1.6	CLKOUT	Ausgang des Systemtakts
P1.7	T2	Eingang für Ereigniszähler 2

Tabelle 6-1: Zweitfunktionen des Port 1

Port 3: (Pin 21 - 23)
Elektrisch gesehen ist Port 3 mit Port 1 identisch und besitzt wie dieser darüber hinaus Zweitfunktionen, die in Tabelle 6-2. gelistet sind.

Pin	Symbol	Sonderfunktion
P3.0	RxD	Eingang des seriellen Ports
P3.1	TxD	Ausgang des seriellen Ports
P3.2	$\overline{\text{INT0}}$	Eingang für Interrupt 0 oder externe Kontrolle über Timer 0
P3.3	INT1	Eingang für Interrupt 1 oder externe Kontrolle über Timer 1
P3.4	T0	Eingang für externen Ereigniszähler 0
P3.5	T1	Eingang für externen Ereigniszähler 1
P3.6	$\overline{\text{WR}}$	Schreibsignal beim Zugriff auf ein externes RAM
P3.7	$\overline{\text{RD}}$	Lesesignal beim Zugriff auf ein externes RAM

Tabelle 6-2: Zweitfunktionen des Port 3

Port 4 (Pin 1 - 3, 5 - 9) und Port 5: (60 - 67)
Beide Ports sind elektrisch mit Port 1 identisch. Sie haben keine Zweitfunktionen und stehen dem Anwender als reine I/O-Ports zur Verfügung.

Reset: (Pin 10)
Im Gegensatz zum 8031 ist der Reseteingang im 80535 low-aktiv. Damit der Controller arbeitet, muß dieser Eingang an Plus liegen. Bei laufendem Oszillator genügen zwei Maschinenzyklen an Masse, um in dem Controller einen Reset auszulösen. Der Reseteingang verfügt intern über einen Pullup-Widerstand, so daß für den Einschaltreset lediglich ein Kondensator (1 µF) gegen Masse erforderlich ist.

ALE: (Pin 50)
ALE gibt ein Rechtecksignal mit einem Sechzehntel der Prozessortaktfrequenz aus. Lediglich beim Zugriff auf einen externen Datenspeicher wird eine Pause eingelegt. Das Signal wird benötigt, um das Adressen-Low-Byte in einem externen Zwischenspeicher (74HC373 oder 74HC573) aufzufangen (Bild 3-1.). Das ALE-Signal kann auch zum Takten peripherer Bausteine verwendet werden.

$\overline{\text{PSEN}}$: (Pin 49)
Das Program Store Enable Signal dient dazu, den externen Programmspeicher (ROM) zur richtigen Zeit freizuschalten, damit der Controller den nächsten Befehl einlesen kann (Bild 3-2.). Dieses Signal unterbleibt, wenn ein Zugriff auf den Datenspeicher (RAM) erfolgt.

$\overline{\text{EA}}$: (Pin 51)
Dieser Eingang hat im 80535 keine Funktion, er muß an Masse liegen. Im 80515, der über ein interne ROM verfügt, arbeitet er mit Plus das interne Programm ab; mit Masse an diesem Eingang werden alle Befehle aus dem externen ROM geholt. Dann ist der 80515 identisch mit dem 80535.

XTAL1: (Pin 40)
XTAL1 stellt den Eingang zum internen, invertierenden Oszillatorverstärker dar. Wenn eine externe Taktquelle verwendet wird, ist XTAL1 zu erden.

XTAL2: (Pin 39)
XTAL2 ist der Ausgang des invertierenden Oszillatorverstärkers. Wenn eine externe Takt-quelle verwendet wird, ist sie an diesen Pin zu führen.

V_{PD} : (Pin 4)
Hält man diesen Pin über eine gesonderte Stromquelle an Plus, während die Systemspan-nung abfällt, ist es möglich, 40 Byte des internen RAMs (Adressen 58_h - 7F) vor Datenver-lust zu schützen.

VA_{Ref} (Pin 11) und VA_{Gnd} (Pin 12):
Über diese beiden Eingänge ist der Analog/Digital-Wandler mit den Referenzspannungen zu versorgen. Mißt man im 5V-Spannungsbereich, verbindet man Pin 11 mit Plus und Pin 12 mit Masse.

Pin 37:
An diesen Pin muß für die richtige Arbeitsweise des A/D-Konverters ein Kondensator von 47 nF bis 1000 nF gegen Masse angeschlossen werden.

Analog Port: (Pin 13 - 20)
Eingänge, an die die analogen Signale geführt werden.

1-3. Die Spezialfunktionsregister des 80535

Betrachtet man den inneren Aufbau des 80535, ist er ein 8031er bzw. 8032er, dem lediglich weitere Eigenschaften zugefügt wurden. Diese zusätzlichen Features werden wie im 8031 über die Spezialfunktionsregister gesteuert. In Tabelle 6-3. sind alle Spezialfunktionsregister mit ihren Adressen und den Einschaltreset-Werten gelistet. Auf die Adressen, die mit 'bit' gekennzeichnet sind, kann mit den Bit-Befehlen zugegriffen werden. Mit 'neu' sind diejeni-gen Register gekennzeichnet, die sich vom 8031 unterscheiden. Der 80535 ist somit bis auf das Register IEN0 abwärtskompatibel zum 8031 und 8032.

Adresse	Symbol	Name	Resetwert
80 bit	P0	Port 0	1111 1111
81	SP	Stack Pointer	0000 0111
82	DPL	Datenpointer Low-Byte	0000 0000
83	DPH	Datenpointer High-Byte	0000 0000
87	PCON	Power-Kontrolle	0xxx xxxx
88 bit	TCON	Timer-Kontrolle	0000 0000
89	TMOD	Timermodus	0000 0000
8A	TL0	Timer 0 Low-Byte	0000 0000
8B	TL1	Timer 1 Low-Byte	0000 0000
8C	TH0	Timer 0 High-Byte	0000 0000
8D	TH1	Timer 1 High-Byte	0000 0000
90 bit	P1	Port 1	1111 1111
98 bit	SCON	Kontrolle für seriellen Port	0000 0000
99	SBUF	Puffer für seriellen Port	unbestimmt
A0 bit	P2	Port 2	1111 1111

A8 bit	IEN0	Interruptfreigabe 0	neu	0000 0000
A9	IP0	Interruptpriorität 0	neu	0000 0000
B0 bit	P3	Port 3		1111 1111
B8 bit	IEN1	Interruptfreigabe 1		0000 0000
B9	IP1	Interruptpriorität 1	neu	0000 0000
C0 bit	IRCON	Kontrolle über Interruptanforderungen	neu	0000 0000
C1	CCEN	Compare/Capture-Freigabe	neu	0000 0000
C2	CCL1	Compare/Capture-Register 1 Low-Byte	neu	0000 0000
C3	CCH1	Compare/Capture-Register 1 High-Byte	neu	0000 0000
C4	CCL2	Compare/Capture-Register 2 Low-Byte	neu	0000 0000
C5	CCH2	Compare/Capture-Register 2 High-Byte	neu	0000 0000
C6	CCL3	Compare/Capture-Register 3 Low-Byte	neu	0000 0000
C7	CCH3	Compare/Capture-Register 3 High-Byte	neu	0000 0000
C8 bit	T2CON	Kontrolle für Timer 2	neu	0000 0000
CA	CRCL	Compare/Reload/Capture-Register Low-Byte	neu	0000 0000
CB	CRCH	Compare/Reload/Capture-Register High-Byte	neu	0000 0000
CC	TL2	Timer 2 Low-Byte	neu	0000 0000
CD	TH2	Timer 2 High-Byte	neu	0000 0000
D0 bit	PSW	Programmstatuswort		0000 0000
D8 bit	ADCON	Kontrolle über A/D-Wandler	neu	0000 0000
D9	ADDAT	Daten des A/D-Wandlers	neu	0000 0000
DA	DAPR	Programmregister des D/A-Wandlers	neu	0000 0000
E0 bit	ACC	Akkumulator		0000 0000
E8 bit	P4	Port 4	neu	1111 1111
F0 bit	B	Register B		0000 0000
F8 bit	P5	Port 5	neu	1111 1111

Tabelle 6-3. Die Spezialfunktionsregister des 80535

1-4. Der Timer 2 des 80535

Die Timer 0 und 1 sind identisch mit denen im 8031 und sind im Kapitel 1-9. (Seite 1-34) beschrieben. Der Begriff Timer 2 steht im 80535 für einen ganzen Komplex an Registern, die alle für die verschiedenen Betriebsarten des Timers von Nöten sind. Dazu gehören:

CCEN	Compare/Capture-Freigabe
CCL1	Compare/Capture-Register 1 Low-Byte
CCH1	Compare/Capture-Register 1 High-Byte
CCL2	Compare/Capture-Register 2 Low-Byte
CCH2	Compare/Capture-Register 2 High-Byte
CCL3	Compare/Capture-Register 3 Low-Byte
CCH3	Compare/Capture-Register 3 High-Byte
T2CON	Kontrolle für Timer 2
CRCL	Compare/Reload/Capture-Register Low-Byte
CRCH	Compare/Reload/Capture-Register High-Byte
TL2	Timer 2 Low-Byte
TH2	Timer 2 High-Byte

Timer 2 ist ein 16-Bit Aufwärtszähler mit einigen zusätzlichen Eigenschaften. Dazu gehören ein 2:1 Vorteiler, eine wählbare Gate-Funktion sowie ein Compare- (Vergleichs-), Capture- (Auffang-) und Reload- (Nachlade-) Modus. An den 16-Bit Timer 2 sind vier 16-Bit-Compare/Capture-Register angeschlossen, von denen nur eines eine Nachladefunktion ausüben kann. Der Reload-Vorgang wird entweder durch einen Zähler-Überlauf oder durch ein externes Ereignis ausgelöst. In Bild 6-3. ist die Verbindung der einzelnen Komponenten des Timer 2-Blocks zu sehen.

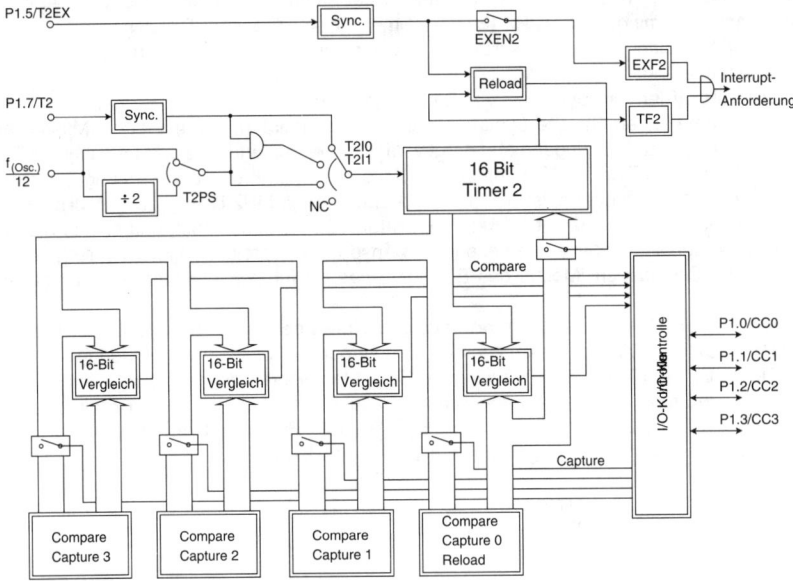

Bild 6-3. Timer 2 und seine Peripherie

Über sechs Pins von Port 1 hat der Timer Kontakt zur Außenwelt. Das sind:

P1.0/CC0   Compare-Ausgang/Capture-Eingang für das Compare/Reload/Capture-Register
P1.1/CC1   Compare-Ausgang oder Capture-Eingang für das Compare/Capture-Register 1
P1.2/CC2   Compare-Ausgang oder Capture-Eingang für das Compare/Capture-Register 2
P1.3/CC3   Compare-Ausgang oder Capture-Eingang für das Compare/Capture-Register 3
P1.5/T2EX Eingang für den externen Reload-Impuls
P1.7/T2   Ereigniszählereingang oder externe Steuerung von Timer 2

Vor dem Gebrauch der Funktion T2EX bzw. T2 muß der zugehörige Pin per Befehl auf Eins gesetzt werden, z.B. SETB P1.5 bzw. SETB P1.7. Für die Pins P1.0 bis P1.3 hängt es von der betreffenden Verwendung ab, ob sie zuvor ebenfalls auf Eins zu setzen sind. Generell gilt: Wird ein Pin als Eingang verwendet, muß er zuvor auf Eins gesetzt werden. Will man in diesem Fall die Pins als Interrupt- oder Capture-Eingänge verwenden, sind sie also zuvor auf High-Pegel zu legen. Benutzt man sie als Compare-Ausgänge, werden sie automatisch mit dem richtigen Pegel beschrieben.

Timer 2 kann entweder als Timer, als Ereigniszähler oder als gesteuerter Timer verwendet werden. Diese Auswahl wird durch die beiden Bits T2I0 und T2I1 (Bestandteil des Timer 2 Kontrollregister T2CON) getroffen. Diese beiden Bits starten und stoppen gleichzeitig den Timer 2.

In der Betriebsart **Timer** erhält das 16-Bit-Register seine Impulse vom internen Oszillator. Dabei kann man mit dem Bit T2PS (Bit 7 im Timer 2 Kontrollregister T2CON) wählen, ob der Timer mit 1/12 oder 1/24 der Oszillatorfrequenz getaktet wird. Somit wird also sein Inhalt von jedem oder jedem zweiten Maschinentakt um eins erhöht.

Als **Ereigniszähler** wird der Inhalt von Timer 2 mit jeder negativen Flanke am Eingang T2 (Pin P1.7) um eins erhöht. Die Synchronisation erfolgt dadurch, daß mit jedem Maschinenzyklus der Pegel am T2-Eingang abgefragt wird. Ist sein Zustand plus und im nächsten Takt minus, erfolgt eine Zählung. Da immer zwei Maschinentakte für die Erkennung einer vollständigen Periode vergehen, ist die maximale Zählrate 0,5 MHz bei $f_{(Osz.)}$ = 12 MHz. Somit ist also seine Zählfrequenz auf 1/24 der Oszillatorfrequenz beschränkt, und an das Tastverhältnis des Signals werden keine besonderen Ansprüche gestellt. Aus internen technischen Gründen muß in diesem Modus das Bit T2PS, das Bit für den Vorteiler, auf Null gesetzt sein.

Verwendet man Timer 2 als extern **gesteuerten Timer**, bewirkt High-Pegel am Eingang T2 (Pin P1.7), daß der Timer mit dem internen Takt versorgt wird. Masse am Eingang T2 stoppt den Timer. Dieser Modus wird überwiegend für die Impulsbreitenmessung verwendet. In allen drei Fällen führt ein Überlauf von Timer 2 dazu, daß er bei Null neu zu zählen beginnt und daß das Timer 2 Überlaufbit TF2 (Bit 6 im Interrupt Request Control Register, IRCON) gesetzt wird, was zur Auslösung eines Interrupts führen kann.

Das Timer 2 Kontrollregister:
Register C8, T2CON (bitadressierbar):

T2PS	I3FR	I2FR	T2R1	T2R0	T2CM	T2I1	T2I0

Bit-Nr.: CF   CE   CD   CC   CB   CA   C9   C8

Symbol	Funktion
T2PS	Timer 2 Prescaler Select. Ist sein Inhalt Null, wird der Timer mit 1/12 der Oszillatorfrequenz getaktet, ist das Bit gesetzt, ist die Frequenz 1/24 der Oszillatorfrequenz. Wenn Timer 2 als externer Ereigniszähler benutzt wird, ist dieses Bit auf Null zu setzen.
I3FR	External Interrupt 3 Falling/Rising Edge. Wenn das Bit gesetzt ist, löst eine positive Flanke am Eingang INT3 (Pin P1.0) einen Interrupt aus, mit einer Null beschrieben bewirkt ein 1 zu 0 Übergang am Eingang INT3 einen Interrupt, d.h. es wird in beiden Fällen das Interruptanforderungs-Bit IEX3 gesetzt.

I2FR   External Interrupt 2 Falling/Rising Edge. Wenn das Bit gesetzt ist, löst eine positive Flanke am Eingang INT2 (Pin P1.0) einen Interrupt aus, mit einer Null beschrieben bewirkt ein 1 zu 0 Übergang am Eingang INT2 einen Interrupt, d.h. es wird in beiden Fällen das Interruptanforderungs-Bit IEX2 gesetzt.

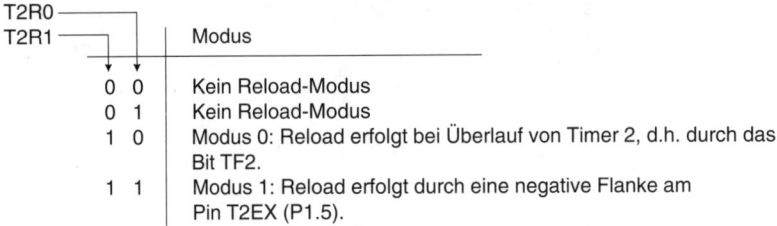

T2R0	T2R1	Modus
0	0	Kein Reload-Modus
0	1	Kein Reload-Modus
1	0	Modus 0: Reload erfolgt bei Überlauf von Timer 2, d.h. durch das Bit TF2.
1	1	Modus 1: Reload erfolgt durch eine negative Flanke am Pin T2EX (P1.5).

T2CM   Timer 2 Compare Modus. Mit einer Eins wird der Compare Modus 1 gewählt, mit einer Null Modus 0.

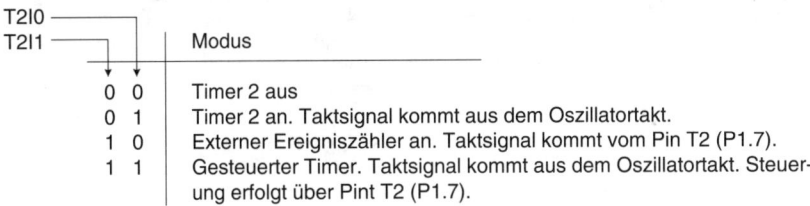

T2I0	T2I1	Modus
0	0	Timer 2 aus
0	1	Timer 2 an. Taktsignal kommt aus dem Oszillatortakt.
1	0	Externer Ereigniszähler an. Taktsignal kommt vom Pin T2 (P1.7).
1	1	Gesteuerter Timer. Taktsignal kommt aus dem Oszillatortakt. Steuerung erfolgt über Pint T2 (P1.7).

Im Controller 8032 findet sich ebenfalls ein Kontrollregister für den Timer 2 T2CON, das jedoch über völlig andere Funktionen verfügt als im 80535. Insofern ist der 80535 nicht abwärtskompatibel zum 8032.

Reload:
Von den vier mit Timer 2 verbundenen Registern ist nur eines in der Lage, den Timer 2 mit einem konstanten Wert nachzuladen (Bild 6-3). Es ist das Compare/Reload/Capture-Register CRC, das mit seinem Low-Byte an Adresse CA und dem High-Byte an Adresse CB zu finden ist. Der Reload-Vorgang kann auf zwei Arten ausgelöst werden. Das ist zum einen der Auto-Reload, der bei jedem Überlauf des Timer 2 erfolgt, und zum anderen die Auslösung des Reloads durch eine negative Flanke am Eingang T2EX (Pin P1.5). Im zweiten Fall besteht auch die Möglichkeit zur Erzeugung eines Interrupts. Die Wahl des Reload-Modus erfolgt durch die beiden Bits T2R0 und T2R1 (Bitadressen: CB und CC) im Timer 2 Kontrollregister T2CON.
Im Reload-Modus 0, dem ersten Fall, wird beim Überlauf des Timer 2 nicht nur das Timer 2 Flag TF2 als Überlaufindikator gesetzt, sondern auch der Zählerstand 0000 von Timer 2 mit dem 16-Bit-Wert aus dem CRC-Register überschrieben. Dieses CRC-Register ist wie jedes andere Spezialfunktionsregister per Software beschreibbar.
Im Reload-Modus 1 bewirkt eine negative Flanke am Eingang T2EX (Pin P1.5) das Nachladen des Zählers. Zusätzlich setzt dieser Impuls das EXF2-Bit, wenn das Bit EXEN2 im Inter-

rupt Enable Register 1 IEN1 (Adresse B8) gesetzt ist. Ist der Interrupt für Timer 2 freigegeben, führt dieser Vorgang zum Sprung in die Interruptroutine. Man beachte, daß das Nachladen des Zählers erst im folgenden Maschinenzyklus nach dem Erkennen der negativen Flanke an T2EX erfolgt. Bild 6-4. zeigt das Funktionsdiagramm der beiden Reloadarten. Der Reload-Modus wird durch Beschreiben des Bits T2R1 mit einer Null abgeschaltet. Bei desaktiviertem Reload-Modus und bei gesetztem EXEN2-Bit kann der Eingang T2EX als zusätzlicher externer Interrupt-Eingang verwendet werden.

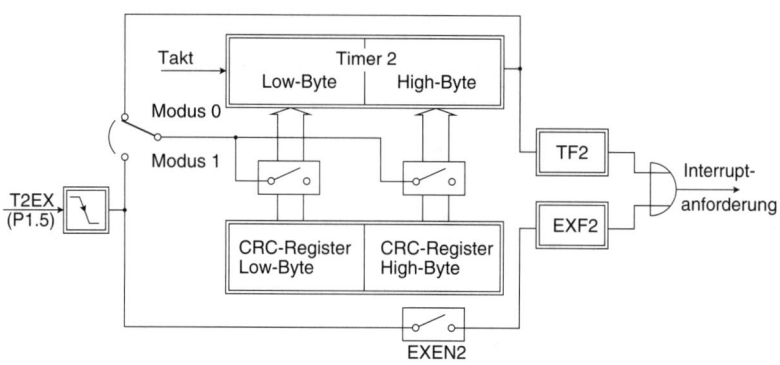

Bild 6-4. Die Reloadarten von Timer 2

Compare:

Im Compare- oder Vergleichsmodus wird der Inhalt eines der vier Compare-Register mit dem Zählerstand des Timer 2 verglichen. Stimmen beide Inhalte überein, wird ein Signal am entsprechenden Compare-Pin (Pin CC0 bis CC3 bzw. P1.0 bis P1.3) erzeugt und ein Interrupt angemeldet. Aktiviert wird dieser Compare-Modus durch das Setzen des entsprechenden Bits im Compare/Capture-Freigaberegister CCEN. Zwei Compare-Arten stehen zur Verfügung, die durch das Bit T2CM im Timer 2 Kontrollregister T2CON gewählt werden.

Modus 0: Bei Übereinstimmung von Timer 2-Inhalt mit dem Compare-Register geht der Pegel am entsprechenden Ausgangspin von Minus zu Plus und bleibt dort bis zum Überlauf des Timer 2. Der Pin unterliegt in diesem Modus der Kontrolle des Timer 2. Befehle, die den Pegel des Pins ändern, werden ignoriert. Bild 6-5. zeigt das Funktionsdiagramm eines Compare-Pins für Modus 0. Der logische Pegel wird durch die beiden Signale TF2 und Compare kontrolliert; die interne Bus- und die Schreibleitung werden in diesem Modus getrennt.

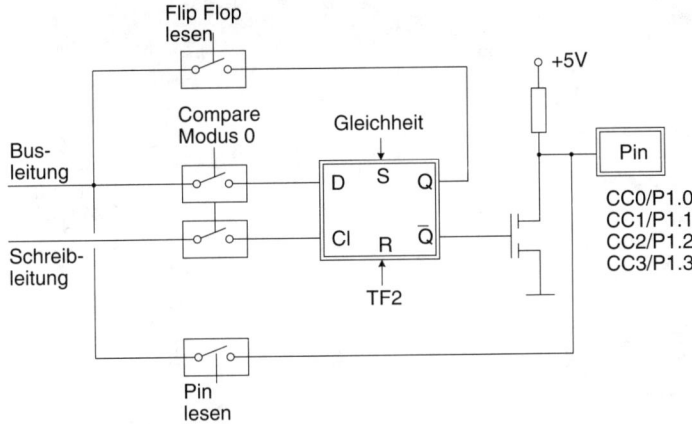

Bild 6-5. Der Portspeicher im Compare-Modus 0

Modus 1: Modus 1 wird durch das Setzen des Bits T2CM im Timer 2 Kontrollregister T2CON gewählt. Dieser Modus unterscheidet sich von dem vorausgegangenen dadurch, daß die Richtung des Pegelwechsels am Compare-Pin bei Übereinstimmung durch die Software festlegbar ist. Man beschreibt den betreffenden Pin mit einem logischen Pegel, der aber erst dann an den Ausgang weitergeleitet wird, wenn eine Übereinstimmung von Compare-Register mit Timer 2-Inhalt erreicht ist. Somit kann man festlegen, ob das Ausgangssignal einen Plus-Minus- oder einen Minus-Plus-Wechsel unternimmt. Man beachte, daß kein Pegelwechsel beim Überlauf des Timer 2 erfolgt. Bild 6-6. zeigt das Funktionsdiagramm eines Compare-Pins für Modus 1. Das linke Flip Flop kann per Software jederzeit beschrieben werden, das rechte Flip Flop übernimmt diesen Wert erst dann, wenn Gleichheit zwischen Compare-Register und Timer 2 auftritt. Man beachte, daß im Falle der Gleichheit Schreibbefehle die Inhalte beider Flip Flops ändern. Lesebefehle, die nur den Speicher und nicht den Pin lesen, haben als Inhalt den Pegel des linken Flip Flops.
In beiden Compare-Modi gelangt der neue Wert in demselben Maschinenzyklus an den Ausgangspin, in dem Gleichheit festgestellt wurde.

Bild 6-7. zeigt das Blockdiagramm des Timer 2 im Compare-Modus unter Benutzung des Compare/Reload/Capture-Registers CRC. Bild 6-8. zeigt die gleiche Darstellung mit dem Compare/Capture-Register 1 CC1. Bis auf die Namen ist die Zeichnung auf die Register CC2 und CC3 übertragbar. Aus Bild 6-7. geht hervor, daß die Auslösung von Interrupt 3 sowohl positiv wie negativ flankengetriggert zum Signal des 16-Bit-Comparators erfolgen kann. Die Auswahl wird mit Bit I3FR im Timer 2 Kontrollregister T2CON getroffen. Der Ausgang des 16-Bit-Comparators ist solange high, wie Gleichheit der beiden Register herrscht. Die Auslösung des Interrupts durch die Compare/Capture-Register CC1 bis CC3 erfolgt immer mit der positiven Flanke (Bild 6-8.).

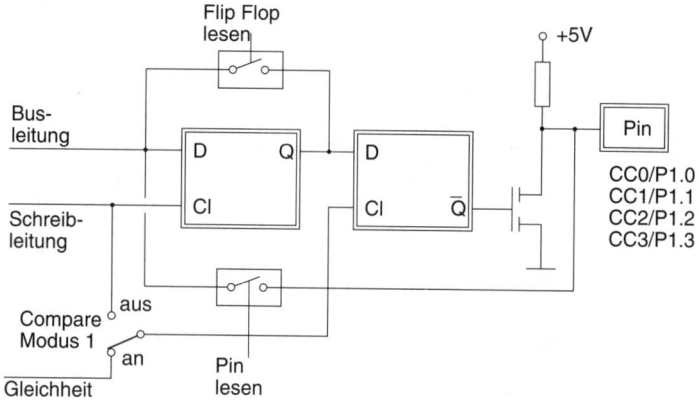

Bild 6-6. Der Portspeicher im Compare-Modus 1

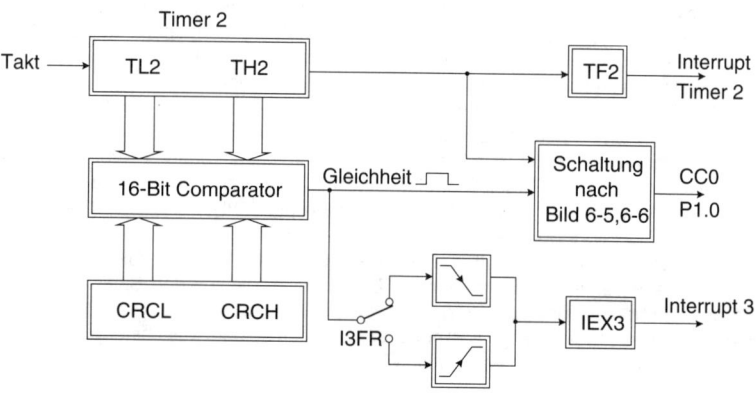

Bild 6-7. Timer 2 im Compare-Modus unter Benutzung des CRC-Registers

Im Compare-Modus ist ferner der entsprechende Pin an Port 1 Ausgang. Obwohl der logische Pegel des Pins jederzeit durch die Software gelesen werden kann, ist jedoch die interne Verbindung zum Interruptsystem unterbrochen, so daß über diesen Pin kein Interrupt erzeugt werden kann. Interrupts werden nur durch die Gleichheit von Timer 2 und Compare-Register verursacht.

Mikrocontroller Kochbuch

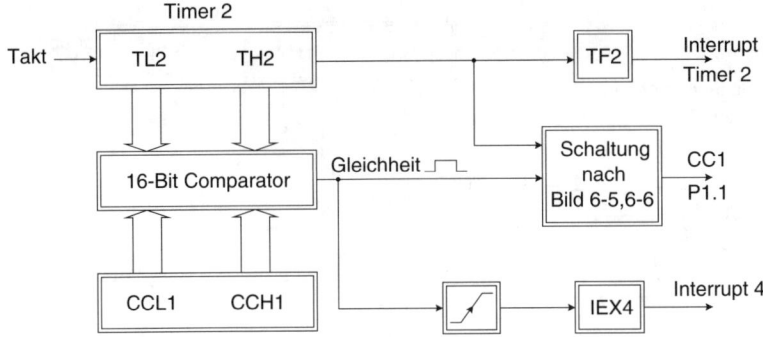

Bild 6-8. Timer 2 im Compare-Modus unter Benutzung des CC1-Registers

Capture:
Diese Fähigkeit gestattet das Abspeichern des aktuellen Zählinhaltes von Timer 2 in ein vorbestimmtes Register auf Grund eines externen Ereignisses oder auf Grund eines Software-Befehls. Auch hier kann man unter zwei Modi wählen: In Modus 0 wird das Auffangen durch eine Pegeländerung an einem der Eingänge CC0 bis CC3 ausgelöst, in Modus 1 ist ein Schreibbefehl in das Low-Byte des Compare/Capture-Registers der Auslöser. Damit kann man den Timer 2 auslesen, ohne ihn anhalten zu müssen.
In Modus 0 ist der Auslöser für das Auffangen in die Register CC1 bis CC3 eine positive Flanke an den Eingängen CC1 bis CC3 (Pin P1.1 bis P1.3). Benutzt man das Compare/Reload/Capture-Register CRC, kann die Flankenart am Eingang CC0 durch das Bit I3FR im Timer 2 Kontrollregister T2CON auswählen. Die negative Flanke wird durch ein gelöschtes Bit, die positive Flanke durch ein gesetztes Bit ausgewählt. Da die Pins CC0 bis CC3 nun Eingänge sind, müssen sie zuvor mit Einsen beschrieben werden. Nach dem Auftreten einer Pegeländerung an den Eingängen wird der Inhalt von Timer 2 erst im folgenden Maschinentakt in die Capture-Register geschrieben. Gleichzeitig werden die zugehörigen Interrupt-Bits IEX3 bis IEX6 gesetzt und der Prozessor kann in die zugehörige Interruptroutine springen.
In Modus 1 ist der Auslöser ein Schreibbefehl in das betreffende Low-Byte des Capture-Registers. Der Befehl MOV CCL2,#3E würde bewirken, daß der Zählerstand im folgenden Maschinenzyklus in das Capture-Register 2 kopiert wird. Das Argument #3E ist belanglos, es wird ignoriert. Zu beachten ist, daß jeder MOV-Befehl nach CCL2 dieselbe Wirkung hat, so z. B. auch MOV CCL2,A. Ein Interrupt wird bei diesem Schreibbefehl nicht ausgelöst.
In beiden Betriebsarten wird immer der aktuelle Zählerstand des nachfolgenden Maschinenzyklus übernommen. Die Bilder 6-9. und 6-10. zeigen das Auffangen des Zählerinhaltes, wobei Bild 6-9. als Ziel das Compare/Reload/Capture-Register CRC mit Flankenauswahl hat.

Im Gegensatz zur Compare-Funktion können die einzelnen Capture-Register parallel in getrennten Modi arbeiten, d.h. während für ein Register Modus 0 gewählt wurde, kann für das andere der Modus 1 gesetzt werden. Die Auswahl erfolgt im Compare/Capture Enable Register CCEN.

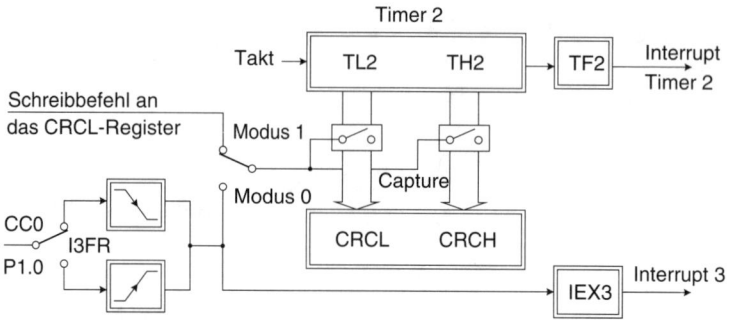

Bild 6-9. Timer 2 im Capture-Modus unter Benutzung des CRC-Registers

Das Compare/Capture Enable Register:
Register C1, CCEN:

7	6	5	4	3	2	1	0

Bit	Funktion
1 0	CRC-Register:
0 0	Compare oder Capture aus
0 1	Compare aus. Capture Modus 0 an. Die Auslösung erfolgt durch eine positive oder negative Flanke am Eingang CC0 (Pin P1.0). Die Flankenauswahl trifft das Bit I3FR im Timer 2 Kontrollregister T2CON.
1 0	Compare an, Capture aus.
1 1	Compare aus. Capture Modus 1 an. Die Auslösung erfolgt durch einen Schreibbefehl in das Register CRCL.
3 2	CC1-Register:
0 0	Compare oder Capture aus
0 1	Compare aus. Capture Modus 0 an. Die Auslösung erfolgt durch eine positive oder negative Flanke am Eingang CC1 (Pin P1.1).
1 0	Compare an, Capture aus.
1 1	Compare aus. Capture Modus 1 an. Die Auslösung erfolgt durch einen Schreibbefehl in das Register CCL1.
5 4	CC2-Register:
0 0	Compare oder Capture aus
0 1	Compare aus. Capture Modus 0 an. Die Auslösung erfolgt durch eine positive oder negative Flanke am Eingang CC2 (Pin P1.2).

| 1 0 | Compare an, Capture aus. |
| 1 1 | Compare aus. Capture Modus 1 an. Die Auslösung erfolgt durch einen Schreibbefehl in das Register CCL2. |

7 6	CC3-Register:
0 0	Compare oder Capture aus
0 1	Compare aus. Capture Modus 0 an. Die Auslösung erfolgt durch eine positive oder negative Flanke am Eingang CC3 (Pin P1.3).
1 0	Compare an, Capture aus.
1 1	Compare aus. Capture Modus 1 an. Die Auslösung erfolgt durch einen Schreibbefehl in das Register CCL3.

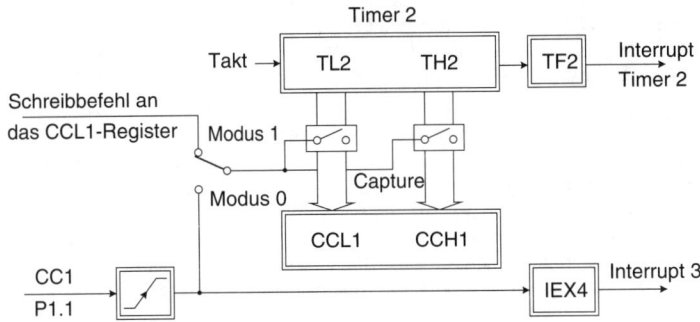

Bild 6-10. Timer 2 im Capture-Modus unter Benutzung des CC1-Registers

1-5. Der Watchdog-Timer des 80535

Als Schutz vor Software-Fehlern oder vor Hardware-Entgleisungen dient der Watchdog-Timer des 80535. Seine Aufgabe besteht darin, nach einem Überlauf nach 65 532 µs (bei 12 MHz) einen internen Hardware-Reset auszulösen, wenn er zuvor nicht durch die Software daran gehindert wurde. Solange das Programm in geordneten Bahnen verläuft, ist es kein Problem, den Inhalt des Watchdog-Timers von Zeit zu Zeit zu löschen. Tritt aber ein Software-Fehler auf, wenn z.b. das Programm in eine Endlosschleife mit nie erfüllbarer Bedingung gerät, rüttelt der Watchdog-Timer den Controller aus seinem Dornröschenschlaf wach. Ähnliche Probleme können bei elektromagnetischen Störungen auftreten, die eine falsche Adressierung des Speichers zur Folge haben. Hier kann die CPU fälschlicherweise eine Konstante als Befehl mit nicht absehbarer Konsequenz interpretieren. Fast immer ist der Programmablauf dann so durcheinander, daß der Watchdog-Timer nicht mehr gelöscht wird. Er läuft über und löst dabei einen internen Reset aus - das System fängt sich nach spätestens 65 ms wieder.
Der Watchdog-Timer ist ein 16-Bit Zähler, dessen Inhalt mit jedem Maschinenzyklus um eins vergrößert wird. Nach einem externen oder dem Einschaltreset ist der Zähler mit Nullen beschrieben und gestoppt. Gestartet wird der Watchdog-Timer durch Setzen des Bits Start Watchdog Timer SWDT im Interrupt Enable Register 1 IEN1. Ein Stoppen des Watchdog-

Timers ist danach nicht mehr möglich. Die einzige Manipulation, die an ihm noch möglich ist, ist das Rücksetzen auf den Wert 00 00 und das muß ständig innerhalb von 65 ms erfolgen. Das Löschen des Watchdog-Timers geschieht nicht durch einen einzigen Befehl, sondern durch eine Folge von zwei Befehlen, um das zufällige Rücksetzen auch bei einer Entgleisung zu verhindern. Zum Löschen des Watchdog-Timers muß zuerst das Bit WDT im Interrupt Enable Register 0 IEN0 gesetzt werden und mit dem folgenden Befehl das Bit Start Watchdog Timer SWDT im Interrupt Enable Register 1 IEN1. Das erste gesetzte Bit WDT wird mit dem dritten Befehl automatisch wieder gelöscht, so daß zwischen den beiden Löschanweisungen kein Pause auftreten darf. Es ist daher anzuraten, vor Ausführung beider Befehle jeglichen Interrupt zu sperren und ihn hinterher wieder aufzuheben.

Beispiel für das Löschen des Watchdog-Timers:

```
C2 AF    CLR    EAL      ;alle Interrupts sperren
D2 AE    SETB   WDT      ;erstes Bit setzen
D2 BE    SETB   SWDT     ;zweites Bit setzen
D2 AF    SETB   EAL      ;Interrupts wieder freigeben
```

Erfolgt das Rücksetzen des Watchdog-Timers nicht innerhalb der geforderten Zeit, wird vier Maschinenzyklen vor dem Überlauf, also beim Zählerstand FFFC, ein Reset ausgelöst. Dieser interne Reset unterscheidet sich von dem äußeren nur dadurch, daß der Watchdog-Timer nicht gestoppt wird. Gleichzeitig wird das Bit Watchdog Timer Status WDTS im Interrupt Prioritätsregister 0 IP0 gesetzt, um der CPU anzuzeigen, daß der Interrupt durch den Watchdog-Timer erfolgt ist. Beachten Sie insbesondere, daß alle Spezialfunktionsregister hierbei auf ihren Initialwert nach Tabelle 6-3. gesetzt werden (ausgenommen Register IP0, es hat den Wert 40).

1-6. Die Analog/Digital-Wandlung

Der integrierte A/D-Wandler tritt über die Anschlüsse AN0 bis AN7 mit der Außenwelt in Kontakt. Der 80535 besitzt nicht acht A/D-Wandler, sondern nur einen. Über einen Multiplexer wird jeweils ein Analogeingang mit dem A/D-Wandler verbunden. Drei Register im Inneren ermöglichen die Zusammenarbeit der CPU mit dem A/D-Wandler, das sind: das A/D-Kontrollregister ADCON für die Steuerung des A/D-Konverters und des Multiplexers, das A/D-Datenregister, in dem die gewandelten Daten stehen, und das D/A-Programmregister DAPR für die Programmierung der Vergleichsspannungen. Der A/D-Wandler verfügt über einen Sample & Hold-Kreis und bietet die Möglichkeit, Referenzspannungen zu programmieren. Für die Konversion wird die Methode der sukzessiven Approximation verwendet.

Die Kontrolle über den A/D-Konverter übt das A/D-Kontrollregister ADCON aus. Es wählt durch Beschreiben des Multiplexers den gewünschten Eingang aus, gestattet eine Einzelmessung oder einen kontinuierlichen Meßvorgang und zeigt an, ob der Konvertierungsvorgang beendet ist. Darüber hinaus besitzt das Register zwei Bits, die in anderen Registern keine Aufnahme gefunden haben und die mit der A/D-Wandlung nichts zu tun haben; es sind das Baudraten-Bit und das Bit für die Ausgabe des Sytemtaktes.

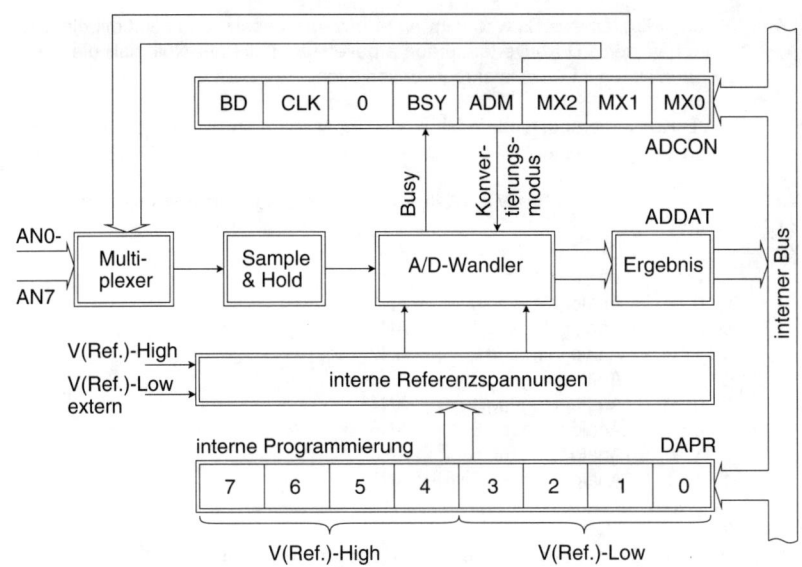

Bild 6-11. Der A/D-Wandler im 80535

Das A/D-Kontrollregister:
Register D8, ADCON (bitadressierbar):

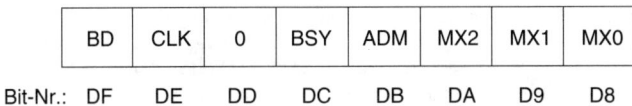

BD	CLK	0	BSY	ADM	MX2	MX1	MX0

Bit-Nr.: DF   DE   DD   DC   DB   DA   D9   D8

Symbol	Funktion
BD	Baud Rate. Wenn es gesetzt ist, stammt die Baudrate des seriellen Ports in Modus 1 und Modus 3 (Seite 1-48) aus dem internen Baudratengenerator.
CLK	Systemtaktfreigabe. Durch Beschreiben mit einer Eins wird ein Rechtecksignal mit 1/12 der Oszillatorfrequenz am Ausgang CLKOUT (Pin P1.6) ausgegeben. Eine Null sperrt diese Ausgabe.
0	Keine Funktion. Muß immer Null bleiben.

BSY Busy Flag. Dieses Bit wird vom A/D-Konverter gesetzt und zeigt mit einer Eins an, daß der A/D-Konverter gerade arbeitet, und mit einer Null, daß die konvertierten Daten im A/D-Datenregister vorliegen.

ADM A/D-Konvertierungsmodus. Mit einer Eins wählt man eine kontinuierliche Konvertierung, mit einer Null eine Einzelkonvertierung.

MX0, MX1, MX2: Mit den Bits MX (Multiplex) erfolgt die Auswahl des Analogeingangs.

MX2	MX1	MX0	Gewählter Eingang	Pin
0	0	0	Analogeingang 0	AN0
0	0	1	Analogeingang 1	AN1
0	1	0	Analogeingang 2	AN2
0	1	1	Analogeingang 3	AN3
1	0	0	Analogeingang 4	AN4
1	0	1	Analogeingang 5	AN5
1	1	0	Analogeingang 6	AN6
1	1	1	Analogeingang 7	AN7

Das Ergebnis der A/D-Konvertierung steht im A/D-Datenregister ADDAT. Die Daten bleiben darin so lange, bis sie von einem neuen Meßergebnis überschrieben werden. Ein Konvertierungsvorgang dauert 14 Maschinenzyklen, so daß die Daten dort erst im fünfzehnten Maschinenzyklus gelesen werden können. Das A/D-Datenregister ADDAT ist ein gewöhnlicher RAM-Speicherplatz der auch beschrieben werden kann. Nur ist eine Beschreibung während einer A/D-Wandlung ein unsinniger Vorgang. Wenn der A/D-Konverter allerdings nicht benutzt wird, kann man es als einen zusätzlichen Speicherplatz verwenden.
Das D/A-Programmregister DAPR gestattet die Programmierung der internen Referenzspannung in Schritten von 1/16 bezüglich der extern anliegenden Spannung V_{Ref} und V_{GND}. Die Bits 0 bis 3 beziehen sich auf V_{GND}, die Bits 4 bis 7 auf V_{Ref}. Für eine sichere Arbeitsweise des A/D-Konverters ist es wichtig, daß die programmierte positive Referenzspannung mindestens um 1 Volt höher liegt als die negative Spannung. D.h. bei der extern anliegenden Spannung von $V_{Ref} = 5V$ und $V_{GND} = 0V$ muß die Differenz der beiden im D/A-Programmregister DAPR eingetragenen Werte mindesten Vier betragen, denn 5V : 16 = 0,3125V. Bei einer kleineren externen Spannung V_{Ref} wird diese Differenz größer. Die effektiven am A/D-Wandler anliegenden Spannungen lassen sich durch die nachstehenden Beziehungen errechnen:

$$V_{GND}(int.) = V_{GND}(ext.) + \frac{DAPR(0\text{-}3)}{16} \cdot [V_{Ref}(ext.) - V_{GND}(ext.)]$$

mit DAPR(0-3) $\neq$ 0 und DAPR(0-3) < 13.

$$V_{Ref}(int.) = V_{GND}(ext.) + \frac{DAPR(4\text{-}7)}{16} \cdot [V_{Ref}(ext.) - V_{GND}(ext.)]$$

mit DAPR(4-7) > 3.

Ist ein Wert DAPR(0-3) bzw. DAPR(4-7) Null, dann ist die interne Vergleichsspannung gleich V_{Ref}(ext.) bzw. V_{GND}(ext.). Übersteigt die Spannung des Analogsignals die interne positive Referenzspannung, wird der Wert FF geliefert; wird die interne negative Referenzspannung unterschritten, ist das Ergebnis 00.

Das D/A-Programmregister:
Register DA, DAPR:

Digitaler Faktor für V_{Ref}(int.) | Digitaler Faktor für V_{GND}(int.)

7	6	5	4	3	2	1	0

	V_{Ref}(int.)		V_{GND}(int.)
0000	5,0 V	0000	0,0 V
0001	-	0001	0,3125 V
0010	-	0010	0,625 V
0011	-	0011	0,9375 V
0100	1,25 V	0100	1,25 V
0101	1,5625 V	0101	1,5625 V
0110	1,875 V	0110	1,875 V
0111	2,1875 V	0111	2,1875 V
1000	2,5 V	1000	2,5 V
1001	2,8125 V	1001	2,8125 V
1010	3,125 V	1010	3,125 V
1011	3,4375 V	1011	3,4375 V
1100	3,75 V	1100	3,75 V
1101	4,0625 V	1101	-
1110	4,375 V	1110	-
1111	4,6875 V	1111	-

Vorstehende Spannungswerte gelten für externe Referenzspannungen von +5V und Masse. Werte, die durch einen Strich ersetzt sind, sind nicht zulässig. Beachten Sie, daß die interne Spannungsdifferenz nie kleiner als 1V werden darf.

Der Start für eine A/D-Wandlung ist ein Schreibbefehl in das D/A-Programmregister DAPR, z.B. MOV DAPR,#00. Auch eine laufende Wandlung wird dabei unterbrochen und neugestartet. Dabei wird das Bit BSY im A/D-Kontrollregister ADCON gesetzt. Die Konvertierung beginnt erst im folgenden Maschinenzyklus. Wenn das D/A-Programmregister DAPR nur mit Nullen beschrieben wird, was bedeutet, daß keine interne Referenzspannung benötigt wird, dauert eine Konvertierung 15 Maschinenzyklen (15 μs bei 12 MHz). Unterscheidet sich der digitale Faktor für V_{Ref}(int.) bzw. für V_{GND}(int.) von Null, so müssen jeweils sieben Maschinenzyklen (7 μs) hinzugerechnet werden. Wird also nur eine interne Referenzspannung programmiert, dauert der Vorgang 22 Maschinenzyklen, werden beide programmiert, werden 29 Maschinenzyklen benötigt.

Nach dem Start der Konvertierung wird das zu messende Analogsignal nach einem Zeitraum von fünf Maschinenzyklen intern gespeichert. Die Signalquelle muß hierbei stark genug sein, daß sie in dieser Zeit die 25 pF Last der internen Sample & Hold Schaltung vollständig laden kann. Daraufhin wird der gespeicherte Analogwert vom 6. bis zum 15. Maschinenzyklus konvertiert. Danach wird das Ergebnis in das A/D-Datenregister ADDAT geschrieben, das Bit BSY gelöscht und das Bit für die A/D-Interruptanforderung IADC im Interruptkontrollregister IRCON gesetzt. Wenn der kontinuierliche Konvertierungsmodus gewählt wurde, wird nun mit der nächsten Wandlung begonnen.

Das folgende Beispielprogramm zeigt eine typische Befehlsfolge für eine kontinuierliche A/D-Wandlung. Im A/D-Kontrollregister ADCON wird der Analog-Eingang 7 gewählt und der kontinuierliche Konvertierungsmodus eingestellt. Am Eingang AN7 befindet sich ein Potentiometer als Spannungsteilerschaltung. Durch Drehen am Poti kann man so verschiedene Spannungswerte erzeugen. Der gewandelte Analogwert wird als digitale Information an Port 4 weitergereicht, wo er über eine LED-Reihe binär zur Anzeige kommt.

```
0000  75  D8  0F      MOV    ADCON,#0000 1111    ;AN7 wählen
0003  C2  C0          CLR    IRCON.IADC          ;Interruptbit löschen
0005  D2  B8          SETB   IEN1.EADC           ;A/D-Interrupt freigeben
0007  D2  AF          SETB   IEN0.EAL            ;globale Freigabe
0009  75  DA  00      MOV    DAPR,#00            ;Wandlung starten
000C  80  FE          SJMP   C
A/D-Interruptvektor:
0043  C2  C0          CLR    IRCON.IADC          ;Interruptbit löschen
0045  85  D9  E8      MOV    Port4,ADDAT         ;Daten lesen
0048  32             RETI
```

Der Vorteil der internen Referenzspannungsprogrammierung wird besonders in solchen Fällen deutlich, wenn mehrere Signale auf verschiedenen Pegeln und an verschiedenen Eingängen zu messen sind. In diesem Fall ist es nicht möglich, die externe Referenzspannung jedem Signal anzupassen. Das muß nun per Software im D/A-Programmregister DAPR geschehen. Bild 6-12. zeigt die Verhältnisse an drei Beispielen.

Eine zweiter Vorteil der internen Referenzspannungsprogrammierung liegt in der Fähigkeit, die Meßgenauigkeit mit einer zweiten Wandlung zu vergrößern. Der Controller macht eine erste Messung und stellt dann die Referenzspannung symmetrisch zum ersten Meßwert mit einer Spannungsdifferenz von ca. 1,25 V ein. Der nun erhaltene Meßwert ist wesentlich genauer als der erste. Bild 6-13. zeigt dieses Verfahren.

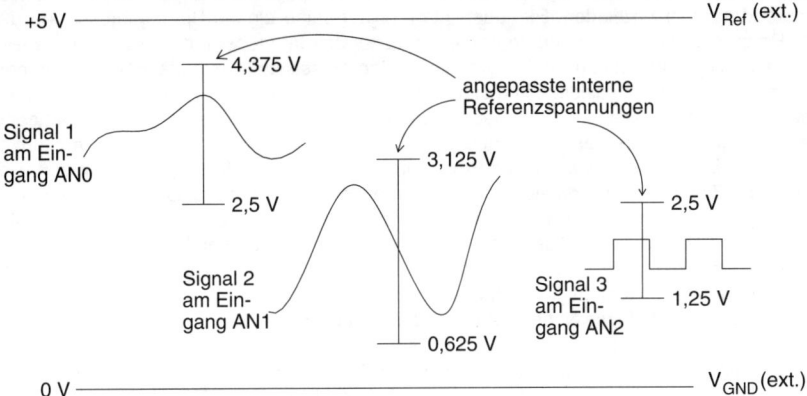

Bild 6-12. Anpassung der internen Referenzspannung an unterschiedliche Eingangssignale

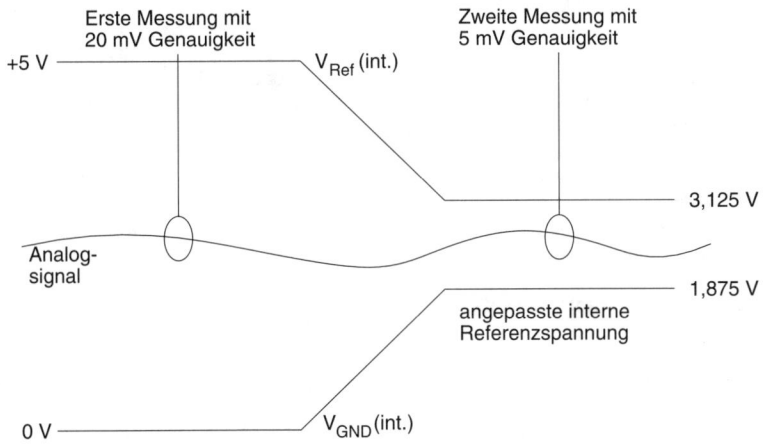

Bild 6-13. Vergrößerung der Auflösung durch eine zweite Messung

1-7. Die Interruptstruktur des 80535

Im 80535 erleichtern zwölf Interrupts die Arbeit und erhöhen die Effektivität des Controllers. Somit stehen sieben Interruptquellen mehr zur Verfügung als im 8031. Um Ordnung in diese Vielzahl zu bringen, wurden die Interruptebenen von zwei auf vier angehoben. Manche dieser Interrupts haben nur eine Quelle, andere können von zwei verschiedenen Ereignissen aktiviert werden. Diese Interrupt auslösenden Bits löschen sich beim Sprung in die Interruptroutine nicht automatisch, da man die Bits ja noch benötigt, um die genaue Herkunft der Anforderung herauszufinden. Ein jeder Interrupt hat seine eigene Sprungadresse, an der das Programm bei der Aktivierung des entsprechenden Interrupts fortgesetzt wird. Tabelle 6-4. zeigt alle Interrupts im 80535, gibt die Vektoradresse an, nennt die Bits, die den entsprechenden Interrupt auslösen und sagt, wo sie zu finden sind. Da alle Bits Bestandteil der Spezialfunktionsregister sind, kann jedes von ihnen per Software gesetzt werden mit demselben Effekt, als wäre das zugehörige Ereignis vorausgegangen. Dadurch können zumindest in der Entwicklungsphase eines Programms die Interruptroutinen getestet werden. Hat sich in der Zeit zwischen Anmeldung des Interrupts bis zu dessen Ausführung das Problem bereits gelöst, kann das interruptauslösende Bit auch gelöscht werden, und der Interrupt wird nicht mehr ausgeführt. Eine Ausnahme bilden die beiden Bits IE0 und IE1, wenn der externe Interrupt durch einen Pegel und nicht durch eine Flanke angefordert wird. Zum Setzen der Bits darf man dann nicht die Bits IE0 und IE1 beschreiben, sondern muß die Pins P3.2 und P3.3 per Befehl auf Masse ziehen (CLR P3.2 und CLR P3.3).

Name	Vektor	auslösende Bits	Bestandteil von
Externer Interrupt 0	0003	IE0	TCON
Timer 0 Interrupt	000B	TF0	TCON
Externer Interrupt 1	0013	IE1	TCON
Timer 1 Interrupt	001B	TF1	TCON
Serieller Port Interrupt	0023	RI oder TI	SCON
Timer 2 Interrupt	002B	TF2 oder EXF2	IRCON
A/D-Wandler Interrupt	0043	IADC	IRCON
Externer Interrupt 2	004B	IEX2	IRCON
Externer Interrupt 3	0053	IEX3	IRCON
Externer Interrupt 4	005B	IEX4	IRCON
Externer Interrupt 5	0063	IEX5	IRCON
Externer Interrupt 6	006B	IEX6	IRCON

Tabelle 6-4. Die Interrupts im 80535

Die ersten Interrupts sind mit denen im 8031 identisch und sind im Kapitel 1-12. beschrieben, ebenso die Zeittaktsteuerung.

Der Timer 2 Interrupt wird entweder vom Bit TF2 oder EXF2 im Interruptkontrollregister IRCON ausgelöst. Beim Sprung in die Interruptroutinen wird weder das Bit TF2 noch das Bit EXF2 gelöscht, das muß durch einen Software-Befehl erfolgen.

Der A/D-Wandler Interrupt wird durch das Bit IADC im Interruptkontrollregister IRCON erzeugt. Es wird im 15., 22. oder 29. Maschinenzyklus - abhängig von der Programmierung der internen Referenzspannung - nach dem Start der A/D-Wandlung gesetzt. Bei einer kontinuierlichen Wandlung wird es am Ende einer jeden Wandlung gesetzt. Auch dieses Bit löscht sich beim Sprung in die Interruptroutine nicht von selbst; das muß durch die Software erfolgen.

Der externe Interrupt 2 kann entweder negativ oder positiv flankengetriggert am Eingang INT2 (Pin P1.4) ausgelöst werden. Die Auswahl trifft das Bit I2FR im Timer 2 Kontrollregister

T2CON. Durch diese Flanke wird das Bit IEX2 im Interruptkontrollregister IRCON gesetzt. Beim Sprung in die Interruptroutine wird dieses Bit durch die Hardware gelöscht, ein Software-Befehl ist dazu nicht notwendig.
In gleicher Weise wie der externe Interrupt 2 kann auch der externe Interrupt 3 (Pin P1.0) positiv oder negativ flankengetriggert programmiert werden. Das geschieht mit dem Bit I3FR im Timer 2 Kontrollregister. Das Bit, das durch diesen Interrupt gesetzt wird, heißt IEX3 und befindet sich im Interruptkontrollregister IRCON. Außerdem wird das Bit IEX3 auch durch einen Compare-Vorgang bei Gleichheit des Compare/Reload/Capture-Registers mit Timer 2 gesetzt, unabhängig von der Wahl des Compare-Modus. Beim Sprung in die Interruptroutine wird dieses Bit durch die Hardware gelöscht, ein Software-Befehl ist dazu nicht notwendig.
Die externen Interrupts 4 (Pin P1.1), 5 (Pin P1.2) und 6 (Pin P1.3) können nur mit einer positiven Flanke ausgelöst werden. Die zugehörigen Bits im Interruptkontrollregister IRCON sind IEX4, IEX5 und IEX6. Auch diese Bits werden bei einem Compare-Vorgang bei Gleichheit der Compare/Capture-Register mit Timer 2 gesetzt, unabhängig von der Wahl des Compare-Modus. Beim Sprung in die Interruptroutine werden diese Bits durch die Hardware gelöscht, ein Software-Befehl ist dazu nicht notwendig.

Das Interruptkontrollregister:
Register C0, IRCON (bitadressierbar):

EXF2	TF2R	IEX6	IEX5	IEX4	IEX3	IEX2	IADC

Bit-Nr.: C7   C6   C5   C4   C3   C2   C1   C0

Symbol	Funktion
EXF2	Timer 2 externes Reload-Flag. Im Timer 2 Reload-Betrieb wird es gesetzt, wenn ein Reload durch eine negative Flanke am Pin T2EX ausgelöst wird und das Bit EXEN2 gesetzt ist. Außerhalb des Reload-Betriebs kann es als zusätzlicher externer Interrupt 2 verwendet werden. Beim Sprung in die Interruptroutine wird es nicht automatisch gelöscht; das muß per Software-Befehl erfolgen: CLR EXF2.
TF2	Timer 2 Überlauf. Es wird beim Überlauf von Timer 2 gesetzt. Beim Sprung in die Interruptroutine wird es nicht automatisch gelöscht; das muß per Software-Befehl erfolgen: CLR TF2.
IEX6	Externer Interrupt 6. Im Compare-Betrieb wird es gesetzt, wenn Gleichheit zwischen dem Inhalt von Timer 2 und dem Compare/Capture-Register 3 CC3 festgestellt wird. Außerhalb des Compare-Betriebs kann es als zusätzlicher externer Interrupt 6 (Pin P1.3) verwendet werden. Es wird beim Sprung in die Interruptroutine automatisch gelöscht.
IEX5	Externer Interrupt 5. Im Compare-Betrieb wird es gesetzt, wenn Gleichheit zwischen dem Inhalt von Timer 2 und dem Compare/Capture-Register 2 CC2 fest-

gestellt wird. Außerhalb des Compare-Betriebs kann es als zusätzlicher externer Interrupt 5 (Pin P1.2) verwendet werden. Es wird beim Sprung in die Interruptroutine automatisch gelöscht.

IEX4   Externer Interrupt 4. Im Compare-Betrieb wird es gesetzt, wenn Gleichheit zwischen dem Inhalt von Timer 2 und dem Compare/Capture-Register 1 CC1 festgestellt wird. Außerhalb des Compare-Betriebs kann es als zusätzlicher externer Interrupt 4 (Pin P1.1) verwendet werden. Es wird beim Sprung in die Interruptroutine automatisch gelöscht.

IEX3   Externer Interrupt 3. Im Compare-Betrieb wird es gesetzt, wenn Gleichheit zwischen dem Inhalt von Timer 2 und dem Compare/Capture-Register 0 CC0 festgestellt wird. Außerhalb des Compare-Betriebs kann es als zusätzlicher externer Interrupt 3 (Pin P1.0) verwendet werden. Es wird beim Sprung in die Interruptroutine automatisch gelöscht.

IEX2   Externer Interrupt 2. Es wird durch die Hardware gesetzt, wenn am Eingang $\overline{\text{INT2}}$ (Pin P1.4) eine Interruptflanke erkannt wird. Es wird beim Sprung in die Interruptroutine automatisch gelöscht.

IADC   A/D-Konverter Interrupt. Am Ende einer A/D-Wandlung wird dieses Bit gesetzt. Beim Sprung in die Interruptroutine wird es nicht automatisch gelöscht; das muß per Software-Befehl erfolgen: CLR IADC.

Durch die beiden Interruptfreigaberegister IEN0 und IEN1 wird die Ausführung der Interrupts gesteuert. Alle Bits darin sind high-aktiv, d.h. beschrieben mit einer Eins ist der betreffende Interrupt freigegeben und gelöscht ist der Interrupt gesperrt. Zwei Bits darin haben nicht direkt etwas mit Interrupts zu tun: es sind die Bits, die den Watchdog-Timer rücksetzen. Ihre Aufgabe ist es, einen Reset zu verhindern. Das Register IEN0 wird im 8031 IE genannt (Seite 1-61) und ist in seiner Funktion um zwei Bits erweitert worden. Die Bezeichnung der Bits ist bis auf die globale Interruptfreigabe EA, die nun mit EAL bezeichnet wird, gleich geblieben. Das Register IEN1 liegt an der Adresse B8, an der im 8031 das Interruptprioritätsregister IP zu finden ist. Software, die dieses Register benutzt, liefert auf beiden Kontrollern unterschiedliche Ergebnisse und ist daher nicht austauschbar. Insofern ist der 80535 nicht abwärtskompatibel zum 8031. Es dürften allerdings nur kleine Umschreibungen nötig sein, wenn Programme, die mit einem Makroassembler für den 8031 geschrieben wurden, nun für den 80535 compiliert werden sollen. Für den 8031 Controller compilierte Programme sind jedoch auf dem 80535 nur bedingt lauffähig.

Das Interrupt Enable Register 0:
Register A8, IEN0 (bitadressierbar):

EAL	WDT	ET2	ES	ET1	EX1	ET0	EX0

Bit-Nr.:　AF　　AE　　AD　　AC　　AB　　AA　　A9　　A8

Symbol　Funktion

EAL　　Enable All Interrupts. Ist EAL = 0, ist jeglicher Interrupt gesperrt. Ist EAL = 1, können nur die Interrupts ausgeführt werden, deren Bits in den Registern IEN0 und IEN1 gesetzt sind.

WDT　　Watchdog Timer Reset. Um den Watchdog-Timer auf Null zu setzen, muß dieses Bit auf Eins gesetzt werden und im Folgebefehl das Bit SWDT im Register IEN1. Ein dritter Befehl löscht dieses Bit automatisch.

ET2　　Enable Timer 2 Interrupt. Gesetzt ermöglicht es den Interrupt bei Überlauf des Timer 2 oder beim Auftreten eines externen Reload-Signals.

ES　　Enable Serial Port Interrupt. Gesetzt können die Bits TI oder RI einen Interrupt auslösen.

ET1　　Enable Timer 1 Interrupt. Gesetzt führt ein Überlauf des Timer 1 zu einem Interrupt.

EX1　　Enable External Interrupt 1. Gesetzt führt Low-Pegel oder eine negative Flanke am INT1-Pin zu einem Interrupt.

ET0　　Enable Timer 0 Interrupt. Gesetzt führt ein Überlauf des Timer 0 zu einem Interrupt.

EX0　　Enable External Interrupt 0. Gesetzt führt Low-Pegel oder eine negative Flanke am INT0-Pin zu einem Interrupt.

Das Interrupt Enable Register 1:
Register B8, IEN1 (bitadressierbar):

EXEN2	SWDT	EX6	EX5	EX4	EX3	EX2	EADC

Bit-Nr.:   BF   BE   BD   BC   BB   BA   B9   B8

Symbol	Funktion
EXEN2	Enable External Timer 2 Interrupt. Es gibt einen Interrupt frei, wenn am Eingang T2EX (Pin P1.5) ein Reload-Impuls auftritt. Ist das Bit gelöscht, sperrt es lediglich den Interrupt, nicht aber den Reload-Vorgang.
SWDT	Watchdog Timer Start. Durch Setzen des Bits wird der Watchdog-Timer gestartet. Um ihn auf Null zu setzen, muß dieses Bit als Folgebefehl nach dem Setzen des Bits WDT auf Eins gesetzt werden.
EX6	Enable External Interrupt 6. Gesetzt gestattet es den Interrupt, wenn am Pin P1.3 eine negative Flanke auftritt. Das ist der Fall bei einer externen Interruptanforderung, bei einem Capture-Impuls oder im Compare-Modus bei Ausgabe eines Compare-Signals.
EX5	Enable External Interrupt 5. Gesetzt gestattet es den Interrupt, wenn am Pin P1.2 eine negative Flanke auftritt. Das ist der Fall bei einer externen Interruptanforderung, bei einem Capture-Impuls oder im Compare-Modus bei Ausgabe eines Compare-Signals.
EX4	Enable External Interrupt 4. Gesetzt gestattet es den Interrupt, wenn am Pin P1.1 eine negative Flanke auftritt. Das ist der Fall bei einer externen Interruptanforderung, bei einem Capture-Impuls oder im Compare-Modus bei Ausgabe eines Compare-Signals.
EX3	Enable External Interrupt 3. Gesetzt gestattet es den Interrupt, wenn am Pin P1.0 eine negative Flanke auftritt. Das ist der Fall bei einer externen Interruptanforderung, bei einem Capture-Impuls oder im Compare-Modus bei Ausgabe eines Compare-Signals.
EX2	Enable External Interrupt 2. Gesetzt führt Low-Pegel oder eine negative Flanke am Eingang INT2 (Pin P1.4) zu einem Interrupt.
EADC	Enable A/D Converter Interrupt. Gesetzt ist der Interrupt nach einer A/D-Wandlung gestattet.

Interruptprioritäten:

Der 8031 besitzt zwei Prioritätsebenen, der 80535 vier. Während man für zwei Ebenen mit einem Bit auskommt (Ebene 0: Bit = 0, Ebene 1: Bit = 1), sind für vier Ebenen zwei Bits notwendig. Für zwölf Interruptquellen wären daher 24 Bits für die Prioritätsfestlegung nötig. Der 80535 stellt aber nur 12 Bits für diesen Zweck zur Verfügung. Davon finden sich jeweils sechs in den Interruptprioritätsregistern IP0 und IP1. Das Interruptprioritätsregister IP0 liegt an der Adresse A9, das Interruptprioritätsregister IP1 an der Adresse B9. Somit sind beide Register nicht bitadressierbar. Das Interruptprioritätsregister IP im 8031 besitzt die Adresse B8, ein Platz, der im 80535 vom Interrupt Enable Register 1 IEN1 in Anspruch genommen wird, und ist bitadressierbar. Programme, die für den 8031 geschrieben wurden und die die Interruptpriorität benutzen, sind auf dem 80535 nicht lauffähig - eine bedauernswerte Inkompatibilität.

Um mit zwölf Bits zwölf Interruptquellen vier Ebenen zuzuweisen, muß man jeweils zwei Interruptquellen zu einem Paar zusammenfassen und dieses Paar gemeinsam auf eine Ebene stellen. Paare werden nach Tabelle 6-4. gebildet, indem der erste Interrupt mit dem siebten, der zweite mit dem achten, der dritte mit dem neunten etc. zusammengefaßt wird. Stellt man also Interrupt 2 (Timer 0) auf Ebene 3, dann ist auch Interrupt 8 (Externer Interrupt 2) auf Ebene 3.

Interruptpaare	Prioritätsbits
Externer Interrupt 0 - A/D-Konverter Interrupt	IP1.0 IP0.0
Interrupt Timer 0 - Externer Interrupt 2	IP1.1 IP0.1
Externer Interrupt 1 - Externer Interrupt 3	IP1.2 IP0.2
Interrupt Timer 1 - Externer Interrupt 4	IP1.3 IP0.3
Serieller Port Interrupt - Externer Interrupt 5	IP1.4 IP0.4
Interrupt Timer 2 - Externer Interrupt 6	IP1.5 IP0.5

Tabelle 6-5. Interruptpaare und Bits zur Prioritätswahl

Die Prioritätsbits P1.0 bis P1.5 bzw. P0.0 bis P0.5 finden sich im Interruptprioritätsregister IP1 bzw. IP0. Ihr Inhalt ist nachstehend gezeigt. Das sechste Bit in IP0 heißt Watchdog Timer Status WDTS, hat keinen Einfluß auf Interruptprioritäten und wird gesetzt, wenn der Watchdog-Timer einen Reset verursacht hat. Bei einem externen Reset wird dieses Bit gelöscht. An diesem Bit ist also die Unterscheidung zwischen einem externen Reset und einem Watchdog Timer Reset möglich.

Das Interruptprioritätsregister 0:
Register A9, IP0:

—	WDTS	IP0.5	IP0.4	IP0.3	IP0.2	IP0.1	IP0.0

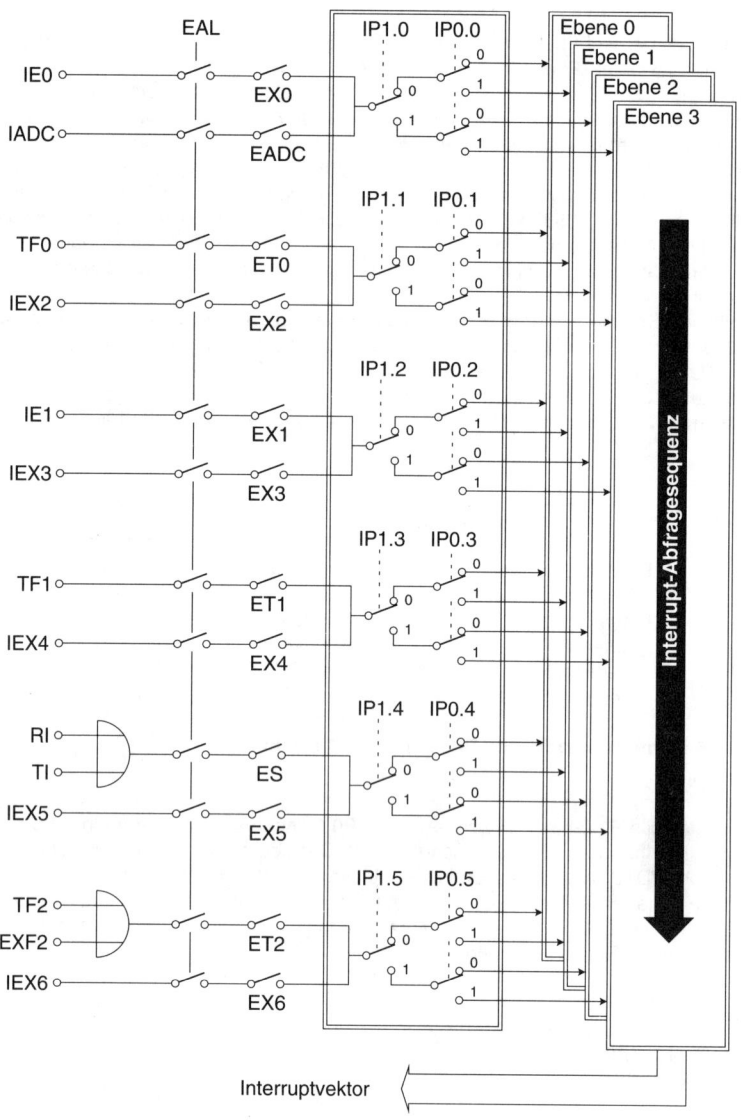

Bild 6-14. Die Struktur der Prioritätsebenen

Mikrocontroller Kochbuch

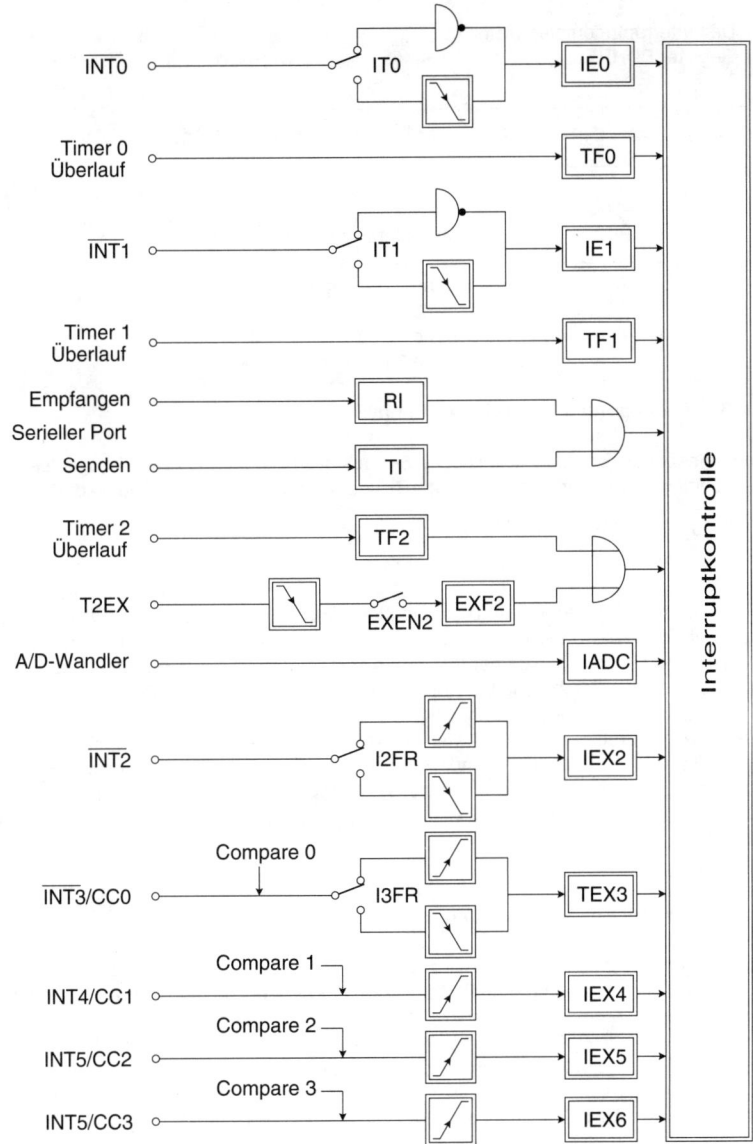

Bild 6-15. Die Interruptquellen im 80535

Das Interruptprioritätsregister 1:
Register B9, IP1:

—	—	IP1.5	IP1.4	IP1.3	IP1.2	IP1.1	IP1.0

IP1.n	IP0.n	(n = Nummer des Interruptpaares; n = 0-5)
0	0	Prioritätsebene 0 (niedrigste Ebene)
0	1	Prioritätsebene 1
1	0	Prioritätsebene 2
1	1	Prioritätsebene 3 (höchste Ebene)

Tabelle 6-6. Festlegung der Prioritätsebenen

Die Prioritätsebenen werden nach Tabelle 6-6. festgelegt, indem jeweils ein paralleles Bitpaar aus beiden Interruptprioritätsregistern IP1 und IP0 genommen wird. Die beiden Befehle

    MOV   IP1,#0000 1100
    MOV   IP0,#0000 1010

haben zur Folge, daß Interruptpaar 0 die niedrigste Ebene, Paar 1 die erste Ebene, Paar 2 die zweite Ebene, Paar 3 die höchste Ebene und die Paare 4 und 5 die niedrigste Ebene zugewiesen bekommen. Ein externer Interrupt 4 kann also eine Interruptroutine des Timer 0 unterbrechen, ebenso der externe Interrupt 1 den externen Interrupt 5, etc.
Treten Interrupts eines Paares gleichzeitig auf, dann wird der in der Tabelle 6-5. links stehende Interrupt zuerst ausgeführt. Treten Interrupts in einer Ebene gleichzeitig auf, dann wird der in Tabelle 6-5. höher stehende Interrupt zuerst ausgeführt. Erscheinen beispielsweise der externe Interrupt 4 und der serielle Interrupt zur gleichen Zeit und befinden sie sich auf derselben Ebene, dann wird zuerst der externe Interrupt 4 vor dem seriellen Interrupt ausgeführt.

1-8. Datenerhalt bei Spannungsabfall

Bei Spannungsabfall lassen sich 40 Bytes des internen RAMs über eine externe Batterie sichern. Es sind die Adressen 58 bis 7F. Der Strom, der hierbei von der externen Spannungsquelle benötigt wird, beträgt in der Regel 1 mA, überschreitet jedoch 3 mA nie.
Solange die positive Betriebsspannung des Bausteins 80535 größer ist als die Spannung am Pin V_{PD}, erhalten die 40 Bytes ihren Strom vom Chip, d.h. in der Regel kann man den Anschluß V_{PD} an Masse legen. Wenn die Spannung am Eingang V_{PD} größer ist als die positive Betriebsspannung, werden diese 40 Bytes über den Eingang V_{PD} mit Strom versorgt.
In der Praxis sieht die Verwendung dieser Eigenschaft nicht so einfach aus, wie es auf den ersten Blick erscheint, denn es ist für deren Nutzung ein zusätzlicher Software- und ein zusätzlicher Hardware-Aufwand erforderlich. Die Software muß über eine Hardware-Erweiterung beispielsweise im Netzteil feststellen, daß ein Stromausfall erfolgt, und einen Interrupt

auslösen, der die CPU veranlaßt, in der noch verbleibenden Zeit die wichtigsten Daten in den 40-Byte Bereich zu kopieren. Als zweites muß sie ebenfalls über eine zusätzliche Hardware die Spannung der Batterie am Eingang V_{PD} freischalten. Im dritten Schritt muß sie einen Reset ausführen, bevor die positive Betriebsspannung unter ihren Arbeitsbereich abgefallen ist. In die Resetroutine ist eine lange Warteschleife einzufügen, die von einer Befehlssequenz gefolgt wird, die die Batterie wieder abschaltet. Das ist wichtig, damit zum einen bei Spannungsabfall die Batterie nicht zu früh wieder abgeschaltet wird und zum anderen, damit beim Wiedereinschalten der RAM-Bereich intern mit Strom versorgt werden kann.

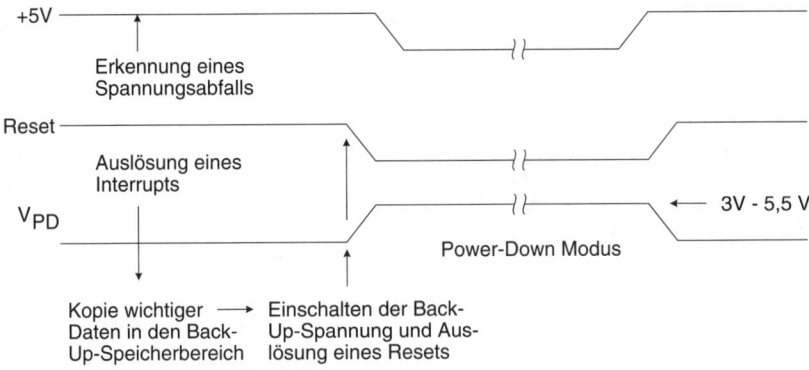

Bild 6-16. Zeiten für Reset und RAM-Backup bei Power Down

1-9. Ausgabe des Systemtakts

Wenn man den 80535 in einer Schaltung betreibt, die weitere Peripheriebausteine benutzt, kann man diesen Bausteinen am Ausgang CLKOUT (Pin P1.6) ein Taktsignal mit 1/12 der Oszillatorfrequenz zur Verfügung stellen. Das Tastverhältnis des Signals ist 1:6. Das wird ermöglicht durch Setzen des Bits CLK im A/D-Kontrollregister ADCON. Vergessen Sie nicht, den Pin zuvor auf Eins zu setzen. Streng genommen könnte man auch die Signale ALE oder $\overline{PSEN}$ dazu benutzen. Diese haben jedoch den Nachteil, daß sie pausieren, wenn der Controller auf ein externes RAM zugreift. Der Peripheriebaustein kann dadurch gestört oder in seiner Funktion beeinträchtigt werden.

2. Der 80C537

Die Anschlußbelegung des 80C537:

Der 80C537 ist eine logische und funktionelle Weiterentwicklung des Controllers 80535. Er verfügt über die gleichen Funktionen wie der 80535, die aber alle im 80C537 erweitert wurden, und ist somit abwärtskompatibel zum 80535, daher werden im folgenden nur seine neuen Eigenschaften besprochen. Der 80C537 besitzt kein internes ROM, der 80C517 hingegen ein ROM von 8K. Die Unterschiede zum 80535 werden bereits bei einem Blick auf die Anschlußbelegung des 80C537 sichtbar. Das Gehäuse besteht aus einer PLCC-Fassung mit 84 Anschlüssen (Bild 6-17.).

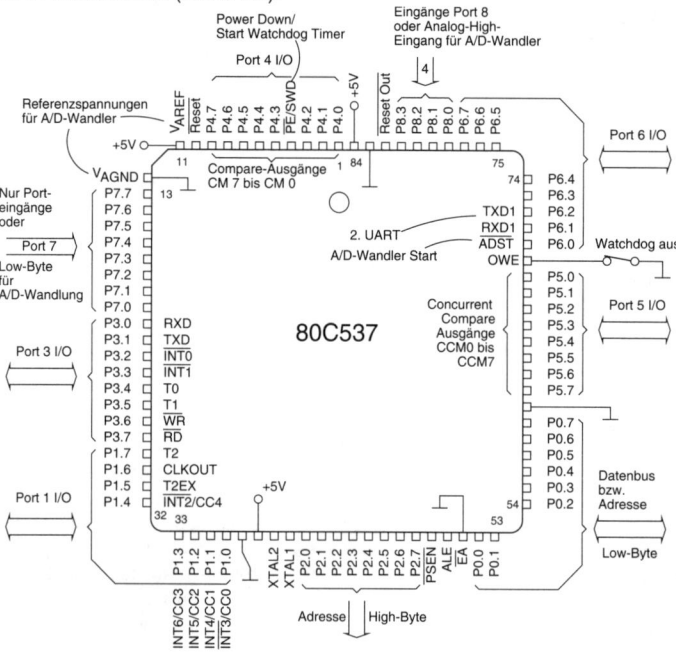

Bild 6-17. Die Anschlußbelegung des 80C537

Er weist Verbesserungen in den Compare/Capture-Modi auf, die ihn für Aufgaben geeignet machen, bei denen es besonders auf ein High-Speed Pulsbreitenmodulation ankommt. Die Zahl der gemultiplexten Eingänge für den A/D-Wandler wurde um vier auf zwölf vergrößert. Ein weiterer serieller Port wurde hinzugefügt. Die Zahl der Ports wurde auf neun erweitert, wobei zwei davon, da sie die Analogeingänge darstellen, lediglich als Eingänge zu benutzen sind. Die wichtigsten Funktionen des 80C537 sind auf dem Bild 6-17. zu erkennen.
Der Pin PE/SWD (Pin 4) hat eine zweifache Funktion. Die Abkürzung steht für Power Saving Mode Enable/Start Watchdog Timer. Wenn dieser Pin mit Masse verbunden ist, kann man den Baustein per Software in den Power Down-, Idle- und Slow Down-Modus versetzen.

Liegt dieser Anschluß bereits bei Reset an Masse, ist die Watchdog Timer-Funktion standardmäßig abgeschaltet. Ist er an Plus, startet der Watchdog-Timer unmittelbar nach einem Reset. Dieser Pin verfügt intern über einen Pull Up Widerstand, so daß er auch unbeschaltet bleiben kann, wenn die Watchdog Timer -Funktion gewünscht wird.

Eine ähnliche Aufgabe hat der Anschluß OWE (Pin 69). Die Abkürzung steht für Oscillator Watchdog Enable und macht deutlich, daß der Anschluß den Oszillator Watchdog steuert. High-Pegel an diesem Pin gibt den Oszillator frei. Wenn er mit Masse verbunden ist, ist diese Funktion abgeschaltet. Auch er kann unbeschaltet bleiben, da ihn ein interner Widerstand an Plus legt.

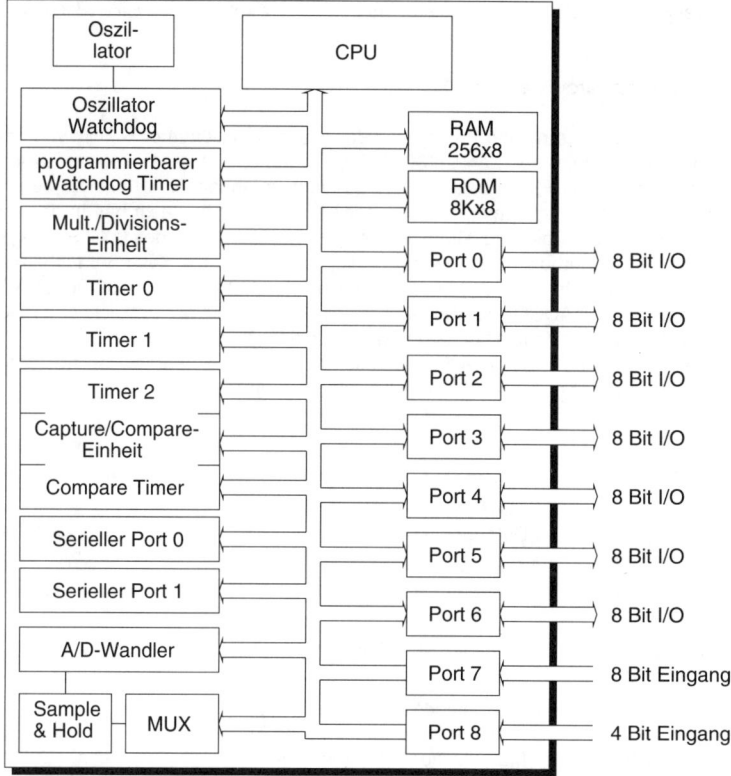

Bild 6-18. Das Blockdiagramm des 80C537

Erwähnenswert sind die Zweitfunktionen von Port 6. Pin 70 trägt die Bezeichnung A/D-Wandler Start ADST. Über ihn kann der interne A/D-Wandler gestartet werden, eines Softwarebefehls bedarf es dann nicht. Die Pins 71 und 72 bilden die zweite serielle Schnittstelle, die intern als 8- oder 9-Bit UART programmiert werden kann.

Darüber hinaus verfügt der 80C537 über interne Leistungssteigerungen, die sich in der Anschlußbelegung kaum äußern. Die Sicherheitsvorkehrungen gegen Fehlfunktionen wurden verbessert. So gibt es einen zweiten Watchdog-Timer, der den Oszillator überwacht. Er kann im 80C537 über den Pin Oscillator Watchdog Enable OWE extern aktiviert werden. Dieser Pin liegt intern über einen Pull Up an +5V. Legt man ihn extern an Masse, wird der Oszillator Watchdog Timer abgeschaltet. Damit verbunden ist ein Reset-Ausgang, über den der Watchdog Timer Reset an die Peripherie weitergegeben werden kann. Die Zahl der Interrupts wurde auf vierzehn bei vier Prioritätsebenen angehoben. Im Gegensatz zum 8031 besitzt der 80C537 acht Datenpointer zur Adressierung des externen Datenspeichers. Und als besondere Zugabe für eine rechenintensive Software gibt eine mathematische Einheit, die im Bereich der Spezialfunktionsregister angesiedelt ist, wesentliche Hilfe (Bild 6-18.).

Die Spezialfunktionsregister des 80C537:

Natürlich sind zur Steuerung und Versorgung der neuen Funktionen eine Fülle von Spezialfunktionsregistern nötig, deren Zahl im 80C537 so groß ist, daß kaum mehr freie Plätze im Adreßbereich von 80 bis FF bleiben. Im Falle der acht Datenpointer hat man an den Adressen 82/83 ein Fenster eingerichtet, durch das man Zugriff auf alle acht hat. In der nachfolgenden Aufstellung der Spezialfunktionsregister sind nur die neuen des 80C537 aufgeführt. Die vollständige Liste erhalten Sie, wenn Sie die Tabelle 6-3. auf Seite 6-8 mitbetrachten. Ein kleiner Unterschied ist doch vorhanden: Das Register A/D-Kontrolle ADCON an Adresse D8 wird im 80C537 mit ADCON0 bezeichnet, da ein weiteres mit der Bezeichnung ADCON1 hinzugekommen ist. Aus demselben Grund werden die Register SBUF und SCON in S0BUF und S0CON umbenannt. Da im 80535 bereits alle bitadressierbaren Register vergeben wurden, ist keines der neu hinzugekommenen bitadressierbar.

Adresse	Symbol	Name	Resetwert
92	DPSEL	CPU: Datenpointer Select	XXXX X000
DC	ADCON1	A/D-Wandler: Kontrolle 1 über A/D-Wandler	XXXX 0000
E1	CTCON	Interruptsystem: Kontroller über Compare-Timer	XXXX 0000
9A	IEN2	Interruptfreigabe 2	XXXX XX00
EF	ARCON	Multiplikations/Divisionseinheit: Kontrolle über arithmetische Funktionen	0XXX XXXX
E9	MD0	Multiplikations/Divisionsregister 0	XXXX XXXX
EA	MD1	Multiplikations/Divisionsregister 1	XXXX XXXX
EB	MD2	Multiplikations/Divisionsregister 2	XXXX XXXX
EC	MD3	Multiplikations/Divisionsregister 3	XXXX XXXX
ED	MD4	Multiplikations/Divisionsregister 4	XXXX XXXX
EE	MD5	Multiplikations/Divisionsregister 5	XXXX XXXX
C9	CC4EN	Compare/Capture-Einheit: Compare/Capture 4-Freigabe	0000 0000
CE	CCL4	Compare/Capture-Register 4 Low-Byte	0000 0000

CF	CCH4	Compare/Capture-Register 4 High-Byte	0000 0000
D2	CML0	Compare-Register 0 Low-Byte	0000 0000
D3	CMH0	Compare-Register 0 High-Byte	0000 0000
D4	CML1	Compare-Register 1 Low-Byte	0000 0000
D5	CMH1	Compare-Register 1 High-Byte	0000 0000
D6	CML2	Compare-Register 2 Low-Byte	0000 0000
D7	CMH2	Compare-Register 2 High-Byte	0000 0000
E2	CML3	Compare-Register 3 Low-Byte	0000 0000
E3	CMH3	Compare-Register 3 High-Byte	0000 0000
E4	CML4	Compare-Register 4 Low-Byte	0000 0000
E5	CMH4	Compare-Register 4 High-Byte	0000 0000
E6	CML5	Compare-Register 5 Low-Byte	0000 0000
E7	CMH5	Compare-Register 5 High-Byte	0000 0000
F2	CML6	Compare-Register 6 Low-Byte	0000 0000
F3	CMH6	Compare-Register 6 High-Byte	0000 0000
F4	CML7	Compare-Register 7 Low-Byte	0000 0000
F5	CMH7	Compare-Register 7 High-Byte	0000 0000
F6	CMEN	Compare-Freigabe	0000 0000
F7	CMSEL	Auswahl des Compare-Eingangs	0000 0000
DE	CTRELL	Compare Timer Reload-Register Low-Byte	0000 0000
DF	CTRELH	Compare Timer Reload-Register High-Byte	0000 0000
		Ports:	
FA	P6	Port 6	1111 1111
DB	P7	Port 7, acht Analogeingänge (low)	1111 1111
DD	P8	Port 8, vier Analogeingänge (high)	XXXX 1111
		Serieller Port:	
9B	S1CON	Kontrolle für seriellen Port 1	0X00 0000
9C	S1BUF	Puffer für seriellen Port 1	unbestimmt
9D	S1REL	Reload-Register für seriellen Port 1	0000 0000
		Watchdog Timer:	
86	WDTREL	Reload-Register für Watchdog-Timer	0000 0000

Tabelle 6-7. Die zusätzlichen Spezialfunktionsregister des 80C537

Die Datenpointer:

Ein Blick auf den Bereich der Spezialfunktionsregister zeigt, daß es im 80C537 nur einen Platz für den Datenpointer gibt. Der ist an den Adressen 82/83. Trotzdem verfügt der Baustein über acht Datenpointer, mit dessen Hilfe er den externen Datenspeicher adressieren kann. Neben dieser Funktion ist der Datenpointer auch als allgemeines Register interessant, da man auf ihn als einziges 16-Bit Register den Increment-Befehl anwenden kann.
Die verschiedenen Datenpointer erreicht man durch das Fenster an den Adressen 82/83. Die aktuelle Datenpointer-Auswahl wird mit dem Datenpointer Select Register DPSEL getroffen. Nach einem Reset steht in ihm der Wert 0, womit der erste Datenpointer gewählt ist. Beschreibt man das Register DPSEL mit dem Wert 3, hat man den vierten Datenpointer gewählt. Alle Befehle (MOV DPTR,#; MOVX; INC DPTR) beziehen sich immer auf den

---

durch das Register DPSEL ausgewählten Datenpointer. Um also alle Datenpointer zu beschreiben, ist das Register DPSEL mit den Werten 0 bis 7 zu versehen und die Daten jeweils an die Adressen 82/83 zu senden (Bild 6-19.).

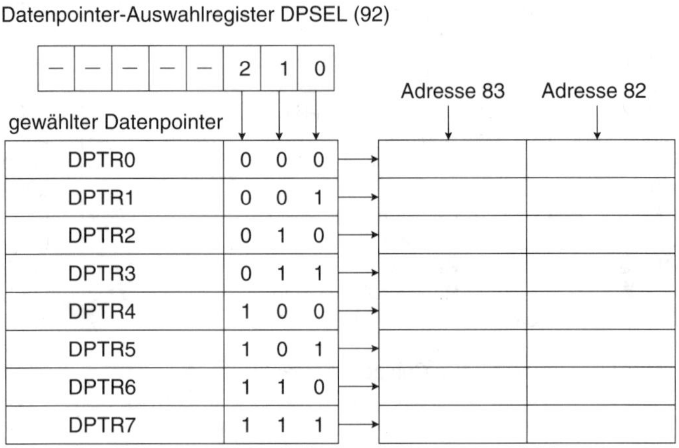

Datenpointer-Auswahlregister DPSEL (92)

					2	1	0
–	–	–	–	–	2	1	0

gewählter Datenpointer

Adresse 83   Adresse 82

DPTR0	0 0 0 →		
DPTR1	0 0 1 →		
DPTR2	0 1 0 →		
DPTR3	0 1 1 →		
DPTR4	1 0 0 →		
DPTR5	1 0 1 →		
DPTR6	1 1 0 →		
DPTR7	1 1 1 →		

Bild 6-19. Die Adressierung der Datenpointer im 80C537

Folgende Routine beschreibt alle Datenpointer mit einer Konstanten:

```
          MOV     DPSEL,#00
Schleife:
          MOV     DPTR,#34E1
          INC     DPSEL
          MOV     A,DPSEL
          CJNE    A,#8,Schleife
```

Der A/D-Wandler:

In seinen Grundfunktionen ist der A/D-Wandler mit dem des 80535 identisch. Die Erweiterungen betreffen die Zahl der Eingänge, auf die der A/D-Wandler gemultiplext Zugriff hat. Sie wurde von acht auf zwölf erweitert. Aus diesem Grund bedurfte es eines weiteren Multiplex-Bits. Im 80535 (Bild 6-11. Seite 6-19) steuern drei Bits im A/D-Kontrollregister ADCON den Multiplexer. Der 80C537 benötigt dagegen vier Bits. Diese haben im A/D-Kontrollregister ADCON keinen Platz mehr. Deswegen wurde ein neues Register geschaffen, des A/D-Kontrollregister 1 ADCON1, in dem die vier Bits zur Eingangsauswahl sitzen, und das alte wurde in ADCON0 umbenannt. Die Bits 0 bis 2 im ADCON1 korrespondieren mit den Bits 0 bis 2 des Registers ADCON0. Dem fünften Bit der A/D-Kontrollregisters 0 ADCON0, das bisher unbenutzt war, wurde nun eine Funktion zugeteilt. Es trägt die Bezeichnung ADEX und trifft die Auswahl für den Start das A/D-Konverters. In der Regel wird der Konvertierungsvorgang durch einen Schreibbefehl in das D/A-Programmregister DAPR gestartet.

Nach dem Setzen des Bits ADEX muß der Startimpuls extern am Pin ADST (Pin P6.0 Pin 70) durch eine negative Flanke erfolgen.

Die Compare/Capture-Einheit:

Zu ihr gehören zwei Timer. Der eine ist ein 16-Bit Timer mit einem 2-Bit Vorteiler und ist mit dem im 80535 identisch. Der andere ist neu. Er umfaßt ebenfalls 16-Bit, hat einen 8-Bit Vorteiler, ist reload-fähig und wird Compare Timer genannt. Die Zahl der 16-Bit Compare-Register wurde auf 13 erhöht. Fünf davon können als 16-Bit Capture-Register verwendet werden. Die Compare/Capture-Einheit steht über 21 Leitungen mit der Außenwelt in Kontakt. Sieben Interrupts können durch die Compare/Capture-Einheit erzeugt werden. Bild 6-20. zeigt das Blockdiagramm der Compare/Capture-Einheit. Acht Compare-Register können einzeln entweder Timer 2 oder dem Compare-Timer zugeordnet werden. Das Blockdiagramm des Compare-Timers ist in Bild 6-21. zu sehen. Die vier Compare/Capture-Register und das Compare/Relod/Capture-Register sind ausschließlich mit Timer 2 verbunden. Es kann unter zwei Arten von Compare-Modi gewählt werden, die von der Wahl der Register und des Timers abhängen. Tabelle 6-8. zeigt die möglichen Zuordnungen, die zugehörigen Ausgänge und Betriebsarten.

Ausgewählter Timer	Compare-Register	Compare-Ausgang	Betriebsarten
Timer 2	CRCH/CRCL	CC0 (P1.0)	Compare-Modi 0, 1 + Reload
Timer 2	CCH1/CCL1	CC1 (P1.1)	Compare-Modi 0, 1
Timer 2	CCH2/CCL2	CC2 (P1.2)	Compare-Modi 0, 1
Timer 2	CCH3/CCL3	CC3 (P1.3)	Compare-Modi 0, 1
Timer 2	CCH4/CCL4	CC4 (P1.4)	Compare-Modi 0, 1
Timer 2	CCH4/CCL4	CCM0 bis CCM7 (P5.0 bis P5.7)	Compare-Modus 1
Timer 2	CMH0/CML0	CM0 (P4.0)	Compare-Modus 1
Timer 2	CMH1/CML1	CM1 (P4.1)	Compare-Modus 1
Timer 2	CMH2/CML2	CM2 (P4.2)	Compare-Modus 1
Timer 2	CMH3/CML3	CM3 (P4.3)	Compare-Modus 1
Timer 2	CMH4/CML4	CM4 (P4.4)	Compare-Modus 1
Timer 2	CMH5/CML5	CM5 (P4.5)	Compare-Modus 1
Timer 2	CMH6/CML6	CM6 (P4.6)	Compare-Modus 1
Timer 2	CMH7/CML7	CM7 (P4.7)	Compare-Modus 1
Compare Timer	CMH0/CML0	CM0 (P4.0)	Compare-Modus 0
Compare Timer	CMH1/CML1	CM1 (P4.1)	Compare-Modus 0
Compare Timer	CMH2/CML2	CM2 (P4.2)	Compare-Modus 0
Compare Timer	CMH3/CML3	CM3 (P4.3)	Compare-Modus 0
Compare Timer	CMH4/CML4	CM4 (P4.4)	Compare-Modus 0
Compare Timer	CMH5/CML5	CM5 (P4.5)	Compare-Modus 0
Compare Timer	CMH6/CML6	CM6 (P4.6)	Compare-Modus 0
Compare Timer	CMH7/CML7	CM7 (P4.7)	Compare-Modus 0

Tabelle 6-8. Mögliche Compare-Konfigurationen

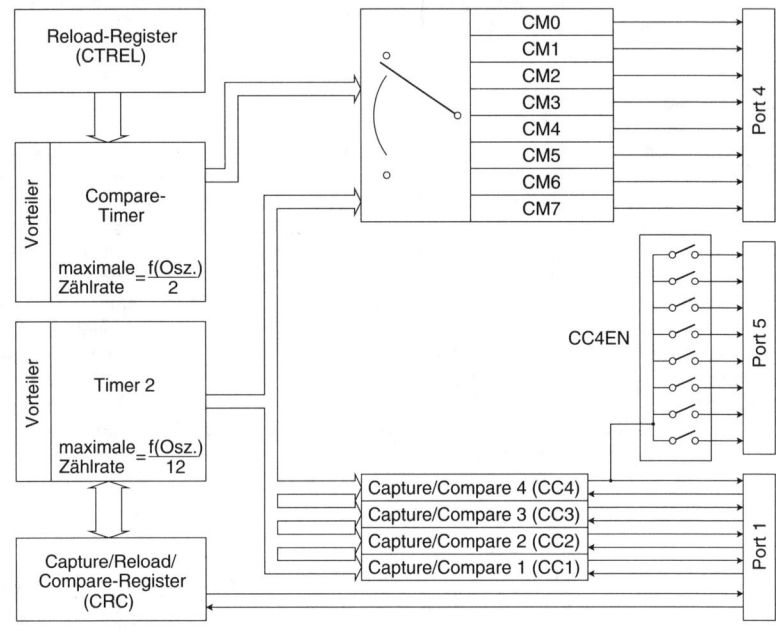

Bild 6-20. Das Blockdiagramm der Compare/Capture-Einheit im 80C537

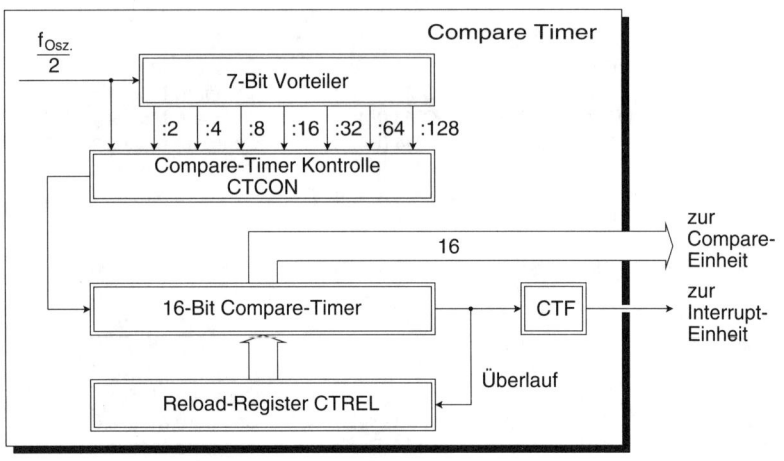

Bild 6-21. Das Blockdiagramm des Compare-Timers

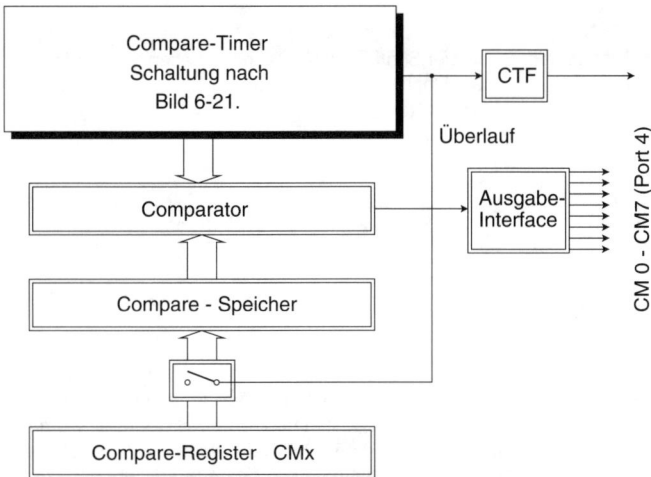

Bild 6-22. Der Compare-Modus 0 mit den Registern CM0 bis CM7

Die Interruptstruktur:

Der 80C537 verfügt über 14 Interruptquellen, zwei mehr als der 80535. Die Interruptstruktur ist allerdings identisch mit der des 80535. Wie in seinem Vorgänger werden auch hier die Interrupts paarweise zusammengefaßt, wenn sie auf verschiedene Ebenen gesetzt werden. Die zwei hinzugekommenen Interrupts bilden allerdings nicht ein neues Paar, sondern wurden zwei bestehenden Paaren zugeordnet, die nun eine Dreiergruppe bilden. Bei den neu hinzugekommenen Interrupts handelt es sich um das Überlaufbit des Compare-Timers CTF und um die beiden Kontrollbits des zweiten seriellen Ports RI1 und TI1. Die beiden Bits TI1 und RI1, die den seriellen Interrupt 1 auslösen, wurden nach Bild 6-14. (Seite 6-30) dem ersten Paar (IE0 und IADC) hinzugefügt, das Compare-Timer-Bit CTF dem vierten Paar (TF1 und IEX4). Die Vektoradresse des seriellen Interrupt 1 hat den Wert 0083, die des Compare-Timer Interrupts den Wert 009B. Die Adressen der übrigen Interrupteinsprünge sind unverändert (Tabelle 6-4. Seite 6-24).

Die Multiplikations/Divisionseinheit MDU:

Die Multiplikations/Divisionseinheit führt eine schnelle 32-Bit Division oder 16-Bit Multiplikation aus. Sie kann ferner Ergebnisse normalisieren, links oder rechts schieben. Alle Werte sind unsignierte Integerzahlen.
Zur Multiplikations/Divisionseinheit gehören sechs Register, die Platz für die Operanden und Ergebnisse bieten und der Steuerung dienen. Da diese Einheit nicht in der CPU, sondern im Spezialfunktionsregisterbereich liegt, gibt es keine eigenständigen Software-Befehle für die Arbeit dieser mathematischen Einheit. Das Arbeiten mit der Multiplikations/Divisionseinheit ist in drei Phasen gegliedert:

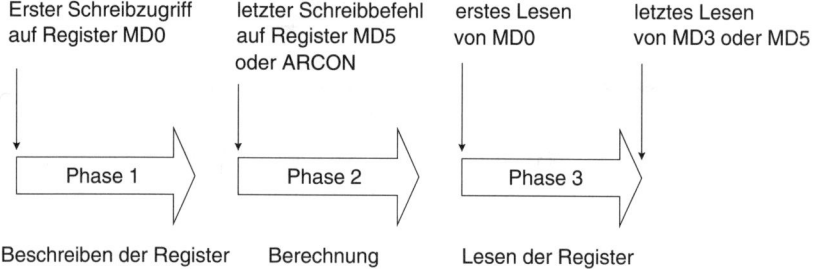

| Erster Schreibzugriff auf Register MD0 | letzter Schreibbefehl auf Register MD5 oder ARCON | erstes Lesen von MD0 | letztes Lesen von MD3 oder MD5 |

| Phase 1 | Phase 2 | Phase 3 |

| Beschreiben der Register | Berechnung | Lesen der Register |

Um eine Rechenoperation zu starten, müssen die Register in einer richtigen Reihenfolge beschrieben werden. Diese Reihenfolge bestimmt die Art der Operation. Um beispielsweise ein Double-Word (32 Bits) durch ein Word (16 Bits) zu teilen, müssen alle Multiplikations-/Divisionsregister MD0 bis MD5 in aufsteigender Folge beschrieben werden. Das Ergebnis der Berechnung findet sich in eben denselben Registern wieder. Tabelle 6-9. gibt die Sequenzen für die gewünschten Berechnungen an.

Berechnung:	(32-Bit):(16-Bit)	(16-Bit):(16-Bit)	(16-Bit)·(16-Bit)
Schreiben	Dividend: MD0 (LSB) MD1 MD2 MD3 (MSB) Divisor: MD4 (LSB) MD5 (MSB)	Dividend: MD0 (LSB) MD1 (MSB) --- --- Divisor: MD4 (LSB) MD5 (MSB)	Faktor 1: MD0 (LSB) Faktor 2: MD4 (LSB) Faktor 1: MD1 (MSB) Faktor 2: MD5 (MSB)
Lesen	Quotient (Integerwert): MD0 (LSB) MD1 MD2 MD3 (MSB) Rest: MD4 (LSB) MD5 (MSB)	Quotient (Integerwert): MD0 (LSB) MD1 (MSB) --- --- Rest: MD4 (LSB) MD5 (MSB)	Produkt: MD0 (LSB) MD1 MD2 MD3 (MSB)

Tabelle 6-9. Berechnungen mit der Multiplikations/Divisionseinheit

Im folgenden Beispiel für die 16-Bit Multiplikation werden die beiden Werte 27E6 und F50A miteinander multipliziert. 27E6 ist der erste Faktor, F50A der zweite. Dann muß die Befehlsfolge lauten:

```
MOV    MD0,#E6;        Faktor 1 LSB
MOV    MD4,#0A;        Faktor 2 LSB
MOV    MD1,#27;        Faktor 1 MSB
MOV    MD5,#F5;        Faktor 2 MSB
```

In den Registern MD0 bis MD3 finden sich als Ergebnis folgende Werte:

```
MD0:    FC
MD1:    AC
MD2:    30
MD3:    26
```

Diese Daten beschreiben die Zahl 2630ACFC. Dezimal sieht diese Rechnung folgendermaßen aus:

$$10214 \cdot 62730 = 640724220$$

Die Zeit ohne das Beschreiben der Register für die 32:16-Bit Division beträgt 6 µs, für die 16:16-Bit Division bzw. 16·16-Bit Multiplikation 4 µs bei 12 MHz.

Für eine Normalisierung, links oder rechts Schieben sieht die Befehlssequenz folgendermaßen aus:

Schreiben: MD0 (LSB) → MD1 → MD2 → MD3 (MSB) → ARCON
Lesen: MD0 (LSB) → MD1 → MD2 → MD3 (MSB)

Die Zeit ohne das Beschreiben der Register beträgt hier durchwegs 6 µs bei 12 MHz.

Der serielle Port 1:

Das serielle Interface 1 kann in zwei asynchronen Modi arbeiten:

In Modus A ist es eine 9-Bit UART mit variabler Baudrate. Es werden elf Bits über den Pin TXD1 gesendet oder über RXD1 empfangen, die sich aus dem Startbit (eine Null), den acht Datenbits mit LSB zuerst, einem neunten programmierbaren Bit und dem Stoppbit (eine Eins) zusammensetzen. Das neunte Bit wird beim Senden aus dem seriellen Kontrollregister 1 S1CON (Bit TB81) entnommen und kann eine Eins oder eine Null aufweisen. Es hat somit die gleiche Funktion wie das neunte Bit der seriellen Schnittstelle 0.
In Modus B ist der Port eine 8-Bit UART mit variabler Baudrate. Es werden zehn Bits übermittelt, die sich aus einem Startbit (eine Null), den acht Datenbits mit LSB zuerst und dem Stoppbit (eine Eins) zusammensetzen. Beim Empfang wird das Stoppbit in das Bit RB81 des seriellen Kontrollregisters 1 geschrieben.

Der serielle Port 1 verfügt über einen eigenständigen Baudratengenrator, der aus einem 8-Bit Zähler und einem Relaod-Register besteht.

Die Watchdog-Timer:

Der Watchdog-Timer kann im Gegensatz zum 80535 auch durch die Hardware aktiviert werden. Zu diesem Zweck ist der Pin PE/SWD (Pin 4) während des Reset an High-Pegel zu halten. Er verfügt intern über einen Pull Up, so daß er auch unbeschaltet bleiben kann. Nach dem Reset startet dann das Programm bei laufendem Watchdog-Timer. Ausschalten läßt er sich nun nicht mehr, auch wenn man den Pin an Masse legt.
Natürlich ist auch der Start des Watchdog-Timers durch Beschreiben des Bits Start Watchdog Timer SWDT möglich. Das Rücksetzen des Timers geschieht wie im 80535 auch durch nachfolgendes Beschreiben der Bits WDT und SWDT.

Im 80C537 gibt es einen zweiten Watchdog-Timer, dessen Aufgabe es ist, den Oszillator zu überwachen. Sobald er einen Oszillatorfehler entdeckt, der darin besteht, daß er mit einer Frequenz kleiner 300 kHz läuft, wird ein Hardware-Reset ausgelöst, der so lange andauert, bis der Oszillator wieder richtig arbeitet. Dieser Watchdog wird durch High-Pegel am Eingang Oszillator Watchdog Enable OWE Pin 69 aktiviert. Durch den ausgelösten Reset wird das Bit Oszillator Watchdog Status OWDS im Interrupt Priortätsregister 0 IP0 gesetzt, an dem die CPU die Herkunft des Resets erkennen kann.

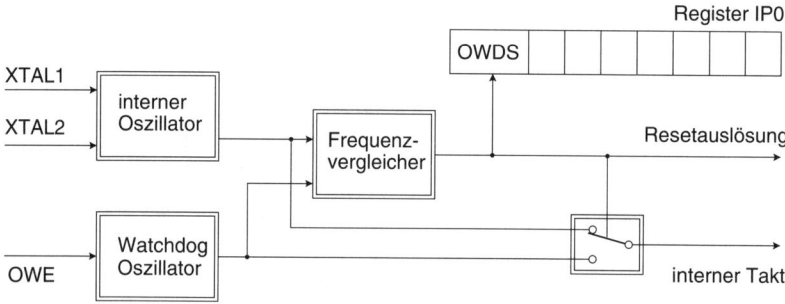

Bild 6-23. Der Oszillator Watchdog

3. Der Inter-Integrated Circuit Bus I²C

Eine recht interessante Entwicklung stammt aus dem Hause Philips und ist seit 1990 erhältlich: Mikrocontroller mit einer I²C-Schnittstelle. Der I²C-Bus stellt eine neue Art der seriellen
Kommunikation von Controllern untereinander oder mit Peripheriebausteinen zur Verfügung,
benötigt nur zwei Leitungen, verfügt über eine standardisierte Sprache und erleichtert so vor
allem die Multiprozessorkommunikation von Controllern. Im Gegensatz zum seriellen Port,
der voll duplex ist, führt die eine Leitung den seriellen Takt SCL und die andere die seriellen
Daten SDA. Der I²C-Bus kann den üblichen seriellen Port nicht ersetzen. Mikrocontroller mit
einer I²C-Schnittstelle besitzen einen besonderen Hardware-Teil, der ständig die Takt- und
Datenleitung überwacht und dadurch immer ein offenes Ohr für die Bedürfnisse anderer
Bausteine hat, der keine Ansprüche an die serielle Busverwaltung stellt und der über eine
Autosychronisierung verfügt. Für den Anwender bedeutet das eine Reduzierung des Soft-
und Hardware-Aufwands und Verbesserung der Systemleistung.
Natürlich ist der Datendurchsatz bei einem seriellen Bus geringer als bei einem parallelen,
aber gewöhnlich benötigen Mikrocontroller diese Transfergeschwindigkeit nicht. Es werden
häufig nur Meßergebnisse, Anweisungen oder Steuerbefehle, also überschaubare Daten-
mengen ausgetauscht. Anbindungen von Peripheriebausteine an den parallelen Bus erfordern immer eine Adreßdekodierung und zusätzliche Logik- und Treiberbausteine. Im I²C-
Bus entfallen diese Hardware-Offsets. Bei einer Schaltungserweiterung wird einfach ein
neuer Baustein an den I²C-Bus angehängt, ohne daß eine Änderung der bisherigen Schaltung erforderlich wird. Der einzige Nachteil ist der geringe Datendurchsatz mit 100 kBit/s.

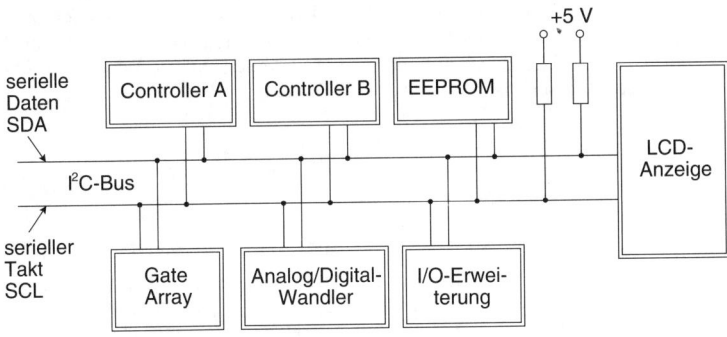

Bild 6-24. Typische I²C-Bus Konfiguration

Der I²C-Bus ist keine Einrichtung, die ausschließlich für Mikrocontroller geschaffen wurde.
Zahlreiche Peripheriebausteine verfügen über die gleiche Schnittstelle. In den Mikrocontrollern, die diesen Bus unterstützen, werden die Pins 6 und 7 von Port 1 als I²C-Busleitungen
verwendet. Der Begriff I²C-Bus steht nicht allein für die beiden Leitungen, die jeden Baustein verbinden, sondern vor allem für ein standardisiertes Datenformat, das von jedem
Baustein ohne viel Software-Aufwand schnell verstanden wird.

Jeder Baustein kann die Kontrolle über den I²C-Bus übernehmen und einen anderen oder mehrere, ja sogar alle restlichen Bausteine adressieren und ihnen gleichzeitig eine Mitteilung zukommen lassen. So kann z. B. die Aktivität von einer I/O-Erweiterung ausgehen, wenn neue Daten eingetroffen sind. Dieser Bus ist sehr demokratisch, was heißt, daß es keine festgelegte Master/Slave-Struktur gibt. Es handelt sich hier mehr um Sender und Empfänger. Ein Master kann Daten senden oder vom Slave Daten anfordern. In jedem Fall steuert ein Master die Aktivitäten auf dem I²C-Bus. Nachfolgende Beispiele zeigen typische Arten der I²C-Bus-Kommunikation:

✳ Controller A möchte Daten an Controller B senden:
Controller A meldet seinen Anspruch auf den Bus an, adressiert Controller B und sendet Daten an Controller B. Danach beendet Controller A den Transfer und gibt den I²C-Bus wieder frei.

✳ Controller A benötigt Daten von Controller B:
Controller A meldet seinen Anspruch auf den Bus an, adressiert Controller B und fordert ihn zum Datensenden auf. Controller B sendet nun. Danach beendet Controller A den Transfer und gibt den I²C-Bus wieder frei.

3-1. Die Busverwaltung

Wollen zwei oder mehrere Bausteine zu derselben Zeit den I²C-Bus benutzen, so bedarf es eines Mechanismus, der ein Chaos durch gleichzeitiges Senden von Daten verhindern muß. Parallel Bussysteme benutzen dazu spezielle Busverwaltungsbausteine, die eine Konfusion verhindern sollen. Der I²C-Bus verzichtet auf solche Bausteine, da er die Kontrolle bereits integriert hat. Man hat sich zu einer eleganteren, weil einfachen Methode entschlossen, die nur dann verständlich ist, wenn man den Hardware-Teil der I²C-Schnittstelle kennt (Bild 6-32.). Sowohl der Takt- als auch der Datenausgang können die Busleitungen nur an Masse, nicht aber an Plus legen. Letzteres muß über einen externen Pull-Up-Widerstand erfolgen. Im nicht aktiven Zustand sind die Ausgänge im Tri-State.

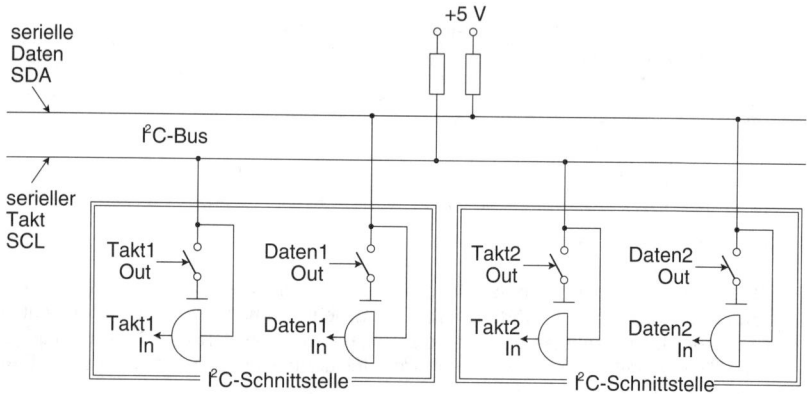

Bild 6-25. Die Hardware der I²C-Schnitstelle

Senden nun zwei Bausteine gleichzeitig Daten, dann kann das nur durch die Ausgabe einer Null erfolgen. Eine Eins wird durch den externen Pull-Up erzeugt. In jedem Baustein wird geprüft, ob bei der Ausgabe einer Eins die serielle Datenleitung SDA auch an Plus liegt. Führt sie Masse, muß folglich ein zweiter Baustein da sein, der ebenfalls sendet. Der erste Baustein bricht bei dieser Feststellung augenblicklich das Senden ab und schaltet auf Empfang um, denn es könnte ja auch er durch den zweiten Baustein adressiert werden. Der Datenfluß des zweiten Bausteins, der nun die Kontrolle über den I2C-Bus hat, wird dadurch nicht gestört, da ja bis zur Feststellung des Unterschieds durch den ersten Baustein die Daten identisch waren. Es ist also wie bei einem Gespräch, in dem mehrere Person gleichzeitig zu reden beginnen und der lauteste sich durchsetzt.

Dieses Problem tritt allerdings nur dann auf, wenn beide Kontroller gleichzeitig, d. h. in derselben Taktperiode Anspruch auf den Bus erheben. Die Unterbrechung einer bereits laufenden Kommunikation durch einen weiteren Baustein ist nicht möglich, da jeder am I2C-Bus hängende Baustein das Geschehen auf dem Bus mitverfolgt und daher weiß, ob der Bus gerade frei oder besetzt ist. Ein jeder Datentransfer über den I2C-Bus wird von einer Start/Stopp-Sequenz des Masters eingerahmt.

3-2. Der Takt

Damit der Empfangsbaustein weiß, wann er vom Sendebaustein gültige Daten angeboten bekommt, bedarf es eines Taktsignals. Im I2C-Bus gilt folgende Regel: Führt die serielle Taktleitung SCL High-Pegel, wird der Zustand der seriellen Datenleitung SDA als Bitinformation gewertet. Der Sendebaustein darf also den Pegel der SDA-Leitung nur dann ändern, wenn die SCL-Leitung Low-Pegel führt.

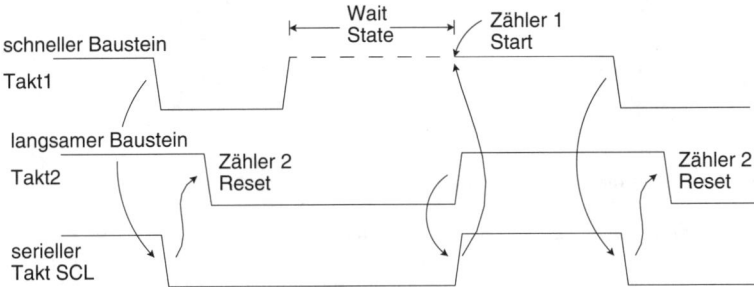

Bild 6-26. Taktsynchronisierung im I2C-Bus

Der I2C-Bus ist in der Lage, Bausteine verschiedener Geschwindigkeiten und Taktfrequenzen zu vereinen. Ein jeder Baustein taktet die SCL-Leitung entsprechend seiner Systemfrequenz und unabhängig davon, ob er Master, Slave oder unbeteiligt ist. Um auf dieser Leitung das Chaos zu vermeiden, müssen die Taktfrequenzen dem langsamsten Baustein angepaßt und untereinander synchronisiert werden. Das geschieht dadurch, daß zunächst jeder Baustein seinen Takt auf die SCL-Leitung gibt und gleichzeitig prüft, ob bei der positiven Flanke seines Taktes die Leitung in Folge eines langsameren Bausteins Masse führt (Bild 6-32.). Ist das der Fall, stoppt der schnellere seinen internen Taktgenerator und startet ihn

---

wieder bei High-Pegel auf der SCL-Leitung; er wird also zu Wait-States bezüglich des I²C-Bus veranlaßt. Dadurch wird die Zeit für den High-Pegel durch den schnellsten, die Zeit für den Low-Pegel durch den langsamsten Baustein bestimmt. Auf diese Weise sind alle Bausteine synchronisiert, und die Transferrate wird durch den langsamsten bestimmt. Die Maximale Transferrate auf dem I²C-Bus beträgt 100 kBits pro Sekunde; der Bus kann dabei eine kapazitive Last bis zu 400 pF treiben. Bei einer Eingangskapazität der I²C-Schnittstelle von typisch 10 pF und einer angenommenen Leitungskapazität von 20 pF können 19 Bausteine am Bus vereint werden. Mit geringerer Transferrate steigt die Zahl der Bausteine am I²C-Bus.

3-3. Das Datenformat

Wenn ein Baustein die Kontrolle über den I²C-Bus haben möchte, ändert er bei High-Pegel der seriellen Taktleitung SCL den Pegel der seriellen Datenleitung SDA von Plus nach Minus. Das zeigt allen anderen Bausteinen an, daß der Bus nun belegt ist. Kein anderer Baustein kann danach einen weiteren Datentransfer vornehmen, bis nicht wieder der I²C-Bus freigegeben wurde. Das geschieht am Ende des Transfers, indem der Master bei High-Pegel der seriellen Taktleitung SCL den Pegel der seriellen Datenleitung SDA von Minus nach Plus gehen läßt (Bild 6-34.). Ein anderer Baustein kann nun die Kontrolle über den I²C-Bus ausüben.

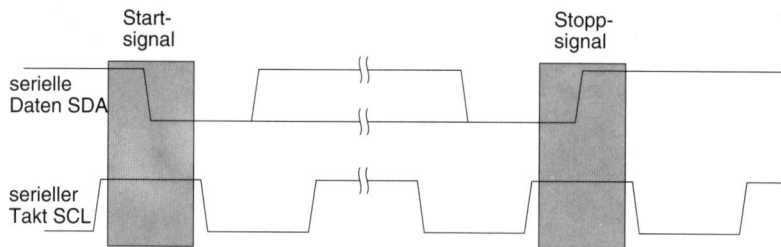

Bild 6-27. Übernahme- und Freigabebedingungen für den I²C-Bus

Nach der Übernahme des Busses durch den Master können nun die Daten vom Master zum Slave oder umgekehrt fließen. Die Daten werden als Bytes, also achtbitweise, mit dem MSB (Bit 7) zuerst übermittelt. Wenn der Empfänger gerade mit anderen wichtigeren Dingen (Interrupt, Real-Time-Aufgaben etc.) beschäftigt ist, hält er die Taktleitung SCL an Masse und versetzt somit den Master in den Wait-State.

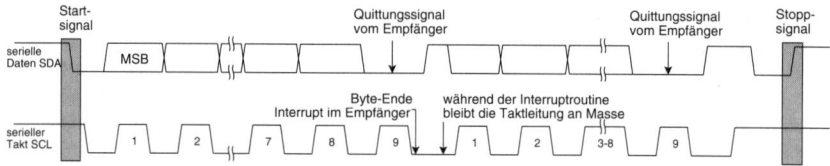

Bild 6-28. Die Datenübertragung auf dem I²C-Bus

Nach jeder Übermittlung eines Bytes muß der Empfänger als Quittungssignal die serielle Datenleitung SDA für einen Taktimpuls an Masse legen. Kann er das nicht, weil ihn andere wichtige Dinge daran hindern, signalisiert das dem Master einen Übertragungsfehler und bricht den Kommunikationsvorgang ab. In manchen Fällen kann der Empfänger auch bewußt den Kontakt durch Auslassen des Quittungssignals abbrechen, wenn er beispielsweise die übermittelte Datenmenge aus Platzgründen nicht mehr verarbeiten kann.

3-4. Die Adressierung

Das erste Byte nach dem Start der Kommunikation ist die Adresse des Bausteins, mit dem der Master in Kontakt treten will. Im Falle der Mikrocontroller kann man jedem Baustein innerhalb gewisser Grenzen eine Adresse zuweisen. Andere Peripheriebausteine mit I^2C-Bus Interface, die nicht oder nur bedingt programmierbar sind, verfügen über eine fixe Adresse, die durch die Hardware vorgegeben und manchmal durch eine externe Verdrahtung in kleinen Bereichen änderbar ist. Ferner ist es möglich, nicht fixe Adreßbits dieser Bausteine über den I²C-Bus zu programmieren, so daß mehrere identische Bausteine am I^2C-Bus betreibbar sind.

Master sendet an Slave:

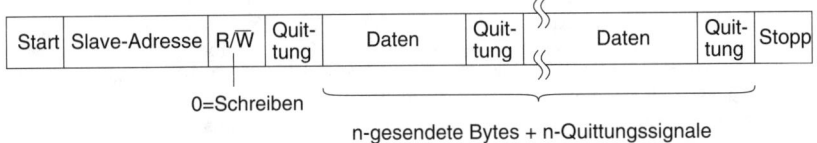

Master empfängt Daten vom Slave:

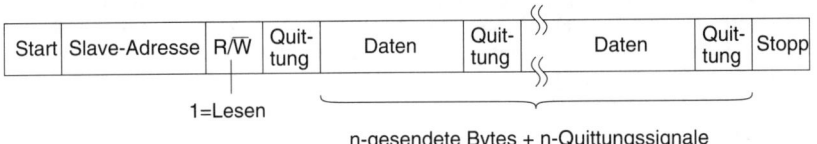

Kombinierte Formate:

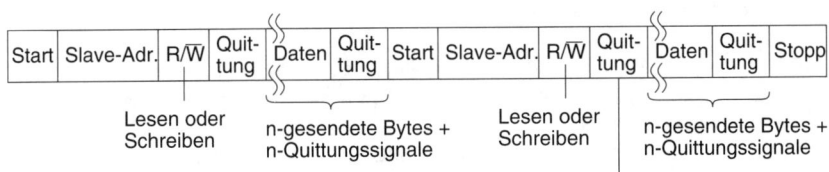

Bild 6-29. Die Adressierung und Datenübertragung auf dem I^2C-Bus

Von dem ersten Byte, dem Adreßbyte, werden nur die ersten sieben Bits zur Adressierung verwendet. Das achte, das LSB, ist das Schreib/Lesebit (R/W-Bit), das dem adressierten Baustein mitteilt, ob er Daten empfangen oder dem Master Daten senden soll. Jeder Baustein am I²C-Bus bemerkt den Start der Kommunikation, vergleicht die ersten sieben gesendeten Bits mit seiner programmierten Adresse und bildet im Falle einer Übereinstimmung den Slave. Danach prüft er das achte Bit, um festzustellen, ob er Daten aufnehmen oder senden soll.

Einige Adressen sind für Sonderfunktionen reserviert. Dazu gehören alle Adressen, deren erste vier Bits nur Nullen oder nur Einsen aufweisen: 0000 XXXX bzw. 1111 XXXX. Die Adresse 0000 001X teilt allen Bausteinen mit, daß bei der nachfolgenden Datenübertragung der I²C-Bus-Standard verlassen und das CBUS-Format gewählt wird. Im CBUS, ein älterer serieller Standard, existiert eine dritte Leitung, die das Quittungssignal nach jedem gesendeten Byte überträgt. In diesem Format werden also nur einzelne Bits gesendet ohne das Quittungssignal, das im I²C-Bus-Format erforderlich ist. Die Adresse 1111 1111 sagt den angeschlossenen Bausteinen, daß die Adressierung im Extended-Format mit dem nächsten Byte fortgesetzt wird. Bausteine, die für das Extended-Format nicht programmiert sind, reagieren auf diese Adressierung nicht. Auf diese Weise kann der Adreßbereich vergrößert werden. Die wichtigste Sonderadresse mit der Bitfolge 0000 0000 ist die General Call-Adresse, die jeden Baustein adressiert und somit gewissermaßen eine Konferenzschaltung erzeugen kann. Die General Call Adresse kann verschiedene Wirkungen haben, die mit dem folgenden Byte spezifiziert werden müssen. Sie kann in den angeschlossenen Bausteinen einen Reset auslösen mit nachfolgender Hard- oder Software-Prorgammierung ihrer Adressen. Die weiteren Befehlsfolgen dafür sind in den Datenblättern der entsprechenden Bausteine nachzuschlagen. Ein Tastaturdekoder beispielsweise, der nicht für die Ausgabe einer bestimmten Slave-Adresse programmiert werden kann, erzeugt nach einen Tastendruck die General Call Adresse und sendet als zweites Byte seine eigene Adresse. Alle Bausteine, die kein Interesse an der Tastaturinformation haben, schalten nun ab. Nur der Controller, der die Auswertung vornimmt, bleibt weiter mit dem Tastaturdekoder in Kontakt.

3-5. Bausteine mit I²C-Bus-Interface

Mikrocontroller auf 8051-Basis

8XCL410:	4k ROM, 128 RAM	8XC528:	32k ROM, 512 RAM, WD, T2
8XC552:	8k ROM, 256 RAM, ADC, UART, PWM	8XC652:	8k ROM, 256 RAM, UART
8XC654:	16k ROM, 256 RAM, UART	8XC751:	2k ROM, 64 RAM
8XC752:	2k ROM, 64 RAM, ADC, PWM		

Mikrocontroller mit 8048-Befehlssatz

PCF84C00: 256 RAM, Bond-Out Version für die Prototypenentwicklung
PCF84C21: 2k ROM, 64 RAM   PCF84C41:   4k ROM, 128 RAM
PCF84C81: 8k ROM, 256 RAM   PCF84C85:   8k ROM, 256 RAM, erweit. I/O
PCF84C430: 4k ROM, 128 RAM,96-Segment LCD-Treiber

Mikrocontroller auf 68000-Basis

68070:   68000 CPU, MMU, UART, DMA, Timer

LCD-Treiber

PCF8566:   96-Segment LCD-Treiber   PCF8576:   160-Segment LCD-Treiber
                1:1 - 1:4 MUX   1:1 - 1:4 MUX
PCF8577A: 64-Segment LCD-Treiber   PCF8578/79: Reihen/Spalten LCD Punkt-
                1:1 - 1:2 MUX   matrixtreiber 1:8 - 1:32 MUX

I/O-Erweiterungen

PCF8574/A: 8 Bit Fernsteuer-I/O-Port (I^2C- PCF8584:   8 Bit parallel zu
            Bus zu parallel Wandler) I^2C-Bus Wandler
SAA1064:   4-Zeichen LED-Treiber   SAA1300:   5 Bit-Treiber

A/D-, D/A-Wandler

PCF8591:   4-Kanal, 8 Bit Mux A/D- und ein D/A-Wandler
TDA8442:   Vier 6 Bit D/A-Wandler   TDA8444:   Acht 6 Bit D/A-Wandler

Speicher

PCF8570/C: 256 Byte SRAM   PCF8571:   128 Byte SRAM
PCF8581:   128 Byte EEPROM   PCF8582A: 256 Byte EEPROM
PCF8583:   256 Byte SRAM mit Uhr und Kalender

Uhren/Kalender

PCF8573:   Uhr/Kalender   PCF8583:   Uhr/Kalender/256 Byte SRAM

Video/Radio/Audio

PCF8200:	Sprachsynthesizer	SAA1300:	Tuner Switching Circuit
SAA3028:	Transcoder (RC-5) für IR-Fernsteuerungen	SAA4700:	Datenzeilenprozessor für VPS
SAA5243:	Enhanced Computer Controlled Teletext Decoder (ECCT)	SAA5245:	Enhanced Computer Controlled Teletext Decoder (USECCT)
SAA9041:	Digital Video Teletext Processor (DVTB)	SAA9050:	Digital PAL/NTSC Color Decoder
SAA9055:	Digital SECAM Decoder	SAA9068:	Picture-in-Picture Controller
SAB3035/6/7:	Digital tuning circuits for computer-controlled TV	SAF1135:	Dataline 16 Decoder for VCR
TDA8370:	Synchronisationsprozessor für TV	TDA8405:	Stereo/dual Sound Prozessor
TDA8420/21:	Audioprozessor mit Lautsprecher- und Kopfhörerkanal	TDA8425:	Audioprozessor mit Lautsprecherkanal
TDA8440:	Video/Audio-Schalter	TDA8442:	Interface für Farbdekoder
TDA8443/A:	YUV/RGB-Matrixschalter	TDA8461:	PAL/NTSC-Farbdekoder und RGB-Prozessor
TEA6000/ 6100:	FM/IF und digitaler Abstimm-IC für Radio	TEA6300:	Sound Fader Controller u. Vorverstärker/Quellen-Auswahl für Autoradios
TEA6310T:	Sound Fader mit Klang und Lautstärkenregler für Autoradios	TSA5510:	PLL-Frequenz Synthesizer für Radios
TSA6057:	PLL-Frequenz Synthesizer für Radios		

Telekommunikation

NE5750/51:	Audio Processor Pair	PCD3311/12:	Tongen. (DTMF/Modem/Musik)
PCD3341:	Wiederholwähler für 10 bis 110 Ziffern	PCD3343:	Mikrocontroller mit 3k ROM, 224 RAM
PCD3348:	Mikrocontroller mit 8k ROM, 256 RAM	UMA1000T:	Datenprozessor für Funktelefone
UMA1010T:	1GHz Frequenzsynthesizer für Funktelefone		

3-6. Die Spezialfunktionsregister für den I²C-Bus

Mikrocontroller, die über einen I²C-Bus-Interface verfügen, haben folgende Bezeichnung:

    8XCL410
    8XC528
    8XC552
    8XC652
    8XC654
    8XC751
    8XC752

Der Buchstabe X steht für die Zahlen 0, 3 oder 7, wobei die 0 für die ROM-lose Version, die 3 für die ROM-Version und die 7 für die EPROM-Version steht.

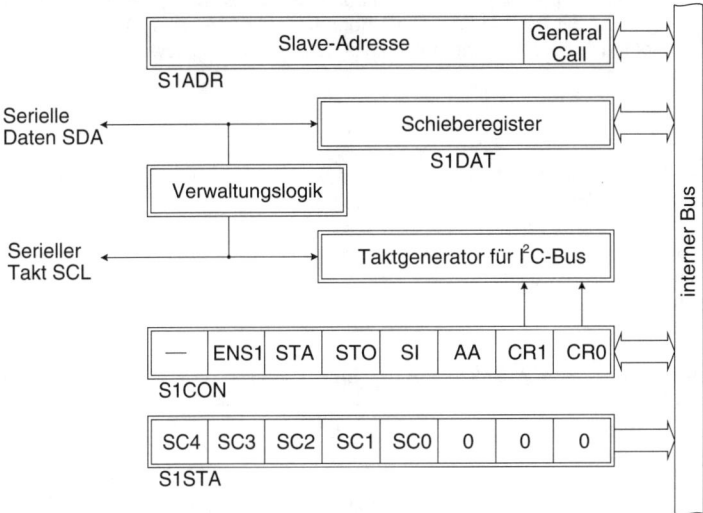

Bild 6-30. Die I²C-Schnittstelle im 8XCL410

Für eine Kommunikation über den I²C-Bus benötigt ein Controller zusätzliche Spezialfunktionsregister, mit deren Hilfe er den seriellen Takt erzeugt, die Slave-Adresse aufbewahrt, die eingehenden Daten auffängt, das Quittungssignal ausgibt, auf die General Call-Adresse reagiert, die Besetztkondition für den I²C-Bus registriert, Interrupts auslöst etc. Für all diese Aufgaben sind vier Register ausreichend, deren Inhalte jedoch in gewissen Grenzen den speziellen Bedürfnissen des Controllers angepaßt sind. Die nachfolgende Beschreibung gilt speziell für die Controller 8XC410 und 8XC552 und soll durch eine detaillierte Beschreibung die Zusammenarbeit von Controller mit dem I²C-Bus verdeutlichen. Um die I²C-Schnittstelle von der gewöhnlichen UART-Schnittstelle zu unterscheiden, beginnen die Namen der Spezialfunktionsregister mit der Bezeichnung S1.

Daten, die gesendet werden sollen oder vom I²C-Bus empfangen werden, sind in das serielle Datenregister 1 S1DAT zu schreiben oder dort zu lesen.

Das serielle Datenregister 1:
Register DA, S1DAT:

SD7	SD6	SD5	SD4	SD3	SD2	SD1	SD0

Symbol	Funktion

SD7 - SD0   Ein Byte, das gesendet werden soll, wird in das Register geschrieben und ein Byte, das empfangen wurde, wird aus diesem Register gelesen. Die logischen Pegel der Bits sind identisch mit denen auf dem I²C-Bus. Beim Senden bzw. Empfang werden die Daten von links nach rechts aus bzw. in das Register geschoben.

Die Adresse des Controllers, unter der ihn andere Bausteine erreichen, die Slave-Adresse, ist in das serielle Adreßregister 1 S1ADR zu schreiben.

Das serielle Adreßregister 1:
Register DB, S1ADR:

SA6	SA5	SA4	SA3	SA2	SA1	SA0	GC

Symbol	Funktion

SA6 - SA0   Der Inhalt dieser sieben Bits wird mit den ersten gesendeten sieben Bits verglichen. Stimmen beide Bitmuster überein, wird der Controller zum Slave und hält den Kontakt zum Master aufrecht.

GC   General Call. Wird dieses Bit gesetzt, so reagiert der Controller auf die General Call-Adresse 0000 0000. Steht hier eine Null, wird die General Call-Adresse ignoriert.

Die Aktivitäten der I²C-Schnittstelle werden durch das serielle Kontrollregister 1 S1CON gesteuert.

Das serielle Controllregister 1:
Register D8, S1CON (bitadressierbar):

---	ENS1	STA	STO	SI	AA	CR1	CR0

Bit-Nr.: DF   DE   DD   DC   DB   DA   D9   D8

Symbol	Funktion

ENS1   Enable I²C-Serial Port. Wenn in diesem Bit eine Null steht, ist der I²C-Port abgeschaltet. Der Controller kann nicht mehr adressiert werden; er registriert keinerlei Aktivität auf dem I²C-Bus. Die serielle Datenleitung SDA und die serielle Taktleitung SCL sind inaktiv im Tri-State. Mit einer Eins wird der I²C-Bus freigegeben. Die Pins P1.6 und P1.7 sind zuvor mit einer Eins zu beschreiben. Um den Controller vorübergehend vom I²C-Bus zu trennen, darf dieses Bit nicht auf Null gesetzt werden, da hierbei die Informationen über den Zustand des I²C-Bus verloren gehen und bei späterer Aktivierung des Ports ein Fehlverhalten des Controllers auftreten kann. Statt dessen ist das Quittungsbit AA auf Null zu setzen.

STA   Start Bit. Wenn sich der Controller im Master-Modus befindet und dieses Bit gesetzt ist, erfolgt die Übernahme des I²C-Bus, wenn er gerade frei ist. Falls nicht, wartet der Controller auf ein Stoppsignal des gerade sendenden Masters. Eine halbe Taktperiode später erzeugt er sein Startsignal und übernimmt den I²C-Bus.

STO   Stopp Bit. Wenn sich der Controller im Master-Modus befindet und dieses Bit gesetzt ist, wird auf dem I²C-Bus sobald als möglich ein Stoppsignal erzeugt. Dieses Signal löscht dieses Bit automatisch. Sind das Start- und das Stoppbit gleichzeitig gesetzt, wird erst das Stoppsignal gesendet, danach das Startsignal.

SI   Serielles Interrupt Bit. Dieses Bit wird durch die Hardware gesetzt, wenn einer von 25 der 26 möglichen I²C-Zustände eintritt. Der Zustand, auf den dieses Bit nicht reagiert, hat den Wert F8 im seriellen Statusregister 1 S1STA und zeigt an, daß auf dem I²C-Bus keine Änderung erfolgt ist. Ein Interrupt wird nur dann ausgeführt, solange dieses Bit auf Eins bleibt und der serielle Interrupt 1 im Interruptfreigaberegister freigegeben ist. Solange dieses Bit auf Eins ist, bleibt ferner die serielle Taktleitung SCL an Masse und zwingt alle kommunizierenden Bausteine in den Wait-State. Dieses Bit muß durch die Software gelöscht werden.

AA   Assert Acknowledge. Wenn dieses Bit gesetzt ist, legt der Controller nach jedem empfangenen Byte (Adresse oder Daten) ein Quittungssignal auf den I²C-Bus. Mit einer Null beschrieben antwortet der Controller weder auf die Adresse noch auf Daten. Dabei wird die I²C-Schnittstelle nicht abgeschaltet, alle Änderungen auf dem Bus werden weiterhin registriert. Mit dem Löschen des Bits während einer Kommunikation, kann der Vorgang bewußt abgebrochen werden, weil beispielsweise der Controller keinen Speicherplatz mehr hat, die wichtigsten Daten bereits da sind oder dringende Realzeitaufgaben zu erfüllen sind.

CR1, CR0   Clock Rate. Diese beiden Bits bestimmen die Taktfrequenz der seriellen Taktleitung SCL des Controllers. Sie bestimmen den Teiler der Oszillatorfrequenz. Mit einer Eins in beiden Bits wird Timer 1 zur Erzeugung der Taktfrequenz herangezogen. Ein Beispiel gibt folgende Tabelle:

Systemtakt:	6MHz	12MHz	16MHz	20MHz	Teiler
CR1 CR0		SCL-Frequenz in kHz			
0 0	6,25	12,5	17	21	960
0 1	50	100	--	--	120
1 0	100	--	--	--	60
1 1	0,25 - 31,25	0,5 - 62,5	0,65 - 83,3	0,8 - 100	96 · [256-(Timer1 Reloadwert)]

Die Hardware der I²C-Schnitstelle liegt wie ein Ohr auf dem I²C-Bus und schreibt jede registrierte Zustandsänderung als eine 5-Bit Information in das serielle Statusregister 1 S1STA, vorausgesetzt die I²C-Schnittstelle ist mit dem Bit ENS1 aktiviert. Es werden nur die Bits 7 bis 3 beschrieben; die Bits 2 bis 0 sind immer gelöscht.

Das serielle Statusregister 1:
Register D9, S1STA:

SC4	SC3	SC2	SC1	SC0	0	0	0

Symbol   Funktion

SC4 - SC0   In diesen Bits findet sich der aktuelle Status des I²C-Bus. Die darin enthaltenen Daten können als Vektor für einen Sprung in die richtige Bearbeitungsroutine dienen, so daß die Reaktionszeit auf eine Zustandsänderung möglichst kurz wird. Die Statuswerte und ihre Ursachen sind nachfolgend aufgelistet:

Sende-Modus Master:

08   Ein Startsignal wurde registriert.

10   Ein wiederholtes Startsignal wurde registriert.

18   Quittungssignal des Slaves nach Ausgabe der Adresse.

20   Kein Quittungssignal des Slaves nach Ausgabe der Adresse.

28   Quittungssignal des Slaves nach Senden eines Bytes.

30   Kein Quittungssignal des Slaves nach Senden eines Bytes.

38   Überlassung des I^2C-Busses an einen anderen Master wegen gleichzeitigem Senden von Daten.

Empfangs-Modus Master:

38   Überlassung des I^2C-Busses an einen anderen Master wegen gleichzeitigem Senden von Daten während des Empfangs der Quittung.

40   Quittungssignal nach Ausgabe der Adresse.

48   Kein Quittungssignal nach Ausgabe der Adresse.

50   Quittungssignal nach dem Datenempfang ausgesendet.

58   Kein Quittungssignal nach dem Datenempfang ausgesendet.

Empfangs-Modus Slave:

60   Quittungssignal wurde nach dem Empfang der Adresse ausgegeben.

68   Quittungssignal wurde nach dem Empfang der Adresse ausgegeben und Verlust der Buskontrolle.

70   Quittungssignal wurde nach dem Empfang eines General Call ausgegeben.

78   Verlust der Buskontrolle nach einem General Call.

90   Quittungssignal wurde nach dem Empfang eines General Call und des Folgebytes ausgegeben.

98   Kein Quittungssignal wurde nach dem Empfang eines General Call und des Folgebytes ausgegeben.

A0   Stopp- oder wiederholtes Startsignal während der Adressierung als Slave-Sender oder -Empfänger.

Sende-Modus Slave:

A8   Quittungssignal wurde nach dem Empfang der Adresse ausgegeben.

B0   Quittungssignal wurde nach dem Empfang der Adresse ausgegeben und Verlust der Buskontrolle.

B8   Quittungssignal wurde nach Datenausgabe empfangen.

C0   Quittungssignal wurde nach Datenausgabe nicht empfangen.

C8   Quittungssignal wurde nach der letzten Datenausgabe empfangen.

Alle Modi:

00   Busfehler während eines fehlerhaften Start- oder Stoppsignals.

F8   Keine Zustandsänderung, Bus-Status in Ordnung.

4. 8051-Familienderivate

Die nachfolgenden 8051-Familienderivate sind Produkte des Unternehmensbereichs der Philips GmbH.

Kontaktadresse:

Philips Components
Burchardstraße 19, Postfach 10 63 23
2000 Hamburg 1
Telefon: 040 / 3296-0; Telefax: 040 / 3296 - 213

4-1. Der 83C053, Mikrocontroller für Television und Video

Von dem 83C053 gibt es zwei weitere funktionsidentische Bausteine, die sich nur in der Art und Größe des integrierten Programmspeichers unterscheiden. Der 83C053 besitzt 8 KByte, der 83C054 16 KByteROM und der 87C054 verfügt über ein 16 KByte großes EPROM.

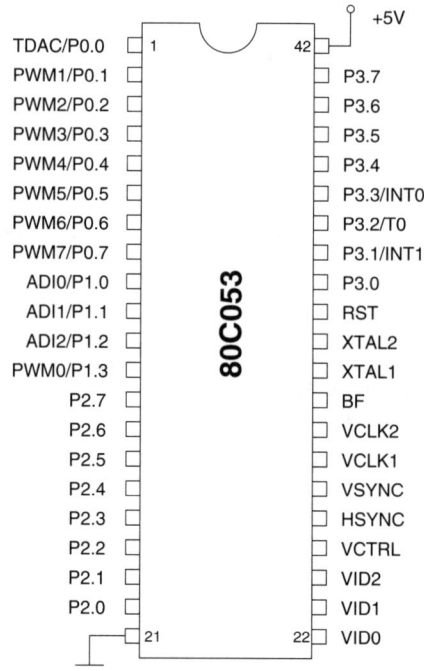

Bild 6-31. Die Anschlußbelegung des 83C053

Der 83C053 erzeugt ein On-Screen Display für Fernseher oder Monitore und besitzt zu diesem Zweck PWM-Kanäle (PWM = Pulsweitenmodulation), um TV-Signale zu erzeugen. Typische Anwendungsgebiete sind Schriftüberlagerung auf Fernsehern und Monitore, Sicherheitssysteme, medizinische und industrielle Visualisierung und alle andere Bereiche, in denen zusätzlich zum Bild eine Textmitteilung auf dem Bildschirm erscheinen soll. Der 83C053 erzeugt also kein eigenständiges Fernsehbild, sondern dient nur der Einblendung von Text.

Da von dem 83C053 keine ROM-lose Version existiert, fehlen auch die externen Anschlüsse ALE, PSEN und EA. So gesehen ist er ein Videocontroller mit MCS-51-Befehlssatz. Trotzdem ist in ihm vieles aus dem 8031 zu finden. Er verfügt über die beiden Timer, den Spezialfunktionsregisterbereich, die Interruptstruktur etc., lediglich die serielle Schnittstelle wurde weggelassen. Große Unterschiede sind auch in der Anschlußbelegung zu finden, die ihn nicht pinkompatibel zum 8031 machen.

Der 83C053 kann bis zu 128 Charakter auf dem Bildschirm darstellen, wobei deren Aussehen auf vielfältige Weise beeinflußt werden kann. Die Startkoordinaten für den Text können über den ganzen Bildschirm liegen. Der 83C053 ist nicht auf eine Standard-TV-Synchronisierung beschränkt, sondern kann sich in einem weiten Bereich auf viele Sychronisierungsraten bis hin zum VGA-Modus einstellen. Um die Lesbarkeit des Textes bei jedem Hintergrund zu ermöglichen, besitzt der 83C053 eine Menge von Variationen. Jedes Zeichen kann in einer anderen Farbe angezeigt werden, ein Hintergrund mit wählbarer Farbe kann jedem Zeichen hinzugefügt werden. Andere Textattribute sind Engschrift, doppelte Zeichenhöhe, doppelt große Zeichen und Kleinschrift. Acht verschiedene Schattierungsarten lassen keine Langweile auf dem Bildschirm entstehen.

Die technischen Daten:

- ❑ 192 Byte internes RAM
- ❑ On-Screen Display-Kontroller mit:
  - Steuerzeichen zur flexiblen Zeilenformatierung
  - Acht Textschattierungen
  - Textfarbe pro Zeichen wählbar
  - Hintergrundfarbe wortweise wählbar
- ❑ Drei digitale Videoausgänge
- ❑ Multiplexer und Mixer mit Kontrolle über Hintergrundhelligkeit
- ❑ Anzeigen-RAM für 128 Zeichen zu je 10 Bits
- ❑ Programmierbarer Charakter-Generator für 60 Zeichen mit 18 x 14 Punktmatrix
- ❑ Acht 6-Bit Pulsbreitenmodulatoren
- ❑ Ein 14-Bit Pulsbreitenmodulator für hochpräzise Spannungsintegration
- ❑ D/A-Wandler und Comparator mit einem 3-Eingangsmultiplexer
- ❑ Vier Tri-State Treiberausgänge
- ❑ Zwölf Tri-State +12V-Ausgänge
- ❑ Programmierbare Video-Eingangs- und Ausgangspolarität

Die Speicherorganisation:

Der interne RAM-Bereich umfaßt 192 Bytes. Um die Anzeigendaten zu verwalten, besitzt der 83C053 128 RAM-Plätze, von denen jeder zehn Bits groß ist. Von den zehn Bits werden sechs für die Daten und vier für die Attribute benutzt. Auf dieses Anzeigen-RAM wird über drei Spezialfunktionsregister zugegriffen: On Screen Adresse OSAD, On Screen Daten

OSDT und On Screen Attribute OSAT. Mit den sechs Datenbits wird der Charaktergenerator adressiert. Der Charaktergenerator verfügt über 60 Plätze zu je 18 mal 14 Bits, in die die Form des Zeichens abgelegt wird. Er ist also nicht fest belegt, sondern durch den Anwender programmierbar. Mit sechs Bits ist aber ein Bereich von 64 Bytes adressierbar. Die fehlenden vier Bytes erfüllen eine feste Aufgabe: es ist das Steuerzeichen für eine neue Zeile und drei verschiedene Leerzeichen.

Die Spezialfunktionsregister:

Der 83C053 verfügt über 19 zusätzliche Spezialfunktionsregister, mit deren Hilfe er seine Arbeit steuert. Mit sechs davon kontrolliert er die Anzeige, mit zehn die Pulsweitenmodulatoren, mit einem den A/D-Wandler und den Spannungsvergleicher, und zwei dienen der Überprüfung und dem Test des Bausteins. Die Spezialfunktionsregister zur Anzeigensteuerung sind: On Screen Adresse OSAD, On Screen Daten OSDT und On Screen Attribute OSAT. Die zehn Register für die Pulsbreitenmodulation sind: PWM0-7, die die 6-Bit niederauflösenden Pulsbreitenmodulatoren kontrollieren, und TDACL und TDACH, die den 14-Bit hochauflösenden Pulsbreitenmodulator steuern. Für den D/A-Wandler ist das SAD-Register zuständig. Die zwei restlichen Register sind RAMCHR und RAMATT und stehen für Testzwecke der Anzeige zur Verfügung.

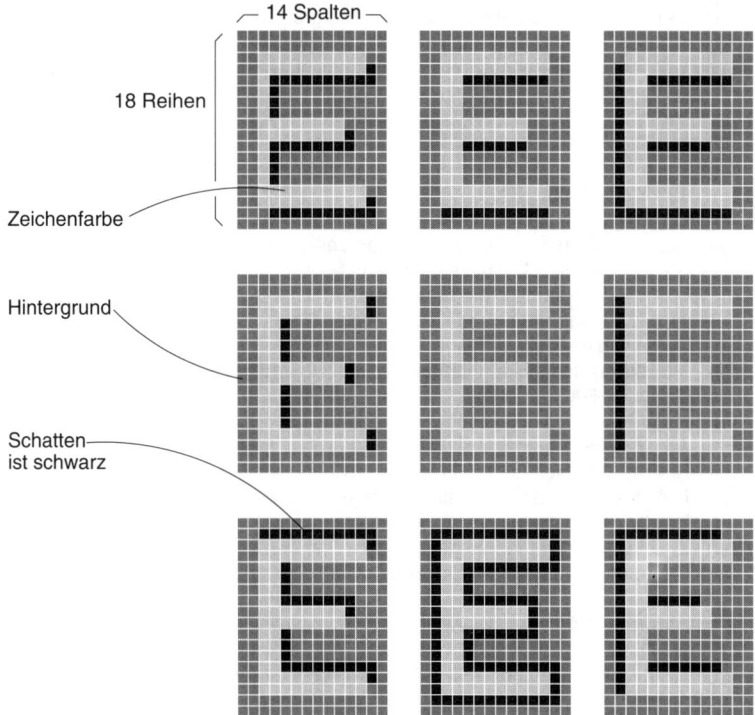

Bild 6-32. Die Textschattierungen

Das On-Screen Display Modul:

Die Hauptaufgabe dieses Blocks ist es, das Fernsehbild mit einem Text zu überlagern. An diesem Block sind vier Pins angeschlossen: zwei für den Videotakt VCLK1 und VCLK2 (Pin 28 und 29) und ein horizontales und vertikales Synchronisierungssignal VSYNC und HSYNC (Pin 26 und 27). Er verfügt über vier Ausgänge: drei Farbvideosignale und ein Kontrollsignal.

Die Pulsbreitenmodulatoren:

Im 80C053 sind neun Pulsbreitenmodulatoren vorhanden, die für verschiedene Aufgaben im Videobereich verwendet werden können. Die 6-Bit Pulsbreitenmodulatoren werden von dem Ausgang eines festen 6-Bit-Zählers getaktet, der wiederum mit 1/4 der Oszillatorfrequenz getaktet wird. Alle Pulsbreitenmodulatoren erhalten daher dieselbe Frequenz, die 1/128 der Oszillatorfrequenz ist. Alle Register für die sechs Pulsbreitenmodulatoren PWM0 bis PWM7 bestehen aus sechs Bits und einem Freigabebit. Der 14-Bit Pulsbreitenmodulator wird direkt mit 1/4 der Oszillatorfrequenz getaktet.

Die Interruptstruktur:

Da der 80C053 keinen seriellen Port besitzt, wurde dieser Interrupt durch den Interrupt des vertikalen Synchronisationssignals ersetzt. Er liegt an der Adresse 23. Der Baustein verfügt über keine Interruptprioritätsstruktur.

4-2. Der 80CL410, Controller für niedrige Spannungen mit geringer Leistungsaufnahme

Der 80CL410 ist pinkompatibel zum 80C31 und diesem in seinen Funktionen sehr ähnlich. Die Version mit 4k ROM hat die Nummer 83CL410. Der Buchstabe C steht für CMOS-Technologie und bedeutet geringe Leistungsaufnahme. Der Buchstabe L steht für Low Voltage und macht auf die bedeutendste Besonderheit aufmerksam, nämlich den variablen Betriebsspannungsbereich von 1,5 V bis 6 V. Doch das sind nicht seine einzigen Merkmale. Er kann bei äußerst geringer Frequenz arbeiten, die bis 0 Hz reichen kann. Sein Inneres ist voll statisch ausgelegt und verbraucht bei 0 Hz einen Strom kleiner als 1 µA. Dabei gehen keine Daten verloren, jede Funktion bleibt eingefroren - eine völlig neue Art der Leistungsreduzierung. Diese Eigenschaften machen ihn ideal für Anwendungen, wo der Strom nur von einer Batterie erhältlich ist oder wo nur geringe Spannung und Frequenzen erforderlich sind. Wird der eingebaute Oszillator benutzt, ist die minimale Frequenz 32 kHz, mit einer externen Taktversorgung kann sie bis zu 0 Hz reichen. Das bedeutet, daß der Takt abgeschaltet werden kann und daß bei Wiederaufnahme der Controller exakt mit seiner Arbeit an der Stelle weitermacht, wo er sich beim Abschalten befand. Andere Bausteine, deren innere Register teilweise dynamisch sind, können auf diese Weise nicht abgeschaltet werden; sie würden sonst ihren Inhalt verlieren.

Der 80CL410 kann mit den verschiedensten Stromquellen versorgt werden. Ihre Spannungen müssen nur im Bereich zwischen 1,5 V bis 6 V liegen. Dabei stellt er keine Ansprüche an eine besondere Glättung und benötigt auch keinen Festspannungsregler. Stammt der Strom aus einer Wechselspannung, so genügt bereits eine einfache Diode und ein Kondensator zur Erzeugung der Gleichspannung. Die Leistungsaufnahme liegt daher auch weit unter der des 80C31. Bei 3 V Spannungsversorgung und 3,5 MHz zieht der 80CL410 weniger als 1 mA Strom. Die Leistungsaufnahme ist direkt proportional zur Versorgungsspannung und zur Taktfrequenz. Bei 12 MHz und 5 V zieht er bereits 10 mA Strom, der in diesem Fall leicht unter dem Verbrauch des 80C31 liegt.

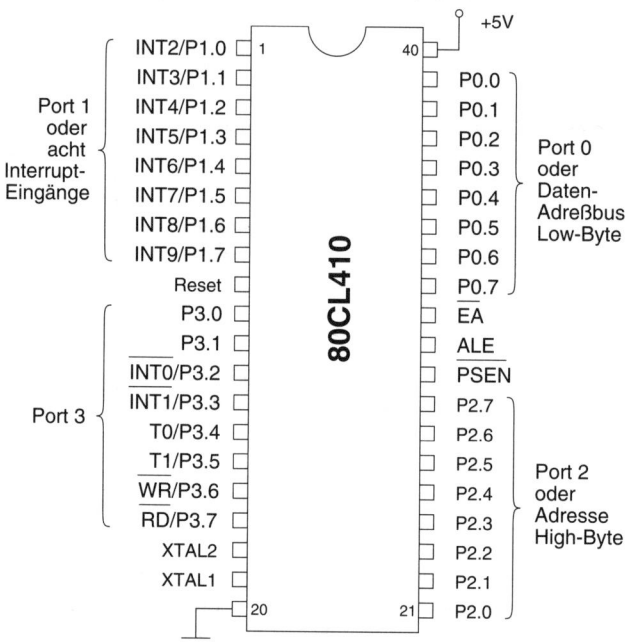

Bild 6-33. Die Anschlußbelegung des 80CL410

Die technischen Daten:

- ❏ 128 Bytes internes RAM
- ❏ Zwei 16-Bit Timer
- ❏ Interruptstruktur mit zwei Ebenen
- ❏ Ein serielles I²C-Bus Interface
- ❏ 13 Interruptquellen, davon acht extern
- ❏ Idle- und Power-Down-Modus
- ❏ Interrupt oder Reset von Power-Down
- ❏ Sechs Oszillatorkonfigurationen möglich
- ❏ Spannungsversorgung von 1,5 V bis 6 V
- ❏ Arbeitsfrequenz von 0 Hz bis 20 MHz

Die Spezialfunktionsregister des 80CL410 :

Die meisten Spezialfunktionsregister des 8031 finden sich auch im 80CL410 wieder. Für die Handhabung des I2C-Bus und die Verwaltung der acht zusätzlichen externen Interrupts wurden acht neue Register eingerichtet. Der serielle Port des 8031 wurde gegen das I2C-Bus Interface ausgetauscht und die Spezialfunktionsregister SCON und SBUF wurden entfernt. Die Register, die den I2C-Bus steuern, heißen serielle Kontrolle 1 S1CON, serielle Daten 1 S1DAT, serieller Status 1 S1STA und serielle Adresse 1 S1ADR. Für die zusätzlichen Interrupts reichten die Register IE und IP nicht mehr aus. Sie wurden in IE0 und IP0 umbenannt und zwei neue IE1 und IP1 hinzugefügt. Zwei weitere Spezialfunktionsregister, IX1 und IRQ1, regeln die Flanke der externen Interrupts und nehmen die Bits für die Interruptanforderungen auf.

Das I2C-Bus-Interface:

Die CPU des 80CL410 steuert den I2C-Bus mit Hilfe von vier Registern: serielle Kontrolle 1 S1CON, serielle Daten 1 S1DAT, serieller Status 1 S1STA und serielle Adresse 1 S1ADR. Eine ausführliche Beschreibung des I2C-Bus und der Hardware findet sich in Kapitel 6-3. Die Inhalte und Aufgaben der Register sind ab Seite 6-53 ausführlich dargestellt.

Die Interruptstruktur:

Die Register, die im 80CL410 die Interrupts steuern, sind IE0, IP0, IE1, IP1, IX1 und IRQ1. Das Register Interrupt Enable 0 IE0 entspricht dem Register IE des 8031. Durch den Wegfall des seriellen Ports ist auch das Bit Enable Serial Interrupt ES verschwunden (Seite 161). Dieses vierte Bit wurde ersatzlos gestrichen. Das fünfte Bit erhielt eine neue Funktion: es gibt den Interrupt für den I2C-Bus frei und trägt den Namen ES1 (Bit-Adresse AD). Dieser Platzwechsel wurde vorgenommen, um eine gewisse Kompatibilität zwischen anderen Bausteinen herzustellen. Auch das Interrupt Prioritätsregister 0 IP0 ist mit dem Register IP in 8031 vergleichbar. Wie zuvor hat auch hier das Bit für die Priorität des seriellen Interrupts PS1 seinen Platz um eine Stelle nach links verlegt (Seite 1-63). Neu ist das Register Interrupt Enable 1 IE1. Mit ihm werden die acht zusätzlichen externen Interrupts, die sich an Port 1 befinden, freigegeben, die mit dem Register Interrupt Priorität 1 IP1 auf eine höhere Ebene gesetzt werden können. Dabei steuert das Register IX1 die Pegel, die den Interrupt am betreffenden Eingang bewirken können. Die dadurch angeforderten Interrupts finden sich als gesetzte Bits im Register IRQ1 wieder. Die neuen Einsprungadressen liegen im Bereich von 2B bis 73.

4-3. Der 80C451, Controller mit erweiterter I/O-Struktur

Der 80C451 ist funktions-, aber nicht pinkompatibel zum 80C31. Mit der Nummer 83C451 verfügt er über 4k ROM und mit der Nummer 87C451 über ein 4kEPROM. Der 80C451 ist eine I/O-erweiterte Version des 80C31. Drei neue Ports sind hinzugekommen, so daß der Baustein nun über sieben an der Zahl verfügt. Er wird in zwei Gehäuseformen hergestellt. Das DIP-Gehäuse hat 64 Anschlüsse mit 52 I/O-Leitungen und die LCC-Version hat 68 Pins mit 56 I/O-Leitungen. Damit sind auch schon alle wesentliche Unterschiede genannt.

Die technischen Daten:

❑ Sieben 8-Bit I/O-Ports (LCC-Gehäuse)
❑ Sechs 8-Bit und ein 4-Bit I/O-Port (DIP-Gehäuse)
❑ 80C31-Struktur

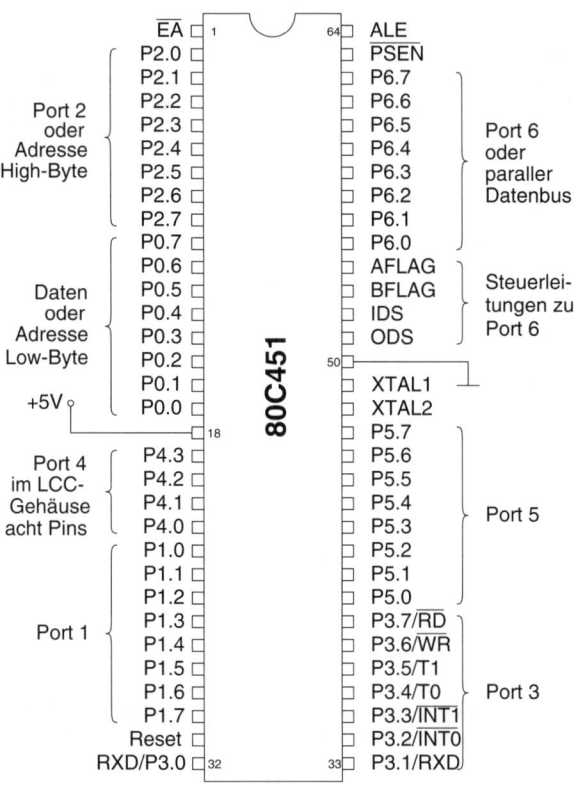

Bild 6-34. Die Anschlußbelegung des 80C451

Die Spezialfunktionsregister:

Für die Kontrolle der drei zusätzlichen Ports wurden vier neue Register hinzugefügt. Das sind P4, P5, P6 und das Control Status Register CSR. Die Register stellen die betreffenden Portspeicher dar und arbeiten in gleicher Weise wie der Port 1 des 80C31. Das Control Status Register CSR wird benutzt, um den Modus der Operation von Port 6 zu steuern und um dessen aktuellen Status anzuzeigen. Alle Bits darin können beschrieben oder gelesen werden mit Ausnahme der Bits 0 und 1, die nur gelesen werden können. Nach einem Reset stehen in den Bits 2 bis 7 Einsen und in den Bits 0 und 1 Nullen. Die neuen Ports P4, P5 und P6 und das Controllregister CSR finden sich an den Adressen C0, C8, D8 und E8. Somit sind sie alle bitadressierbar.

Die I/O-Portstruktur:

Der 80C451 hat insgesamt sieben Ports. Die ersten vier Ports P0 bis P3 sind einschließlich der Zweitfunktionen identisch mit denen des 80C31, die Ports 4 und 5 sind funktionsgleich zum Port 1, d.h. sie verfügen über keine Zweitfunktionen. Von Port 6 sind im DIP-Gehäuse nur die ersten vier Bits vorhanden, im LCC-Gehäuse ist es ein 8-Bit Port. Port 6 ist für eine High-Speed parallele Datenkommunikation ausgelegt und zeigt eine große Ähnlichkeit zum Portbaustein 8255. Seine Aktivitäten werden durch das Control Status Register CRS gesteuert. Er kann einmal als gewöhnlicher I/O-Port verwendet werden oder im getakteten Modus zusammen mit den vier Kontrolleitungen, die sich als zusätzliche Anschlüsse am Gehäuse befinden:

ODS (Pin 51 bzw. 55): Output Data Strobe. Mit diesem Signal werden gültige Daten an Port 6 angezeigt. Es kann benutzt werden, um einen externen Zwischenspeicher für diese Portdaten zu takten.

IDS (Pin 52 bzw. 56): Input Data Strobe. Dieser Eingang stellt das Gegenstück zum ODS-Ausgang dar. Bausteine, die Daten in den Port 6 des 80C451 schreiben wollen, benutzen diesen Eingang. Eine positive Flanke schreibt die anliegenden Daten in die Portspeicher. Ein internes Bit (Input Buffer Full IBF) wird gesetzt, das der CPU die Ankunft von Daten mitteilt.

AFLAG (Pin 54 bzw. 58): Dieser Pin kann als zusätzlicher I/O-Pin verwendet werden. Er kann auch so programmiert werden, daß er den Zustand des Datenausgabepuffers anzeigt. Als Eingang kann man mit ihm entweder zwischen den Portdaten oder dem Inhalt des Controll Status Registers CSR an Port 6 wählen. Somit haben andere Bausteine einen Überblick über die internen Zustände des 80C451.

BFLAG (Pin 53 bzw. 57): 58): Dieser Pin kann als zusätzlicher I/O-Pin verwendet werden. Er kann auch so programmiert werden, daß er den Zustand des Datenempfangspuffers anzeigt. Als Eingang kann er als "Chip Select"-Eingang für den Port 6 verwendet werden. Liegt an ihm High-Pegel, nimmt der Port 6 auch bei gültigem IDS-Signal keine Daten an. Diese Eigenschaft erleichtert die Verwendung des 80C451 in einem Multiprozessorensystem.

Durch diese Eigenschaften kann Port 6 in verschiedenster Weise Verwendung finden. Er kann als Prozessor-Bus-Interface, als Standard-I/O-Port oder als paralleler Drucker-Port dienen.

Prozessor-Bus-Interface:

Mit Port 6 kann der 80C451 ein Mitglied in einem Mikroprozessorbus sein. Der Wirtsprozessor ist dabei entweder eine beliebige CPU oder ein Mikrocontroller wie der 80C451. Indem man den Port 6 als Bus-Interface konfiguriert, ist es möglich, mit weiteren Peripherieprozessoren zu kommunizieren. Anwendungen hierbei sind Keyboard-Controller, serieller Bus-Controller, Schrittmotoren-Controller etc.

Nach einem Reset ist der Port 6 korrekt für den Gebrauch am Multiprozessorbus konfiguriert. Das verhindert eventuellen Datenverlust, wenn der Wirtsprozessor unmittelbar danach Kontakt zum 80C451 aufnehmen will.

4-4. Der 80C528, Controller mit erweitertem internem RAM und ROM

Aus der Numerierung wird bereits das Wesentliche des 80C528 deutlich: Läßt man die letzte Zahl weg, hat man den 80C52. Der 80C528 ist also ein 80C32 mit erweitertem internen RAM. Die ROM-Version hat die Nummer 83C528 und verfügt ebenso wie die EPROM-Version 87C528 über 32k internes ROM. Somit ist der 80C528 absolut pin- und funktionskompatibel zum 80C32.

Die technischen Daten:

- ❏ Alle Eigenschaften des 80C32
- ❏ 512 Byte internes RAM
- ❏ 32k ROM bzw. EPROM
- ❏ I²C-Bus-Interface
- ❏ Watchdog Timer

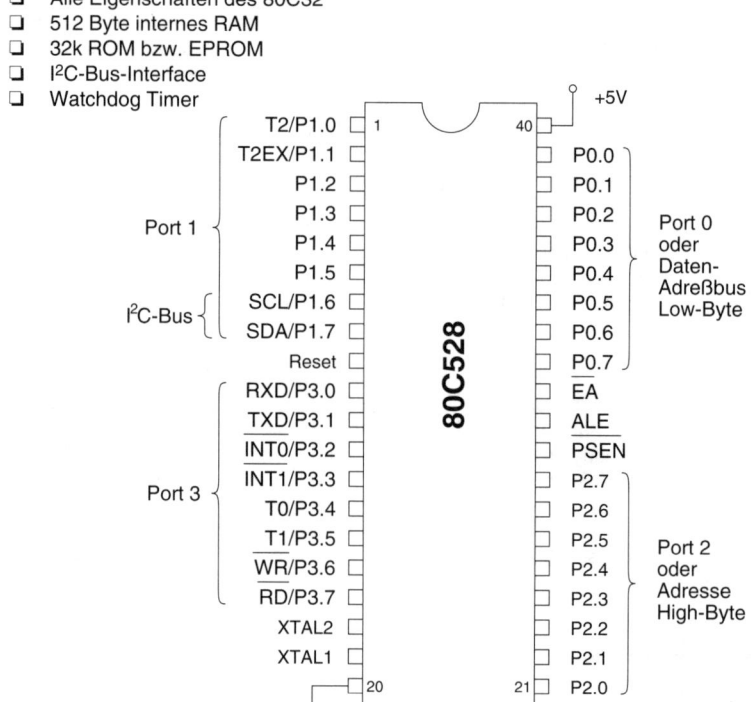

Bild 6-35. Die Anschlußbelegung des 80C528

Der Datenspeicher:

Der 80C528 besitzt die gleiche interne RAM-Struktur wie der 80C32. Es stehen 256 Plätze zur Verfügung. Die Adressen von 80 bis FF sind doppelt vorhanden, und es wird die Auswahl nur durch die unterschiedliche Adressierung getroffen. Neu im 80C528 ist der zusätzliche Einbau von 256 Bytes **externes** RAM in das Gehäuse. Auf diesen Datenspeicherbereich wird auch in derselben Weise zugegriffen, als wäre er ein echtes externes RAM. Es kommen also die Befehle MOVX @R0, MOVX @R1 und MOVX @DPTR zur Anwendung. Solange sich die Adressen im Bereich von 00 bis FF bewegen, werden auch keine Bussignale nach außen hin übermittelt. Insbesondere bleiben die Zustände der Ports 0 und 2 unverändert. Der Zugriff auf die Datenspeicheradressen von 100 bis FFFF wird automatisch nach außen umgeleitet und erfolgt dann in der gewohnten Weise.

Die Spezialfunktionsregister:

Die Standard-Spezialfunktionsregister des 80C31 sind auch im 80C528 vorhanden und sind in ihrer Funktion identisch. Lediglich die Register für den seriellen Port wurden von SCON und SBUF in S0CON und S0BUF umbenannt, da ein zweiter serieller Port, der I²C-Bus, hinzugekommen ist, der ebenfalls Steuerregister benötigt. Die Register, die den I²C-Bus steuern, sind S1INT, S1BIT und S1SCS. Für den Watchdog Timer zuständig sind Timer 3 T3 und Watchdog Control WDCON.

Der Watchdog Timer:

Der Watchdog Timer besteht aus einem 11-Bit Vorteiler und dem eigentlichen 8-Bit Timer T3. Somit wird der Inhalt von T3 nach 2048 Taktperioden des Oszillators um eins erhöht. Wenn dieser Timer T3 überläuft, löst er einen Reset aus. Der Start und das Rücksetzen des Timers erfolgt über das Watchdog Timer Kontrollregister WDCON. Nach einem Reset weist dieses Register den Wert A5 auf und der Watchdog Timer steht. Ein Schreibfehler in das Kontrollregister WDCON mit einem Wert ungleich A5 startet den Watchdog Timer, der danach nicht wieder gestoppt werden kann. Um ihn an einem Überlauf zu hindern, muß er in regelmäßigen Zeitabständen rückgesetzt oder mit einem neuen Wert beschrieben werden. Um den Schreibbefehl auf den Watchdog Timer freizugeben, ist zuerst das Register WDCON mit dem Wert 5A (man beachte die Symmetrie !) zu beschreiben und danach der Watchdog Timer mit 00 oder einem anderen Wert zu laden. Jeder Wert größer Null wird natürlich die Refresh-Periode verkürzen. Der Inhalt des Watchdog Timers ist lesbar. Somit kann die Software leicht feststellen, ob ein Rücksetzen des Timers erforderlich ist.

Das I²C-Bus-Interface:

Die Verwaltung des I²C-Bus-Interface differiert etwas von der, wie sie auf Seite 6-53 geschildert ist. Der 80C528 besitzt zur Steuerung das Interruptregister S1INT, das Bitregister S1BBIT und das Kontrollregister S1SCS. Das wesentlichste Merkmal dieser I²C-Bus-Struktur ist die Bit-Ebene, auf der die Übertragung stattfindet. Der 80C528 sendet und empfängt bitweise. Er besitzt kein Schieberegister, mit dessen Hilfe er ein Byte seriell sendet, und keines, mit dem er ankommende Bits zu einem Byte zusammenfügt. Er muß nach jedem ankommenden Bit in eine Interruptroutine zur Weiterverarbeitung springen, da sonst die Bitinformation durch ein zweites, ankommendes überschrieben wird. Trotzdem ist die Hardware so gebaut, daß sämtliche Vorgänge auf dem Bus registriert werden. Allerdings verfügt der

80C528 über kein Statusregister, so daß der exakte Zustand des I²C-Bus nicht zu jeder Zeit durch die CPU ermittelt werden kann.

Die Interruptstruktur:

Bedingt durch den I²C-Bus ist eine weiterer Interrupt hinzugekommen. Er wird durch das sechste Bit im Interrupt Enable Register IE freigegeben. Die Prioritätswahl des Interrupts erfolgt durch das sechste Bit im Interruptprioritätsregister IP. Leider liegen die Interruptvektoren des 80C528 an völlig anderer Stelle als im 80C32, was den 80C528 nicht abwärtskompatibel bezüglich der Software macht. Compiliert man jedoch die Software mit einem Assembler, der die Unterschiede kennt, erneut, sind diese Schwierigkeiten aus dem Wege geräumt.

4-5. Der 80C550, Controller mit A/D-Wandler und Watchdog Timer

Der 80C550 ist ein 80C31, der als zusätzliche Funktionen über einen A/D-Wandler und einen Watchdog Timer verfügt. Der Baustein 83C550 besitzt 4k ROM, der 87C550 4k EPROM. Wegen der benötigten Referenzspannung für den A/D-Wandler, ist die Anschlußbelegung nicht identisch mit der des 80C31. Im LCC-Gehäuse verfügt der 80C550 über acht Analogeingänge. Im 40poligen DIP-Gehäuse sind die Pins 6 und 7 des Port 1 weggelassen, so daß nur sechs Analogeingänge zur Verfügung stehen.

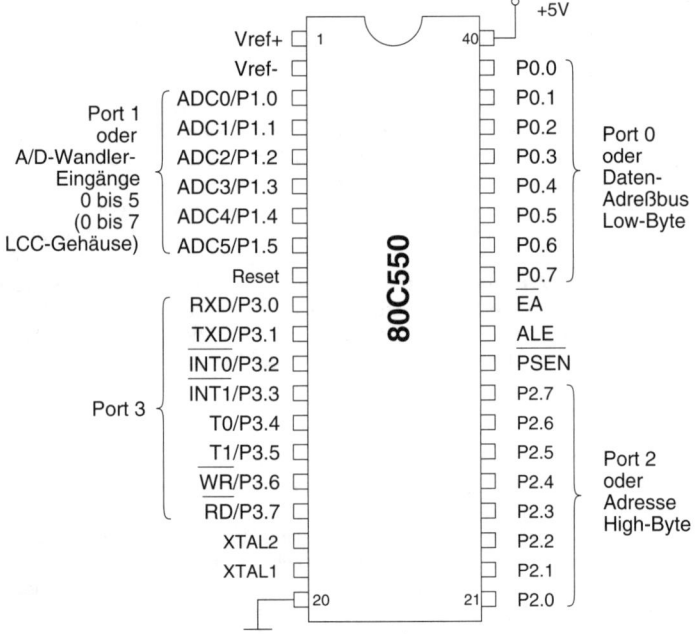

Bild 6-36. Die Anschlußbelegung des 80C550

Die Analog-Digital Konversation wird mit dem Register ADCON gesteuert, die konvertierten Daten finden sich im Register ADAT. Eine Wandlung dauert 40 μs bei 12 MHz. Wenn der Watchdog-Timer nicht verwendet wird, kann man ihn als zusätzlichen 8-Bit Timer nutzen. In der Watchdog-Funktion wird er über einen programmierbaren 13-Bit Vorteiler getaktet. Dadurch erhöht sich der Inhalt des Watchdog Timers alle 64 bis 8192 Maschinentakte. Dieser Timer ist ein Abwärtszähler, der dann einen Systemreset auslöst, wenn sein Inhalt Null ist.

4-6. Der 80C552, Controller mit analoger Signalverarbeitung

In seiner Funktionsweise und Leistungsfähigkeit ist der 80C552 mit dem Baustein 80535 vergleichbar. Er besitzt fünf I/O-Ports, einen 8-Bit Input-Port, einen dritten Timer verbunden mit Capture- und Compare-Registern, eine Interruptstruktur mit 15 Quellen auf zwei Ebenen, einen 8-Kanal 10-Bit A/D-Wandler, ein pulsweitenmoduliertes Interface zur D/A-Wandlung, zwei serielle Ports (UART und I2C-Bus), einen Watchdog Timer und ein System zur Überwachung des internen Oszillators.
Die Bausteine 83C552 bzw. 87C552 besitzen ein 8k ROM bzw. 8k EPROM

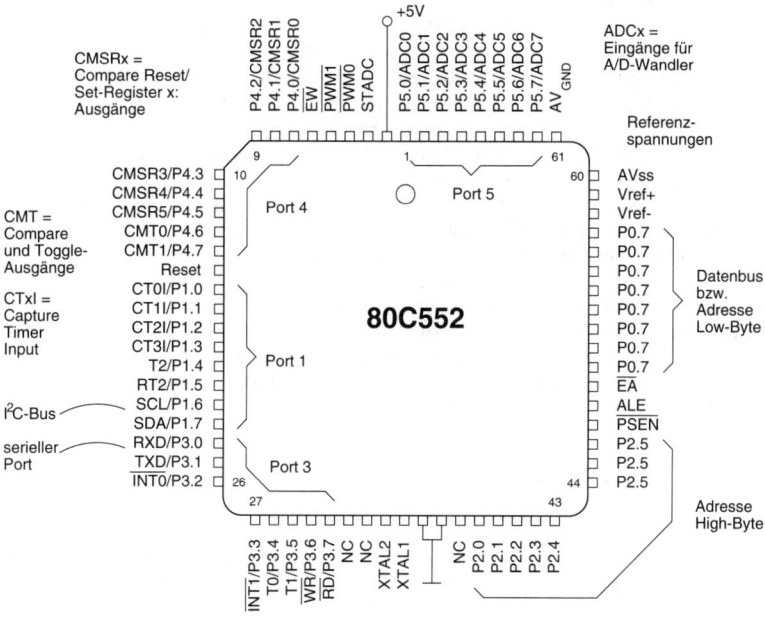

Bild 6-37. Die Anschlußbelegung des 80C552

Der **80C562** ist ein 80C552 mit etwas verringerten Funktionen:
Er besitzt kein I2C-Bus-Interface. Die Auflösung des A/D-Wandlers wurde von zehn auf acht Bits verringert, allerdings ist dadurch die Geschwindigkeit der Wandlung gestiegen: sie dauert nicht mehr 50, sondern nur noch 24 Maschinenzyklen.

4-7. Der 80C652, Controller mit I2C-Bus-Interface

Der 80C652 ist identisch zum 80C31. Das einzige Unterscheidungsmerkmal ist der I2C-Bus, der an den Anschlüssen P1.6 und P1.7 liegt (Bild 1-2, Seite 1-5) und die interne RAM-Größe, die 256 Bytes umfaßt.

4-8. Der 80C851, Controller mit integriertem EEPROM

Der 80C851 ist ein 80C31 und unterscheidet sich von ihm nur durch ein integriertes EEPROM, was durch die Zahl 8 (die EEPROM-Kennung) hinter dem Buchstaben C zum Ausdruck kommt. Seine Funktionen und die Anschlußbelegung stimmen mit dem 80C31 überein.

Der EEPROM-Block:
Das EEPROM besitzt eine Größe von 256 Bytes. Die Verständigung zwischen der CPU und dem EEPROM erfolgt über fünf zusätzliche Spezialfunktionsregister. Zwei Register beinhalten den High- und Low-Anteil für die Adreßmatrix, ein Datenregister wird zum Schreiben oder Lesen der Daten verwendet, ein Kontrollregister und ein Timerregister erzeugen die erforderlichen Zeiten zum Löschen bzw. zum Schreiben der Daten.
Das EEPROM wird über die beiden Adreßregister EADRL und EADRH adressiert. Das Low-Byte der Adresse wird in das Register EADRL geschrieben, das Register EADRH ist für künftige Erweiterungen und für die Adressierung des Sicherheitsbits vorgesehen.
Das EEPROM-Datenregister EDAT ist für die Schreib-/Lesezugriffe sowie für den Löschvorgang erforderlich. Der komplexe Programmiervorgang wird durch das Beschreiben des Register gestartet; weiter Maßnahmen der CPU sind dann nicht mehr erforderlich. Beim Lesen findet hier die CPU die adressierten Daten aus dem EEPROM.
Das EEPROM Timer Register ETIM ist erforderlich, um aus dem Oszillatortakt die erforderlichen Zeiten für den Schreib- bzw. Löschvorgang zu erzeugen. Als Anwender hat man lediglich dafür zu sorgen, daß diese Zeiten nicht unter- bzw. überschritten werden. Die Werte für das ETIM-Register errechnen sich nach folgender Formel:

$$\text{Wert} = \frac{f_{Osz.}\,(kHz)}{96} - 2$$

Mit dem Kontrollregister ECNTRL werden die verschieden Zugriffsarten auf das EEPROM gesteuert. Man kann es in verschiedenen Modi lesen, beschreiben oder seinen Inhalt blockweise löschen. Ferner finden sich in ihm Bits, die anzeigen, ob das EEPROM für den nächsten Zugriff bereit ist, die auch einen Interrupt auslösen können, etc.

In diesem Anhang finden sich die Pinbelegungen und Kurzbeschreibungen der Bausteine, die in den vorangegangenen Kapiteln benutzt bzw. erwähnt wurden. Es handelt sich dabei ausschließlich um MOS-Bausteine, die beim Gebrauch mit der nötigen Sorgfalt behandelt werden sollten. Eine elektrostatische Aufladung ist in allen Fällen zu vermeiden. Ansonsten lasse man die übliche Sorgfalt walten, die beim Umgang mit Bausteinen der MOS-Technologie angebracht ist (siehe CMOS-Kochbuch, IWT-Verlag).

Die Gliederung erfolgt nach Logik-Familien. In der ersten Gruppe finden sich die Standard-Bausteine der 40/45xx-CMOS-Reihe; in der zweiten Gruppe die Vertreter der TTL-Subfamilie 74HC. Die Bausteine der 74HC-Reihe können alle bis auf die 74HC40xx durch Bausteine der LS- und HCT-Reihe ersetzt werden. Die dritte Gruppe wird durch Speicherbausteine (EPROM, RAM etc.) gebildet, und in der vierten finden sich die Peripheriebausteine der 82iger-Reihe.

40106

Sechs Schmitt-Trigger

+3 V bis +15 V

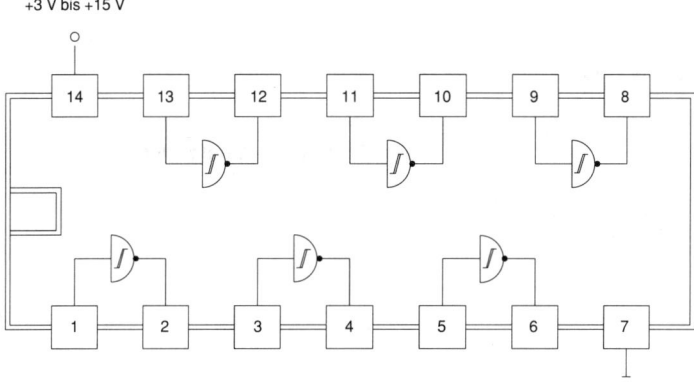

Ansicht von oben

Alle sechs Inverter können unabhängig voneinander verwendet werden. Durch die Kippeigenschaft des Schmitt-Triggers ist der Baustein geeignet zur Signalkonditionierung oder zur Erzeugung von monostabilen Zeitgeberschaltungen. Die nicht benutzten Eingänge lege man entweder an High- oder Low-Pegel.

Der 40106 ist funktions- und pinkompatibel zu den Bausteinen 54C14, 74C14 und 4584.

Wahrheitstafel:	Eingang	Ausgang
	0	1
	1	0

Eingänge: 1, 3, 5, 9, 11, 13
Ausgänge: 2, 4, 6, 8, 10, 12
1: High-Pegel
0: Low-Pegel

Die Kippeigenschaften:

Spannung	Umschaltschwelle bei abfallender Spannung	Umschaltschwelle bei ansteigender Spannung
5 V	1,4 V	3,6 V
10 V	3,2 V	6,8 V
15 V	5,0 V	10,0 V

In Verbindung mit Mikrocomputern ist die Durchlaufverzögerung der Gatter bedeutsam. Sie beträgt

    bei   5 V: 220 ns
    bei 10 V: 80 ns
    bei 15 V: 70 ns.

Es ist eine Stromentnahme bis zu 8,8 mA pro Ausgang möglich.

40109

Vier Spannungstransformer

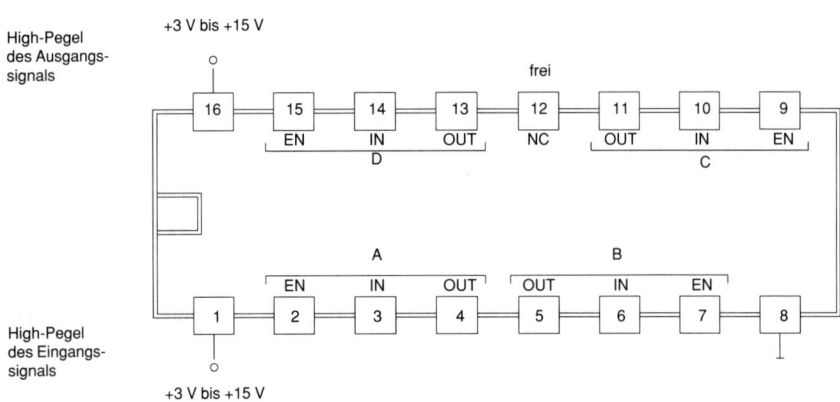

Ansicht von oben

Die vier Pegeltransformer können unabhängig voneinander eingesetzt werden. Jeder Transformer gibt eine logische Eins am Eingang (IN), die mit der Spannung an Pin 1 übereinstimmen muß, als eine logische Eins am Ausgang (OUT) mit einem Pegel aus, der mit der Spannung an Pin 16 übereinstimmt. Somit ist gleichermaßen eine High-nach-Low- wie eine Low-nach-High-Transformation möglich. Jeder der vier Schaltkreise verfügt über einen eigenen Freigabepin (EN), der in der Regel auf gleichem Potential wie Pin 16 liegt. Legt man ihn an Masse, geht der betreffende Ausgang in den Tri-State.

Anwendungen des Bausteins liegen in einer High- oder Low-Level-Transformation für eine uni- oder bidirektionale Buskonversation. Eine Isolierung von logischen Subsystemen mit unterschiedlichen Spannungsregulierungen ist damit möglich. Er ist aber auch gut geeignet, um Signale mit hohen Spannungspegeln an die Eingänge eines Mikrocomputersystems anzupassen oder die Ausgangspegel anzuheben.

Wahrheitstafel:

Eingang		Ausgang
IN	EN	
0	1	0
1	1	1
X	0	T

Eingänge: 2, 3, 6, 7, 9, 10, 14, 15
Ausgänge: 4, 5, 11, 13
Nicht belegt: 12

1: High-Pegel
0: Low-Pegel
T: Tri-State

Die Durchlaufverzögerung liegt bei 230 ns. Den einzelnen Ausgängen kann ein Strom bis zu 6,8 mA entnommen werden.

4508

Zwei 4-Bit-Speicher

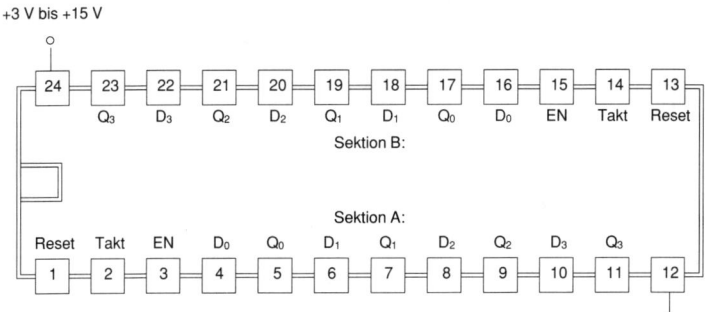

Ansicht von oben

Jede Sektion besteht aus zwei identischen 4-Bit-Speichern mit getrennten Takt-, Reset- und Freigabeeingängen (EN), die unabhängig voneinander verwendet werden können. Der Takteingang ist pegelgetriggert, was heißt, daß bei High-Pegel am Takteingang und Low-Pegel am EN-Pin die Ausgänge Q dem logischen Pegel der Eingänge D folgen. Wird der Takteingang auf Low gebracht, wird die letzte Information, die bei High anlag, intern gespeichert und den Ausgängen zugeführt.

Bei normalem Betrieb werden die Eingänge Reset und EN an Masse gelegt. Wird Reset auf High gebracht, so werden die Speicher und damit die Ausgänge mit Null beschrieben. Wird EN an Plus gelegt, gehen die Ausgänge in den Tri-State; die übrigen Funktionen bleiben intakt.

Da die beiden 4-Bit-Speicher zu einem einzigen 8-Bit-Register vereint werden können, ergibt sich die Hauptaufgabe des Chips als Pufferspeicher oder Datenzwischenspeicher für einen Multiplexbetrieb. Als Adreßzwischenspeicher wirkt sich die hohe Durchlaufverzögerung negativ aus. Sie beträgt bei 5 V 105 ns, bei 15 V 45 ns. Für Busoperationen ist die Tri-State-Option von Vorteil. Die Zeitverzögerung beträgt hier 90 ns (5 V) bzw. 35 ns (15 V).

Jedem Ausgang kann ein Strom von maximal 6,8 mA entnommen werden.

Wahrheitstafel:

Reset	EN	Takt	Eingang	Ausgang
0	0	1	1	1
0	0	1	0	0
0	0	0	X	Q
1	0	X	X	0
X	1	X	X	T

1: High-Pegel
0: Low-Pegel
X: beliebiger Pegel
T: Tri-State
Q: gespeicherte Daten
Eingänge: 1, 2, 3, 4, 6, 8, 10, 13, 14, 15, 16, 18, 20, 22
Ausgänge: 5, 7, 9, 11, 17, 19, 21, 23

74HC04

Sechs Inverter

+3 V bis +15 V

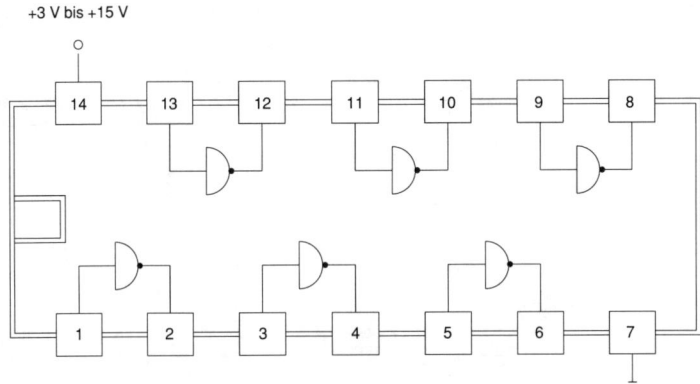

Ansicht von oben

Dieser Baustein ein dreifach gepufferter Inverter mit hoher Rauschunempfindlichkeit und der Fähigkeit, 10 LS-TTL-Lasten zu treiben. Man beachte, daß die Inverter keine Schmitt-Trigger-Eigenschaft aufweisen.

Die typische Durchlaufverzögerung beträgt 55 ns (2 V), 11 ns (4,5 V) bzw. 9 ns (6 V). Pro Ausgang kann ihm ein Strom von 25 mA entnommen werden. Im statischen Zustand beträgt die Leistungsaufnahme maximal 10 μW.

Wahrheitstafel:

Eingang	Ausgang
0	1
1	0

Eingänge: 1, 3, 5, 9, 11, 13
Ausgänge: 2, 4, 6, 8, 10, 12
1: High-Pegel
0: Low-Pegel

74HC14

Sechs Schmitt-Trigger

+2 V bis +6 V

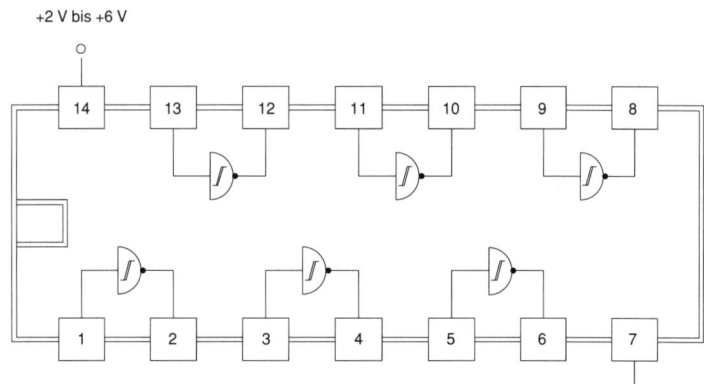

Ansicht von oben

Alle sechs Inverter können unabhängig voneinander verwendet werden. Durch die Kippeigenschaft des Schmitt-Triggers ist der Baustein geeignet zur Signalkonditionierung oder zur Erzeugung von monostabilen oder astabilen Zeitgeberschaltungen. Die nicht benutzten Eingänge lege man entweder an High- oder Low-Pegel.

Die typische Durchlaufverzögerung beträgt 60 ns (2 V), 13 ns (4,5 V) bzw. 11 ns (6 V). Pro Ausgang kann ihm ein Strom von 25 mA entnommen werden. Im statischen Zustand beträgt die Stromaufnahme maximal 20 µA. Bei einer Betriebsspannung von 4,5 V weisen die Schmitt-Trigger eine Hysteresis von 0,9 V auf.

Wahrheitstafel:

Eingang	Ausgang
0	1
1	0

Eingänge: 1, 3, 5, 9, 11, 13
Ausgänge: 2, 4, 6, 8, 10, 12
1: High-Pegel
0: Low-Pegel

Die Kippeigenschaften:

Spannung	Umschaltschwelle bei abfallender Spannung	Umschaltschwelle bei ansteigender Spannung
2 V	0,7 V	1,2 V
4,5 V	1,8 V	2,7 V
6 V	2,2 V	3,2 V

74HC138

3-Zu-8-Decoder

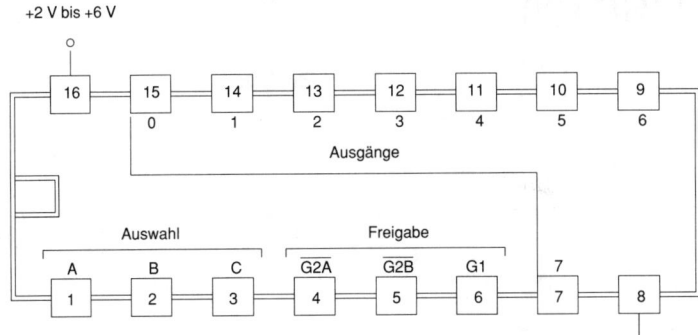

+2 V bis +6 V

Ansicht von oben

Der Baustein hat drei binäre Auswahleingänge: A, B und C. Der Code an diesen Eingängen bestimmt, welcher von den normalerweise an High-Pegel liegenden acht Ausgängen (0 bis 7) an Masse geht. Zwei low-aktive ($\overline{G2A}$ und $\overline{G2B}$) und ein high-aktiver (G1) Eingang bestimmen, ob der dem Binärcode entsprechende Ausgang an Masse geht oder an High bleibt. In der Regel lege man Pin 4 und 5 an Plus und Pin 6 an Masse. Diese drei Freigabepins erlauben eine einfache Kaskadierung mehrerer Bausteine.

Wahrheitstafel:

Eingänge		Ausgänge	
G1 $\overline{G2^*}$	A B C	0 1 2 3 4 5 6 7
X 1	X X X	1 1 1 1 1 1 1 1
0 X	X X X	1 1 1 1 1 1 1 1
1 0	0 0 0	0 1 1 1 1 1 1 1
1 0	0 0 1	1 0 1 1 1 1 1 1
1 0	0 1 0	1 1 0 1 1 1 1 1
1 0	0 1 1	1 1 1 0 1 1 1 1
1 0	1 0 0	1 1 1 1 0 1 1 1
1 0	1 0 1	1 1 1 1 1 0 1 1
1 0	1 1 0	1 1 1 1 1 1 0 1
1 0	1 1 1	1 1 1 1 1 1 1 0

1: High-Pegel
0: Low-Pegel
X: beliebiger Pegel
$G2^* = G2A + G2B$

Eingänge: 1, 2, 3, 4, 5, 6
Ausgänge: 7, 9, 10, 11, 12, 13, 14, 15

Die Durchlaufverzögerung beträgt 75 ns (2 V), 15 ns (4,5 V) und 13 ns (6 V). Pro Ausgang kann ihm ein Strom von 25 mA entnommen werden. Im statischen Zustand beträgt die Stromaufnahme maximal 80 µA.

Der 74HC137 ist der gleiche Baustein mit dem Unterschied, daß der Binärcode intern gespeichert werden kann. Der 74HC237 entspricht funktionell dem 74HC137 mit dem Unterschied, daß der gewählte Ausgang high-aktiv ist und die nicht aktiven Low-Pegel führen.

74HC139

Zwei 2-Zu-4-Decoder

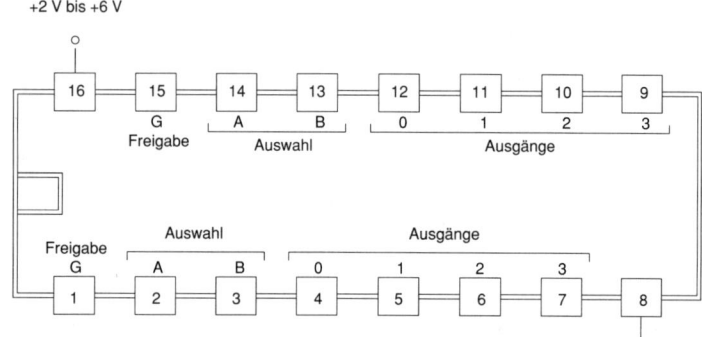

Ansicht von oben

Der Baustein besteht aus zwei unabhängig voneinander benutzbaren 2-Zu-4-Decoder. Er hat zwei binäre Auswahleingänge: A und B. Der Code an diesen Eingängen bestimmt, welcher von den normalerweise an High-Pegel liegenden vier Ausgängen (0 bis 3) an Masse geht. Ein High-aktiver Eingang (G) bestimmt, ob der dem Binärcode entsprechende Ausgang an Masse geht oder an High bleibt. In der Regel lege man diesen Pin an Masse. Mit diesem Freigabepin ist eine einfache Kaskadierung mehrerer Bausteine möglich. Die Ausgänge können nicht in den Tri-State versetzt werden.

Wahrheitstafel:

Eingänge		Ausgänge
G	A B	0 1 2 3
1	X X	1 1 1 1
0	0 0	0 1 1 1
0	0 1	1 0 1 1
0	1 0	1 1 0 1
0	1 1	1 1 1 0

1: High-Pegel
0: Low-Pegel
X: beliebiger Pegel

Eingänge: 1, 2, 3, 13, 14, 15
Ausgänge: 4, 5, 6, 7, 9, 10, 11, 12

Die Durchlaufverzögerung beträgt 165 ns (2 V), 33 ns (4,5 V) und 28 ns (6 V). Pro Ausgang kann ihm ein Strom von 25 mA entnommen werden. Im statischen Zustand beträgt die Stromaufnahme maximal 40 µA.

74HC154

4-Zu-16-Decoder

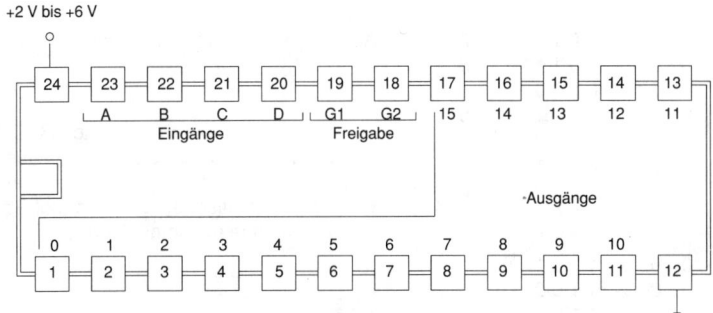

Ansicht von oben

Der Baustein hat vier binäre Auswahleingänge: A, B, C und D. Der Code an diesen Eingängen bestimmt, welcher von den normalerweise an High-Pegel liegenden sechzehn Ausgängen (0 bis 15) an Masse geht. Zwei high-aktive Eingänge (G1 und G2) bestimmen, ob der dem Binärcode entsprechende Ausgang an Masse geht oder an High bleibt. In der Regel lege man Pin 18 und 19 an Masse. Diese zwei Freigabepins erlauben eine einfache Kaskadierung mehrerer Bausteine.

Wahrheitstafel:

Eingänge		Ausgang
G1 G2	A B C D	Low
0 0	0 0 0 0	0
0 0	0 0 0 1	1
0 0	0 0 1 0	2
0 0	0 0 1 1	3
0 0	0 1 0 0	4
0 0	0 1 0 1	5
0 0	0 1 1 0	6
0 0	0 1 1 1	7
0 0	1 0 0 0	8
0 0	1 0 0 1	9
0 0	1 0 1 0	10
0 0	1 0 1 1	11
0 0	1 1 0 0	12
0 0	1 1 0 1	13
0 0	1 1 1 0	14
0 0	1 1 1 1	15
0 1	X X X X	H
1 0	X X X X	H
1 1	X X X X	H

1: High-Pegel
0: Low-Pegel
X: beliebiger Pegel
H: alle Ausgänge High-Pegel

Eingänge: 18, 19, 20, 21, 22, 23
Ausgänge: 1 bis 11 und 13 bis 17

Die Durchlaufverzögerung beträgt 63 ns (2 V), 24 ns (4,5 V) und 20 ns (6 V). Pro Ausgang kann ihm ein Strom von 25 mA entnommen werden. Im statischen Zustand beträgt die Stromaufnahme maximal 80 µA.

74HC165

Parallel-in/Seriell-out 8-Bit-Schieberegister

+2 V bis +6 V

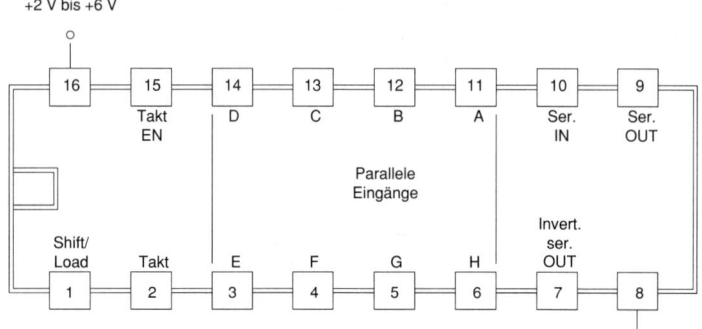

Ansicht von oben

Dieses 8-Bit serielle Schieberegister schreibt die an den Eingängen A bis H anstehenden Daten bei Low-Pegel an Pin 1 in die internen Flip-Flops Q_A bis Q_H unabhängig vom Zustand des Taktsignals. High-Pegel am Shift/Load-Eingang sperrt den parallelen Ladevorgang. Der serielle Ausgang Pin 9 ist mit dem Ausgang Q_H des letzten Flip-Flops verbunden; ein invertiertes serielles Ausgangssignal ist an Pin 7 erhältlich. Mit jeder positiven Flanke des Schiebetakts werden die Informationen in den Flip-Flops um eine Stelle von Q_A aus in Richtung Q_H geschoben, wobei Flip-Flop Q_A mit dem logischen Pegel beschrieben wird, der am seriellen Eingang (Pin 10) ansteht.

Die Eingabe des Schiebetakts kann sowohl an Pin 2 als auch an Pin 15 erfolgen, vorausgesetzt, daß der andere, nicht zum Takten benutzte Eingang an Masse liegt. Ein High-Pegel an dem betreffenden Eingang sperrt das Taktsignal. Das Taktsignal ist ebenfalls gesperrt, wenn der Shift/Load-Eingang Low-Pegel führt.

Man wird also in der Regel Pin 1 bis auf den Ladevorgang an High-Pegel halten und Pin 15 an Masse. Pin 2 wird der Schiebetakt zugeführt. Wird nur ein Baustein verwendet, so ist der serielle Eingang an Plus oder an Masse zu legen. Will man mehrere dieser Bausteine kaskadieren, wird der serielle Ausgang des vorderen Schieberegisters mit dem seriellen Eingang des folgenden Schieberegisters verbunden. Die Lade- und Taktsignale werden gleichzeitig allen Bausteinen zugeführt.

Funktionstabelle:

Shift/ Load	Takt EN	Takt	Wirkung
0	X	X	Paralleles Laden
1	1	X	Keine Wirkung
1	X	1	Keine Wirkung
1	0	0	Keine Wirkung
1	0	↑	Schieben
1	↑	0	Schieben

1: High-Pegel
0: Low-Pegel
X: beliebiger Pegel
↑: Positive Flanke

Eingänge: 1, 2, 3, 4, 5, 6, 10, 15
Ausgänge: 7, 9

Die Durchlaufverzögerung beträgt 150 ns (2 V), 30 ns (4,5 V) und 26 ns (6 V). Pro Ausgang kann ihm ein Strom von 25 mA entnommen werden. Im statischen Zustand beträgt die Stromaufnahme maximal 80 µA. Die maximale Taktfrequenz ist ebenfalls spannungsabhängig; sie beträgt 10 MHz (2 V), 45 MHz (4,5 V) bzw. 50 MHz (6 V).

74HC241

Acht Tri-State-Puffer

+2 V bis +6 V

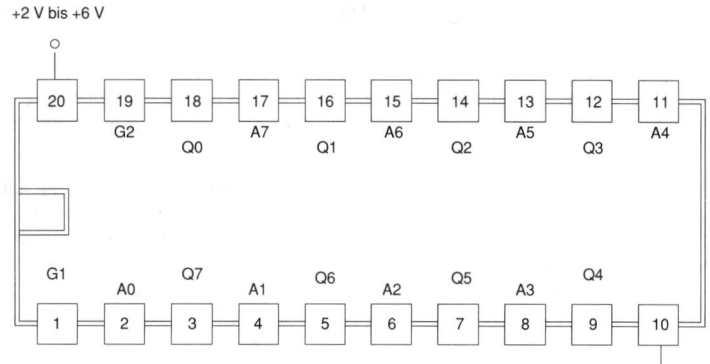

Ansicht von oben

Dieser Baustein wurde für Hochgeschwindigkeitsoperationen besonders im Hinblick auf lange Busverbindungen und Buskapazitäten entwickelt. Er erreicht Geschwindigkeiten, die mit Low-Power-Schottky-Bausteinen vergleichbar sind, während die Vorteile der CMOS-Technologie erhalten bleiben. Das sind insbesondere hohe Rauschunempfindlichkeit in Verbindung mit einem geringen Stromverbrauch. Er kann 15 LS-TTL-Lasten treiben.

Der 74HC241 besitzt acht nicht invertierende Puffer ohne Schmitt-Trigger-Eigenschaften. Je vier der Puffer werden von einem invertiertem und einem nicht invertiertem Freigabepin gesteuert. Liegt G1 an High-Pegel, bleiben die Ausgänge Q_0 bis Q_3 gesperrt; Liegt G2 an Masse, sind die Ausgänge Q_4 bis Q_7 gesperrt. Um den Baustein als Adreßtreiber zu verwenden, muß also G1 Low- und G2 High-Pegel führen. Diese ungewohnte Schaltung der Freigabeleitungen wird dann sinnvoll, wenn zwei Bausteine gleichzeitig als ein 8 Bit bidirektionaler Bustreiber verwendet werden. Ein und dasselbe Signal wird allen vier Freigabeleitungen zugeführt. Mit High ist die eine Richtung, mit Low die andere Richtung des Datenflusses freigegeben.

Wahrheitsbefehl:

G1	A_{0-3}	Q_{0-3}	G2	A_{4-7}	Q_{4-7}
0	0	0	0	0	T
0	1	1	0	1	T
1	0	T	1	0	0
1	1	T	1	1	1

1: High-Pegel
0: Low-Pegel
T: Tri-State

Eingänge: 1, 2, 4, 6, 8, 11, 13, 15, 17, 19
Ausgänge: 3, 5, 7, 9, 12, 14, 16, 18

Die Durchlaufverzögerung beträgt bei einer kapazitiven Last von 50 pF 58 ns (2 V), 14 ns (4,5 V) und 10 ns (6 V) und bei einer kapazitiven Last von 150 pF 83 ns (2 V), 17 ns (4,5 V) und 14 ns (6 V). Pro Ausgang kann ihm ein Strom von 35 mA entnommen werden. Im statischen Zustand beträgt die Stromaufnahme maximal 80 µA.

74HC373

Acht D-Flip-Flops (Tri-State)

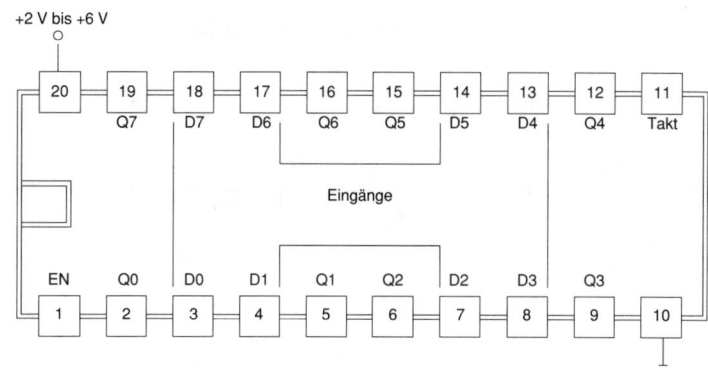

Ansicht von oben

Wenn der Takteingang Pin 11 High-Pegel führt, folgen die Ausgänge Q den Eingängen D. Wenn der Takteingang an Masse geht, werden die zuletzt an den Eingängen D anstehenden Daten intern gespeichert und den Ausgängen Q zugeführt, bis der Takt erneut auf Plus geht. Ein High am EN-Eingang Pin 1 versetzt alle Ausgänge in den Tri-State unabhängig vom Zustand der restlichen Eingangpins. Man beachte, daß nur die Ausgänge abgeschaltet, nicht aber die Speicherfunktionen verhindert werden.

Wegen seiner Fähigkeit, hohe Lasten treiben zu können, und wegen der Tri-State-Eigenschaft ist der Baustein ideal als Adreßzwischenspeicher in busorientierten Systemen geeignet.

Bei normalem Betrieb werden der EN-Eingang Pin 1 und der Takteingang Pin 11 an Masse gehalten. Liegen die Daten an den Eingängen an und sind ihre Werte stabil, wird ein kurzer positiver Impuls von mindestens 10 ns Länge dem Takteingang zugeführt, und die Daten werden in den Speicher übernommen.

Wahrheitstabelle:

EN	Takt	Eingänge	Ausgänge
0	1	1	1
0	1	0	0
0	0	X	Q
1	X	X	T

1: High-Pegel
0: Low-Pegel
X: beliebiger Pegel
T: Tri-State
Q: gespeicherte Daten

Eingänge: 1, 3, 4, 7, 8, 11, 13, 14, 17, 18
Ausgänge: 2, 5, 6, 9, 12, 15, 16, 19

Die Durchlaufverzögerung beträgt bei einer kapazitiven Last von 50 pF 50 ns (2 V), 22 ns (4,5 V) und 19 ns (6 V) und bei einer kapazitiven Last von 150 pF 80 ns (2 V), 30 ns (4,5 V) und 26 ns (6 V). Pro Ausgang kann ihm ein Strom von 35 mA entnommen werden. Im statischen Zustand beträgt die Stromaufnahme maximal 80 µA.

74HC374

Acht D-Flip-Flops (Tri-State)

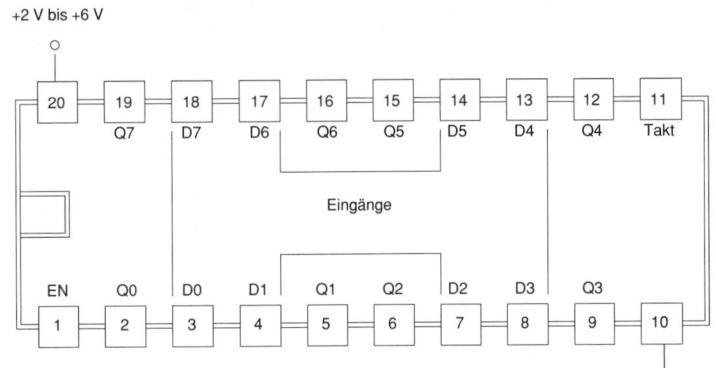

Ansicht von oben

Dieser Baustein enthält acht positiv flankengetriggerte Flip-Flops. Die Daten an den D-Eingängen werden bei einer positiven Flanke an Takteingang in den Speicher übernommen. Ein High am EN-Eingang Pin 1 versetzt alle Ausgänge in den Tri-State unabhängig vom Zustand der restlichen Eingangpins. Man beachte, daß nur die Ausgänge abgeschaltet, nicht aber die Speicherfunktionen verhindert werden.

Wegen seiner Fähigkeit, hohe Lasten treiben zu können, und wegen der Tri-State-Eigenschaft ist der Baustein ideal als Adreßzwischenspeicher in busorientierten Systemen geeignet.

Bei normalem Betrieb wird der EN-Eingang Pin 1 an Masse gehalten. Der Takteingang kann entweder an Plus oder an Masse liegen. In jedem Fall ist darauf zu achten, daß die zu speichernden Daten rechtzeitig vor der ersten positiven Flanke stabil anliegen. Eine vorausgehende negative Flanke hat keine Wirkung. Mit dem Auftreten der positiven Flanke sind die Daten in den Speicher übernommen und erscheinen an den Ausgängen.

Wahrheitstabelle:

EN	Takt	Eingänge	Ausgänge
0	↑	1	1
0	↑	0	0
0	1	X	Q
0	0	X	Q
1	X	X	T

1: High-Pegel
0: Low-Pegel
X: beliebiger Pegel
T: Tri-State
Q: gespeicherte Daten
↑: positive Flanke

Eingänge: 1, 3, 4, 7, 8, 11, 13, 14, 17, 18
Ausgänge: 2, 5, 6, 9, 12, 15, 16, 19

Die Durchlaufverzögerung beträgt bei einer kapazitiven Last von 50 pF 50 ns (2 V), 21 ns (4,5 V) und 19 ns (6 V) und bei einer kapazitiven Last von 150 pF 80 ns (2 V), 30 ns (4,5 V) und 26 ns (6 V). Pro Ausgang kann ihm ein Strom von 35 mA entnommen werden. Im statischen Zustand beträgt die Stromaufnahme maximal 80 µA.

74HC541

Acht Tri-State-Puffer

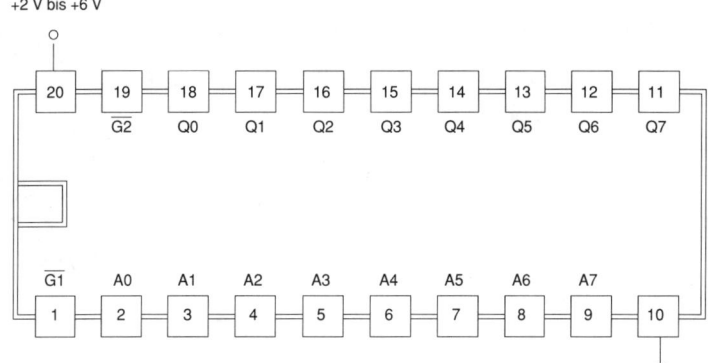

Ansicht von oben

Dieser Baustein wurde für Hochgeschwindigkeitsoperationen besonders im Hinblick auf lange Busverbindungen und Buskapazitäten entwickelt. Er erreicht Geschwindigkeiten, die mit Low-Power-Schottky-Bausteinen vergleichbar sind, während die Vorteile der CMOS-Technologie erhalten bleiben. Das sind insbesondere hohe Rauschunempfindlichkeit in Verbindung mit einem geringen Stromverbrauch. Er kann 15 LS-TTL-Lasten treiben.

Bei normalem Betrieb werden die Eingänge G1 und G2 an Masse gelegt. Der zu verstärkende logische Pegel wird an die Eingänge A_0 bis A_7 geführt. An den Ausgängen Q_0 bis Q_7 erscheint das 8-Bit-Binärwort nicht invertiert. Sobald entweder G1, G2 oder beide an High-Pegel gelegt werden, gehen die Ausgänge in den Tri-State.

Wahrheitstabelle:

$\overline{G1}$	$\overline{G2}$	A	Q	
0	0	1	1	1: High-Pegel
0	0	0	0	0: Low-Pegel
0	1	X	T	X: beliebiger Pegel
1	0	X	T	T: Tri-State
1	1	X	T	

1: High-Pegel
0: Low-Pegel
X: beliebiger Pegel
T: Tri-State

Eingänge : 1 bis 9 und 15
Ausgänge: 11 bis 18

Die Durchlaufverzögerung beträgt bei einer kapazitiven Last von 50 pF 58 ns (2 V), 14 ns (4,5 V) und 11 ns (6 V) und bei einer kapazitiven Last von 150 pF 83 ns (2 V), 17 ns (4,5 V) und 14 ns (6 V). Pro Ausgang kann ihm ein Strom von 35 mA entnommen werden. Im statischen Zustand beträgt die Stromaufnahme maximal 80 µA.

74HC4046

Phase-Lock-Loop (PLL)

+2 V bis +6 V

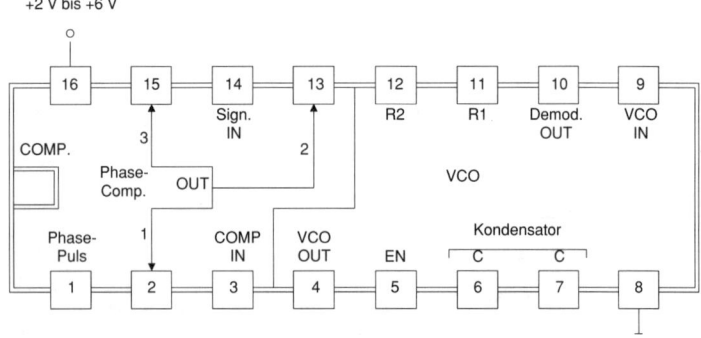

Ansicht von oben

Der PLL-Schaltkreis 74HC4046 ist nicht ganz identisch zur Standard-CMOS-Version 4046. Während letzterer über zwei Phasenkomparatoren $\varnothing 1$ und $\varnothing 2$ und über eine 5,1 V Zener-Diode verfügt, besitzt der Vertreter aus der 74HC-Reihe drei Phasenkomparatoren $\varnothing 1$, $\varnothing 2$ und $\varnothing 3$. Hinzu kommt durch Fortschritte in der Technologie eine Verbesserung der Linearität und Temperaturstabilität der VCO-Sektion. Damit verbunden ist ein Anwachsen des Frequenzbereiches bis zu 20 MHz. In Neuentwicklungen sollte also dieser Baustein den Vorzug finden.

Der 74HC4046 läßt sich in zwei Bereiche unterteilen, den Komparatorteil und den VCO-Teil.

Der **Komparatorteil** verfügt über drei Phasenkomparatoren, die sich zwei gemeinsame Eingänge teilen. Die beiden auf ihre Phase hin zu vergleichenden Signale werden den Eingängen Signal IN (Pin 14) und Comparator IN (Pin 3) zugeführt. Wird dieser Teil des 74HC4046 nicht benötigt, sind die Eingänge an Plus oder an Masse zu legen.

∅1 wird durch ein schlichtes *exklusiv-oder* Gatter gebildet, dessen Ausgang an Pin 2 geführt ist. Dieser Ausgang führt genau dann High-Pegel, wenn die Pegel der beiden Eingangssignale verschieden sind, wenn also die Signale phasenverschoben vorliegen. Die Signale sollten für diesen Komparator ein Tastverhältnis von 50 % aufweisen.

∅2 besteht aus einer digitalen Speicheranordnung mit einigen Logik-Gattern. Zum Phasenvergleich benutzt er nur die positive Flanke der Signale und stellt somit keine Anforderungen an das Tastverhältnis. Der Ausgang des Komparators ist an Pin 13 geführt. Sind beide Signale in Phase, ist Pin 13 im Tri-State. Pin 1 zeigt diesen Zustand durch High-Pegel an. Ist das Eingangssignal schneller als das VCO-Signal, geht Pin 13 an Plus, um den VCO zu beschleunigen; ist das Eingangssignal langsamer, geht Pin 13 an Masse, um den VCO zu bremsen. In beiden Fällen liegt Pin 1 an Masse.

∅3 ist ein simples R-S-Flip-Flop, das durch die positive Flanke des ersten Signals gesetzt und durch die positive Flanke des zweiten Signals rückgesetzt wird. Es besitzt somit die Eigenschaften eines flankensensitiven Komparators. Sein Ausgang ist mit Pin 15 verbunden.

In der Regel wird der gewählte Ausgang über ein Schleifenfilter an den Eingang des VCOs geführt, der um so schneller schwingt, je größer die Pulsbreite am Ausgang, d. h. je phasenverschobener die Eingangssignale sind. Da ein Eingangssignal vom VCO stammt (im einfachsten Fall werden Pin 3 und Pin 4 miteinander verbunden), führt das zu einer Angleichung der beiden Schwingungen.

Der **VCO-Teil** kann unabhängig vom Komparatorteil benutzt werden. Der VCO benötigt zwei oder drei externe Komponenten, das sind R1 (Pin 11), R2 (Pin 12) und ein Kondensator (Pin 6 und 7). Die Widerstände werden an Masse geschaltet. Widerstand R1 (100 Ω bis 1 MΩ) und Kondensator C (mind. 10 pF) bestimmen die Frequenz des VCOs, wenn der VCO-Eingang (Pin 9) die Hälfte der Betriebsspannung führt. Widerstand R2 (mind. 1 kΩ) kann für ein Frequenzoffset benutzt werden. Läßt man ihn weg, was heißt, R2 = ∞, schwingt der VCO von 0 Hz (Masse an VCO IN) bis zur Maximalfrequenz (Plus an VCO IN). Verkleinerung von R2 bedeutet Erhöhung der Minimalfrequenz. Ein High-Pegel am EN-Eingang (Pin 5) stoppt den VCO. Der Demodulator-Ausgang spiegelt den Spannungspegel am VCO-Eingang. Er wird durch einen Feldeffekttransistor angesteuert, dessen Gate mit dem VCO-Eingang verbunden ist. Mit einem Widerstand gegen Masse gestattet er eine Überwachung der Eingangsspannung, ohne den Pegel durch die Messung zu verändern. Die Maximalfrequenz ist mit C = 10 pF und R1 = 100 Ω 15 MHz (4,5 V) bzw. 18 MHz (6 V). Die Linearität beträgt bei beiden Spannungen 1%.

Eingänge: 3, 5, 6, 7, 9, 11, 12, 14
Ausgänge: 1, 2, 4, 10, 13, 15

74HC4053

Drei 2-Kanal-Analog-Multiplexer

+2 V bis +6 V

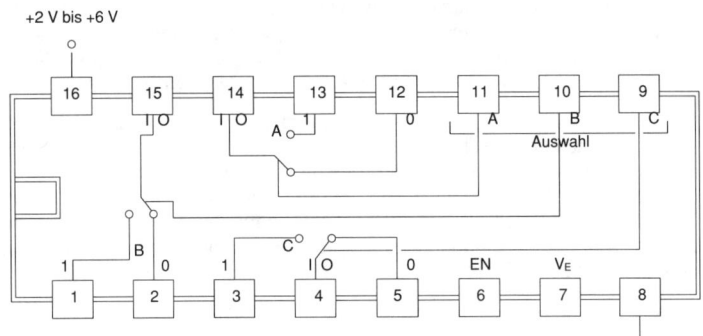

Ansicht von oben

Dieser Multiplex-Baustein beinhaltet drei digital gesteuerte Analogschalter. Die Schalter haben einen geringen "Ein"-Widerstand und einen äußerst geringen Sperrstrom. Es handelt sich um bidirektionale Schalter, so daß jeder Pin als Analog-Ein- bzw. Analog-Ausgang verwendet werden kann. Des weiteren verfügen die Schalter über Linearisierungskreise, die den Einschaltwiderstand senken und die Linearität verbessern. Man kann mit diesem Baustein analoge Signale mit einem Pegel von ± 6 V schalten, wenn die Spannungsversorgung + 6 V beträgt. Drei Stromversorgungsanschlüsse sind vonnöten: positive Betriebsspannung (Pin 16), Masse (Pin 8) und V_E (Pin 7). An V_E wird beim Schalten von Analogsignalen der negativste zu schaltende Pegel des Signals angelegt. Soll bei + 5 V Betriebsspannung ein Analogsignal von bis zu ± 5 V geschaltet werden, muß an V_E die Spannung von - 5 V angelegt werden. Beim Multiplexen von digitalen Daten wird V_E an Masse gelegt. Wenn der EN-Eingang an High-Pegel gelegt wird, werden alle Schalter geöffnet. Die Selekteingänge A, B und C verbinden den betreffenden I/O-Pin mit 0, wenn Masse anliegt, und mit 1, wenn Plus anliegt.

Wahrheitstafel:

EN	Auswahl A B C	I/O-Pin verbunden mit A	B	C
1	X X X	T	T	T
0	0 0 0	A0	B0	C0
0	0 0 1	A0	B0	C1
0	0 1 0	A0	B1	C0
0	0 1 1	A0	B1	C1
0	1 0 0	A1	B0	C0
0	1 0 1	A1	B0	C1
0	1 1 0	A1	B1	C0
0	1 1 1	A1	B1	C1

1: High-Pegel
0: Low-Pegel
X: beliebiger Pegel
T: Tri-State

Eingänge: 6, 9, 10, 11
Restliche Pins sind wahlweise
als Ein- oder Ausgänge zu
verwenden.

Die Durchlaufverzögerung bei geschlossenem Schalter beträgt 25 ns (2 V), 4 ns (4,5 V) bzw. 3 ns (6 V). Der "Ein"-Widerstand hat einen typischen Wert von 30 Ω. Man sollte nicht versuchen, mehr als 25 mA Strom durch die Schalter fließen zu lassen.

Der Baustein ist pinkompatibel zu Baustein 4053.

74HC4078

NOR/OR-Gatter mit acht Eingängen

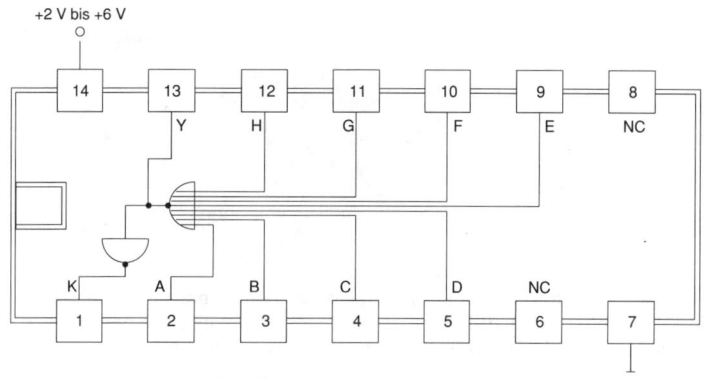

Ansicht von oben

Der Baustein hat acht Eingänge (A bis H) und zwei gepufferte Ausgänge, um 10 TTL-Lasten treiben zu können. Er enthält ein einzelnes NOR-Gatter mit positiver Logik, von dessen Ausgang Y ein komplementierter Ausgang K erhältlich ist. Bezüglich des K-Ausganges sind die Eingänge A bis H durch eine OR-Logik miteinander verknüpft.

Der Ausgang Y ist genau dann High, wenn sämtliche Eingänge Low-Pegel führen, und Low, wenn einer oder mehrere an Plus liegen.

Binärwert an den Eingängen A–H	Ausgänge Y K
0000 0000	1 0
1 bis 255	0 1

1: High-Pegel
0: Low-Pegel

Eingänge: 2, 3, 4, 5, 9, 10, 11, 12
Ausgänge: 1, 13
Frei : 6, 8

Die Durchlaufverzögerung beträgt bezüglich Y als Ausgang 47 ns (2 V), 17 ns (4,5 V) und 14 ns (6 V), bezüglich K als Ausgang 50 ns (2 V), 20 ns (4,5 V) und 17 ns (6 V). Pro Ausgang kann ihm ein Strom von 25 mA entnommen werden. Im statischen Zustand beträgt die Stromaufnahme maximal 20 µA.

74HC4543

BCD-zu-7-Segment-Speicher/Decoder/Treiber

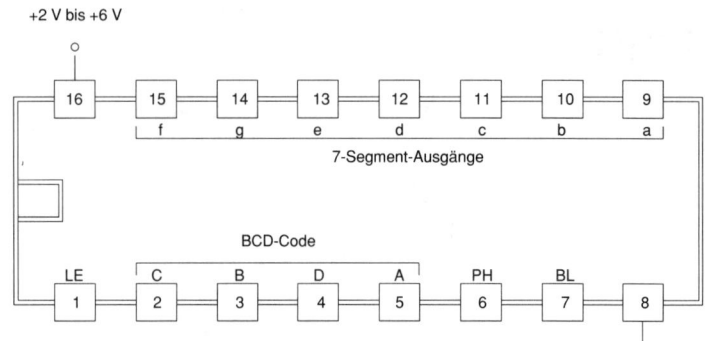

Ansicht von oben

Dieser Baustein ist einer der universellsten 7-Segment-Anzeigentreiber. Er enthält einen 4-Bit-Speicher, BCD-zu-7-Segmentdecoder und Anzeigentreiber. Er kann sowohl LCD-Anzeigen als auch LED-Anzeigen mit gemeinsamer Anode oder Kathode ansteuern.

Wenn der Eingang Latch-Enable (LE) an Plus liegt, fließen die Daten durch den Decoder an die Ausgänge. Bei dem Übergang von Plus nach Masse an LE werden sie intern gespeichert und können nur dann geändert werden, wenn LE wieder an Plus geht. Binärwerte von 10_d bis 15_d, sogenannte ungültige Codes, führen zum Verlöschen der Anzeige.

Der Phase-Eingang (PH) steuert die Polarität der 7-Segment-Ausgänge. Für eine LED-Anzeige mit gemeinsamer Anode (+Pol) lege man den PH-Eingang an Plus; verwendet man eine LED-Anzeige mit gemeinsamer Kathode (–Pol), verbinde man den PH-Eingang mit Masse. In jedem Fall sind die einzelnen Segmente durch Vorwiderstände (270 Ω bei 5 V) zu sichern. Um LCD-Anzeigen zu treiben, lege man an PH das ebenfalls an den LCD-Anzeigen anliegende Backplane-Signal (40 bis 100 Hz), das vom Prozessor oder einem gesonderten Oszillator stammen kann, und verbinde die Ausgänge a bis f mit den entsprechenden Segmenten. Schutzwiderstände sind nicht nötig.

Wird der Blank-Eingang (BL) an Plus gelegt, führt das zum Verlöschen der Anzeige. Mit einem periodischen Signal variabler Pulsbreite an BL ist eine Helligkeitsregelung der Anzeige möglich.

Das Anzeigenformat:

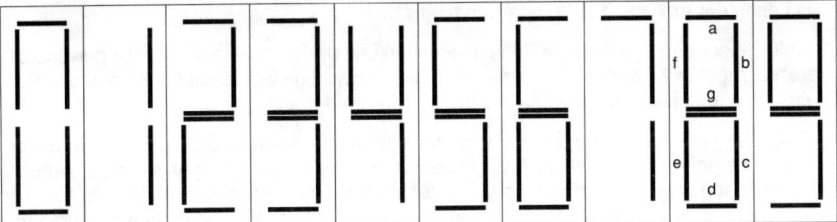

Eingänge: 1 bis 7
Ausgänge: 9 bis 15

Die Durchlaufverzögerung beträgt 300 ns (2 V), 60 ns (4,5 V) und 51 ns (6 V). Pro Ausgang kann ihm ein Strom von 25 mA entnommen werden. Im statischen Zustand beträgt die Stromaufnahme maximal 80 µA.

2114

1024 X 4-Bit statisches RAM

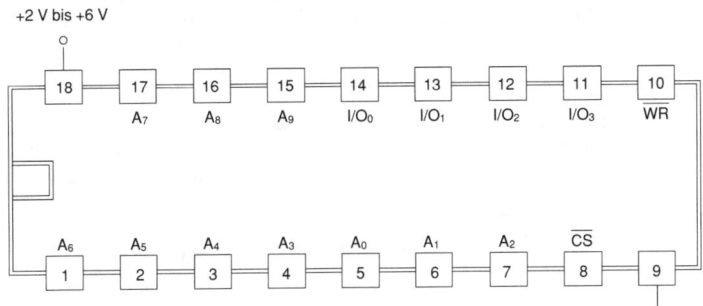

Ansicht von oben

Der 2114 ist ein 4096-Bit statisches RAM, organisiert in 1024 Wörter zu je 4 Bits. Als statisches RAM benötigt es für seine Operationen keinen Takt oder Refresh-Zyklus. Der Zugriff auf die Daten ist besonders einfach, da eine Adreß-Setup-Time nicht erforderlich ist. Die Daten sind ohne Veränderung des RAM-Inhaltes auslesbar und besitzen dieselbe Polarität wie die eingegebenen Daten. Die Pins 11 bis 14 dienen sowohl der Datenein- als auch der Datenausgabe. Der Baustein ist in jeder Hinsicht TTL-kompatibel: Eingänge, Ausgänge und eine einfache + 5 V-Spannungsversorgung.

Zum Lesen des RAMs werden die Adreßleitungen A_0-A_9, die Datenleitungen I/O_0-I/O_3 und Chip-Select-Leitung ($\overline{CS}$) benötigt. Während des Lesens muß der $\overline{WR}$-Pin High-Pegel führen. Das Lesen der Inhalte ist auf zwei Arten möglich:

1. Chip-Select wird beständig an Masse gehalten und den Adreßeingängen die gewünschte Adresse zugeführt. Nach einer kurzen Zeit, die als wichtigstes Qualitätsmerkmal des Bausteins zählt, erscheint der gewünschte Inhalt stabil an den I/O-Pins.

2. Chip-Select führt High-Pegel. Die Adressen werden angelegt, und Chip-Select für mindestens 70 ns an Masse gehalten. Auch in diesem Fall ist die Zeit vom Anlegen der Adresse bis zum Erscheinen der Daten eine charakteristische Eigenschaft des Bausteins. Meist ist diese Zugriffszeit in einer Zusatznummer des Bausteins enthalten. Sie kann in Stufen von 45 ns bis 450 ns reichen.

Zum Beschreiben des Chips werden sämtliche Leitungen des Bausteins verwendet. Auch das ist auf zwei Arten möglich: $\overline{WE}$-kontrolliert oder $\overline{CS}$-kontrolliert.

1. Man läßt Chip-Select ständig an Masse. Die Adressen werden angelegt und Write-Enable geht an Masse. Dadurch gehen die I/O-Pins in den Tri-State. Anschließend werden die zu schreibenden Daten den I/O-Eingängen zugeführt. Mit Write-Enable an High sind die Daten in die Speicherstelle übernommen. Die Daten sollten sogleich von der Busleitung genommen werden, da der Chip mit $\overline{WE}$ an Plus die Inhalte des RAMs freigibt, und diese mit den noch eventuell anstehenden Daten in Konflikt kommen könnten.

2. Man legt Chip-Select an High-Pegel, Write-Enable an Masse. Dadurch sind die I/O-Leitungen ständig im Tri-State. Zum Beschreiben lege man Adresse und Daten an und ziehe Chip-Select an Masse. Die Daten werden dabei in das RAM übernommen.

In den meisten Anwendungsfällen gibt der Prozessor die richtigen Signale zur richtigen Zeit aus, so daß man sich als Anwender über das richtige Timing nicht den Kopf zu zerbrechen braucht.

Pro Ausgang kann dem Baustein ein Strom von 5 mA entnommen werden. Ein Kurzschluß an den Ausgängen, wobei maximal ein Strom von 40 mA fließen kann, darf die Zeit von einer Sekunde nicht überschreiten. Die Stromaufnahme beträgt 50 mA ($I_{I/O}$ = 0 mA).

Die gleichen Bausteine mit verbessertem dynamischen Verhalten sind:

2148 (Intel) – kürzere Zugriffszeit; geringere Leistungsaufnahme; 20 mA Ausgangsstrom.

6148 (Hitachi) – Zugriffszeit 45/55 ns; Standby 100 µW, Operation 175 mW; 12 mA Ausgangsstrom.

6514 (Harris) – Zugriffszeiten von 120 bis 350 ns; Standby 125 µW, Operation 35 mW/MHz; Adresse wird mit negativer Flanke an $\overline{CS}$ gespeichert.

Alle vorstehenden Bausteine können den 2114 ersetzen.

51C66

16 384 X 1-Bit-High-Speed-statisches-CMOS-RAM

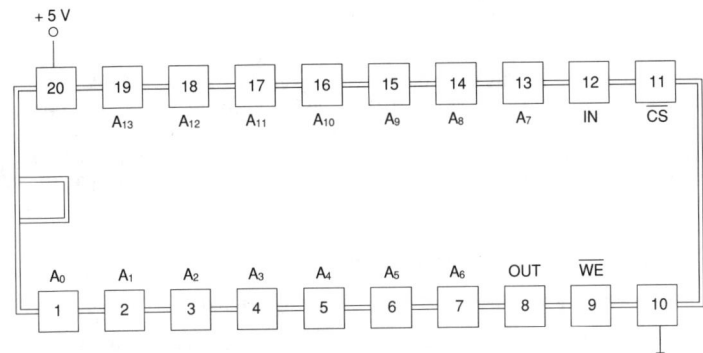

Ansicht von oben

Der 51C66 ist ein 16 384-Bit statisches RAM, organisiert in 16 384 Wörter zu je 1 Bit. Als statisches RAM benötigt es für seine Operationen keinen Takt oder Refresh-Zyklus. Der Chip zeichnet sich durch seine besonders kurze Zugriffszeit von 15 ns aus. Die Daten sind ohne Veränderung des RAM-Inhaltes auslesbar und besitzen dieselbe Polarität wie die eingegebenen Daten. Ein Dateneingang (IN) und ein separater Tri-State-Datenausgang (OUT) sind vorhanden. Der Baustein ist in jeder Hinsicht TTL-kompatibel: Eingänge, Ausgänge und eine einfache + 5 V-Spannungsversorgung.

Zum Lesen des RAMs werden die Adreßleitungen A_0–A_{13}, der Datenausgang (OUT) und Chip-Select-Leitung ($\overline{CS}$) benötigt. Während des Lesens muß der $\overline{WR}$-Pin High-Pegel führen. Solange Chip-Select High-Pegel führt, ist der Ausgang im Tri-State; mit Chip-Select an Masse, erscheinen die Daten am Ausgang. Man kann nun einmal Chip-Select beständig an Low-Pegel lassen und die gewünschten Adressen anlegen. Dadurch erzielt man eine kontinuierliche Datenausgabe. Oder aber man führt Chip-Select nach Anlegen der Adresse für mindestens 3 ns an Masse.

Zum Beschreiben des Chips werden sämtliche Leitungen des Bausteins verwendet. Auch das ist auf zwei Arten möglich: $\overline{WE}$-kontrolliert, oder $\overline{CS}$-kontrolliert.

Man läßt Chip-Select ständig an Masse. Die Adressen und Daten werden angelegt. Mit einem negativen Impuls an Write-Enable von mindestens 20 ns Länge werden die Daten in die Speicherstelle geschrieben. Es ist auch möglich, das $\overline{WE}$-Signal beständig an Masse zu lassen, und mit einem negativen Impuls an Chip-Select die Daten in das RAM zu schreiben. Die Daten werden auch dann übernommen, wenn beide Signale synchron diesen negativen Impuls ausführen. Diese letzte Art des Beschreibens wird dann verwendet, wenn der Chip an einen bidirektionalen Bus angeschlossen ist. Datenein- und Datenausgang sind dabei miteinander verbunden. Man sollte vermeiden, daß die negative Flanke eher am $\overline{CS}$-Eingang anliegt als am $\overline{WR}$-Eingang, da es sonst zu Konflikten auf dem Bus kommen kann.

Funktionstabelle:

CS	WE	Modus	Ausgang
1	X	Standby	Tri-State
0	1	Lesen	Daten
0	0	Schreiben	Tri-State

1: High-Pegel
0: Low-Pegel
X: beliebiger Pegel

Mit Chip-Select an Plus kann die Spannungsversorgung ohne Verlust der Daten auf + 2,0 V fallen. Pro Ausgang kann dem Baustein ein Strom von 20 mA entnommen werden. Ein Kurzschluß an den Ausgängen, wobei maximal ein Strom von 300 mA fließen kann, darf die Zeit von einer Sekunde nicht überschreiten. Die Stromaufnahme beträgt 60 mA (I_{OUT} = 0 mA); im Standby, d. h. $\overline{CS}$ = 1, 0,1 µA. Er ist mit 15 ns und 20 ns Zugriffszeit erhältlich (Intel).

Pin- und funktionskompatible Bausteine sind:

2167 (Intel) – Nicht CMOS-Version mit Zugriffszeiten bis zu 250 ns.

51C67 (Intel) – Er zeichnet sich durch eine besonders starke Stromreduzierung bei $\overline{CS}$ = 1 aus. Dadurch ist eine Leistungseinsparung von 90 % möglich. Zugriffszeiten: 30 und 35 ns.

6167 (Hitachi) – CMOS-Baustein. Zugriffszeiten von 70 ns, 85 ns und 100 ns. Leistungsaufnahme im Standby 100 µW, bei Betrieb 150 mW.

6267 (Hitachi) – CMOS-Baustein. Zugriffszeiten von 35 ns und 45 ns. Leistungsaufnahme im Standby 100 µW, bei Betrieb 200 mW.

65 262 (Harris) – CMOS-Baustein. Zugriffszeiten von 45 ns, 55 ns und 70 ns. Leistungsaufnahme im Standby 100 µW, bei Betrieb 150 mW.

6287

65 536 X 1-Bit-High-Speed-statisches-CMOS-RAM

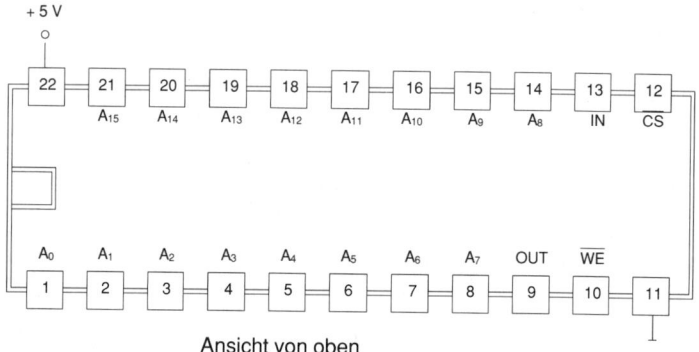

Ansicht von oben

Der 6287 (Hitachi) ist ein 65 536-Bit statisches RAM, organisiert in 65 536 Wörter zu je 1 Bit. Als statisches RAM benötigt es für seine Operationen keinen Takt oder Refresh-Zyklus. Der Chip zeichnet sich durch seine kurze Zugriffszeit von 55 ns aus. Die Daten sind ohne Veränderung des RAM-Inhaltes auslesbar und besitzen dieselbe Polarität wie die eingegebenen Daten. Ein Dateneingang (IN) und ein separater Tri-State-Datenausgang (OUT) sind vorhanden. Der Baustein ist in jeder Hinsicht TTL-kompatibel: Eingänge, Ausgänge und eine einfache + 5 V-Spannungsversorgung.

Zum Lesen des RAMs werden die Adreßleitungen A_0–A_{15}, der Datenausgang (OUT) und Chip-Select-Leitung ($\overline{CS}$) benötigt. Während des Lesens muß der $\overline{WR}$-Pin High-Pegel führen. Solange Chip-Select High-Pegel führt, ist der Ausgang im Tri-State; mit Chip-Select an Masse, erscheinen die Daten am Ausgang. Man kann nun einmal Chip-Select beständig an Low-Pegel lassen und die gewünschten Adressen anlegen. Dadurch erzielt man eine kontinuierliche Datenausgabe. Oder aber man führt Chip-Select nach Anlegen der Adresse für mindestens 5 ns an Masse.

Zum Beschreiben des Chips werden sämtliche Leitungen des Bausteins verwendet. Auch das ist auf zwei Arten möglich: $\overline{WE}$-kontrolliert oder $\overline{CS}$-kontrolliert.

Man läßt Chip-Select ständig an Masse. Die Adressen und Daten werden angelegt. Mit einem negativen Impuls an Write-Enable von mindestens 20 ns Länge werden die Daten in die Speicherstelle geschrieben. Es ist auch möglich, das $\overline{WE}$-Signal beständig an Masse zu lassen, und mit einem negativen Impuls an Chip-Select die Daten in das RAM zu schreiben. Die Daten werden auch dann übernommen, wenn beide Signale synchron diesen negativen Impuls ausführen. Diese letzte Art des Beschreibens wird dann verwendet, wenn der Chip an einen bidirektionalen Bus angeschlossen ist. Datenein- und Datenausgang sind dabei miteinander verbunden. Man vermeide, daß die negative Flanke eher am $\overline{CS}$-Eingang anliegt als am $\overline{WR}$-Eingang, da es sonst zu Konflikten auf dem Bus kommen kann.

Funktionstabelle:

CS	WE	Modus	Ausgang
1	X	Standby	Tri-State
0	1	Lesen	Daten
0	0	Schreiben	Tri-State

1: High-Pegel
0: Low-Pegel
X: beliebiger Pegel

Mit Chip-Select an Plus kann die Spannungsversorgung ohne Verlust der Daten auf + 2,0 V fallen. Pro Ausgang kann dem Baustein ein Strom von 20 mA entnommen werden. Ein Kurzschluß an den Ausgängen darf die Zeit von einer Sekunde nicht überschreiten. Die Stromaufnahme beträgt 60 mA (I_{OUT} = 0 mA); im Standby, d. h. $\overline{CS}$ = 1, 20 µA. Er ist mit 55 ns und 70 ns Zugriffszeit erhältlich (Hitachi).

2004

4 K Nichtflüchtiges RAM (NVRAM)

+5 V

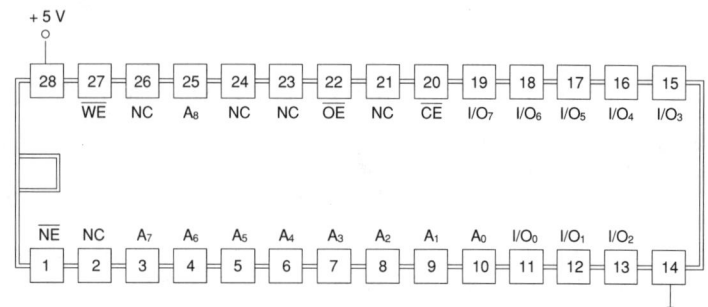

Ansicht von oben

Der 2004 (Intel) ist ein nichtflüchtiges RAM (Non Volatile Random Access Memory = NVRAM) mit einer inneren Organisation von 512 Wörtern zu je 8 Bits. Es verhält sich wie ein normales statisches RAM mit einer Zugriffszeit von 250 ns. Parallel zu den RAM-Speicherplätzen besitzt es intern ein EEPROM, in das bei Spannungsabfall, ausgelöst durch Low-Pegel an Pin 1, die Daten parallel aus dem RAM kopiert werden. Bei Anlegen der Spannung erfolgt automatisch die Kopie der Daten aus dem EEPROM in das RAM. Somit besitzt der Baustein die schnellen Eigenschaften eines RAMs und die nichtflüchtigen Eigenschaften eines ROMs. Über die genaue Arbeitsweise gibt Kapitel 3 Auskunft.

Die Belegung der Pins ist identisch mit der Belegung des EPROMs 2764. Die überzähligen Adreßleitungen sind nicht belegt (NC).

Pin-Namen:

A_0–A_8: Adreßleitungen
I/O: Daten-Ein/Ausgänge
CE: Chip-Freigabe
OE: Freigabe für Datenausgabe
NE: Non Volatile Freigabe
WE: Schreibfreigabe
NC: Nicht verbundene Pins

2764

64 K Programmierbares und UV-löschbares PROM

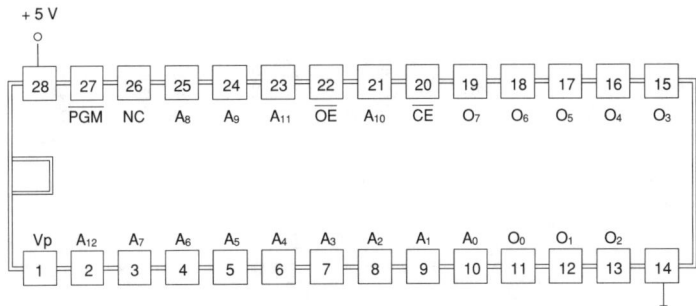

Ansicht von oben

Das EPROM 2764 ist ein 8192-Wort zu je 8-Bits UV-löschbares und elektrisch programmierbares ROM. Ein transparentes Fenster erlaubt das Löschen des EPROM-Inhaltes durch ultraviolettes Licht. Der Chip kann danach erneut beschrieben werden. Zum Beschreiben dienen die Eingänge Vp und $\overline{PGM}$. Beim Lesen sind sie an + 5 V zu halten. Die Adressen werden den Pins A_0 bis A_{12} zugeführt, der Datenbus den Pins O_0 bis O_7. In der Regel liegt der Pin $\overline{CE}$ an Masse, wodurch das EPROM in seiner Funktion freigegeben ist. Um die Daten an die Ausgänge gelangen zu lassen, gebe man einen negativen Impuls an den $\overline{OE}$-Eingang. Beim Lesen durch den Prozessor ist der $\overline{PSEN}$-Pin des Prozessors mit dem $\overline{OE}$-Pin des EPROMs zu verbinden und die Koordinierung der Signale geschieht dadurch in der richtigen Weise.

Eine genauere Beschreibung auch die der Programmierung findet sich in Kapitel 3.

Die Zugriffszeiten reichen in Stufen von 150 ns bis 450 ns. Die Programmierspannung beträgt beim 2764 21 V und beim 2764 A 12,5 V. Von diesem Baustein gibt es CMOS-Versionen: Der 27C64 benötigt eine Programmierspannung von 12,5 V und ist mit Zugriffszeiten von 150/200/250/300 ns erhältlich. Firma Intel bietet einen Chip der Nummer 87C64 an, der für Bus-orientierte Mikroprozessorsysteme besonders geeignet ist. Er ist identisch zum 27C64, bietet aber zusätzlich die interne Adreßspeicherung aller zwölf Leitungen. Das geschieht durch Verbinden des ALE-Ausgangs des 8031 mit dem $\overline{CE}$-Eingang des EPROMs. Bei der negativen Flanke werden die Adressen intern gespeichert. Somit erübrigt sich bei einem solchen System ein externer Adreßzwischenspeicher.

2816A

16 K Elektrisch löschbares PROM (EEPROM)

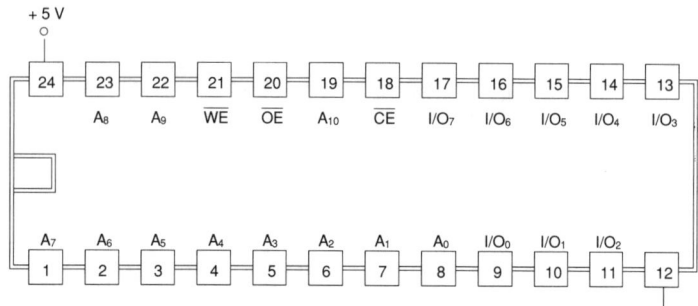

Ansicht von oben

Der 2816A (Intel) ist ein elektrisch lösch- und programmierbares ROM mit einer Organisation von 2048 Wörter zu je 8 Bits. Das EEPROM kann byteweise leicht gelöscht und neu programmiert werden, da es dazu nur den 5 V-TTL-Pegel benötigt. Der ganze Inhalt läßt sich durch eine Spannung von + 9 bis + 15 V am $\overline{OE}$-Eingang löschen. $\overline{CE}$ und $\overline{WE}$ sind dabei an Masse zu legen und die Dateneingänge I/O$_0$ bis I/O$_7$ an High-Pegel. Die Zeit, die dafür benötigt wird, soll sich im Rahmen von 9 ms bis 15 ms bewegen. Um nur ein Byte zu löschen, gebe man an $\overline{CE}$ und $\overline{WE}$ Low-Pegel, an $\overline{OE}$ und den I/O-Pins High-Pegel und an den Adreßeingängen den Wert für die zu löschende Speicherstelle. Nach dem Löschen weist sie den Wert FF$_h$ auf. Sie kann danach wie auf eben geschilderte Weise mit Daten beschrieben werden. Dieser Lösch- bzw. Schreibvorgang benötigt eine Zeit von 9 ms bis 15 ms, über die hinweg Adressen und Daten stabil anliegen müssen. Zu einem Lesezugriff müssen $\overline{CE}$ und $\overline{OE}$ an Masse und $\overline{WE}$ an Plus liegen. Die Zugriffszeit beim Lesen beträgt für den Baustein 250 ns. Er ist pin- und funktionskompatibel zum EPROM 2716 und kann dieses in einer Schaltung ersetzen.

Eine genauere Beschreibung findet sich in Kapitel 3.

Von Intel ist der Baustein 2816B erhältlich, der sich von der A-Version durch den Schreibmodus unterscheidet. Der 2816B speichert automatisch Adreß-, Daten- und Kontrollsignale, so daß der Prozessor nicht auf die Beendigung des Vorgangs warten muß und zwischenzeitlich andere Aufgaben erfüllen kann. Allerdings kann auf den Baustein für eine Zeit von 10 ms nicht zugegriffen werden. Die Zugriffszeit beträgt 200 ns.

Von der gleichen Speichergröße ist das EEPROM 2817A, das allerdings ein 28poliges Gehäuse besitzt. Funktionell ist es zum 2816B identisch mit einer zusätzlichen Leitung zur Bereitschaftsmeldung nach einer Schreiboperation. Die Pinaufteilung entspricht der des EPROMs 2764.

8255

Programmierbares Peripherie-Interface

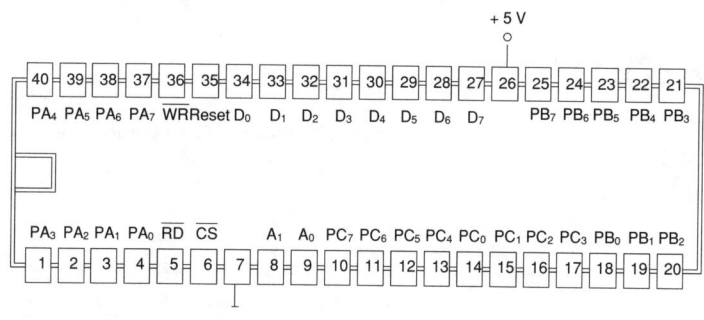

Ansicht von oben

Dieser Baustein ist ausführlich in Kapitel 5 beschrieben.

Die wichtigsten Eigenschaften:

* 24 programmierbare I/O-Pins
* Voll TTL-kompatibel
* Kompatibel zu allen Intel-Mikroprozessorfamilien
* Einzelpins setz- und löschbar
* Einfache 5 V Spannungsversorgung

Pin-Namen:

D_7–D_0:	Bidirektionaler Datenbus
Reset:	Reseteingang
CS:	Chip-Select
RD:	Read-Eingang
WR:	Write-Eingang
A_0, A_1:	Port- und Kontrollblockauswahl
PA_7–PA_0:	Bits Port A
PB_7–PB_0:	Bits Port B
PC_7–PC_0:	Bits Port C

Zu beachten sind die unübliche Lage der Stromversorgungsanschlüsse und die unregelmäßigen Pinanordnungen von Port C.

Die gesamte Stromaufnahme im statischen Zustand beträgt 120 mA. Die Zugriffszeit für das Lesen beträgt 250 ns. Zu beachten ist ferner, daß eine Zeit von mindestens 850 ns zwischen zwei Lese- oder Schreibzugriffen liegen muß.

Der 82C55A ist die CMOS-Version des 8255. In ihm ist das Kontrollwort lesbar. Er liefert Strom von 2,5 mA an die Ports, kommt selbst mit einem Betriebsstrom von 10 mA aus und zieht im Standby nur 10 μA. Die Zugriffszeit beträgt 120 ns, die Erholzeit zwischen zwei Lese- oder Schreibzyklen 200 ns.

8279

Programmierbares Keyboard/Display-Interface

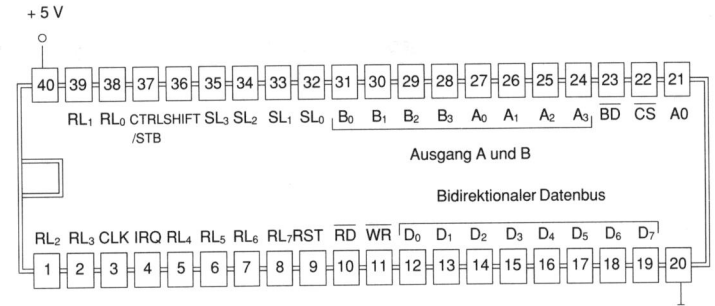

Ansicht von oben

Dieser Baustein ist ausführlich in Kapitel 5 beschrieben.

Die wichtigsten Eigenschaften:

- Simultane Keyboard- und Anzeige-Operationen
- Gemultiplexter Keyboard-Modus
- Gemultiplexte Anzeige
- Getakteter Eintragungsmodus
- 8-Byte Keyboard FIFO
- Mehrfacher Tastenausschluß oder n-Tastenregistrierung mit Entprellung
- Zwei 8- oder eine 16numerische Anzeige
- Rechts- oder Linkseintrag in das Anzeigen-RAM
- Durch die CPU programmierbare Modi
- Programmierbare Multiplexfrequenz
- Interruptanforderung bei Tastenerkennung

Pin-Namen:

D_7–D_0:	Bidirektionaler Datenbus
CLK:	Takteingang
RST:	Reseteingang
CS:	Chip-Select
A0:	Befehls- oder Datenbyte
RD:	Read-Eingang
WR:	Write-Eingang
IRQ:	Ausgang zur Interruptanforderung
SL_7–SL_0:	Multiplexausgänge
RL_7–RL_0:	Return-Eingänge
SHIFT:	Eingang für Shift-Taste
CTRL/STB:	Eingang für Control-Taste oder Keyboard-Takt
A_3–A_0,	
B_3–B_0:	Ausgänge für Anzeige
BD:	Blank Display

Der Baustein sollte so programmiert werden, daß eine interne Periodendauer von 10 µs erreicht wird. Unter diesen Voraussetzungen betragen die Systemzeiten:

Keyboard-Multiplexzeit:	5,1 ms
Keyboard-Entprellzeit:	10,3 ms
Abtastzeit pro Taste:	80 µs
Anzeige-Multiplexzeit:	10,3 ms
"Ein"-Zeit pro Ziffer:	480 µs
"Aus"-Zeit:	160 µs

Die Zugriffszeit beträgt 300 ns. Im statischen Zustand hat der Baustein eine Stromaufnahme von 120 mA. Die Erholzeit zwischen zwei Schreib- oder Lesezugriffen beträgt 1 µs. Die Impulsbreite am CLK-Eingang muß mindestens 230 ns sein.

Der 8279-5 ist der gleiche Baustein mit einer Zugriffszeit von 150 ns.

8282

8-Bit-Speicher und Bustreiber

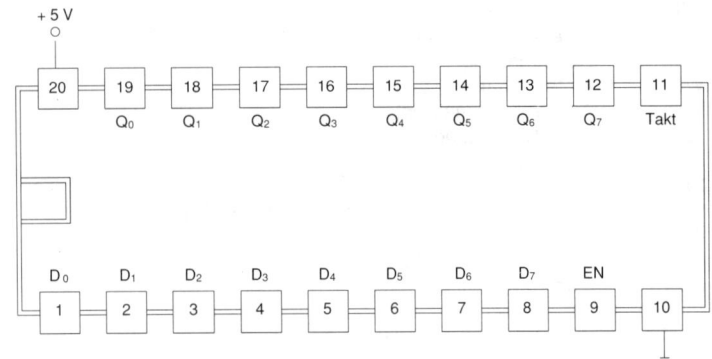

Ansicht von oben

Wenn der Takteingang Pin 11 High-Pegel führt, folgen die Ausgänge Q den Eingängen D. Wenn der Takteingang an Masse geht, werden die zuletzt an den Eingängen D anstehenden Daten intern gespeichert und den Ausgängen Q zugeführt, bis der Takt erneut auf Plus geht. Ein High am EN-Eingang Pin 9 versetzt alle Ausgänge in den Tri-State unabhängig vom Zustand der restlichen Eingangspins. Man beachte, daß nur die Ausgänge abgeschaltet, nicht aber die Speicherfunktion verhindert wird.

Wegen seiner Fähigkeit, hohe Lasten treiben zu können, und wegen der Tri-State-Eigenschaft ist der Baustein ideal als Adreßzwischenspeicher in Bus-orientierten Systemen geeignet.

Bei normalem Betrieb werden der EN-Eingang Pin 9 und der Takteingang Pin 11 an Masse gehalten. Liegen die Daten an den Eingängen an und sind ihre Werte stabil, wird ein kurzer positiver Impuls von mindestens 10 ns Länge dem Takteingang zugeführt, und die Daten werden in den Speicher übernommen.

Wahrheitstabelle

EN	Takt	Eingänge	Ausgänge
0	1	1	1
0	1	0	0
0	↓	X	Q
1	X	X	T

1: High-Pegel
0: Low-Pegel
X: beliebiger Pegel
T: Tri-State
Q: gespeicherte Daten
↓: negative Flanke

Eingänge: 1, 2, 3, 4, 5, 6, 7, 8, 9, 11
Ausgänge: 12, 13, 14, 15, 16, 17, 18, 19

8031/8032

8 Bit kontrollorientierter Mikroprozessor

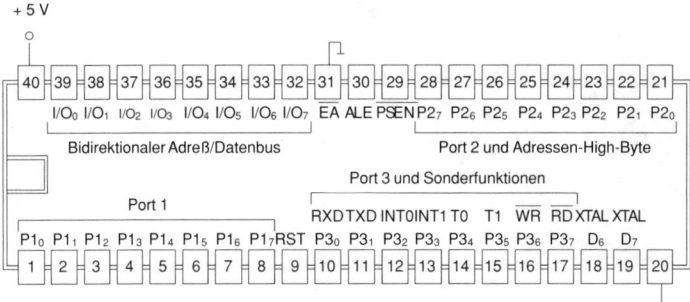

Ansicht von oben

Beschreibung der Hardware in Kapitel 1

Einsprungadressen im Programmspeicher:

Adresse	Symbol	Bedeutung
0000	Reset	Einschaltreset
0003	IE0	Externer Interrupt 0
000B	TF0	Timer 0 Interrupt
0013	IE1	Externer Interrupt 1
001B	TF1	Timer 1 Interrupt
0023	RI+TI	Serieller Port Interrupt
002B	TF2+EXF2	Timer 2 Interrupt

Byte- und Bitadressen in den Spezialfunktionsregistern

Byte-Adressen:

Adresse	Symbol	Bedeutung
F0	B	Register B
E0	ACC	Akkumulator
D0	PSW	Programmstatuswort
*CD	TH2	Timer 2 High-Byte
*CC	TL2	Timer 2 Low-Byte
*CB	RCAP2H	Nachlade-/Auffangregister für Timer 2 High
*CA	RCAP2L	Nachlade-/Auffangregister für Timer 2 Low
*C8	T2CON	Timer 2 Kontrolle
B8	IP	Interrupt Priorität
B0	P3	Port 3
A8	IE	Interrupt Freigabe
A0	P2	Port 2
99	SBUF	Serieller Puffer
98	SCON	Serielle Portkontrolle
90	P1	Port 1
8D	TH1	Timer 1 High-Byte
8C	TH0	Timer 0 High-Byte
8B	TL1	Timer 1 Low-Byte
8A	TL0	Timer 0 Low-Byte
89	TMOD	Timer Modus
88	TCON	Timer Kontrolle
87	PCON	Power Kontrolle
83	DPH	Datenpointer High-Byte
82	DPL	Datenpointer Low-Byte
81	SP	Stack Pointer
80	P0	Port 0

*Nur im 8032.
Alle Adressen, die mit 0 oder 8 enden, sind bitadressierbar.

Bitadressen:

Adresse	Symbol	Bedeutung

Programmstatuswort, PSW: (D0)

Adresse	Symbol	Bedeutung
D7	CY	Carry-Flag
D6	AC	Hilfscarry-Flag
D5	F0	Flag 0
D4	RS1	Auswahlbit 1 für Registerbank
D3	RS0	Auswahlbit 2 für Registerbank
D2	OV	Overflow-Flag
D1	--	Flip-Flop
D0	P	Paritäts-Flag

*Kontrollregister für Timer 2, T2CON: (C8)

Adresse	Symbol	Bedeutung
CF	TF2	Timer 2 Überlauf-Flag
CE	EXF2	Externes Interrupt-Flag 2
CD	RCLK	Timer 2-Überlauf für Datenempfang (ser. Port)
CC	TCLK	Timer 2-Überlauf für Datensendung (ser. Port)
CB	EXEN2	Externe Steuerung der Timer 2-Aktivitäten
CA	TR2	Start/Stop Timer 2
C9	C/$\overline{\text{T2}}$	Zähler/Timer-Wahl
C8	CP/$\overline{\text{RL2}}$	Capture/Reload-Wahl

Interruptpriorität, IP: (B8)

Adresse	Symbol	Bedeutung
BD	*PT2	Höhere Priorität für Timer 2
BC	PS	Höhere Priorität für seriellen Port
BB	PT1	Höhere Priorität für Timer 1
BA	PX1	Höhere Priorität für externen Interrupt 1
B9	PT0	Höhere Priorität für Timer 0
B8	PX0	Höhere Priorität für externen Interrupt 0

Port 3, P3: (B0)

Adresse	Symbol	Bedeutung
B7	RD	Lesesignal für externen Datenspeicher
B6	WR	Schreibsignal für externen Datenspeicher
B5	T1	Externe Steuerung der Timer 1-Aktivitäten
B4	T0	Externe Steuerung der Timer 0-Aktivitäten
B3	INT1	Interrupt 1-Pin
B2	INT0	Interrupt 0-Pin
B1	TXD	Sendepin des seriellen Ports
B0	RXD	Empfangspin des seriellen Ports

Interruptfreigabe, IE: (A8)

AF	EA	Globale Interruptfreigabe
AD	*ET2	Timer 2 Interruptfreigabe
AC	ES	Serieller Port Interruptfreigabe
AB	ET1	Timer 1 Interruptfreigabe
AA	EX1	Externer Interrupt 1-Freigabe
A9	ET0	Timer 0 Interruptfreigabe
A8	EX0	Externer Interrupt 0-Freigabe

Serielle Portkontrolle, SCON: (98)

9F	SM0	Modusbit 0 für seriellen Port
9E	SM1	Modusbit 1 für seriellen Port
9D	SM2	Modusbit 2 für seriellen Port
9C	REN	Startbit für Datenempfang
9B	TB8	Neuntes Sendebit
9A	RB8	Neuntes Empfangsbit
99	TI	Sendeinterrupt
98	RI	Empfangsinterrupt

Timerkontrolle, TCON: (88)

8F	TF1	Timer 1-Überlauf
8E	TR1	Start/Stop Timer 1
8D	TF0	Timer 0-Überlauf
8C	TR0	Start/Stop Timer 0
8B	IE1	Flankenerkennungsbit für externen Interrupt 1
8A	IT1	Kontrollbit für Interrupt 1-Typ
89	IE0	Flankenerkennungsbit für externen Interrupt 0
88	IT0	Kontrollbit für Interrupt 0-Typ

*Nur im 8032

Zusammenfassung des MCS-51-Befehlssatzes:

Legende:

Operand	Bedeutung
A	Akkumulator
addr11	Adresse in einem 2K-Programmspeicherblock
addr16	Adresse im 64K-Programmspeicherbereich
B	Register B
bit	Bitadresse im internen RAM
/bit	Komplementierter Inhalt der Bitadresse
C	Carry
#data	8-Bit-Konstante
#data16	16-Bit-Konstante
direct	Adresse eines internen RAM-Platzes
DPTR	Datenpointer
PC	Programmzähler
@Ri	Indirekte Adressierung eines RAM-Platzes über R1 oder R2
Rn	Register R0 bis R7 der aktuellen Registerbank
@	Zeichen für indirekte Adressierung
kursiv	Logische Operation
rel	Signiertes 8-Bit-Offset für Sprungbefehle

Der MCS-51-Befehlssatz nach Funktionsklassen:

Arithmetische Befehle:

Hex-code	Mnemonik		Beschreibung	Byte	Masch.-zyklen
28–2F	ADD	A,Rn	Addiere Register zu Akkumulator	1	1
25	ADD	A,direct	Addiere Direkt-Byte zu Akkumulator	2	1
26/27	ADD	A,@Ri	Addiere Indirekt-Byte zu Akkumulator	1	1
24	ADD	A,#data	Addiere Konstante zu Akkumulator	2	1
38–3F	ADDC	A,Rn	Addiere Register zu Akkumulator mit Carry	1	1
35	ADDC	A,direct	Addiere Direkt-Byte zu Akkumulator mit Carry	2	1
36;37	ADDC	A,@Ri	Addiere Indirekt-Byte zu Akkumulator mit Carry	1	1
34	ADDC	A,#data	Addiere Konstante zu Akkumulator mit Carry	2	1
98–9F	SUBB	A,Rn	Subtrahiere Register zu Akkumulator	1	1
95	SUBB	A,direct	Subtrahiere Direkt-Byte zu Akkumulator	2	1
96;97	SUBB	A,@Ri	Subtrahiere Indirekt-Byte zu Akkumulator	1	1
94	SUBB	A,#data	Subtrahiere Konstante zu Akkumulator	2	1
04	INC	A	Akkumulator + 1	1	1
08–0F	INC	Rn	Rn + 1	1	1
05	INC	direct	Direkt-Byte + 1	2	1
06;07	INC	@Ri	Indirekt-Byte + 1	1	1
14	DEC	A	Akkumulator − 1	1	1
18–1F	DEC	Rn	Rn − 1	1	1
15	DEC	direct	Direkt-Byte − 1	2	1
16;17	DEC	@Ri	Indirekt-Byte − 1	1	1
A3	INC	DPTR	Datenpointer + 1	1	2
A4	MUL	AB	Multipliziere A mit B	1	4
84	DIV	AB	Teile A durch B	1	4
D4	DA	A	Dezimalkorrektur	1	1

Logische Befehle:

Hex-code	Mnemonik		Beschreibung	Byte	Masch.-zyklen
58–5F	ANL	A,Rn	Akkumulator *und* Register	1	1
55	ANL	A,direct	Akkumulator *und* Direkt-Byte	2	1
56/57	ANL	A,@Ri	Akkumulator *und* Indirekt-Byte	1	1
54	ANL	A,#data	Akkumulator *und* Konstante	2	1
52	ANL	direct,A	Direkt-Byte *und* Akkumulator	2	1
53	ANL	direct,#data	Direkt-Byte *und* Konstante	3	2
48–4F	ORL	A,Rn	Akkumulator *oder* Register	1	1
45	ORL	A,direct	Akkumulator *oder* Direkt-Byte	2	1
46;47	ORL	A,@Ri	Akkumulator *oder* Indirekt-Byte	1	1
44	ORL	A,#data	Akkumulator *oder* Konstante	2	1
42	ORL	direct,A	Direkt-Byte *oder* Akkumulator	2	1
43	ORL	direct,#data	Direkt-Byte *oder* Konstante	3	2
68–6F	XRL	A,Rn	Akkumulator *exklusiv oder* Register	1	1
65	XRL	A,direct	Akkumulator *exklusiv oder* Direkt-Byte	2	1
66;67	XRL	A,@Ri	Akkumulator *exklusiv oder* Indirekt-Byte	1	1
64	XRL	A,#data	Akkumulator *exklusiv oder* Konstante	2	1
62	XRL	direct,A	Direkt-Byte *exklusiv oder* Akkumulator	2	1
63	XRL	direct,#data	Direkt-Byte *exklusiv oder* Konstante	3	2
E4	CLR	A	Lösche Akkumulator	1	1
F4	CPL	A	Komplementiere Akkumulator	1	1
23	RL	A	Rotiere Akkumulator nach links	1	1
33	RLC	A	Rotiere Akkumulator nach links mit Carry	1	1
03	RR	A	Rotiere Akkumulator nach rechts	1	1
13	RRC	A	Rotiere Akkumulator nach rechts mit Carry	1	1
C4	SWAP	A	Vertausche Nibbles im Akkumulator	1	1

Datentransferbefehle:

Hex-code	Mnemonik	Beschreibung	Byte	Masch.-zyklen
E8–EF	MOV A,Rn	Schreibe Register in den Akkumulator	1	1
E5	MOV A,direct	Schreibe Direkt-Byte in den Akkumulator	2	1
E6;E7	MOV A,@Ri	Schreibe Indirekt-Byte in den Akkumulator	1	1
74	MOV A,#data	Schreibe Konstante in den Akkumulator	2	1
F8–FF	MOV Rn,A	Schreibe Akkumulator in das Register	1	2
A8–AF	MOV Rn,direct	Schreibe Direkt-Byte in das Register	2	2
78–7F	MOV Rn,#data	Schreibe Konstante in das Register	2	1
F5	MOV direct,A	Schreibe Akkumulator in das Direkt-Byte	2	1
88–8F	MOV direct,Rn	Schreibe Register in das Direkt-Byte	2	2
85	MOV direct,direct	Schreibe Direkt-Byte in das Direkt-Byte	3	2
86;87	MOV direct,@Ri	Schreibe Indirekt-Byte in das Direkt-Byte	2	2
75	MOV direct,#data	Schreibe Konstante in das Direkt-Byte	3	2
F6;F7	MOV @Ri,A	Schreibe Akkumulator in das Indirekt-Byte	1	1
A6;A7	MOV @Ri,direct	Schreibe Direkt-Byte in das Indirekt-Byte	2	2
76;77	MOV @Ri,#data	Schreibe Konstante in das Indirekt-Byte	2	1
90	MOV DPTR,#data16	Schreibe 16-Bit-Konstante in den Datenpointer	3	2
93	MOVC A,@A+DPTR	Schreibe Tabellenkonstante relativ zum Datenpointer in den Akkumulator	1	2
83	MOVC A,@A+PC	Schreibe Tabellenkonstante relativ zum Programmzähler in den Akkumulator	1	2
E2;E3	MOVX A,@Ri	Schreibe externes RAM-Byte in den Akkumulator	1	2
E0	MOVX A,@DPTR	Schreibe externes RAM-Byte in den Akkumulator	1	2
F2;F3	MOVX @Ri,A	Schreibe Akkumulator in externes RAM	1	2
F0	MOVX @DPTR,A	Schreibe Akkumulator in externes RAM	1	2
C0	PUSH direct	Lege Direkt-Byte auf Stack ab	2	2
D0	POP direct	Schreibe vom Stack in Direkt-Byte	2	2
C8-CF	XCH A,Rn	Tausche Register mit Akkumulator aus	1	1
C5	XCH A,direct	Tausche Direkt-Byte mit Akkumulator aus	2	1
C6;C7	XCH A,@Ri	Tausche Indirekt-Byte mit Akkumulator aus	1	1
D6;D7	XCHD A,@Ri	Tausche Low-Nibble indirekt mit Akkumulator aus	1	1

Bitmanipulationsbefehle:

Hex-code	Mnemonik		Beschreibung	Byte	Masch.-zyklen
C3	CLR	C	Lösche Carry	1	1
C2	CLR	bit	Lösche Bit	2	1
D3	SETB	C	Setze Carry	1	1
D2	SETB	bit	Setze Bit	2	1
B3	CPL	C	Komplementiere Carry	1	1
B2	CPL	bit	Komplementiere Bit	2	1
82	ANL	C,bit	Carry und Bit	2	2
B0	ANL	C,/bit	Carry und nicht Bit	2	2
72	ORL	C,bit	Carry oder Bit	2	2
A0	ORL	C,/bit	Carry oder nicht Bit	2	2
A2	MOV	C,bit	Schreibe Bit ins Carry	2	1
92	MOV	bit,C	Schreibe Carry ins Bit	2	2

Sprungbefehle:

Hex-code	Mnemonik		Beschreibung	Byte	Masch.-zyklen
11–F1	ACALL addr11		Subroutinenaufruf 2K-Block	2	2
12	LCALL addr16		Subroutinenaufruf in 64K	3	2
22	RET		Subroutine beenden	1	2
32	RETI		Interrupt beenden	1	2
01–E1	AJMP addr11		Sprung im 2K-Block	2	2
02	LJMP addr16		Sprung in 64K	3	2
80	SJMP	rel	relativer Sprung	2	2
73	JMP	@A+DPTR	indirekter Sprung relativ zu Datenpointer	1	2
60	JZ	rel	Sprung, wenn Akkumulator Null ist	2	2
70	JNZ	rel	Sprung, wenn Akkumulator von Null verschieden ist	2	2
B5	CJNE	A,direct,rel	Sprung, wenn Direkt-Byte und Akkumulator ungleich	3	2
B4	CJNE	A,#data,rel	Sprung, wenn Konstante und Akkumulator ungleich	3	2
B8–BF	CJNE	Rn,#data,rel	Sprung, wenn Konstante und Register ungleich	3	2
B6;B7	CJNE	@Ri,#data,rel	Sprung, wenn Konstante und Indirekt-Byte ungleich	3	2
D8–DF	DJNZ	Rn,rel	Register -1 und Sprung, wenn nicht Null	2	2
D5	DJNZ	direct,rel	Direkt-Byte -1 und Sprung, wenn nicht Null	3	2
40	JC	rel	Sprung bei gesetztem Carry	2	2
50	JNC	rel	Sprung bei gelöschtem Carry	2	2
20	JB	bit,rel	Sprung bei gesetztem Bit	3	2
30	JNB	bit,rel	Sprung bei gelöschtem Bit	3	2
10	JBC	bit,rel	Sprung bei gesetztem Bit und lösche Bit	3	2
00	NOP		keine Operation	1	1

(Copyright auf alle Mnemoniks: Fa. Intel 1980)

Der MCS-51-Befehlssatz in numerischer Reihenfolge:

Hex-code	Mnemonik		Bytes/Zyklen		Hex-code	Mnemonik		Bytes/Zyklen	
00	NOP		1	1	2C	ADD	A,R4	1	1
01	AJMP	0,addr	2	2	2D	ADD	A,R5	1	1
02	LJMP	addr16	3	2	2E	ADD	A,R6	1	1
03	RR	A	1	1	2F	ADD	A,R7	1	1
04	INC	A	1	1	30	JNB	bit,rel	3	2
05	INC	direct	2	1	31	ACALL	1,addr	2	2
06	INC	@R0	1	1	32	RETI		1	2
07	INC	@R1	1	1	33	RLC	A	1	1
08	INC	R0	1	1	34	ADDC	A,#data	2	1
09	INC	R1	1	1	35	ADDC	A,direct	2	1
0A	INC	R2	1	1	36	ADDC	A,@R0	1	1
0B	INC	R3	1	1	37	ADDC	A,@R1	1	1
0C	INC	R4	1	1	38	ADDC	A,R0	1	1
0D	INC	R5	1	1	39	ADDC	A,R1	1	1
0E	INC	R6	1	1	3A	ADDC	A,R2	1	1
0F	INC	R7	1	1	3B	ADDC	A,R3	1	1
10	JBC	bit,rel	3	2	3C	ADDC	A,R4	1	1
11	ACALL	0,addr	2	2	3D	ADDC	A,R5	1	1
12	LCALL	addr16	3	2	3E	ADDC	A,R6	1	1
13	RRC	A	1	1	3F	ADDC	A,R7	1	1
14	DEC	A	1	1	40	JC	rel	2	2
15	DEC	direct	2	1	41	AJMP	2,addr	2	2
16	DEC	@R0	1	1	42	ORL	direct,A	2	1
17	DEC	@R1	1	1	43	ORL	direct,#data	3	2
18	DEC	R0	1	1	44	ORL	A,#data	2	1
19	DEC	R1	1	1	45	ORL	A,direct	2	1
1A	DEC	R2	1	1	46	ORL	A,@R0	1	1
1B	DEC	R3	1	1	47	ORL	A,@R1	1	1
1C	DEC	R4	1	1	48	ORL	A,R0	1	1
1D	DEC	R5	1	1	49	ORL	A,R1	1	1
1E	DEC	R6	1	1	4A	ORL	A,R2	1	1
1F	DEC	R7	1	1	4B	ORL	A,R3	1	1
20	JB	bit,rel	3	2	4C	ORL	A,R4	1	1
21	AJMP	1,addr	2	2	4D	ORL	A,R5	1	1
22	RET		1	2	4E	ORL	A,R6	1	1
23	RL	A	1	1	4F	ORL	A,R7	1	1
24	ADD	A,#data	2	1	50	JNC	rel	2	2
25	ADD	A,direct	2	1	51	ACALL	2,addr	2	2
26	ADD	A,@R0	1	1	52	ANL	direct,A	2	1
27	ADD	A,@R1	1	1	53	ANL	direct,#data	3	2
28	ADD	A,R0	1	1	54	ANL	A,#data	2	1
29	ADD	A,R1	1	1	55	ANL	A,direct	2	1
2A	ADD	A,R2	1	1	56	ANL	A,@R0	1	1
2B	ADD	A,R3	1	1	57	ANL	A,@R1	1	1

Hex-code	Mnemonik		Bytes/Zyklen		Hex-code	Mnemonik		Bytes/Zyklen	
58	ANL	A,R0	1	1	87	MOV	direct,@R1	2	2
59	ANL	A,R1	1	1	88	MOV	direct,R0	2	2
5A	ANL	A,R2	1	1	89	MOV	direct,R1	2	2
5B	ANL	A,R3	1	1	8A	MOV	direct,R2	2	2
5C	ANL	A,R4	1	1	8B	MOV	direct,R3	2	2
5D	ANL	A,R5	1	1	8C	MOV	direct,R4	2	2
5E	ANL	A,R6	1	1	8D	MOV	direct,R5	2	2
5F	ANL	A,R7	1	1	8E	MOV	direct,R6	2	2
60	JZ	rel	2	2	8F	MOV	direct,R7	2	2
61	AJMP	3,addr	2	2	90	MOV	DPTR,#data16	3	2
62	XRL	direct,A	2	1	91	ACALL	4,addr	2	2
63	XRL	direct,#data	3	2	92	MOV	bit,C	2	2
64	XRL	A,#data	2	1	93	MOVC	A,@A+DPTR	1	2
65	XRL	A,direct	2	1	94	SUBB	A,#data	2	1
66	XRL	A,@R0	1	1	95	SUBB	A,direct	2	1
67	XRL	A,@R1	1	1	96	SUBB	A,@R0	1	1
68	XRL	A,R0	1	1	97	SUBB	A,@R1	1	1
69	XRL	A,R1	1	1	98	SUBB	A,R0	1	1
6A	XRL	A,R2	1	1	99	SUBB	A,R1	1	1
6B	XRL	A,R3	1	1	9A	SUBB	A,R2	1	1
6C	XRL	A,R4	1	1	9B	SUBB	A,R3	1	1
6D	XRL	A,R5	1	1	9C	SUBB	A,R4	1	1
6E	XRL	A,R6	1	1	9D	SUBB	A,R5	1	1
6F	XRL	A,R7	1	1	9E	SUBB	A,R6	1	1
70	JNZ	rel	2	2	9F	SUBB	A,R7	1	1
71	ACALL	3,addr	2	2	A0	ORL	C,/bit	1	1
72	ORL	C,bit	2	2	A1	AJMP	5,addr	2	2
73	JMP	@A,DPTR	1	2	A2	MOV	C,bit	2	1
74	MOV	A,#data	2	1	A3	INC	DPTR	1	1
75	MOV	direct,#data	2	2	A4	MUL	AB	1	4
76	MOV	@R0,#data	2	1	A5	nicht definiert		-	-
77	MOV	@R1,#data	2	1	A6	MOV	@R0,direct	2	2
78	MOV	R0,#data	2	1	A7	MOV	@R1,direct	2	2
79	MOV	R1,#data	2	1	A8	MOV	R0,direct	2	2
7A	MOV	R2,#data	2	1	A9	MOV	R1,direct	2	2
7B	MOV	R3,#data	2	1	AA	MOV	R2,direct	2	2
7C	MOV	R4,#data	2	1	AB	MOV	R3,direct	2	2
7D	MOV	R5,#data	2	1	AC	MOV	R4,direct	2	2
7E	MOV	R6,#data	2	1	AD	MOV	R5,direct	2	2
7F	MOV	R7,#data	2	1	AE	MOV	R6,direct	2	2
80	SJMP	rel	2	2	AF	MOV	R7,direct	2	2
81	AJMP	4,addr	2	2	B0	ANL	C,/bit	2	1
82	ANL	C,bit	2	2	B1	ACALL	5,addr	2	2
83	MOVC	A,@A+PC	1	2	B2	CPL	bit	2	1
84	DIV	AB	1	4	B3	CPL	C	1	1
85	MOV	direct,direct	3	2	B4	CJNE	A,#data,rel	3	2
86	MOV	direct,@R0	2	2	B5	CJNE	A,direct,rel	3	2

Hex-code	Mnemonik	Bytes/Zyklen	Hex-code	Mnemonik	Bytes/Zyklen
B6	CJNE @R0,#data,rel	3 2	DB	DJNZ R3,rel	2 2
B7	CJNE @R1,#data,rel	3 2	DC	DJNZ R4,rel	2 2
B8	CJNE R0,#data,rel	3 2	DD	DJNZ R5,rel	2 2
B9	CJNE R1,#data,rel	3 2	DE	DJNZ R6,rel	2 2
BA	CJNE R2,#data,rel	3 2	DF	DJNZ R7,rel	2 2
BB	CJNE R3,#data,rel	3 2	E0	MOVX A,@DPTR	1 2
BC	CJNE R4,#data,rel	3 2	E1	AJMP 7,addr	2 2
BD	CJNE R5,#data,rel	3 2	E2	MOVX A,@R0	1 2
BE	CJNE R6,#data,rel	3 2	E3	MOVX A,@R1	1 2
BF	CJNE R7,#data,rel	3 2	E4	CLR A	2 1
C0	PUSH direct	2 2	E5	MOV A,direct	2 1
C1	AJMP 6,addr	2 2	E6	MOV A,@R0	1 1
C2	CLR bit	2 1	E7	MOV A,@R1	1 1
C3	CLR C	1 1	E8	MOV A,R0	1 1
C4	SWAP A	1 1	E9	MOV A,R1	1 1
C5	XCH A,direct	2 1	EA	MOV A,R2	1 1
C6	XCH A,@R0	1 1	EB	MOV A,R3	1 1
C7	XCH A,@R1	1 1	EC	MOV A,R4	1 1
C8	XCH A,R0	1 1	ED	MOV A,R5	1 1
C9	XCH A,R1	1 1	EE	MOV A,R6	1 1
CA	XCH A,R2	1 1	EF	MOV A,R7	1 1
CB	XCH A,R3	1 1	F0	MOVX @DPTR,A	1 2
CC	XCH A,R4	1 1	F1	ACALL 7,addr	2 2
CD	XCH A,R5	1 1	F2	MOVX @R0,A	1 2
CE	XCH A,R6	1 1	F3	MOVX @R1,A	1 2
CF	XCH A,R7	1 1	F4	CPL A	1 1
D0	POP direct	2 2	F5	MOV direct,A	2 1
D1	ACALL 6,addr	2 2	F6	MOV @R0,A	1 1
D2	SETB bit	2 1	F7	MOV @R1,A	1 1
D3	SETB C	1 1	F8	MOV R0,A	1 1
D4	DA A	1 1	F8	MOV R1,A	1 1
D5	DNJZ direct,rel	3 2	FA	MOV R2,A	1 1
D6	XCHD A,@R0	1 1	FB	MOV R3,A	1 1
D7	XCHD A,@R1	1 1	FC	MOV R4,A	1 1
D8	DJNZ R0,rel	2 2	FD	MOV R5,A	1 1
D9	DJNZ R1,rel	2 2	FE	MOV R6,A	1 1
DA	DJNZ R2,rel	2 2	FF	MOV R7,A	1 1

Mnemoniks (C) Intel Corporation, USA

Der MCS-51-Befehlssatz in alphabetischer Reihenfolge:

Hex-code	Mnemonik		Bytes/Zyklen		Hex-code	Mnemonik		Bytes/Zyklen	
X1	ACALL	addr	2	2	10	JBC	bit,rel	3	2
	X = 2n + 1; n = 0 bis 7				40	JC	rel	2	2
28–2F	ADD	A,Rn	1	1	73	JMP	@A+DPTR	1	2
25	ADD	A,direct	2	1	30	JNB	bit,rel	3	2
26;27	ADD	A,@Ri	1	1	50	JNC	rel	2	2
24	ADD	A,#data	2	1	70	JNZ	rel	2	2
38–3F	ADDC	A,Rn	1	1	60	JZ	rel	2	2
35	ADDC	A,direct	2	1	12	LCALL	addr16	3	2
36;37	ADDC	A,@Ri	1	1	02	LJMP	addr16	3	2
34	ADDC	A,#data	2	1	E8–EF	MOV	A,Rn	1	1
X1	AJMP	addr	2	2	E5	MOV	A,direct	2	1
	X = 2n; n = 0 bis 7				E6;E7	MOV	A,@Ri	1	1
58–5F	ANL	A,Rn	1	1	74	MOV	A,#data	2	1
55	ANL	A,direct	2	1	F8–FF	MOV	Rn,A	1	1
56;57	ANL	A,@Ri	1	1	A8–AF	MOV	Rn,direct	2	2
54	ANL	A,#data	2	1	78–7F	MOV	Rn,#data	2	1
52	ANL	direct,A	2	1	F5	MOV	direct,A	2	1
53	ANL	direct,#data	3	2	88–8F	MOV	direct,Rn	2	2
82	ANL	C,bit	2	2	85	MOV	direct,direct	3	2
B0	ANL	C,/bit	2	2	86;87	MOV	direct,@Ri	2	2
B5	CJNE	A,direct,rel	3	2	75	MOV	direct,#data	3	2
B4	CJNE	A,#data,rel	3	2	F6;F7	MOV	@Ri,A	1	1
B8–BF	CJNE	Rn,#data,rel	3	2	A6;A7	MOV	@Ri,direct	2	2
B6;B7	CJNE	@Ri,#data,rel	3	2	76;77	MOV	@Ri,#data	2	1
E4	CLR	A	1	1	A2	MOV	C,bit	2	1
C3	CLR	C	1	1	92	MOV	bit,C	2	2
C2	CLR	bit	2	1	90	MOV	DPTR,#data16	3	2
F4	CPL	A	1	1	93	MOVC	A,@A+DPTR	1	2
B3	CPL	C	1	1	83	MOVC	A,@A+PC	1	2
B2	CPL	bit	2	1	E2;E3	MOVX	A,@Ri	1	2
D4	DA	A	1	1	E0	MOVX	A,@DPTR	1	2
14	DEC	A	1	1	F2;F3	MOVX	@Ri,A	1	2
18–1F	DEC	Rn	1	1	F0	MOVX	@DPTR,A	1	2
15	DEC	direct	2	1	A4	MUL	AB	1	4
16;17	DEC	@Ri	1	1	00	NOP		1	1
84	DIV	AB	1	4	48–4F	ORL	A,Rn	1	1
D8–DF	DJNZ	Rn,rel	2	2	45	ORL	A,direct	2	1
D5	DJNZ	direct,rel	3	2	46;47	ORL	A,@Ri	1	1
04	INC	A	1	1	44	ORL	A,#data	2	1
08–0F	INC	Rn	1	1	42	ORL	direct,A	2	1
05	INC	direct	2	1	43	ORL	direct,#data	3	2
06;07	INC	@Ri	1	1	72	ORL	C,bit	2	2
A3	INC	DPTR	1	2	A0	ORL	C,/bit	2	2
20	JB	bit,rel	3	2	D0	POP	direct	2	2

Hex-code	Mnemonik	Bytes/Zyklen	Hex-code	Mnemonik	Bytes/Zyklen
C0	PUSH direct	2 2	64	XRL A,#data	2 1
22	RET	1 2	62	XRL direct,A	2 1
32	RETI	1 2	63	XRL direct,#data	3 2
23	RL A	1 1			
33	RLC A	1 1			
03	RR A	1 1			
13	RRC A	1 1			
D3	SETB C	1 1			
D2	SETB bit	2 1			
80	SJMP rel	2 2			
98–9F	SUBB A,Rn	1 1			
95	SUBB A,direct	2 1			
96;97	SUBB A,@Ri	1 1			
94	SUBB A,#data	2 1			
C4	SWAP A	1 1			
C8–CF	XCH A,Rn	1 1			
C5	XCH A,direct	2 1			
C6;C7	XCH A,@Ri	1 1			
D6;D7	XCHD A,@Ri	1 1			
68–6F	XRL A,Rn	1 1			
65	XRL A,direct	2 1			
66;67	XRL A,@Ri	1 1			

Mnemoniks (C) Intel Corporation, USA

Literaturverzeichnis

* Intel: MCS-51 Macro Assembly Language Pocket Reference
  Santa Clara 1981
* Intel: Embedded Controler Handbook
  Santa Clara 1987
* Intel: Microprozessor and Peripheral Handbook, Volume II-Peripheral
  Santa Clara 1987
* Intel: Memory Components Handbook
  Santa Clara 1987
* Matra-Harris Semiconductor: Digital, Catalog and ASIC Products
  Nantes Cedex 1987
* Matra-Harris Semiconductor: 80C51 and 80C52 Tiny Basic.
  Application Note 1031. 1987
* Harris: CMOS Digital Data Book
  Melbourne, Florida 1984
* Hitachi: IC Memory Data Book
  Haar, München 1985
* RCA Solid State: CMOS Integrated Circuits
  Somerville, NJ 1983
* Laumann: D.A.T.A. BOOK Microprozessor ICs
  Volume 32, Book 18. San Diego 1987
* Laumann: D.A.T.A. BOOK Digital ICs
  Volume 32, Book 14. San Diego 1987
* National Semiconductor Corporation: Logic Databook Volume 1
  Santa Clara 1984
* Bell D.: Design of a Prozessor card using the 8051/31 or the 8052/32
  MHS Application Note 1022. 1987
* Feger O.: Die 8051-Mikrocontroller-Familie
  Markt & Technik-Vlg. 1987
* Williamson T.: Designing Microcontroller Systems for Electrically Noisy Environments
  Intel, Appl. Note 125
* Williamson T.: Oscillators for Microcontrollers
  Intel, App. Note 155
* Williamson T.: Designing with the 80C51BH
  Intel, App. Note 252
* Williamson T.: Using the 8051 Microcontroller with Resonant Transducers
  IEEE Transactions on Industrial Electronics, Vol. IE-32, No. 4, 1987
* Wharton J.: Using the Intel MCS-51 Boolean Processing Capabilities
  Intel, AP-70

- Elsing, Wiencek: Schnittstellen Handbuch
  IWT-Vlg. 1987
- Schellhardt: Datenübertragung und Datenaustausch
  IWT-Vlg. 1985
- Lancaster: Das CMOS-Kochbuch
  IWT-Vlg. 1980

Platine A

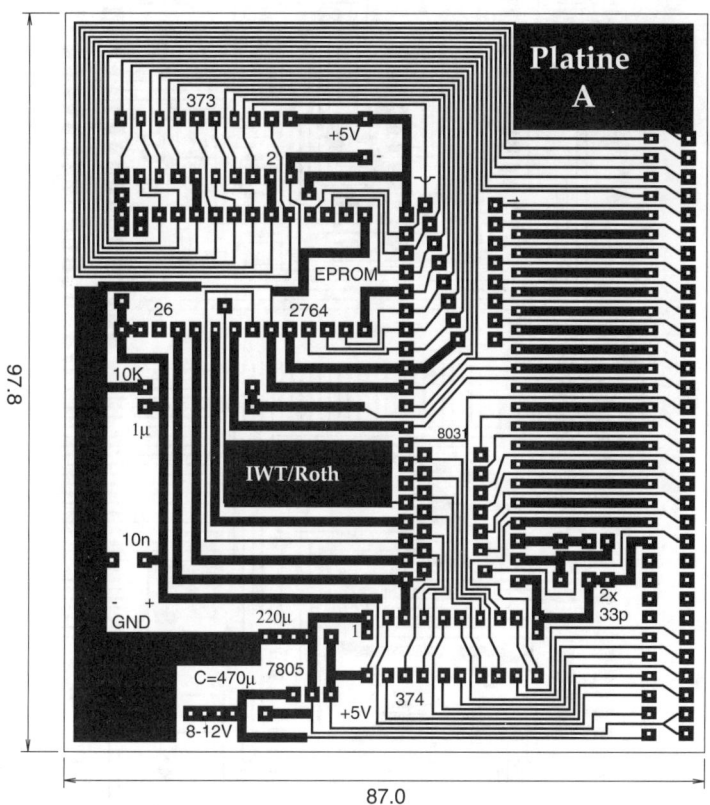

Platine B

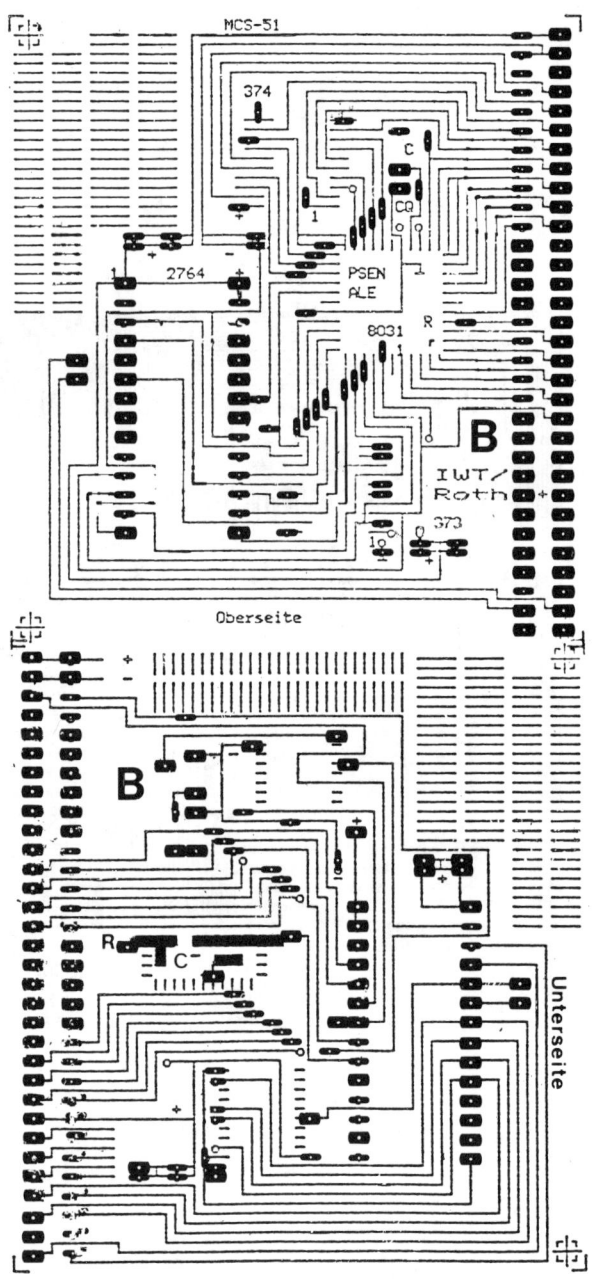

Platine C

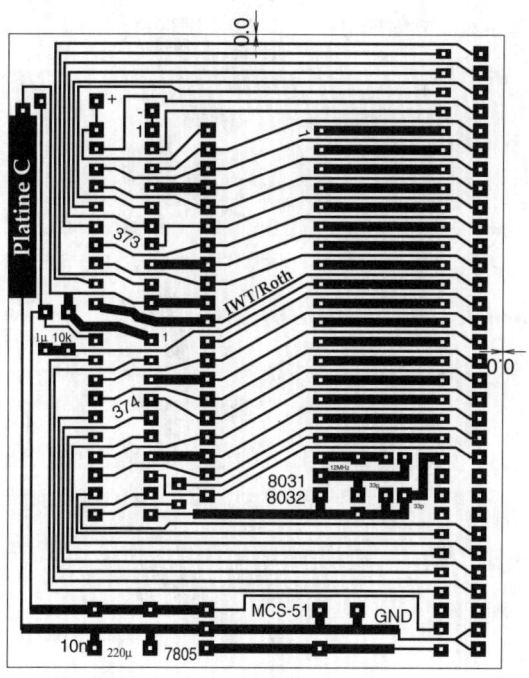

Busplatine

100.0

160.0

Busplatine IWT-Verlag / Roth

64   33
1   32

Stichwortverzeichnis

W

X

Z

TITEL & THEMEN

AUS DEM IWT-PROGRAMM

LAN unter NOVELL NetWare

Kiriakos Georgiadis
Das vorliegende Buch gibt als fundierte Einführung Auskunft über alles, was zum Thema Lokale Netzwerke wissenswert ist, wo ihre Möglichkeiten und Leistungen liegen, und vor allem, wie sie auf der Basis von NOVELL NetWare installiert werden können.
1990. 216 Seiten. Geb.
ISBN 3-88322-320-4 DM 68, –

Netzwerk Software Buyer's Guide

Maike Nees
Eine ausführliche, wertfreie Übersicht über netzwerkfähige Programme und Utilities, die Auskunft gibt über Leistung, Einsatzgebiete und Bezugsquellen von mehr als 600 Softwarepaketen für den Mehrplatzbetrieb in LANs unter NetWare von NOVELL und LAN-Manager von Microsoft: Datenbanken, Software und Hunderte von Branchenlösungen.
1992. 272 Seiten. Geb.
ISBN 3-88322-347-6
DM 69,–

How to Network

Matthias Haun/Kiriakos Georgiadis
Dieses Buch soll eine Entscheidungshilfe für alle sein, die vor dem Problem stehen, mehrere PCs miteinander verbinden zu müssen. Insbesondere geht das Buch detailliert auf die Kosten und den Nutzenvergleich von kleinen Netzen zu Multi-User-Micros ein. Anhand von Beispielen und unter Berücksichtigung der Netzwerksoftware von NOVELL werden die ersten Schritte hin zum Netzwerk aufgezeigt.
1992. 448 Seiten. Geb.
ISBN 3-88322-273-9
DM 69,–

Ethernet PC-LANs Buyer's Guide

Paulo Heitlinger
Ethernet ist die meistinstallierte Topologie von LANs für PCs und Macintosh-Rechner. Dieser erste deutsche Ethernet-Katalog gibt umfassend Auskunft über das aktuelle Ethernet-Angebot an LAN-Controllern, Repeatern, Sternverteilern, Bridges, Routers und Gateways.
1991. 424 Seiten. Geb.
ISBN 3-88322-346-8 DM 89, –

Token-Ring PC-LANs Buyer's Guide

Paulo Heitlinger
Die Redaktion des LAN-Magazins NetWorks durchforstete den LAN-Markt, um den ersten Einkaufsführer für PC-Netzwerke der IBM-Topologie Token-Ring zusammenzustellen. Der Buyer's Guide verschafft die nötige Marktübersicht über Controller, Kabel, MAUs und DAUs, Bridges, Routers, Brouters u.v.m.: unentbehrliche Produktinformation.
1991. Ca. 350 Seiten. Geb.
ISBN 3-88322-357-3
Ca. DM 89.-

IWT: Die professionellen Seiten der Praxis.

TITEL & THEMEN

AUS DEM IWT-PROGRAMM

Das CMOS-Kochbuch

Don Lancaster
Die digitale CMOS-Bausteinserie ist eine der modernsten und zukunftssichersten Logikfamilien. Hier liegt die umfassendste neutrale Darstellung darüber vor. Das CMOS-Kochbuch bringt eine Fülle von Informationen, die es schnell zu einem unentbehrlichen Ratgeber für Elektroniker machen.
Übersetzung aus dem Amerikanischen.
1991. 6. unver. Aufl. 520 Seiten. Geb.
ISBN 3-88322-002-7 DM 68, –

Angewandte Mikroelektronik, Band 1

Hans Lohninger
Das Buch bietet eine praxisorientierte Einführung in die Mikroelektronik. Band 1 behandelt neben den notwendigen Grundlagen die Themen Operationsverstärker, Sensoren, Grundlagen der Digitaltechnik, Analog-Digital-Wandler und Digital-Analog-Wandler. Der Leser wird durch eine Reihe von ausgearbeiteten Experimenten, für die auch gedruckte Schaltungen erhältlich sind, unterstützt.
1990. 312 Seiten. Geb.
ISBN 3-88322-283-6 DM 68, –

Angewandte Mikroelektronik, Band 2

Hans Lohninger
Dieser Band bietet eine praxisorientierte Einführung in die Mikroprozessortechnik. Es werden alle Elemente von mikroprozessorgesteuerten Schaltungen — Speicher, Prozessor, Peripherie — besprochen und anhand von ausgearbeiteten Experimenten dem Leser vermittelt. Zur Unterstützung des Lesers sind gedruckte Schaltungen erhältlich, die den Einstieg in dieses komplexe Gebiet erleichtern.
1990. 368 Seiten. Geb.
ISBN 3-88322-284-4 DM 68, –

Das Computer-Peripherie-Kochbuch

Andreas Roth
Neben den Intel-Prozessoren der 80er Reihe werden Bausteine der engeren Prozessorperipherie, Daten- und Programmspeichertypen und Controller-Bausteine beschrieben. Der Schwerpunkt liegt in der anwendungsorientierten Darstellung der Hardware. Das Buch richtet sich sowohl an den Systemprogrammierer wie auch an den Entwickler von Computer- oder Erweiterungssystemen.
1990. 512 Seiten. Geb.
ISBN 3-88322-234-8 DM 68, –

Das Aktiv-Filter-Kochbuch

Don Lancaster
Das Aktiv-Filter-Kochbuch stellt ein praktisches, anwenderorientiertes Nachschlagewerk für jeden dar, der etwas über den Aufbau eines speziellen Filters wissen will. Der Name „Lancaster", auch Autor des CMOS-Kochbuches, steht für die Qualität dieses Werkes.
Übersetzung aus dem Amerikanischen.
1990. 6. unver. Aufl.
276 Seiten. Geb.
ISBN 3-88322-007-8 DM 48, –

IWT: Die professionellen Seiten der Praxis.

TITEL & THEMEN

AUS DEM IWT-PROGRAMM

CMOS-Taschenbuch 1, Standard-Bausteine

Dieses Taschenbuch ist die ideale Ergänzung zum CMOS-Kochbuch. Es bietet eine übersichtliche Zusammenstellung der Standardtypen aller integrierten CMOS-Bausteine. Die Erfassung aller namhaften Hersteller sichert eine entsprechende Vollständigkeit.
1991. 8. unver. Aufl. 240 Seiten. Kart.
ISBN 3-88322-120-1 DM 32, –

CMOS-Taschenbuch 2, Spezial-Bausteine

1991. 3. unver. Aufl.
216 Seiten. Kart.
ISBN 3-88322-009-4 DM 32, –

HCMOS-Taschenbuch

Dieses Taschenbuch behandelt die schnellen HCMOS-Bausteine. Im Aufbau stimmt es mit den bewährten Taschenbüchern dieser Serie überein. Die Produkte aller namhaften Hersteller sind erfaßt.
1990. 3. unver. Aufl.
336 Seiten. Kart.
ISBN 3-88322-137-6 DM 42, –

Linear IC Taschenbuch 1

Das Linear-IC-Taschenbuch, Bd.1, bietet eine klar gegliederte und übersichtliche Darstellung der gängigsten integrierten Operationsverstärker. Diese Zusammenstellung umfaßt Produkte aller namhaften Hersteller und ist dadurch weitgehend firmenunabhängig. Im Aufbau des Inhaltes geht das LINEAR-IC-Taschenbuch den bewährten Weg der TTL- und CMOS-Taschenbücher.
1991. 252 Seiten. Kart.
ISBN 3-88322-349-2 DM 39,80

TTL-Taschenbuch 1, (7400 - 74200)

Die Taschenbücher bieten eine . klar gegliederte Zusammenstellung aller gängigen TTL-Bausteine. Es sind die Produkte aller namhaften Hersteller erfaßt und in einer übersichtlichen Matrix am Ende jeden Teils zusammengestellt.
1991. 5. unver. Aufl.
312 Seiten. Kart.
ISBN 3-88322-191-0 DM 32, –

TTL-Taschenbuch 2, (74201 - 74640)

1990. 5. unver. Aufl.
324 Seiten. Kart.
ISBN 3-88322-192-9 DM 32, –

TTL-Taschenbuch 3, (74641 - 7430640)

1991. 5. unver. Aufl.
300 Seiten. Kart.
ISBN 3-88322-193-7 DM 32, –

IWT: Die professionellen Seiten der Praxis.

TITEL & THEMEN

AUS DEM IWT-PROGRAMM

AutoCAD Library, Version 11

Hans Lohninger

Das Buch wendet sich an Anwender von AutoCAD in den Bereichen Elektrotechnik, Regelungstechnik, Informatik, Chemie und Mathematik. Buch und Diskette bieten eine umfangreiche Sammlung von Zeichnungsblöcken und LISP-Programmen, die die Produktivität beim Entwurf von Schaltplänen und Layouts, bei der Erstellung von Programmdokumentationen und chemischen Strukturen und bei der Auswertung mathematischer Zusammenhänge erhöhen.
1991. 356 Seiten. Geb.
ISBN 3-88322-289-5 DM 128,–
Inklusive Diskette

AutoLISP und ADS für AutoCAD, Version 11

Hans-Peter Rust

Nach einer Einführung in Auto-LISP und ADS werden alle wichtigen Funktionen an Beispielen erklärt. Es ist außerdem eine Referenzliste aller AutoCAD-Befehle in Deutsch und Englisch zu finden, ebenso eine Diskette mit zahlreichen Programmen für die tägliche Arbeit mit AutoCAD.
1991. 376 Seiten. Kart.
ISBN 3-88322-337-9
DM 148, –
Inklusive Diskette

ADS für AutoCAD Version 11

Peter Hans Michalicka

Das Buch führt in die Technik von CAD-Programmierschnittstellen ein, im speziellen wird AutoCAD in Zusammenhang mit ADS behandelt, außerdem die Integration von technischen Programmen und auch die Anbindung von AutoCAD an verschiedene Datenbanken. Ausblicke in die ADS-Entwicklung runden den Buchinhalt ab.
1991. 320 Seiten. Kart.
ISBN 3-88322-355-7
DM 148,–
Inklusive Diskette

Effizienter arbeiten mit AutoCAD und CADiMenu

Werner Sommer/Hermann Knauer

Das Buch bietet einen schnellen Einstieg in die Arbeit mit AutoCAD und CADiMenu anhand praxisgerechter Beispiele, die auf einer Übungsdiskette dem Buch beiliegen. Es ist außerdem ein Nachschlagewerk für die weit über tausend Einzelfunktionen von CADiMenu.
1991. 344 Seiten. Kart.
ISBN 3-88322-331-X
DM 98,–
Inklusive Diskette

AutoCAD in der Elektronik, Version 10

Hans-Peter Rust

Eine Fülle von praxisbezogenen Anregungen und nützlichen Tips gibt dieses Buch. Die Anfertigung von Unterlagen für den Gerätebau, vom Schaltplan über die Stückliste, vom Layout, vom Bestückungsplan bis hin zu den Werkstattzeichnungen wird beschrieben. Die Diskette im Buch enthält Bauteilebibliotheken für Schaltpläne, Layouts und Mechanik sowie Anwendungsbeispiele.
1990. 288 Seiten. Kart.
ISBN 3-88322-274-7 DM 98,–
Inklusive Diskette

IWT: Die professionellen Seiten der Praxis.